DEMOCRACY in the AGE of POPULISM

ポピュリズム時代のデモクラシー

ヨーロッパからの考察

高橋　進・石田　徹 編

法律文化社

まえがき

ヨーロッパでは1980年代以降の過去30年間で急進的な反エリート，反既成勢力，移民排斥，自国民優先と福祉ショーヴィニズム，反イスラムを主張する極右・急進右翼政党が劇的に勢力を拡大してきた。一部の国では，それらの政党が穏健化戦略を採用し，選挙で成功し，政権に参加するに至っている。その政策と主張，行動，スタイルは従来の「極右」という概念よりも，ポピュリズムという概念で捉える方が的確に分析できるという見方が広がっている。

極右政党だけでなく，サッチャーやブレア，サルコジやベルルスコーニなどの既成の保守政党や社会民主主義政党，中道・右派政党のリーダーシップ，政治的コミュニケーション，政治スタイル，組織形態に関しても，ポピュリズムと捉える方が適切な側面も現れている。この現象の出現は，敵視の対象としての移民問題を抱える西欧だけではない。少々相違点もあるが，米国ではティー・パーティという草の根運動，日本では「地方ポピュリズム」や日本維新の会など諸々の新政党の誕生という形で類似の政治現象が起こっている。

現代の政党やデモクラシー研究では，1990年代以降，政党の衰退，代表制の危機，執行権力の強化，政治の大統領制化などの形でデモクラシーの危機が論じられてきた。世界経済のグローバル化は相互依存による内外の政治・社会・経済の安定化をもたらすのではなく，摩擦と不安定化，ナショナリズム，ローカリズム，ポピュリズムの興隆と「再国民化」をもたらしている。

19～20世紀のデモクラシーの形成と発展の前提は，主権国家，同質性を仮定された「国民」，国民経済の存在であった。21世紀の今日では，これらの前提がすべて危うくなり，揺らいでいる。この動揺の下にある人々と国家を統合あるいは接合しようとしてポピュリズムがデモクラシー諸国に蔓延している。

ポピュリズムは，歴史的には19世紀末の米国の人民党（People's Party）を第1の源流としている。農民層を中心に一部の労働者を巻き込み，債務軽減や独占の規制等を要求したこの運動は，当時の2大政党では満たされない新しい政治を求める声を反映したものであった。しかし，その後民主党がこれらの新しい政治の要素を取り込み，その結果，第３党運動は消滅した。

政治学におけるポピュリズム研究に大きな影響を与えたのは，第２の歴史的源流，すなわち1940～50年代のアルゼンチンのペロン，メキシコのカルデナス，ブラジルのヴァルガスなど，南米での大衆的な支持を得た権威主義体制である。その特徴は，ナショナリズム，大衆政治，個人的リーダーシップである。それは，工業化の中間段階および民主主義の形成期において，労働者階級の政治的・社会的統合を図ることによって，自国の工業化の推進をめざす「国家，労働者階級，工業ブルジョアジーの同盟」と位置づけられ，「古典的ポピュリズム」あるいは「政治体制論としてのポピュリズム」と評されてきた[1)]。

1980年代末から90年代初頭には，同じく南米でペルーのフジモリ，アルゼンチンのメナムなどが，既存の政治制度，特に政党を迂回して，人民に直接訴えかけることによって，政権を運営・掌握する新たな現象が生じた。新自由主義経済政策への移行過程で登場したこの政治現象・政治スタイルは「ネオ・ポピュリズム」と呼ばれた。この頃までは，ポピュリズムはもっぱら，デモクラシーと政党政治が未発達な発展途上国の現象と捉えられていた。

しかし，1980年代以降，西欧の先進工業国・デモクラシー国家で類似の，しかし新たな質を持った２種類の現象が見られるようになった。その１つは，イギリスのサッチャーが先駆者である。彼女は，そのアウトサイダー的資質・出自を生かして，福祉国家，労使の合意という保守党・労働党の「戦後コンセンサス」を破棄し，労働者階級の闘争基盤を分裂・解体させ，「普通の人々」「国民」「人民」に訴えかけて，支配体制の再編成に成功した。これを，ホールは「権威主義的ポピュリズム」と名づけ，ラクラウは「支配階級のポピュリズム」と規定した[2)]。このような既成政党の政治スタイルとしてのポピュリズムは，ブレアをはじめ諸政治指導者に継承され，他国にも拡大・定着した。

もう１つは，従来は政治システムの外にいた右翼勢力のポピュリズム政党への変容と台頭である。1990年代後半以降，イタリア，オーストリアやオランダでは，旧来の極右政党が議会制民主主義と自由主義原理を受容し，穏健化し，政権に参加した。また，他の国でも旧来の暴力行動と反体制イデオロギー一辺倒でなく，移民問題，法と秩序，失業や家族問題など具体的な政治・経済・社会問題を積極的に取り上げ，「人民」への主権の返還，反政治，反エリートを唱えつつ，議会勢力として活動する極右・急進右翼政党が次々と登場し，議会に進出していった。そのイデオロギーは全体としては新自由主義的というよりも，反グローバリズムの傾向が強い。これらの政党は2000年代に入ってヨーロッパ各国でいっそう勢力を拡大し，西欧デモクラシーの根底的な再考察を迫っている。これが，本書が主な対象とするポピュリズムである。

本書は，西欧におけるこのような状況を「ポピュリズム時代におけるデモクラシー」として捉え，現代デモクラシーの問題点と課題を明らかにすることを企図している。それゆえ，本書はポピュリズム論の一般的な検討にとどまらず，ポピュリズムの理論的整理と各国ポピュリズムの実証的な分析を行っている。第Ⅰ部では，デモクラシーの現在状況とポピュリズムの関係，極右・急進右翼とポピュリズムの関係，ポピュリズムを超える道としての市民社会強化戦略を論じている。第Ⅱ部では，ポピュリズムが顕著な，あるいは新たな特徴を示しつつあるドイツ，フランス，イギリス，イタリア，オーストリア，スウェーデンの６ヶ国を取り上げ，比較による理解を可能にした。また，歴史的な先例としてフランスのプジャード運動の分析を入れた。これらの点で，本書は日本語による西欧ポピュリズム研究としては類書がないと自負している。

本書がデモクラシー研究やポピュリズム研究に寄与し，さらには，ポピュリズムの克服と民主主義の発展の道を模索する人々に，何らかの手がかりを提供することができれば幸いである。

1）松下冽（2003）「ラテンアメリカの政治文化――ポピュリズムと民衆」歴史学研究会編『国家像・社会像の変貌　現代歴史学の成果と課題1980-2000年　Ⅱ』青木書店，312-326頁。

2）Hall, Stuart（1980）“Popular-Democratic vs Authoritarian Populism:Two Ways of ‘Taking Democracy Seriously’”, in Hunt, A. ed., *Marxism and Democracy,* London, Lawrence and Wishart, pp.157-185. ラクラウ，エルネスト（1985）『資本主義・ファシズム・ポピュリズム――マルクス主義理論における政治とイデオロギー』横越英一監訳，柘植書房，176頁。

高橋　進

目　　次

第Ⅱ部　ポピュリズムの諸相

第 I 部

ポピュリズムへの視角

第1章
デモクラシーの現在とポピュリズム

野田　昌吾

1　デモクラシーの現在とポピュリズム

こんにち先進各国では，ポピュリズムと呼ばれる政治勢力の台頭やそれと多くの類似点をもつ政治スタイルの拡大が広く見られるようになってきている。われわれは，このようにポピュリズム的な政治現象が拡大しているこんにちの先進各国のデモクラシーの状況をどのように見ればよいのだろうか。また，こんにちのポピュリズム的な政治現象をデモクラシーとの関連でそもそもどのように考えればよいのであろうか。

これまでのデモクラシーの歴史が示すように，政治体制あるいは政治的制度の束としてのデモクラシーはけっして自足的なものではなく，良好に機能し安定するデモクラシーにはそれを支える社会的基盤がつねに存在してきた。周知のように，日本を含む多くの先進国において政治体制としてのデモクラシーが最終的に定着・安定をみたのは第二次世界大戦後のことであるが，いうまでもなくそれは先進各国の戦後社会の安定があってのことであった。豊かで安心な社会の実現はデモクラシーの正統性を高め，それまでデモクラシーに背を向けてきた人びとをもデモクラシーに統合していった。しかしそのような戦後デモクラシーを支えてきた社会の安定も，戦後解決されたはずの貧困が大きな問題としてふたたび浮上していることに見られるように，こんにち大きく損なわれてきている。当然，このことは先進各国のデモクラシーに影響を与えずにはいない。ポピュリズム的な政治現象もこうした戦後デモクラシーの社会的基盤の変容との関連から理解する必要がある。

2　戦後デモクラシーの社会的基盤とその変容

1 「埋め込まれた自由主義」とその崩壊

そもそも，先進各国の戦後デモクラシーは，戦前期の自由放任的な発想に立脚したデモクラシーが深刻な経済危機を克服できず，独裁と全面的破壊戦争という自由主義の理念の対極ともいえる結果を招いたことの反省から，社会の安定を重視し自由主義に一定の枠をはめる「埋め込まれた自由主義」の設計とセットで建設された（Ruggie 1982；ジャット 2010：56-68)。

戦後の「埋め込まれた自由主義」体制は，国際的には冷戦対立のもとでのアメリカ主導のブレトン・ウッズ体制によって枠づけられ（ラギー 2009)，工業社会を基礎とした比較的閉ざされた国民経済の枠組みを前提とする集団的調整システムを基軸としていた。福祉国家の成立にかんしては一般に自由主義国家との対比で政府による再分配機能の意義が強調されがちであるが，社会学者のロベール・カステルがいみじくも指摘しているように，戦後の「埋め込まれた自由主義」体制において重視されたのは，社会的再分配よりもむしろ個人に対する保護であり，しかもその保護が集団間の調整によって実現されたところに戦後の政治経済体制の大きな特徴が存在した。諸個人は，職業集団や企業（さらには家族）といった集団への帰属を通じて，それぞれの集団ごとに手厚い社会的保護を享受することになった（カステル 2009：31-32；日本については，宮本 2008)。もちろん，このような集団を単位とする保護システムのもとでは，所属する集団によって一定の不平等が生じざるをえないが，社会的安全がそれなりに手厚く守られた社会においては，そうした不平等は社会的に大した問題にはならなかった。このような社会的安全を重視する「埋め込まれた自由主義」体制のもとで先進各国の戦後デモクラシーは安定をみてきたのである。

しかし，この「埋め込まれた自由主義」体制は1970年代以降解体していく。「埋め込まれた自由主義」の国際的枠組み条件であったブレトン・ウッズ体制が崩壊し，経済のグローバル化が進行するとともに，脱工業化という先進国経済の構造転換の問題が付け加わる。先進各国は石油危機を契機に低成長に移行し，社会保障の必要は増大，福祉国家は財政的危機に陥る一方，福祉国家をこれまで支えてきた集団的調整システムが機能するための条件が，こうした一連の変化により大きく損なわれた。ナショナルな集団的調整を可能ならしめてきた比較的閉ざされた国民経済という枠組みがグローバル化によって解体・相対化されることで，経済部門や企業ごとに経済主体間の利害は鋭く対立するようになり，企業がナショナルな集団的労使関係に依拠する必要性も大きく低下する。また，脱工業化は，製造業労働者を核とし定型的で規格化された労働条件の改善をめざし発展してきた労働運動の弱体化をもたらす。

このような集団的調整の基盤となる社会集団の統合力や凝集力の弱体化，労資間の権力バランスの資本側に有利な方向への変化の結果，社会的安全の再構築に向けての集団間の大妥協よりも，むしろ社会給付の削減や支給条件の厳格化，労働者保護の緩和といった個人に対する保護の削減が各国で進み，成長の鈍化という新しい事態を前にして，政府による経済規制こそが成長を阻害するものであり規制緩和により市場の活力を復活させるべきだとする新自由主義の主張が各国で急速に浸透していく。社会の安定を優先し自由主義に枠をはめようとする「埋め込まれた自由主義」はその前提条件を失うとともに，もはや時代にそぐわないものとして批判・攻撃の対象とされ，自由主義を埋め込まれた状態からふたたび解き放とうとする「脱埋め込み化」が先進各国で，またグローバルな枠組みにおいても，大きく展開していくことになった。

2　同胞社会の崩壊と「不平等への不寛容」

「自由主義の脱埋め込み化」といっても，戦前期のような「剥き出しの自由主義」に回帰するわけではもちろんなく，集団への帰属を通じた個人の保護じたいが完全になくなってしまうわけではない。その意味で，そうした保護の削減以上に問題なのは，保護の受け皿となる集団にそもそも包摂されない個人が「自由主義の脱埋め込み化」にともなって大量に生み出されていることである。低成長への移行により発生した大量の長期失業者に加え，グローバル化と脱工業化のなかでの労働の規制緩和によってサービス業を中心に不安定な雇用を余儀なくされる大量の「新しい下層階級」が生み出されている。比較的安全を享受している人びとと，そのような安全を享受できない人びととに社会が二分されているような状況が現出している。

このような社会の二極化は，戦後福祉国家を根底において支えてきた集団主義的な「同胞社会」的心性を後退させる（カステル 2009：31-52）。かつて社会全体が比較的安全であった時代には，各集団間に存在する不平等は社会的に問題視されず，同じ職業集団に属する者のあいだには連帯感情も育まれたが，個人に対する手厚い保護が解体されたり，保護を受けられる人たちとそうでない人たちとに社会が大きく二分されるような状況が生まれ，現に保護を享受している人びとであっても保護を喪失する不安に脅かされるようになってくると，人びとは不平等にもはや寛容なままではいられないし，同じ集団内にあっても他者との競争というものを強く意識するようにならざるをえない。しかも，不安の心理から生み出される「不平等への不寛容」は，ほとんどの場合，資産家や大企業経営者のような特権的な人たちにではなく，不安定な境遇を余儀なくされ福祉に頼らざるをえないような人たちや移民層へと向けられる。保護解体の犠牲になった人たちも，そのようなみずからの状態を説明しうるような身近な攻撃対象（たとえば移民）を探し求める。

こうして，社会の不安定化に対する集団的ルサンチマンは，一方で反福祉国家的でネオリベラルな政治運動として，また他方で反移民を唱えナショナルな契機を強調する福祉ショーヴィニズム的な運動として各国で噴出する。こうした二種類の集団的ルサンチマンのうち，前者に合流するような中産階級を担い手とする主張や運動は，彼らが戦後デモクラシーの中心的な担い手であったということもあって，福祉国家の見直しにも決定的な影響を与えた。先進諸国の経済に変調が見えはじめた1970年代にすでに欧米のいくつかの国では中産階級による反福祉国家的な反税運動が出現し，それらの国々の政治を新自由主義的方向へ変化させるうえで１つの重要な役割を果たしたが，社会経済構造の変化により福祉国家の負担者と受益者が構造的に分化する構図が明らかになるにつれて，中産階級は，福祉国家の一方的負担者であるという意識を強くもつようになり，国民的連帯の「不平等」に不満の声を挙げ，福祉国家見直しの政治を後押しするようにもなっていく。皮肉にも，国民の大多数が何らかの集団に包摂され，多かれ少なかれ手厚い保護を享受できた時代では後景に退いていた福祉国家の再分配機能が，保護解体の時代になって逆にクローズアップされ，「不平等」な制度としてやり玉に挙げられるようになっているのである。

3　社会的なものの個人化と代表制の自立化

グローバル化や脱工業化による集団的調整システムと同胞社会の解体は，福祉国家の担い手の思考と行動を変化させることで，福祉国家の危機への政治的対応を規定していくことになる。福祉国家の真の危機は，この社会の側の主体の変化にあるといってもよい（ロザンヴァロン 2008：205）。

長期的失業の発生や保護部門と非保護部門への二極化という新しい事態は，福祉国家的連帯の哲学的基礎づけとして機能してきた社会保険原理の前提を破壊する。誰にでも起こるかもしれない例外的リスクを社会全体でシェアするという社会保険パラダイムは，社会的排除や長期的失業が問題になっているこんにちの状況においては，リスクが社会の成員のあいだで平等に配分されているとはもはやみなされないため説得力を失う（ロザンヴァロン 2008：23-29）。しかしながら問題がかつてのように特定の階層や階級の問題として取り扱われるわけでもない。徹底的に特定個人の問題として，その個人の個別の状況や具体的な行動の選択の問題として取り扱われる。社会問題は，文字通りの「社会の」問題ではなくなり，集団的あるいは階級的には代表不可能な個々のケースの塊となり，またそのような問題把握は，社会連帯の基盤を空洞化させるとともに，社会的な問題の所在の解読をも困難にする（ロザンヴァロン 2008：51-60，213-220）。

この個人化と現状解読の困難化は，デモクラシーにおける代表制の問題という原理的な問題にもかかわってくる。代表を選ぶという行為は現代の自由民主主義体制において政治的入力の最重要の側面の１つをなしており，有権者はみずからの政治的需要を代表を選ぶという行為を通して表現する。しかし有権者はそもそもいったい誰をなぜ選ぶのであろうか。

この問題は代表制デモクラシーが生まれたときからの根源的問題である。かつての身分制国家においては「代表」は明確にその出身母体であるそれぞれの身分を代表していた。しかし，こうした「代表する者」と「代表される者」とのあいだの明確な紐帯は近代以降の代表制デモクラシーにおいては存在しない。ルソーが，主権者は投票のときにしか主権者ではないとの批判をイギリスの代表制に対して行ったのも，「代表する者」と「代表される者」とのあいだの関係が身分制国家のそれとは違って近代代議制のもとでは恣意的なものでしかなく，「代表」といってもそれはたんなる擬制にすぎないからであった（cf. ケルゼン 1966）。

マルクスも早くからこの近代議会制における代表の恣意性の問題に気づいていた理論家であった。彼の『ルイ・ボナパルトのブリュメール18日』（1852年）は，フランス第二共和制の崩壊をこの近代議会制における代表の恣意性が議会制じしんを掘り崩していく過程として描いている。同書では，第二共和制におけるブルジョアジーの政治的代表と議会外のブルジョアジーとの対立とともに，みずからの階級的利害を自分じしんの名前で主張できず「自らを代表することができず，代表されなければならない」分割地農民たちがルイ・ナポレオンを自らの代表であると同時に彼らを支配する権威として支持・受容したことが論じられている（マルクス 2008）。

柄谷行人は同書を，代表制や言説機構は階級関係から自立化しており，「階級なるもの」もそうした機構を通じてしか意識化されないという近代議会制が抱える「代表」＝「表象（representation）」の原理的問題性を明らかにした考察として位置づけ，このマルクスの議論を下敷きに，普通選挙によって諸個人が階級関係や生産関係から原理的に切り離されてしまうことの帰結に注意を喚起している。秘密投票により人びとは自由にはなるが，「代表する者」と「代表される者」との関係は根本的に切断され，恣意的なものとなる結果，「代表する者」は「代表される者」からの拘束を受けなくなるばかりか，「代表する者」は実際にはそうではないのに万人を代表するかのようにふるまうことができるようになり，実際にそうする。他方，分割地農民のようにみずからの階級的利害を普遍化して擁護する言説をもたない人びとは，政治的言説の場に彼らの「代表者」として現れる人物をみずからの代表として受け入れるしかなくなる（柄谷 2010：210-225；マルクス 2008：267-308）。

こんにちの先進国においては，個人化・脱集団化が進行し，戦後期においては比較的明瞭であった政党の支持基盤というものも今や融解している。政党は得票最大化をなかば自己目的化し，中位投票者の獲得をめぐって中道へシフトし，政党間の政策的差異は縮小するが，他方で他党との差異化のために党や党首のイメージ，とりわけ実行力や親しみやすさなどを前面に押し出す。「代表する者」と「代表される者」との関係の恣意性はこんにち鋭く顕在化しているといってもよい。加えて，社会的なるものの個人化はすべての社会問題を非階級的で代表不可能なものへと転換し，問題を社会的に読み解きテーマ化することがひじょうに困難になっている。このような状況のもとで，有権者はいったい誰をなぜどう選ぶのか。

有権者はあらかじめ持っているみずからの利益や政治的欲求を実現してくれそうな政党や政治家を選ぶという古典的な代表制理解はそもそも必ずしも妥当するわけではないが，みずからの利害じたいが有権者にとっても自明ではなくなっている状況のもとでは，投票という政治的入力のための行為の意味はなおさら変わらざるをえない。社会的なるものの個人化による現状解読の困難化は，政治による問題設定のもつ意味を高め，この政治による問題設定が有権者の政治的需要を逆に構成することにもなる。クラウチは，こんにちの政党が支持者や党員の意向を離れて新自由主義的な言説戦略を展開している点を「ポストデモクラシー」という概念のもとで批判しているが（クラウチ 2007），このことは，代表制が社会からの自立化の程度を強めるなかで，政党による言説的戦略の余地が拡大していることと無関係ではない。世論は政治的につくられるのであり（堀江 2012），さきのマルクスの議論に倣っていえば，誰かに代表されてはじめてみずからの利害が明らかになるのである。しかし逆にいうと，このことは，政党と支持者の関係は言説をつうじてたえず再構築しなければならない流動的なものたらざるをえないということを意味している。

3　ポピュリズムの時代

1　デモクラシーの変容とポピュリズム

先進各国で近年大きな注目を集めているポピュリズム勢力の台頭やポピュリズム的な政治スタイルの拡大についても，うえで見たようなデモクラシーの変容との関係で理解されなければならない（Decker 2012）。

こんにちの政党間競争においては政策的な選択肢が縮小し，政治的競争はスタイルやイメージを競うようなものになってきている。他方で，市民の政治的不満は大きく，政治の問題解決能力あるいはみずからの政治的有効性感覚への疑念もまた膨れ上がっている。政治における対決の契機を重視する政治理論家のシャンタル・ムフは，政治的選択肢が消失したという意味でこうした先進デモクラシーの状況を「ポスト政治的状況（post-political conjuncture）」と呼んでいるが，彼女に言わせれば，市民のあいだでの制度化されたデモクラシーに対する不信や政治的有効性感覚の喪失を生んでいるのは，こうしたポスト政治的状況にほかならない。どの政党も同じような主張を掲げるなか，市民はみずからの政治的不満を表出する回路が奪われているという感覚を強く抱くようになる。各国で右翼ポピュリズム勢力が躍進しているのも，これらの勢力が既存の政治勢力とは異なる「本当の政治的オルタナティヴ」を提示していると多くの市民には見えるからなのである（Mouffe 2011：ムフ 2008）。

だが注意する必要があるのは，ポピュリズム的手法はそうした右翼ポピュリズム勢力などの専売特許ではないという点である。既成政党も政策的には他党との十分な差異化が難しいため，しばしばスタイルやイメージなどに訴えた演出化された選挙戦を展開する。政党間競争は意味ある政策的選択肢が不在という点で脱政治化の様相を色濃くしているにもかかわらず，選挙政治の次元においては政党は互いに激しく攻撃しあい，みずからこそが国民的課題の真の解決者であることを主張しあう。こうした既成政党による指導者のリーダーシップと実行力を前面に押し出したキャンペーンにより，有権者の政治への期待はしばしば大きく膨らむが，政策的競争と切り離された政治的競争は意味ある政策転換を必ずしも伴わず，膨らんだ期待は政治への失望へと反転してしまう。この既成政党によって吊り上げられるが結果的に裏切られる有権者の政治への期待が「本当の政治的オルタナティヴ」を渇望させ，その保持者であることをアピールするポピュリズム勢力に成功の機会を開くのである。

ポピュリズム勢力は，既成政党を批判し，政治の現状に対する有権者の不満の代弁者として登場する。「政治階級」に属する人たちとは違い，自分たちこそ，「普通の人びと」の思いを理解している「本物の代表」であるというわけである。このようなポピュリズムは社会から切り離され自立化した政治的言説空間なしには成立しない。すでに述べたように，社会が個人化・不安定化し，何が自分たちの集合的利益かが判然としないこんにちにおいては，「代表する者」と「代表される者」との関係はまさに根本的に切断され，まったく恣意的なものとなっている。こうした状況があるからこそ，ポピュリズム勢力は「普通の人びとの利害」を擁護する彼らの代表として登場できるし，また，そうした言説はさまざまな人びとの心を捉えることができるのである。もちろん，ポピュリズム的言説がこのように人びとのもとに届くのは，その主張が多かれ少なかれ「真正な」ものとして人びとに受け入れられるからであるが，それは，既成政治が人びとの期待を裏切っていることによるところも大きいものの，それればかりでなく，現状解読が困難で，どのような政策や政治がほんとうに必要なのかがよくわからないという状況もまたポピュリズムの主張に大きな力を与えている（このことはこの間の新自由主義的言説の浸透にかんしても当てはまる）。

現状解読が困難な状況のなかで，みずからの利害を擁護する自前の言説をもたない人びとは，ポピュリズム勢力によってみずからの利害についての認識と言説を与えられ，ポピュリズム勢力のいう「普通の人びと」の一員となる。「代表される者」が先に存在して「代表する者」が出てくるのではない。まず「代表する者」があって，これを選ぶことによって「代表される者」が形づくられるのである。この言説による「人びと」の新たな構成・形成という契機に政治学者のラクラウはポピュリズムの特徴を見出しているが（Laclau 2007），もちろん，このようなポピュリズムに見られる契機は，何度も指摘しているように，「代表する者」と「代表される者」との関係が根本的に恣意的なものとなったこんにちのデモクラシーに多かれ少なかれ一般的に認められるものである。[1] こんにちポピュリズム政党と呼ばれている勢力は，政策的にこそ既成政党と異質に見える点が目立つが，その政治スタイルや政治的コミュニケーションの方法という点では既成政党がこの間展開してきたものと基本的には変わりはない。その意味で，ポピュリズムはこの間の先進デモクラシーの変容のまさに落とし子であるといってもよい。

2　ポピュリズムの特徴

しかしポピュリズム，とりわけ既成政党の指導者などが行う大衆に直接訴えかけて権力運営や政策実行をはかろうとするポピュリスティックな政治指導ではなく（大嶽 2003；2006），近年欧米を中心に台頭している右翼ポピュリズム政党などの新しい政治運動には，デモクラシー一般には解消することのできない重要ないくつかの特徴が指摘できる。

まず第1に，ポピュリズムは攻撃の政治をその特徴としている。ポピュリズムはつねに敵を措定し，その敵との関係でみずからを定義する。具体的には，「政治階級」や高級官僚，グローバル化の波に乗るグローバルビジネスエリートといった特権階層，あるいは移民やムスリムなどの「社会の同質性」を脅かすように映る存在がそうした敵として攻撃の対象となり，そのような敵とは異なる「普通の人びと」，「社会の多数派」の代表であることが強調される。

第2に，そのような敵の設定から派生して，ポピュリズムの攻撃の対象は，そうした敵の存在を許している既存の制度や政治のあり方，さらには制度や政治それじたい，あるいはその基礎にある近代的な知性のあり方にも及ぶ。特権階層とは異なる「普通の人びと」の意思の代弁者であることを自任し，そうした人びとの意思の直接的実現を約束するポピュリズムにとって，制度は人民の意思の直接的反映にとっての障害でしかなく，制度的媒介の存在こそが人びとを無力化し，特権階層の政治支配を可能にしている。さまざまな中間的機構や手続きによって媒介された近代的な政治のあり方が問題の根源として否定され，また，そうした近代的な政治のあり方を根底において支えている近代的な知性主義あるいは合理主義にもポピュリズムは攻撃の目を向ける。ポピュリズムは反エリートであるばかりでなく，反制度，反政治，そして反知性主義を特徴としている（Priester 2012）。

第3に，ポピュリズムに見られるそのような「ネガティヴィズム」的態度（cf. 山口 2006：29）の基礎には，「民衆支配主義」（Demokratismus）とでもいうべき独特の発想が存在している（Priester 2012：4-5）。すなわち，「普通の人びと」には「健全な人間理解」が備わっており，それをストレートに政治に反映させればよいのだという発想である。反対に，近代的な政治の基礎にある「反省知」は「腐敗したエリート」が「純粋な人民」の「健全な意思」を捻じ曲げるために駆使するものにほかならず，そうした近代的反省知によって築かれた種々の政治的手続きともども，人びとの意思の直接的反映を妨げるものとして否定の対象とされる[2)]。人民の健全な意思をストレートに実現する最良の方法は，その意思を直接的に代弁あるいは体現するみずからがまさに直接にそれを実現・実行することである。このような民衆の意思を体現しているがゆえに自分たちの行動は妨げられてはならないというポピュリズムの民衆支配主義的発想は，民衆の意思にその正統化根拠を求めるという点ではデモクラシーと対立するものではないが，あらゆる制度や手続きを多数者意思の下に置こうとするその態度は，自由民主主義体制の重要な柱である法治国家原理と鋭く対立する。

第4に，「普通の人びと」の「健全な意思」が「腐敗したエリート」によって抑圧されていることを強調するポピュリズムは，そうしたエリートたちの政治によって取り上げられてこなかったテーマを敢然と持ち出す。ヨーロッパにおけるその典型的な例が移民問題や異文化への寛容といったテーマであるが，ポピュリズムは，そうしたテーマを取り上げないとしてきた既成政党間の一種の了解じたいを「エリート間の談合」として告発する。移民受け入れや外国人への寛容政策などはたしかに「自由で開かれた社会」を志向してきた戦後デモクラシーの到達点を表現したものともいえるが，他方で，既成政治における了解事項のなかには，合意型デモクラシーに典型的に見られる政党国家的あるいは比例代表的な利権配分など，もともと戦後デモクラシーの安定のためのものであったとはいえ，まさに政治勢力間の妥協といっていいものも含まれている。そうした政治行政的な慣行やシステムを，ポピュリズムはきわめて閉鎖的でエリートによる既得権益擁護のためのものであると批判し，民衆の声が直接反映される「真のデモクラシーの復活」を叫ぶのである。

このようなポピュリズムによる「タブー破り」は，多くの場合，それじたいが「真実を語る勇気ある行為」として評価され，そうした主張に対して具体的な政策的能力の証明を要求されることもない。むしろ逆に，こうしたポピュリズムの攻撃によって既成政治家の側はしばしば守勢に追込まれてしまい，既成政治に不満を抱く人びとがこうした状況に喝采を送ることで，政治的アジェンダがポピュリズムによって支配される状況も生じる。

もちろん「タブー破り」じしんがデモクラシーにとって問題であるというわけではない。逆に，既成政党や社会勢力がカルテル化の度合いを深めるポストデモクラシー的な状況を念頭に置けば，これまで政治的に取り上げられてこなかった争点をとりあげ，政治に論争をもちこむという点や，クライエンテリズムや政治的癒着構造などの既存の政治的慣習を一変させうるという点は，ポピュリズムの積極面として評価できなくはないし（Hartleb 2012：29），ポピュリズムを政治の硬直化傾向に対する「早期警戒システム」として評価する論者も存在している（Priester 2012：7）。しかし，ポピュリズムは，さきにも述べたように，社会的少数者の問題や自由や人権にかかわる問題についても，「普通の人びと」の「健全な理解」を楯にしてその見直しを提起する。ここには，自由民主主義体制における多数者意思と法治国家原理との結合を破壊し，後者を前者のもとに服せしめようとする志向性が看取でき，リベラル・デモクラシーの観点からいって問題がないとはいえないし，しかも，このポピュリズムによる「タブー破り」が人びとの喝采を集め，政治的アジェンダを変えてしまうことまで考えに入れれば，手放しでその積極面を評価することはできない。

3　ポピュリズムとデモクラシーのアンビヴァレントな関係

デモクラシー一般には解消できない上記のような特徴をもつポピュリズムはデモクラシーとの観点からどのように評価すればよいのだろうか。

この問題を考える際にまず確認しておく必要があるのは，すでに指摘したことでもあるが，デモクラシーの中核的要素に対するポピュリズムの攻撃的態度である。ポピュリズムは，「普通の人びと」の「常識（common sense）」の道徳的優越性を強調する反知性主義的態度をとり，理性的討論を重視しない。また，社会の多元主義的あるいは複数主義的側面が要求する交渉や妥協にも理解を示さない。社会にさまざまな考え方や意見があるという事実は「普通の人びと」の「常識」という言葉によって無視される。複雑な社会において不可欠なものとしてB.クリックが擁護しようとした意味での「政治」に対してポピュリズムはまさに敵対的な態度をとるのである（クリック 1969）。ポピュリズムにとってあるべき政治とは，彼らによって単一的なものとして表象される人民の意思を直接に実現することであって，それを阻む正規の政治的行政的手続きや制度に独自の価値を認めることはない。また，人民の意思といっても，市民とのコミュニケーションじたいに独自の意味が認められているわけでもない。「人民の意思」とは彼らが主体的に構成するものであって，彼らにとって必要なのは，それがたんに彼らによって構成されたものではなく，人びとが実際に支持を与えているものでもあることが選挙などにおいて確認されることなのである。人民の意思の表出はしたがって一回の投票で十分なのである。

ヨーロッパの右翼ポピュリズムなどにみられる反移民や反イスラムを唱える排外主義的な「タブー破り」の態度も，デモクラシーの中核的要素に対するポピュリズムの攻撃的態度として挙げることができる。この排外主義的「タブー破り」は，人びとの喝采を集めることで，既成政治家の言動や行動にも影響を与え，その結果として，社会的自由や寛容をめぐる政治的言説のあり方じたいを大きく変化させてしまう可能性がある。フランスやベルギーにおけるブルカ禁止は，右翼ポピュリズム政党によって促された言説的重心移動の１つの帰結でもある（Hartleb 2012：28）。

しかし，だからといって，こんにちのポピュリズムを簡単に「反民主主義的」であると断じてしまうこともできない。たとえば，2011年夏にノルウェーで起きた反ムスリム的思想を持つ青年によるテロ事件に対し，ヨーロッパの右翼ポピュリズム政党のほとんどは距離を置いている。オランダ自由党のウィルデルスはこの事件に対し「多文化主義理念への抵抗は暴力の呼びかけをけっして意味しない」と強調しているが，こうした態度はヨーロッパのそのほかの右翼ポピュリズム政党にも共通してみられる。その例外は，「この青年の考えは100％正しく，その多くの点は優れてさえいる」としたイタリア北部同盟のボルゲーツィオの発言だったが，その彼も翌日には発言の撤回を余儀なくされている（Hartleb 2012：25）。この点で，こんにちの右翼ポピュリズム政党は，自由民主主義体制それじたいに敵対的なネオ・ファシズム政党や右翼過激主義とは区別される必要がある（cf. 山口・高橋 1998）。また，ヨーロッパの右翼ポピュリズム政党は反EU的主張を掲げてはいるが，ヨーロッパ統合を全面的に拒否するというよりも，その方法やテンポに批判の矛先を向けており，この点でもハードなヨーロッパ懐疑主義の姿勢を示す右翼過激主義などとは一線を画している（Hartleb 2012：25）。右翼ポピュリズム政党が少なくとも制度としてのデモクラシーを受け入れており，それを前提に政治運動を展開していることは間違いないし，さらに有権者の側もこうしたポピュリズムの態度を評価したうえで一票を投じている。その意味で，ポピュリズム政党による「デモクラシーを取り戻す」（ハイダー）という主張はたんなるデマゴギーであると片づけるわけにはいかないこともたしかである。

さらに，政治的価値の点でいっても，デモクラシー敵対的とは必ずしもいえないポピュリズム勢力の台頭がみられる。たとえば，オランダのフォルタインやウィルデルスといった指導者は，かつてのナショナル・ポピュリストのように「国民（nation）」や「人民（people）」といったシンボルを前面には出さず，「市民（citizen）」に向けて，「自由」と「不自由」の二項対立図式を設定し，前者の擁護を訴えている。反移民の主張も，「開かれた社会」という自由主義的な価値に敵対的なムスリムなどの移民から「自由な社会」を擁護するという理屈によって正当化される。このように「自由」の擁護を前面に押し出すポピュリズムは，従来型の右翼ポピュリズム政党とはまったく異なる新しさをもっているが，この新たな「自由主義的ポピュリズム」は社会の中核をなすリベラルな中道層に地歩を築くことを狙ったものにほかならない（Priester 2012：9）。個人化した社会では「人民」という旧時代的響きを持つ集合的概念はもはやアピールしない。そうではなく，呼びかけの対象を個々の「市民」とし，国内治安，移民，EU という誰にとっても大きな関心を引くようなテーマを掲げて，「市民的自由の擁護者」として彼らは登場するのである（水島 2012：第３章）。

さきにも述べたように，ポピュリズム現象は，「ポスト政治的状況」（ムフ）あるいは「ポストデモクラシー」として指摘されるような政治的代表制と民主的意思決定過程の機能不全をその１つの重要な背景としており，オランダやオーストリアなど合意型デモクラシー諸国での右翼ポピュリズム政党の台頭が示しているように，政治の硬直化を告発するという機能とともに，こんにちのデモクラシーにおいて失われているムフ的な意味での論争性，政治的敵対性を回復させる機能を果たしているともいえる。政治学者の吉田徹は，「人民」の「構成」という契機からポピュリズムの問題を考えるラクラウの議論を下敷きにしつつ，代表制デモクラシーにおいて絶えず生じざるをえない統治者と被治者とのズレを解消する流動的でインタラクティヴな政治のあり方としてポピュリズムのもつ民主的ポテンシャルを評価さえしている（吉田 2012：121）。

もちろん吉田は，現実のポピュリズムには負の側面が存在することを指摘している。吉田は「サルコジは社会そのものを表現しているからこそ大統領になれた」というトッドの指摘を紹介して，ポピュリズムが社会の現状への不満をまさに政治的に表現することで力を得ている点を指摘しつつ，他方でポピュリズムが「代表」概念を棄却する点にも鋭く注意を喚起している（吉田 2011。傍点引用者）。ポピュリズムは民意を「代表」するのではなく，それを「表現」あるいは「体現」しようとする。そして，その彼らが体現しているとする「民意」を拠りどころとして，彼らの「敵」を攻撃する。そこには人びととの本当のインタラクティヴな関係はない。吉田は，このような現実に存在するポピュリズムを「批判の論理としてのポピュリズム」として批判し，これと「構成の論理としてのポピュリズム」とを区別しようとする。すなわち「批判の論理」ではなく「構成の論理」に立つ「異質性を包摂しつつ人々の参加からなるポピュリズム」を「正当なポピュリズム」として擁護し，その必要性を訴えるのである（吉田 2011；同 2012）。同様に，政治学者の山口二郎も「ポピュリズムに対抗するためのポピュリズム」という言い方で，ポピュリズムをデモクラシー復興の原動力にする可能性を指摘している（山口 2010）。

このように，ポピュリズムには，デモクラシー親和的な側面，あるいはデモクラシーを活性化する側面もあり，たんに反民主主義的だと断じて済ますことのできない性格をもっている。欧米諸国に実際に存在している右翼ポピュリズムと呼ばれる勢力の言動をみても，必ずしもデモクラシー敵対的でなく，それらはしばしば「リベラル」でさえあるし，また，選挙で躍進し政権入りを果たしたところで，これらの勢力は，連立政権内のジュニア・パートナーとして穏健路線に従うことを余儀なくされ，そのことが原因となって党内の分裂や対立を経験し，党勢を後退させているものも少なくない。このような点を考えあわせるならば，デモクラシーとポピュリズムとの関係をそう過度にネガティヴに捉える必要はないということになるのかもしれない。

しかし，少なくとも現実のポピュリズム現象にかんして，リベラル・デモクラシーの観点からしてやはり見過ごすことのできないのは，ポピュリズム的な政治や言説が引き起こす政治的言説の重心移動，そしてその結果としての政治文化の変化の危険性である。とりわけ，その危険性が大きいのは，移民やムスリムなどの社会におけるマイノリティやシンボル政治が問題になる場合である。多数者意思を前面に押し出す「タブー破り」の政治は，「敵」の排除というポピュリズムに特徴的な政治スタイルとも相俟って，戦後デモクラシーが培ってきたリベラルな社会的価値観とそれを支える法治国家原理を掘り崩しかねない。社会にはさまざまな考えや利害を持つ人びとが共存しているがゆえに「政治」が必要であるという観点も「多数者」が望んでいるかどうかという二者択一的論理によって押し流されてしまう。その意味で，ポピュリズムはデモクラシーの子どもであることには違いないにしても，それは親に似ない子，いわゆる「デモクラシーの鬼子」でしかないというべきである。

4　ポピュリズムを超えて

こんにちのデモクラシーの問題状況の表れであるとともに，デモクラシーにとって必ずしも否定しきれない積極的機能をも果たしているポピュリズムではあるが，同時にそれはデモクラシーにとって問題を孕む鬼子でもある。したがって，われわれにとって必要であるのは，「ポピュリズムに対してポピュリズムを」ではなく，むしろ「ポピュリズムを超える政治」である。この「ポピュリズムを超える政治」を考えるうえで重要となるいくつかの観点を提示することで，本章の結びに代えたい。

まず，そもそも右翼ポピュリズムがどこでどのように成功しているのかをみると，社会問題が文化的な問題あるいは移民問題の脈絡のなかで議論されていないところでは右翼ポピュリズム政党は成功していない。実際に移民の数が多いかどうかはそうした政治勢力の成功とは関係がない。さらに，この種の文化政治的脈絡における議論が政治的に分極化しているところにおいて，右翼ポピュリズムは成功を収めている。

この点で重要な役割を果たしているのは既成政党である。既成政党が政党間競争を意識して，国民的な伝統や価値観，宗教的相違などの文化的な問題をあらたに取り上げることで，文化問題や移民問題が政治化して政治的対立軸を構成するようになり，右翼ポピュリズムに進出の機会が開かれる（Lochocki 2012）。たとえば，オランダの2002年選挙におけるフォルタイン党の成功は，派手な言動を展開する党首フォルタインへのメディアの注目と彼の巧妙な政治戦略によるところが大きいが，他方で，保守陣営の政治指導者が移民政策にかんする寛容的コンセンサスからの離脱を唱えたことによって移民問題を争点として掲げるフォルタイン党の立場が正統化されたという点も見逃せない。フォルタイン党は見事17％を獲得している（水島 2012：第３章）。その反対の例がドイツで，ドイツでは1980年代末に庇護権申請者の増大を背景にして極右政党である共和党の伸長が見られたが，1990年代初頭に既成政党間で庇護権にかかわる憲法改正について合意し，庇護権問題の脱争点化をはかり，その結果，共和党の伸長は止まった。既成政党による票目当ての「火遊び」の代償は小さくないのである。またそれは，のちにあらためて触れるが，わが国のポピュリズム現象をみればわかるように，文化政治や移民政治に限られるわけではない。

第２に指摘しておくべき点は，西ヨーロッパの多くの国では，フランスの国民戦線が代表的であるが（畑山 2007），右翼ポピュリズム政党は，グローバル化やヨーロッパ化のなかで翻弄される「小さき者」の利害の代弁者の役割を果たしているという点である。社会問題の文化問題化を避けることは，リベラル・デモクラシーの価値的前提を守るという観点からするとたしかに重要であるが，しかし，そのそもそもの背景となっている社会問題を放置していては対症療法にすぎず，問題を水面下でむしろ大きくさせ，その将来の爆発の危険性を高めるだけである。こんにちの社会民主主義政党は新自由主義に代わるものを明確に打ち出せていない状況にあるが，そのことは，グローバル化時代において，リベラルかつソーシャルなデモクラシーの道を追求することがきわめて困難になっていることを表わしている。社会民主主義政党が，かつてのようなかたちでソーシャル・デモクラシーを追求できないなかで，リベラル・デモクラシーの価値とは対立する福祉ショーヴィニズム的主張を掲げる右翼ポピュリズム政党がソーシャルな要求の受け皿となっている。他方，リベラルでコスモポリタン的な価値を擁護する社会民主主義は「小さき人びと」の生活世界の破壊に棹さす存在として逆に反感の対象となり，勤労者層のあいだでの左翼ないし左派の政治的ヘゲモニーは消失してしまう。リベラル・デモクラシーとソーシャル・デモクラシーとの相克をいかに克服していくか，社会的安全の再構築の問題はポピュリズムを超える政治を考えるうえできわめて重要である。

第3は，さきに述べた既成政党の態度の問題ともかかわるが，政治的コミュニケーションのあり方の問題である。既成政党の側の政治的言説のあり方は，ポピュリズムの成功にとってきわめて重要な意味を持っている。それは，文化政治の次元だけにかかわるものではない。たとえば，小泉現象や橋下政治などのわが国のポピュリズム現象は，1990年代以降の「改革」シンボルを用いた政治の展開抜きには考えられない。現在の閉塞状況の根本的原因を制度に求め，制度改革によって問題を一挙解決するという「改革政治」的言説が1990年代初頭の政治改革論議以降，繰り返されてきた。しかし改革は行われても，状況は改善せず，改革のターゲットは次々に飛び火していく。山口二郎はこうしたサイクルを「改革のせり上げ」と呼んだが（山口 2004：55-57），そうした「改革政治」のサイクルのなかで，「改革派」と「守旧派」を対置する小泉政治が爆発的人気を博し，ついには「統治機構のリセット」を唱える橋下徹のような政治家が「日本政治改革の旗手」として登場するに至っている。

社会問題を移民問題と結びつける政治的言説にせよ，わが国における「改革政治」にせよ，ほんらい複雑である問題に対して単純な処方箋を示すという点で両者は共通しており，それじしんポピュリズム的であるが，このような言説の拡大は，単純な二分法的な決断主義的思考を醸成し，政治の世界から複雑な問題を複雑に取り扱うという態度を失わせ，単純な主張により政治的支持の拡大をはかるポピュリズムの土壌を育む。もちろん，だからといって，政党や政治家は複雑な問題を複雑だといって済ましていてよいわけではない。「普通の人びと」を置き去りにしないためにも，政党や政治家は，複雑な問題を人びとが理解可能なかたちで表現し，そのことによって人びとがその問題に対して意見を持つことができ，また討議に参加できるようにしなければならない。

その点でも重要なのが政治的言説のあり方である。映画監督の想田和弘は，橋下人気の秘密は，彼の言葉に一種の「リアリティ」と「感染力」があるからだと語っている。政党や政治家は，人びとに届く「豊かでみずみずしい新たな言葉」でもって，政治的コミュニケーションを回復する必要がある（想田 2012）。そのためにはまた，政治学者の齋藤純一がいうように，人びとの「感情」を正面から受け止め，「人々の感情が含む正当な規範的期待を分節化」し，人びとによって「不当であると感じられる状況を特定」し，それについて論じることが必要である（齋藤 2012）。政党や政治家には，問題の単純化には陥らない，人びととのあいだに反省的コミュニケーション回路を作り出すような政治的言説が求められるのである。

そもそもポピュリズムは社会と政治とのあいだのズレを問題にし，そのズレを「社会そのものを表現する」みずからの政治によって一挙に解消することを謳って登場する。しかし，このズレをなくすことはけっしてできないし，また，ズレをなくそうとすることは，全体主義の問題を考えつづけたゴーシェやロザンヴァロンらフランス・リベラリストが強調するように，必ずしも望ましいものでもない（宇野 2011）。ゴーシェにいわせれば，社会はズレを通じてみずからの意思を問いなおすのであり，ズレをなくすことはこの再考の契機（再帰性）を社会が失うということでもある（ゴーシェ 2000）。また，ロザンヴァロンは，こうしたズレが果たす積極的な意義に着目して，デモクラシー再建の方途を模索しようとする（Rosanvallon 2008；2011）。

社会と代表とのあいだにズレがあるからこそ対話が生まれる。デモクラシーの機能不全が叫ばれているこんにち求められているものは，人民の一般意思なるものを持ち出すことでさまざまなズレから目をそらすことではなく，ズレの存在を認知したうえでそのズレをそのままに放置しない反省的コミュニケーションの回路を築くことである。たんなる社会＝民意の支持への依拠ではなく，社会との絶えざるコミュニケーションこそが権力を強化しうるのだということは，この間の日本政治の展開が逆説的に教えてくれているところである（森 2012。また，空井 2010を参照）。

【注】

1）ラクラウじしんも，この「代表する者」の先行の問題を代表制一般にかかわる問題として論じている（Laclau 2007）。

2）しかし，ポピュリズムはテクノクラートの統治への介在については必ずしも否定せず，ポピュリスト指導者による「専門家」の重用も珍しくない。そこでは専門家には，人民の願望を実現するための最適の方法を教示するという役割が与えられる。オランダの政治学者ミュデは現代ポピュリズムにおいては，しばしば「専門家」への信頼と政治家への不信が共存しており，その例として，イタリアのベルルスコーニやオランダのフォルタインの名を挙げているが（Mudde 2004：547），橋下徹によるブレーンの大量登用もその顕著な例といえよう。

【参考文献】


宇野重規（2011）「再帰性とデモクラシー――もう一つの起源」宇野重規・田村哲樹・山崎望『デモクラシーの擁護』ナカニシヤ出版。

大嶽秀夫（2003）『日本型ポピュリズム』中公新書。

――（2006）『小泉純一郎　ポピュリズムの研究』東洋経済新報社。

カステル，ロベール（2009）『社会の安全と不安全』庭田茂吉・アンヌ・ゴノン・岩崎陽子訳，萌書房。

柄谷行人（2010）『トランスクリティーク』岩波現代文庫。

クラウチ，コリン（2007）『ポスト・デモクラシー――格差拡大の政策を生む政治構造』山口二郎監修，近藤隆文訳，青灯社。

クリック，バーナード（1969）『政治の弁証』前田康博訳，岩波書店。

ケルゼン，ハンス（1966）『デモクラシーの本質と価値』西島芳二訳，岩波文庫。

齋藤純一（2012）「デモクラシーにおける理性と感情」齋藤純一・田村哲樹編『アクセスデモクラシー論』日本経済評論社。

ゴーシェ，マルセル（2000）『代表制の政治哲学』富永茂樹他訳，みすず書房。

ジャット，トニー（2010）『荒廃する世界のなかで――これからの「社会民主主義」を語ろう』森本醇訳，みすず書房。

想田和弘（2012）「言葉が『支配』するもの――橋下支持の『謎』を追う」『世界』2012年７月号。

空井護（2010）「代表制競争の時代へ――あらたな多数派像の構築を」山口二郎編『民主党政権は何をなすべきか』岩波書店。

畑山敏夫（2007）『現代フランスの新しい右翼――ルペンの見果てぬ夢』法律文化社。

堀江孝司（2012）「福祉政治と世論――学習する世論と世論に働きかける政治――」宮本太郎編著『福祉政治』（『福祉＋α』②）ミネルヴァ書房。

マルクス，カール（2008）『ルイ・ボナパルトのブリュメール18日［初版］』植村邦彦訳，柄谷行人付論，平凡社ライブラリー。

水島治郎（2012）『反転する福祉国家――オランダ・モデルの光と影』岩波書店。

宮本太郎（2008）『福祉政治――日本の生活保障とデモクラシー』有斐閣。

ムフ，シャンタル（2008）『政治的なものについて――闘技的民主主義と多元主義的グローバル秩序の構築』篠原雅武訳，明石書店。

森政稔（2012）「日本におけるデモクラシーの変容」齋藤純一・田村哲樹編『アクセス　デモクラシー論』日本経済評論社。

山口二郎（2004）『戦後政治の崩壊――デモクラシーはどこへゆくか』岩波新書。

――（2010）『ポピュリズムへの反撃』角川 one テーマ21。

山口定（2006）『ファシズム』岩波現代文庫。

山口定・高橋進編（1998）『ヨーロッパ新右翼』朝日選書。

吉田徹（2011）『ポピュリズムを考える』NHK ブックス。

――（2012）「いかに共同性を創造するか――新たな政治論理の生成過程としてのポピュリズム」『世界』2012年７月号。

ラギー，ジョン・ジェラルド（2009）『平和を勝ち取る――アメリカはどのように戦後秩序を築いたか』小野塚佳光・前田幸男訳，岩波書店。

ロザンヴァロン，ピエール（2008）『連帯の新たなる哲学――福祉国家再考』北垣徹訳，勁草書房。

Decker, Frank (2012) "Populismus und der Gestaltwandel des demokratischen Parteienwettbewerbs", *Aus Politik und Zeitgeschichte* B5-6, S.10-15.

Hartleb, Florian (2012) "Populismus als Totengräber oder mögliches Korrektiv der Demokratie?", *Aus Politik und Zeitgeschichte* B5-6, S.22-29.

Laclau, Ernesto (2007) *On Populist Reason,* New York, Verso.

Lochocki, Timo (2012) "Immigrationsfragen: Sprungbrett rechtspopulistischer Parteien", *Aus Politik und Zeitgeschichte* B5-6, S.30-36.

Mouffe, Chantal (2011) "'Postdemokratie' und die zunehemende Entpolitisierung", *Aus Politik und Zeitgeschichte* B1-2, S.3-5.

Mudde, Cas (2004) "The Populist Zeitgeist", *Government and Opposition,* vol.39, pp. 541-563.

Priester, Karin (2012) "Wesensmerkmale des Populismus", *Aus Politik und Zeitgeschichte*

B5-6, S.3-9.
Rosanvallon, Pierre (2011) *Democratic Legitimacy: Impartiality, Reflexivity, Proximity*, Princeton University Press.
Rosanvallon, Pierre (2008) *Counter-Democracy: Politics in an Age of Distrust*, Cambridge University Press.
Ruggie, John Gerald (1982) "International Regimes, Transactions, and Change: Embedded Liberalism in the Postwar Economic Order", *International Organization*, vol.36, no.2, pp.379-415.

第2章

ポピュリズム時代における新しい民主主義の展開と市民社会戦略

——ヨーロッパ・ドイツの事例を中心にして——

坪郷　實

1　ポピュリズムと政党政治の変容

ポピュリズムと政党政治というテーマに関して，多様な議論が行われている。右翼ポピュリズム政党から，ポピュリズム的テーマと手法を駆使し有権者の支持を獲得するリーダーのいる地域政党，政権政党によるポピュリズム的手法を使った政治まで，ポピュリズム現象といえるような多様な事例がある。

本章では，「ポピュリズムは，どのような政治的社会的特徴を持っているのか」を起点として，ポピュリズム現象の中でも，特に右翼ポピュリズム政党に対して，その成立の背景とともに，それに対してどのような対抗戦略があるのかを論じる。この対抗戦略としては，参加ガバナンスや熟議民主主義など新たな民主主義の展開との関係で２つの方向について述べる。第１に，政党政治の変容後の政党活性化戦略である。この政党政治の再活性化，政党の再活性化に関しては，政党と市民活動の連携問題を含めて，政党組織・政党運営の柔軟化が重要な点である。第２に，新たな民主主義の展開は，全体としてポピュリズムへの対抗の側面を持っているが，新たな民主主義の展開の基盤を形成する市民社会部門の強化の戦略である。ヨーロッパにおいて，新たな政策分野として，「第三セクター政策」，「市民活動政策」，「市民社会政策」が成立し，市民社会部門の強化の動きがある。最後に，この市民社会戦略が，ポピュリズムに対する対抗力としてどのようなキャパシティを持っているのかについて述べたい。事例としては，ヨーロッパの議論を踏まえつつ，主要にドイツの事例を取り上げる。

1　ヨーロッパにおける右翼ポピュリズム政党

これまでの研究の中では，世界的にみれば，ポピュリズム政党は，右翼から左翼までの方向がある。ラテンアメリカにおいて「左翼ポピュリスト」が支持を獲得しているのに対して，ヨーロッパのいくつかの国においては，世論でナショナリズムの傾向が強まり，右翼ポピュリズム政党が議会で議席を獲得している。

たとえば，以下の政党があげられる。デンマークの国民党（1998年以降，2011年12.3％獲得），ベルギーのフラームス・ベラング（2004年以降，2010年7.8％獲得，1978～2004年までフラームス・ブロック），イタリアの北部同盟（1992年以降，2008年8.1％獲得），オーストリアの自由党（2008年17.5％獲得），未来同盟（2006年より分裂，2008年10.7％獲得），さらに，オランダの自由党（2006年以降，2010年15.5％獲得，2002～2006年までピム・フォルタイン・リスト），スウェーデンのスウェーデン民主党（2010年以降，5.7％獲得）などである（Lochocki 2012：31）。

他方では，ドイツでは，これまでの連邦議会選挙において，極右政党ないし右翼ポピュリズム政党は議席を獲得する可能性はなかった。しかし，ドイツの政党政治においても変容がみられる。これまでの保守リベラル陣営と左翼陣営の対抗の中で，1983年連邦議会選挙以降，緑の党が登場し，1990年のドイツ統一以降，左翼党（2007年まで民主社会主義党）が定着したが，いずれも左翼陣営の小政党として定着している。さらに，左翼陣営において，新たに情報化社会における情報に関する自己決定・知識文化への自由なアクセス・私的領域の維持を重視する「海賊党」が2006年に結成されている。すでにベルリン都市州など４州において議席を獲得しており，2013年予定の連邦議会選挙において議席の獲得を目指している。他方，州レベルにおける極右政党や右翼ポピュリズム政党の動きがあるものの，右翼ポピュリズム政党としては連邦レベルに進出している政党はない。

2　ポピュリズムをどう捉えるか？

ところで，ポピュリズム政党の処方箋は，しばしば「難しい問題に単純に答えること」であると言われる。この状況を生み出した時代背景として次のような特徴がある。政策課題や政策分野が相互に関連しあい，複合的になるのに対して，この複合的な問題を解く十分な時間が与えられず，政策決定過程にはよりスピードが要求される。そして民主主義的に正当化されない「専門家」の意見により，政治的転換を行うという手法がとられる。スピードの速い世界においてスピードと単純な答えが必要とされる（Öztürk 2012：2）のである。

このような状況は，サービス化と情報化の進展により複合的な都市型社会の中で生じている。グローバル化により，各国の政治経済の動きは，常に多国間との関係に連動している。IT 革命により，高度情報化社会が進展し，メディアの影響力が世論を左右するメディア社会が成立している。グローバル化したメディア社会の中では，政党や政治家は，常に短期的な即応的な政治的対応を求められる。

民主主義とポピュリズムの関係に関して，「ポピュリズムがそれ自体として民主主義システムにとって危険であるのか，あるいは――地震計と同じく――なおざりにされた問題を指摘するものであるのか」，議論のあるところである（Öztürk 2012：2）。

さて，プリースターは，「ポピュリズムの本質的な特徴」として，次のような点を指摘している（Priester 2012：3f.）。

第１に，「ポピュリズムは実質概念ではなく，関係概念である」。そのため，政治学者ポール・タガート（Taggart 2004：274f.）が述べるように，ポピュリズムは「内在的に不完全な」ものであり，それは，「空虚な心臓（こころ）」を持つものである。この点は弱点であるが，逆にそのために柔軟性を持つことになる。

第２に，ポピュリズムは，基本的な基準として「コモンセンス」を呼び出す。それは，反エリート主義，反知識主義，反政治，制度への敵対，ならびに政治のモラル化，分極化と人格化といったものである。たとえば，反エリート主義に関しては，左翼，右翼を問わず，「機能エリートによる国民の『後見』

に対抗する」ものである。

第3に，ポピュリズムの「ハートランド」は，「ロマン主義化された非歴史的な理想化された世界」である。「後ろ向きのユートピア」とも表現される。これは，「ミドル・アメリカ」，「深遠なフランス」，「生活世界」と表現されている。その意味では，ポピュリズムの規定についてよく指摘される「国民」概念とは必ずしも整合的ではない。

第4に，抗議ポピュリズムとアイデンティティ・ポピュリズムの性格を持っている。

第5に，ポピュリズム現象は，「代議制民主主義の危機」を知らせるという側面を持つ（Priester 2012：3f.）。この点については議論が分かれるが，この観点からは，ポピュリストは「議題設定者」として，「脅威」のみではなく，「生産的な挑戦」の意味合いがあるといわれる。この点に関して，デッカー（Decker 2006）は，ポピュリズムが「有用な修正」として積極的な機能を持ち，立憲主義（法治国家性）と国民主権の間における現代民主主義の分裂をテーマ化することができることを指摘する。この見方からは，ポピュリズムが，「政治のかさぶた化の傾向」に抗する「初期警戒システム」として作用しうると考える。これは，投票率の低下や党員数の減少，政党支持なし層の増大など政党政治における挑戦の問題と関係している。

このような特徴や論点を検討したうえで，プリースター（Priester 2012：3f.）は，「右翼ポピュリズム」ないし「右翼ポピュリズム政党」は，「自由，愛国的，イスラム批判」を掲げて登場するが，「国民なしのポピュリズム」として出現すると述べている。しかし，一定の成果（選挙での得票）にもかかわらず，政党政治の中では，「弱点と計り知れなさ」を露呈し，選挙の得票においても大きな変動がある。選挙分析においては，右翼ポピュリズムの支持者像は，中間層グループ（小規模商人，手工業者，自営業者など）と，かつては左翼政党の支持者であるが，「新しい中道政党」に押しやられた左翼政党にはもはや代表されないと感じる民間の労働者グループとに大きく分かれる。彼らはそれぞれ，この政党に両立することのできない期待である「大きい政府あるいは小さい政府，より高い税あるいはより少ない税，福祉国家の縮減あるいは維持」

を申し立てるのである。

プリースター（Priester 2012：3f.）は，この多様な有権者たちの連合は，すべてのグループにとって脅威と感じる包括的なテーマを通じてのみ結合しうると述べる。このテーマは，ヨーロッパにおいて国内治安，移民，EUといった問題群である。右翼ポピュリズム政党は，この新しい敵像としての「イスラム」に外在化され，「国民なしの新しいポピュリズム」の凝集形式として成立する。したがって，ポピュリズムは，現代社会の個人化傾向から，もはや「国民」や「祖国」はアピール力を持たないために，「大人の」個人に対してアピールしようとするのである。

3　政党政治の再活性化戦略

このプリースターの議論につながる論点として，政党政治の変動の観点からポピュリズムを検討するデッカー（Decker 2012：14-15）は，次のように述べている。「新しいポピュリズム政党の登場と政党システムに挿入されたポピュリズムは，同じメダルの2側面を形成している。ポピュリズム政党は挑戦者として既成勢力の代表性の弱体化に反応しており，メインストリームのポピュリズムは今日の政党間競争の随伴現象である」。このような状況に対して，ミュンクラー（Münkler 2010：54）は，政党は再び，目標を明示し，その実現への道を示す「大きな物語」を思い出すべきであると述べる。つまり，たとえば，社会民主主義政党が，「刷新された社会民主党」として従来のイデオロギー的重荷を投げ捨て，中道に党を開き，現代的に身支度をするとき，その支持基盤のさらなる侵食を妨げるための目標を語らねばならない。

デッカー（Decker 2012：15）は次のような点に注目している。ヨーロッパにおいて，政党は，一方で，代表性の機能の一部を，より良い「内省的」能力を持ち，選挙で選ばれた代表よりも基本原則と長期的目標を志向する独立性の高い政府機関や憲法裁判所に譲り渡す。他方，社会の領域において，市民活動，社会運動，非政府組織の活動が活発になったことにより，政党外での市民参加・政治参加の機会が増大し，市民たちは政治への影響力を行使する他の政治形態や回路を選択するようになっている。この両分野において政党が回復することができるかどうかは，政党自体の改革能力にかかっているのである。

そして，デッカー（Decker 2012：15）は，政党が，「社会と国家」においてその新しい機能を活性化させるチャンスを活かすには，政党の改革戦略が必要であり，次のような３つの手掛かりがあると述べる。

第１に，政治に関心のある市民の参加潜在力を高めるために，政党の党内構造の柔軟化が必要である。党内活動への敷居を取り除くため，一般党員制とは違う多様な強度と期間による参加方式（たとえば，非党員の参加できる政策づくりフォーラムなど）が不可欠である。党組織を社会に開くためには，青年層がプロジェクト志向の活動傾向をもっているので，それに沿ったものでなければならない。党員や党組織の範囲を超えて知識・経験資源が広がることにより，政党の社会的係留につながる。こうしたネットワークづくりは，迅速な双方向のコミュニケーションを可能にするインターネットを通じて容易になる。

第２に，（非党員への）このような参加権を拡大するとき，こうした公開に対する党員の側の留保に直面する。すなわち，非党員の参加を拡大すると共に，これまで試みられてきた政党における党員選挙（たとえば，党員選挙による首相候補者の決定）と党員決定（党員投票による重要事項の決定）は，散発的に，指導部の判断でのみ行うのではなく，通常ルールとして規定されることが不可欠であるという見方である。一定の決定はもっぱら党員によって決定されるが，他方，アメリカ合衆国の予備選挙のように，非党員あるいは支持者も参加できる機会が作られる。このような拡大された参加権は，党員組織を活性化させる。党員が指導部と首相候補者を自ら選出し，党の政策の方向と戦略を決める場合，党首は党員に有権者に対すると同じ方法で支持を獲得しなければならない。政党はこうした直接的キャンペーンを通じてより世論の注目を獲得できる。

第３に，国民投票的傾向のある拡大された参加の可能性は，政党に選挙競争から他の競争アリーナに移動することを促す。議会制の政党民主主義における選挙が正当な力を失うとき，国民投票民主主義の追加的な形態の導入が筋道の通ったことである。国民投票により，市民は，選挙議論以外で，一定程度の政策課題について直接的に決定するチャンスを持ちうる。ポピュリズムを国民投票的手続きにより統合するという見方は，まず注目に値する。しかし，「もっと直接民主主義を」という要求は，ポピュリズム的システム批判の標準的レパートリーに属するのみならず，スイスの経験によれば，国民投票は，ポピュリストの誤用や世論操作に対して抵抗力のあるものではない。それにもかかわらず，特定事項についての国民投票は，今日もっぱら選挙と選挙闘争を意味する政党間競争の内容的空虚さに対抗する手段になりうる。

デッカーは，ポピュリズムを「民主主義の危機の徴候」と捉え，政党民主主義を活性化することにより，政党政治の再活性化につなげる議論を行っている。これまでも議論されてきているように，政党政治の再活性化の1つのカギは，それぞれの政党がこれまでの支持基盤である利益団体，経済団体や労働組合など既存の組織との関係ばかりでなく，市民社会部門として広がっている市民の自発的な活動である市民活動ないし非営利組織の動きに注目することである。次に，新たな民主主義の展開の推進力となる市民社会部門の強化の問題についてみていこう。

2　新たな民主主義の展開の推進力としての市民社会

1　市民社会部門の新たな発展

1980年代の後半以降，世界的な規模で，市民活動や非営利組織，「(ヨーロッパにおける政府，市場セクターに対する）第3セクター」など市民社会部門が，その規模においても，重要さにおいても飛躍的に成長したことが観察される。多くの国で，これまでの市民活動や非営利組織に対する政府の政策は，こうした新しい現実に適合しなくなっている。政府と市民社会部門との間の関係のあり方をこの新しい現実に適合させることは，複合的な課題であり，多様で細分化された問題に対応しなければならない。それは，多様な分野での実践，多次元（国際，EU，連邦ないし国，州，自治体レベルなど）の政府レベルの活動との関係，市民社会組織の多様な類型——社会的自助，サービス提供，アドボカシー，財源問題（財団・基金）——などである（Gidron and Bar 2010：1f.)。ヨーロッパにおいては「第3セクター政策」(Kendal 2009：3）という用語が，ドイツでは「市民活動政策」(Olk, Klein und Hartnuß 2010）などが使われる。つまり市民社会部門の基盤整備のための「市民活動政策」ないし「市民社会政策」という新しい政策分野が生まれている。

この市民社会部門の成長には，次のような背景と理由がある（坪郷 2011）。1970年代以降の社会は，サービス化，情報化，IT化によって大きく変容し，複合的な都市型社会が成立した。IT化は経済社会のあり方を大きく変え，「ものづくり」とともに，福祉，医療，教育，環境関連のサービス提供が重要になり，地域社会において，ものづくりとサービス社会という二重の経済社会が成立している。さらに，1990年代以降は，少子高齢社会とグローバリゼーションの影響で都市型社会の複合性が増している。さらに，これまでの新自由主義的政治によって，社会における格差や貧困と社会的排除が広がり，不安定で不安な社会が，右翼ポピュリズム政党の苗床になっている。

すでに述べたように，ヨーロッパでは，このような複合的な都市型社会とグローバル化したメディア社会において，右翼ポピュリズム政党が選挙で議席を獲得し，移民政策や「イスラム」が政治争点化される。こうした動きに対抗する多文化社会を目指す政策において，市民社会部門がその担い手として活動している。移民政策をはじめとして，こうした新しい経済社会の状況の中で問題解決を図っていくためには，従来の個人・家族・友人関係を前提とした政府部門と市場部門という担い手だけでは難しい。そのため，市民社会部門が注目されている。

政府，市場，市民社会の３部門は，それぞれ独自の活動を展開している。政府部門は，「公平性」を基礎にして政策・制度の決定・実施・評価を行い，社会保障のセーフティネットを張り替え，「社会的公正」を実現するという責任がある。市場部門は，「財とサービスの効率的な配分」を行うメカニズムを備えている。しかし，経済的に機能する現代的な市場メカニズムは，社会的視点（ワーク・ライフ・バランスなど）や環境的視点（低炭素型経済など）を組み込んだものであり，政府によるそのための条件整備が不可欠である。市民社会部門は「連帯，共感，信頼，革新性，批判性」という特徴を持ち，地域社会において新たな「人と人とのネットワークの輪」を形成する役割を担う。市民社会組織には，市民感覚を持つ「日常生活の専門家」としての役割を果たし，政治社会の「批判的革新能力」を持つという特質がある。しかし，スタッフや財源という資源の面で不足しており，市民社会を強化する基盤整備を必要としている（坪郷 2011）。社会民主党政府による「社会的包摂の政策」が，社会的格差と貧困の問題に取り組み，右翼ポピュリズム政党に対する対抗戦略になる。

また，市民事業，コミュニティ・ビジネスやソーシャル・ビジネス，社会的企業のように，市場部門と市民社会部門との中間的な分野も拡がっている。政府部門と市民社会部門との協力で，市民活動支援センターの設置，社会的事業所や社会的協同組合などの制度が実施されている。このようにそれぞれの部門間の関係，あるいは境界領域で多面的な動きがある。

市民社会部門を政府部門や市場部門に対置させるだけではなく，3者のバランスと責任分担など，相互の関係に焦点を当てるようになってきている。個人（男・女）や家族を起点にして，市民社会部門，政府部門，市場部門のそれぞれの運営革新と新たな関係の再構築が不可欠となっている。生活空間の変容は，家族を前提にした政府部門と市場部門による従来の公共空間の配置換えを必要としている。

2　新しい民主主義の展開としての「参加ガバナンス」

さて，「市民社会部門，政府部門，市場部門」それぞれの改革とともに，これらの関係のつくり直しに取り組むために，「参加ガバナンス」の議論（坪郷 2006）が重要である。この参加ガバナンスの議論は，新しい民主主義の展開のための推進力として市民社会部門を位置づける。これまでの政府と市場という「公私二分論」を超えて，「市民社会，政府，市場」3者による問題解決を行うガバナンスである。「参加ガバナンス」は，「多様な主体による問題解決のための機会を創出する」ものである。ガバナンスの運営において，政府の役割は，その機能の再編を伴うが，その重要性は強調される必要がある。たとえば，ヨーロッパにおいては，1990年代後半以後の「刷新された社会民主主義（第3の道）」の議論において，「市民社会を活性化する政府」論が展開された。それとの関係で，参加ガバナンスについて議論をしているコーイマン（Kooiman 2002：73-75）は，政府の役割の変容に注目しながらも，改めて政府の役割の重要性に言及している。「小さな政府」論に対して，むしろ政府は市民社会の「促進者」としての役割を増大させ，政府の役割の縮小ではなく「政府の役割の転換」が必要である。従来の「命令とコントロール（法と規制）」による政府介入には限界があるが，政府は「市民社会，市場，政府の間の新しいバランス」を形成する重要な機能を持つ必要がある。しかも，この新しいバランスにおいて，「責任の曖昧化，利益の絡み合い，権力の集中」が生じるので，政府の機能と役割を明確にすることが不可欠であると述べている。社会的問題の解決には，多様な手段を駆使し，多くのパートナーが必要である。つまり，市場に頼ることのみならず，あるいは社会的問題を解決するための新しい機会を創出することばかりでなく，市民社会組織によって発展しているイノベーション力のある手段と実践に注目することが必要である。社会問題の解決に市民活動・NPO・NGO が有用であり，地域における参加が必要である。このように問題解決のために，市民社会，政府，市場部門の新しい関係，新たな相互関係の形成が目標になる。

次に，簡単ながら，市民参加がなぜ重要なのかについて述べておきたい。民主主義において，「参加」は，一般的に政策決定過程の手続きを正統化する手段である。さらに，政策決定・政策実施・政策評価において，参加を通じて多様な主体の知見や技術が投入されることが有用であり，「参加はより良い結果を生み出す」ことにつながる可能性がある。ただし，こうした好循環はあらかじめ調和的なものではなく，むしろ参加は常に緊張や対立を伴うものである。そして，「参加」には，常に「誰が参加をするのか」という市民権問題を伴う。「参加」を活性化するためには「参加と討議による合意形成のための民主主義」の担い手を創出する「市民教育」とともに，多様な当事者の「エンパワーメント」の問題が要になる。参加は，常に活発で必ず良い結果を生じるわけではないし，参加が形式化し，形骸化することもありうることに留意すべきである。また，参加は，制度化される場合もあれば，むしろ非制度的なもので，変幻自在に試みられる場合もある（坪郷 2011）。

このように「参加ガバナンス」の議論は，参加に注目して，新たな「参加と合意形成の民主主義」の形成と結びついている。

3　市民活動の活性化により「生き生きとした民主主義」を

次に，新たな民主主義の展開において市民活動や市民社会部門がどのような役割を果たすのかに関する議論を見ておこう。ドイツにおいて極右政党の動きに対抗する社会運動（極右勢力に対抗する街頭デモや対抗運動など）を展開し，多文化社会を目指す活動を推進してきた90年同盟・緑の党の政党系財団であるハインリヒ・ベル財団が，『活動する！　新しい市民活動のための構想』を刊行している。この小冊子の中で，エバース，スペース，フォルクフォルツ，ウールリッヒたちは，市民活動が「生き生きとした民主主義」にとって持つ意味について６のテーゼをまとめている（Evers, Speth, Volkholz und Ulrich 2012：9-13）。以下で簡単に紹介したい。

第１に，「市民活動は生き生きとした民主主義の苗床である」。「民主主義社会における社会参加の構想としての市民活動は，政府，経済，市民社会の間の分業と協力に関する『社会契約』を基礎にする」。この市民活動は，社会的，文化的，エコロジー的，教育的，生活世界の分野での政治参加ならびに固有イニシアティブを含んでいる。しかし，市民活動は決して政府の課題を実行するための資源ではない。さらに，市民活動には，すべての活動を「経済的，財政的あるいは社会的有用性の観点」からのみ見るというメンタリティを持たない。

第２に，「民主主義とその活性化の展望は市民活動に本質的に関係している」。多くの活動は，公共目的のため，差別にさらされているグループのため，あるいは自己決定の基盤を創出するためのものである。市民活動は，市民個人のイニシアティブのみならず，集合的，協同―自主活動的イニシアティブの形態をとっている。政府の基本システム，既存団体や政党の既成の寡頭制に対して，活動と参加の新しい形態を形成する。

第３に，「市民活動はまず目的のための手段として――社会的課題を克服する際の制御可能な資源としてみるべきではない。より多くの市民責任とこの意味でのより良い政治は，同時に『より小さい社会国家（福祉国家）』を意味しない」。「市民の活動とその活性化は，社会国家の負担を軽減する単なる間に合わせの代役ではない，民主主義社会の『共和的』支柱を強化しなければならない」。「国家，経済，市民社会の責任のための『新しい社会契約』において，文化から社会的なものまで，都市地区から環境政策まで，多様な分野において自己組織化，補完性，共同利益の原理が重視される」。「新しい責任分担と資源配分を『どのように』するかが問題である」。

第4に，「生き生きとした市民社会は，共同の自己組織と自己組織化された参加の多様な形態の文化を含む」。このためには，地域における市民活動の多様な展開とともに，市民活動組織によるアドボカシー（政策提言）活動，ロビー活動が不可欠である。生き生きとした現代的な参加文化が必要である。公的資金による活動のみならず，財団や基金など市民社会独自の資源・資金による活動が重要である。

第5に，「緑（の党）の構想には，革新的な形態や新しい舞台が問題であるところで，（市民）活動への特別な注目が必要である」。「両親による共同決定から，労働組合，さらに自治体政策づくりにおける市民委員会まで，これまで市民活動・市民参加の多様な形態がある」。新しく多様な活動と参加形態が導入され，試みられている。これは，市民資金の独自の還流の仕組みをつくる「市民財団」，公共空間を市民に取り戻す「公共空間イニシアティブ」，移民や消費者，市民や患者の新しい弁護・保護組織，「ネチズン」としての市民のイニシアティブ，インターネット・メディアの活用，新しい青年文化，新しい問題に対する取り組み，民主主義の活性化のための取り組みなどである。この活動は，「連帯，共同善，結合，公正について実際的に理解するための新しい感受性を引き出し，持続可能性を担うもの」である。

第6に，「市民活動は，その基盤整備と促進をのみ必要とするのではなく，特に自己組織，参加，協働のインパクトが活きるように多様な政策分野における現存の制度的財政的基本条件を開かれたものにすることを必要とする」。市民活動を「横断的課題」として把握し，すべての分野においてこれを評価する方向で，イノベーションを促進することが，最優先されるべきである。現存の制度的組織，手続き，促進ルールを市民活動に対して開かれたものへ再構築することが肝要である。

このテーゼの中に，すでに述べた「参加と合意形成を重視する参加ガバナンス」の基本的論点が展開されている。市民活動が民主主義の展開の基盤を形成すること，さらに，市民社会部門の強化により，政府，市場，市民社会部門の3者それぞれの関係と役割についての「新しい社会契約」の必要性が述べられている。市民活動は「生き生きとした民主主義」の展開の基盤であり，市民活動の主要な課題の1つは，「移民政策」や「多文化社会」の形成である。しかし，市民社会部門は急速に成長しているが，その強化のためにはさらに基盤整備を行うことが不可欠である。そこから，各国において市民活動政策ないし市民社会政策が形成され，新たに展開されていく。この市民社会政策は，その基盤整備に注目しているが，同時に，新たな参加民主主義の観点から，特に政府の政策づくり，議会における政策づくりにおいて市民社会の多様な主体が参加できるように，既存の制度・組織・手続きの再構築が必要である。次に，ドイツにおける市民社会部門の強化戦略である「市民活動政策」について概観しよう。

4　ドイツにおける新たな「市民活動政策」の展開

ドイツにおいては，源流は19世紀にまでさかのぼる社会政策における民間福祉団体とボランティア活動，自治体議会における名誉職活動としての議員活動，1970年代以降の反原発運動・フェミニズム運動・エコロジー運動・多文化社会運動・社会的自助グループ運動などの「新しい社会運動」など，多様な潮流が存在していた。1990年代後半になつて，新たにこれらの社会運動や市民の自発的な活動を「市民活動（Bürgerschaftliches Engagement）」という1つの用語で捉えるようになる。そして，「市民社会と市民活動」を「ドイツ社会とその制度システムの改革のための包括的な構想」と捉え，新たに「市民活動政策」という分野が確立しつつある。この政策は，「市民社会と市民活動の強化のための政策」であり，高齢者政策，移民政策，多文化社会政策等の個別政策分野を横断する政策とみなされている（Klein, Olk und Hartnuß 2010：24-31；Hartnuß, Olk und Klein 2011：761-767；坪郷 2012：5-6）。社会的排除と貧困問題，移民の統合問題など，現代社会の緊急の課題を解決するために，政府，市場のみならず，市民社会部門が重要な役割を果たし，3部門の調整を行う新しいガバナンスが重視されている。とりわけ地域におけるボトムアップ型のアプローチが注目されている。しかし，政府が関わることにより，「市民活動政策」には，社会政策の分野におけるサービスの欠如を埋めるために市民の自発的な活動を道具化し，市民の自発性を損なう危険性があるという批判が行われている。

この市民活動政策は，個人のボランティア活動に焦点を合わせるか，市民活動団体など市民間連帯に重点を置くかの違いがあるが，左翼陣営の社会民主党，緑の党，左翼党，保守リベラル陣営のキリスト教民主同盟・社会同盟，自由民主党，つまりドイツ連邦議会に議席を持つ全政党が取り組む政策となっている。また，各政党の基本綱領や2009年選挙綱領において，市民活動や市民社会の位置付け，市民活動政策が明らかにされている。たとえば，社会民主党2007年ハンブルク綱領では，「民主主義は市民活動によって活性化する」，「活発な市民社会が，政府の活動を規制し，修正し，励まし，負担軽減し，補完する」，「政府がその義務を果たすところでのみ，活力ある市民社会が形成されうる」と述べている。他方，キリスト教民主同盟の2007年新基本綱領では，「市民社会は一般的に民主主義，法治国家，そして社会的市場経済の基礎である」と述べている（SPD 2007：30；CDU 2007：72；Klein, Olk und Hartnuß 2010：35-39)。

こうした動きの発端として，まず，1996年10月に連邦議会において当時の与党であるキリスト教民主同盟・社会同盟によって「名誉職（無償の公共的活動）」に関する「大質問」が行われた。そして，1998年連邦議会選挙における初めての与野党が入れ替わる政権交代によって社会民主党と90年同盟・緑の党によるシュレーダー「赤と緑」の連立政権が誕生した。このシュレーダー政権期の1999年12月に，連邦議会に「市民活動の将来」調査委員会（議員11名と専門家11名による構成）が設置された。1999年に政府により「第１回ボランティア活動（自発的な市民活動）調査」が実施され，2001年の国際ボランティア年にドイツ・キャンペーンが展開された。そして，2002年に先の「市民活動の将来」調査委員会の最終報告書（Enquete-Kommission “Zukunft des Bürgerschaftlichen Engagement” 2002）がまとめられた。この報告書は，「市民社会と市民活動」について包括的なレビューを行い，市民社会の強化のための「行動勧告」を含んでおり，横断的政策分野として「市民活動政策」が形成される大きなインパクトを与えた（坪郷 2007：62-68）。

最初は，社会福祉や保健分野におけるサービスの欠如を埋める「自発的な無償の活動」の動員に関心が向けられたが，先の調査委員会の報告以降，市民活動政策は総合的社会政策と民主主義的政治の構成要素と位置づけられている。現在のメルケル保守リベラル連立政権は，少子高齢社会，移民の統合，兵役の廃止に関連して福祉分野におけるボランティア活動など近年の社会的挑戦の克服のために「連邦による市民活動戦略（2010年）」を展開することを志向している（Hartnuß, Olk und Klein 2011：765）。

また，連邦政府によって移民の統合のために取り組まれている「全国統合計画」の活動分野として「移民の市民活動の促進と移民組織への支援強化」が挙げられている。移民組織を強化し，ネットワークを促進し，全体として市民社会の組織における文化間の開放・交流を促進することが目標とされている。

促進手段として，活動費用弁償，活動費用補償，税免除，わずかな報酬など財政的促進策が実施されている。市民活動の基盤整備のために，各地域においてこれまでボランティアセンター，社会的自助交流センター，高齢者センター，「家族のための地域同盟」等のネットワーク組織，「多世代の家（多世代の交流の場）」などが，市民と市民を結び，市民と市民活動を繋ぐ仕組みとして，市民活動に関する情報提供・組織運営のノウハウの提供などを行う支援センター・交流センターとして設置されている。さらに，2004年に財団改革が行われ，財団や企業による財政的支援のモデル事業が行われている。

ドイツにおける「市民活動政策」の形成や促進のための制度・機関として次のものが重要な役割を果たしている（Klein, Olk und Hartnuß 2010：39-51；Hartnuß, Olk und Klein 2011：769-775；坪郷 2012：5－6）。第１に，前述の行動勧告により，2003年４月に連邦議会の家族・高齢者・女性・青年委員会のもとに「市民活動小委員会」が設置された。さらに，これまで「ボランティア保険の改革」，市民活動のための税制改革，関連する行政手続きの簡素化，ボランティア活動の強化，公益・寄附関連法の改革などが行われている。第２に，連邦政府における担当省は，「家族・高齢者・女性・青年連邦省」であり，2002年に省庁横断的な権限として付与された。そして，連邦，州，市町村自治体間の調整のために「作業グループ」が設置されている。2009年から「市民活動と参加のためのナショナル・フォーラム」が開催され，政策づくりにおいて，市民社会・学問・経済分野からのメンバーや政策専門家が参加する新しい場が作られている。第3に，国連国際ボランティア年の際の「全国評議会」の31組織によって，2002年6月に「市民活動連邦ネットワーク（BBE)」が設立され，その後250以上の組織が参加している。これは，市民社会，政府，市場部門の3者構成によってつくられた全国ネットワークである。

このようにドイツにおいては，政府および連邦議会において，従来より制度整備が行われている。市民社会が強化され，市民活動がより影響力を増すことにより，政府，市民社会，市場の3部門の間に「任務と責任の新しい配分」を行うことが，不可欠な課題として意識されている。

3　右翼ポピュリズム政党に対抗する市民社会のキャパシティ

ポピュリズム現象や右翼ポピュリズム政党の台頭は，グローバリゼーションの中でより複合的な個人化の傾向が顕著な都市型社会とメディア社会の中で生じている。ヨーロッパにおいては，政党政治の中に右翼ポピュリズム政党が変動しつつ定着している国々と，ドイツのように，連邦レベルの政党政治に右翼ポピュリズム政党が登場していない国々がある。

本章では，右翼ポピュリズム政党に対する対抗戦略として，一方では，政党政治の変容の中で，既成政党の再活性化による対抗戦略について述べた。従来の政党と既存の巨大組織との密接な関係から，政党組織とその運営に関して政党を市民社会に開いていくという課題がある。イギリスのブレア労働党政権における「第3セクター政策」や，ドイツのシュレーダー「赤と緑」の連立政権における「市民社会を活性化する政府」論は，社会民主主義政党を市民社会に開くことによる「社会民主主義の刷新戦略」であった。しかし，個別の取り組みがあるものの，この市民社会による刷新戦略はまだ明確な形をとるに至っていない。

他方で，「第3セクター政策」，「市民活動政策」，「市民社会政策」による市民社会部門を強化するための基盤整備の戦略について述べた。社会的排除と貧困問題，移民の統合問題など，現代社会の緊急の課題を解決するために，政府，市場のみならず，市民社会部門が重要な役割を果たし，3部門の関係を再構築する新しいガバナンスが重視されている。とりわけこのような問題に取り組むためには，地域におけるボトムアップ型のアプローチが重要である。市民社会政策の展開には，市民社会部門の強化のための基盤整備のみならず，新たな参加民主主義や参加ガバナンスの観点から，特に政府の政策づくり，議会における政策づくりプロセスに市民社会の多様な主体が参加できる制度・組織・手続きへの再構築が不可欠である。

こうした戦略に関連して，市民社会が新しい民主主義の推進力としてポピュリズムに対する対抗の基盤となるキャパシティを持っていると言えるとしても，ポピュリズムに対してどのような効果があるのかについては，今後，新たな民主主義の展開とともに検証が必要である。

なお，日本において，2012年12月の衆議院議員選挙で，ポピュリズム的テーマと手法を駆使する自治体の長による地域政党が，新たに国政政党を作り，国政に進出する動きがある。しかし，この地域政党は，これまで自治体が直面している財政問題などに成果を上げていない。実績に基づく国政進出でないことに注目しておきたい。日本においても，民主党政権の下で，「新しい公共」円卓会議，「新しい公共」推進会議が開かれ，市民社会の強化のための基盤整備，特に「新しいNPO税制」が実現した。民主党政権が取り組んできた貧困や社会的排除の問題に対する「社会的包摂」の政策は，市民社会戦略を必要とする。この市民社会戦略が，政党政治の新たな展開においてどのような役割を果たすのか，地域政治におけるポピュリズム的傾向に対する対抗戦略となるキャパシティを持つのかの議論が必要とされている。

【参考文献】

坪郷實（2007）『ドイツの市民自治体——市民社会を強くする方法』生活社。
——（2011）「新しい公共空間と市民社会強化の課題」坪郷實・中村圭介編，2011所収，15-51頁。

―― (2012)「『新しい公共』と持続可能な社会を考える」『電機連合 NAVI』42号，2-7頁。
坪郷實編 (2003)『新しい公共空間をつくる――市民活動の営みから』日本評論社。
――編 (2006)『参加ガバナンス――社会と組織の運営革新』日本評論社。
坪郷實・中村圭介編 (2011)『新しい公共と市民活動・労働運動』明石書店。
CDU (2007) *Freiheit und Sicherheit. Grundsätze für Deutschland* (http://www.grundsatz-programm.cdu.de/doc/071203-beschluss-grundsatzprogramm-6-navigierbar.pdf, last visited, 28 September 2012).
Decker, Frank (2004) *Der neue Rechtspopulism*, Opladen.
―― (2011) "Demokratischer Populism und/oder populistische Demokratie? Bemerkungen zu einem schwirigen Verhältnis", *Wielenga und Hartleb*, 2011, S.39-54.
―― (2012) "Populism und der Gestaltwandel des demokratischen Parteienwettbewerbs", *Aus Politik und Zeitgeschichte*, B5-6, S.10-15.
Decker, Frank, Hrsg. (2006) *Populismus. Gefahr für die Demokratie oder nützliches Korrektiv?*, Wiesbaden, VS Verlag für Sozialwissenschaften.
Enquete-Kommission "Zukunft des Bürgerschaftlichen Engagement" (2002) *Bericht. Bürgerschaftliches Engagement: auf dem Weg in eine zukunftfähige Bürgergesellschaft*, Opladen.
Evers, Adalbert Speth, Rudolf, Volkholz, Sybille und Ulrich, Anne (2012) "Bürgerschaftliches Engagement in grüner Perspektive. Sechs Thesen", Heinrich-Böll-Stifturng (2012) S.9-13.
Gidron, Benjamin and Bar, Michal eds. (2010) *Policy Initiatives Towards the Third Sector in International Perspective*, New York, Springer.
Hartnuß, Birger, Olk, Thomas und Klein, Ansgar (2011) "Engagementpolitik", in Olk und Hartnuß (2011), S.761-775.
Heinrich-Böll-Stiftung Hrsg. (2012) *Engagiert! Gedanken zum neuen bürgerschaftliches*, Engagement der Grünen Akademie (http://www.boell.de/downloads/engagiert_V02_kommentierbar.pdf, last visited, 28 September 2012).
Kendall, Jeremy ed. (2009) *Handbook on third sector policy in Europe*, Cheltenham, Edward Elgar.
Klein, Ansgar, Olk, Thomas und Hartnuß, Birger (2010) "Engagementpolitik als Politikfeld: Entwicklungserfordernisse und Perspektiven", in Olk, Klein und Hartnuß (2010), S.24-59.
Kooiman, Jan (2002) "Governance. A Social-Political Perspective," in Gorte, R. J. and Gbikpi, B. eds. *Participatory Governance*, Opladen, Lesket+Budrich, pp.71-96.
Lochooki, Timo (2012) "Immigrationsfragen: Sprungbrett rechtspopulistischer Parteien", *Aus Politik und Zeitgeschîchte*, B5-6, S.30-36.
Münckler, Herfried (2010) "Regierungsversagen, Staatsversagen und die Krise der Demokratie", *Berliner Repullik*, Nr.5/2010 (http://www.b-republik.de/archiv/regierungsversagen-staatsversagen-und-die-krise-der-demokratie, last visited, 28 September

2012).

Priester, Karin (2007) *Populismus,* Frankfurt am Main, Campus Verlag.

—— (2012) "Wesensmerkmale des Populismus", *Aus Politik und Zeitgeschichte,* B5-6, Populismus, S.3-9.

Öztürk, Asiyl (2012) "Editorial", Populismus, in *Aus Politik und Zeitgeschichte,* B5-6, S.2.

Olk, Thomas, Klein, Ansgar und Hartnuß, Birger Hrsg. (2010) *Engagementpolitik: Die Entwicklung der Zivilgesellschaft, als politische Aufgabe,* Wiesbaden, VS Verlag für Sozialwissenschaften.

Olk, Thomas und Hartnuß, Birger Hrsg. (2011) *Handbuch Bürgerschaftliches Engagement,* Weinheim und Basel, Beltz Juventa.

SPD (2007) *Hamburger Programm. Das Grundsatzprogramm der SPD* (http://www.spd.de/linkableblob/1778/data/hamburger_programm.pdf, last visited, 28 September 2012).

Populismus, Aus Politik und Zeitgeschichte, B5-6, (2012).

Taggart, Paul (2004) "Populism and Representative Politics in Contemporary Europe", *Journal of Political Ideologies,* vol.9, no.3, pp.269-288.

Wielenga, Rriso und Fartleb, Florian Hrsg. (2011) *Polpulismus in der modernen Demokratie. Die Niederlande und Deutschland im Vergleich,* Münster, Waxmann Verlag.

第3章

新しい右翼の台頭とポピュリズム

——ヨーロッパにおける論議の考察——

石田　　徹

1　日本におけるポピュリズムの台頭

昨今の日本では，既成政党の「決められない政治」への苛立ちから果敢に決断する政治への期待が高まっている。決断力のあるカリスマ的リーダーが喝采を浴びるという光景それ自体は，小泉純一郎元首相による劇場型政治という形で2000年代前半にすでに経験ずみである。しかし，小泉劇場型政治の場合は，結局のところ自民党内のできごとに留まり，既成政党の外に新たな政治勢力を生むまでには至らなかった。その点，橋下徹大阪市長率いる大阪および日本維新の会の場合は，地域政党として出発したが既成政党の打破を掲げて国政へと進出した点において小泉政治とは異なるものであり，日本の政党政治，民主政治に大きな変化をもたらす可能性がある。

小泉から橋下へと連なる政治の動きをポピュリズムという言葉，概念を使って批評したり，分析したりする研究や評論が増えてきている（大嶽 2003；2006；松谷 2012）。ジャーナリズムでは，ポピュリズムを特定の政治家，政党の政治手法，スタイルを揶揄したり，批判したりする文脈で用いることが多い。そこではポピュリズムは「人気取り」「大衆迎合」「衆愚政治」などと同義のものと見なされている。また，ポピュリズムをデモクラシーの病理あるいは堕落形態として見なすのも論壇では一般的である。

しかし最近，政治学者の間では，ポピュリズムをデモクラシーにとって不可避のもの，さらにはデモクラシーそのものとして捉えるべきだとか（吉田 2011：14-15），あるいはポピュリズムのエネルギーがデモクラシー復興の原動力になる希望的可能性を考えるべきだ（山口 2010：28），とかいった，従来と異なる観点から問題を論じる主張が現れてきている。つまりポピュリズムをデモクラシーの病理としてではなく，1つの挑戦と捉えようとするスタンスに変わってきているのである（Akkermann 2003）。いまだ行く末は定かではないが，ポピュリズム現象が日本の民主政治に大きな問題を投げかけているとの認識が背後にあるからであろう。

ところで，ポピュリズム現象の登場に衝撃を受けている点で，時期的にも日本に先行し，事柄の深刻さにおいても日本を大きく凌いでいるのはヨーロッパである。ヨーロッパでは，1980年代以降新しい政治勢力の台頭が見られ，それが現実政治に多大なインパクトを与えている。1990年代に入ると，それらの動きをめぐる研究も精力的に行われるようになってきている。そのように，実体面でも研究面でも先んじているヨーロッパの動向を適確におさえることは，日本におけるポピュリズム現象を正しく理解し，その行く末を探る上においても有益であるといえるだろう。

ただ，当のヨーロッパでは，新しい政治勢力を政治的スペクトル上において右翼（right）と位置づける点では認識の共有がみられるものの，より具体的にそれらをどう定義づけて，どういう概念をあてはめるのかについては千差万別という状況にある（Kitschelt 1997：1）。ここで主題になっているポピュリズムとの関連においても，新しい政治勢力，すなわち新しい右翼にポピュリズムの概念を適用すべきという論者がいるかと思えば，ポピュリズムの概念を用いることに異論を唱える論者もいるのである。

そうした状況を踏まえて，ここでは，ポピュリズム概念を用いない研究も対象に含めながら，以下の論点を中心にヨーロッパの新しい右翼をめぐる研究動向をレビューすることにする。1つには，新しい右翼は歴史的な流れにおいてはどう位置づけられるのか，2つには，新しい右翼はどのように定義づけられるのか，そして3つには，新しい右翼の台頭の要因，また成功・失敗の要因は何なのか，といった論点である。それらのレビューを踏まえて最後に，ヨーロッパの動向から日本のポピュリズム論議にどのような示唆が与えられるかについて論ずることにする。

2　第3の波としての新しい右翼

1　「妖怪」としてのポピュリズム

「一つの妖怪が世界を徘徊している——ポピュリズムという妖怪が」

これは，現代ポピュリズムに関する草分け的研究とされるイオネスク，ゲルナーによる編著『ポピュリズム』(Ionescu and Gellner 1969) の冒頭の文章である。いうまでもなくマルクス，エンゲルス著『共産党宣言』(1848年) の有名な書き出し文をもじったものである。しかし，その書物で妖怪が徘徊する地域として実際に取り上げられたのは，北米，中南米，ロシア，東欧，アフリカであって西ヨーロッパではなかった。その40年後の2008年に刊行された『21世紀のポピュリズム』において，編者であるアルベルタッツィ，マクドネルは，そのことについて触れながら，「デモクラシーが確立した国々の中で，ここ15年にわたって持続的にポピュリズムの成長と成功が見られる主な地域は西ヨーロッパである」(Albertazzi and Mcdonnel 2008：1) と述べた。1960年代後半から40年を経て妖怪が徘徊する主な舞台がヨーロッパに代わり，160年前には共産主義の妖怪がヨーロッパの既成政治勢力に脅威を与えたのに対して，21世紀初頭においてはポピュリズムの妖怪が同様の脅威を与えているというのである。

妖怪の脅威は得体の知れなさからくるのであろうが，実のところ上記の書物においてポピュリズムとして扱われている，1980年代以降のヨーロッパで台頭してきた新しい右翼に関しても，異なる国に現れたそれぞれの動きを同一の運動，同一の「政党群 (party family)」に属するものとして同定することは，それほどたやすくはなかった。というのは，新しい右翼は自国民優位，自国の独自性を吹聴するナショナリズムの立場に立つところから，その国独自の表れ方を示すことが多く，それゆえに比較が困難なところがあるからである (Mudde 1996：226)。

また，政党の比較研究において分類の基準に用いられるのは政党名や国際的連合組織であるが，既成政党の場合，たとえばキリスト教民主主義政党，社会民主主義政党，共産主義政党であれ，そのどれに属するかは政党名を見ればほぼ分かるし，また，それらの政党の場合国際的な連合組織を作っていることが多いのでそれへの加盟，非加盟で政党の系列も区別がしやすい。だが，それらの基準は新しい右翼の場合は有効ではない。なぜなら，政党名も，たとえば「国民戦線」(フランス)，「自由党」(オーストリア)，「北部同盟」(イタリア)，「国民党」(デンマーク) など多様で不統一であり，また国際的連携についても，せいぜい欧州議会レベルの協同があるぐらいで連合組織の形成には至っていないからである (Mudde 2007：33-35)。

2　戦後史における新しい右翼

このように同じ時期に起こった動きですら同定が難しいことからすると，歴史的な流れに位置づけることはそれ以上に困難であるとも考えられるが，新しい右翼をめぐる歴史・比較研究においては，1980年代以降の動きは戦後における「極右 (extreme right)」あるいは「急進右翼 (radical right)」の「第３の波 (the third wave)」として位置づけられるようになってきている (Beyme 1988；Zimmermann and Saalfeld 1993；Andersen and Bjørklund 2008)。

その歴史区分によれば，第１の波は，時期的には戦後初期，具体的には1950年代初頭までである。その特徴は，ネオ・ファシズム，ネオ・ナチズムとでもいうべき思想，運動が中心であったことである。第二次世界大戦の敗北によりファシズム，ナチズムは打倒され，その正統性も奪われたわけであるが，かつての運動の残党を中心として戦前の体制を懐古し，その復活を図らんとする運動が戦後直ちに起こった。

イタリアでは，戦後の共和国憲法において反ファシズムが基本原理にすえられたにもかかわらず，ムッソリーニ率いるファシズムの継承を公然と唱える「イタリア社会運動」が1946年末に結成された。戦前の体制がイタリアよりも厳しく断罪されたドイツでは，ナチズムの継承者であることを謳う運動，政党は形成されにくかったが，「社会主義帝国党」，「ドイツ帝国党」「避難民ブロック」といったネオ・ナチの政党，政治勢力が戦後初期から地方議会を舞台に進出した。しかし，これらの政党，政治勢力は，指導層を含む構成員における戦前との繋がりが薄れていくにつれ，政治的な影響力を失うか，戦前の復活，再来という意味でのネオ・ファシズム，ネオ・ナチズムという性格を失っていった（山口・高橋 1998：8-9）。

第2の波は，時期的には1950年代後半から1970年代にかけてであり，思想，運動の特徴は「反税（tax revolt）」という点にあった。第2の波の典型的事例は，1950年代のフランスにおける「プジャード運動」であるとされている（Beyme 1988：10）。フランスの後進地である南西部農村地帯において商人・手工業者といったプチブルジョア層の反税運動としてはじまり，1956年の総選挙では52議席も獲得するに至った（本書第6章参照）。反税は反福祉国家に連なるが，プジャード運動は福祉国家がまだ十分に発展していなかった段階において起こったところに特徴がある。

同じく反税を旗印に1970年代前半に登場したのが，デンマークおよびノルウェーの「進歩党」である。デンマークでは，弁護士グリストロプが率いて1972年に結成され，反税，反官僚制といった政策を掲げた進歩党が1973年の総選挙で15.9％の得票率を得て一挙に第2党にまで躍進した（吉武 2005）。ノルウェーでは，雑誌発行人のランゲが隣国のグリストロプの動きに刺激を受けて同様の政策のもとに同一名称の政党を設立し，1973年の選挙で5％の得票をえた（Betz 1994：5）。これらの動きは，プジャード運動とは違って成熟した福祉国家の下での反税運動であり，1980年代に入って世界を席巻していく新自由主義的政策を先取りしていた点で注目される（Andersen and Bjørklund 2008：149）。

第3の波は，1980年代以降に登場した，本稿で新しい右翼と呼ぶ政治勢力のことを指す。それら政治勢力のイデオロギーの中心的特徴は「ゼノフォービア（xenophobia）」だとされている。新しい右翼の主張は，この期を通じて，反税，反財政支出などの新自由主義的な経済政策重視から移民排斥や国民的伝統を強調する文化政治重視へ，市場経済を支持しつつも反グローバリゼーション，反EU統合へと立場が移っていった（Zaslove 2011：30-32）。また福祉国家へのスタンスも，反福祉国家から福祉国家を容認した上でその受益者を自国民に限定するという福祉ショーヴィニズムへと変わっていった（Rydgren 2006：11）。

第3の波は，先行する2つの波と比べて，右翼政党が選挙の面でもイデオロギーの面でも最も成功した時期である（Mudde 2000：6）。各国議会あるいはヨーロッパ議会に議席を有する新しい右翼政党の数は，1980年代初頭では6であったのに対して，80年代末には10，そして90年代中頃までには15にまで達した。また得票率も4.75％（1980～1989年）から9.73％（1990～1999年）にまで伸びた。1980年代に新しい右翼政党が躍進した国は，フランス，オーストリア，ベルギー，ドイツ，オランダ，スイスの6ヶ国である。政党として代表的なものはフランスの国民戦線，オーストリア自由党，ベルギーの「フラームス・ブロック（Vlaams Blok）」などである（Ignazi 2006：1）。

3　新しい右翼とは何なのか――その定義をめぐって

1980年代にはじまる第3の波において，国をまたいでヨーロッパの全域で大きな広がりを示すとともに選挙政治，政党政治において確かな地歩を占めるに至ったことから，新しい右翼に関しては，多くの研究者が注目することになった。1990年代に入ると最初は個別事例研究から始まり，90年代中頃以降になると精緻な比較研究も登場するようになっていった（Rydgren 2002：28）。ところが，研究の進展によって，確かに知識量は増加したが，研究者間の論争が激しくなって，定義，用語をめぐる意見の不一致がかえって広がっていった。ある論者によれば第3の波の新しい右翼に対して研究者がつけたラベルは26にまで及ぶとのことである（Mudde 2007：11-12）。

定義，用語のカオスとでもいうべき状況を呈しているが，主要なものとしては以下の4つの説が挙げられている（Zaslove 2011：19-22）。①極右説，②ポピュリズム説，③急進右翼説，④急進右翼ポピュリズム説である。

1　極右説

これは，イニャーツィが先鞭をつけ，カーター，イートウェルなどが主張している捉え方である（Ignazi 1992；2006；Eatwell 2004；Carter 2005；Hainsworth 2008）。この説は，新しい右翼のイデオロギーにおける「反体制的（anti-system）」，「反憲法的（anti-constitutional）」「反デモクラシー的（anti-democratic）」特徴を重視する。イニャーツィは，民主的体制下において憲法ルールを破壊するイデオロギーをもち，「原理的反対派（opposition of principle）」の立場に立つのが極右であるという（Ignazi 1992：12）。

カーターは，反憲法および反デモクラシーの要素とは，①民主的憲法国家の基本的価値，手続的・制度的価値の拒否，②人間の平等性という基本原理の拒否，であるといい，具体的には，前者は反政党主義，反多元主義，反議会主義，強い国家，強いリーダー，法と秩序などといった形で，後者はナショナリズム，ゼノフォービア，人種主義，自民族中心主義などといった形で新しい右翼のイデオロギーの中に表されているという（Carter 2005：17-18）。

いうまでもなく，それらの特徴，要素は戦前のファシズムあるいは戦後における第1の波のネオ・ファシズムがもっていたところのものでもある。では，1980年代以降の新しい右翼とファシズム，ネオ・ファシズムとはどう違うのか。イニャーツィは前者を「脱工業型（post-industrial）極右」，後者を「伝統型（traditional）極右」と名付けて区別している。後者は工業社会の矛盾から産まれたものであるのに対して，前者は脱工業社会，つまり資本家階級と労働者階級の間の関係が不明確になり，厳しく対立することもなくなった社会，あるいは物質的価値をめぐる対立から自由，参加，自己実現などを重視するリバタリアン対共同体，国家，法と秩序などを重視する権威主義といった，脱物質的価値をめぐる対抗が中心となる社会における矛盾の産物である（Ignazi 2006：33-34）。

脱工業社会における新しい矛盾に対して左右の既成政党が十分に対応できずにいる中，1980年代以降にまずはエコロジーや左翼リバタリアンといった「ニュー・ポリティックス（New Politics）」が台頭し，それに脱工業型極右が続いたのである。前者がイングルハートのいう「静かなる革命（silent revolution)」(イングルハート 1978) によって惹起されたのだとすれば，後者はまさしく「静かなる反革命 (silent counter-revolution)」によって生みだされたとされるのである (Ignazi 1992：25)。

2　ポピュリズム説

ポピュリズム説を唱える中心的研究者はタガート，カノヴァンであり，またメニ，シュレルおよびアルベルタッツィ，マクドネルによる共編著はその説に立って新しい右翼を分析した代表的書物である (Canovan 1981；Taggart 1996；2000；Mény and Surel 2002；Albertazzi and Mcdonnel 2008)。

ポピュリズムは，過去においては19世紀末におけるアメリカの人民党や1940，50年代におけるアルゼンチンのペロン政権といった例を出すまでもなく，ヨーロッパ以外の地域を主な舞台にしていたし，またイデオロギー的にも右翼というよりは革新あるいは左翼に位置する場合が少なくなかった。これに対してタガートは，ポピュリズムの現代的形態つまり「ニュー・ポピュリズム (New Populism)」の場合は，主としてヨーロッパにおいて，そして政治的スペクトル上においては右翼として登場していることに注目している (Taggart 2000：73)。

タガートは，ポピュリズムの台頭の背景を，何よりも1970年代以降における「戦後和解 (postwar settlement)」の危機，崩壊に求めている (Taggart 1996：13-18)。戦後和解は，社会民主主義，コーポラティズム，福祉国家，ケインズ主義を柱とする仕組みである。そうした戦後和解の仕組みの1970年代以降における崩壊と戦後和解を支えた既成政党の機能不全の露呈という状況に対して，まず政治的に対応したのは左翼の側，つまりエコロジーやフェミニズムなどの新しい社会運動，そしてニュー・ポリティックスであったのであるが，それらの動きに右翼的立場からの対抗しようとしたのがニュー・ポピュリズムであったわけである。

このように戦後の政治経済システムの構造変容およびニュー・ポリティックスの台頭との関連で新しい右翼の登場を捉えようとしている点では，タガートは極右説のイニャーツィと同じ立場に立っている。しかし，新しい右翼の何よりもの特徴，そしてそれが成功を収めるに至った最大要因が，そのポピュリズム的特質にあると理解する点で決定的な違いがある。

ポピュリズムは，その概念を新しい右翼に適用しようとする論者でさえ誰しもが，その書物の冒頭において定義づけることの困難さをまず指摘するほど，捉えどころのない概念である（Taggart 2000：1-2；Mény and Surel 2002：2-3；Albertazzi and Mcdonnel 2008：2-3）。だが，ポピュリズム論者においては，それらのどれを中心的な特徴とみるかに関しては論争があるが，イデオロギー，組織形態，政治スタイル，選挙の支持者などにおいてポピュリズムの特徴をみる場合が多い（Taggart 1995：43-44；Rooduijn and Pauwels 2011：1273）。

イデオロギーとしては，①何よりも人民（people）を主権者として見なし，その主権の行使は人民とリーダーとの直接的な一体化によって実現されるとみる，②社会を純粋な人民（the pure people）と腐敗したエリート（the corrupt elite）という対立関係で捉える，③人民は同質的なまとまり（a homogeneous body）であり，その一体性を脅かすものとして外部者すなわち移民が存在するとみる，といった点に特徴がある。

政党の組織形態としては，伝統的な政党が官僚制的で階統制的な構造をとるのに対して，ポピュリズム政党においてはカリスマ的リーダーを擁するとともに，そのリーダーと一般党員との間の内部組織が簡略化された集権的な組織構造をもつという点に特徴がある。

政治スタイルあるいは政治的なコミュニケーション・スタイルとしては，単純で直接的な言葉が使われ，扇動，派手な振る舞い，誇張，挑発が用いられたりする（Heinisch 2003：94）。また，プロの政治家による密室の妥協や複雑な手続を否定する，といったところに特徴がある。選挙における支持者構成では，男性，私企業，若者といったカテゴリーにおいて支持者が比較的多く，政治志向では広範囲にわたる点に特徴がある。

3　急進右翼説

この説は，キッチェルト，ノリスらによって唱えられている（Kitschelt 2007；Norris 2005；Art 2011）。「急進」は，元々はフランス革命の支持者すなわち政治的スペクトル上の左翼を指す言葉として用いられたものである。また「急進右翼」という言葉は，第二次世界大戦後の社会科学においてまずアメリカの文脈で使用された。マッカーシズムやジョン・バーチ協会などの反共運動・組織，つまり反米活動を理由に左翼や自由主義者の自由を制限しようとした活動を指す言葉として，である（Bell 1963）。

これに対してヨーロッパの文脈では，1990年代に入って第３の波の新しい右翼を指す言葉として用いられるようになる。その場合は，戦前のファシズムおよびその流れをくむ戦後のネオ・ファシズムとの違いを強調するために使われていることが多い。すなわち，新しい右翼がファシズムやネオ・ファシズムのごとく暴力的な直接行動やテロ行為に走ることはなく，また反憲法，反デモクラシーの立場に立つものではないことを表すためにである。このような捉え方は，明らかに，新しい右翼の反憲法的，反デモクラシー的性格を重視する極右説と異なる。急進右翼と極右のこうした区別は，「ドイツの連邦憲法擁護庁（Bundesamt für Verfassungsschutz）」の見解とも重なる。擁護庁は，ドイツ憲法（基本法）の原理である「戦う民主主義」の立場に立って，非合法化すべき右翼集団を「極右（Rechtsextremismus）」，監視対象ではあるが，非合法とはされない右翼集団を「急進右翼（Rechtsradikalismus）」と規定している（村松 2010）。

とはいえ，新しい右翼が反憲法，反デモクラシーではないといっても，現行憲法，現在のデモクラシーをそのまま擁護，肯定しているわけではない。というよりも憲法，デモクラシーの現状に対しては厳しく批判している。そうした急進右翼の憲法へのスタンスと極右のそれとの違いをミュデは，前者を「憲法に反対（Verfassungswidrig, opposed to the constitution）」，後者を「憲法に敵対（Verfassungsfeindlich, hostile towards the constitution）」と表している（Mudde 2000：12）。デモクラシーに関していえば，急進右翼は，反デモクラシーではないが，ヨーロッパにおける現在の自由民主主義の基本的特徴である政治的多元主義，少数者の保護など，つまりその自由主義的側面には反対の立場をとっているといえるのである（Mudde 2007：25）。

4　急進右翼ポピュリズム説

この説は，まずベッツが主張して，リュトグレン，ザスラブなどが支持している（Betz 1994；Rydgren 2006；Zaslove 2011）。ミュデは，ポピュリスト的急進右翼（populist radical right）といったいくぶん異なる表現をしているが，急進右翼とポピュリズムの両面を重視する点では同じ立場に立っている（Mudde 2007）。

この説に立つ論者達は，急進右翼の言葉でもって，新しい右翼が極右説のいうように反デモクラシーの立場に立つものではないという点を強調するとともに，ナショナリズム，より限定的にいえば「移民排斥主義（nativism）」，あるいは「権威主義（authoritarianism）」といったイデオロギーを中心的な特徴としていることを表そうとしている（Mudde 2007：15-23）。

つまり，ナショナリズムといえども開放的でリベラルなそれではなく，ゼノフォービアと結びついたナショナリズムつまり移民排斥を主張する立場である。ただ，新しい右翼は，かつてのファシズムのように生物学的人種主義や人種間の優劣を主張するのではなく，差異への権利を承認しつつ民族の棲み分けの見地，つまり「民族多元主義（ethno-pluralism）」の立場から移民排斥を唱えるのである（Rydgren 2006：10-11）。

権威主義は，リンスが非民主主義の体制の一類型を表すために使った体制概念としての権威主義ではなく，フロムやアドルノなどがファシズムを支持した人々の分析から引き出した社会心理学的概念である権威主義的パーソナリティに連なる内容のイデオロギーである。秩序づけられた社会を信じ，権威の蹂躙は厳しく罰すべきだと考える。行動としては，権威ある者への服従と自己より弱い者への攻撃として現れる。もちろん，新しい右翼は反エリートの立場であり，それゆえに服従すべき権威は既成のエリートではなく新しい右翼を率いるカリスマ的リーダーであるのだが。

急進右翼ポピュリズム説では，そのような急進右翼の要素に加えてポピュリズムの要素を併せ持つところに新しい右翼の特徴があるとされるのであるが，ポピュリズムの特徴づけ自体に関しては2で取り上げたタガートらの認識と変わりはない。

5　新しい右翼とポピュリズム概念

新しい右翼に関わる4つの説を紹介してきたが，次いで新しい右翼にポピュリズム概念を適用することに異論を唱えている主張を取り上げて，定義をめぐる論争をもう少し掘り下げてみよう。

新しい右翼にポピュリズム概念を適用することに最も批判的なのは，極右説に立つ論者達である。彼らの批判点は大きくは2つある。1つは，ポピュリズムの概念内容の妥当性，適切性の問題であり，もう1つは，ポピュリスト，ポピュリズムという用語を用いることの客観的効果の問題である。

前者については，カーターが，ポピュリズムは特殊な政治的イデオロギーであるというよりも特定の政治スタイルないしは政治の形態を指すものとみなすべきであると述べている。そうであればポピュリズムの言葉は，新しい右翼つまり極右政党のある一定部分の特徴を捉えるものとしては有意味だが，他の政党と区別される極右の本質的特性を捉えるものとしてはほとんど有効ではない，というのである（Carter 2005：23）。

後者に関しては，イートウェルが，フランスの国民戦線やオーストリア自由党が自らをポピュリストとして描いた事例を挙げて，ポピュリストという形容が新しい右翼が実際には極右ではないという主張を根拠づけるために用いられたり，またポピュリズムという言葉が新しい右翼を真の民主主義者として正当化しがちであることを問題視している（Eatwell 2003：64；2004：12）。

これに対してポピュリズム説に立つ主要な論者は，政治のスタイル，形態等もポピュリズムの重要な特徴だが，それらの土台にあるイデオロギーこそがポピュリズムの中心的な特徴をなすと考え，またポピュリズムをアプリオリに反デモクラシーとみなすという立場を否定する（Abts and Rummens 2007：405-406）。

ただ，ポピュリズムの中心的な特徴をイデオロギーに見るといっても，そのイデオロギーは，政治の世界についての包括的な図を与える，たとえば自由主義や社会主義などのような「完全な（full）」イデオロギーではなく，コアとなる部分が限られた「希薄な（thin-centerd）」イデオロギーとでもいうべきものだとされる（Canovan 2002：32；Freeden 1998：750）。「希薄な」イデオロギーであるがゆえに，ポピュリズムは，実際の表れとしては保守主義や自由主義などの他のイデオロギーと結びつき，また左翼である場合も右翼である場合もあり，そして上から組織化されることも下から組織化されることもあるという（Mudde and Kaltwasser 2011：5,7）。つまりは文脈によって表れが異なる「カメレオン」のごとき性格をもつとされるのである（Taggart 1995：37）。

6　ポピュリズムとデモクラシー

新しい右翼とデモクラシーの関係については，急進右翼説の論者において新しい右翼が反デモクラシーではないことを表すために極端（extreme）ではなく急進（radical）の言葉が使われていることはすでに述べたが，ポピュリズム説に立つ主要な論者はポピュリズムのイデオロギーとしての特徴を掘り下げて，ポピュリズムが単に反デモクラシーの立場に立つものではないだけでなく，その台頭が今日のデモクラシーに内在する亀裂，矛盾から必然的に生じていることを明らかにしようとする。

カノヴァンによれば，現代のデモクラシーは政治の「解放的（redemptive）」的側面，スタイルと「実際的（pragmatic）」側面，スタイルが交わる場として理解することができるが，両者の間に常に葛藤とギャップが存在するという。そして，2つの側面の葛藤は次のような3つの有り様において表されるとされる（Canovan 1999：9-14）。

1つは，デモクラシーは，解放的側面から見れば，主権者である人民が行為を通じてよりよき世界を実現するという約束を意味するのに対して，実際的な側面で見れば，紛争を内乱や抑圧に陥らないように平和的に解決するための1つの方法である。2つには，デモクラシーは，解放的側面から見れば正統的権威の唯一の源泉である人民の権力を理想とするのに対して，実際的側面においては統治の1つの形態，すなわち複雑な社会において多くの政体の内の1つを運営する方法にすぎない。そして3つには，デモクラシーは，実際的側面でいえば，権力を制限するのみならず，それを作り出し，またそれを効果的にするための制度を意味するのに対して，解放的側面においては強い反制度的衝動つまり直接性，自発性，そして制度がもたらす阻害の克服への空想的な衝動として現れる。そうしたデモクラシーの2つの側面のギャップの拡大，つまり具体的には実際的側面の過剰，いいかえれば解放的側面の過小が，ポピュリズムを呼び起こすのである（Arditi 2004：138）。

カノヴァン自身は認めていないが，デモクラシーの実際的側面と解放的側面の区別は，現代のデモクラシーすなわちリベラル・デモクラシーの原理における2つの柱であるリベラリズムとデモクラシーの区別と内容的にはほぼ重なりあっている（Canovan 1999：10；Abts and Rummens 2007：411）。つまり，解放的側面と実際的側面との間の矛盾とはリベラリズムとデモクラシーの間のそれであり，より具体的にはリベラリズムの側面が強まることによってデモクラシーとの乖離が深まることと捉えることができる。

だとすれば，デモクラシーのリベラルな形態としての代表制デモクラシーが民意を十分に汲みとれずに機能不全に陥っている今日の先進国の政治状況においては，ポピュリズムの出現はある意味で必然的であるといえる。ミュデは，ポピュリズムの言説が今や西欧の民主主義政治においては主流になっているといい，そうした状況を「ポピュリズム的時代精神（populist Zeitgeist）」と呼んでいるのである（Mudde 2004：562）。

とはいえ，カノヴァン，ミュデらがポピュリズムの必然性を認めたからといって，ポピュリズム的解決方法までもすべて支持しているわけではない。ポピュリズムは，代表制デモクラシーに替えて直接デモクラシーを希求するが，そこではより大きなリーダーシップに重きがおかれて，人民のより多くの政治参加は軽んじられていること，あるいは人民の同質性，一体性が強調されることによって，異質なものが排除されがちであることを指摘することも忘れてはいない（Mudde 2004：557-558；Taggart 1995：37）。

4　新しい右翼はなぜ支持されるのか——台頭および成功の要因をめぐって

1980年代に台頭してくる新しい右翼に関する研究は，当初は一定の時期における個別の国の研究が中心であったが，1990年代中頃になると本格的な比較研究が登場するようになる（Betz 1994；Kitschelt 1997）。それらの比較研究においては，新しい右翼をどう定義づけるかという上記3で述べた問題とともに，1980年代以降に新しい右翼がなぜ台頭したのか，また一方で成功した右翼があれば他方で失敗した右翼もあるというのはなぜかといった問題が重要な論点となった。

そうした新しい右翼の台頭および成功・失敗の要因をめぐってはその後多様な議論が展開されたのであるが，それらの議論を最初に包括的にレビューしたのはイートウェルであり，それをさらに発展させてより精緻に論点を整理したのはミュデである（Eatwell 2003；Mudde 2007；島田 2011）。ここではミュデの整理に主として依拠しながら，新しい右翼の台頭および成功・失敗の説明要因について検討してみることにする。

ミュデの議論の特徴は，新しい右翼の台頭，成功・失敗に関する説明要因を「需要側（demand-side）」と「供給側（supply-side）」に区別しつつ，マクロ，メゾ，ミクロの3つのレベルに分けて論じるというイートウェルの整理を引継ぎながら，さらに供給側を外部，内部に分けるとともに，政党の発展サイクルとして「躍進（breakthrough）」期とその後の「存続（persistence）」期に区分して要因を定めようとしたところにある。

1　需要側の説明要因

ミュデを含めて最近の研究では，需要側と供給側の要因に関しては，後者が重視されていることから，前者については簡略に触れることにする。需要側の要因とは，新しい右翼，すなわちミュデの場合ではポピュリスト急進右翼のことであるが，その台頭をもたらす社会経済的な発展，変化の要因のことを指す。その中でマクロレベルの要因に焦点を合わせて説明しようとしたものとしては次の4つの説があるとされている。

1つは「近代化説（modernization (s) thesis)」である。この説は，今日の局面ではグローバリゼーション，脱工業化，脱近代化などといった要因を重視する説となって現れているが，いずれにせよ新しい右翼を近代化――産業化とそれに伴う諸変化――への反対者とみなし，その台頭の理由を「近代化の敗者（modernization losers)」をひきつけることに成功したことに求める（Minkenberg

2000)。

２つ目は「危機説（crisis thesis)」である。危機を現実のものとみるか，想像上のものとみるか別として，何らかの危機への対応として新しい右翼の台頭をみるという見方は一般的である（Taggart 2000：4)。その危機の内容をめぐっては，経済的危機を重視する説と政治的危機を重視する説に分かれる。前者に関しては，失業率の高さと新しい右翼の選挙における成功とを関連づける研究などがそれに該当する（Zimmermann and Saalfeld 1993)。後者には，政治への信頼の低下，不満の増大やデモクラシーへの不支持が新しい右翼への投票に導くことを明らかにしたり，また政党の「カルテル化（cartelization)」，政治的クライエンテリズムと政治腐敗などが選挙民の憤りや政治的選択肢のなさへの反発を生んで，それが新しい右翼への支持に結びつくといったことを論じる研究などが当てはまる（Taggart 1996；Kitshelt 1997)。

３つ目は，「民族的反感説（ethnic backlash thesis)」である。これは，新しい右翼の台頭を何よりも民族的脅威に対する多数派国民の受動的な反応としてみる説である。その脅威は，西欧地域では非ヨーロッパ系移民によって，東欧地域では国内の少数民族によってもたらされると考えられている。昨今では，新しい右翼台頭の最大の要因を移民に求めるこの説がもっとも有力である（Schain *et al.* 2002：11；島田 2011 1-25)。

最後の４つ目は「権威主義の遺産説（authoritarian legacy thesis)」である。この説では，南欧および東欧の新民主主義諸国が新しい右翼の影響を受けやすいのは，それらの国におけるかつての体制下における権威主義的教育によるものだとされる（Mudde 2007：216-217)。

次いで需要側におけるメゾレベルの要因であるが，このレベルはミクロとマクロの間にあるあらゆる領域をカバーするものであり，より具体的には個人が属してその中で知識や規範を修得するところの，たとえば家族や学校，あるいは政党といった地域的組織がそれに当たるとされる。またこのレベルの要因は，個人のレベルに近いがゆえに，社会的コンテキストと個人の行動との連関をより説得的に描くことを可能とする。しかし，このメゾレベルは，イートウェルが重要性を指摘した以外では，従来の研究ではほとんど軽視されたとされている（Eatwell 2003：68；Mudde 2007：217-219）。

需要側におけるミクロレベルと関わっては，新しい右翼として自己を位置づける態度や選挙民の不安感と投票行動との間の相互関係を重視する研究がある。前者は，新しい右翼のイデオロギー的立場に自らを位置づける人々，つまり移民に対する排斥主義の態度，権威主義的態度，政治体制への反感をもつ選挙民が新しい右翼に投票するとみる説がそれに当たる（Betz 1994）。後者は，マクロ的な社会経済的変化の結果として選挙民が不安感をもつようになり，それが新しい右翼への投票の動機づけになっていると主張する説が該当する（Christoffeson 2003）。

以上，需要側の要因を整理してきたが，ミュデのみならずイートウェル，カーターなども，新しい右翼の台頭，成功・失敗に関わる従来の研究は需要側，なかでもそのマクロレベルの要因に説明を求めるものがほとんどであったと指摘している（Eatwell 2003：68；Carter 2005：3）。だが，マクロレベルの要因がミクロレベルの行動にどのように影響するかは理論化されていないし検証もされていない。確かにグローバリゼーションなどのようなマクロな過程が移民排斥主義，ポピュリズムのようなミクロレベルの態度を生みだすかもしれないが，そのことが直ちに新しい右翼の選挙における成功をもたらすとはいえない。というのは，マクロレベルの過程はヨーロッパ諸国に対して同等の影響を与えており，それゆえにそれらの諸国において同様のミクロレベルの態度を変わりなく生みだしていると考えられるからである。

結局のところ，需要側の要因に着目するだけでは，新しい右翼の成功の度合が国毎に顕著に異なっていることの説明がつかないのである。需要側の要因は，どういう選挙民がなぜ新しい右翼に投票する可能性があるのかについて説明することができても，実際に誰がなぜ投票するのかについては説明できないのである。そのことを説明するためには，選挙民の態度と投票行動との関連を明らかにする必要があり，その説明はメゾレベルの過程に求められる。そして，そのメゾレベルの過程の理解にとって決定的なのは供給側の要因なのである（Mudde 2007：229-231）。

2　供給側の説明要因

供給側への注目は新しい右翼に関する研究の発展段階とも関わっている。1980年代にヨーロッパ全域で新しい右翼が台頭したのはなぜかといった問いから，国によってあるいは政党によって成功した事例と失敗した事例が生じているのはなぜかといった問いへの研究上の問題関心の変化が背景にあるといえる。2000年代に入って，イートウェルやミュデの他にカーター，ノリスなども供給側の重要性を指摘するようになっている（Carter 2005：2-8；Norris 2005：10）。

需要側は新しい右翼の成功を可能とする条件を説明するのに対して，供給側はそれを現実化させる条件を説明するものである。ミュデは，供給側をさらに内部的要因と外部的要因に分けている。内部的要因とは，行為主体としての新しい右翼それ自体に関わる要因のことを意味するのに対して，外部的要因は新しい右翼にとって外在的な要因，すなわち「政治的機会構造（political opportunity structures）」のことを指す。

(1)　供給側の外部的要因——政治的機会構造　まず供給側の外部要因である政治的機会構造を取り上げよう。これは新しい社会運動の研究から生まれた概念であり，「成功ないし失敗の予想に働きかけることにより，人々に集合的行動へのインセンティヴを与える，一貫性のある政治的な環境の諸次元」（Tarrow 1994：85）と定義づけられるものである。ミュデは，それをさらに制度的，政治的，文化的コンテキストに分けるとともに，それらに加えてメディアを取り上げている。

制度的コンテキストとして特に重要であるのは選挙制度である。選挙制度に関しては，一般的に新しい右翼にとって，小選挙区制は不利であり，比例代表制が成功するための必要条件であるとされている。いうまでもなくそれは，デュヴェルジェが，小選挙区制は機械的効果（制度が小政党を排除する）と心理的効果（選挙民は死票を恐れて小政党を回避する）によって大政党に有利に，小政党に不利に働くと述べたことからきている（デュヴェルジェ 1970：248）。この命題については，実証研究に基づいて肯定的に検証している論者もいるが（Swank and Betz 2003；Veugelers and Magnan 2005），他方新しい右翼の場合には対抗政党とあまりにも距離が離れていることから，次善の選択をするというような心理的効果が働かないことなどを指摘している論者もいる（Carter 2005：195-196；Norris 2005：124-125)。最近では選挙制度と新しい右翼の成功・失敗との関係は一義的ではないという立場をとる論者が多い。

政治的コンテキストについては，その鍵となるのは政党政治の競争的アリーナである。この点をめぐる有力な説は，キッチェルトらの「収斂化仮説（convergence thesis)」，つまり競争的アリーナにおいて左右の主要政党のイデオロギー，政策的距離が接近することによって，新しい右翼が参入しうる政治空間が生まれるという見方である（Kitshelt 1997)。多くの研究がこの説を経験的に証明しているが（e.g. Carter 2005)，他方でその説を反証した研究もある（e.g. Norris 2005)。また，イニャーツィは，主要右翼政党がいったんより右寄りのスタンスをとった後に中道の立場に移った場合，すなわち「分極化（polarization)」を経て収斂に向かった場合に，新しい右翼の支持が高まるといった考えを提示している（Ignazi 2006：207)。

文化的コンテキストについては，現在の政治的言説に対して国民的伝統や過去が果たす役割を含む，その国の政治文化は政治的機会構造における重要な部分をなす，とされている（Minkenberg 2001：5)。つまり，新しい右翼にとって，ファシズム期のホロコーストの経験が戦後における善悪の区別の中心的価値基準になっているような国では，負の烙印が押されて成功をおさめる度合いが低くなる。他方，ファシズムの経験があり，戦後においてもエリートが歴史修正主義の立場をとって移民排斥主義の下位文化を発展させたような国では，成功をおさめやすいのである（Mudde 2007：243-248)。

メディアと新しい右翼との関係に関する研究は必ずしも多くない（Mazzoleni 2003：2)。新しい右翼にとって，メディアへの露出は，それが好意的であればもちろん，否定的であっても，注目度が上がり，また彼らの提起する争点が目立つことになって，選挙における躍進に役立つ。ただ，メディアは，新しい右翼が取り上げる中心的争点を後押しする場合でも，同時に政党自身に対しては非難することがあったりして，新しい右翼にとって友でもあり敵でもあるとされる（Mudde 2007：248-253)。

供給側の外部要因である政治的機会構造に関して，ミュデは次のようにまとめている。これは，新しい右翼の成功・失敗を決定づける要因ではなく促進する要因である。また，政治的機会構造のなかでも政治的，文化的要因は，選挙における躍進の時期により重要な役割を果たす。ただ，政治的機会構造だけでは，他の政治勢力，政党ではなくなぜ新しい右翼が成功したのかについては説明がつかない。それを理解するためには需要側はもちろん新しい右翼それ自身，つまり供給側の内部的要因の解明が必要なのである（Mudde 2007：253-255）。

(2)　供給側の内部的要因　　供給側の内部的要因とは，先に述べたように新しい右翼それ自体に関わる要因であるが，それら内部的要因の中でも重要なのは，イデオロギー，リーダーシップ，組織の3つである。

イデオロギーの要因は，内部的要因の中でもっともよく言及されるものである。多くの研究者は，新しい右翼が成功するのは，実際にそうであるのか，戦略的にそうしたのかについては議論が分かれるが，古さではなく新しさを，極端さではなく穏健さを打ち出しえた場合，すなわちファシズム，ナチズムといった過去の極端主義と距離をおき，現在の不安へ対応するものとして自らを提示することができたときであることを明らかにしている（Mudde 2007：257；Ignazi 1992；Taggart 1996）。

リーダーシップの要因に関していえば，新しい右翼の成功にとってカリスマ的リーダーの存在は決定的に重要であることは間違いない（Taggart 1995：39）。しかし，カリスマ的リーダーがいても失敗する場合があり，逆にいなくても成功することもある。あるいはそうしたリーダーは人々の好悪がはっきり出やすいため，その存在が新しい右翼の発展の障害となる場合もある。また，カリスマ的で強くて有力なリーダーが成功するのは，多数決型のシステムあるいは指導者を国民が直接選ぶ大統領制などにおいてであるともされている（Mudde 2007：260-263）。

ところで，リーダーシップには2つのタイプがあって，カリスマ的リーダーのように選挙における躍進期に重要となる「外部的（external）」リーダーシップとは違って，政党の制度化，組織化の局面つまり存続期に大きな役割を果たす「内部的（internal）」,「現実的（practical）」なリーダーシップというものがある。（Mudde 2007：260)。イートウェルの場合は，それらを各々「求心的カリスマ（centripetal charisma）」と「同輩的カリスマ（coterie charisma）」という言葉で概念化している（Eatwell 2006)。

組織の要因については，新しい右翼の成功のもっとも重要な決定要因の1つであるとされたり（Betz and Stefan 1998：9)，成功のレベルの多様性を説明する上において鍵となるともいわれる（Mudde 2007：264)。また，新しい右翼の躍進の理由よりも存続の理由を説明する際により重要であるとされる（Schain *et al.* 2002：13)。それは，強力な政党組織が政党の一体性やリーダーシップの安定性を高めるからであり，それらがあってこそ既成政党が脅威を覚え，選挙民も支持を与えるからである（Betz 2002：212)。

新しい右翼の内部組織は，単純な構造と少ない構成員からなり，階統制的に構造化され，カリスマ的リーダーによって完全に支配されるという形，すなわち権威主義的で集権的な構造という形をとる。また，成功した新しい右翼は，強力なユース組織を持ち，それが組織の活力源となり，その存続を保証することになる。さらに，草の根組織や地域，地方の拠点をもつ新しい右翼は成功している，ともされている（Mudde 2007：269)。

ミュデは，以上のように整理した上で，次のようにまとめる。供給側の内部的要因を組み入れた理論枠組みは従来においてはほとんどなく，新しい右翼の成功・失敗は主として需要側の要因と供給側の外部的要因によって説明されてきた。だが，それは新しい右翼の躍進の説明においては妥当であるが，躍進以降の存続期における新しい右翼の多くの失敗事例を説明する上では，供給側の内部的要因が最も重要な変数となる，というのである（Mudde 2007：275-276)。

5　日本の現状への示唆

1980年代に登場したヨーロッパの新しい右翼は，30年にわたる歴史の中で，成功と失敗を数多く経験しながら，一定の国ではその政党システムにおいて無視しえない地歩を固めつつある。新しい右翼をめぐる局面は今日では躍進期から存続期に移ってきているともされている。そのような現実政治における多様な経験を踏まえて，研究の蓄積が進み，理論的な深化もはかられてきたことは本章で見てきたとおりである。

そうしたヨーロッパの状況と比較すると日本の様相はいくぶん異なる。ヨーロッパと違って，極右あるいは急進右翼の台頭が深刻に論じられることは，少なくとも今までは多くなかった。だが，日本でも小泉劇場型政治の出現以来，ポピュリズムは現代日本政治の問題状況を捉える言葉としてよく使われてきている。大阪府知事，大阪市長として熱狂的な支持を得ている橋下徹氏と大阪維新の会および日本維新の会の動きもポピュリズムの観点から注目されてきた。その日本維新の会が石原慎太郎氏率いる太陽の党と合流して国政へ進出し，2012年末の衆議院総選挙で第３党の議席を確保するまでに至った。この政治勢力が，国政においてどういう役割を果たすかについては今少し経過をみるしかないが，ヨーロッパの新しい右翼との比較において日本側の焦点になるであろうことは間違いない。そこで今後の比較研究において留意すべき論点を若干整理しておきたい。

橋下氏および日本維新の会の立場が政治スペクトル上において右翼に位置づけられるのは，彼および彼らの歴史認識や憲法へのスタンスから明らかである。

政党の発展サイクルとしては，まだ存続期に至っていないことは確かである。また，躍進期を数回にわたる選挙における安定した支持を得た場合を指すのだとすれば（Schain *et al.* 2002：9），地方選挙も含めてもその段階にまだ達していないとみるべきであろう。とはいえ，今回の総選挙で躍進の突破口を開いたことは間違いない。

イデオロギーとしては，住民が直接選挙で首長を選ぶ地方選挙の方式を最大限に活用しながら選挙至上主義，民意至上主義を唱えている点では，まさにポピュリスト的である。また，公務員がすべてエリートではないわけだが，恵まれた存在として公務員を描き，それを叩く様はポピュリズムの反エリート主義に連なる。経済政策とかかわっては，小さな政府，競争重視あるいはTPP参加の政策を見れば新自由主義的色彩が濃い。この点，新自由主義的経済政策重視から反移民など文化政治重視へと転換していったヨーロッパの新しい右翼の最近の動向とは異なる。

政治スタイルとしては，いうまでもなく橋下氏のカリスマ性に基づく強いリーダーシップ，また，扇動，誇張，挑発を用いたり，シンプルで直接的な言葉を使用したりするコミュニケーション手法，あるいはメディアへの露出などは，ヨーロッパのポピュリストと共通性がある。

以上，ヨーロッパの研究動向を踏まえて，今後ヨーロッパの新しい右翼と日本のそれとの比較研究を行う際に取り上げられるべき論点の一端を整理してみた。政治的機会構造や支持者の構成，組織のあり方など挙げなかった問題もある。それらも含めて本格的な検討は他日を期したい。

【参考文献】

イングルハート，ロナルド（1978）『静かなる革命――政治意識と行動様式の変化』三宅一郎・金丸輝男・富沢克訳，東洋経済新報社。

大嶽秀夫（2003）『日本型ポピュリズム――政治への期待と幻滅』中公新書。

――（2006）『小泉純一郎――ポピュリズムの研究』東洋経済新報社。

島田幸典（2011）「ナショナル・ポピュリズムとリベラル・デモクラシー――比較分析と理論研究のための視角」河原祐馬ほか編『移民と政治――ナショナル・ポピュリズムの国際比較』昭和堂，1-25頁。

デュヴェルジェ，モーリス（1970）『政党社会学』岡野加穂留訳，潮出版社。

松谷満（2012）「誰が橋下を支持しているのか」『世界』7月号，103-112頁。

村松恵二（2010）「『右極』概念の再検討」『青森法政論集』11号，75-90頁。

山口二郎（2010）『ポピュリズムへの反撃――現代民主主義復活の条件』角川書店。

山口定・高橋進編（1998）『ヨーロッパ新右翼』朝日新聞社。

吉田徹（2011）『ポピュリズムを考える――民主主義への再入門』NHK 出版。

吉武信彦（2005）「デンマークにおける新しい右翼――デンマーク国民党を事例として」『地域政策研究』（高崎大学地域政策学会）8巻2号，21-50頁。

Abts, Koen and Rummens, Stefan (2007) “Populism versus Democracy”, *Political Studies,* vol.55, pp.405-424.

Akkermann, Tjitske (2003) “Populism and Democracy: Challenge or Pathology?”, *Acta Politica,* vol.38, no.2, pp.147-159.

Albertazzi, Daniele and Mcdonnel, Duncan eds. (2008) *Twenty-First Century Populism: The Spectre of Western European Democracy,* London, Palgrave Macmillan.

Andersen, Jorgen G. and Bjørklund, Tor (2008) “Scandinavia and the Far Right”, in Davies,P. and Jackson, P. eds., *The Far Right in Europe. An Encyclopedia,* Oxford, Greenwood World Publishing, pp.147-163.

Arditi, Benjamin (2004) "Populism as a Spectre of Democracy: A Response to Canovan", *Political Studies,* vol.52, pp.135–143.

Art, David (2011) *Inside the Radical Right: The Development of Anti-Immigrant Parties in Western Europe,* Cambridge, Cambridge University Press.

Bell, Daniel ed. (1963) *The Radical Right: The New American Right Expanded and Updated,* Garden City, New York, Anchor Books/Doubleday.

Betz, Hans-Georg (1994) *Radical Right-Wing Populism in Western Europe,* New York, St Martins Press.

—— (2002) "Conditions Favouring the Success and Failure of Radical Right-wing Populist Parties in Contemporary Democracies", in Mény, Y. and Surel, Y. eds., *Democracies and the Populist Challenge,* New York, Palgrave Macmillan, pp.197–213.

Betz, Hans-Georg and Immerfall, Stefan eds. (1998) *The New Politics of the Right: Neo-Populist Parties and Movements in Established Democracies,* New York, St.Martin's Press.

Beyme, Klaus von (1988), "Right-Wing Extremism in Post-War Europe", *West European Politics,* vol.11, no.2, pp.1–18.

Canovan, Margaret (1981) *Populism,* New York, Harcourt Brace Jovanovich.

—— (1999) "Trust the people! Populism and the Two Faces of Democracy", *Political Studies,* vol.47, no.1, pp.2–16.

—— (2002) "Taking Politics to the People: Populism as the Ideology of Democracy", in Mény, Y. and Surel, Y. eds., *Democracies and the Populist Challenge,* New York, Palgrave Macmillan, pp.25–44.

Carter, Elizabeth (2005) *The Extreme Right In Western Europe: Success or failure?,* Manchester, Manchester University Press.

Christofferson, Thomas R. (2003) "The French Elections of 2002: The Issue of Insecurity and the Le Pen Effect", *Acta Politica,* vol.38, no.2, pp.109–123.

Eatwell, Roger (2003) "Ten Theories of the Extreme Right", in Merkl, P. H. and Weinberg, L. eds., *Rightwing extremism in the twenty-first century,* London, Frank Cass, pp.47–73.

—— (2004) "Introduction: the New Extreme Right Challenge", in Eatwell, R. and Mudde, C. eds., *Western Democracies and the New Extreme Right Challenge,* London, Routledge, pp.1–16.

—— (2006) "The Concept and Theory of Charismatic Leadership", *Totalitarian Movements and Political Religions,* Special Issue, vol.7, no.2, pp.141–156.

Freeden, Michael (1998) "Is Nationalism a Distinct Ideology?", *Political Studies,* vol.46, no.4, pp.748–765.

Hainsworth, Paul (2008) *The Extreme Right in Western Europe,* London and New York, Routledge.

Heinisch, Reinhard (2003) "Success in Opposition — Failure in Government: Explaining the Performance of Right-wing Populist Parties in Public Office", *West European Poli-*

tics, vol.26, no.3, pp.91–130.

Ignazi, Piero (1992) "The silent counter-revolution: Hypotheses on the emergence of extreme right-wing Parties in Europe", *European Journal of Political Research*, vol.22, no.1, pp.3–34.

—— (2006) *Extreme Right Parties in Western Europe* [paperback edition], Oxford, Oxford University Press.

Ionescu, Ghita and Gellner, Ernest eds. (1969) *Populism: Its Meanings and National Characteristics*, London, Weidenfeld & Nicolson.

Kitschelt, Herbert (in collaboration with Anthony. J. McGann) (1997) *The Radical Right in Western Europe: A Comparative Analysis* [paperback edition], Ann Arbor, The University of Michigan Press.

—— (2007) "Growth and Persistence of the Radical Right in Postindustrial Democracies: Advances and Challenges in Comparative Research", *West European Politics*, vol.20, no.5, pp.1176–1206.

Mazzoleni, Gianpietro (2003) "The Media and the Growth of Neo-populism in Contemporary Democracies", in Mazzoleni, G. *et al.* eds., *The Media and Neo-populism: A Contemporary Analysis*, Westport, Praeger, pp.1–20.

Mény, Yves and Surel, Yves (2002) "The Constitutive Ambiguity of Populism", in Mény, Y. and Surel, Y. eds., *Democracies and the Populist Challenge*, New York, Palgrave Macmillan, pp.1–21.

Minkenberg, Michael (2000) "The Renewal of the Radical Right: Between Modernity and Anti-modernity", *Government and Opposition*, vol.35, no.1, pp.170–188.

Minkenberg, Michael (2001) "The Radical Right in Public Office: Agenda-setting and Policy Effects", *West European Politics*, vol.24, no.4, pp.1–21.

Mudde, Cas (1996) "The War of Words: Defining the Extreme Right Party Family", *West European Politics*, vol.19, no.2, pp.225–248.

—— (2000) *The Ideology of the Extreme Right*, Manchester, Manchester University Press.

—— (2004) "The Populist Zeitgeist", *Government and Opposition*, vol.39, no.3, pp.541–563.

—— (2007) *Populist Radical Right Parties in Europe*, Cambridge, Cambridge University Press.

Mudde, Cas and Kaltwasser, Cristóbal R. (2011) "Voices of the Peoples: Populist in Europe and Latin America Compared," Working Paper no.378, The Helen Kellogg Institute For International Studies, University of Notre Dame.

Norris, Pippa (2005) *Radical Right: Voters and Parties in Electoral Market*, Cambridge, Cambridge University Press.

Rooduijin, Matthijs and Pauwels, Teun (2011) "Measuring Populism: Comparing Two Methods of Content Analysis", *West European Politics*, vol.34, no.6, pp.1272–1283.

Rydgren, Jens (2002) "Radical Right Populism in Sweden: Still a failure, but for How Long?", *Scandinavian Political Studies*, vol.26, no.1, pp.26–57.

―― (2005) "Is extreme right-wing populism contagious? Explaining the emergence of a new party family", *European Journal of Political Research,* vol.44, no.3, pp.413–437.

―― (2006) *From Tax Populism to Ethnic Nationalism: Radical Right-wing Populism in Sweden,* New York, Berghahn Books.

Schain, Martin *et al.* (2002) "The Development of Radical Right Parties in Western Europe", in Schain, M. *et al.* eds., *Shadows over Europe: The Development and Impact of the Extreme Right in Western Europe,* New York, Palgrave Macmillan, pp.3–17.

Swank, Duane and Betz, Hans-Georg (2003) "Globalization, the welfare state and right-wing populism in Western Europe", *Socio-Economic Review,* vol.1, no.2, pp.215–245.

Taggart, Paul (1995) "New populist parties in Western Europe", *West European Politics,* vol.18, no.1, pp.34–51.

―― (1996) *The New Populism and New Politics. New Protest Parties in Sweden in a Comparative Perspective,* London, Macmillan.

―― (2000) *Populism,* Buckingham, Open University Press.

Tarrow, Sidney (1994) *Power in movement: social movements, collective action and politics,* Cambridge, Cambridge University Press.

Veugelers, John and Magnan, André (2005) "Conditions of far-right strength in contemporary Western Europe: an application of Kitschelt's theory", *European Journal of Political Research,* vol.44, no.6, pp.837–860.

Zaslove, Andrej (2011) *The Re-invention of the European Radical Right: Populism, Regionalism, and the Italian Lega Nord,* Montréal, C, McGill-Queen's University Press.

Zimmermann, Ekkart and Saalfeld, Thomas (1993) "The Three Waves of West German Right-wing Extremism", in Merkel, P. H. and Weinberg, L. eds., *Encounters with the Contemporary Radical Right,* L., Boulder, Westview Press, pp.50–75.

第Ⅱ部

ポピュリズムの諸相

第4章

ドイツにおける抗議・市民運動としての右翼ポピュリズム

——プロ・運動の事例を中心に——

中谷　　毅

1　ドイツにおけるポピュリズムとそれを巡る議論

1　ポピュリズム概念を巡って

19世紀のアメリカ合衆国や20世紀の南米における歴史的概念としてのポピュリズムはともかく，この概念が近年ジャーナリズム，政治学あるいは社会学などの分野で頻用されるようになった背景には，1980年代から90年代にかけての西ヨーロッパにおける新しい政治勢力の大躍進があるといってよかろう。ドイツにおいてもこうした認識は共有されており，たとえば，1980年代半ば以降多くの西欧諸国で新種の系統の政党が誕生し，それを表す言葉として学界やジャーナリズムで「右翼ポピュリズム的（rechtspopulistisch）」という概念が定着していき，10年遅れの1990年代末に政治学でポピュリズム研究が盛んになったという指摘（Decker 2006：9-11），1970年代に右翼ポピュリズムの第1の波——　デンマークおよびノルウェーの進歩党，スイス国民党，フランスの国民戦線（FN），ベルギーのフラームス・ベラング（VB）の興隆——が始まり，退潮することなく，1990年代にはさらなる波がスウェーデンの新民主党，真正フィン人党，イタリアの北部同盟，1986年以降J.ハイダーによってエスノナショナリスティックな政党に変貌したオーストリア自由党，オランダのフォルタイン党，進歩党から分裂したデンマーク国民党，さらには中東欧の諸政党と共に押し寄せたとする指摘（Priester 2012：3）がある。

では，ドイツ政治における右翼ポピュリズム政党の台頭，さらにはそれに関する研究状況はどうであろうか。右翼ポピュリズム政党がヨーロッパ諸国の国政レベルで成功を収めていく中で，ドイツ国内においてこの種の政党と位置づけられる勢力の出現は遅れ，注目度も決して高くなかった。社会学者のK. プリースターによれば，「ドイツでは右翼ポピュリズムのフィールドは断片化されている」が，この国でも1990年代以降いくつかの運動に至ったとし，ドイツのための攻勢，自由市民連盟，シル党，プロ・運動，自由の党をその例として挙げている（Priester 2012：3)。政治学者のF. デッカーとF. ハルトレプもヨーロッパ規模での比較において，ドイツでは政党に組織化された右翼ポピュリズムが分裂的でわずかな成功しか収めていないとする。そして，それは政党の出現が遅れただけでなく，成功といっても地方自治体および州レベルに限定され，たいていは短期間の現象に過ぎなかったことから推測できるように，ドイツにはこうした現象に明らかに免疫があったようだと主張する（Decker and Hartleb 2006：191)。

西ヨーロッパ諸国ではすでに80年代には右翼ポピュリズムという形容が付く政党が世間の耳目を集めて，各国の政党制の一角に地歩を固めはじめ，この概念が徐々に分析概念として認知されていったのに比して，ドイツではこの種の勢力の伸張自体が遅れ，右翼急進主義（Rechtsradikalismus：radical right）／右翼過激主義（極右）（Rechtsextremismus：extreme right）といった概念の有効性が優勢であったこととも相まって，右翼ポピュリズム研究も遅れたように思われる。[1)]とはいうものの，今日の右翼ポピュリズムという現象の萌芽は以前から存在するわけで，ここではまずその発生・盛衰の経緯を素描しておく。なお，ポピュリズム研究では左翼ポピュリズムをもその対象に含める場合もあるが，ここでは右翼ポピュリズムのみを扱う。

2　ドイツにおけるポピュリズム

ポピュリズム概念の定義は難しく，論者によってドイツのポピュリズム政党の説明はまちまちである。ここではそのうちの２例を紹介する。

デッカーとハルトレプは「成果無しの歴史」期の右翼ポピュリズム政党として共和党，代替党（Statt-Partei），自由市民連盟を挙げている（Decker and Hartleb 2006：193-196）。まず，党首F.J.シュトラウスによる旧東ドイツへのクレジット供与に反発した元CSU（キリスト教社会同盟）連邦議会議員らが1983年に設立した共和党は，社会的不安をあおり外国人・マイノリティへのルサンチマンに訴えるシェーンフーバーが党首の時代に右翼過激主義への架橋を強化し，1989年ベルリン市議会で7.5％，その数ヶ月後にヨーロッパ議会選挙で7.1％を獲得し，1992年には10.2％でバーデン－ヴュルテンベルク州議会に進出するという成果を収めた。しかし，その後は党内紛争や分裂などで党勢が衰えていった。

中道の市民抗議運動として自己理解していたとされる代替党は，ハンブルク州キリスト教民主同盟（CDU）の内紛から1993年に有権者団体として誕生した。「政党国家」への批判が中心であり，重要な政治分野への言明も断片的で，共和党と違い右翼が掲げる欧州連合（EU），治安，移民といったテーマにも言及する程度であり，その限りで「*右翼*ポピュリズム的（斜字は原文）」とは必ずしもいえないとされる。この党は1993年のハンブルク市議会議員選挙で5.6％を獲得し，社会民主党（SPD）に協力（連立という表現の使用は拒否）するが，その後，連邦レベルの政党への変容を巡る内紛や1994年の国政進出の失敗が続き，また，右翼過激主義勢力の浸透が疑われるなどして，党勢を失っていった。

マーストリヒト条約に反対した元バイエルン州自由民主党（FDP）委員長M.ブルンナーが中心になって1994年に設立した自由市民連盟は，その年のヨーロッパ議会選挙に焦点を合わせたが1.1％の得票に終わり，その後，州および地方自治体レベルでの選挙でも成果を上げられなかった。ヨーロッパ共通通貨への反対と並んで犯罪撲滅，移民問題などをテーマに，オーストリアのハイダーとの協力にも乗り出したが，この協力は党内不満を生むことになった。ヘッセン州議会議員H.カッペルの「ドイツのための攻勢」と融合したが，右翼過激主義政党との関係を巡ってブルンナーとカッペルの対立が生じ，1999年，前者が党を去り，2000年夏には党自体が解体した。

右翼ポピュリズム政党で最も成功した例にハンブルクで2000年に誕生したシル党がある（Decker and Hartleb 2006：196-200）。正式名は「法治国家的攻勢党（Partei Rechtstaatlicher Offensive：PRO）」であるが，設立者のR.B.シルの名前からこう呼ばれる。1990年代末の厳しい判決がハンブルクの刑事裁判官シルの名を世に知らしめた。マスメディアに「慈悲なき裁判官」と命名されたシルは治安のエキスパートとして「法と秩序」を訴え，2001年のハンブルク州議会議員選挙で19.4％という高得票率で議会進出を果たした。その後，2002年のザクセン－アンハルト州の州議会選挙では５％条項に阻まれ，同年の連邦議会選挙でも0.8％という結果であった。そして，この党も内紛や分裂などで勢いを失っていった。

ルカルディも上の４党などをポピュリズム政党として挙げているが，彼はドイツでは右翼過激主義に位置づけられてきた次の２つの政党にもポピュリズムの要素を見出している（Lucardie 2007：42-45）。1964年創設のドイツ国家民主党（NPD）は初期においては一義的にポピュリズム的とはいえなかったが，近年は民族的ナショナリズムおよび社会主義と結びついてポピュリズムが顕著に現れているという。新行動綱領では「支配的政党カルテル」と「自由資本主義的政党寡頭制」が「民族共同体」の敵と位置づけられ，「支配的諸政党が推進する多文化主義的狂乱は民族共同体に対する意図された攻撃として見なしうる」とされる。そして，国民投票と連邦大統領の直接選挙の要求の他，司法は「民族の法感覚を考慮」しなければならないので，裁判官も民族によって選出されるべきとされる。こうしたイデオロギー的な急進化が新しい党員や有権者をもたらし，2004年のザクセン州議会選挙，2006年のメクレンブルク－フォアポメルン州議会選挙で議会進出を果たし，2005年の連邦議会選挙では1.6％を獲得した。

1971年創設のドイツ民族同盟（DVU）は1987年以降選挙戦に加わり，ブレーメン州やブランデンブルク州，ザクセン－アンハルト州で成果を上げてきた。綱領上，この党はほとんど進展していない。DVUはNPD同様，特にドイツのアイデンティティとドイツの利益の保持を要求する。既存政党と政治家は「言論産業と結んで，ドイツを「EU」のような多民族国家において解体」しようとしていると主張する。ポピュリズムは綱領では隠れているが，DVUと関係のある，G.フライ編集の「国民新聞」における論説などに浸透しているという。そこでは，「民族意思を全く無視して」，「政治および経済における政治階級が過度に私腹を肥やしている」などと記されている。

以上のような分析から，ドイツでも1980年代に共和党のような右翼ポピュリズム政党として位置づけられる勢力が登場し，さらに1990年代に本格的に複数の右翼ポピュリズム的小政党が設立され，2000年結党のシル党が一時的に大成功を収めたことが確認できる。さらに近年の言説からNPDやDVUといった右翼過激主義政党から右翼ポピュリズム的要素を抽出する見解も存在する。もっとも，ルカルディが引用した両党の主張には民族共同体といった概念が強調されるなど，むしろその特殊右翼過激主義的傾向が看取できるのであり，ここまで射程を広げると右翼ポピュリズムの守備範囲は非常に広くなる。

プリースターは，フランスの研究者が1980年代にそれまで右翼過激主義的とされてきたFNにナショナルポピュリズム的という表現を用いたことを指摘したうえで，右翼過激主義とポピュリズムの混交が一方では前者の瑣末化と平凡化を意味し，他方で前者における現代化の一押しを喚起したとする（Priester 2010：33)。本章では右翼ポピュリズム概念の内容の検討には深入りできないが，上記の例からしても両者の境界線は流動的であり，峻別することは難しいと考える[2)]。

2　ポピュリズム勢力としてのプロ・運動

1　プロ・運動の誕生と発展

ドイツのポピュリズム政党は短期のうちに党勢を失い解散したか，あるいは細々とその存在を維持するに過ぎないことは上記の通りである。そうした中で今日最も話題になるのが，プロ・ケルン，プロ・ノルトライン－ヴェストファーレン（NRW)，プロ・ドイツなどの諸組織で有名なプロ・運動（PRO-Bewegung）と呼ばれる選挙集団である。この集団の研究を先導してきたA.ホイスラーは「プロ・ケルンを発生形態とし，プロ・NRW，プロ・ドイツというその転用モデルによるプロ・運動は過激主義的右翼の新しい選挙集団（Wahl-gruppierung）である。この集団は「市民運動」としてカムフラージュされており，大聖堂の街ケルンからNRWへ，さらには全ドイツへと拡大を試みている」と表現し，この組織を本質的には右翼過激主義と断じている（Häusler 2011：1）。

この選挙集団の中で最初に設立されたのはプロ・ケルン（Bürgerbewegung pro Köln e.V ＝ケルンのための市民運動協会：1996年設立）であるが，幹部の数名は1991年に誕生した政党「民族および故郷のためのドイツ連盟（DLVH）」のメンバーであった。DLVH設立のメンバーにはNPDや共和党の活動家や幹部が名を連ねた。DLVHのNRW州の拠点はケルンで，「多犯罪社会」に対する扇動を行い，既にこの頃からベルギーのVBなどの団体とも関係を強化していた。

1996年10月，政党としてのDLVHは解散し協会に変容したが，同年夏には協会としてプロ・ケルンが創設され，初代党首にはNPDおよびDLVHの元党員S.メラーが就任した。1999年のNRW州地方選挙でケルンDLVHは大敗を喫し（0.1%），これを契機にプロ・ケルンへ鞍替えする者が多数出た[3)]。プロ・ケルンは1999年の市長選で，結果は0.3%という敗北に終わったが，元共和党員を候補者として擁立した。その後，後述のようなテーマを掲げ選挙戦に乗り出し，2004年には市議会議員選挙で4.7%，4議席を確保し，また，9つあるケルン地区議会のすべてで計12名の議席を獲得した（Killguss, *et al.* 2008：55-65）。その後，2009年の市議会議員選挙では5.36%を獲得し，90議席中5議席を確保している（各党の議席は次の通りである。SPD：25，CDU：25，緑の党：20，FDP：9，左翼党：4，その他：2）。

2005年以降，ケルンでの成功モデルを他の市町村に転用して，中長期的に州・連邦レベルで政治力をつける努力が始まった。この結果，最初に政党として誕生したのがプロ・ドイツ（Bürgerbewegung pro Deutschland ＝ドイツのための市民運動：2005年設立）で，党首にはケルン市議会議員M.ロースが就任した。一連の幹部や党員は共和党出身で，プロ・ドイツやこれと関係のある集団の活動はニーダーザクセン州，ヘッセン州，ブランデンブルク州など多数の州で行われているが，プロと名のついた地域組織であればすべて支援するわけではなく，プロ・ドイツ公認の郡組織はごくわずかである。

もう１つの重要な組織がプロ・NRW（Bürgerbewegung pro Nordrhein‐Westfalen＝NRWのための市民運動）であるが，こちらは2007年２月に協会として設立された。目標は「NRW州の独立した有権者諸団体を調整し，束ねること」である。プロ・ケルンの指導者M.バイズィヒトがこの組織でもトップに据えられた。同年９月の「設立党大会」では「州全体に行き渡る地域政党への変身が全会一致で」決議された。こうしてこの組織は，2009年の市町村議会選挙と2010年の州議会選挙への参加を目指し，「州規模での反イスラム・キャンペーン」を宣言した。

ただし，プロ・ケルンから派生したこの兄弟政党は必ずしも折り合いが良くない。プロ・NRWの幹部の多数派にとってはロースによる全国展開のテンポが速すぎ，またロースが代表にふさわしくないと考えられているからである。さらに，少なくとも初期の段階では，右翼過激主義，特にNPDとの離間をどれほど積極的に見せるかを巡っても違いがあった（Peters, *et al.* 2008：72–79）。

以上のように，バイズィヒトとロースの方針の違いもあり，プロ・運動は必ずしも完全な一枚岩ではないが，両者の協力の枠組みも一応構築された。2010年６月，レーヴァクーゼンでプロ・運動の上部組織の協会，プロ・運動（Die Pro-Bewegung）が設立されたことをプロ・NRWやプロ・ドイツのホームページが伝えている。後者では，「規約によるとこの協会の目的は市町村と州における様々な独立したプロ・政党および団体の政治活動を全ドイツ規模で調整し，決定すること」であり，「重要なプロ・団体の地域を越えた意義ある選挙参加や政治活動は全て将来的にはこの指揮委員会で協議され，合意によって調整されることになる」と記されている。この設立集会ではプロ・ケルンおよびプロ・NRWの党首バイズィヒトが委員長に，プロ・ドイツ党首のロースが副委員長に選ばれた。

2011年ベルリン州議会選挙では，プロ・ドイツのベルリン州組織が選挙戦を戦い，1.2％（１万7829人）の得票率を獲得した。NPDは2.1％で，前回比0.5％減であった。また，2012年NRW州議会選挙でプロ・NRWは1.5％（11

万8270人，前回比0.1％増）を獲得し，NPD の得票率0.5％（前回比0.2％減）を上回る結果となった。しかし，共に州議会進出を果たせなかった。

2005年以降，上記組織以外にもこれらとなんらかの関係を保つ諸集団が諸州，さらには様々な市町村で誕生している。また，旧西ドイツ地域から始まったこの波は，従来の右翼過激主義が一定の勢力を保つ旧東ドイツ地域にも到達している。ネットワークは全国規模で着実に広がりつつある。その中でもプロ・NRW の場合，2009年３月に15を数えるに過ぎなかった下部組織が，2010年２月現在，アーヘン，ボン，デュッセルドルフ，エッセン，レックリングハウゼン，ゾーリンゲン，ヴッパータールなど約２倍の31都市・郡に広がっている（Überall 2010：5f.）。

2　プロ・運動の主張

今世紀に入ってから地方自治体レベル，特に NRW 州で着実に力をつけてきたプロ・運動はどのようなテーマを取り上げ，どのような主張を展開するのであろうか。ここでは，この組織の綱領およびケルン市議会に提出された動議に焦点を当てて検討する。

(1)　党綱領・選挙綱領　　プロ・運動を構成する諸組織は，政党の理念，時代認識，各分野の基本政策の概要を謳った旧来のドイツの諸政党が掲げるような綱領をそもそも持ち合わせていない（ちなみに，旧来の右翼過激主義政党 NPD ですらそれなりの質量の党綱領を備えている）。たとえば，プロ・ドイツにも一応形式的には「綱領（Programm）」なるものが存在するが，A4版でわずか２頁の分量である。その前文では「ドイツのための市民運動は，自らをドイツの西欧的（abendländisch）な特質を守ろうとする人々の政治的結合体として理解し，ドイツ連邦共和国の基本法の自由民主主義的基本秩序の諸価値を支持することを公言する」とだけ謳われており，これに続いて「われわれについて」，その後11の項目について短く見解が説明されている。主な主張を列挙すれば，多文化主義・移民国家への反対，既存政党からの権力奪取，地方自治体レベルでの市民の政策決定過程への参加，グローバル化された労働市場への反対，ドイツ語ができない生徒を規定の授業から排除してドイツ語の授業を受けさせる，犯罪者の保護よりも犠牲者の保護，右翼過激主義の拒絶（「政治的過激主義のいかなる形態にも厳しい拒絶」）などである。

プロ・NRW は7項目（7 Standpunkte）を党綱領としている。その7項目とは治安維持／移民の代わりに教育を／腐敗と党員手帳経済の阻止／文化政策における価値への意識／党員手帳放送局にかわる市民の放送／ルール地方を強化する／誰がわれわれの健康保険制度を改革するのか，である（「党員手帳」には「既存政党（の党員）が牛耳る」といった意味が込められている）。分量的にもプロ・ドイツと変わらない綱領において，ここでも移民排除，既存政党の既得権益の阻止が謳われているが，それに加えて前衛的芸術を奨励する NRW 州の文化政策への批判が盛り込まれ，石炭採掘の継続と並んでルール地方再建に向けた投資を呼びかけるなど，特殊地域的であまりに具体的テーマが7項目の中に入っている。こうした地域密着型のテーマを取り上げる点もプロ・運動を担う諸組織に共通している。

さらに，インターネットのホームページに「われわれの心臓はケルンのために鼓動する」というスローガンを掲げるプロ・ケルンの2009年市議会議員選挙綱領でも単刀直入に17項目が羅列されている。まず前文「生きるに値する活力あるケルンのために」が第1項目とされ，巨大モスクとイスラム化への反対，民主主義の擁護・既存政党の馴れ合いによる腐敗の阻止，犯罪の阻止といったプロ・運動諸組織に共通の項目以外に，自転車道路の拡張，プールやスポーツセンターの維持・拡大など地元密着問題を含め計17項目が掲げられ，簡単な説明が加えられている。

(2)　ケルン市議会におけるプロ・ケルンの取り組み　ここではケルン市の例を取り上げ，プロ・運動が地方政治で実際にどのような活動を行っているのかを概観する。この都市で1996年に設立されたプロ・ケルンをもってプロ・運動の嚆矢とすることができようが，2004年に市議会への進出を果たして以降，プロ・ケルンは地方自治体レベルでの現実政治において活動をしてきた。この勢力は，ケルン市をはじめ NRW 州などで移民統合の最前線で努力している人たちにとって看過できない存在になってきている。

こういった事情も手伝って，NRW 州政府の移民問題・移民統合担当機関も編集に携わったプロ・ケルンに関する研究報告書（Überall 2010）が刊行されている。同書ではプロ・ケルンが2004～2009年の期間に市議会に提出した動議（修正動議などは除く）の内容やそれを巡る市議会でのやり取りが分析されている。著者のユーバーアルの分類によると，139件中，腐敗／政治的逸脱行為に関するものは38件（27.3％），モスク・移民関連は32件（23.0％），「小市民」／社会問題関連は31件（22.3％），治安と秩序関連は20件（14.4％），その他18件（12.9％）である（S.10）。エーレンフェルト地区のモスク建設反対キャンペーンで有名になったプロ・ケルンであるが（近藤 2011：205-224），反イスラム・反移民関連の動議は４分の１弱であり，その他のテーマもかなりの割合に上る。

まずイスラム問題関連では，エーレンフェルトの大規模モスクをはじめとする市内のモスク建設反対，「多文化社会」批判（難民の一時収容施設の閉鎖，学校でのドイツ語の義務化，強制結婚・名誉殺人といった移民の生活状況の強調，ドイツ社会のイスラム化など）が議題として取り上げられている（S.11-26）。治安・秩序の分野では若者の犯罪や暴力沙汰に関するものが中心に取り上げられているが，その中でも「男性，若者，移民の背景」（S.28）といった特徴を持った集団が標的にされている。そして，対策としては取締りおよび罰則の強化（監視ヴィデオの導入，送還，滞在禁止，ケルン交通営団の安全構想など）が主張される（S.26-29）。

腐敗および政治的逸脱行為の領域では既存の政党や政治家が疑惑の下に晒され，攻撃される。特に有名なのがゴミ・献金スキャンダルであるが，この事件では賄賂により巨大すぎるゴミ焼却施設が建設されたとされる。プロ・ケルンはこの事件を大々的に取り上げ，既存政党の議員を「馴れ合い会派の議会メンバー」（S.30）と呼び，彼らの腐敗を糾弾した。さらに，この事件により余分な負担を強いられた市民の権利擁護や経済的損失補償を要求するなどした。その他，SPD の元市長が最初に槍玉に挙げられた名誉市民称号の取り消し要求，（プロ・ケルンがスキャンダル市長と呼んだ）シュラマ（CDU）の辞職要求，市が経営参加するラインエネルギーの監査役の収入に関する批判，議員の広範囲にわたる諸活動に対する手当の削減などがテーマとして取り上げられている（S.29-34）。

「小市民」や社会問題の分野では,「市当局」に対する「我々という感情」の覚醒が試みられる。そして,街頭売春の施設に反対する松明行進の例に見られるように,プロ・ケルンによる議会でのイニシアティヴは後述のような諸活動により側面援護される。個別テーマとしては,老人向けのケルン交通営団の乗車割引,ドライバー向けの交通違反切符発行ノルマの廃止,市民向けのガス料金の値下げなどが要求される。また,鳥インフルエンザや道路の窪みへの対策費用の捻出ために,諸文化間芸術プロジェクト補助金,元強制労働者の招待,庇護権申請者の世話などの予算項目の削減が主張された。市の同性愛者・性転換者協会の解体,麻薬カウンセリング部署の閉鎖などの主張もある。(S.34-37)。その他では,戦後期におけるドイツ人の避難・追放の記憶のための特別展示会の要求に見られるような歴史関連のテーマも取り上げられている(S.37f.)。

ケルン市議会でのプロ・ケルンに対する他党の対応は明快である。この新党が2004年から2009年までの議会期に提出した動議はすべて大多数で否決された。ほとんどの場合,棄権票なしの全会一致であった(S.39)。139件の動議のうち議論されたのは35件だけで,83件は議論無しに否決され,19件は市行政のステイトメントにより議論が回避された(S.40)。プロ・ケルンは様々なテーマを盛んに取り上げ,会議のはじめに扱われるような工夫もしているが,こうした行動主義的活動はザクセン州議会におけるNPDに先例が見られるという(S.10)。

(3)　反移民・反イスラム／反既存政治／地元問題への対応　プロ・運動は各地で市民受けする様々な分野のテーマを取り上げていることがわかるが,安全・秩序はいうまでもなく,福祉,教育といったテーマも反イスラム・反移民と容易に結びつくことを考えれば,この政党の売りは自ずと明らかである。その他,既存政党による政治への批判,地元の諸問題への対応も主要な共通テーマになっている。また,グローバル化には反対の立場を取り,ターボ資本主義の阻止,金融市場の規制,最低賃金の導入と外国企業との競争による低賃金労働からの保護を訴え(プロ・NRWの2010年選挙綱領),ユーロに対してもドイツから資金を略奪するとして共通通貨からの脱退を主張する(プロ・ドイツのホームページなど)。

3　プロ・運動の活動

既に地方議会で議席を確保しているプロ・ケルンのような組織は，選挙運動で訴えた項目を議会において動議という形で取り上げ，市民に自党の存在意義をアピールすることが重要な任務である。プロ・運動は自分たちが「草の根運動」(バイズィヒト) の政党として，市民に寄り添った代弁者である点を強調する特徴を持ち合わせているといえる。

また，プロ・ケルンはエーレンフェルトのモスク建設反対運動でデモ，インターネットでの公表，署名活動，ビラ配布などを行っていたが (Überall 2010：15)，これらは議会に進出できていない組織も含め，プロ・運動全般の活動の中心でもある。街に出て直接市民に訴えるという手法をとると同時に，インターネット時代を反映して，ホームページのトップ面で自分たちの主張に利用できる時事的なテーマがすぐに取り上げられる。たとえば，2012年9月にアメリカ映画「イノセンス・オブ・ムスリムズ」がイスラム世界で激しい抗議運動を引き起こしたが，プロ・ケルンはこの映画をホームページで流した。さらにこれを映画館で上映しようと試み，同時に，コーランを焼いたアメリカ人牧師T. ジョーンをドイツに招聘しようとし話題になった (ただし，政府は上映禁止と入国禁止で対抗した)。

2008年1月にはベルギーのVBのイニシアティヴで，VB，オーストリアの自由党，ドイツの共和党，プロ・ケルンの代表者が「イスラム化に反対する諸都市」という同盟をアントワープで結成し，同年9月にはケルンで国際的な「反イスラム化会議」を開催した (この会議は抗議デモとの間で暴力沙汰に発展し，始まってすぐ警察により禁止された) (Häusler 2011：4)。外国の同系列の政党との連携・協力も活発である。

国内組織の横の繋がりも見られる。集会への動員など活動面での協力だけではない。2010年5月のNRW州議会選挙用の選挙綱領と2011年9月のベルリン州議会選挙用の選挙綱領はその内容においてほとんどで重なっている。また，プロ・NRW・ユーゲントなどの下部組織も存在する。

4　プロ・運動は右翼過激主義か？

右翼ポピュリズムと右翼過激主義の峻別が困難であることは既に述べたが，ホイスラーは「市民運動」としての右翼ポピュリズムを右翼過激主義と同一視する立場から過激主義的右翼の陣営を2分している。一方にはDVUを吸収合併して伝統的ネオナチ的な志向の陣営の結集運動を強化したNPDが，もう一方には共和党との協力を実施するプロ・運動が並び立つ。後者は共和党の吸収に努め，ポピュリズム的に現代化した右翼政党陣営の新しい結集運動への成長を目指す（Häusler 2011：1f.)。この集団は基本法に謳われた体制・秩序・価値観を表面的には支持してはいるものの，多くの研究者によって右翼過激主義として位置づけられている[4)]。

ただし，司法の判断は一枚岩であったわけではなかった。NRW州の憲法擁護年次報告書ではプロ・ケルンとプロ・ドイツが「右翼過激主義」の欄に挙げられたが，ハンブルク州行政裁判所の判決（2008年2月）では「2005年の憲法擁護年次報告書でプロ・ドイツを「右翼過激主義的」に評価分類することは違法」であったとし，「市民運動プロ・ドイツに関する個所を除去するか判読不可能にしてからでないと，2005年度のハンブルク州憲法擁護年次報告書の配布はできない」とハンブルク州内務当局に命じた。プロ・ケルンやプロ・NRWが憲法擁護局で右翼過激主義に分類される一方で，プロ・ドイツがその位置づけから漏れたという評価のズレに対して，こうした集団を観察してきたホイスラーは「全く理に合わない事態」と批判している（Häusler 2011：2.)。

また，たとえこの集団が憲法擁護機関に右翼過激主義に分類されて観察の対象になっても，禁止措置が出ない限り活動は続けられる。とはいうものの，確かにこのレッテルはドイツでは強烈な負の烙印であり，それ故にこの集団は自らを右翼過激主義ではないと喧伝し，地方自治体レベルにおける組織強化に努めているのである。

3　移民統合・イスラム問題とドイツ

1　プロ・運動における反移民・反イスラム

プロ・運動がヨーロッパ諸国のポピュリズム政党と同様，反移民および反イスラムを前面に押し出すのにはそれなりの理由がある。社会的変化を嫌い，社会的同質性を再生するという国民の要求は単純なテーマ設定に行き着き得る。それが移民というテーマなのである。すなわち，移民（流入）というテーマが多様性や多元化が進むシンボルとして道具化され，移民は社会的諸問題への「身代わり」にされる。移民問題はポピュリズム政党が国民を動員するのに格好のテーマであり，政治舞台への「スプリングボード（跳躍板）」の役割を果たす（Lochocki 2012：32）。

また，2001年９月11日に起こったムスリムによるテロリズム以降，移民，統合，日常的なマルチエスニックな共生が標的になる社会的諸問題の文化還元（Kulturalisierung）が生起し，信仰対象としてのイスラム教と宗教の名を借りた政治テロの区別がなくなった。そこでは「忍び寄るイスラム化」という用語が，かつて不安を煽るのに用いられた「外国人過多」にとって代わり，ムスリムの移民は憲法規範に敵対的で，統合にも敵対的であると見なされる（Häusler 2008：Einleitung 12）。

このように移民，イスラムというテーマは教育，労働，福祉，さらにはドイツ憲法，ドイツ文化などといった広範囲の諸問題と関連付けられ，すべてでマイナスイメージを負うことになるが，これこそがポピュリストには格好の素材になる。

2　受容体としてのドイツ

(1)　既存政党によるコンセンサス　　ドイツは既に旧西ドイツ時代に外国人労働者問題を経験していたが，1990年のドイツ統一と前後した外国からの人の大量流入に対応して，CDU/CSU と FDP の連立によるコール政権時代に外国人法改正（1990年），基本法における庇護権規定改正（1993年）が実施され，その後SPDと緑の党によるシュレーダー政権時代に国籍法が改正された（1999年）。今世紀に入ると，この政権は野党との長年の議論・調整の末，移民法の制定（2004年）に漕ぎ着けた。2005年に成立したメルケル政権（CDU/CSUとSPDの大連立）は前政権の方針を踏襲し，移民の統合に取り組むことになる。

メルケル首相は，移民はドイツ史の一部であり，移民の背景を持った1500万人の人間がこの国に住んでいるという前提から出発して，統合を「国民的な意義を持った課題」と表明した。そして，諸州や市町村の頂上団体が参加し，移民団体および経済，労働組合，教会，メディア，学会，文化といった様々な分野の代表者と共に作業グループを作って具体的なテーマを取り上げ，作業プログラムを作成した。その指揮に当たったのがドイツ政府移民・難民・統合担当責任者（Beauftragte），M. ベーマー（CDU）であった。このポストは家族省に属していたが，後に首相府に移り，首相府政務次官というポストに格上げされたことからも，政府の姿勢がうかがわれる。

移民というテーマはドイツでは長年議論の対象になってきたが，脱政治化が進み，日常の政治では小さく扱われるようになった。移民団体を組み入れ，参加させることで新しい試みが始まった。その好例が2006年秋に開催された「ドイツ・イスラム会議」であり，この会議は国家とイスラム教の代表者の対話を構造化する枠組みを意味した（Busch 2010：417-419）。

注目に値するのは，政権党が野党との調整をしながらこうした諸政策を実施していった点である。要するに，主な既存政党は移民，イスラムといった右翼ポピュリズム政党が好んで取り上げるテーマに決して無策であったわけではなく，相当の覚悟とエネルギーを注ぎ込んだし，これらの政党は合意を形成することで移民，イスラム問題を政治争点化しなかったのである。

(2)　ドイツ社会における不安　　上述のような政治エリートの対応は一定の評価に値しよう。しかしながら，移民の統合は思うように進まず，日常生活での摩擦が表面化し，また，過激なイスラム主義を唱えるザラフィスト（サラフィー主義者）による暴動も起こる中，ドイツ社会における移民，特にムスリムへの眼差しは厳しいものになっているのも事実である。そして，FDPとの連立政権下の2010年10月，メルケル首相は多文化社会の手がかりが「完全に破綻した」と発言するに至った。

F.エーベルト財団による委託研究報告書（Decker *et al.* 2010）からは，ドイツにおける右翼過激主義的な立場は社会の周辺部に留まるのではなく，中心部にまで広がり，様々な人口グループにおいて満遍なく見られる状況が読み取れる。ここでは実施された無作為抽出調査によって6つの次元で右翼過激主義的な立場が分析されているが，そのうちの1つ「外国人敵視」においては，「ドイツは多くの外国人の影響を危険な程に受けている」とする質問に対して全面的に支持するが13.7％，おおむね支持するが21.9％，一部は支持するが，一部は支持しないが27.4％であり，全くの拒絶とおおむね拒絶がそれぞれ21％と16％であった（S.73f., 78）。また，「アラブ人がいやな人が少なからずいることをよく理解できる」との質問に「はい」といった者が55.4％（西：55.5％，東：55.2％）で，2003年の調査結果（44.2％，西：45.8％，東：38.2％）よりも増えている。さらに，「ドイツのムスリムは宗教行事を著しく制限されるべきである」との問を支持する割合は58.4％（西：53.9％，東：75.3％）に上っている（S.134f.）。

ところで，2010年にドイツではT.ザラツィンの著書（Sarrazin 2010）が大きな話題になったが，この著書を巡る議論からも移民，特にムスリムに対するドイツ人の意識が看取できる。SPD党員でドイツ連邦銀行理事を務めていた政治エリートによる本書（『自滅するドイツ　如何にしてわれわれは自国を賭けに晒しているのか』）は，移民過多のドイツはこのまま行けば自壊するので，その対策に乗り出すべく著者なりの提案を示している，いわば警告の書である。2010年8月30日店頭に並んだが，12月の段階で約120万部が市場に出回り，週刊雑誌『シュピーゲル』のベストセラーリストに14週間にわたり連続掲載されるという爆発的な売り上げを誇った（Der Spiegel：Nr.51/2010）。

本書に関する『シュピーゲル』誌のアンケートからは以下のような結果が引き出される。「T.ザラツィンが移民，統合および社会国家の濫用でのドイツの諸問題に関して本を著し，それについて議論されたことをよかったと思うか」という質問に対して「はい」が72％，「いいえ」が17％であった。また，「誤った移民・統合政策により，さらに異質な文化的影響やドイツ社会国家の濫用の広がりにより，ドイツが衰退しているというザラツィンの核心的主張をどう思うか」との問には，「全く賛成」が16%，「部分的に賛成」が67%で，「全く賛成しない」は13%であった。

さらに，イスラムに関する質問では，69%はドイツに住むムスリムに不安を感じていないが，39%がムスリムの移民の入国をこれまでにもっと少なくしておけばよかったと考えている。そして，「ドイツにおける外国人への敵意は近年増加したか，減少したか」という問には「どちらかといえば増えた」，「どちらかといえば減った」，「変化なし」がそれぞれ54%，21%，16%であった（Der Spiegel：Nr. 51/2010）。

4　プロ・運動は州・連邦に進出できるか？

以上，ドイツにおける右翼ポピュリズムをプロ・運動に焦点を当てて検討した。この運動は，未だ大きなうねりにはなっていないが，小さな波が確実に地方自治体レベルに――基本的に右翼過激主義勢力が地歩を築けなかった旧西ドイツ地域からNPDなどの旧来の右翼過激主義勢力が影響力を一定程度確保している旧東ドイツ地域へも――押し寄せている。確かに，NRW州の2011年度の憲法擁護年次報告書が指摘しているように，プロ・ケルンおよびプロ・NRWは自らの意義を強調するためにメンバーや行事への参加者の数を実際よりも誇張して発表する（Ministerium für Inneres des Landes NRW 2012：14f.）など，その勢いの評価には慎重を要し，過大評価は禁物である。しかしながら，現在でもこの勢いは衰える気配を見せず，むしろ増す傾向にある。今後こういった組織の展開はどのようになるのであろうか。

右翼ポピュリズムの成功に否定的な見解は次のような理由を挙げる。まず，この国では既存の主要政党が移民政策，犯罪撲滅，EU批判といったこの勢力が取り上げるテーマを中和して，独自の立場で対応してきたため，ポピュリストによる動員が難しい点である。また，ナチスの過去に敏感な世論・マスメディアの存在や組織上の諸問題，特にカリスマ的指導者の欠如などといった点である（Decker and Hartleb 2006：212）。

図表４－１　プロ・運動グループが進出を果たした人口５万人以上の都市および郡の市議会・郡議会選挙の結果

都市・郡	選挙年	組　織	得票率（議席）
【人口10万以上】			
ボン市	2009年	プロ・NRW	1.6%（１議席）
ケムニッツ市	2009年	プロ・ケムニッツ／ドイツ社会連盟	4.6%（３議席）
ゲルゼンキルヒェン市	2009年	プロ・NRW	4.3%（３議席）
ケルン市	2009年	プロ・ケルン	5.4%（５議席）
レーヴァクーゼン市	2009年	プロ・NRW	4.0%（３議席）
【人口５～10万人未満】			
ベルクハイム市	2009年	プロ・NRW	6.0%（３議席）
ドルマーゲン市	2009年	プロ・NRW	4.5%（３議席）
【郡】			
ライン郡ノイス	2009年	プロ・NRW	1.7%（１議席）
オーバーベルク郡	2009年	プロ・NRW	1.8%（１議席）
ライン・エルフト郡	2009年	プロ・NRW	2.6%（２議席）
ライン・ベルク郡	2009年	プロ・NRW	2.0%（１議席）

出典：Konrad-Adenauer-Stiftung（2012）を基に筆者作成。

「草の根運動」を標榜するこの勢力が，さらに上のレベルへ進出するには，その他にも様々な障壁が行く手を阻むことになる。まず，地方自治体レベルでは今やブレーメン市の例外を除いて導入されていない阻止条項が，州・連邦レベルでは存在する（５％条項)。この壁は高くて厚い。次に，左翼党の存在である。旧東ドイツの諸州におけるこの政党への支持率は，かつて程ではないにしても今日でも高い。プロ・運動が東の諸州に勢力を拡大するとなると，この左翼党，さらには既存の右翼過激主義政党との競合に勝たなければならない。左翼党を左翼ポピュリズム政党と呼べるのかどうかは議論のあるところであるが，ドイツでは右翼ポピュリズムより左翼ポピュリズムのチャンスが大きいといわれている（Lucardie 2007：44f.)。さらに，まともな綱領の欠如にみられるように，体系的な政策構想が存在しない。こうした政党に連邦レベルでの政治が担えるのか，慎重に考えればこの点にも疑問が残る。

上記のような理由からプロ・運動の州・連邦レベルへの躍進はかなり厳しいといえよう。ただし，これまで連邦政治で移民というテーマの議論において「どちらかといえば保守的なコセンサス」（ロッホキ）を形成し，政治化を避けてきた既成政党が，これを破棄して政治テーマとして取り上げると，ポピュリストに連邦レベルでのチャンスを与えることにもなりかねない（Lochocki 2012：36)。NRWのように移民の統合政策で先進的な取り組みを行っている州でプロ・運動が活動の機会を着実に広げている現実を鑑みた場合（図表4-1），この問題の根の深さに行き当たる。それ故にドイツにおいても抗議・市民運動という形をとった右翼ポピュリズムの躍進を過小評価することはできず，こうした動向を注意深く見守る必要があるように思われる。

【注】

1）筆者はドイツでポピュリズムという概念が広まったのは1990年代後半からだと考えている。それは本章で検討したような政党の生成との関連で説明できるが，次のような視点からも確認できるのではないかと推察する。たとえば，1997年9月のツァイト紙（Die Zeit：Nr.40/1997）では，右からの抗議としてヨーロッパのポピュリスト（オーストリアのJ.ハイダー，イタリアのU.ボッシ，ノルウェーのC. I. ハーゲン，フランスのB.メグレ，スイスのC.ブロヒャー）を紹介しているが，これに対応するドイツの人物紹介はない。代わりにハンブルク市議会議員選挙においてある地区でDVUと共和党が高い得票率を獲得した事例を挙げて，ハンブルクは右翼過激主義を選んだとしている。この選挙ではフォシェラウ率いるハンブルクSPDが得票率を下げて敗北するのであるが，犯罪対策や治安を強調して市民に歩み寄った彼をポピュリストと位置づけており，また，同号に掲載されたG.シュレーダー（1998年，連邦首相に就任）とのインタビューでも，SPDのポピュリスト的迎合に関する質問が投げかけられている。要するに，ここではポピュリズムという概念が既存のSPDやCDUなどの有力政党が大衆受けするために右にウイングを伸ばした言動にも用いられており，CDU/CSUの右に位置する1つの立場としてのポピュリズムという概念は確立されておらず，そこはあくまで右翼過激主義の持ち場であった。

　また，1998年にわが国で出版された『ヨーロッパ新右翼』（山口定・高橋進編）でも，フランス，イタリア，オーストリアなどの右翼を扱った章ではそれぞれナショナル・ポピュリズム，ポピュリズム的地域主義政党，右翼的ポピュリズムといった表現が重要な概念として用いられているのに対し，ドイツの章（高橋秀寿：「ドイツ『新右翼』の構造と『政治美学』」）では，共和党を右旋回させたF.シェーンフーバーを「巧みな話術で庶民の代表を演じる」ポピュリストと評している箇所が1つあるのみで，そもそもポピュリズム概念が重きをなしていない。そこでは，ドイツでCDU/CSUより右に位置する立場において旧来の極右とは違った組織として，1980年代半ば以降登場してきた新しい極右（＝新しい右翼）を分析している（同書では,「右翼過激主義」（Rechtsradikalismus：radical right）と「右翼極端主義」（Rechtsextremismus：extreme right）と合わせた概念として「極右」という概念を使用している）。つまりこの時期，ポピュリズムという概念は使用されてはいたものの，右翼ポピュリズムという概念を用いてドイツ国内政治を分析するほどには，未だ成熟していなかったと考えられる。むしろ，ポピュリズムよりも新右翼（Neue Rechte）という概念が有効であったとも考えられる。

さらに，本章が参照した文献のほとんどが，またこうした文献が参考にしている文献自体の大半が2000年以降の研究成果である点からも，ドイツ政治を分析するための概念としてのポピュリズムがともかく受け入れられたのが遅れたことが確認できるのではないだろうか。

2）両者の区別の基準として，たとえば①右翼過激主義は反体制（Anti-System）であるが，ポピュリズムは反エスタブリッシュメント（Anti-Establishment）に過ぎない，②特にイデオロギー分野での違いで，右翼過激主義にはエスニック文化的に同質的な民族共同体を中心に据える全体論的なイデオロギーが存在する（Priester 2010：34）。プリースターは，ポピュリズムは本質的概念ではなく関係概念であるとし，そのメルクマールとしては反エリート主義，反主知主義，反政治，制度への敵視，政治のモラル化・両極化・個人化であると指摘し（Priester 2012：4f.），また，右翼ポピュリズムは抗議運動であり，右翼ポピュリズム政党はCDUは社会民主主義的過ぎで，NPDはナチ勢力で信用を失墜させているという立場の右翼抗議政党で，CDUの右側でNPDよりもブルジョワ－保守的な空間を求めると記す（Priester 2008：15）。

3）現在プロ・ドイツの党首を務めるロースとプロ・ケルンとプロ・NRWの党首を務めるバイズィヒトも1999年にDLVHからプロ・ケルンに鞍替えした。2人とも既に1989年に共和党リストでケルン市議会議員に選出されており，1991年に共和党からDLVHに移ってきた。ロース（1965年生）はケルンで文筆・出版業に従事していたが，若くからCDU系の青年同盟，NPD系の青年国家民主主義者にも関わっていた。レーヴァクーゼンの弁護士バイスィヒト（1963年生）は，1988年にCDU党員から共和党に移り，ケルン郡委員長，連邦幹部会メンバーを務めた（Killguss, Peters and Häusler 2008：57f.）。

4）NRW州の2011年度の憲法擁護年次報告書（Ministerium für Inneres des Landes NRW 2012）では,「「プロ・ケルン協会」と「プロ・NRW」は相変わらずその発言と要求によって，基本法において具体化された人権，特に人間の尊厳と差別の禁止を蔑ろにしている。とりわけ，ドイツの「イスラム化」への不安を意図して扇動することで，ドイツの国家公民であるか否かにかかわらず，何百万もの人々を切り離し，一纏めに犯罪者と見なし，統合が不可能として描き出す。「プロ・ケルン協会」と「プロ・NRW」のキャンペーンに際しての重点テーマは今もモスク建設拒否のままである。その際，外国の一部右翼過激主義グループとの集中的な協力や同盟による活動が奨励される」（S.14）と記述されている。この年次報告書では，他の右翼過激主義組織も複数取り上げられているが，この2組織の分析に割かれた分量（S.51-71）は他の組織のそれに比べ圧倒的に多い点からも注目度がわかる。また，以前の年次報告書，たとえば2005年度のそれと比較しても，これらの組織の解説に割かれる分量は格段に増加している。

【参考文献】

近藤潤三（2011）『ドイツ・デモクラシーの焦点』木鐸社。

山口定・高橋進編（1998）『ヨーロッパ新右翼』朝日新聞社。

Busch, Andreas (2010) "Kontinuität statt Wandel : Die Innen-und Rechtspolitik der Großen Koalition", in Egle, Christoph and Zohlnhöfer, Reimut Hrsg., *Die zweite Große Koalition. Eine Bilanz der Regierung Merkel 2005–2009,* Wiesbaden, VS Verlag für Sozialwissenschaften, S.403–432.

Decker, Frank (2006) "Die populistische Herausforderung. Theoretische und ländervergleichende Perspektiven", Decker, Frank Hrsg., *Populismus. Gefahr für die Demokratie oder nützliches Korrektiv?,* Wiesbaden, VS Verlag für Sozialwissenschaften, S.9–32.

Decker, Frank and Hartleb, Florian (2006) "Populismus auf schwierigem Terrain. Die rechten und linken Herausfordererparteien in der Bundesrepublik", Decker, Frank Hrsg., *Populismus,* S.191–215.

Decker, Oliver *et al.* (2010) *Die Mitte in der Krise. Rechtsextreme Einstellungen in Deutschland 2010,* Berlin, Friedrich-Ebert-Stiftung.

Häusler, Alexander (2008) "Rechtspopulismus als Stilmittel zur Modernisierung der extremen Rechten", Häusler, Alexander Hrsg., *Rechtspopulismus als "Bürgerbewegung". Kampagnen gegen Islam und kommunale Gegenstrategien,* Wiesbaden, VS Verlag für Sozialwissenschaften, S.37–51.

—— (2011) *Die "PRO-Bewegung" und der antimuslimische Kulturrassismus von Rechtsaußen,* Berlin, Friedrich-Ebert-Stiftung.

Killguss, Hans-Peter *et al.* (2008) "PRO KÖLN — Entstehung und Aktivitäten", Häusler, Alexander Hrsg., *Rechtspopulismus als "Bürgerbewegung",* S.55–71.

Konrad-Adenauer-Stiftung (2012) *Kommunales Wahllexikon.* Aktualisierte Fassung, Stand: Oktober 2012, Berlin.

Lucardie, Paul (2007) "Populismus in Deutschland und den Niederlanden", *Aus Politik und Zeitgeschichte,* B35–36, S.41–46.

Lochocki, Timo (2012) "Immigrationsfragen:Sprungbrett rechtspopulistischer Parteien", *Aus Politik und Zeitgeschichte,* B5–6, S.30–36.

Ministerium für Inneres und Kommunales des Landes Nordrhein-Westfalen (2012) *Verfassungsbericht des Landes Nordrhein-Westfalen über das Jahr 2011,* Düsseldorf.（文中では Ministerium für Inneres des Landes NRW 2012と略）

Peters, Jürgen *et al.* (2008) "PRO NRW und PRO D — Entwicklung, Struktur und Methodik", in Häusler, Alexander Hrsg., *Rechtspopulismus als "Bürgerbewegung"*, S.72–87.

Priester, Karin (2008) "Populismus als Bürgerbewegung", Häusler, Alexander and Killguss, Hans-Peter Hrsg., *Feindbild Islam, Rechtspopulistische Kulturalisierung des Politischen,* Köln, Selbstverl, S.15–18.

—— (2010) "Fließende Grenzen zwischen Rechtsextremismus und Rechtspopulismus in Europa?", *Aus Politik und Zeitgeschichte,* B44, S.33–39.

—— (2012) "Wesensmerkmale des Populismus", *Aus Politik und Zeitgeschichte,* B5–6, S.2–

9.
Sarrazin, Thilo (2010) *Deutschland schafft sich ab. Wie wir unser Land aufs Spiel setzen,* München, Deutsche Verlags-Anstalt.
Überall, Frank (2010) *"Ich bin die Strafe...", Rechtspopulismus der "PRO -Bewegung" am Beispiel ihres Antragsverhaltens im Kölner Stadtrat,* Landesarbeitsgemeinschaft der kommunalen Migrantenvertretungen NRW und Der Integrationsbeauftragte der Landesregierung NRW Hrsg., Köln.
Die Zeit, Nr.40/1997, S1-6.
Der Spiegel, Nr51/2010, S.40-50.

なお，プロ・運動の諸組織はそれぞれホームページを設けているのでアクセスが可能である。ここでは次の３つを紹介しておく。綱領などはすべてここからダウンロード可能。プロ・ケルンの市議会提出動議も個別に確認できる。

① Bürgerbewegung pro Köln e.V.：http://www.pro-koeln.org/, last visited, 14 July 2012
② Bürgerbewegung pro Deutschland ― LV：http://www.pro-berlin.net/, last visited, 18 September 2012
③ Bürgerbewegung pro NRW：http://www.pro-nrw.net/, last visited, 14 July 2012

また，選挙結果に関しては http://www.wahlrecht.de/ergebnisse/index.htm（last visited, 13 November 2012）を参照した。

第5章

マリーヌ・ルペンと新しい国民戦線

──「右翼ポピュリズム」とフランスのデモクラシー──

畑山　敏夫

1　ポピュリズムの時代？

現代はポピュリズムの時代といってもいいだろう。本書の第Ⅰ部に収録されている論文を通読するとわかるが，近年，先進社会ではポピュリズムへの関心が高まり，多くの研究成果が蓄積されている。ヨーロッパでは「右翼ポピュリズム」政党が多くの国で政党システムに参入し，定着している。なかには，オーストリアやイタリア，オランダのように政権に参加するケースも見られる[1)]。日本でも，小泉首相の政治スタイルや言動が「ポピュリズム」の観点から話題になり，現在では，橋下徹大阪市長と「大阪維新の会」が「ポピュリズム」の政治現象として注目されている。

フランスも例外ではなく，ポピュリズム現象が国民の関心を集めている。フランスも多くの経済社会的困難を抱え，それに有効に対処できない既成政党・政治家に対する有権者の不信や不満は高まっている。それを養分として1980年代中葉から右翼ポピュリズム政党である「国民戦線（Front national = FN）」が勢力を伸ばしてきた。FN は2012年の大統領選挙では642万1426票（17.9％），国民議会選挙では352万8663票（13.6％）を得票している。大統領選挙では５人に１人に近い有権者が移民排斥や EU とユーロからの離脱を唱える政党に投票している現実がある。

国民の利益やアイデンティティの守護者を自認する FN は，多くの有権者を魅了して無視できない勢力を築いている。そのような右翼ポピュリズム現象をどのように理解したらいいのだろうか。本章では，フランスのFNを素材として，なぜ，周辺的な勢力であった極右政党が先進民主主義社会であるフランスで突如として伸張してきたのか，その現象をどのように性格づけたらいいのか，そして，それが現代のデモクラシーにとってどのような意味をもっているのかといった疑問について考えてみたい。

本書は現代のヨーロッパ諸国で拡大している右翼ポピュリズムの政治現象を考察の対象としているが，本章はFNの分析を通じて右翼ポピュリズム現象について考察することも課題としている。FNは他国に先駆けて1983～1984年の選挙で台頭し，そのイデオロギーや組織がヨーロッパの右翼ポピュリズム政党と多くの共通点をもっており，それらの政党が見習うべきモデルであった（Ivaldi 2012：107)。そのような先駆性とモデル性を備えたFNをポピュリズムの視点から考察することは，ヨーロッパの右翼ポピュリスト政党の研究にとっても有益であろう。

2　「極右」からの脱却——既成政治の行き詰まりと「異議申し立てのポピュリズム」へ

1972年に結成されたFNは，急進的で反体制的な極右団体「新秩序（l'Ordre nouveau)」が1973年の国民議会選挙に向けて結成した政党であった。党首に就任したJ.-M.ルペンの政治キャリアを見ても，極右系学生自治会の活動家，プジャード運動の青年代議士，アルジェリア独立反対運動の闘士，1965年の大統領選挙に立候補したティクシエ・ビニャンクールの応援と，第二次大戦後のフランスにおける極右運動の軌跡と大きく重なっている。

FNは，イデオロギー的には反共産主義を核として，街頭で左翼団体と暴力的衝突を繰り返す極右文化のなかから誕生した政党であった。彼らは，議会制民主主義への手段的な参加を否定することはないが，基本的には反体制的でマージナルな政党であった。初期のFNは「極右」の色彩が濃厚で，党内にはヴィシー主義者やアルジェリア独立反対運動の活動家，王党派など多様な「極右」の潮流が同居していた。

1980年代に入ると，ルペンは道徳的保守主義やウルトラ・リベラルな経済政策を評価してアメリカのレーガン大統領やイギリスのサッチャー首相を熱烈に支持するようになったが，先進社会での新保守主義の流行に機会主義的に便乗した印象は否めなかった。だが，FN は，1983～1984年の時期に突如として選挙で10％以上の得票を集め始める（図表5－1参照）。それまで，得票が１％を超えることがなかった泡沫政党が1984年の欧州議会選挙で11.07％のスコアを記録した。

そのような成功の要因は左翼政権の成立に危機感をもった保守有権者の流入にもあったが，移民問題を軸に失業や犯罪の増加を説明する FN の言説が躍進に大きく貢献した。フランス国民が抱える困難に的確に対処できない既成政党や政治家への異議申し立て票として FN に大量の票が投じられている。

それは，FN にとって「ついに発見された成功の方程式」であった（Crépon 2012：38；Orfali 2012：78）。1978年の国民議会選挙で FN が掲げたポスターには「100万人の失業者，100万人の多すぎる移民」と大

図表５－１　FN の大統領・国民議会・欧州・地域圏議会選挙での得票率（フランス本土）（％）

1973年	国民議会	0.44
1974年	大統領	0.76
1978年	国民議会	0.3
1981年	国民議会	0.17
1984年	欧州議会	11.07
1986年	国民議会	9.89
1986年	地域圏	9.66
1988年	大統領	14.61
1988年	国民議会	9.79
1989年	欧州議会	11.8
1992年	地域圏	13.75
1993年	国民議会	12.72
1994年	欧州議会	10.61
1995年	大統領	15.26
1997年	国民議会	15.22
1998年	地域圏	15.34
1999年	欧州議会	5.86
2002年	大統領	17.19
2002年	国民議会	11.34
2004年	欧州議会	9.97
2004年	地域圏	14.66
2007年	大統領	10.69
2007年	国民議会	4.38
2009年	欧州議会	6.67
2010年	地域圏	11.74
2012年	大統領	17.9
	国民議会	13.6

出典：筆者作成。

書されていた。深刻化する経済危機のなかで，失業の増大と治安悪化という当時のフランスが抱えていた深刻な問題を移民の存在に結びつけることは，一部の有権者にとっては極めて説得力のある説明であった。

1981年に国民の大きな期待を背に船出したミッテラン政権であったが，結局は国民の生活改善よりも景気の回復や企業競争力の強化が優先された。以降，左翼と保守の間で政権交代が繰り返されたが，国民が求めた雇用や福祉，治安，教育などの要求に応えることはできなかった。グローバル化のもとで社会の恵まれない社会層の安全や保障の要求は後回しにされ，政治家や政治制度，「上の人々」への民衆の不満や不信は高まっていった（Ignazi 2012：53）。

そのような不信と不満の雰囲気のなかでFNは突如として躍進を始めたが，1984年の欧州議会選挙の11％を超える得票は有権者にとっても，おそらくFN自身にとっても驚きであった。当事者の思惑を超えて，移民問題と失業，犯罪の問題を結合したFNのキャンペーンが多くの有権者の心に届いたのは，どのようなメカニズムによって可能となったのだろうか。

経済社会の行き詰まりは人々の中に不満と不安を掻き立てる。小熊英二は「自分をないがしろにされている」という感覚，そのような漠然とした不満や不安が目に見える具体的な形としてこの世に現れてきたとき人々は感動＝行動すること，人々が何を「自分をないがしろにしているもの」の象徴とみなすかは，各社会ごとの構造によって異なっていることを指摘している（小熊 2012：438-441）。

FNに引き付けて考えて見れば，「自分がないがしろにされている」という人々の感覚を「フランス人である自分がないがしろにされている」という感覚へと誘導することによって，つまり，「ないがしろにされている」という感覚をエスニシティに連結することによって，不満と不信の具体的な原因が特定される。フランス人を「ないがしろにしているもの」が移民出身の人々，とくにイスラーム系の人々であり，そのような状況を招いた政党や政治家に代表される既成のエリートに責任は転嫁される。そのような感情を背景に，FNは移民，治安，失業というトリアーデを前面に掲げて多くの有権者から得票をコンスタントに集票する政党として頭角を現わした。

1990年代には，深刻化する社会問題に有効に対処できない左翼政権への異議申し立て票がFNに投じられるようになった。1980年代中葉の躍進には保守支持層が大きな役割を果たしたが，次第にFNは民衆的カテゴリー（労働者・事務職，失業者）から集票する政党へと変身していった（FN支持層の「プロレタリア化」）（Delwit 2012：24）。

政治社会学者P.-A.タギエフは，ポピュリズム現象を「異議申し立てのポピュリズム」と「アイデンティティのポピュリズム」という２つの機能に分類しているが,[2)] 躍進の時期には既成体制を激しく批判して有権者の不満と不信を動員する「異議申し立てのポピュリズム」がFNに成功をもたらしたと解釈できる。党首ルペンの政治スタイルは挑発と政治システムへの激しい批判を特徴としていて，既成政党・政治家に「ないがしろにされている」と感じている有権者の怒りを結晶化させるには適していた。ルペンは天才的なアジテーターで，即興の演説を得意としていたが，分かりやすい解決法，政敵への中傷などがそこには散りばめられている。彼にとって政治は「詩的」なもので，政治家は「情動の媒介者，思想とイメージの保有者」であった（Crépon 2012：61）。そのようなルペンのスタイルは「異議申し立てのポピュリズム」に適合的であった。

ポピュリズムの特徴であるが，FNは支配エリートへの異議申し立てを意識的に煽動して，社会を二元対立的なものとして提示していた。支配的エリートと対置される民衆とは，グローバル化の敗者であり，国際的な競争や開放政策によって生活と雇用が脅威に晒されている人々である。その意味でFNはグローバル化時代のポピュリズム政党であり，グローバルな競争によって生活と労働の危機に苛まれている時代に登場した抗議のポピュリズム運動である。

民衆の異議申し立てを原動力に躍進したFNは，移民問題を核に理論化に乗り出していく。村松氏の紹介しているE.ラクラウの「空虚なシニフィアン」という概念に依拠して考えてみると，それは人々が自分の要求をその中に自由に読み込める上位のシンボル（記号）であり，それがあらゆる要求の結節点として機能することになるが（村松 2012：19-20），FNにとっての「空虚なシニフィアン」は「自国民優先」というシンボル（記号）である。それによって民衆層が抱えている社会問題はエスニック化されて，ナショナルな価値に基づき民衆の利益やアイデンティティを防衛するイデオロギーが体系化されていった。

経済成長の時代が終わって長い経済不況がつづき，失業や犯罪の問題が深刻化し，グローバル化が本格化しつつある時代に，左右両翼の既成政党はフランス社会が抱える問題に有効に対処できなかった。そのような状況のなかで，マージナルな存在に過ぎなかった極右政党は民衆の異議申し立ての担い手として頭角を現したが，「自国民優先」や「国民共同体の利益とアイデンティティ」といった「空虚なシニフィアン」によって民衆の不安や不満を統合する「アイデンティティのポピュリズム」が接合されることでFNは右翼ポピュリズム政党へと脱皮していった。

3　「自国民優先」の原則と「アイデンティティのポピュリズム」

1983～1984年の一連の選挙で突然躍進を遂げたFNに多くの人材が流入するが，そのなかには既成保守政党に不満を持つエリートたちが混じっていた，それが「新右翼（Nouvelle droite)」と呼ばれる極右系知識人集団に属する知的エリートたちであった。

エリート官僚を含む極右系知識人たちは「ヨーロッパ文明調査・研究集団(GRECE)」を拠点に極右思想の刷新を追求していたが，形而上学的な議論や研究に飽き足らず現実政治への影響力行使を重視するメンバーたちは「クラブ・ドルロージュ（CDH)」を結成する。1980年代中葉から，B. メグレを中心としたCDHのメンバーはFNに加入し，組織とイデオロギー，政策の面でFNのバージョンアップに貢献することになった（畑山 1997)。

理念や政策を体系化することや統治能力の証明に無関心であったルペンとは対照的に，メグレたちは政権参加も視野に入れて党のイデオロギーや組織の整備に取り組んだ。その成果の１つが1993年に刊行された『フランスのルネッサンスに向けた300の措置――FNの政権プログラム』であった。

より具体的には，新右翼派は主要には２つの点でFNに寄与した。第１に，政権を担える政党へと脱皮するために，FNが異議申し立ての急進的政党から脱却することを促したことである（Orfali 2012：98）。

「異議申し立てのポピュリズム」はFNの躍進を可能にしたが，既成政党と政治家を激しく糾弾するだけでは政界で孤立化し，政治的ゲットーから脱出できなかった。また，政党システムにおいて一定の勢力を築くと，党員や支持者から具体的成果が期待されるのは当然のことであった。異議申し立て政党にとどまる限り，現実政治の場で影響力を発揮し，有権者から信頼される政党へと脱皮することは不可能であった。

第2に，移民問題が党の躍進の原動力になった現実を踏まえて，有権者を説得するイデオロギーを体系化したことである。その作業は「新右翼」の思想を踏まえて行われ，新しい人種主義理論から出発している。彼らの論法の巧みさは，これまでの人種主義のように生物学的に差別を根拠づけるのではなく，文化的・伝統的「差異」を根拠に異質性を強調し，結果として同化不可能性や差別的処遇を正当化することである（「差異論的人種主義」）。メグレたちは，フランス社会でフランス人が差別され移民が優遇されるという現実（「反フランス人的人種主義」）を告発し，「外国人優先」がまかり通っていることを糾弾している。

また，急速にグローバル化が進行するなかで国民のアイデンティティや文化の防衛を掲げ，国民共同体の再建や国民文化の防衛・純化を説くことも新右翼派の主要な論点の1つであった。そのような考え方は前述の新しい人種主義と接合されて「自国民優先」というシンボル（記号）に集約された。あらゆる面でフランス人を優先的に処遇し，非フランス人を差別的に扱うことが求められ，「福祉ショーヴィニズム」の方向にFNの社会政策や言説を導いた。

その結果，広範な有権者へ向けて社会問題を訴えかけることが可能になった。FNの支持者が民衆的カテゴリーに傾斜していくなかで，FNは社会問題に取り組まざるをえなかったが，左翼のように階級的視点から社会問題を扱うのではなく，エスニシティの視点から民衆的カテゴリーの利益を擁護することが可能となった。失業や治安，社会保障，教育の問題は移民の存在と結びつけることで，フランス人を優先する「自国民優先（préférence nationale）」の原則

図表5-2　有権者におけるエスノセントリックな意識の変化（1988〜2011年）（%）

	有権者全体	ルペン投票者	差
「フランスには移民が多すぎる」			
1988	65	95	+30
1995	74	97	+23
2002	65	97	+32
2007	56	90	+34
2011	51	91(96)	+40
「以前ほど自分の国にいる気がしない」			
1988	49	78	+29
1995	57	87	+30
2002	55	84	+29
2007	56	80	+32
2011	43	82(91)	+39

注：1988年・1995年の結果はCevipofの選挙後に実施された調査，2002年・2007年の結果はフランス選挙パネルの第1回調査，2011年に関してはFN投票者ではなく，FNの考え方に賛同を表明した回答者での割合（サンプル数213）（括弧内はマリーヌへの投票意向を明らかにした回答者―サンプル数55―での割合）。
出典：Mayer（2012：148）。

に沿った解決策が提案されている（Crépon 2012：17）。

そのような主張は，日常生活のなかで移民によって脅かされているという人々の実感に一致するものである。移民への反感は国民のなかに「外国人優先」を嫌悪して「自国民優先」を求める傾向を強化し，FNはエスノセントリック（自民族中心主義）な傾向をもつ有権者に支持を広げることになった。図表5-2から，ルペンへの投票者は有権者全体と比較しても「移民が多すぎる」「自分の国にいる気がしない」という回答が顕著に多いことがわかる。移民系住民の過剰感とその存在によって生活が圧迫されてるという強迫観念の拡がりは「自国民優先」の言説の浸透を容易にしている。

「自国民優先」にそった政策や言説の展開は，日常生活のなかで「ないがしろにされている」と感じている有権者に説得力を発揮し，FNへの投票への強力な原動力となっている。フランス人としてのアイデンティティが脅かされ不安に苛まれている有権者に，国民共同体の再建・純化とナショナル・アイデンティティの回復を唱えるFNのエスノセントリックな「自国民優先」の言説は浸透していった。「アイデンティティのポピュリズム」の側面が強化されることで，FNのポピュリズムはバージョンアップされていった。

彼らの主張は「脅威に晒されて危機にある国民共同体の防衛と再生・純化を通じて国民の利益とアイデンティティを守ることを訴えるものであり，人々の不安と危機感をナショナリズムに誘導するという点で「ナショナル・ポピュリズム」とも性格づけることができる（畑山 1997；2007）。グローバル化の時代に国際競争力や財政規律に縛られて左右両翼の既成政党が民衆の利益を守れないとき，FNの言説は「アイデンティティのポピュリズム」として有権者に説得力を発揮することになった。

さて，そこまではFNの成功物語であるが，その裏ではFNにとって深刻な事態が進行していた。「ナショナル・ポピュリズム」のイデオロギーをFNに提供し，政党らしい組織の整備へと貢献した新右翼派であるが，その存在が党内闘争を引き起こし，最終的には党の分裂に行き着いてしまう。ルペン派とメグレ派（新右翼派）の骨肉の争いの背後にはルペンとメグレの個人的確執を超えて，FNの戦略と方向性をめぐる対立が存在していた。

選挙で伸張して政党システムに定着したときに，FNが次のステップに踏み出すためにはルペンの「異議申し立てのポピュリズム」の政治スタイルや戦略がブレーキ役を果たしていた。政権政党化を志向するメグレ派と急進的政党に固執するルペン派との非妥協的な対立は，1999年1月には分裂に行き着いてしまった。メグレたちは離党して「国民共和運動（MNR）」を結成するが，彼らが多くの中央・地方の幹部や活動家，各級の議員を引き連れて離党したことで，FNの組織力は大幅に低下してしまう。分裂によって衰弱したFNは，年老いた党首のもとで細々と生き延びるしかないと思われた（Delwit 2012：30）。

新右翼派の貢献によって，ナショナル・アイデンティティに訴える「アイデンティティのポピュリズム」へとバージョンアップを遂げたFNは，分裂の試練を超えてマリーヌのもとで刷新の道に乗り出していく。

4　マリーヌ・ルペンの新しいFN——FNの刷新へ

1　ナショナル・ポピュリズムの政党として

2011年1月16日，トゥールで開催された党大会で新党首にマリーヌ・ルペンが選出された。マリーヌは67.65％を得票して（ゴルニッシュは32.35％）党首選挙に圧勝する。ついに，マリーヌを指導者として「ルペン世代」の若手幹部たちがFNを主導する時が到来した。マリーヌたちは勤務の後にパーティで飲み踊ることを好んでいたので，古参党員を中心とした党内の政敵から「ナイト・クラバー」と揶揄されていた。そこには嗜好や趣味の違いに基づく世代間対立もあるが，それ以上に党の運営と運動方針に及ぶ本質的な違いが存在していた。彼らは伝統的な極右イデオロギーと異議申し立てのポピュリズム路線を維持することを重視し，マリーヌたちの望んでいた党の刷新に反対であった（Crépon 2012：95）。党改革を推進したメグレ派を追い出した古参党員たちは，今度はマリーヌによる党の刷新に立ちはだかることになる。

マリーヌを中心とした新しい世代のFN幹部たちは，父親の時代のようにワンマン支配のスタイルではなく，マリーヌを中心とした「チーム・マリーヌ」と呼べるような集団指導体制をとっている。フランス社会の変容を理解しているマリーヌたちは，以前からFNを時代に適合した政党に変えることを目指し，「極右」の歴史的・イデオロギー的遺産と結びつくものを消去，もしくは極小化することを心掛けてきた（Crépon 2012：53）。父親時代の成功の鍵であった「異議申し立てのポピュリズム」と新右翼派が切り開いた「アイデンティティのポピュリズム」を接合して有権者への求心力を高めること，言説や表現をよりマイルドにして党イメージを改善することで有権者に信頼性と安心を与えること，そして支持を拡大することで政権参加を実現することがマリーヌたちの描いている戦略である。

マリーヌのFNは，父親の時代と同様に民衆の「護民官」としてエリート挑戦的な「異議申し立てのポピュリズム」を基調としている。父親の時には中国共産党から着想を得た呼称である「4人組（bande des quatre = RPR，UDF，社会党，共産党)」が攻撃の対象であったが，マリーヌのもとでも２つの主要政党の略称を合成した「UMPS」(保守政党「民衆運動連合」＝UMPと社会党＝PSの合成語）が攻撃のターゲットになっている。マリーヌは「UMPと社会党はともにグローバル化を推進する政党であり，両者ともウルトラ・リベラルな政治を行っている」と決めつけ，FNは「システム」の外側で闘うことを明言している（2011年10月４日）(Ivaldi 2012：108)。

社会は腐敗したエリートと民衆に二分され，人民の利益や生活から切断されたエリートに対して，FNは民衆の側に立つ政党であることをアピールしている（Ignazi 2012：43)。「マリーヌ・ルペン，国民の声，フランスの精神」という党のスローガンがそのことを象徴しているが，マリーヌ自身も「ポピュリズムがエリートに対して国民を守り，エリートが喉を絞めようとしている見捨てられた人々を守るとしたら，私はポピュリストである」と，2010年12月10日放映のテレビ番組（フランス　2）で発言している（Ivaldi 2012：107)。

マリーヌのFNのもう１つの基調は「外国人優先」の現実を告発し，「自国民優先」の貫徹を求める主張にある。それは，単なる「異議申し立てのポピュリズム」政党ではなく，政策と理念で有権者の支持を調達し，国政に影響力を行使する政党に脱皮することを意図している。つまり，エスニシティを軸に民衆を動員する言説がFNのイデオロギー的武器として有効性を発揮することが目論まれている。ソフトなマリーヌの言動に目が行きがちであるが，FNの思想や政策の基調は根本的には父親の時代と変わっていない。マリーヌのFNの基本イデオロギーは，1980年代後半から「新右翼派」によって理論化された「ナショナル・ポピュリズム」を継承している（Orfali 2012：98)。

新右翼の独自性は国民的利益やアイデンティティの防衛を軸に民衆を動員する点にあるが，マリーヌのFNも社会問題をエスニック化して外国人嫌いのロジックで民衆の利益を擁護し，グローバル化との闘いを通じて国民共同体の利益とアイデンティティを防衛するナショナル・ポピュリズムの論法を踏襲している。

ただ，マリーヌのもとで顕著になるのは，グローバル化とともに国民共同体を脅かす存在としてイスラムが攻撃のターゲットにされて，国民の利益とアイデンティティの防衛が呼びかけられていることである。

FN は，2002年の大統領選挙から「フランスのイスラム化」に警鐘を打ち鳴らし，イスラムの「共同体主義（communautarisme）」を激しく非難している。それは，ニューヨークの世界貿易センタービルへのテロ攻撃に端を発するイスラムに対する不安と敵視の雰囲気にそった選択であった。2007年の大統領選挙におけるキャンペーンが典型であるが，FN はイスラムを「共同体主義の拒絶」「ライシテ原則の防衛」を根拠に拒絶するという立論を展開している（Ivaldi 2012：100）。

受け入れ社会でも個人的に統合されることなく，自分たちの文化や習俗，宗教を維持し，集団的でエスニックなアイデンティティを固守しようとするイスラム教徒を「共同体主義」として批判し，フランス共和制の基本原理である政教分離を認めない非寛容で異質な宗教としてイスラムを攻撃の対象としている。たとえば，フランスでは以前から公立学校での女生徒によるスカーフ着用が問題になってきたが，マリーヌもイスラム教徒の女性が全身を覆うブルカを着用することを批判して，「ブルカの問題が解決されても，相変わらず一夫多妻，大都市における路上での祈り，食堂からの豚肉の追放，を始めとしたフランス人が目の当たりにしている日常生活での共同体主義的要求の問題がある」（*Le Figaro*, 30 avril 2010）と，同化不可能で異質なイスラムの習慣や文化を「共同体主義的」として拒絶している。

また，共和主義の基本的価値である「ライシテ」（＝政教分離原則）を擁護して，差異論的人種主義のロジックが援用されている。マリーヌは「宗教の戒律が共和制の法に取って代わることが不安である」と政教分離を認めないイスラムを批判している。そして，自由・平等・博愛はキリスト教の価値であり，それらを守ることはキリスト教復活の可能性を開くものであり，そのためにはフランスがキリスト教の国家としてイスラムに対抗することの必要性を説いている（Ivaldi 2011：101）。

移民と異文化・宗教によって侵略されつつある祖国の防衛が，FN にとって最大の課題である。そのために有効な手段として FN が掲げるのが「国民優先」の原則である。2012年の大統領選挙に向けたプログラムのなかで，能力が同等なら雇用はフランス国籍の保持者を優先的に採用し，同等の状況ならフランス国籍の保持者に優先的に住宅を割り当て，家族手当も少なくとも片方の親がフランス国民かEU諸国民に限定すること，出生地主義を廃止して国籍取得に「同化の証明」を条件とすることを訴えている（Crépon 2012：222）。

マリーヌが力を入れているもう1つのテーマは，国民共同体を脅かしているグローバル化である。FNは，左翼―右翼の対抗軸に代えて「今日における本当の対立軸」として「グローバル化を推進するコスモポリタン勢力と国民共同体を擁護する勢力」を対抗軸として打ち出している。もちろん，国民共同体の利益とアイデンティティを防衛する唯一の政治主体はFNである。マリーヌは「国民は人間にとって自然で，最も保護を与える枠組みであると私たちは信じている。グローバル化推進派は，言葉のソビエト的意味においてフランスの国家と経済を『標準化』とウルトラ・リベラリズムの命令に適応するように再編することを望んでいる」（2011年3月12日）と，新自由主義的グローバル化への反対姿勢を鮮明にしている（Ivaldi 2012：105）。

FNの反グローバル化の立場は，「グローバル化のトロイの木馬」としてEU統合の拒絶へとつながり，「ユーロクラット」によるEU統合に対してFNは「国民国家と祖国からなるヨーロッパ」を対置してきた。リーマン・ショック以降は，ユーロとEUへの攻撃を強化して，「ユーロクラット」が主導するEU統合に反対してEUとユーロからの離脱を訴えている（Ivaldi 2012：105-106）。また，FNの反グローバリズムは，その中心的な推進者であるアメリカへの批判にも及んでいる。FNは1990年代から湾岸戦争やイラク戦争に反対してきたが，マリーヌもEU統合がアメリカの保護下にあるコングロマリットに過ぎないと断言したり，アメリカへの追従をやめてフランスがアフガニスタンから撤兵することを訴えたりと，反米の姿勢を鮮明にしている（Ivaldi 2012：107）。

以上のように，マリーヌのFNは「新右翼派」がFNに導入したイデオロギーに沿って政策や言説を展開している。だが，経済社会危機の深化やイスラームのイメージ悪化，ナショナル・アイデンティティへの関心の高まりを受けて，FNの思想や言説を受容する国民は増加している。TNS-SOFRESの調査では（2012年1月6～9日実施），「FNによって擁護されている考え方への賛同」は，1987年10月調査では18％であったが，今回は31％と13％も増加している（*Le Monde*, 13 janvier 2012）。マリーヌが党首に就任してからFNの考え方に共鳴する有権者が増加して，今や国民の3分の1がFNの思想を受容している。それは，マリーヌが意欲的に追及してきた党のイメージの改善に向けた努力の成果でもあった。

2 「脱悪魔視」の追求――FNイメージの転換と政権への道

FNは既成政党に失望したエスノセントリックな有権者を中心に支持を拡大してきたが，政権参加を実現するためにはより広範な有権者に浸透する必要がある。そのためには党のマイナス・イメージを転換して信頼され，政権を担うに相応しい政党と評価されることが不可欠である。マリーヌは「脱悪魔視（dé-diabolisation）」（＝危険でおぞましいイメージの払拭）に乗り出す。マリーヌは父親の時代より穏健で協調的，妥協的なイメージを，多くのテーマについて柔軟で寛容な印象を与えることに務めている（Ignazi 2012：43）。

マリーヌは，父親ルペンのスタイルであった挑発と逸脱の言動を排除することも含めて「極右」の過去からの断絶を意識的に進め，「極右」がこれまで敵視してきた共和制との和解や女性やマイノリティの権利擁護を説いている（Fourest et Venner 2011：239-363）。外国人嫌いと反移民の立場を維持すると同時に，FNに柔軟で穏健なイメージを与える巧妙な言説を駆使しているが，その好例が前言したようなイスラムと「ライシテ（政教分離）」をめぐるマリーヌの論法である。

「ライシテ」は共和主義の中心的な概念であるが，これまでFNはカトリック伝統主義派が党内で大きな影響力を持っていたこともあって「ライシテ」には否定的な態度をとってきた。だが，マリーヌは「私は超確信的なライシテ支持派」（2011年10月5日）と宣言して，ライシテをFNの新しい闘争の軸にしている（Crépon 2012：209）。マリーヌは党首選挙の際にも，フランスでの「共同体主義的原理主義＝イスラム」の台頭に対してライシテの断固たる擁護者であることを表明しているが，政教分離の原理を認めない非寛容なイスラムと良心と信教の自由に寛容なフランスの共和制が対置される。

同様に，マリーヌは，ホモセクシュアルの権利を擁護する姿勢も見せ，社会の変化に適応したモダンな政治家のイメージを振りまいている。だが，そこにも性的マイノリティの権利と生活の侵害をイスラム系住民による迫害と攻撃に結びつけており，そこにも社会問題のエスニック化のロジックが貫徹している。西欧デモクラシーの基本的な伝統である寛容や人権，自由の価値を共有しないイスラム文化（「ファシスト・イスラーム（islamo-fascistes）」に対して，性的マイノリティの権利と自由を守るFNといった構図が描かれている（Crépon 2012：257-265）。マリーヌは，西欧社会の基本的価値とは異質で同化不可能なイスラム文化の侵入に警鐘を鳴らし，それに対して闘う集団として自己像をつくろうとしている。

以上のように，マリーヌのもとで「新しいFN」へのイメージ転換が進められ，古い「極右」政党からの脱皮に成功しているように思える。もちろん，「脱悪魔視」戦略の最大の武器はマリーヌ自身であった。2012年時点で44歳と比較的若く，3児の母親で2回の離婚経験があり，現在は事実婚の生活を送っているというモダンな女性のイメージ，弁護士から政党の党首に転じたキャリアウーマンのイメージ，お酒やダンスが好きで若手幹部とのパーティを好むくだけたイメージといった父親とは大きく異なった指導者像を振りまいている。マリーヌは家庭や私生活を大事にしながら政治活動に勤しむ「普通の」政治家像を人々に与えようとしている。そのようなマリーヌのイメージとマスコミへの頻繁な登場もあって父親時代の過激で怖いといったFNイメージは確実に変化していった。

マリーヌのFNは，新右翼派の切り開いたポピュリズムのイデオロギーを継承しながら脱極右化によって有権者の支持を拡大し，政権参加も射程に入れようとしている。そのような戦略が現在までのところ首尾よくいっていることは，2012年大統領選挙での得票が示している。

5　ポピュリズム時代のフランス・デモクラシー

ヨーロッパ諸国では右翼ポピュリズム政党が政党システムの無視できない存在になっているが，フランスでも新党首マリーヌのもとでFNは党勢を回復している。そのことはヨーロッパとフランスの政治とデモクラシーにとって多くの問題を突きつけている。この節では，近年におけるFNの復活に直面しているフランスの政治とデモクラシーについて考えてみよう。

まず，FNの再活性化がフランスの政党と政党システムの現在と将来に投げかけている問題について考えてみよう。

第1に，FNが無視できない政治的存在として力を回復したことは，保守勢力の政権奪還にとって重大な障害となっていることである。2012年の大統領選挙と国民議会選挙でのFNの得票から，FNとの協力なしには保守の政権奪還は困難であり，FNとの非協力という原則が問い直される可能性がある。旧与党UMPのなかでは既にFNに秋波を送る動きも表面化しており，保守右派とFNとの連携の可能性も浮上している。2010年にUMPの国民議会議員40名によって「民衆的右翼（La droite populaire）」というグループを結成されている。彼らの政策提案はFNのそれとそれほどかけ離れたものではなく，保守の分裂を誘発するというFNのシナリオは全くの夢物語ではない（Bréchon 2012：170）。

左翼にとっても，FNの復活は重大な問題を投げかけている。労働者や事務職員，失業者といった民衆層はその多くが左翼勢力に期待を寄せ，投票してきた社会層である。それがいつしか左翼政党を見放して，その一部がFNに投票するようになっている（もしくは棄権に走っている）。そのことは，政権政党化した社会党がもはや民衆層の利益を擁護する政党ではないと多くの有権者の目に映っていることを意味している。FNの民衆層への浸透は，左翼政党にとっても存在価値が問われる事態である。

第2に，FNの政権参加が実現しなくても，その勢力が伸張することで彼らの言説や政策が世論や政界において受容される可能性がある。

FNが影響力を強化することは，フランスの世論を異質な存在への非寛容と排除の方向に傾かせる危険性がある。それは，FNの副党首L.アリオによるFN系シンクタンク「理念と国民」での発言がよく示している。彼は，外国人犯罪の排除と必罰化，街区からの「与太者」の排除，警察の武器使用制限の廃止を訴えているが，FNのプログラムも司法・警察の強化，とりわけ，司法予算の25％増額，「迅速で減刑不可能な刑罰」，刑法適用年齢の10歳への引き下げ，刑務所の増設，「窃盗ネットワーク」の解体，原理主義勢力の影響下にあるモスクの閉鎖，死刑復活といった治安強化策を掲げている（Ivaldi 2012：103）。

マリーヌのもとでの言説のソフト化，姿勢の寛容化にもかかわらず，移民問題に関してはFNの本質的立場は変わっていない。たとえば，移民問題に関して，不法移民については「寛容ゼロ」という姿勢を基本的には堅持している。国家の医療扶助を打ち切ることから始めて移民の流入を断ち切る対応が求められ，一括であろうと「ケース・バイ・ケース」であろうと，非合法移民の正規化はないという厳しい姿勢を崩していない（Ivaldi 2012：101-２）。

マリーヌは党首に就任した翌月に移民問題に関する「行動プラン」を発表して，家族呼び寄せの停止，外国人失業者の強制帰国，亡命権の見直しなどを提案し，同時に，非現実的な「移民ゼロ」政策を放棄して有期限雇用の労働者，および，特定の条件で科学者や高度な専門能力を有する労働者に合法的地位を付与することを提案している。また，2011年６月に国民議会議員に送った公開書簡のなかで，マリーヌは「今日，ヨーロッパのどこの国よりフランスでは国籍が小さなパンのように配られている。それは完全に無責任なことであり，止めなければならない。それは，国民的・共和主義的・社会的構造を徐々に引き裂くことで，フランスの凝集力にとって危険をもたらす」として，出生地主義の廃止によって国籍取得の自動性を見直し，帰化しても罪を犯した場合は国籍を失効させることを訴えている。その他にも，帰化条件を厳密化することで二重国籍を見直し同化主義的政策を強化すること，外国出身の子供の名前のフランス化，フランス語を話せない両親への強制的なフランス語の授業を実施することを提案している（Ivaldi 2012：99）。外国人嫌いでエスノセントリックな世論の高まりを受けて，そのようなFNの主張が国民世論のなかに浸透し，既成政党も政策に反映することを迫られる可能性もある。

第３に，FNの存在が現実政治を超えてフランスのデモクラシーに影響を与える可能性がある。

新世紀に入って，ヨーロッパの右翼ポピュリズム政党は異なった進路をとっており，それは大別すると２つの道に分けられる。一方で，イタリア，オーストリア，オランダ，デンマーク，ノルウェーの右翼ポピュリズム政党は政権参加や閣外協力の経験を通じて既成政党に接近していった。他方，ベルギーやフランスでは，既成政党とは一線を画してラディカルな対抗勢力のポジションを維持している。多くの国では右翼ポピュリズムは政権の外側から内側へと立ち位置を変更しつつあり，それらの国々では議会制デモクラシーは内部に異質な要素を抱え込むことになっている。

伝統的な極右政党はデモクラシーの根本的価値に挑戦しつづけてきた。人権や平等といったデモクラシーの基本的価値に対して，彼らは排除や差別のロジックを対置してきた。それに対して，現在の右翼ポピュリズム政党は議会制民主主義を基本的に承認し，選挙にも積極的に参加している。また，右翼ポピュリズム政党の言説も大きく変化し，先進社会の自由や民主主義の価値に沿って自分たちの主張を組み立てている。

「ライシテ」や「性的マイノリティの権利」を例に見たように，FN は自由や平等の価値をエスニシティと結合することで，閉鎖的・同質的な国民共同体のフルメンバーにとっての自由と平等に限定し，自由で平等な国民共同体（=共和制モデル）を脅かす敵=イスラムの排除を唱えている。いわゆる「外国人嫌いの共和主義化」，「共和主義的価値の人種化」が FN の論法となっている（Collovald 2004：151, 191）。問題は，そのような「啓蒙主義的排外主義」とでも呼べるような主張が西欧的な価値とデモクラシーを擁護するというロジックで展開されていることである。デモクラシーの基本的価値が，それを否定する方向で援用されているのである。結果として，非寛容で差別的な右翼ポピュリズム政党の主張が，民主主と西欧文明の擁護の名において正当化されることになる（水島 2012：174）。そのような巧妙なロジックによってデモクラシーの意味転換を図っている右翼ポピュリズム政党の論法に対してどのように対処するのか，そして，そのような言説が受容される背景にある現実にどのように対処していくのか。現代デモクラシーは難題を突きつけられている。

さて，最後に，FN の存在は現代デモクラシーにとってどのように評価すればいいのか考えてみよう。

FN はデモクラシーにとって危険な存在として批判と警戒の対象にされてきた。しかし，代表制民主主義への不信と不満が蔓延し，政治的無関心と棄権が問題になっているとき，FNへの入党や投票を通じた政治参加をどのように評価したらいいのだろうか。

つまり，FNの果たしている社会の代表機能や統合機能をどのように考えるかという問題である。民衆を政治的代表制の場に動員するFNは「ポピュリズム」として危険視されるが，現行の体制に対する不満や不信をFNが集約して政治制度内で代表しているという点で，デモクラシーにとってFNの存在は有益なものと評価することもできる。代表制民主主義を基本的に受容することを前提に体制や権力者に厳しい批判を投げかける存在は，デモクラシーを正当化する役割を果たしているというY.シュレルの指摘は一考に価するものである（Surel 2004：105）。

6　現代的現象としての右翼ポピュリズム

マリーヌのもとでFNは社会経済的問題の重視，グローバル化の弊害への批判，エリートの「裏切り」の告発，「自国民優先」＝「福祉ショーヴィニズム」にそった言説と政策の強調と，ポピュリズム政党としての色彩を強めている。その結果，FNは保守的中間層から民衆的社会層（労働者，事務職，失業者）まで支持を拡大している。

FNが既成政党に突きつけている批判は，現代社会が抱えている深刻な問題に及んでいることは確かである。国民にとって，失業に苦しみ，格差の拡大に憤り，犯罪に怯える現実に対して既成政党はあまりにも鈍感で冷淡であるように思える。そのような既成政党と政治家への不満や不信を養分にして右翼ポピュリズム政党は勢力を伸ばしてきた。であるならば，それは現代社会が生み出している現象であり，その意味で，右翼ポピュリズム政党の存在はデモクラシーの問題解決能力の低下と機能不全をあぶりだすリトマス試験紙のようなものである。既成政党が右翼ポピュリズム政党の挑戦を真摯に受け止め，国民の抱える経済社会問題への応答力を強化することがそれに対抗する唯一の方法である。その闘いに失敗したとき，自由で寛容なデモクラシーは偏狭で非寛容な方向に変質していく危険性がある。社会に拡がる閉塞感と既成政党の不人気といった現象に直面している日本にとっても，そのような危険性は無縁ではないだろう。

【注】

1）本章では，国民戦線（FN）に代表される新しい右翼政党を「右翼ポピュリズム」という名称で呼ぶことにする。それは，「福祉国家」の危機とグローバル化という時代的文脈のなかで登場した右翼運動の特質を重視したからであり，戦前からの伝統的な流れを汲む権威主義的で暴力的な「極右」政党（運動）との違いを強調したいからである。筆者は「右翼ポピュリズム」という言葉を，ポピュリズム的特徴をもち（カリスマ的指導者，反エリート主義，「護民官」的役割など），グローバル化時代に同質的な国民共同体の再生と純化を目指す政党（運動）いった意味で使用している。「右翼的ポピュリズム」の概念については，多様な研究を整理した村松氏の論文（村松 2012）を参照されたい。

2）タギエフは，「異議申し立てのポピュリズム（populisme protestataire)」と「アイデンティティのポピュリズム（populisme identitataire)」を区別することを提案しているが，そのことによってどちらのポピュリズムが支配的であるかを基準にして政党や運動の変化や相違を研究できるメリットをあげている（Taguieff 2012：56)。

【参考文献】

小熊英二（2012)『社会を変えるには』講談社。
畑山敏夫（1997)『フランス極右の新展開——ナショナル・ポピュリズムと新右翼』国際書院。
——（2007)『現代フランスの新しい右翼——ルペンの見果てぬ夢』法律文化社。
村松恵二（2012)「『右翼的ポピュリズム』概念をめぐって」弘前大学人文学部『人文社会論叢（社会科学篇)』27号，1-21頁。
水島治郎（2012)『反転する福祉国家——オランダモデルの光と影』岩波書店。
Bréchon, Pierre (2012) “La droite à l'épreuve du Front national”, dans Dewit, P., *Le Front national. Mutations de l'extrême droite française,* Éditions de l'Université de Bruxelles.
Collovald, Annie (2004) *Le <Populisme du FN>, un dangereux contresens,* Éditions du Croqant.
Crépon, Sylvain (2006) *La Nouvelle extréme droite, Enquête sur les jeunes militants du Front national,* L'Harmattan.
—— (2012) *Enquête au cœur du nouveau Front national,* Nouveau monde éditions.
Delwit, Pascal (2012) “Les étapes du Front national (1972-2011)”, dans Delwit, P., *Le Front national. Mutations de l'extrême droite française,* Éditions de l'Université de Bruxelles.
Fourest, Cardine et Venner, Fiammetta (2011) *Marine Le Pen démasquée,* Éditions Grasset & Fasquelle.
Ignazi, Piero (2012) “Le Front national et les autres. Influence et évolutions”, dans Delwit,

P., *Le Front national. Mutations de l'extrême droite française,* Éditions de l'Université de Bruxelles.

Ivaldi, Gilles (2012) "Permanence et l'évolutions de l'idéologie frontiste", dans Delwit, P., *Le Front national. Mutations de l'extrême droite française,* Éditions de l'Université de Bruxelles.

Lefebvre, Rémi (2012) "Les catégories populaires: un enjeu électoral central", *Revue politique et parlementaire,* no.1062, janvier-mars.

Lehingue, Patrick (2003) "L'Objectivation statistique des électorat: que avons-nous des électeurs du Front national?", dans Lagroye, J. éd., *La Politisation,* Belin.

Mayer, Nonna (2012) "De Jean-Marie à Marine Le Pen: l'élection du Fronyt National a-t-il changé?", dans Delwit, P., *Le Front national. Mutations de l'extrême droite française,* Éditions de l'Université de Bruxelles.

Orfali, Brigitta (2012) "Le Front national: un engagement contestataire ou une adhésion de conviction", dans Delwit, P., *Le Front national. Mutations de l'extrême droite française,* Éditions de l'Université de Bruxelles.

Surel, Y. (2004) "Populisme et démocratie!", dans Taguieff, P. -A. dir. *Le retour du populisme. une défi pour les démocraties européens,* Universalisi.

Taguieff, Pierre -André. (2012) *Le nouveau national-populisme,* CNRS Éditions.

第6章

「反税」から「帝国」へ

——1950年代フランスのプジャード運動——

藤井　篤

1　ナショナル・ポピュリズムの台頭

1　ナショナル・ポピュリズム政党台頭の説明理論

現代先進諸国の政治の特徴づけに「ポピュリズム」という言葉がしばしば用いられる。それは善と悪，正義と不正義，我々と奴らといった単純な二項対立図式をつくり，理性よりも感性や情念に訴えて「敵」を攻撃することで国民諸階層に幅広く支持を求めようとする政治のスタイルや発想を指している。

ポピュリズム現象はしばしばナショナリズムに訴えることを支持獲得の手段とする。なかには失業や犯罪などの原因を外国人や移民に求め，これを「敵」として排斥する場合がある。1990年代以降，ヨーロッパ諸国ではこうした戦術をとる新しい極右政党の伸長が目覚ましい（山口・高橋 1998）。ポピュリズム現象がこうしたナショナリズムと結びついた場合，「ナショナル・ポピュリズム」あるいは「右翼ポピュリズム」と呼ばれる（村松 2012）。

新しい極右政党の台頭を一般的に説明しようとする理論には，大別して「需要側」理論と「供給側」理論がある。それぞれに様々なヴァリアントがあるが，「需要側」理論とは，移民流入など争点の存在，社会構造の変動，経済的危機，価値観の変容など，極右政党の台頭原因を社会・経済的条件から説明しようとするものである。他方，「供給側」理論とは，既存政党の配置状況や選挙制度などの「政治的機会構造」のほか，極右政党のメディア戦術，政治的プログラム，カリスマ的指導者の存在など，極右政党を取り巻く政治的環境や極右自身の戦略・対応など政治的要因から説明しようとするものである（Eatwell 2003；島田 2011）。

経済不況や移民の存在など社会・経済的条件が同様であっても，どの国でも同様に極右政党が伸長するわけではない。このことは「需要側」理論の限界を示している。本章の目的は極右政党の台頭原因の一般理論を構築・検証することではなく，1950年代フランスにおけるナショナル・ポピュリズム政党の躍進の原因をよりよく説明することであり，それには「需要側」と「供給側」の両面から複眼的に分析する必要があると考える。本章はフランスのプジャード運動の発生から政党化とその挫折まで（1953～58年）を分析事例としてとり上げる。

2 ナショナル・ポピュリズムとしてのプジャード運動

プジャード運動とは1953年7月にフランスの南西部の農村地帯で始まった商工業者たちの反税運動であり，急速に全国に拡大するとともに，政治化・右翼化し，1956年総選挙で躍進して議会に進出するものの，3年足らずで政党としては解体した。フランスではこれまで「プジャード主義」といえばポピュリズムやデマゴギーとほぼ同義に蔑称として使われてきた。

プジャード運動は急速に成長したものの，その存続期間が比較的短かったため，同時代的研究（Hoffmann 1956；Touchard 1956；Meynaud 1956；Campbell 1957）を除いては後続の研究が乏しく，通史には登場するものの，エピソードのように簡略にとり上げられてきた（ヴィノック 1995：64, 139；Rémond 1983：251-252, 466-467；Milza 1986：207-208；Davies 2002：128-133）。日本の代表的な通史の記述によれば，「プジャード派は，伝統的左翼地帯としての南西部後進地帯（伝統的小規模農業・手工業地帯）を地域的基盤とし，小農・手工業者・小商人層を階級的基盤として生起した。（中略）それは，資本主義の高度化・生産合理化および流通革命によって没落の危機に瀕した旧中間層＝小生産者大衆の抗議運動であると同時に，マンデス以来の旧植民地放棄政策にたいするそうした旧型社会層の抗議であった」とされる（中木 1975：266）。

筆者もプジャード運動の概論的把握としてこうした理解はまちがっていない

と考える。しかしこうした社会・経済的条件からの説明だけでは，なぜ南西部後進的農村地帯に発する小規模商工業者の利益擁護運動がロワール以北の豊かな県も含めて全国に拡大したのか，なぜそれが商工業者ばかりか他の自由業者や労働者までをも組織しようとしたのか，なぜそれが政治運動化し，1956年総選挙でパリを含めて多くの選挙区で当選者を出せたのか，なぜそれが排外主義的ナショナリズムや「超植民地主義者」の運動になったのか等々を説明できない。後に見るように，プジャード運動に参加した商工業者たちは必ずしもそうした運動の政治化・右翼化を支持していたわけではない。たとえば植民地の運命など本国の中小商工人の利益にはほとんど無関係だからである。

こうした疑問に答えるためには，運動の「需要側」の要因だけでなく，「供給側」の要因にも着目することが必要である。本章は上記のすべての問いに十分答えることはできないが，近年の研究や文書館史料を参照しつつ，先行研究で無視されてきた大都市圏セーヌ県のプジャード派に着目し，植民地問題を素材にプジャード現象の解明を試みる。植民地問題こそ1950年代フランスにおけるナショナル・ポピュリズム台頭の鍵をなすと考えられるからである。

2　プジャード運動の発生

1　プジャード運動発生の歴史的背景

戦後フランス経済の復興は電力・ガス・石炭など基幹産業の国有化から始まるが，1946年に設定されたモネ・プランは基礎産業部門への優先的投資を通じて，フランス経済の再建・近代化を目指すものであった。この方針は国家主導の指導型経済《ディリジスム》を前提としながら，アメリカの経済援助を受け入れることによって，フランス資本主義の合理化・近代化を大きく進めた。1949～50年に基礎産業部門の復興は完了し，生産力は戦前水準を回復した。1950年代に入ると，フランス経済は新しい成長の段階に入る。工芸品産業を中心に生産性の低い中小企業が膨大に存在する戦前型のフランス資本主義は今や解体されようとしていた（中木 1975：187-192, 203-204）。

この経済近代化路線の遂行には，国家の財政基盤の強化が必須の前提となる。中小規模の小売・卸売業者や手工業者がなお膨大に存在していたが，これらの産業部門は流通過程が複雑で，中間マージンが多い上に，課税に際しては補足率が低かった。かくて1950年前後には徴税強化の目的で一連の税制改革が行われる。1952年末には徴税権力そのものの強化のために特別の税務査察部隊がパリおよびセーヌ県でつくられ，翌年からは地方にもそれが適用された。

税務査察の標的になったのは小規模商工業者たちである。徴税官たちは商工業者の売上伝票を仔細にチェックし，書類の不備に対しては情け容赦なく高額の罰金を課した。莫大な追徴税や罰金を支払えず，破産するしかなくなった自営業者が自殺するという悲劇がフランスのあちこちで相次いだ。これらのニュースはまだ税務査察部隊の来ていない地方の商工人たちの間にも恐慌を引き起こした。しかも小規模商工業者が税務査察で狙い撃ちにされる一方で，大企業は従来通りの税務上の取扱いを受け続けていたため，零細業者たちの重税感・不公平感は強かった。彼らの不満はいつ爆発してもおかしくない状態にあったのである（Hoffamann 1956：17-19；Bouclier 2006：25-28）。

一方，こうした小経営者層の利益を積極的に擁護する政党はなかった。1951年総選挙は「アパラントマン式選挙」で行われた。県単位の選挙区で複数の政党が選挙前にアパラントマン（選挙連合）の締結を表明し，その選挙連合が当該県で過半数の得票をした場合，その県の議席はすべて当該連合が独占し，その内部で比例配分される。アパラントマンを組めない政党にとって議席獲得のチャンスは，単独で過半数得票を得ない限り，アパラントマンによる過半数得票が達成されなかった場合（この場合は比例代表による議席配分が行われる）にしかない。ただし定数の多い首都圏のセーヌ県では，共産党による議席独占を阻止するために，最初からアパラントマン式ではなく比例代表制が適用された。明らかにこうした二重基準の新選挙法の狙いは，選挙連合を組みにくい左右両翼政党（共産党とドゴール派）を封じ込め，中道派（第三勢力）を過大代表させることにあった。

選挙結果はこの狙い通りにはならなかったが，第一党のドゴール派「フランス人民連合 RPF」は1952年には分裂し，ドゴールの指令により「休止」する。政治空間の最右翼が崩れたのである。

共産党，社会党の支持基盤は主として組織労働者や公務員であるが，中道・右翼政党のそれは多種多様な中間層を含む諸階層のモザイク的調合ともいうべきものであった。中小の商工業者は代表される諸階層の一部であっても，彼らを主たる基盤とする政党はなかった。彼らの政党支持はほぼあらゆる政党に散らばっていた。旧中間層を中心として少なくない有権者たちが自分たちの利益は既成政党から顧慮されていないと感じていた。

2　商工業者たちの反税運動

この運動の仕掛け人であるピエール・プジャードは，1920年にフランス中部で農村ブルジョアの家庭に生まれた。父親は王党派カトリックの建築家であり，ピエールも少年時代から右翼的な政治的傾向を示していた。父の死後一家は没落し，戦後しばらくしてプジャードは南西部ロット県のサン・セレ（Saint-Céré）で書店兼文房具店を始める。本業の傍ら1952年にはサン・セレの市議会選挙に「元ドゴール派の独立派《アンデパンダン》」として出馬し当選を果たした（Poujade 1977：13-95；2003：11-28）。

1953年7月22日，プジャードは鍛冶職人の共産党市議G. フレジャックから呼び出された。翌朝に税務査察が町にやってくるというのである。23日の朝，査察対象となった靴屋の前には様々な立場・業種の商工人たちが数多く集結し，その先頭に立ってプジャードは徴税官を追い返した。プジャードは税務査察との戦いを運動化するために，集会を開いて町の商人250人中180人の署名を集めた。さらにサン・セレだけでなく地域全体の商工人を反税運動に組織すべく，「もう税金のために死なない」を合言葉に宣伝を行った（Poujade 1955：24-31；1977：99-106）。

9月13日と11月19日に予定されていたサン・セレの「プティ・パリ市場」への査察も仲間たちの力で阻止した。この間10月9日にはロット県で初の代表者集会が開かれ，小規模商工業者を守るための要求（大企業，チェーン・ストア，協同組合との課税の平等，均一の基礎控除，税務査察の廃止，納税特赦等）がまとめられた。11月29日には県都カオールでプジャードを総裁とする「ロット県商工業者連合」が発足する。さらに12月，同県商業会議所の会員諮問選挙ではプジャードを含む5人が当選した。当時夕刊紙『フランス・ソワール』は「貧しい文房具屋が税のバスチーユに攻撃を開始」という一面の見出しで報じたが，これは即座に読者の反響を呼び，重税に喘ぐ全国の商工業者たちから期待を表明する何千通もの手紙がプジャードの許に届いた。

彼らの反税運動は翌1954年に入るとカンタル，コレーズ，アヴェロン，ドルドーニュ，オート・ロワール，ピュイ・ド・ドーム，オート・ヴィエンヌ，ヴィエンヌ，クルーズなど南西部，南部，中部の県へと広がった。こうして組織はプジャードの指揮下に「商人・手工業者防衛連合（Union de défense des commerçants et des artisans = UDCA)」を名乗り，各地に組織を展開していく。これがプジャード運動の始まりである（Borne 1977：27-35；Souillac 2007：33-35；Mauge 1988：104)。

プロパガンダを重視するプジャードはUDCA機関紙『団結（*Union*)』を発行し，「税務ゲシュタポ」などの激しい言葉を操りながら，各地で集会を開いて積極的に運動の組織化に励んだ。無論，最も重要な活動は税務査察の妨害であり，彼らは税務査察の通告を受けると，近隣を自動車で駆け回って仲間を大勢集め，徴税官を取り囲んで威圧し，立ち入り調査を阻止した。また差し押さえられた店舗・工場などの競売を妨害した。この過程ではしばしばUDCAが暴力を行使したことを，プジャードとともに各地を駆け回ったUDCA副総裁の写真店主M.ニコラも認めている（Nicolas 1955：31-32)。

UDCA全国責任者であったH.ボノーの示すデータに基づき，1954年の加入者数を県別に見ると，セーヌ県が2万4578人と突出して多いが，人口千人当たりで見れば6～9人と少ない。加入者数最多30県のほとんどがロワール河以南の中部・南部・南西部の諸県であり，このうち人口比最多の加入者（20～28人）をもつのはすべて南部・南西部の諸県である（Bonnaud 1955：108-110；Borne 1977：144)。プジャード運動が後進地域の運動だという通説的理解は基本的に正しい。それでも運動の比較的初期の段階において，セーヌ，セーヌ・エ・オワーズ，ノール，セーヌ・エ・マルヌなどの先進的北部諸県が上位30位に含まれていることは無視できない。当然ながらそこにも中小商工業者は数多く集まっている。首都を抱えるセーヌ県の動向を見よう。

内務省の報告書によれば，1954年10月以来，セーヌ県でもUDCAによる税務査察への妨害が続いて起こっていた。1955年２月８日，ジョアンヴィル・ル・ポンにあるビスケット工場に税務査察が入ったが，徴税官はまもなく査察を諦めて出てきた。工場を取り巻いていたのはUDCAのメンバー30人で，全国責任者で元社会党員の青果店主J.ダマジオやセーヌ県の地区責任者たちもいた。21日午前にはパリ１区の塩物店の前にUDCAの動員で20人が集まり，午後には16区の精肉店，３区の食料品店，10区の運送店を数百人が取り囲み，税務査察を阻止した。３月11日には10区の宝石店が，また14日には11区の製パン店がUDCAの支援によって査察を免れた[1]。

セーヌ県のUDCAの行動は査察阻止だけにとどまらない。３月14日にはヴィルモンブル支部の集会には300人が集まり，全国代表で食料品店主のA.プリヴァは税務査察部隊を「ハゲタカ」と罵り，必ず絞首刑にすると息巻いた。こうした過激な発言に対しては運動がファシズムに傾斜していると非難する声も上がったが，プリヴァはマンデス=フランスのようなユダヤ人に支配されるのはもうたくさんだと開き直った。17日にはパリ17区で300人，21日には３区で100人，22日には12区で300人，24日にはヴィルジュイフで350人を集めたUDCAの地区集会が開かれた。また18日にはクールブヴォワで600人の反税デモが行われた[2]。

UDCA全国センターは1955年８月には９月15日を期限に営業税と動産税の納税ストを指令したが，セーヌ県の組織もこれに呼応して，納税通知書をUDCAのパリ事務局を通じてセーヌ県庁に返送することを呼びかけた[3]。フランスで最も貧しい後進的農村地方から始まった反税運動は今や首都圏にも波及するようになったのである。

3　反税運動の政治化・右翼化

1954年11月，UDCAは75人の代議員を集めて初の全国大会をアルジェで開いた。この大会がアルジェリア戦争勃発直後に開催されたのは偶然であり，まだこれが植民地戦争の開始だと認識されていなかった当時，この大会もアルジェリアについては何も論じていないが，プジャードはこう述べた。

「1944年のフランス解放は北アフリカから出発した。解放されたのはフランス領土にすぎない。まだこれから地中海の両岸の人々を解放しなければならない。フランス国民を国際金融勢力への隷属から解放するためには，わがアフリカ領土を頼りにせねばならない。フランスの第二の解放，フランス人の解放は新たにアフリカ領土から始まるだろうと思う」(Bouclier 2006：53)。

プジャードによれば，国際金融勢力からのフランス人の解放のためにはアフリカ領土が必要となる。なぜ必要かについての論理的説明はないが，フランスの繁栄の源泉を海外領土の保有に求める発想は少しも珍しくない。ここで大資本や国家官僚制など「大《グロ》なるもの」に反逆する「小《プティ》なるもの」の運動は，「帝国」を維持しようとする大国主義・植民地主義へと倒錯的に結びつく。

またこの大会では「ピエール・プジャードの論壇」という副題のついた新しい機関紙『フランスの友愛（*Fraternité française*）』の発行が決定され，その編集長にはアルジェの地主のP.シュヴァレが任ぜられた。

1955年春以降，プジャードはUDCAに類似する系列団体を次々に設立した。「フランス農民防衛連合」，「フランス労働者防衛連合」，「知識人・自由業者連合」などである。これらの職能別の系列団体の設立は結果的に成功したとは言い難い（Borne 1977：116-120；Souillac 2007：60-67）。だがともあれこうした試みは商工業者の利益擁護という当初の職能的運動の目的を大きく超えている。ここには社会全体を変えようとする，それ自体すぐれて政治的なプジャード個人の指向性が示されている。

6月のサン・セレでの全国評議会はこうした運動の対象職域の拡大を確認するとともに，UDCAの目的を「エタ・ジェネローの準備」だと定めた。エタ・ジェネロー（Etats généraux）はフランス史では三部会（身分制議会）のことであるが，ここではあらゆる職能身分の利益調整機関がイメージされている。しかしこれは制度として明確に定義されることないまま以後繰り返し使われるマジック・ワードであった（*Le Poujadisme* 1956：52-53；Hoffmann 1956：96-98；Borne 1977：112-116)。こうした素朴なコーポラティズムが喚起するものは，何よりも現行の議会制民主主義政治への強烈な不信である。

夏以降，UDCAは植民地とりわけ北アフリカを重要なテーマとしてとり上げた。チュニジアの民族主義勢力との交渉に反対し，弱腰のモロッコ総督の更迭を要求し，フランス領アルジェリアが外国勢力の標的になっていることに警鐘を鳴らす（Hoffmann 1956：238-242）。要するに植民地放棄政策に対する真っ向からの反対表明である。1955年を通じてUDCAは政治化・右翼化した。

運動の政治化・右翼化に伴って生じたのは共産党との絶縁である。当初UDCAのメンバーには少なからぬ共産党員が含まれており，なかには地方委員会《コミテ》の幹部になる党員もいた。このことは労働者層だけでなく中間層にも支持基盤を広げようとする共産党の浸透政策を反映していた。1954年7月5日にUDCAがパリの冬季競輪場《ヴェル・ディヴ》に1万5000人を集めた時には，党機関紙『リュマニテ』はこの集会を写真入りで大きく報じている（*l'Humanité,* 6/7/1954）。だが共産党の浸透政策を恐れるプジャードは1954年末以降，UDCA各県組織に対して，共産党員を指導的地位から排除するように指令した（Souillac 2007：74-76；Poujade 1955：95）。プジャードは反共主義を前面に出さずに「非政治主義」を装って運動の舵を右に切ったが，それでも共産党はこの運動への浸透政策を続けた。だがついに1955年10月，UDCAによる税務署への襲撃・略奪や，モロッコ問題でのプジャードの反動的発言などを挙げて，共産党はこの運動を「ファシスト的冒険主義」として断罪するに至る（*l'Humanité,* 1/10/1955）。

こうした運動の政治化・右翼化は組織内に波紋を引き起こさずにはいない。商工業者の政治的立場は右から左まで多様であって，この政治化には強い反対が起こった。またプジャードの独裁的な組織運営（とりわけ不透明な財政管理）にも批判が集中した。1955年11月には「UDCA組織再編全国委員会」がつくられるほどであった。だがこれも別組織の設立には至らず，プジャードは反対派の排除・分断によって指導権の危機を何とか乗り切った（Borne 1977：123-125；Souillac 2007：54-59）。

3　プジャード派と「帝国防衛」

1　1956年総選挙への参戦

1955年11月29日，フォール（Edgar Faure）内閣は信任投票で敗北したが，選挙期日の繰り上げを狙って異例の議会解散を行った。ここから1956年1月2日を投票日として選挙戦が始まる。プジャード本人は出馬しなかったが，彼らは「団結とフランスの友愛（Union et fraternité française = UFF）」その他の選挙リストを提出してこの選挙戦に参入した。「非政治主義」を掲げる社会運動がここで政治への関与を決定的にする。

「われわれの独創性は出来合いの計画をフランス国民に押しつけようとしないということにある」というプジャードの言葉に象徴されるように，UFFの選挙綱領はないに等しい。それはすべての既成政党議員の「裏切り」を告発し，第四共和政のすべての成果を否定することにほとんど終始している。「現職を落選させせろ」というスローガンも，「注意！　この男は危険だ。右にも左にも中道にも」というキャッチ・フレーズも，「エタ・ジェネローの召集」要求も，すべて「非政治主義」から出発した社会運動の反議会主義的姿勢をよく示すものである。

そのUFFの「選挙綱領」の数少ない積極的主張として「帝国防衛」がある。「フランスはインドシナとインドの諸都市を失った。明日は北アフリカとブラック・アフリカを失うだろう。フランスの権威だけではなく繁栄がかかっているのだ。海外領土は我々の富の不可欠の要素だからだ」。力づくでも植民地を維持すべきであり，19世紀にアルジェリアを平定したビュジョー将軍を手本とすれば，そこでの反乱は鎮圧されるだろうと，軍事的解決が推奨される（Hoffmann 1956：145, 154, 158, 170；Dupeux 1957：61-64）。

「帝国防衛」の主張が押し出された要因としては，すでにそれがプジャード派にとって重要なテーマになっていること，中間層の既得権の剥奪感情に重ねて主張しやすい争点であることが大きい。さらにパリでのプジャードと若い右翼との出会いがそれに拍車をかけたであろう。J.-M. ルペンはブルターニュ地方の漁師の息子だが，パリ大学法学部入学後は極右学生活動家として同学部自治会長の座を左翼から奪い，カルチェ・ラタンで左翼学生と激突する毎日を送っていた。その後パラシュート部隊少尉としてインドシナに赴いたルペンは，帰還後にはやはりインドシナ帰還兵のJ.-M. ドマルケとともに，パリのパンテオン界隈の居酒屋を根城に極右学生運動と交流をもっていた。彼らはインドシナでの敗退に根深い怨念を抱き，「帝国」の命運に強い関心を寄せていた。彼らは警察署長で共産党担当のJ. ディードとも接触していた。プジャードはパリでルペンやドマルケと出会い，ルペンにUDCAの系列団体「フランス青年防衛連合」の代表を任せる。この選挙で28歳の最年少代議士になるルペンは卓越した弁舌力をもち，選挙戦では全国各地を遊説する弁士となった。「帝国を維持しようとする戦いはプジャードの企てに国民的次元を与え，またこの企てを小商人の俗な反逆から飛躍させることに貢献した」のである（Mauge 1988：100-113；Dumont *et al.* 1985：36-38)。

プジャードは精力的に全国各地の集会を飛び回り，すべての既成政党，官僚制，議会政治，大企業，知識人などを攻撃対象とし，扇情的な言葉で咆哮し続けた。彼は一日で５万人を集め，３週間で140回もの集会に顔を出した。南仏ガール県都ニームでは大きな闘牛場で集会を開いたが，会場は満員で入場できない者がなお5000人もいた。週刊グラフ雑誌『パリ・マッチ』は，喉を痛めて吸入器をつけながら遊説の旅を続けるプジャードの姿を伝えている[4)]。

こうして商工業者の職能的運動から出発したプジャード運動は政治化・右翼化し，選挙への参加を通じて，議会主義政治への全面的告発とともに国民的団結や「帝国防衛」を訴えるナショナル・ポピュリズム運動に転成した。

この選挙の結果，プジャード派は全国で約248万票を獲得して躍進した。その全国平均得票率（対有権者で9.2％，対投票数で11.6％）は共産党（20.6％，25.8％），社会党（12.6％，15.8％），急進社会党（11.4％，14.3％），独立派（13.3％，16.8％）には及ばないものの，MRP（9.0％，11.3％）やドゴール派（3.5％，4.4％）を超えている（Leleu 1971：79)。この選挙ではアパラントマンは全国で39選挙区でしか成功せず，そのため選挙結果全体は比例代表制に近いものになった。社会党，急進社会党マンデス派，UDSRなどからなる「共和戦線」が176議席，共産党が150議席を獲得し，左翼の相対的勝利がもたらされた。社会党首班のモレ「共和戦線」内閣が発足する。

他方，政治空間の最右翼に52人のプジャード派議員団UFFが誕生する。彼らの前職を見れば，食料品業が13人，飲食・旅館業が４人，その他の商業（薬局，時計，眼鏡，印刷，クリーニングなど）が12人，手工業者・小経営者が12人，卸売業が3人，その他が8人となっている（Bouclier 2006：189-190）。このなかには職業的政治家はひとりもいない。こうしてパン屋や菓子職人やカフェ店主など「普通の人々」が国政の舞台に新顔として躍り出た。

セーヌ県では比例代表制が適用されるために，新党にとっては有利な選挙環境がある。プジャード派の対有権者得票率はパリ市内で6.8%，市外で6.5%を記録し，共産党（21.5%，32.9%），急進社会党（20.5%，16.0%），独立派（17.1%，9.3%）には遠く及ばないが，社会党（7.3%，9.9%）に迫り，MRP（4.2%，5.1%）やドゴール派（2.2%，3.7%）を超えた（Leleu 1971：263-269）。こうしてプジャード派はセーヌ第1選挙区ではルペン，第2区では精肉店主のA.ゲラール，第3区ではダマジオ，第4区ではプリヴァ，第5区ではニコラを当選させ，さらに第6区ではUFFへの連合者《アパランテ》としてディードが当選を果たす。プジャード派はセーヌ全6区を制した。

2 「帝国防衛」の言説

プジャードとその議員たちは植民地をどのように見ていたのだろうか。プジャードは1956年1月のパリの集会で，「経済の秩序なくして税制改革はない。もしフランス連合が外国勢力の手中に落ちるならば，経済の秩序もない」と述べた（*Le Poujadisme* 1956：56-57）。また全国遊説中の9月にはモレやミッテランを激しく非難しながら，「われわれの海外領土をすべて奪われっ放しにしている人々を権力につかせている限り，われわれはインドシナを失ったようにアルジェリアを失うだろう」とし，北アフリカには巨大な鉱脈があるが，それはフランスの撤退を望む国際資本によって開発されていると警告している[5]。

こうしたプジャードの発言はどれも無根拠で断片的であり，彼が海外領土についてどこまで正確な知識を有していたのかは疑わしい。プジャードの「帝国」への執着，脱植民地化への敵対は明らかであるが，彼の攻撃対象になったのは民族解放勢力ではなくて，むしろ外国勢力・国際資本など国外の「大なるもの」であり，それに従属的な国内の「売国的政治家」である。

1956年4～5月，サン・セレでUDCAは大会を開いたが，アルジェの極端派シュヴァレを報告者とする「アルジェリア委員会」が提案した決議が採択された。決議はフランス領アルジェリアの放棄につながりかねない交渉を現政府が模索していることを告発し，アルジェリア特別権限法は状況の改善には何ら役立っておらず，現地住民は恒常的なテロにさらされて暮らしていると述べ，いかなる行政的・政治的改革よりも前に秩序の回復が必要だとした。[6)]

UFF議員団ではとりわけルペン，ディード，ニコラ，ドマルケらが突出したアルジェリア死守派の論客であった。前3者が揃ってセーヌ県選出議員であることは示唆的である。首都パリは国際的な政治・経済・文化の交流地点であると同時に，ナショナリズムへの共鳴が生まれやすい場所である。左右の政治勢力の角逐が全国レベルで行われる国政の舞台であるからこそ，パリには地方よりも「帝国」の問題を取り上げやすい条件がある。UFF議員の議会発言を通して彼らの「帝国」認識を見よう。

1956年3月，モレ政府はアルジェリアでの特別権限法を成立させるが，UFFはその全面的な反対派として現れる。ルペンはインドシナでの敗北以来，フランスではいかなる帝国にも例がないほど短期間に一連の領土放棄が行われてきたとし，決然たる意志を欠いたその場凌ぎの政府の対応を糾弾する。そしてインドシナで起こったことと，アルジェリアで今起こっていることの類似性に注意を喚起しながら，アルジェリアはフランス領土だとしてこう述べる。

「われわれは現在のところアルジェリア問題が本質的に軍事的なものであることを隠しません。それは本質的に治安維持の問題です。状況は何よりも治安の回復を必要としています。（中略）農業政策を実施するなら，軽機関銃を脇に通り道を戦車で護衛されなくても畑に行けるようでなければなりません（右翼席・最右翼席からいいぞ，いいぞの声）。また社会政策を実施するにも，治安を回復せねばなりません。それなしには，寛大な考えで与えられるものは敵方から無気力として，さらに暴力と脅しに屈した証拠として理解され，利用されるでしょうから[7)]」。

一切の社会・経済的改良政策に先行して治安の回復が必要であり，そのためには反乱を軍事的に鎮圧せねばならない。さらに6月にはルペンはこうした軍事努力はアルジェリアにおける平和だけでなく国際平和をも目的とするものだとして言う。

「もしわれわれが世界のこの地域から撤退すればどうなるでしょうか。殺戮の闘争が生まれ，相互依存や民族的個性の問題も吹き飛ぶでしょう。われわれの撤退後の空隙をめがけて両超大国の対立する軍事力は相互に相手に先取させまいとして直ちに押しかけてくるでしょう。そうなれば新しい世界戦争が始まることを確実に予想できます。アルジェリアでのフランスの存在は戦争だという人々に私は叫びたい。そうではない，われわれの存在こそが平和の保障であり，撤退すれば内戦と国際戦争になるのだと[8]。」

ルペンがこの言葉通りに信じていたのかどうかはともかくとして，民族解放闘争への軍事的対決を東西対決の問題に関連させようとする宗主国の冷戦レトリックの典型例をここに見ることができる。

また「帝国防衛」の言説は「帝国」の敵に対する仮借なき糾弾を不可欠の構成要素としていた。その「敵」は必ずしもアルジェリアで武器を持って戦っている民族解放勢力だけを指すのではない。1956年10月，ベンベラ（Ben Bella）ら FLN 指導者を逮捕した直後の国民議会で，ディードはこう主張する。

「アルジェリアの反徒たちを逮捕したことはフランス世論に誇りと励ましの感情をつくり出しました。これは気の滅入る放棄の道に歯止めをかけるものでした（最右翼席から拍手）。しかしわれわれが立ち直れるのは，反徒らの証拠文書を徹底調査した後に，罪状がどのような規模であれ，あらゆる側面から裏切り者を無慈悲に処罰する勇気をもつ場合だけです（同じ席から新たな拍手[9]）」。

これよりも前に発せられた「アルジェリア共産党の人殺したちの共犯者である（フランス）共産党議員団」「裏切り者のスポークスマン」という言葉からもわかるように，ディードの攻撃対象は民族解放勢力よりもむしろその「共犯者」たる共産党であった。戦時中に警察官であったディードの演説には，共産党席から「対独協力者《コラボ》」「愛国者の拷問者」「ゲシュタポ」などの激しい罵言が飛んだ。

1956年10月，ルペンとドマルケは議会活動だけでは飽き足らず，アルジェリアで戦うフランス人兵士に連帯すべく，半年間の兵役を志願して現地パラシュート部隊に参加した。後にルペンは1957年3月にアルジェリア人を拷問した疑いをかけられる（Dumont *et al.* 1985：42-44；Stora 1999：40-42）。

アルジェリア戦争は拡大の一途をたどり，解決の糸口も見い出せなかった。

ブルジェス＝モヌーリ内閣は1957年秋の国連総会に向けてフランスの改革努力をアピールすべく，アルジェリア基本法の制定を急いだ。アルジェリアに外見上の連邦的制度（自治的行政府・立法府の設置）を導入しようとするものであるが，現地フランス人社会はもちろん，本国でも右翼勢力はこれをアルジェリア独立への第一歩と受け止め，強く反対した。

UFF 議員団長の V. レオヨーは，自分たちを排除した主要政党指導者による「円卓会議」で密かに法案策定がなされようとしていることに抗議しながら，フランスの県が連邦的・自律的な領土になることは憲法が許さないとした。さらに選挙が実施されなかったアルジェリアからの代表のいない議会を指して，「少数派の声を圧殺したこの状態を民主主義と言えるでしょうか。（中略）誰の名においてアルジェリアの同胞たちの同意も代表もなく，彼らを処置できるのでしょうか」と訴えた。[10)]

アルジェリア問題の国際化はさらに新たな局面を迎える。チュニジアにアジトを構えたFLNは国境を越えてアルジェリアへの攻撃を繰り返していたが，1958年２月８日，現地フランス空軍が反撃のためにチュニジア領内の小村サキエトを空爆し，多数のチュニジア人を死傷させた。チュニジア大統領ブルギバは国連安保理に提訴する構えを見せ，それを避けたい英米が紛争仲介者として登場することで，問題の国際化は頂点に達した。ガイヤール内閣は左右から攻撃を受けて窮地に陥る。

議会ではゲラールが，チュニジアを基地としたFLNのアルジェリアへの越境攻撃を確実だと断じ，ブルギバの態度に強い不信を露骨に表明し，チュニジア，モロッコを仲介者とするアルジェリア問題の解決に疑問を呈した。[11)]またプジャード派の『週刊情報』はその１年も前からアメリカのフランス領アフリカへの介入の危険を指摘してきたが，今やアメリカに屈し，「裏切りへの道」を歩もうとするガイヤールを痛罵した。

以上のような国会議員や党メディアの言説を観察する限り，プジャード派は「帝国防衛」で一枚岩のように見えるが，現実はそれほど単純ではなかった。

4　運動の内部矛盾と衰退

1956年総選挙では爆発的に躍進したプジャード派であったが，その前途は容易ではなかった。選挙後まもなくアパラントマン法（同一選挙区内で同一政党が複数の選挙リストを出すことを禁止）違反により，11人の議員が当選無効を認定され，UFF 議員は41人に減少した。

職業的政治家をひとりも含まない「素人の政治」を売り物にしたこのポピュリスト政党の議員たちには，議事妨害はできても，他党議員との交渉術も専門的知見も法案作成技術もなかった。かくて UFF 議員団はほとんどあらゆるものに対して反対を突きつける恒常的反対派になるしかなかった。「政治の拒否」から出発した反議会主義的社会運動が選挙戦に勝利して議会政党になったとき，彼らが展開したのは「拒否の政治」であった。

さらにプジャード運動には「職能派」と「政治派」とも言うべき異なる2つの潮流があった。支配的な「職能派」は中小商工業者の利益擁護をプジャード派の本来の目標だと考え，商工業者にとって有利な方向での税制改革，社会保障制度改革，大店舗規制等を望む潮流である。彼らにとっては憲法改正や「帝国防衛」は関心事ではなく，党議員は何よりも商工業者の職能的利益の実現に奉仕すべきであった。他方，一部の「政治派」はそうした職能的利益に無関心であり，排外主義的ナショナリズムや反共主義を奉じ，フランスの国際的地位低下や「帝国」の喪失に強い危機感をもっていた。彼らこそプジャード派のなかの極右派であり，アルジェリア死守派として徹底的な軍事拡大路線を主張する潮流である。ルペン，ドマルケ，ディードらはその筆頭格であった。「職能派」から見れば「政治派」は本来のプジャード運動からの逸脱者であり，活動家層の間でしばしば上がる「プジャード運動の初発の理念に立ち返れ」という声は，「職能派」による「政治派」への牽制であった。

プジャード本人は確かに右翼的な信条をもち，「帝国」に対する執着も明らかであったが，それでも彼は後進的農村の小商人であり，商工業者たちの生活に根差した切実な職能的要求を理解していた。この点で右翼学生活動家上がりのルペンらのように「政治第一主義」に徹することはできなかった。プジャードはアルジェリア維持を支持しながら，党内で「職能派」と「政治派」のバランスをとるために極右分子を抑制・排除する役割も果たさねばならなかった（たとえば1956年８月のシュヴァレの除名）。ルペンの目にはプジャードのラディカリズムは中途半端なものに映っていた（Shields 2004：47-48）。

この中途半端なプジャードの政治主義をめぐる対立の事例として，1956年10月のスエズ戦争への対応を見よう。プジャードの指令の下，UFF 議員団は軍事介入に反対する。プジャードは英米がモロッコ問題で反仏的態度をとってきたことを挙げつつ，この戦争はアルジェリアよりもスエズ運河の防衛を優先するものであり，イギリスの利益のためにフランスを犠牲にするものだとした。議会ではこの方針に沿ってM. ブエが，スエズ運河は何よりも英米の石油輸送に役立つものであり，ナセルによる運河国有化によって損失を被るのは国際資本主義とりわけイギリス資本主義であり，フランスの国益ではないと論じた（Bouclier 2006：149-151）。ここには通常の右翼が行う好戦的主張とは大きく異なる「非戦の論理」が見られる。

しかし兵役中のルペンやドマルケが不在でも，こうした非戦論に反発し離党する議員もいた。ディードは「プジャード氏と全国事務局は UFF 議員に対して議員個々人の見解と衝突する立場をあまりに頻繁に押しつけてきた」と慨嘆する。フランス連合を解体しようとするナセルや，アルジェリアでの虐殺を指令するアラブ・リーグには当然反対すべきであり，「祖国と西洋文明の命運がかかっているときに，すべての愛国者の義務はフランス政府を支持することだ」と言う。ディードから見れば，プジャードは選挙の勝利に幻惑されて建設的・積極的な行動をとれなくなっており，「反対のための反対」に終始している[12)]。ナセルをクレムリンの操り人形だと見るディードにとって，UFF 議員団が共産党とともに反対投票をすることは耐え難い矛盾であった。

プジャードへの批判は他方「職能派」からも生まれていた。UDCA 組織再編全国委員会のメンバー９人は1956年６月に記者会見を開いた。その１人でカンタル県代表のF. ボーは，現在自分たち反主流派は5000人のメンバーを抱えているとした上で，社会の全構成員の利益を守るとするプジャードのデマゴギーを激しく批判し，一切の政治活動と絶縁して商工業者の利益擁護のための組織としてUDCAを再建することを宣言した。この反主流派の影響力を言葉通りに評価することもできないが，ともかく原理的「職能派」からもプジャードの政治主義は突き上げを食らっていたのである。[13)]

さらにプジャードの指導力にも陰りが見られるようになった。1957年1月，セーヌ第1選挙区補欠選挙にはプジャード本人が立候補した。左右を問わずすべての陣営にとってアルジェリアが最重要争点となり，右翼陣営ではその死守を呼号し合うナショナリズム競争が繰り広げられた。「自らの原理と約束に忠実なわれわれは，祖国の救済というただひとつの目標しかもたないし，フランス領アルジェリアの救済という国民的要請しか念頭にない」[14)]と訴えた独立派《アンデパンダン》のタルデューが17万票（対有権者得票率31.2%）を得て圧勝した。プジャードの得票は2万票足らず（3.6%）であり，前年に同じ選挙区でUFFが得た3万6000票と比べても，党勢の後退は明らかである。この選挙区はパリ5区，6区，7区，13区，14区，15区から成るが，ブルジョア的な6区，7区はもちろん，民衆的な13区も含めてすべての街区でプジャードは完敗した。議会に配下をもつに至ったプジャードは，もはや前年のように「反議会主義」「非政治主義」の言説を使いようがなかった。他方タルデューによるアルジェリア死守，ナショナリズム，反共主義の強烈なアピールはプジャードのお株を奪うものであった。加えて選挙区固有のテーマ（アパート管理人の賃金の統一，治安の強化，オルセー駅の改装等）をも主張できるタルデューに，プジャードは太刀打ちできなかった（Bodin et Touchard 1957：279-283, 294；Borne 1977：156-158)。なおこの選挙でプジャードに敵対したルペンは1月に除名され，ドマルケは離党した。

内務省の報告書によれば，プジャードの落選により，パリ地域のUDCA活動家たちの間に以前からあった不安は一層強まった。また2月にはパリ12区の地区責任者たちによる決議がUFF議員に対して提出された。この決議はUDCAの理想の維持，系列団体の廃止，単純で明快な政治綱領の構築，税制改革案の提出，「第五共和制」という定式の暫定的廃止などを求めており，「職能派」の要求に近い内容をもっている。[15)]

1958年2月，サキエト事件後の騒然たる情勢のなかで110人を集めたパリ5区でのUDCAの集会では，地区責任者で議長のデュポンシェルがアルジェリア防衛を述べたが，他の発言者たちは大店舗進出規制，手工業会議所の会計問題，増税反対など職能的問題について語った。ガイヤール内閣崩壊直後の4月，20区での60人の集会でもプリヴァがアルジェリア問題についての英米の非友好的役割を非難したが，他の発言者たちは全く別のテーマについて述べている。他に目を引くのは，60人を集めた16区支部総会でゲラールが，もしプレヴァンが首相になったらアルジェリア放棄政策をとるかもしれないが，自分たちはそれを許さないと述べていることくらいである[16)]。北アフリカ情勢による政治的危機が昂進する第四共和政の最終局面においても，パリのプジャード派は意外にも平静であり，一般の活動家層の関心は日常的・職能的問題に向けられていたのである。

だがアルジェリアのプジャード派はこの政治危機に無関心でいられない。アルジェリアの命運は彼らの日常生活の土台と不可分だからである。この危機の後に「軟弱政府」が誕生した場合には，アルジェリアはインドシナの二の舞になるだろうと彼らは懸念した。カフェ店主のJ.オルティツ，B.ルフェーブル博士，弁護士のM.バイユ，レストラン店主のR.グタイエらは行動を起こす準備をしていた。5月13日，フリムラン内閣の成立を阻止しようとアルジェではフランス人市民が決起し，一部現地軍人が合流して「公安委員会」が結成されるが，当初11人の組織にいた民間人7人のうち上記4人を含む5人が現地プジャード派である。この現地人の行動は本国組織からは独立したものであった。

この新たな危機を利用してドゴールが権力復帰を果たす。プジャードはドゴールへの全権付与に反対投票を指令するが，議員たちは従わなかった。プジャードは6月のアンジェ大会でUFF議員団の解散決定をもって対抗するが，彼の支配を離れた議員たちは特別権限法にも，憲法改正をかけた9月のレフェレンダムにも賛成するのである（Ortiz 1964：49-70；Bouclier 2006：172-181；Souillac 2007：320-324）。11月の総選挙は小選挙区制で行われ，ドゴール派新党「新共和国連合UNR」が地滑り的に勝利するが，プジャード派はすべての議席を失う。再選されたのはルペンら離党した2人だけであった。ここに政党としてのプジャード運動は終わる。以後UDCAは社会に存続するものの，そのなかのアルジェリア死守派は在野の群小右翼として活動していく。

5 プジャード運動とは何だったのか

短期間に爆発的成長を遂げたプジャード運動は政党としては短命に終わった。この運動の台頭の原因と歴史的位置について考察しよう。

1 プジャード運動の台頭の原因

プジャード運動の台頭の原因を最初に述べたポピュリズム政治論（「需要側」理論と「供給側」理論）の立場から説明してみよう。

まず「需要側」の要因としては，戦後フランスの近代化路線のなかで切り捨てられていく小規模商工業者たちの苦境や衰退への恐怖，大企業・高級官僚への不公平感・被害者意識，腐敗した政治家や機能不全の議会政治への不信感・憤怒などが挙げられよう。小規模経営者としての既得権益が脅かされることへの激しい反発は，後進的農村地帯だけでなく先進的首都圏においても広がっており，新しい政治勢力に対して利用可能性を開いていたと言える。

「供給側」の要因はどうだろうか。商工業者の反税運動として始まったUDCAを政治化させていった原動力は，何よりもこの組織の創設者プジャードにある。彼が商工業者ばかりか，農民，労働者，自由業者をも組織しようとしたことは，社会全体を変えようとするプジャードの「政治的」指向性を示すものである。プジャードが組織の独裁的運営や政治化に起因する指導権の危機を何とか乗り越えてこられたのは，結局彼に代わる力量のある指導者がいなかったためである。大衆にわかりやすい言葉で，力強く扇情的に語り，「敵」を激しく攻撃するプジャードの弁舌力は抜群の強みを発揮した。

1952年のドゴール派の分裂により，政治空間の右端に「空き地」があった。また政党再編期の1956年総選挙ではアパラントマンがうまく機能せず，セーヌ県では最初から比例代表制が用意されていた。これは新しい右翼にとって有利な環境である。

プジャード運動のナショナル・ポピュリズム化を決定的にしたのは「帝国防衛」というテーマの争点化であった。フランス本国の小規模商工業者たちは植民地には直接の利害関係をもたない。しかし国家官僚によって課税強化され，大資本によって経営を圧迫され，自分たちの商店や工場が差し押さえられることへの商工業者の恐怖や恨みを，フランスの「遺産」である植民地が「売国的政治家」や外国勢力の「陰謀」によって売り飛ばされていくことへの憤怒に結びつけることは比較的容易である。商工業者たちの職能的利益の擁護を「帝国防衛」に重ねることは，「需要側」の要求と必ずしも一致しないが，「供給側」にとっては採用しやすく，それなりに合理的な戦略であった。商工業者のみならず現状に不満をもつ広範な国民的諸階層に支持を訴えようとする「供給側」にとって，ナショナリズムは最も簡単に利用できる象徴資源である。プジャード派はそれを最も露骨かつ扇情的な形で実践した。そのナショナル・ポピュリズムの言説戦略は矛盾を抱えながらも一時的には成功したのである。

2　プジャード運動の歴史的位置

バイメによれば，戦後ヨーロッパの急進右翼には3つの波がある（Beyme 1988)。必ずしも時期区分が明確でなく，類型と呼ぶ方が適切かもしれない。

第1は戦後初期にファシズムの残党らによって担われたネオ・ファシズム運動である。「イタリア社会運動（MSI)」やドイツの「社会主義帝国党」「ドイツ帝国党」などがある。イタリアは連合国による干渉を免れたために，MSIが戦後初期から長期にわたって独自の地位を築いてきた。他方ドイツでは，占領期には連合国による禁圧，後には基本法（「闘う民主主義」）と選挙制度（いわゆる5％条項）の両面での制約から，急進右翼が大きく伸長することはなかった。

第2は1950年代後半以降の「社会的剥奪」に起因する急進的運動である。納税者反乱としてのプジャード運動はその代表例であるが，大きなインパクトを与えながらも，他国では同規模の右翼政党が成長することはなかった。1960〜70年代のオランダの「農民党」や1970〜90年代のデンマークの「進歩党」など，経済自由主義の立場から反税・反規制を主張する後発右翼は，プジャード運動よりも長く続きながらも小さな勢力であり続けた。

そして第3は1980年代（特に1990年代）以降の失業問題・移民問題を争点とした新しい右翼政党の台頭である。ここで初めてヨーロッパでは急進右翼政党の広範な同時代的展開が見られるようになった。その先駆・中心はフランスの「国民戦線（FN）」であり，その創設者こそプジャード運動を踏み台に政治家として出発したルペンであった（畑山 1997）。

さて以上の戦後ヨーロッパ急進右翼の見取り図を念頭に置いた上で，改めてプジャード運動の歴史的位置を考えよう。この運動はネオ・ファシズムではなく，戦後フランス経済の近代化路線への反逆であった。それは戦後復興を終え，高度成長とヨーロッパ統合の入り口に差しかかろうとする時期に生じたものである。

またこの運動の興亡はフランスが植民地帝国として衰亡する最終段階に位置していた。衰退しつつある旧中間層は，プジャード派による扇情的な議会制民主主義批判，官僚制批判，大資本批判等のポピュリスト的言説に強く共鳴した。さらに「帝国防衛」がテーマに加えられたことで，政治の現状への不満や憤激は排外主義的ナショナリズムに回収されていった。そのナショナリズムは植民地主義の断末魔であり，「自国の弱さや衰退の兆候としてのナショナリズム」にほかならない（Weber 1958：562-563）。膨大な旧中間層を抱え，なおかつ戦後長期の植民地戦争を戦ったフランスは，近代化と脱植民地化がもたらす二重の負荷に苦悶した唯一の西欧国家である。そこには支配エリートに反逆するポピュリズム運動がナショナリズムに結合しやすい条件があった。

だがナショナル・ポピュリズム政党化したプジャード運動は衰退も早かった。1956年選挙で躍進し，政治空間の最右翼の「空き地」を占有したプジャード派は，3年足らずで，アルジェリア危機を利用したドゴール派によってその地位を奪われた。「帝国防衛」を訴えて成功したこの運動は，この問題の解決をドゴールという強力なカリスマ的人物に託そうとする人々によってあっけなく葬られたのである。

今日のFNが掲げているテーマのうち，減税，公務員（組合）批判，ヨーロッパ統合反対，大店舗進出規制，手工業者の擁護などはプジャード運動から継承されたものであり，かつての「帝国防衛」は今や「移民排斥」へと変貌した。「帝国」なき今日の移民問題はまさに脱植民地化の遺産であり，FN はこの問題を巧みに争点化して，フランス右翼史上前例がないほど長期にわたって独自の地歩を守ってきた。プジャード運動は比較的短命であったが，その経験が後世に残したものは決して小さくはなかったのである。

【注】

1） Rapport, 8/ 2 /1955. Rapport, 21/ 2 /1955. Rapport, 14/ 3 /1955, F1c III /1349, Centre d'histoire des Archives nationales, Paris（ci-après CHAN）.

2） Rapport, 15/ 3 /1955. Rapport, 18/ 3 /1955. Rapport, 19/ 3 /1955. Rapport, 22/ 3 /1955. Rapport, 23/ 3 /1955. Rapport, 25/ 3 /1955, F1c III /1349, CHAN.

3） Tract de l'UDCA, s.d. [1955], F1c III /1349, CHAN.

4） *Paris-Match,* no.350, 24/12/1955, pp.68-69; no.352, 7/ 1 /1956, pp.44-49.

5） Note, Direction du personnel et des affaires politiques, Ministère de l'Intérieur, 8/ 9 /1956, F1c II /208, CHAN.

6） Compte-rendu du Congrès national de l'Union de défense des commerçants et artisans, les 30 avril, 1 et 2 mai 1956, pp.112-113, F7/15597, CHAN.

7） *Journal Officiel, Débats parlementaires, Assemblée Nationale*（ci-après *JODAN*）, séance du 8/ 3 /1956, p.754.

8） *JODAN,* séance du 2/ 6 /1956, p.2283.

9） *JODAN,* séance du 25/10/1956, p.4311.

10） *JODAN,* séance du 26/ 9 /1957, p.4401.

11） *JODAN,* séance du 11/ 2 /1958, p.667.

12） Lettre, Jean Dides au destinateur inconnu, s.d., GA/D8, Archives de Préfecture de police, Paris.

13） Rapport, 29/ 6 /1956, F1c III /1349. Note, Direction du personnel et des affaires politiques, Ministère de l'Intérieur, 29/ 6 /1956, F1c II /208, CHAN.

14） Tract de Julien Tardieu, s.d. [1957], 28W/21, Archives de Paris, Paris.

15） Rapport, 1/ 2 /1957. Rapport, 26/ 2 /1957, F7/15608, CHAN.

16） Rapport, 25/ 2 /1958. Rapport, 25/ 4 /1958. Rapport, 1/ 5 /1958, F7/15607, CHAN.

【参考文献】

ヴィノック，ミシェル（1995）『ナショナリズム・反ユダヤ主義・ファシズム』川上勉・中谷猛監訳，藤原書店。

島田幸典（2011）「ナショナル・ポピュリズムとリベラル・デモクラシー――比較分析と理論研究のための視角」河原祐馬ほか編著『移民と政治――ナショナル・ポピュリズムの国際比較』昭和堂所収，1-25頁。

中木康夫（1975）『フランス政治史（中）』未来社。

畑山敏夫（1997）『フランス極右の新展開――ナショナル・ポピュリズムと新右翼』国際書院。
村松恵二（2012）「『右翼的ポピュリズム』概念をめぐって」『弘前大学人文社会論叢（社会科学篇）』27号，1-21頁。
山口定・高橋進編（1998）『ヨーロッパ新右翼』朝日新聞社。
Beyme, K.von（1988）“Right-Wing Extremism in Post-War Europe”, *West European Politics,* vol.11, no.2, pp.1-18.
Bodin, Louis et Touchard, Jean（1957）“L'Election partielle de la première circonscription de la Seine”, *Revue française de science politique,* vol.7, no.2, pp.271-312.
Bonnaud, Henri（1955）*L'Aventure Poujade,* Montpellier, Imprimerie Brunel.
Borne, Dominique（1977）*Petits bourgeois en révolte?: Le mouvement poujade,* Flammarion.
Bouclier, Thierry（2006）*Les Années Poujade: Une histoire du poujadisme (1953-1958),* Paris, Editions Remi Perrin.
Campbell, Peter（1957）“Le Mouvement Poujade”, *Parliamentary Affairs,* vol.10, no.3, pp.362-367.
Davies, Peter（2002）*The Extreme Right in France, 1789 to the Present: From de Maistre to Le Pen,* New York, Routledge.
Dumont, Serge *et al.*（1985）*Le système Le Pen,* Anvers, Editions EPO.
Dupeux, Georges（1957）“Les plates-formes des partis”, *Les élections législatives du 2 janvier 1956,* Cahiers de la F.N.S.P., no.82, pp.31-68.
Eatwell, Roger（2003）“Ten Theories of the Extreme Right”, in Merkl, P. and Weinberg, L. eds., *Right-Wing Extremism in the Twenty-First Century,* London, Frank Cass, pp.47-73.
Hoffmann, Stanley（1956）*Le mouvement poujade,* Paris, Presse de la F.N.S.P.
Leleu, Georges（1971）*Géographie des élections françaises depuis 1936,* Paris, PUF.
Mauge, Roger（1988）*La vérité sur Jean-Marie Le Pen,* Paris, Editions France-Empire.
Meynaud, Jean（1956）“Un essai d'interprétation du Mouvement Poujade”, *Revue de l'Institut de sociologie,* no.1, pp.5-38.
Milza, Pierre（1986）*Le fascisme,* Paris, MA Edition.
Nicolas, Maurice（1955）*Avec Pierre Poujade sur les routes de France,* Les Sables-d'Olonne, Editions de l'Equinoxe.
Ortiz, Joseph（1964）, *Mes combats: Carnets de route 1954-1962,* Paris, Edition de la Pensée moderne.
Poujade, Pierre（1955）*J'ai choisi le combat,* Saint-Céré, Société générale des éditions et publications.
――（1977）*A l'heure de la colère,* Paris, Albin Michel.
――（2003）*L'histoire sans masque: Autobiographie,* Cestas, Elytis Edition.
Le Poujadisme, Défense de l'Occident, no.33, 1956.
Rémond, René（1983）*Les droites en France,* Paris, Aubier.

Shields, James G. (2004) "An Enigma Still: Poujadism Fifty Years On", *French Politics, Culture and Society*, vol.22, no.1, pp.36-56.

Souillac, Romain (2007) *Le movement poujade: De la défense professionnelle au populisme nationaliste (1953-1962)*, Paris, Presse de la F.N.S.P.

Stora, Benjamin (1999) *Le transfert d'une mémoire: de «l'Algérie française» au racisme anti-arabe*, Paris, Editions Découverte.

Touchard, Jean (1956) "Bibliographie et chronologie du poujadisme", *Revue française de science politique*, vol.6, no.1, pp.18-43.

Weber, Eugen (1958) "La fièvre de la raison: Nationalism and the French Right", *World Politics*, vol.10, no.4, pp.560-578.

［付記］ 本文および注における史料の日付は日／月／年として表示した。本稿は2010-2012年度科学研究費補助金「冷戦と脱植民地化に関する国際関係史的研究」（課題番号22530154）による研究成果の一部である。

第7章

イギリスのポピュリズム

——新自由主義から反移民・反EUへ——

小堀　眞裕

1　ポピュリズムに関する4つの特徴

日本や米国，そして他のヨーロッパ各国と同じく，イギリスでもポピュリズムと評される運動や人々，ないしはリーダーたちがいる。それだけに，ポピュリズムを研究する各国の研究者の間でも，1つの完全な定義を定めることの困難性に関しては，多くの指摘がある（Canovan 1999；Bale *et al.* 2011）。そこで，以下では，まず，日本とヨーロッパにおけるポピュリズム理解に関するいくつかの定義や見解を紹介し，定義と言うよりは，特徴について明らかにしていきたい。

ただ，特徴を抽出する上でも，いくつか参考にすべき研究について紹介したい。まず，ポピュリズムの定義に関しては，日本において，吉田徹がポピュリズムを「国民に訴えるレトリックを駆使して変革を追い求めるカリスマ的な政治スタイル」（吉田 2011：14）と述べている。ここからは，「国民に訴えるレトリック」，すなわち人気を取ろうとする技術の追求という特徴，「変革を追い求める」という特徴，そして，「カリスマ」という言葉に表される指導者の存在という特徴を見つけ出すことができる。

一方，ポピュリズム研究としては，ヨーロッパにおいて多くの蓄積があるが，そこにおいては，マーガレット・カノヴァンやポール・タガートらは，一致してポピュリズムの「反エリート」的価値観を指摘する。もっとも，彼らの言う「反エリート」的価値観は，政府や議会を構成するエリートたちの存在だけでなく，政治エリートが依拠する官僚であったり，EUであったり，また彼らが十分に対峙しない移民問題なども含まれる。したがって，言い換えれば，それまでの既成の政治枠組み全体に対する批判（反既成政治）と言っても良いだろう。

また，ポピュリズムに関しては，それが民主主義の「病理」（カノヴァン）として描かれたり，「蔑称」（ベイル）として描かれたりする傾向があることも指摘されてきた（Canovan 1999；Bale *et al.* 2011）。しかし，民主主義において反既成政治を訴え，民衆に訴えかけるカリスマ的な政治家たちがいたとしても，それはなんら不思議はない。逆に，ここでは，なぜ，そうした一部の運動や勢力は，ポピュリズムと仇されることになるのか，その理由を考えなければならない。

この点に関して，先述のタガートやカノヴァンは，いわゆる「新しい社会運動」に関して，それをポピュリズムとしては分類しないと述べている。カノヴァンによれば，「新しい社会運動」には，ポピュリズムに特徴的な反エリート的（反学者的・反政府的）価値観がないことが理由であった（Canovan 1999：3）。タガートは，「新しい社会運動」は左翼的で包摂的であり，排外的ではなかったという点で，ポピュリズムとは言えないと論じ，ポピュリズムをすべて右翼的なものとして分類した（Taggart 1996：35）。

しかし，歴史を振り返った場合，左翼においても「人民」の名の下に「富農」が攻撃された過去があった。こうした排外的要素は，左翼にも起こってきた。また，ここでタガートが「排外的」と述べてきた運動の要素を，筆者は，民主主義による人権への攻撃と解することができると考える。20世紀に多くの先進諸国で確立された政治・憲法体制においては，人権は民主主義の基礎をなし，民主主義はその人権を守るために必要と考えられ，予定されてきた。しかし，ポスト・ケインズ主義的福祉国家の時代，つまり福祉削減の時代において，人権は，既得権や移民などの「少数派」を守るものとして，「民衆」の「多数派」の動員（民主主義）によって排撃される傾向が生まれつつある。それがポピュリズムであり，それゆえ，「病理」や「蔑称」として認知されるようになると考える。「新しい社会運動」は，環境を争点とはしたが，既成のエリートを排撃し，追い落とすものではなかった。しかし，もし，仮に，既成のエリートを民衆の「敵」とみなし，追い落としを図るならば，「新しい社会運動」をポピュリズムと分類することができるだろう。ポイントは，環境という「争点」なのか，エリートという「人々」に対する攻撃なのかということと言えよう。

以上，極めて短くではあったが，ポピュリズムに関わる定義や特徴に関する議論を整理した。これらのなかから，ポピュリズムの特徴として多く指摘されるのは，①国民の支持（人気）を得ようとする技術の重視，②既成政治批判とその変革，③カリスマ的指導者の存在，④「病理」としての批判を受けることである。

これら4つの特徴が，戦後イギリス政治において「ポピュリズム」として論じてこられたケースにおいて，どのように評価できるかを検討していきたい。なお，本章は，その検討対象を戦後に限定するが，もしも検討対象をそれ以前に広げるとするならば，自由貿易やアイルランド自治などのラディカルな提案を行ったグラッドストンや，「人民予算」や議会法制定などの憲法改革を提唱したロイド・ジョージも，その対象にしなければならないと考える。それほどに，ポピュリズムと，一般に論じられる民主主義との区分は困難であるし，これまでわれわれの世界が経験してきた民主主義の中には，往々にして「ポピュリズム」的特徴があったことも事実であろう。

2　1960年代の反移民・反ECポピュリズム——イノック・パウエル

上記の4つの特徴の大半が当てはまる最初の事例としては，1960年代のイノック・パウエルの事例が当てはまると言えよう。イノック・パウエルは，イングランド中西部の街ウォルヴァーハンプトン選挙区から選出された保守党庶民院議員であった。パウエルは，ギリシャ語，ラテン語などの語学に秀で，ケンブリッジ大学トリニティ校で学んだ後，25歳でオーストラリアのシドニー大学教授となった。しかし，彼はオーストラリアでチェンバレンの対独宥和政策に業を煮やし，第二次世界大戦が勃発すると，イギリスに帰国し，軍隊に志願した。第二次大戦中には，持ち前の語学力を活かし，情報将校として北アフリカで活躍した（Shepherd 1996）。

戦争が終わると，イギリスに帰国し，1945年には保守党政策に対する不満から総選挙では労働党に投票したが，その後，保守党に入党し，保守党研究部で，後の蔵相となるラブ・バトラーの下で働いた。1947年の補欠選挙での敗戦の後，1950年にウォルヴァーハンプトン南西選挙区で庶民院議員に当選した。

当選後のパウエルの立場は，連合王国の統一を守り，移民の制限に積極的であるという点では，早くから一貫していた。また，パウエルは，経済的自由主義を提唱する経済学者たちが作ったモンペルラン協会にも属していた。1957年には，マクミラン政権で大蔵省主席大臣（大蔵大臣に次ぐ省内 No.2）を務め（1958年には辞任），1960年には医療大臣として入閣した。この医療大臣としては，精神病院が患者の自立を阻害し，コミュニティ支援を弱めるとして，精神病院の削減を唱えたが，この発言は，精神障害者差別と受け取られ，論争を引き起こした（Shepherd 1996：227-231）。

しかし，彼の右派的立場を明確化し，上記のポピュリズムとしての性格を決定付けたのは，1968年４月20日の「血の河」演説であろう。この演説は，労働党や自由党の政治家たちだけではなく，イアン・マクロード，エドワード・ボイル，クィンティン・ホッグら，保守党幹部たちから反発を招き，彼ら保守党幹部たちはパウエルを罷免しない限り，彼らが保守党の「影の閣僚」を辞任すると述べた。当時の保守党党首であったエドワード・ヒースは，この演説の翌日21日には，パウエルを罷免した（Shepherd 1996：350）。

この演説は，当時議会に上程されていた人種関係法に関する保守党内会合で，バーミンガムで行われたものであったが，地元のテレビ局は事前にパウエルの演説原稿を入手し，ニュースになると判断し，一部始終を録画した。

パウエルの演説は，まずウォルヴァーハンプトンの高齢の白人女性支持者からの手紙の引用から始まった。その女性は公営住宅に住んで，白人に部屋を貸して生計を立てていたが，多くの移民が通りに住むようになり，白人は通りを去り，その通りの住人は彼女を除き，すべてが有色人種の移民となった。ある早朝に，2人の黒人住人が電話を貸してほしいとドアをノックした。早朝に起こされた女性は，その申し出を断ると罵られた。公営住宅の家賃を下げてほしいと市の当局に申し出ると，空いている部屋を貸し出せば言いと言われ，きっと黒人ばかりが住むことになるので困ると言うと，市の当局者は，人種的偏見を持つ人々は，この国ではどこも住む場所など与えられないと告げたという。

パウエルは，手紙を引用しながら，移民の制限を唱え，それができない場合には，石油にマッチを放り込むようなものだと述べた。そして，古代ローマの詩人ウェルギリウスの『アエネイス』の一節を引き，以下のように発言した。イギリスの政治シーンでは非常に有名であるので，以下引用する。

> 「目に見えるくらいに，予感せざるを得ない。ローマ人のように，『血であふれるテベレ河』を見ているようである。私たちは恐怖を感じながら大西洋の対岸で起こる悲劇的で手に負えない現象を見ている。そこでは合衆国の歴史と存在が絡んでいるが，その問題は，私たちの意志と無関心によって，ここにも到来しつつある。いや，もうほとんど来ている。多くの意味で，世紀末を待たずに，アメリカと同じことになるであろう。ただ，断固として緊急の行動だけが，それを転換できる。それは今しかない。その行動を民衆の意思が望むか選ぶかは，わからない。私にわかることは，見ているだけで，何も言わないことは，裏切りだと言うことだ」(Powell 1969：289-290)。

この発言は，人種間対立を煽る差別的発言であるとして，当時，大きくクローズアップされ，上記のように，パウエルは即座に罷免された。しかし，その一方で，パウエルの発言に同調し，それを褒め称える支持者たちの行動が続いた。パウエルは数千通に上る激励の手紙を受け取り，造船労働者が多く住むロンドン東部のドック・ランドは，パウエル罷免に対する抗議ストライキに数千人規模で突入し，そのストライキは5月まで続いた。当時の世論調査においても，70％がパウエル演説は正しく，保守党党首ヒースによるパウエル罷免は間違いだったと回答した（Heffer 1998：462-467)。

当時は，1948年国籍法以降1962年まで，独立後のインドやパキスタンからは，イギリス人と同じパスポートで自由に入国することができたせいで，非常に多くの移民がイギリスに移り住み，移民問題は社会問題となっていた。そのなかで，移民の送還政策を訴えるパウエルは，既成の政治枠組みの批判と民衆の支持，パウエル自身のカリスマ性，そして，その一方での伝統的支配層からの異端視と言う点で，戦後におけるポピュリズム現象のさきがけと言ってよいであろう。

なお，その後，パウエルは，EC 加盟に対する反対の姿勢で，度重なる保守党執行部との対立のなか，1974年２月の総選挙には立候補しなかった。このとき，パウエルは，EC 加盟への反対から，レファレンダムを公約しつつあった労働党への支持を呼びかけた。その年10月の２度目の総選挙では，北アイルランドへの分権やイギリスからの分離に反対する立場から，パウエルはアルスター統一党候補者として当選した。1975年に行われた EC からの脱退か加盟継続かという争点でのレファレンダムでは，脱退派の中心メンバーとして活躍したが，レファレンダムの結果は加盟継続派が圧勝した。彼は1987年で落選するまでアルスター統一党所属で庶民院議員を続けた。

3　支持率に流されないポピュリズム――サッチャリズム

イギリスにおけるポピュリズムに関する議論においては，マーガレット・サッチャー元首相（在任1979～1990年）を一例として挙げる議論がある。ただし，イギリスのポピュリズム研究者として有名であるタガートや，カノヴァンらは，必ずしもサッチャーをポピュリストとしては論じていない。日本では，島田幸典がサッチャーをポピュリストとして論じている（島田 2009）。

たしかに，サッチャーの思想およびサッチャリズムは，ポピュリズムとして分類しても良いいくつかの特徴を備えている。たとえば，サッチャーが攻撃したのは，ケインズ主義的福祉国家やそれをイギリスにおいて支えたネオ・コーポラティズム的な労使関係などであった。それは，一言で述べるならば，「戦後コンセンサス」であった。また，サッチャーがカリスマ的政治家であったことは，言うまでもない。さらに，このサッチャリズムは，一方においては熱狂的な支持を得たとともに，他方においては，労働党や自民党などの支持者たちからは，まさしく「病理」として描かれた。サッチャーが「社会などと言うものはありません」と述べた部分は，ブレア政権期に至るまで，保守党の利己主義的価値観の例証として使われ続けた。

そういう意味では，反既成政治，指導者のカリスマ，病理としての批判など，ポピュリズムの特徴を兼ね備えていたといえるであろう。しかしながら，これらの評価とともに，他のポピュリストとは異なった側面があることも，具体例を示して指摘しておかなければならない。ポピュリストそれ自体が非常に多様であるが，今日の政治理解においては，一度ポピュリストという固定的理解が根付くと，それが一人歩きして結果的に極めて画一的な理解がまかり通ることが非常に多いからである。

それは，サッチャー自身は決して，世論受けを狙うことや短期的支持率を追うことを好まなかったことである。彼女の発言として残っているものからすると，その逆を示しているものが多い。すなわち，政治家は世論に立ち向かってでも，信念を貫き通さなければならず，世論に左右されてはならないことを信条としていた。

近年のポピュリズムの例としては，日本においても，欧米においても，支持率を非常に気にする政治家が多かった。日本において，ポピュリズムとして評価されてきた小泉純一郎，あるいは橋下徹などは，いずれも高い支持率を利用して，組織的基盤の少なさを補ってきた。しかし，サッチャーに関しては，その彼女の発言や態度を追う限りでは，そうした要素を見て取ることは困難である。実際，サッチャーは総選挙を３連勝したが，世論調査という点では，当時としては史上最低を記録したこともあった（Crewe 1988：44)。今日に至るまで，イギリスでは好みの分かれる政治家である。

もっとも，そのことは，サッチャーという政治家がメディアを気にしなかったということを意味するわけではない，1975年に保守党党首として選出されて以後のサッチャーは，メディア対策として様々なことを行い，有名なことであるが，彼女の話し方やファッションも，彼女が信頼するアドヴァイザー，ゴードン・リースにかなり修正された。服装に関しては，単色のシンプルな服を選ばせ，それまで多くかぶっていた帽子をやめさせ，ジュエリーを控えさせ，手には何もつけないようにした。

話し方も，それまで金切り声に近いものであったが，これを低い声に変えさせた。庶民的な出自のサッチャーは，1959年に庶民院議員となって以来，上流階級の英語を話そうと無理をしてきたため，かえって，普通の話し方ができなくなっていたと，リースは考えた。低音で話すことを定着させるために，有名な俳優ローレンス・オリヴィエによる２時間レッスンも行われた。

また，彼女自身の努力だけでなく，保守党は，1979年総選挙時には，英国に本拠を置く世界的な広告代理店であるサーチ＆サーチのティム・ベルと組み，列をなす失業者を絵に描き，「労働党は機能していない（Labour isn't working）」というキャッチ・コピー付きポスターを採用した。このポスターは，当時注目を集め，保守党の選挙勝利に一役買ったといわれている。

このように，彼女は保守党党首として，様々にメディアを利用する手段を考えた。しかし，もう１つ重要なのは，それでも，やはりサッチャーはテレビ嫌いであった。サッチャーの伝記作家ジョン・キャンベルによれば，彼女の選挙区の新聞において「ウィンストン（・チャーチル（筆者挿入））は，決してテレビに出なかった。インタビューさえ受けなかった」と嘆いたと書いている（Campbell 2001：402-403）。

なお，イギリスの議会では，1989年11月21日からのパイロット期間を経て，1990年７月からは議会討論の永続的なテレビ放送が行われることになった。しかし，サッチャーは，1970年代の野党党首時代から議会テレビ中継には反対であった（Thatcher 1977）。議会テレビ中継を最終的に決定した1988年２月９日の投票においても，サッチャーは反対票を投じ，最後まで議会テレビ中継に反対した。この投票は，テレビ中継特別委員会の答申に関して，党議拘束をかけない形で行われたが，質疑の最中には，テレビ導入賛成の労働党議員対サッチャーの間で，激しいやり取りがあった。サッチャーは，労働党党首キノックの質問に対して，こう述べた。

「私の懸念は，極めてシンプルです。私の懸念は，この議院の良い評判に関わるものです。テレビがこの議院をテレビ化できるとは思えないのです。もし，そうできたとしても，それは，ただテレビ化された議院をテレビに映すだけでしょう。テレビ化された議院とは，私たちの知るような庶民院とはかなり異なったものとなるでしょう」（HC Deb, 9 February 1988, vol.127 col.184）。

結局，この投票では，賛成票が過半数を占め，テレビ中継提案は可決された。また，サッチャーは，テレビをあまり見ないと言う点でも一貫していた。とくに，サッチャーは，彼女自身が映るテレビ番組を特に嫌い，家族たちもそれをよく知り，彼女がテレビに登場すると，登場シーンが終わるまでしばらくの間，テレビを消す慣わしになっていた（Thatcher 1990）。

このように，サッチャーは，優秀な参謀たちの下でメディア戦術を考える政治家であったが，個人的には基本的にテレビが嫌いであり，必要以上のメディア対応を考える人物ではなかった。

さらに，サッチャーは，支持率を気にする政治家ではなかった。サッチャーが1979年総選挙後に首相となって直後から，緊縮予算を続ける中で，主要な経済学者たちは連名で，彼女の政策を批判し，支持率も下落し，統計を取り始めて最悪の支持率をつけた首相として，マスコミなどから叩かれた。

もっとも，このサッチャー政権第１期目の危機は，フォークランド戦争によって助けられた。英領フォークランドのアルゼンチンによる占領後，大西洋をまたいで到着したイギリス軍は，損害を出しながらも，アルゼンチン軍をフォークランドから駆逐することに成功した。このフォークランド戦争は，当初米国のイギリスに対する支持もはっきりせず，軍事的解決を行うことのリスク，多数の死傷者がイギリス軍に出た場合のリスクなどを考えると，人気回復を狙った浅はかな作戦と言うよりも，サッチャー自身のこの問題に関する断固たる信念の表れであった。サッチャーは，法を破る独裁者ガルティエリに戦利品を渡してはならないと決意していた。結果的に，この戦争の勝利で政権支持率は大幅に上昇した。

このようなサッチャーの支持率に関わる考え方を良くあらわす言葉として，BBCのインタビューに答えた以下の回答を引用しておくことが適当であろう。

> 「民衆は，正しいことに対する信念を持ち，それに粘り強く取り組むことで，指導者を尊敬します。良い首相のエッセンスは，人気があるかどうかではありません。英国にとって良いことを断行して尊敬されているかどうかです。そして，ある意味，その恩恵は後にやってきます。私たちが1983年総選挙で過半数を上回って大幅に議席を伸ばしたときも，そうです。それこそが，真の世論調査です」（BBC 1993）。

なお，この他でも，サッチャーの世論調査に関する考え方は，長い間，ほぼ一貫している（枚挙に暇がないが，たとえばThatcher 1984；1987；1989）。それは，真の世論調査とは選挙であり，それ以外の世論調査結果に左右されて，政府として行うべきことを曲げてはならないというものであった。また，こうした考え方は，世論調査や統計一般への不信というよくある政治家一般の素朴な思い込みではなかった。サッチャーは，オックスフォード大学で化学を専攻したこともあり，「サンプリング誤差のない調査」として選挙を理解しており，世論調査や統計一般に無知ではなかった（Thatcher 1983）。

このように見てくるならば，1で示した①②③④のポピュリズムの要素をサッチャーが満たしていたとしても，①の国民の支持を得ようとする技術の重視という点では，若干の留保が必要であろうと考える。この点は，他のポピュリストたちと比較することが有益かもしれない。なお，筆者は，イギリスと日本の例に関してのみ詳しい知識があるが，その限りでは，後に見るロンドン市長ボリス・ジョンソンや，テレビから出てきた橋下徹大阪市長などと，サッチャーは明確に異なる種類の政治家であるといえよう。

4　反EU・人種主義――UK独立党（UKIP）とブリテン民族党（BNP）

1960年代を中心としたパウエルのポピュリズムや，80年代のサッチャリズムは，それによって独自の政党が結成されることなかった。しかし，2000年以降に顕著となるポピュリズムの方向性は，UK独立党（UK Independence Party：UKIP）とブリテン民族党（British National Party：BNP）という2つの政党の運動として展開された。

UKIPは，1993年にEUからの脱退を掲げて結成された政党である。UKIPの政策の主なものを2010年総選挙マニフェストに沿って列挙してみると，その様々な政策分野の中心に，EUからの脱退が位置づけられている。たとえば，経済政策の点においても，イギリスがEUから脱退することで，大幅な支出の削減を見込むことができ，その削減された支出を，イギリスの医療や教育などに振り向けることができるとしている。

教育においては，イギリスでは1960年代以降廃止が趨勢となってきたグラマー・スクール（公立進学校）の復活や新設，公立学校の私学化，医療の分野では民間委託の促進など新自由主義的な方向も見られるが，その一方で，医療においてはNHSの国費での運営を維持し，全般的予算削減の必要性はあってもフロントライン・サービスは維持する方向性を明確にし，大学生や職業訓練生向けの補助金の増額など，国民への給付の側面も強調している。

外交防衛政策では，EUからの脱退を強調する一方，EU圏との自由貿易を訴えている。また，アフガニスタンからの即時撤退は訴えていないが，実現可能な派遣戦略と撤退戦略を主張している。また，40%程度の防衛費の増額を行うことで，ヘリコプター不足で前線の兵士が危険にさらされている状態を改善するとしている。

UKIPの特徴としてもう1つ指摘できるのは，移民の制限である。移民の英国民への認定を5年間凍結すること，国境管理局員の3倍増，イスラム過激派の国外追放などが特徴である（UKIP 2010）。

このUKIPは2004年欧州議会選挙で大躍進し，得票率16.1%，12議席を獲得し，自民を抜き，第三党に食い込んだ。2009年欧州議会選挙では再び躍進し，得票率で16.5%，13議席を獲得し，保守党に次いで第二党に食い込んで，労働党を第三党に転落させた。こうした躍進の原動力の1つには，党首ナイジェル・ファラージの個人的人気もあるといわれる。ファラージは，1990年代前半には保守党党員であったが，1992年に保守党政権がマーストリヒト条約に署名したことをきっかけに離党し，UKIPの創設に参加し，1999年には比例代表制で行われた欧州議会選挙で議席を獲得し，2006年に党首となった。テレビ，新聞などマスコミにも多く登場し，UKIPの顔として存在し続けてきた。2009年には，予想される総選挙において，元保守党議員で庶民院議長であった保守党リベラル派ジョン・バーコウの選挙区で勝利するために，党首を降り，選挙区での活動に専念した。UKIPに関しては，その徹底した反EU政策が保守党右派議員から支持を受け，数名の貴族院議員と1名の庶民院議員が保守党からUKIPへと鞍替えした。特に，ファラージの総選挙での立候補に関わっては，サッチャー政権時代の保守党幹事長であったノーマン・テビット貴族院議員が，事実上保守党議員であったバーコウ庶民院議長ではなく，ファラージの支持を明らかにして，周囲を驚かせた。ただし，2010年総選挙の結果においては，ファラージは惨敗し，選挙区ではバーコウが当選した。ファラージの党首辞任以後，UKIP 党首はピアソン貴族院議員が務めていたが，ピアソンはテレビ討論などでも経験不足を露呈し，2010年総選挙後に，ファラージが党首として復帰した。

UKIP は，その主張ゆえに，人種主義政党の BNP と変わらないのではないかという指摘がある。実際，BNP のメンバーであり，同時に UKIP のメンバーになる者たちもいた。ただし，ファラージたちは，一度 UKIP の幹部のうち１人が BNP 党員であると判明したときには，そのメンバーを追放した。また，ファラージによれば，「BNP は人種主義で，UKIP は包摂主義。BNP は権威主義的であるが，UKIP は反権威主義であり，BNP はヨーロッパを嫌い，他国を嫌っている……（中略）UKIP はヨーロッパを愛しているが，EU を嫌っているだけだ」と述べた（Farage 2010：132）。たしかに，UKIP には少数であるが，有色人種の地方議員もいる。しかしながら，ファラージは，BBC の討論番組 *Question Time* で2012年にロンドンの公営住宅は，EU 内の移民に優先的に与えられているなどと発言し，聴衆から事実ではないなどと反駁されるなど，移民に対する偏見があることも指摘されてきた（*Question Time,* 27 April 2012）。

一方，BNP は，人種主義的な政党としてイギリスで論じられてきた。BNP は，国民戦線（National Front）が1980年に分裂した後の1982年に結成された。

当初から移民排斥を主張していたが，それに加えて，ナチズムを信奉し，反ユダヤ主義を唱えてきた。初代党首のジョン・ティンドールは，ヒトラー『我が闘争』は自分の聖書であると公言してきた（*The Observer,* 24 August 2003）。

BNP は，その後，1999年に長年党首を務めてきたティンドールが，党首選挙でニック・グリフィンに敗れて以後，ナチズム，ファシズム，反ユダヤ主義，白人主義への信奉を明示的に主張しなくなった。政策的にも，EU からの脱退，反移民の立場を保ちつつも，それまで主張してきた移民の強制送還は，自発的帰国を促すという立場に変更し，ソフト路線を取る方向を強めてきた

(Goodwin 2010)。また，1998年には，成功したフランスの国民戦線の戦略を学ぶために，グリフィンとその夫人がパリの本部を訪問し，ブルーノ・メグレと会っている (Goodwin 2011：67)。

しかしながら，研究者の間では，依然としてニック・グリフィンらの間で，表には出されないものの白人主義や反ユダヤ主義が維持されており，ソフト路線は表面上だけであると指摘されている。さらに，1998年に雑誌に人種的対立を煽る文章を掲載したという罪で逮捕され，有罪が確定し，2年間の政治活動を禁止された (Richardson 2011：52-58)。また，2004年にも，テレビ番組で人種的対立を煽る言葉を発した罪で訴追されたが，裁判ではグリフィンらは，批判したのは人種ではなく，イスラム教であると反論し，陪審員裁判の結果，無罪となった (Copsey and Macklin 2011：98)。

BNPのその他の政策も，人種主義に影響を受けている。年金などのイギリスの公的サービスは，人種的イギリス人に限定すべきであると主張している。しかし，その一方で，労働党政権が進めてきたIDカード法やアフガニスタン戦争などには反対している。とくに，アフガニスタン戦争に関しては，イギリスに全く関係のない国で兵士の命を落としてはならないとして，戦争に加担した将軍たちは戦争犯罪人として処刑されるべきだと論じ，2010年総選挙においても，アフガニスタンからの即時撤退を提唱した (*The Telegraph*, 20 October 2009)。

このアフガニスタン戦争はBNPの伸張に貢献したとも言うことができる。2001年9月11日の同時多発テロが起こり，ビン・ラディン捕獲のため起こされたアフガニスタン戦争では，多くのイギリス兵士が犠牲となり，国民の間では，反イスラム感情が高まりを見せたからである。また，イギリスには，中東からのムスリム移民が多くいるが，2005年7月7日には，英国籍を持つイスラム過激派により，ロンドンで広範囲に及ぶ爆破テロ事件が行われた。こうしたアフガニスタン戦争と英国内ムスリムへの反感は，BNPの人種主義に支持を集めさせる結果となった。また，2008年のリーマン・ショック以後は，経済危機の中，イギリスではムスリム系の人々が優遇されているというBNPの批判が浸透する背景があった。さらに，2009年議員経費不正使用スキャンダルでは，国政で議席を持つ主要政党が批判の嵐を浴びたのに対して，国政議席を持たない BNP の既成政党批判が通りやすい環境が作られた。それらの結果，2009年欧州議会選挙では，得票率6.2%，２議席という結果を得て，地方選挙以外では初の議席獲得となった。

党首であるニック・グリフィンは，2009年10月にイギリスでは有名な討論番組 *Question Time*（BBC）に出演することになった。それ以前にも，グリフィンは BBC のその他のインタビュー番組に出ていたことがあったが，このときは，視聴者参加型の番組に出演させることへの賛否両論が渦巻いた。反対派は，かつて80年代には，北アイルランドの過激派組織 IRA の政治部門であったシン・フェイン党の幹部の出演が意図的に控えられてきた経緯を挙げ，今回も人種主義政党に宣伝の機会を与えてはならないという論陣を張った。それに対して，賛成派は，すでに BNP も欧州議会で議席を持つ政党となり，出演を拒むことはできないと論じた。グリフィンの *Question Time* 出演が議論となってきた10月には，イングランド北部の街々では，別の人種主義組織「イングランド防衛同盟」と，それを批判する反ファシズム同盟が公道や広場で対峙し，一触即発の事態となった。

結局，*Question Time* にグリフィンは出演したが，その内容はグリフィンの過去に行った人種差別的言動を問いただす内容が中心となった。通常，*Question Time* は，主要政党の政治家やその他のコメンテイターに対して，聴衆から質問が行われ，その質問をめぐって議論が闘わされる形が多く，１人のパネリストに対して，他のパネリストと聴衆が対決的姿勢でのぞむという形はまれであった。番組の会場では，聴衆も含めて BNP やグリフィンの人種主義には批判的であったが，その番組運営を不公平であるとして批判を寄せた支持者たちもいた。また，グリフィン自身，番組ぐるみで自分を叩いた人々こそ，「リンチ暴徒」であると論じた（Corpey and Macklin 2011：89）。

こうした UKIP と BNP は，ともに反 EU，反移民という政策を特徴としているため，その支持者には重なりあいがあることが指摘されてきた（Copus *et al.* 2009）。また，結果として，2010年総選挙での得票や政党支持率においては，依然として主要政党よりも大幅に少ないものの，2001年以来，反 EU，反移民という立場自体は，主要政党支持者の中でもかなり強い傾向となっており，その潜在的な支持者はかなり広いという研究結果がある（Ford 2010；John and Marggetts 2009）。さらに，それまで多文化主義的な姿勢を取ってきた労働党政権も，2001年以後は，同時多発テロの影響を受け，姿勢を転換し，多文化主義から統合主義（イギリス文化への統合）へとシフトするようになったといわれ，その結果，土着のイギリス人とその文化を守るというBNPの路線と，実質的には近くなってきたと指摘された（Rhodes 2011：65）。

なお，これらUKIPやBNPは，2009年欧州議会選挙で目覚しい躍進を遂げ，特に，UKIPは労働党を追い越し，第二党に躍進したことは既に指摘したとおりである。しかし，その一方で，2010年総選挙には，UKIPはわずか3.5％に沈み，BNPも2.1％しか取れず，両政党とも0議席であった。保守党，労働党，自民党の主要三政党とは大きく水をあけられた。こうした現象は，やはりUKIPがEU脱退を掲げる政党であることから，欧州議会選挙においてはその反EU的主張が有権者に重視されたが，総選挙では有権者の国政重視の姿勢から支持が離れたという可能性があること，また，欧州議会選挙の場合，イギリスでは選挙制度が拘束名簿式比例代表制となるので，二大政党への批判票が小政党に流れやすいのに対して，総選挙では小選挙区制で行われるので，勝利の見込みのない小政党への投票が抑制されたという指摘がある。

さらに，UKIPやBNPへの投票者のデータを分析した結果，欧州議会選挙のときのみUKIPに投票する傾向のある戦略的投票者は，元はミドル・クラスの保守党支持者であったが，反EU・反移民志向が強い人々で，一時的に保守党への「警告」のためにUKIPに投票した人々であり，2009年欧州議会選挙でのUKIPの大躍進時には約半数の投票はこれら保守党支持者の離反票であったと指摘されている。他方，欧州議会選挙・総選挙両方ともUKIPを支持したコア投票者は，BNP支持者と同じく人種主義的志向を持っているが，その度合いはBNP支持者よりも弱く，南部居住者，高年齢者，女性の割合がBNP支持者よりも多いということであった。したがって，人種主義的志向を持っているが，BNPのような露骨な人種主義・暴力肯定にまでは至らない「穏健なオルターナティブ」であると指摘された（Ford *et al.* 2012）。なお，それゆえ，

UKIPの存在は，2010年総選挙において保守党票を減らす要因となった。2010年においては，UKIP候補によって保守党議席は20以上減ってしまったと言う指摘がある（小堀 2012）。また，そうした傾向は以前からあり，2001年総選挙前に保守党はUKIPに資金と引き換えに立候補をやめるように説得していたが，ファラージはそれを拒否したことを暴露した（Farage 2010：150-153）。

なお，BNP支持者については，高い失業率のなか，政権がイギリス人より移民に有利な姿勢を取っているのではないかという疑念を持つ低所得・低学歴の白人男性労働者階級の支持が比較的多く，旧労働党支持者も多いと分析されている（Ford and Goodwin 2010）。

こうしたUKIPやBNPは，1で指摘したようなポピュリズムの特徴のほとんどを持っていると言える。反EUや反移民，白人主義などを通じて反既成政治を訴えて，民衆の支持を得ようとし，カリスマ的なリーダーを持ち，メディアを利用しようとする。メディアの一部には肯定的なジャーナリストもいて，「シークレット・エイジェント」のようなBNPを扱った番組も制作されてきた（Copsey and Macklin 2011：84）。その一方で，その大勢においては，BNPの存在は，メディアにおいて圧倒的に「病理」として描かれてきた。

5　メディアを強く意識したポピュリズム――ボリス・ジョンソン

2012年7月にオリンピックを招致したロンドンの市長ボリス・ジョンソンも，その人気やリーダーシップと言う点に着目するならば，ポピュリストとして検討しておく必要があるだろう。

ジョンソン自身は，裕福な家庭の出自で，イギリスのパブリック・スクール（裕福な家庭の子弟が集まる私立学校）として有名なイートン校に進み，オックスフォード大学ベルリィオル校で古典を学んだ。しかし，彼は，大学時代，後のイギリス首相となるデイヴィッド・キャメロンとともに，ブリンドン・クラブBullingdon Clubのメンバーで，放蕩に明け暮れた。このブリンドン・クラブは，もともとは200年の歴史を持つ大学のクリケット・チームであったが，80年代には，単なる食事会クラブとなり，破壊と放蕩を繰り返していた。ブリンドン・クラブの新入メンバーの部屋は，歓迎の意味で滅茶苦茶に破壊されるという儀式さえあった（Gimson 2006：56-67）。この彼らの悪行の数々は，キャメロンが保守党党首となり，ジョンソンがロンドン市長として当選して後，チャンネル4が当時の同級生たちに取材し，テレビ番組『ボリスがデイヴに出会ったとき』*When Boris Met Dave* として放映された（ちなみに Youtube で見ることができる）。

ジョンソンは，その後，大手新聞社 *The Times* や *Daily Telegraph*，右派系雑誌『スペクテイター』などを渡り歩き，2001年には保守党から庶民院議員に当選した。キャメロンが大学卒業後，大学時代の乱行から180度転換し，誠実な政治家としてのイメージに転換していくのに対して，彼は，トレード・マークとなったぼさぼさ頭の風貌から繰り出される際どいジョークの数々で，1回当選の庶民院議員ながらも，テレビ番組に引っ張りだことなった。たとえば，ジョークを交えながらニュース解説を行う *Have I Got News for You*（BBC）では，4度も招かれ，BBC の自動車専門番組『トップ・ギア』にも，著名なプレゼンター，ジェレミー・クラークソンとともに出演した。

2008年には，ロンドン市長選挙に保守党候補として出馬し，労働党の現職ケン・リヴィングストンを破って，当選した。ケン・リヴィングストンは，1980年代から，大ロンドン議会（サッチャー政権によって廃止）で「レッド・ケン」として勇名を馳せた政治家であり，その後，ロンドンの選挙区で庶民院議員として当選し，2000年にはブレア労働党に反旗を翻し，ロンドン市長候補として無党派で立候補し，労働党推薦候補などを破って当選した人気のある政治家であった。リヴィングストンは，その後，ブレアと関係改善し，2004年に労働党推薦候補として再選された。2008年市長選挙では，ジョンソンの立候補により，左右の異端児の対決となったが，そこではボリス・ジョンソンがリヴィングストンを破って当選した。

この選挙後の2009年には，ジョンソンは，イギリスでは，20年以上続くソープ・オペラ『イーストエンダーズ』に出演した唯一の政治家となった。これは，ジョンソンのテレビを意識した政治スタイルと，それに応えるメディアを象徴していると言えよう。しかし，このテレビ出演に対して，まさにロンドン東部に支持基盤を持つリヴィングストンは，自分も市長時代に出演を打診したが，そのときは「政治的過ぎる」と断られた経緯を暴露し，猛然と抗議した（*The Guardian,* 1 October 2009）。

2012年ロンドン市長選挙では，再び，ジョンソン対リヴィングストンの対決となったが，その選挙は辛くもジョンソンが勝利した。2008年は，ブラウン首相（当時）不人気の中，労働党は党支持率自身が大幅に低迷していたが，逆に，2012年は，保守党政権が大幅に支持率を低迷させており，ロンドン市長選挙と同時に行われた統一地方選挙では，保守党は惨敗していた。この逆風の中，ジョンソンが当選できた理由として，ジョンソンの個人的人気の大きさを指摘する論調も多い（*The Independent,* 6 May 2012）。

こうしたジョンソンであるが，上記のパウエルやUKIP，BNPほどの思想的な移民排斥の論調は強くないものの，彼特有の際どいジョークを連発するスタイルから，舌禍・筆禍が多く，その中に人種関連のものも多かったことも事実である。

ジョンソンの舌禍・筆禍の中では，特定の都市をターゲットにしたものが目立つ。たとえば，2004年10月16日に，彼が編集長をしていた『スペクテイター』において，リヴァプール近郊のヒルスバラ・スタジアムでの崩落事故で多くの人々が嘆き悲しむ中，編集論説で，事故に関して群集たちの責任を批判し，リヴァプールの人々の「贖罪的被害者意識」を論じ，「非常に魅力のない心理」と評価し，「文明のとしての成熟の中で，私たちは無知な心理の癌を切除することを受け入れなければならない」と書いた（*The Spectator,* 16 October 2004）。この記事に対して，多くの批判が寄せられ，当時の保守党党首であったマイケル・ハワードはジョンソンの党内役職を解き，ジョンソンは翌週の『スペクテイター』で謝罪した（Johnson 2004）。

また，ジョンソンは，2007年に，米国のファッション雑誌『GQ』において，ポーツマスを「イングランド南部で最も鬱な街の１つで，ドラッグ，肥満，出来損ないと労働党下院議員で充満している」と論じて，ポーツマスの庶民院議員から辞任要求を突きつけられた（*The Independent,* 4 April 2007）。

しかし，ジョンソンは，2009年保守党党大会（マンチェスター）においては，

「マンチェスターは，私がまだ侮辱していない数少ない大都市の1つだ」と開き直って笑いを取るくらいで，全く反省の色はなかった（*Evening Standard,* 5 Octber 2009）。

こうしたジョンソンの際どいジョークは，人種主義に関わる舌禍・筆禍も生み出した。2006年に『デイリー・テレグラフ』紙の記事で，「10年間，保守党では，パプア・ニューギニア・スタイルの食人宴会と党首殺しに至ることがたびたびあった」と書いた（Johnson 2006）。この結果，ジョンソンは，在ロンドンのパプア・ニューギニア領事館からの抗議で，謝罪する事態となった。

2008年ロンドン市長選挙にジョンソンが立候補を表明してからは，彼の2000年の『ガーディアン』紙での発言が問題となった。彼は，スティーヴン・ローレンス事件に関わるマクファーソン委員会の答申において，「公的スペース以外の」人種差別的犯罪に対応するための法改正が勧告されていたことについて，「ジョージ・オーウェルの世界」であり，「チャウシェスクのルーマニア」より酷いと批判した（Johnson 2000）。スティーヴン・ローレンス事件とは，白人少年5人が黒人少年ローレンスを刃物で刺し，友人たちが警官に通報した後も，警官はむしろ黒人たちの仲間割れではないかと聞き込みを始め，その間に，ローレンスが死亡してしまった事件である。この事件の調査を通じて，警察の人種差別的実態が明らかにされ，人種差別的犯罪の取り締まり強化がブレア政権によって進められた。

ローレンスの母は，2007年に『ガーディアン』紙の取材に応えて，こうしたジョンソンの記事上での発言を持って，ロンドン市長に相応しくないと述べた（*The Guardian,* 4 August 2007）。しかし，その時期がロンドン市長選挙前であったこともあり，様々な議論を引き起こした。また，ジョンソンは，人種差別的意図を持って，あの記事を書いたのではない，文脈から抜かれていると反論し，「100％私は反人種主義で，人種主義を批判し，嫌悪している」と述べた（*Evening Standard,* 22 January 2008）。

このようなボリス・ジョンソンの言動からわかることは，彼が①の要素（民衆に訴える技術）に非常に高い関心を持ち，③の要素（カリスマ的人気）を持っていることがわかる。しかし，その一方で，彼がUKIPやBNPのように，反

EU や人種主義と言う点で③の反既成政治の要素を持っていると断定するまでの材料は必ずしもそろわない。彼の舌禍・筆禍は多いが，それは何らかの思想に裏打ちされたものと言うよりは，際どいジョークで人気を集めることに専心するあまりのものと言えるかもしれない。④の病理性の指摘についてであるが，労働党や自民など他党からの彼に対する人種主義という批判は多い。そういう意味では，この点も当てはまるかもしれないが，その一方で，彼のロンドンにおける人気の高さと言う点では，むしろ好き嫌いが分かれるだけだという見方もできる。

いずれにせよ，これまで見てきた他のイギリスのポピュリストと比べれば，①の民衆に訴える技術，とくにメディアの多用という点では，群を抜いた特質があると言える。イギリスにおける橋下徹と言ってもよいであろう。

6　左翼ポピュリズム—— Occupy LSX（ロンドン証券取引所）

これまで，４つのポピュリズムの例を検討してきた。そのうち，いずれもが，右翼的，ないしは保守党系のポピュリズムであった。しかし，その特徴と言う点では，その多くの点でポピュリズムに当てはまる現象として，米英などで見られるオキュパイ（占拠）運動をあげておく必要があるだろう。日本におけるポピュリズム研究においても，ポピュリズムは右からのものだけではなく，左からのものもありうる点は，指摘されてきた（吉田 2011：78)。

以下に見るオキュパイ運動は，自らを99％と主張し，１％の金融エリートが支配する政治経済システムを批判する。また，米英では大いにマスコミの注目を集め，（日本のテレビばかり見ていては，全く想像もできないかもしれないが）映画監督マイケル・ムーアやウィキリークスのジュリアン・アサンジなどが Occupy の激励に立ち寄ると，多くのメディアが殺到し，マイケル・ムーアなどは，米英のニュース番組やインタビュー・ショウに何度も出演してきた。こうした出来事を見るならば，①民衆に訴えかける技術の重視，②反既成政治という点では，ポピュリズムの性格を明確に持っていると言えよう。

実際，米国のオキュパイ運動と，ティー・パーティなどの米国の右派系ポピュリストたちとは，方向が正反対であるものの，現状の政府が市民を代表していないとラディカルに政府を攻撃してきた点で，共通点を持つという指摘がある（Fisher 2011）。

なお，イギリスのオキュパイ運動の拠点は，ロンドン証券取引所前のセント・ポール寺院前の広場であり，ここを多くの若者・大学生が占拠した。集まった規模や期間で言えば，ニューヨークのそれよりも，大規模で長期間にわたって続いた。

ただ，その他のポピュリズムとは異なる点もある。オキュパイ運動には，傑出したカリスマ性を持ったリーダーがいないことである。オキュパイが始まったニューヨーク，ロンドン，そしてマドリッドなどに共通するオキュパイ運動の原則として，「進歩的積み重ね」というものがある。これは，全体の方向性をリーダーが決めるのではなく，オキュパイに集まった多数のグループからの意見を集合し，リーダーではなく，「促進者」facilitatorsたちが議論を運営し，その中では，議論においては必ず少数派から発言させるなどの工夫を行っていることである。『ニュー・ステイツマン』において，これについて書いたローリー・ペニーは，この方法を「コンセンサスによる抗議運動」と表現した（Penny 2011）。

また，ポピュリズム一般に指摘される病理性の指摘に関しては，両論ある。共和党ブッシュ政権で政策・戦略担当上級顧問を務めたカール・ローヴなどは，オキュパイ運動を，平気で警察の車の中で排便して，公然と薬物の取引をする社会主義者や無政府主義者，反ユダヤ主義者であると論じ，アメリカの統治システムを否定していると述べる。しかし，その一方で，民主党のナンシー・ペロシ下院議長は，オキュパイ運動を賞賛し，オバマ大統領は，オキュパイ運動が「アメリカの人々の不満を表現している」と評価した（Rove 2011）。このように，オキュパイ運動を社会の病理として描くかどうかに関して，見解は分かれる。イギリスの労働党では，党首エド・ミリバンドが，彼らの方法には批判が多いかもしれないが，「彼らは，私たちの時代の最も大きな争点に関して，数百万の人々の危機的な懸念を反映している」と肯定的に表現した（*NewStatesman*, 6 November 2011）。

7　まとめ——イギリスにおける多様なポピュリズム

上記のように，イギリスにおけるポピュリズムと指摘される人々や運動は，多様である。冒頭に述べた4つの要素のうちでも強弱がある。また，マスコミ一般で使われる「ポピュリズム」という表現は，他の政治家の人気取り政策などにも使われ，それも含めるとさらに多様になるといえるだろう。

加えて，80年代のサッチャーなどの言説が民衆の支持を得た時代と比べると，2000年代以降は，明らかに新自由主義的なポピュリズムと言うより，反移民，反EU，そして反金融エリートのポピュリズム的色彩が強まってきていると言える。新自由主義的という点では，2010年以来のキャメロン政権はその傾向が強いが，そのキャメロン保守党は発足して直後から数年にわたり，低支持率にあえいでいる。そもそも，日本でよく見られるような労組たたき，労働者たたきという傾向は，労働者を基盤にしたBNPなどでは全く見られず，その点で，近年の日本の新自由主義的ポピュリズムとは，異なった傾向があると言えるだろう。

【参考文献】

小堀眞裕（2012）『ウェストミンスター・モデルの変容——日本政治の「英国化」を問い直す』法律文化社。

島田幸典（2009）「サッチャー政治における〈ポピュリズム〉」島田幸典・木村幹編著『ポピュリズム・民主主義・政治指導——制度的変動期の比較政治学』ミネルヴァ書房，171-197頁。

吉田徹（2011）『ポピュリズムを考える——民主主義への再入門』NHK出版。

Bale, Tim *et al.*（2011）“Thrown Around with Abandon? Popular Understanding of Populism as Conveyed by the Print Media: A UK Case Study”, *Acta Politica*, vol.46, issue2, pp.111-131.

BBC（1993）*Thatcher-Downing Street Years*, VHS, BBC.

Campbell, John（2001）*Margaret Thatcher Volume One: The Grocer's Daughter*, Pimlico.

Canovan, Margaret（1999）“Trust the People: Populism and Two Faces of Democracy”, *Political Studies*, vol.47, issue 1, pp.2-16.

Copsey, Nigel and Macklin, Graham（2011）“‘The Media=Lies, Lies, Lies!’: The BNP and the Media in Contemporary Britain”, in Copsey, N. and Macklin, G. eds., *British Na-*

tional Party: Contemporary perspectives, Roultledge.

Copus, Colin *et al.* (2009) "Minor Party and Independent Politics beyond the Mainstream: Fluctuating Fortunes but a Permanent Presence", *Parliamentary Affairs,* vol.62, no.1, pp.4-18.

Crewe, Ivor (1988) "Has the Electorate become Thatcherite?", in Skidelsky, Robert ed., *Thatcherism,* Chatto & Windus.

Farage, Nigel (2010) *Fighting Bull,* Biteback.

Fisher, Marc (2011) "Who knew?: Tea partyers, Occupiers find kinship", *The Washington Post,* 23 Octber.

Ford, Robert (2010) "Who might Vote for the BNP?: Survey Evidence on the Electoral Potential of the Extreme Right in Britain", in Eatwell, R. and Goodwin, M.J. eds., *The New Extremism in 21st Century Britain,* Routledge.

Ford, Robert and Goodwin, J. Matthew (2010) "Angry White Men: Individual and Contextual Predictors of Support for the British National Party", *Political Studies,* vol.58, pp.1-25.

Ford, Robert *et al.* (2012) "Strategic Eurosceptics and Polite Xenophobes: Support for the United Kingdom Independence Party (UKIP) in the 2009 European Parliament elections", *European Journal of Political Research,* vol.51, pp.204-234.

Gimson, Andrew (2006) *Boris: The Rise of Boris Johnson,* Pocket Books.

Goodwin, Matthew J. (2010) "In searching of winning formula: Nick Griffin and the 'modernization' of the British National Party", in Eatwell, Roger and Goodwin M.J. eds., *op cit.*

—— (2011) *New British Fascism: Rise of the British National Party,* Routledge.

Heffer, Simon (1998) *Like the Roman: The Life of Enoch Powell,* Weidenfeld & Nicolson.

House of Commons Debate (HC Deb).

John, Peter and Margetts, Helen (2009) "The Latent Support for the Extreme Right in British Politics", *West European Politics,* vol.32 no.3, pp.496-513.

Johnson, Boris (2000) "'Am I Guilty of Racial Prejudice? We All Are' Racism is as Natural as Sewage, Says Boris Johnson. But Macpherson's Way of Dealing with It Today Is as Misguided as Enoch Powell's Was 30 Years Ago", *The Guardian,* 21 February.

—— (2004) "What I should say sorry for", *The Spectator,* 23 October.

—— (2006) "Blair has nothing more to say to us: he should go at once", *The Daily Telegraph,* 7 September.

Penny, Laurie (2011) "Protest by Consensus", *New Statesman,* 16 October.

Powell, Enoch (1969) *Freedom and Reality,* Elliot Right Way Books.

Rhodes, James (2011) "Multiculturalism and the Subcultural Politics of the British National Party", in Copsey, N. and Macklin, G. eds., *op cit.*

Richardson, John E. (2011) "Race and Racial Difference: The surface and depth of BNP ideology", in Copsey, N. and Macklin, G. eds., *op cit.*

Rove, Karl (2011) "Courting the Wall Street Protesters", *Wall Street Journal,* 14 Octber .

Shepherd, Robert (1996) *Enoch Powell,* Pimlico.

Taggart, Paul A. (1996) *The New Populism and the New Politics: New protest parties in Sweden in a comparative perspective,* Macmillan.

Thatcher, Margaret (1977) "Informal Press Conference at the end of US Visit", 14 September, in Collins, C. ed., *Margaret Thatcher Complete Public Statements 1945-1990: Complete Public Statements 1945-1990* [CD-ROM], Oxford University Press.

—— (1983) "Speech at Fleetwood", 7 June, in Collins, C. ed., *op cit.*

—— (1984) "Interview for BBC Panorama", 9 April, in Collins, C. ed., *op cit.*

—— (1987) "Interview for Daily Express", 22 April, in Collins, C. ed., *op cit.*

—— (1989) "Interview for Press Association: 10 the anniversary as Prime Minister", 3 May, in Collins, C. ed., *op cit.*

—— (1990) "Interview for BBC", 12 January, in Collins, C. ed., *op cit.*

UK Independence Party (2010) *UKIP Mini Manifesto,* April.

第8章

ポピュリズムの多重奏

――ポピュリズムの天国：イタリア――

高橋　　進

1　「ベルルスコーニ時代」の終焉？――長い過渡期

2012年10月24日，シルヴィオ・ベルルスコーニ（Silvio Berlusconi）は2013年5月に予定される次期国政選挙で首相をめざさないと表明し，「自由の人民」の党首を退き，党首選挙を12月16日に行うことを提案した。彼は2011年11月に金融危機とイタリア国債の暴落への対応に失敗した結果，議会の過半数の支持を確保できなくなり，首相を辞任した。党首引退表明から２日後の10月26日にはミラノ地裁で，彼が所有する企業メディアセットの巨額税金詐欺事件で，禁固４年と公職追放５年の判決が出され，未成年者買春の裁判も開始された。だが，12月になると彼は引退を撤回し，党首への復帰と次期選挙での首相への再挑戦を表明した。さらに，モンティ内閣への不支持を突然宣言し，モンティ首相の辞任と議会解散，2013年２月の総選挙に追い込んだ。ベルルスコーニのこのような安易な前言撤回と方針転換は，「自由の人民」の支持率の低下とも相まって，カリスマ的指導者であった彼の威信の低下，党内の混乱と分裂の危機をもたらしている。

ところで，1994年から2011年までの18年間のイタリア政治における主役は，首相としての政権担当時代はもちろん野党時代にあっても，明らかにベルルスコーニであった。イタリアは1994年までは，戦後一度も政権交代がない西欧デモクラシー国家で唯一の国であった（日本の55年体制の崩壊と同時期）。また，その政権交代が他の西欧デモクラシー諸国の政権交代とは異なり，戦後体制を担ってきた諸政党がすべて消失した混沌の中で，新参のポピュリズム政党による政権掌握という形で起こったという点でも例外である。この点では，旧社会主義の東欧諸国と似ている。このような劇的な政治システムの崩壊が起こった理由としては，以下の点が挙げられる。第1に，冷戦の終焉による共産主義対資本主義のイデオロギー対立の無意味化。第2にその結果として，旧来の支配政党の正統性の消滅（反共産主義を理由とした腐敗政権の「やむを得ない悪」の不要化）と共産党の社会民主主義政党化による政権獲得方針への転換。第3に，これらを背景に1992年から開始され，約3000人が起訴された検察による政財官の汚職（いわゆるタンジェントポリ）の追及による旧来の政党幹部と政治家の一掃，政権諸政党の解散（「司法による革命」）。第4に，選挙制度改革による政治改革と「政権交代のある民主主義」を目指す国民投票運動。第5に，ヨーロッパ統合の深化がもたらす「ヨーロッパ化」の圧力，とくにマーストリヒト条約に基づく通貨統合への参加問題。参加の財政基準を満たすには，巨大な財政赤字の削減と利権配分の温床である非効率な公企業の整理と民営化などを実行できる合理的で公平で清潔な政府が不可欠であった。第6に，アジアNICSの台頭や脱工業化社会とポスト・フォード主義時代の到来によって，旧来のような経済成長のパイの国民諸階級への配分が不可能になっていた。

イタリアは，これらの戦後政治・経済・社会の重大な転換期の諸問題に同時的に直面した結果，その政治システムが崩壊した。その結果生じた既成政党の消滅による広大な政治空間の空隙と既成政党不信の中で，新政党の叢生，左右の2大ブロックへの分岐と選挙の度毎の政権交代が起こった。その意味では「政権交代のある民主主義」が実現したが，その後のイタリア政治の実状は危機的である。第二共和政を担うはずの諸政党は支持を安定化できず，離合集散を繰り返し，政党は信頼を失い，ポピュリズム化・分散化・液状化が強まっている。その結果，ユーロ危機とイタリア国債の危機によって崩壊したベルルスコーニ政権の後を継いだのは，元欧州委員で経済専門家のモンティを首相とする専門家内閣であった（政党の議員はゼロ）。まさしく，第一共和政の終わりを画した1993年のチアンピ内閣（イタリア銀行総裁で非国会議員）の再現である。

地方政治レベルの液状化はいっそう深刻である。2012年5月の地方選挙では，全体としては中道左翼が勝利したが，イタリア随一のブロガーといわれるコメディアンのベッペ・グリッロ（Beppe Grillo）が率いる市民運動的・リバタリアン的なポピュリズム政党である「5つ星運動（Movimento 5 stelle）」が大躍進し，同党候補がパルマ市長に当選した。10月のシチリア州議会選挙においては，州知事選挙では中道左翼連合の候補が勝利したが，議員選挙の得票率では「5つ星運動」が14.9%（15議席）を得て第1党になった（民主党は13.4%，14議席，「自由の人民」12.9%，12議席）。

このような状況を見たとき，イタリアにおける第二共和政が「政権交代のある民主主義」という言葉からイメージできるような「成熟した民主主義」にバージョンアップしたと評価できないことは明らかである。では，「ベルルスコーニ時代」といわれる第二共和政の20年間はイタリア政治に何をもたらしたのか，イタリア・デモクラシーはどこに行くのか。このことを，ポピュリズムに焦点を当てることによって考察することが，本章の目的である。

2　ポピュリズムの定義

イタリアは，「ポピュリズムの天国」と言われるほど様々なポピュリズムが現在，噴出・隆盛している西欧でも例外的な国である（Tarchi 2008）。第一次大戦後のイタリアに出現し，政権に就いたファシズムと同様に，戦後体制の転換期においても，時代の先端的な政治現象を極端な歪んだ形で創出する特性をイタリア政治は今も有しているのかもしれない。ここではまず，ポピュリズム台頭の原因について，イートウェルの「極右政党」の台頭原因の分析を参考に検討する。彼は「極右政党」概念を使用しているが，対象はここで扱うポピュリズム政党ほぼ同じである（極右，急進右翼，新右翼とポピュリズムの概念の区別と関連については，第3章を参照）。

イートウェルは極右政党台頭の原因をめぐる諸研究を，需要側と供給側に分類・整理しているが，ここでは，供給側の視点を取り上げる（Eatwell 2003：49-54；島田 2011：6-17）。第1は，「政治的機会構造説」であり，極右を取り巻く外在的条件が，有利な参入機会を提供するか否かに焦点を当てる。そこでは，極右政党進出のための政治空間の空き（space）の有無が重要である。それは，政策争点への他党の対応，選挙制度や政治制度などに関わる。第2は，政治の「メディア化説」であり，政治的争点の単純化，友敵関係の明確化，政治の「人格化」などが特徴である。第3は「言説的機会構造説」であり，極右が自己を国民的伝統の正統な一部分として提示できる可能性の有無である。ファシズムやナチズムとの断絶と否定の表明，移民問題の争点化もこの文脈の中で捉えられる。第4は「綱領説」であり，極右への支持拡大は既成体制批判という消極的選択ではなく，極右の政策や理念への積極的な選択の結果であるとする。その場合も，綱領や政策の柔軟性を前提としている。第5は，「カリスマ指導者説」である。人民の救世主としての指導者の存在が，有権者の動員を可能にすると捉える。

他方，極右概念ではなく，ポピュリズム論を支持するカノヴァンは，ポピュリズムを以下のように定義している。「現代民主主義社会におけるポピュリズムは，既存の権力構造とその社会の支配的思想・価値観の両方に反対して，『人民（the people)』に訴える」。「ポピュリズムは人民の運動であり，体制の運動ではない」。その攻撃対象＝敵は，既成政党，既存の権力所有者，政治的・経済的な既成の権力組織，エリート的価値観，学会やメディアにおける世論形成者たちである（Canovan 1999：3)。ポピュリズムはそのような既存の権力や価値観によっては，留意も充足もされていない人民の利益や意思を動員する運動であり，人民を代弁していることにその正統性を置いている。労働者階級等の経済的階級の部分的な利益ではなく，民主的な主権者を代表していると主張する。

この「人民」には3つの相が含まれている。第1は，国民（nation）や国（country）のような「統合された人民（united people)」であり，それを分断する政党や党派に反対する。統合体としての「人民」観念は，政党間の争いに否定的であり，共通の「国民の利益」の存在を無条件に前提とし，この国民の利益を体現するカリスマ的な指導者による強力なリーダーシップを支持する。第2は，「我ら人民」観念である。エスニックや人種の意味でしばしば使用され，分断的であり，「我ら人民」とそれに属さない人々，たとえば外国人移民とを区分けする。これは，フランスの国民戦線が典型的な例で，仕事や住宅，社会福祉等に関してフランス人優先を主張する「福祉ショーヴィニズム」へと帰結する傾向がある。第3は，「普通の人々（the common people, ordinary people)」が，特権的な人々，高度の教育を受けた人々，コスモポリタンなエリートに対して動員される。ポピュリストは，自分たちが「沈黙せる多数者」「普通のきちんとした人々」の代弁者であると主張する。この人々の利益や意見が，横柄なエリート，腐敗した政治家や厚かましいマイノリティによって無視されていると主張する。つまり，その正統性の準拠点は「人民の権力」観念である。その政治スタイルは，単純さ，直接性，透明性を称揚し，陰での妥協や秘密交渉，裏取引，複雑な手続などを駆使して人民の権力を簒奪する政治家に対する不信を煽動・利用する。指導者は通常は社会的・政治的アウトサイダーであり，「戦術的なアウトサイダー」を利用する場合もある。カリスマ的指導者への人民の熱狂によって，通常は非政治的な人々を政治的な領域に引き入れる（Canovan 1999：3-6)。そして，タガートによれば，共同体の理想化された中核地帯（Heartland）として，地方あるいは特定産業分野，エスニックなどと「人民」が一体視される（Taggart 2000：3)。

これらの定義を手がかりに，次にイタリアの具体的な政治状況とポピュリズム政党の出現の背景，ポピュリズム政党の実態を検討する。

3　イタリアにおけるポピュリズムの噴出

1　第一共和政の崩壊と巨大な「政治空隙」の発生

イタリアにおけるポピュリズムの嵐は，1990年代初めに激しく吹き始めた。それは冒頭で述べた諸要因が複合的に作用した結果であるが，政党システムに関しては，冷戦の終焉が大きな原因であった。冷戦時代は共産主義との対決を大義名分に，左翼を政権から排除するための「やむを得ない悪」として政権政党の腐敗・汚職，「政党支配国家」が許容されてきた。今やその必要はなくなり，逆にEU統合の進展の中で「健全で効率的な政府」が求められていた。こうして，1992年２月のミラノ地方検察庁による汚職捜査で始まった「清い手」が，政財官の幹部を次々と捜査し，キリスト教民主党（DC）のアンドレオッティ元首相，フォルラーニ幹事長，社会党，共和党の元幹事長や元首相のクラクシなど大量の上下両院議員に捜査が及んだ（国会議員の約３分の１に捜査通告）。その結果，キリスト教民主党，社会党，社会民主党，共和党，自由党など戦後政権を担ってきた諸政党は次々と解散し，消滅していった（小谷 1999）。

「清い手」の追求を受けず生き残ったのは，冷戦体制下で政権から排除されていた左の共産党と，ネオ・ファシスト党であるがゆえに，憲法外政党として政党協議の枠外におかれてきた極右のイタリア社会運動，そして，1980年代末に北部イタリアで台頭してきた新興政党の北部同盟だけであった。その共産党も，冷戦の終焉とソ連崩壊の中で，政権に参加できる社会民主主義政党への脱皮をめざして，多数派は1991年にいち早く左翼民主党へと転換した（左派は共産主義再建党を結成）。1993年６月の地方選挙で左翼が勝利した結果，1994年３月の国政選挙では左翼連合勢力の政権獲得が予想されていた。他方，キリスト教民主党や社会党などの既成の右翼・中道政党は，1993年の地方選挙では主要都市に候補者さえも立てられず，1994年に相次いで解党した。その結果，政治スペクトルの中道から右翼までの場所に大きな空白が生じたのである。ここに，新たな政治勢力が参入する機会が開けた。

旧キリスト教民主党の政治家たちは，新たに結成された人民党，セーニ・グループ，キリスト教民主中道党，民主キリスト教連合など離合集散を繰り返しながら，独自の中道勢力の再生と維持を試みた。1994年選挙では，彼らは中規模ではあるが独自の中道勢力として存在を示したが（下院で人民党は11.0%，33議席，セーニ・グループは4.6%，13議席），1996年選挙以後は，基本的には左右の選挙連合に参加することによって生き残りを図るしか選択肢はなかった。新社会党や急進党の生き残りのボニーノ・リストその他の旧政党の政治家もそうであった（高橋 1999；池谷 1999）。

また，既成政治権力への不信と抗議から「反政治的」感情への移行が，司法への信頼依存に媒介されて急速に進行した（Tarchi 2002：125）。イタリア世論の多くが，汚職のウィルスからイタリアを救うためには，代表制政治の手段以上に，司法という手段が必要であると考えた（「司法による革命」）。彼らは司法権力に連帯のメッセージを送り，司法による政財官「消毒」活動の継続を応援した（Fax peopleと呼ばれた）。これは，代表制デモクラシーの基礎にある選挙民と政治的代表者との媒介の否定につながり，時々の世論調査を日常的な民意の測定装置，「人民投票」とみる傾向を強めた。また，政党支配国家の変革に国民投票制度が決定的な役割を果たしたことから，直接民主主義への期待が高まり，「国民投票民主主義」の様相さえ示した（カリーゼ 2012：67-72；高橋 2009）。これらを，ポピュリズム興隆の政治的機会構造要因として挙げることができる。

2　ポピュリズム噴出の社会的・経済的要因

「ポスト・タンジェントポリ」のイタリア社会は，経済のグローバル化とEU統合の進展に伴って大きく変化しており，それは政党にも変化への対応を求めていた。かつては，キリスト教民主党と共産党の政治的・イデオロギー的な激しい対立はあったが，実際には社会的連帯，職の安定，資源の一定の再配分が重視されていた。今や，旧来の福祉国家は変容と後退を余儀なくされているにもかかわらず，クライエンテリズムに基づく政党支配国家の諸政党は旧来の構造に縛られ，社会と経済の抜本的改革に取り組むことができないでいた。他方，生活・労働現場では，雇用の柔軟化，慢性的な大量失業，労働組合組織率の低下，社会的同質性の低下が進み，大衆政党のイデオロギー的・組織的モデルは時代遅れとなっていた[1)]。大衆政党の時代は終焉し，階級としてのまとまりを持ち結晶化された有権者層は次第に減少し，有権者に対して消費者・市民として接近する政党，つまり，新しい「専門職的選挙政党」，「軽い」政党が台頭する基盤が形成されてきていた（Ruzza and Fella 2009：47）。ここに，新しい政治勢力が新しい政治文化とコミュニケーション手段をもって参入する道が開けたのである。ベルルスコーニのフォルツァ・イタリアは，その土壌をさらに耕し，その上に開花したのである（Moroni 2008：34-38）。この現象はイタリアに限ったことではなく，すでにイギリスのブレアやフランスのサルコジにも見られた（島田 2009）。

そこでの一般支持者の政治参加は，イデオロギー性は弱く，プラグマティックである。政党は広告業界から借用したコミュニケーション・スタイルを用い，政治家と政党を「商品」として販売することをめざす。自党の政治家を「国の善のために一時的に政治に貸された人々」と描き，職業政治家＝「政治でしか飯を食えない寄生者」と対比させる。そして，旧来の汚れた政治に無縁であり，企業家など実社会で生活し，業績達成能力を示した人々（ベルルスコーニ自身のこと）が価値ある人々として称賛される。その狙いは既成政党と政治家の全否定，「反政治」感情の煽動・表出である。そして，これは，新自由主義の「市場原理主義」や「独立独行」「企業家精神」思想の社会への浸透，規制国家としての政党支配国家からの脱却という国民の願望を背景としていた。このような市場原理主義の手放しの礼賛はイタリア社会では戦後初めてであり，大きなインパクトをもたらした（Moroni 2008：174-175）。

上記の社会的・経済的・文化的変容は，人々の安定的な帰属集団を弱体化し，地域社会を流動化させる。その結果，人々のアイデンティティを不安にし，共同体志向を強める。グローバルな経済競争，異文化と外国人移民の流入に晒された人々は，国家の不十分な対応に対して抗議の声を挙げる。しかし，グローバル化とヨーロッパ統合の深化によって国家の対応能力そのものが低下し，EU が分権化・地方自治の強化を推進する環境下で，人々は生活・経済・文化・地域社会の防衛と発展のために，地方のアイデンティティの再発見と結束強化に救いの道を求める。スペインのカタルーニャの自治運動，英国のスコットランドの自治・独立運動など，1980年代から高揚するローカルな運動はその現れであった。イタリアでは北部イタリアの自治権拡大，連邦制，分離独立を主張して政治の舞台に登場した北部同盟がその例である。また，他の人々は国家の役割とアイデンティティの復権を求め，ナショナリズムと強い国家，法と秩序，福祉国家の維持を希求する。イタリア社会運動から転じた国民同盟がこれを体現した。

さらに，ポピュリズム政党の定着には，制度的な要因がある。比例代表制から小選挙区中心の小選挙区・比例代表並立制（議席の４分の３が小選挙区制）への選挙制度の変更は，イタリアのような多党制の政治文化の国においては，２

大政党制に変わるのではなく，左右の2極の選挙連合（時には中道も含めた3極）による対決の構図を形成し，連合の成否が勝敗を決める決定的な要因となった。ネオ・ファシストのイタリア社会運動が穏健・保守政党化した国民同盟とゼノフォービアで地域主義の新参政党である北部同盟が政治的正統性を獲得し，政治舞台の正面に躍り出ることができた理由はそこにある。この選挙制度の下で勝利するためには，可能な限り最大の連合形成が絶対命令であり，ベルルスコーニのフォルツァ・イタリアはこれらの党との選挙連合を必要とした。そして，この連合の要に位置するのが，ベルルスコーニという特異な「政治的企業家」であった。なお，1992年以後の下院選挙における主要政党の得票率は図表7-1のとおりである。

4　3つのポピュリズム政党の奇妙な同盟

1　フォルツァ・イタリア（Forza Italia：FI）

フォルツァ・イタリア（「がんばれイタリア」の意味，イタリアのナショナルチームの応援の時に叫ばれる言葉）は，1994年3月に予定されていた上下両院選挙での左翼勢力の政権奪取を阻止するために，ベルルスコーニが1994年1月に創設した政党である。当初は，選挙制度改革の国民投票運動の指導者で，政治革新の担い手として国民の期待の高かった元キリスト教民主党の国会議員マリオ・セーニやDC書記長F.M.マルティナッツォーリらに保守勢力再建の中心的役割を期待して接触を図ったが，成功しなかった（Ruzza and Fella 2009：105-106）。また，他のDCの政治家の中には，危機にある中道右翼勢力を抜本的に刷新し，統合できる有望な政治家はいなかった（Poli 2001：28, 58-59）。

さらに，ベルルスコーニには自らの政界進出を必要とする個人的およびビジネス上の事情があった。彼の事業の庇護者であり，盟友であった社会党の元首相クラクシにもタンジェントポリ捜査の手が伸び，ベルルスコーニにも迫っていたからである。ベルルスコーニの経済的成功は，経済的な才覚だけによるのではなく，政界（ベルルスコーニは元首相・元社会党書記長のクラクシ派の有力メンバー）との癒着による利権の不正な獲得による部分が大きかった。実際，企業

図表 8－1　1992～2008年下院選挙の主な政党の結果（比例区，得票率％）

	1992	1994	1996	2001	2006	2008
自由の人民 *						37.8
フォルツァ・イタリア		21.0	20.0	29.4	23.7	—
イタリア社会運動／国民同盟	5.4	13.5	15.7	12.0	12.3	—
北部同盟	8.7	8.4	10.1	3.9	4.6	8.3
キリスト教民主党	29.7	—	—	—	—	—
キリスト教民主中道・統一キリスト教民主主義者／キリスト教民主主義者連合			5.8	3.2	6.8	5.6
イタリア人民党		11.0	—	—	—	—
人民党・プローディ			6.8.			
社会党	13.6	2.2	—	—	—	—
左翼民主党／左翼民主主義者	16.1	20.3	21.0	16.6	—	—
オリーブ／民主党 **					31.3	33.2
マルゲリータ				14.5	—	—
ディ・ピエトロ／価値あるイタリア				3.9	2.3	4.4
虹の左翼 ***						3.1
共産主義再建党	5.6	6.1	8.6	5.0	5.8	
緑連合	2.8	2.7	2.5	—	2.1	

＊「自由の人民」はフォルツァ・イタリアと国民同盟が2009年に合同した政党。2008年は統一名簿。
＊＊左翼民主主義者とマルゲリータは2008年に合同して民主党を結成した。2006年選挙の「オリーブ」は両党の選挙連合。
＊＊＊「虹の左翼」は，共産主義再建党や緑連合が結成した選挙連合。
出典：Ministero dell'Interno. Archivio Storico delle Elezioni. を基に，高橋進（2009：155-156）に修正・加筆。

買収や全国ネットの民間テレビ放送会社の合法化と独占，反民主主義の陰謀組織であるフリーメーソンP2加入などが示すように，事業と利権の維持・拡大のために，政界との癒着，不正経理，脱税，買収，マフィアとの関係など，彼には様々な犯罪の疑惑があった。1993年4月に成立したイタリア銀行総裁チアンピ政権は，左翼民主党や緑の党，汚職と関係のない憲法学・行政学・経済学の専門家や実務家から構成されており，独占禁止法や市場競争の自由化の推進のために，ベルルスコーニの経済利権・独占に手を付けるであろうと予想されていた（Tranfaglia 2010：67-82）。

ベルルスコーニは，このように政治信条および個人的利害の両方の理由から自らの政界への進出を決めた。しかし，彼には財力とメディアの力，労働力はあったが，知識人・経済人集団が欠如していた。これを提供したのが，保守派の日刊紙『イル・ジョルナーレ（Il Giornale）』のコラムニストで，自由党やイタリア工業総連盟のコンサルタントであったG.ウルバーニが主催し，ベルルスコーニと親しい学者や財界人が参加する「善政を求めて（Alla Ricerca di Buongoverno）」というグループであった。その思想は新自由主義を基盤にし，政策としては，福祉国家の見直し，規制緩和と市場原理，国際競争力の強化，行政の簡素化，均衡予算などであり，ベルルスコーニの考える中道右翼政党の政策原理と合致していた。こうして両者が合流し，フォルツァ・イタリアの政策綱領が形成された（Ruzza and Fella 2009：105）。

1994年1月に結成されたフォルツァ・イタリア（FI）は，イタリアのそれまでの政党と全く異なる特徴を持っており，その登場はイタリア政治の様相を一変させた。ベルルスコーニとFIの第1の特徴は，「メディアの帝王」である政治家が，「公共のもの」であるマスメディアを自分と自分の政党のために私的に全面的に利用するという前代未聞の行動をしたことである（その後も継続した）。第2の特徴は，FIがベルルスコーニの「個人資産的な」政党であること。政党結成や活動の資金は，ベルルスコーニが提供し，重要幹部はベルルスコーニが自分の親しい人物の中から選抜し，重要政策はベルルスコーニが決定するというシステムが制度的に承認されている。第3の特徴は，企業政党であり，「専門職的選挙政党（electoral professional party）」という点である。政党の結成方法，選挙運動，政策の重点や候補者のアピールの仕方まで，ベルルスコーニの所有する複合企業フィニンヴェストや広告代理店プブリタリア（Publitalia）の社員とその資金を使って広告戦術的に作り上げ，頻繁に世論調査をしつつ，それに合わせて会社経営と同様にトップダウンで方針を決定する組織構造である。第4の特徴は，政党としてのFIはそれ自身はポピュリズム政党とは言えないが，そのオーナーであり，カリスマで絶対的な指導者であるベルルスコーニの政治スタイルと言説は，強烈なポピュリズムの特徴を有していることである（Ruzza and Fella 2009：104-107；Moroni 2008：35-40）。

戦後イタリアの政党システムや諸政党の崩壊の廃墟の中に登場したベルルスコーニは，「政党支配国家」への国民の非難，「反政党」「反政治」感情を敏感に看取し，巧みに利用した。脱政党と脱イデオロギーを装い，FIが旧来の「政党」ではないことを強調するために，そして，下からの自発的な参加と支持の存在を誇示するために，1993年11月にサッカーのファン・クラブのような「フォルツァ・イタリア！クラブ全国連盟」を結成するとともに，各地に地方クラブを組織した（1994年３月の選挙時は，会員数は20万人弱）。この地方クラブの設立を担ったのは，フィニンヴェスト系の保険会社「プログランマ・イタリア」であり，まさしく，「会社ぐるみ」の企業政党であった（Poli 2001：46-48）。FIは94年選挙での勝利・政権掌握と96年選挙での敗北・下野や地方議員・首長の増大を経て，「フォルツァ・イタリア！クラブ」のような緩やかな組織では選挙も日常の政治活動も行えないことが判明し，安定した党組織の形成に着手した。2000年代に入って党組織は中央から地方へと構造化されたが，党組織の基本構造はベルルスコーニと彼にごく近い仲間が支配する個人政党のままである。また，「運動」「反政党」の側面も維持している。たとえば，2006年には，彼は総選挙での僅差の敗北を認めず，プローディ政権の辞任を求める800万人の署名を集めたり，全国に「自由のサークル」（Circoli della Libertà）を結成するなど，「運動」の組織化を試みていた（Moroni 2008：53-55）。

彼は，自分を政界の「アウトサイダー」として位置づける。腐敗した政界に「イタリアを救うために」出現した救世主，一代で財をなした出世物語の企業家（彼は産業分野における功績によって騎士勲章を受賞しており，マスコミは彼を「カヴァリエーレ」（騎士）と呼称），「自立の人」，「現実のイタリア」を知っているカリスマのイメージを創造する。彼こそ「普通の人々」の声の代弁者であり，「私は君たちと同じ」であり，「普通の人の言葉」で「イタリア人的な」野卑で少々猥褻な冗談を言いながら，直接に（多くの場合は，自分の所有するテレビ局の番組を通じて）人民に語りかける（左翼・自由主義知識人は，この野卑な物言いを嫌い，彼を軽蔑する）。彼は，既成政党や職業政治家を「寄生的な人々」と切り捨て，嘲笑する。この既成勢力には，政党や中央官僚，労組，中央・地方の既成政治家，自分に反対する学者やジャーナリスト，公共メディアなどが入れられ，「特権階級」のレッテルを貼られ，庶民と対比される。左翼政党や労組が既得権益集団として仲間内だけを擁護し，「普通の人々」を見捨ててきたのに対して，自分は弱者，高齢者，失業者，「見捨てられてきた人々」に語りかける[2)]。そして，自分こそが主権者たる「人民の意思」の「誠実な解釈者」「擁護者」であると主張する（Tarchi 2008：92-94）。

彼の司法批判も「人民主権論」を根拠にする。主権者である人民の声と願いを聞き，その意思を体現して政策を実行する首相と政府を，汚職捜査を理由に人民の選挙によって選出されていない司法機関が妨害するのは，左翼の「赤い司法」の陰謀であり，民主主義に反すると言う。つまり，主権者の代表である首相の地位と意思は絶対であり，三権分立という自由民主主義制度の中の「自由主義原理」が民主主義の名において否定されるのである。ここに彼の民主主義の「ポピュリズム的解釈」がよく表現されている（Tarchi 2008：95-96）。

ところで，フォルツァ・イタリアへの国民の支持は，北部同盟や国民同盟とは異なり，一定の全国的な広がりを持っている。1994年以後の全選挙で全国ほぼどの州でも15％以上を得ている。94年選挙での支持層の特徴は，若く（支持層の40％が35歳以下），経営者と自営業者，教育レベルの低い層が多く，主婦と女性層の支持が特に多く，支持層の55％を占めていた（Mannheimer 1994：35-36）。その後も主要な支持基盤に大きな変化はない。ベルルスコーニによれば，「勤勉に働く」商店主や職人，中小企業家，そして，「弱者」がイタリアの国民のハートランドであるとされる。企業家や自営業者の利益になる脱税追徴金の減免措置や違法建築赦免措置が行われたが，それは，イタリアの行政の恣意性と非効率に起因する徴税能力の低さと不公平の是正による税収の確保を大義名分として実施された。政権にあるときでも，反政治，反官僚エリート，政府の非効率というポピュリズム的な非難が利用されたのである。

以上のことから，支配階級そのものであるベルルスコーニのポピュリズムは，ヨーロッパ諸国の極右政党や後述の北部同盟のポピュリズムとは異なり，ラクラウの言う「支配階級の一分派のポピュリズム」（ラクラウ 1985：176）及び「政治スタイル」としてのポピュリズムと特徴づけることができる。

2　北部同盟（Lega Nord）

北部同盟は1991年にロンバルディア同盟，ヴェネト同盟など諸リーグを結集して，ウンベルト・ボッシ（Umberto Bossi）が結成した地域主義政党であり，真性のポピュリスト政党である。その中心思想は，エスノ・ナショナリズム（エスノ・ローカリズム）と政治的保守主義であり，これを指導者ボッシのカリスマとポピュリズムで接合している。ロンバルディア同盟時代の主張は，反ローマ，反マフィア，反既成政党，反南部人とイタリアの北・中・南部３地域への区分と連邦制であった。この主張の背景には，政治経済改革の遅れを原因とする，通貨統合への参加基準未達成への不安が存在していた。北部同盟は，北部およびイタリアの停滞と困難の原因をマフィアや腐敗官僚・政治家，ローマの中央政府による北部の富の浪費にあると断じ，そこからの北部の脱却を政治階級の刷新，政治制度改革，連邦制度に求めた（村上 1995）。この議論は，統一国家の形成以来，イタリア政府や知識人たちが統一強化のために「遅れた南部」の開発・統合とその困難という意味で「南部問題」を捉えてきた思考を全く逆転させている。つまり，連邦制国家と分権の名の下で南部との関係を切り，北部だけの発展の探求という方向で「北部問題」を提起しているのであり，コペルニクス的な転換であった（Cento Bull and Gilbert 2001）。

北部同盟は1987年に国政選挙に初参加し，ロンバルディア州で下院で2.7%を獲得した。1989年のヨーロッパ議会選挙では同州で6.6%を獲得し，一躍注目を浴び，90年の州議会選挙で16.4%を得た。しかし，北部同盟が選挙で飛躍し，政治的な重要性を持ち始めるのは，「清い手」の捜査による1990年代初頭の政党システムの地殻変動が契機であった。92年の国政選挙では候補者を立てた北部の下院選挙区で20.5%，全国比で8.7%，55議席を獲得し，全国的な政治勢力としての地位を確立した（Ruzza and Fella 2009：64）。92年選挙では，「反政治，反中央集権，反よそ者」の主張の効果的な結合が成功をもたらしたと言われている（Ignazi 2003：56）。93年にはミラノ市長選挙で勝利した。

94年３月の上下両院選挙では，選挙の成功と連邦制の実現を期待して，FIと選挙連合「自由の極」を結成した。中部・南部では，FIはイタリア社会運動（MSI）との選挙連合「善政の極」を結成し，変則的な中道右翼のブリッジ連合で選挙を戦った。中道右翼が勝利し，北部同盟は下院で8.4%，117議席を獲得，ベルルスコーニ政権の与党になった。しかし，連合相手のベルルスコーニやMSIに肝心の連邦制への改革要求を無視され，北部同盟の支持基盤である中小企業経営者の保護主義的な要求に反するような，新自由主義的な政策への支持を強いられたことにより，北部同盟はアイデンティティ喪失の危機に陥り，同年12月に連合を離脱した。その結果，第一次ベルルスコーニ政権は約8ヶ月で崩壊した。政権離脱後，FIに勢力を浸食され，党員の約3分の1が離党し，地方選挙でも後退した。北部同盟はこの状況に対して，旧来の「抗議政党」に復帰しただけなく，主張を急進化させ，「北部同盟の新しい波」の局面に入った（Gómez and Cachafeiro 2002：14-153；Cedroni 2007：249-251）。

96年4月選挙では中道左翼の連合が勝利し，プローディが首相になった。この選挙では北部同盟は単独で戦い，下院で得票率では過去最高の10.1%，59議席を得た。急進路線によって活動家の志気は上がり，従来の拠点であるアルプス山麓の小さな村や町での支持は確保し，拡大さえしたが，大都市部の中産階級の支持は離れた。選挙では一定の成功を収めたが，目論んだキングメーカーの役割は得られず，政治的な孤立化と無力化の中で北部同盟の主張と行動はいっそう急進化した。連邦制の主張は北部の独立へと変わり，96年5月に党名を「パダーニャ独立のための北部同盟（Lega Nord per l'indipendenza della Padania)」に変更しただけでなく，9月に「パダーニャ共和国」独立宣言を出し，「北部議会」を創設した（これらは，実効性のないデモンストレーションに過ぎなかった。北部同盟はヴェネトからロンバルディア，エミリア・ロマーニャに至る北イタリアの独自性を主張し，この地域を「パダーニャ」と呼称した）。97年の地方選挙では小都市では支持を維持したが，ミラノ・トリノ・ジェノヴァなど大都市部で後退した（Gómez and Cachafeiro 2002：142-160；Ruzza and Fella 2009：64-66）。

しかし，1999年のEU議会選挙でのさらなる敗北を契機に，これらの奇矯な行動をする孤立した抗議政党路線を転換する。2001年の選挙に向けてベルルスコーニおよび国民同盟との提携へと路線変更し（選挙連合「自由の家」），独立要求を当面下ろして，権限移譲（devoluzione）と連邦制へと政策転換し，その実現を探求する（2001年に中道左翼政権が提案した分権改革の憲法改正が実現したが，北部同盟は連邦制を要求してこれに反対[3]）。以後もベルルスコーニの忠実な同盟者としての役割を果たすことになる。このような路線転換は，カリスマ的な唯一の指導者ボッシにより，党内では大きな異論もなく実現された。

また，北部の「共同体の敵」は当初の南部人から外国人移民へと移り，ムスリムの活動への公共施設の使用拒否，モスク建設反対など強烈な外国人排除・反イスラムへと変化した。既成権力の敵視は変わらず，既成政党，中央官僚，労組，既成の地方政治家，学者やメディアを特権階級と非難し続けた（Gómez and Cachafeiro 2002：117-140）。北部イタリアの中小企業家，職人，自営業者，労働者からなる「勤勉な人々の共同体」（理想化された人民）こそが「国家」＝郷土であり，この共同体の復活と再建がその政治的主張の中心である。北部同盟を支えてきたものは，かつて「第三のイタリア」「新たな発展モデル」として世界的に注目された「豊かな」北東部や北西部が，グローバル化の下で急速に輝きを失い危機に陥ったときに，「北部問題」として提起された，北部独自の発展という北部の人々の願望，危機感である。政策が急進化し，排外主義を強めたこの時期には，小ブルジョアジーや自営業者の支持はフォルツァ・イタリアに奪われて減少し，中小企業や家内工業で働くブルー・カラー労働者の比重が強まり，一種「プロレタリア化」した（Betz 2002：76-77；Ruzza and Fella 2009：68）。実際，99年選挙の支持者は，男性，18～30歳，中学校卒，労働者の比率が国民の平均より極めて高い（Ignazi 2003：53, T. 3. 5）。このように，本質的に抗議政党・ポピュリズム政党の性格を持つ北部同盟は，連邦制や北部の独立の主張，文化的独自性の創出，反税闘争，移民排除の行動などを展開するためにも，常に運動団体であることを必要とした（Gómez and Cachafeiro2002：1-6）。それは，野党時代だけでなく，2001～2006，2008～2011年の政権与党時代も継続し，政府内で政府の政策に異論を唱えるという一種の「与党内野党」であり続けた。

ルッツァとフェッラは1994年から2006年までの４回の選挙での北部同盟の選挙綱領のフレーム分析を行い，イデオロギー的な特徴として，①連邦制と権限移譲，②家族の価値，③ローカリズム：ローカル共同体の擁護と福祉，④ポピュリズムと「反政治」の４点を挙げている。移民（とりわけ，ムスリム移民）

は，ローカルで同質的な共同体への異質な集団の侵入，個人の安全や法と秩序への脅威と捉えられ，多文化主義は倫理的・文化的・宗教的な統一体への帰属意識を失わせるという理由で否定されている。すなわち，ローカリズムと結合したエスノ・ポピュリズムの性格を持っており，そのゼノフォービアは激烈であり，ボッシやボルゲーツィオ，カルデローニら幹部は，時には生物学的な人種主義と言えるような発言もしてきた（Ruzza and Fella 2009：85-98）。

また，北部同盟はユーロやヨーロッパ統合の深化にも反対であり，反グローバリズム的な性格を持っている。「EU はスターリン主義的な超国家」「西欧のソ連」「ブリュッセルは小児性愛者の巣」と罵倒する。ベルルスコーニ政権は，EU 統合強化に対するスタンスはあいまいであるが，新自由主義的な経済政策では一貫している。しかし，北部の中小企業とそこで働く労働者を基盤とする北部同盟は，90年代後半からは保護主義と親福祉国家（ローカル福祉ショーヴィニズム）へと路線転換しており，市場開放を無条件に支持するわけではない。また，増税に反対し，「北部の富は北部で使う」という財政連邦主義を主張し，「北部第一（Prima il Nord）」をスローガンにしている。

ベルルスコーニと北部同盟はこのような緊張と競合の中で連合を持続し，ポピュリズムの二重奏を奏でている。この二重奏に後述の国民同盟が加わり，ポピュリズムの三重奏を演奏しているのが中道右翼連立政権である。国民同盟のポピュリズムはベルルスコーニや北部同盟に比べるとトーンが低く，不協和音も時々出る。しかし，この三重奏が，北部・中部・南部および「分裂した社会」という「モザイク状のイタリア」の社会，社会層と有権者を糾合する方策となっている（Diamanti 2003：106-113）。この三重奏はまた，新旧の政治的・社会的価値観と各々の準拠集団，コミュニティ，社会ヴィジョンを代表し，接合している（Ruzza and Fella 2009：50）。この要にいるのがベルルスコーニであり，彼の権力の源は，このモザイクのイタリアを繋ぎ，いわば仮想空間で統合するアクロバティックで一種の魔術的な力なのである。

3　国民同盟（Alleanza Nazionale：AN）

国民同盟は，ネオ・ファシストのイタリア社会運動（Movimento Sociale Italiano：MSI）が穏健化戦略を通じてネオ・ファシストのゲットーを脱し，普通の右翼政党への転換に成功し，政権に参加したヨーロッパで最初の例である。その支持基盤は伝統的に中部と南部である。1992年に始まる「清い手」による旧支配政党の一掃の嵐の中で政治空間が大きく開放されたが，MSI は憲法外政党として政治システムから排除されていたことが幸いし，腐敗と無縁な「清潔な」政党として登場することが可能になった。イデオロギーおよび政策としては伝統的な保守主義，福祉国家擁護，公共支出の増大，国家介入主義的な政策を基本とする政党に転換した。選挙での成功には，穏健化戦略だけでなく，「反政治」と「排除」のポピュリズム的言説，指導者ジャンフランコ・フィーニの個人的なリーダーシップ，そして何よりも，ベルルスコーニとの連携が決定的な役割を果たした。

1993年12月の地方選挙が転換の第一歩であった。キリスト教民主党や社会党が大混乱にあり，適切な候補者を立てることさえできない中で，MSI はローマ市長選挙で書記長フィーニを，ナポリ市ではムッソリーニの孫娘アレッサンドラ・ムッソリーニを立候補させた。結果は，他の保守系候補を上回り決選投票に残った。決選投票で両者共に中道左翼候補に敗れはしたが，ローマで46.9%，ナポリで44.4%を獲得した。この驚異的な大躍進には，政界進出前ではあるが，左翼の進出を恐れていたベルルスコーニがマスコミなど様々な手段で明確にフィーニら MSI 候補への支持を表明・支援したことが大きく寄与した。MSI はこの選挙で，中・南部の県都4市と中規模の19市で市長を獲得し，MSI が保守右翼勢力の連携相手として相応しい実力を持っていることを証明した（Ignazi 2003：44）。

第2のステップであり，MSI にとっての分水嶺は，94年3月の国政選挙における FI との選挙連合「善政の極」の結成である。中道右翼の FI との選挙連合は，MSI-AN が政党システムの正式メンバーとして承認されたことを意味した。保守政党を含めたイタリアの諸政党にとって戦後一貫してタブーであったネオ・ファシスト政党との連携を呼びかけ，実現できた理由は，保守・右翼の政治的危機感だけではなかった。それは，ベルルスコーニおよび FI が，戦後政治システムの新参者であるがゆえに，戦後イタリア政治の「反ファシズム」という型枠に囚われていなかったからでもあった。フィーニ側もこれに応えるべく，民主主義と資本主義経済原理への忠誠を表明するとともに，選挙前に旧DCの政治家の一部も吸収して選挙母体として国民同盟（AN）を立ち上げた。FIとのこの選挙連合のおかげでMSI-ANは一挙に得票率13.5％(8.1％増)，105議席を獲得し，94年5月に戦後初めて政権に参加した（高橋進1998)。

フィーニは穏健化戦略をさらに推し進めるために，1995年1月にMSIを解散し，新政党として国民同盟を結成した。結成大会の宣言では，「あらゆる形態の独裁と全体主義の拒否」，「自由と民主主義の信念」，「キリスト教的諸価値への忠誠」，「人種主義への絶対的な反対」，「生命に関するスピリチュアルな考え方」，「国民的な伝統における一体性」が謳われた。党規約では，「イタリア人民の精神的な尊厳と社会的・経済的な要求の実現，市民的な伝統と国民統一の尊重，個人の自由と普遍的な連帯という価値との緊密な結合，民主主義的な諸原理と代議制の諸制度のルールの支持」，「国民同盟は西欧とヨーロッパ文化の中に位置する」，「諸民族，諸国家，諸エスニック集団，諸人種，諸宗教の平和共存の推進」が明記されている（Ruzza and Fella 2009：160)。

ルッツァとフェッラは，1995年，1998年，2001年，2006年の4回の大会文書のフレーム分析を行い，国民同盟のイデオロギーの特徴を以下のように整理している。頻出するフレーム・テーマは多い順に，①伝統的な家族価値，②自由，③強力な執行権力，④反移民，⑤反政党支配国家，⑥人民，⑦競争，⑧法と秩序，⑨敵への非難，であった。当然ながら，これらは政治的な言説であるから，その時々の政治課題や政党間競争の関係で変化する。95年は①反政党，②人民，③反移民，④法と秩序，98年は①自由，②競争，③伝統的な家族価値，④反移民，2001年は①伝統的な家族価値，②自由，③競争，④人民，2006年は①伝統的な家族価値，②反移民，③法と秩序，④自由となっていた。また，合計数では多くないが，「共通のヨーロッパ・アイデンティティ」が，98年から着実に増加しており，ヨーロッパ統合支持の姿勢を示すものとして注目に値する（Ruzza and Fella 2009：163-180)。

このフレーム分析は，国民同盟の基本イデオロギーが極右を脱却し，伝統的な右翼・保守に転換していることを示している（EU議会では，保守のキリスト教系の欧州人民党グループに参加[4]）。しかし，MSIの伝統を継承したナショナリズムと共鳴するテーマではポピュリズム的な要素が現れ，煽動的にもなる。2002年の移民規制強化のボッシ＝フィーニ法，法と秩序や「強い政府」の喧伝，一部幹部の「イタリア人が第一」という発言がその例である。つまり，国民同盟のポピュリズムはナショナリズムや権威主義に関わるテーマで共振する「部分的なポピュリズム」であると言える。経済政策面では，98年に産業界や中産階級の支持を狙って「自由市場」賛美の立場に最も近づいたが，01年には社会的市場や社会連帯，規制者としての国家の役割を強調する立場に移行した。

94年以来の穏健化戦略とFIとの連合路線は，支持基盤の拡大と定着をもたらした。96年選挙では中道右翼連合「自由の極」は敗北したが，国民同盟の下院比例区での得票率は15.7％（議席は93）と過去最高に達した。しかし，その後は2001年12.0％，2006年12.3％と減少・停滞している。その一因は，党指導者フィーニは冷静な政治家として世論調査で一番人気があるが，国民同盟が政党スペクトラムでは，国民の多くからは中道右翼政党ではなく，極右と評価されていることである（0-10の左右スケールで8.2）（Ignazi 2003：49）。

この評価は誤認ではない。党指導部の自由と民主主義の宣言やファシズム否定の言説にもかかわらず，党の中堅幹部にはファシズム体制を肯定する意識があり，国民意識と大きくずれている。それは，上記の大会参加者（中堅幹部）の意識調査と世論調査とを比較すれば，明らかである。たとえば，「いくつかの問題のある決定を除けば，ファシズムは良い体制であった」という問いに，中堅幹部は，95年には61.5％，98年には61.1％が同意している。世論調査では，96年に16.3％，2001年に13.0％だけがそれに同意した。また，「ファシズム体制は野蛮な体制であった」という問いに同意した中堅幹部は，95年0.2％，98年0.3％と驚くほど低く，ファシズムの否定からほど遠いことが歴然としている。他方，世論調査では，96年38.9％，2001年38.1％が同意している（Ignazi 2003：46-51. 87年と90年のデータは，高橋 1998：169）。

このように，国民同盟はその内部に穏健化路線とネオ・ファシズムの遺産継承との亀裂を孕んでいたがゆえに，フィーニによる穏健化路線，ファシズムとの断絶，中道右翼志向路線に不満な急進派のラウティやアレッサンドラ・ムッソリーニ，ストラーチェなどの幹部が節目毎に離党し，新党を結成していった。フィーニにとっては，中道右翼化戦略とベルルスコーニの後継者の地位の獲得戦略の完成が，FIとの合同による「自由の人民」の結成のはずであった。2007年10月に中道左翼の「左翼民主主義者」と中道のマルゲリータが合流し，民主党を結成した。これに対抗して，08年4月の選挙ではベルルスコーニはFIと国民同盟，その他の小勢力を合わせて，統一名簿「自由の人民（Popolo della Libertà）」を結成して戦った。この選挙では「自由の人民」と北部同盟，南部自治運動の連結するベルルスコーニ名簿が圧勝し，第三次ベルルスコーニ政権が成立した（フィーニは国家における第3番目の地位である下院議長に選出）。

「自由の人民」は，FIと国民同盟その他が合流して，ベルルスコーニが政界に初参戦し勝利した15周年記念の日である09年3月27～29日に結成大会を開催し，正式に政党となった。しかし，ワンマン的な党運営，経済政策における北部同盟への接近，ベルルスコーニの様々なスキャンダルの噴出などを見て，フィーニはベルルスコーニの指導権に挑戦したが，敗北し，離党した（Palmesano 2010：211-238）。フィーニ派は2010年7月に院内会派「イタリアの未来と自由（Futuro e Libertà per l'Italia）」を結成し（2011年2月に正式に政党化），反ベルルスコーニの立場に移行した。

5　ポピュリズムとイタリア・デモクラシーの展望

イタリアの政党では，右も左も中道も「政治の人格化」と「個人政党化」が一般化している。その背景として，第1章で論じている「代表制の危機」がある。議会機能の低下，イタリア共産党やキリスト教民主党のような巨大大衆政党の君臨時代の終焉はその現れである。民主党もFI（後継の「自由の人民」）も党員数はともに，20～40万人程度であり，基本的には議員と幹部職員，若干の活動家で構成される普通の政党になった。したがって，政党は政党組織を通じての国民の意見や要望の集約，支持の調達が困難になり，マスメディアを通じて直接国民に訴えかけることが必要となった。政治の人格化に対応して，政党は「個人化」し，「プローディの党」「ディーニ・グループ」「ディ・ピエトロ・リスト」と個人名の政党が一般化した。国民投票の請求の増大は，一方では国民の声の直接的な反映の要求であるが，議会少数派や運動家たちが議会を迂回する直接民主主義的な活動形態を通常とする傾向も生まれた（カリーゼ 2012：67-89)。また，「首相の大統領化」と言われる現象も進行している。

このようなデモクラシーの危機に直面しても，諸政党は正面からこの危機に対処せず，分散化と合従連衡を繰り返している（下院には18の会派)。民主党を離党し「イタリア同盟（Alleanza per l'Italia)」を結成したルテッリは，中道勢力の結集をめざして，フィーニの「イタリアの未来と自由」，カシーニの「中道同盟（Unione di Centro)」と2010年12月に連合組織「国民の極（Polo della Nazione)」を結成した。その後，名称を「イタリアの新しい極」(通称は，上院会派名の「第３極（Terzo Polo)」に変え，2012年５月の地方選挙に臨んだが，中道左派候補を支援するか，中道右派候補を支援するかで対立し，連合は解体した。その後，2013年２月の総選挙に向けて，カシーニとフィーニらは首相モンティを代表とする「モンティ連合」を結成した。

このような政治のポピュリズム化，液状化，政党の分散化状況と「反政治」の爆発が，2012年５月と11月の地方選挙におけるの「５つ星運動」の台頭をもたらした。この運動は，政治風刺で有名な俳優で反ベルルスコーニのB.グリッロが，「ベッペ・グリッロ友の会」を母体に2009年に結成した政党である（自らは「政党」でないと言っている)。ツイッターやフェイスブックを活用して各地で集会を開催し，国会請願を行う。その主張は，e-デモクラシー，エコロジー，反政党，反ユーロ等，市民主義的でリバタリアン的な特徴を持っている。具体的には，議員歳費と議員定数の削減，政党への国家補助の廃止，風力・地熱発電の推進，失業補償金，学校での情報教育の促進，県の廃止と小規模市町村の合併などであるが，既成政党と政治家への痛烈な攻撃が，重税と不況，失業（若者の失業率が約20%)，緊縮政策に苦しむ国民の溜飲を下げる効果を持っている（Donovan and Onofri 2008)。

イタリア国債危機によるベルルスコーニ政権の崩壊という，ポピュリズム政治の中で生じた政府危機については，モンティ首相のような専門家・非政党政治家の起用によって克服が図られた。しかし，それは「急場の神」であって，議会制デモクラシーの力量と信頼の回復による危機克服ではない。イタリアでは，ベルルスコーニ政権のポピュリズム政治やデモクラシーと法治国家の破壊に反対し，デモクラシー，憲法，司法，情報の自由の擁護をめざす市民運動が粘り強く展開されてきた。2002年に始まり，イタリアの多くの都市に連鎖的に広がった「ジロトンディ（girotondi）」運動や2009年に始まったベルルスコーニの辞任を求める「すみれの人々（Popolo di Viola）」による「ノー・ベルルスコーニ・デイ」などは「非政党的な」運動である（「すみれ」はどの政党の色でもないという意味）。旧来型の政党や労組の動員による運動とは異なり，様々な市民グループがインターネットやフェイスブックなどの新しい情報ネットワークを駆使して自発的に組織し，全国で何十万人が参加した運動である。一見，「反政党」的なポピュリズム運動とも見えるこのジロトンディ運動の呼びかけ人の１人である歴史家P.ギンズバーグは，イタリア政治の変革主体として「内省的な中産層（ceto medio riflessivo）」を挙げている（Ginsborg 2010：120-124）。このような人々が形成されつつあり，彼らがポピュリズム政治を乗り越え，イタリア・デモクラシーを再生すると彼は展望する。この「内省的な中間層」がどのような方法で，本章で分析したような，イタリア社会の現実と社会的亀裂に根拠を有するポピュリズムの三重奏を克服し，デモクラシーを再生するのか。どのようにして市民運動と政党を接合するのか。それが今，「ポスト・ベルルスコーニ」の時代において真剣に模索されているであろう。

われわれは自らも振り返りつつ，問わなければならないであろう。「クオヴァデス　イタリア・デモクラシー」と。

【注】

1）キリスト教民主党の党員数は，戦後当初は50万人であったが，70年代半ばに180万人を超え，80年代もほぼこの規模を維持した。1994年の解党後の後継諸政党の党員数は数千人から数万人である。西欧諸国で最大の勢力を誇った共産党は，1950年代に200万人を超えたが，60年代に減少し，150～180万人で推移した。後継政党である左翼民主党や民主党では激減し，約50～60万人である。国民同盟やフォルツァ・イタリアは20～30万人程度，北部同盟は約12～15万人である。各党の党員数の変化については，高橋進（2009：139-140）参照。

2)　20世紀末，特にベルルスコーニ政権下で貧富の差が拡大し，ブルー・カラー労働者世帯の資産は，イタリア全体を100とすると，1998年64.8，2000年51.4，02年39.0，04年33.4と急速に低下した（06年は46.9に回復）（Newell 2009：23)。

3)　1996年の世論調査では，北部でも独立に賛成する人は少なく，わずか約6％，北部同盟投票者でも13％であった（Gómez and Cachafeiro 2002：193-194)。

4)　ミュデら多くの研究者は，国民同盟を極右に入れていない（Mudde 2007)。

【参考文献】

池谷知明（1999)「政党と政党制」馬場康雄・岡沢憲芙編『イタリアの政治』早稲田大学出版部，136-154頁。

伊藤武（2008)「政党競合の2ブロック化論をめぐる考察」『専修法学』104号，85-127頁。

小谷眞男（1999)「司法官と法文化」馬場・岡沢編『イタリアの政治』，78-98頁。

カリーゼ，マウロ（2012)『政党支配の終焉――カリスマなき指導者の時代』村上信一郎訳，法政大学出版局。

島田幸典（2009)「サッチャー政治における〈ポピュリズム〉」島田幸典・木村幹編著『ポピュリズム・民主主義・政治指導――制度的変動期の比較政治学』ミネルヴァ書房，171-197頁。

高橋進（1998)「イタリア極右の穏健化戦略――イタリア社会運動から国民同盟へ」山口定・高橋進編『ヨーロッパ新右翼』朝日選書，133-177頁。

――（1999)「選挙・選挙制度」馬場・岡沢編『イタリアの政治』，118-135頁。

――（2009)「イタリア――レファレンダムの共和国」坪郷實編著『比較・政治参加』ミネルヴァ書房，130-157頁。

村上信一郎（1995)「もしイタリアが一つの国であることをやめるならば」西川長夫・宮島喬編『ヨーロッパ統合と文化・民族問題』人文書院，207-234頁。

ラクラウ，エルネスト（1985)『資本主義・ファシズム・ポピュリズム――マルクス主義理論における政治とイデオロギー』横越英一監訳，柘植書房。

Betz, Hans-Georg (2002) “The Divergent Paths of the FPÖ and the Lega Nord”, in Schain, M. *et al.* eds., *Shadows over Europa. The Development and Impact of the Extreme Right in Western Europe,* New York, Palgrave, pp.61-81.

Canovan, Margaret (1999) “Trust the People! Populism and the Two Faces of Democracy”, *Political Studies,* vol.47, no.1, pp.2-16.

Cedroni, Lorella (2007) “Lega Nord”, in Bardi, L. *e al.* eds., *I partiti italiani,* Milano, Università Bocconi Editore, pp.247-267.

Cent Bull, A. and Gilbert, Mark (2001) *The Lega Nord and the Northern Question in Italian Politics,* New York, Palgrave.

Diamanti, Ilvo (2003) *Bianco,rosso,verdi...e azzurro. Mappe e colori dell'Italia politica,* Bologna, il Mulino.

Donovan, Mark and Onofri, Paolo (2008) “Introduction: Instability, Anti-Politics, and Frustrated Aspirations for Change”, *Italian Politics,* vol.23, pp.39-50.

Eatwell, R. (2003) “Ten Theories of the Extreme Right”, in Merkle, P. H. and Weinberg, L.

eds., *Right-Wings Extremism in the Twenty-First Century,* London, Frank Cass, pp.47-73.

Ginsborg, Paul (2010) *Salviamo l'Italia,* Torino, Einaudi.

Ginsborg, Paul and Asquer, Enrica, cur. (2011) *Berlusconismo. Analisi di un sistema di potere,* Roma-Bari, Laterza.

Gómez, Margarita and Cachafeiro, Reino (2002) *Ethnicity and Nationalism in Italian Politics. Inventing the Padania: Lega Nord and the northern question,* Aldershot, Ashgate.

Ignazi, Piero (2003) *Extreme Right Parties in Western Europe,* New York, Oxford University Press.

Mannheimer, Renato (1994) "Forza Italia", in Diamanti, I. and Mannheimer, R. cur., *Milano e Roma: Guida elettorale del 1994,* Roma, Donzelli, pp.29-42.

Moroni, Chiara (2008) *Da Forza Italia al Popolo della Libertà,* Roma, Carocci.

Mudde, Cas (2007) *Populist radical right parties in Europe,* Cambridge, Cambridge University Press.

Newell, James, L. (2009) "Italy during the Berlsuconi Years. The Economy and Society", in Albertazzi, D. *e al.,* eds., *Resisting the Tide. Cultures of Opposition under Berlsuconi (2001-06),* New York and London, Continuum, pp.19-31.

Palmesano, Enzo (2010) *Gianfranco Fini. Sfida a Berlsuconi,* Roma, Alberti.

Poli, Emanuela (2001) *Forza Italia. Struttura, leadership e radicamento territoriale,* Bologna, il Mulino.

Ruzza, Carlo and Fella, Stefano (2009) *Re-inventing the Italian Right. Territorial politics, populism and 'post-fascism',* London and New York, Routledge.

Shin, Michael E. and Agnew, John A. (2008) *Berlusconi's Italy. Mapping Contemporary Italian Politics,* Philadelphia PA, Temple University Press.

Taggart, Paul (2000) *Populism,* Buckingham, Open University Press.

Tarchi, Marco (2002) "Populism Italian Style", in Mény Y. and Surel, Y. eds., *Democracies and the Populist Challenge,* New York, Palgrave, pp.120-137.

—— (2008) "Italy: A Country of Many Populisms", in Albertazzi, D. and McDonnell, D. eds., *Twenty-First Century Populism. The Spectre of Western European Democracy,* New York, Palgrave, pp.84-99.

Tranfaglia, Nicola (2010) *Populismo autoritario. Autobiografia di una nazione,* Milano, B. C. Dalai.

［付記］　本稿は2011-13年度科学研究費補助金，基盤研究C，課題番号23530176「グローバル化時代の新しいレイシズム：ファシズムと北部同盟の比較研究」の研究成果の一部である。

第9章

オーストリアのポピュリズム

――ハイダーからシュトラッヘへ――

馬場　　優

1　オーストリアの右翼ポピュリズム政党

ヨーロッパにおいて，現在与党である，またはかつて与党を経験したことのあるポピュリズム政党は多くはない。そのような政党の代表例としてたびたび取り上げられるのが，オーストリア自由党（FPÖ）とオーストリア未来同盟（BZÖ）である。オーストリアでは，戦後一貫してオーストリア社会民主党（SPÖ――1991年までの党名はオーストリア社会党。以下，社民党）とオーストリア国民党（ÖVP――以下，国民党）が下院第一党と第二党の座を独占してきた。1999年の下院選において，南部のケルンテン州の州首相J.ハイダー率いる自由党は，国民党を僅差で上回る票数を獲得し，第二党になった。選挙後の各党の交渉の結果，翌年の2000年に第二党の自由党と第三党の国民党による連立政権が成立した。この自由党は，1986年のハイダーの党首就任以来，いわゆるポピュリズム的政治主張を繰り返し展開していたのである。

この連立政権は，連邦首相に第三党の国民党の党首W.シュッセルが就任した。また，第二党の自由党からは選挙直後に党首を退いたハイダーではなく，新党首になったS.リースパッサーが副首相に就任した。この国民党と自由党の中道右派連立政権は，両党のイメージカラーから「黒青連立」ともいわれる。自由党内では，年金改革と迎撃戦闘機導入を巡って党首兼副首相のリースパッサーら自党出身の閣僚チームとハイダー（および党幹部）との間で意見対立が生じた。そして，2002年には臨時党大会で，ハイダーらが党首リースパッサー，財務大臣 K.-H. グラッサーら自由党系３閣僚の辞任を求めた。３閣僚は辞任に追い込まれ，最終的には離党した。これにより，ハイダーらが党内主導権を掌握した。その直後に行われた下院解散に伴う総選挙では，自由党は前回よりも17ポイント低い10％の得票率しか獲得できずに大敗した。他方，連立パートナーの国民党は42％の得票率という「歴史的勝利」をおさめて，第一党になった。

両党は選挙後も引き続き連立政権を維持することで意見を調整し，2002年に第二次シュッセル内閣が成立した。自由党ではその後も党内対立が収束せず，2005年には，ついに党内実力者ハイダーが多くの有力政治家を引き連れて離党し，未来同盟を結成した。国民党の連立パートナーは自由党から未来同盟に変わったものの，下院の任期満了に伴う2006年の選挙後，第一党の社民党と第二党に転落した国民党は７年ぶりに連立樹立で合意に達し，ハイダー率いる未来同盟は再び野党になった。

しかしながら，大連立政権内の意見対立が原因となり，2008年に下院の解散・総選挙が行われた。その選挙では，ハイダーらが離党したことによって，新たに党首に就任した H.-C. シュトラッヘ率いる「新生」自由党が17.5％の得票率を得て第三党，ハイダーの未来同盟が10.7％を得て第四党になり，両党の得票率を合計すると28.2％であった。これは，第一党の社民党29.3％に次ぐ得票率となる。なお，第二党の国民党の得票率は26.0％であった。前回の2006年選挙に比べて，両党の得票率は，社民党はマイナス10ポイント，国民党はマイナス8.3ポイントであった。2008年秋のオーストリアでは，再びポピュリズム政党である自由党と未来同盟に注目されたものの，選挙直後にハイダーが事故死したことによって，オーストリアの政治状況は新たな局面に入った。未来同盟は指導者のハイダーを失ったことで，党勢は急速に衰えていった。他方で，シュトラッヘ自由党は，ハイダー亡き後のオーストリア政治の台風の目になっていった。

2008年以降，オーストリアでは国政選挙は行われておらず，複数の州議会選挙が実施されてきた。たとえば，2010年のウィーン市議会選挙（ウィーン市は

図表 9－1　戦後オーストリア総選挙の得票率（カッコは議席数）

年	社民党	国民党	自由党	共産党	緑の党	LIF	未来同盟
1945	44.6（76）	49.8（85）		5.4（4）			
1949	38.7（67）	44.0（77）	11.7（16）	5.1（5）			
1953	42.1（73）	41.3（74）	10.9（14）	5.3（4）			
1956	43.0（74）	46.0（82）	6.5　（6）	4.4（3）			
1959	44.8（78）	44.2（79）	7.7　（8）	3.3（0）			
1962	44.0（76）	45.4（81）	7.0　（8）	3.0（0）			
1966	42.6（74）	48.3（85）	5.4　（6）	0.4（0）			
1970	48.4（81）	44.7（78）	5.5　（6）	1.0（0）			
1971	50.0（93）	43.1（80）	5.5（10）	1.4（0）			
1975	50.4（93）	42.9（80）	5.4（10）	1.2（0）			
1979	51.0（95）	41.9（77）	6.0（11）	1.0（0）			
1983	47.6（90）	43.2（81）	5.0（12）	0.7（0）			
1986	43.1（80）	41.3（77）	9.7（18）	0.7（0）	4.8　（8）		
1990	42.8（80）	32.1（60）	16.6（33）	0.5（0）	4.8（10）		
1994	34.9（65）	27.7（52）	22.5（42）	0.3（0）	7.3（13）	6.0（11）	
1995	38.1（71）	28.3（52）	21.9（41）	0.3（0）	4.8　（9）	5.5（10）	
1999	33.2（65）	26.9（52）	26.9（52）	0.5（0）	7.4（14）	3.7　（0）	
2002	36.5（69）	42.3（79）	10.0（18）	0.6（0）	9.5（17）	1.0　（0）	
2006	35.3（68）	34.3（66）	11.0（21）	1.0（0）	11.1（21）		4.1　（7）
2008	29.3（57）	26.0（51）	17.5（34）	0.8（0）	10.4（20）	2.1　（0）	10.7（21）

出典：東原（2011：179）。

図表 9－2　2010年ウィーン市議会選挙

	社民党	国民党	自由党	緑の党	その他
得票率	44.34 （－4.75）	13.99 （－4.78）	25.77 （＋10.94）	12.64 （－1.99）	3.26 （＋0.58）
議席数	49 （－6）	13 （－5）	27 （＋14）	11 （－3）	0 （0）

注：得票率の括弧内は前回2005年選挙との比較。
出典：馬場（2011：53-54）。

特別州扱い）がある。ウィーンは伝統的に社民党が強いことから「赤いウィーン」とも呼ばれてきた土地柄だが，2010年の市議会選挙では，社民党は第一党を維持したものの，前回の2005年に比べて約５ポイント減らし，44.3％の得票率を得た。それに対して，シュトラッヘ自由党は前回の選挙よりも約９ポイント多い25.8％の得票率を得た（ちなみに，2008年下院選挙におけるウィーンでの自由党の得票率は20.4％であった）。オーストリア下院の任期が満了となるのは2013年であり，この下院選でシュトラッヘ自由党がポピュリズム政党として再び与党になることも十分予想される。

以上のことから，本章は右翼ポピュリズム政党といわれるハイダー（1986-2005年）とシュトラッヘ（2005年以降）の２つの自由党に焦点を当てて，勢力台頭の要因を検討することを目的とする。ただし，資料上の限界があり，実際に政権与党になった前者，つまりハイダー自由党を中心に議論を展開していくこととする。

2　右翼ポピュリズム現象の背景

1　国内的要因

オーストリアの政治・社会を語るときにたびたび引き合いに出される概念として，「陣営（Lager）」，「プロポルツ（Proporz：比例制）」，「協調民主主義（Konkordanz-demokratie）」，「会議所国家（Kammerstaat）」，「社会パートナー（Sozialpartner）」などがある。第二次世界大戦後，オーストリアの政治・社会は３つの陣営，つまり社会民主主義，キリスト教，ドイツ・ナショナリズムに基づく陣営に「分断」されてきたと言われる（高橋 1984：84）。これら諸陣営は，19世紀後半に登場し，第一次世界大戦後のいわゆるオーストリア第一共和制時代にも存続した。第二次世界大戦後は，これらの陣営はそれぞれ，労働者を支持基盤とする社会党（1991年からは社会民主党——以下，まとめて社民党とする），企業経営者や農民を支持基盤とする国民党，もとナチ党員などが支持者となった独立者連盟（VdU）——1956年以降，自由党となる——の３政党と同一視されていった。

戦後のオーストリアでは，社民党と国民党が下院選挙（上院については有権者による選挙はない）で両方の得票率の合計が過半数であった。しかし，第一党が過半数の議席を獲得したのはほとんどなかった。そのため，西欧の議会制民主主義国家においては珍しく，オーストリアではこの二大政党が連立を組む「大連立」政権が比較的長期間存在した。両党は，議席数に応じて政府の閣僚ポストの配分した。さらに，社会に草の根的なネットワークを構築していた両党は，公共放送局である「オーストリア公共放送（ORF）」の幹部クラスのポストや，後述する公的な存在として法的に認められている全国規模の労働組合団体や日本の商工会議所にあたる団体などの幹部クラスのポストなども比例原理に基づいて配分してきた。オーストリアでは，利益団体が公的な存在として社団化され，政策形成過程に組み込まれてきた。それに当てはまるのが，4つの会議所（Kammer），つまり，企業経営者団体である経済会議所，農民の団体である農業会議所，労働者の団体である労働各会議所，それと労働組合総同盟である。それら団体を社会パートナーとしている。

政党レベルだけではなく，社会パートナーのレベルでも，政治的アクターが協議をすることで政治を行ってきた状況が戦後のオーストリアの政治的特色であった。ここでは，議会における討論はそれほど意味を持たなくなる傾向がある。これが「協調民主主義」の実態であった。

そうした中で，野党として両党から政治交渉のパートナーとしてほとんどみなされなかった自由党は，1970年代までは二大政党による政治の現状やプロポルツを非難することで，自党の存在を世論にアピールする方針をとっていた。つまり，自由党はオーストリア第二共和制の政治システムにおいては「ゲットー政党」，または「アウトサイダー政党」であった。

ところが，1980年代に入ると，オーストリアの国内状況に少しずつではあるが，変化が生じてきた。特に大きな点は，それまでの既成政党である社民党と国民党の二大政党による社会に対する結束力の低下という問題であった（東原2006a：206）。これにより，選挙における浮動層の増大傾向が見られ，下院選挙における二大政党の得票率は徐々に低下していった。また，1980年代にはナショナルな感情の高まりという傾向もでてきた。1986年の大統領選挙で，国連事務総長を勤めたK.-J.ヴァルトハイムが第二次世界大戦中にナチスの将校であったことが判明した。欧米諸国がヴァルトハイムの大統領就任に反対したことが，オーストリアの国民感情を呼び起こした。「オーストリア・ナショナリズム」がこの時期の重要な政治的話題になったのである。

こうして，1980年代以降のオーストリア社会には，二大政党を支持していた人々は，「既得権益に守られている人々（Bonzen）」と「そこからはじかれてしまった人々」という異なる集団が形成されていった。自由党は，ハイダーが党首になった1980年代後半以降，既得権益を持つ者を批判し，「小市民（kleiner Mann）」の声に耳を傾ける政治スタイルをとることで，ゲットー政党からの脱却を図ろうとしたのである。つまり，国内要因から見れば，自由党は，オーストリア国民間の平等性を求める声の代弁者として行動した（Pelinka 2005：93）。

2　国際的要因

オーストリアで右翼ポピュリズムが台頭した国際的要因としては，まず冷戦の終結を挙げることができる。冷戦期のオーストリアは，東西両陣営の中間に位置し，1955年に連合国と締結したオーストリア国家条約で永世中立を外交の国是としてきた。1991年の米ソ冷戦の終結は，その土台を根底から覆したのである。また，1980年代から萌芽はあったのだが，1990年代に入り，国際社会はグローバル化の傾向に拍車がかかり，ヒトや資本の移動が活発になった（東原 2006a：204）。世界的に競争力のある大企業もなく，また国内の基幹産業や重要な企業を国営化していたオーストリアでは，国際的競争力の低下や企業会計の赤字が深刻となっていき，国営企業の民営化が進められ，不採算部門の切り離しが行われた。こうした動きに呼応する形で，失業する労働者が増大していった。

オーストリアは1995年にEU（欧州連合）に加盟した。EUは，2004年と2007年にいわゆる「東方拡大」を行い，オーストリアの東，または南東に位置する諸国家がEUに加盟した。「ヒト」の自由移動，具体的には労働力のEU域内自由移動によって，オーストリアには多くのEU加盟国，特に新規加盟国出身の労働者がやってきた。彼らの存在は，オーストリアの人々の一部には雇用を奪う存在として写ったのである。

また，1990年代の世界各地での紛争に関連して，多くの難民がオーストリアにやってきた。たとえば，1990年代のボスニア内戦では1995年までに９万人，1998～99年のコソボ紛争では１万3000人がオーストリアにやってきた。オーストリア政府は難民政策として毎年予算を組み，それに対処してきた。

国際要因からみれば，自由党は，「オーストリア国民」と「そうでない者」の区別を明確化する戦略，つまり，自国民と他国民との不平等性を主張する者として行動した（Pelinka 2005：93）。

3　ゲットー政党から抗議政党へ——ハイダー自由党の戦略

自由党は，伝統政党とポピュリズム政党という２つの顔を持つとされる。

1　伝統政党

前述のように，自由党は，第二次世界大戦後に元ナチス関係者などによって作られた独立者連盟を前身とし，そのイデオロギーは19世紀後半に当時のハプスブルク帝国内のドイツ・ナショナリズムに由来する「陣営」であった。1956年に衣替えした自由党は，ドイツ・ナショナリズムと反共主義を強調する一方，二大政党である社会党と国民党を批判し，両党によるプロポルツの廃止を主張した。また，自由党という名前と関連するリベラリズムについては，1957年の党綱領から明らかなように「付け足し」的な位置づけでしかなかった（東原 2005b：486）。二大政党を批判する姿勢のために，自由党は両党から連立政権における交渉相手とは見なされなかった。

しかし，自由党は1980年に方向転換するようになった。当時の党首 N. シュテーガーはゲットー政党からの脱却を目指し，自由主義重視の姿勢を前面に出すようにした。その政策転換は，1983年の社会党との連立政権樹立という大きな成果をもたらした。しかし，この直後に行われた下院選では，自由党の得票率は過去最低となる4.98％で，党内のナショナル派を活気づける結果になってしまった。党の立て直しを目指したシュテーガー党首は，1985年に新綱領をつくった。この中では，「自由」が最高の価値に位置づけられた。東原によれば，自由党はこの綱領において，リベラルとナショナルな伝統を共存させたものの，リベラリズムを上位に置くことを明確にさせたのであった（東原 2005b：493）。しかし，シュテーガーによる党内立て直しの試みはうまくいかず，ナショナルな伝統を前面に出してシュテーガーと権力闘争をしていたハイダーらの勢力が徐々に強まっていった。この両派の対立は，1986年のハイダーらによる党内権力の掌握，つまりシュテーガーからハイダーへの党首交代で一応の幕を閉じることになった。また，ハイダーが党首になったあと，連立パートナーの社民党は自由党との連立を解消した。

2　ポピュリズム政党

党内の権力を掌握したハイダーとは，どのような人物なのであろうか。彼は，もとナチ党員の父とヒトラーユーゲントのメンバーであった母との間に1950年に生まれ，ウィーン大学法学部を卒業後，大学院に進学し，博士の学位を取得した。この間すでに，彼は自由党青年部でめざましい活躍をしていた。学位取得後，ウィーン大学法学部で助手を数年間経験した後に，政界に転じ，1979年に20代後半の若さで下院議員になった。

党首になったハイダーは，政権参加を目指す戦略にでた（Luther 2006：20）。この意味では，前党首のシュテーガーの目標と同じであった。しかし，そのための手段がシュテーガーとは違っていた。ハイダーは，自由党を重要な連立交渉相手である社会党と国民党に理解させるために，まずは選挙での得票率の引き上げをめざした。つまり，「ポピュリスト的支持最大化戦略」（Luther 2007：234）を目指したのである。ハイダー自由党がそのターゲットにしたのが，第一に社会党に投票する労働者であった。彼らは，「近代化の敗北者」であった（Luther 2007：234）。ハイダーは自由党の支持者の中心的存在をそれまでのブルジョアのナショナリズム支持者から労働者へと転換させようとしたのである。

前述のように，1980年代になるとオーストリアを取り巻く国内外の環境は大きく変化し始めていた。オーストリアには，国際的な競争力を持つ大企業は皆無といってよい状態であった。また，鉄鋼，交通，エネルギーといった国内の重要産業の代表的企業はほとんど事実上の国営化状態にあった。グローバル化する国際社会に対して，オーストリアは国営企業の民営化や金融市場や労働市場の開放などを行わざるを得なかった。その過程で，国内の第二次産業の相対的衰退が目立つようになり，労働者，なかでも第二次産業従事者の失業問題が大きな社会問題になっていった。

ハイダーは，二大政党が失業した労働者を十分に救済できていないと激しく批判した。その一方で，彼は，公務員や二大政党の党員を既得権益者と位置づけ，両党が彼らを手厚く保護しているとも主張した。そこで，ハイダーは，自分自身および自由党を小市民的利益に立つ存在であることを強調した（Pelinka und Rosenberger 2007：158）。

二大政党を批判する一方で，彼は，冷戦終結後に急増した移民および難民に対する明確な反対の姿勢をとることで労働者の支持を獲得しようとした。彼の主張は，バルカン半島やオーストリアより東に位置する国家からの移民がオーストリアの国民の雇用を奪っているというものであった。また，世界各地，特にバルカン半島での内戦でオーストリアに来た難民に対して，オーストリア国民の税金を使う二大政党が，オーストリア国民のことを軽視しているとも彼は主張した[1)]。

ハイダー自由党の第二のターゲットは，女性であった（Luther 2007：235）。ハイダーは，従来の自由党の「男性的政党（Bubelpartei）」色の脱却を目指すために，女性向けの政策をよりいっそう前面に出す作戦にでた。たとえば，1997年の「家族政策に関する措置」や「自由党女性憲章」がその具体策として登場した。

また，ハイダー自由党は，ハイダーの党首就任時に発生した前述の「ヴァルトハイム問題」をうまく活用し，それまでの「ドイツ・ナショナリズム」から「オーストリア・ナショナリズム」に主張内容を変えた。これは，労働者や女性の支持拡大に貢献することになった。「オーストリア・ナショナリズム」の主張が具体化された最大の事例は，1993年にハイダー自由党が行った直接民主義制度の活用，つまり国民投票運動「オーストリア，第一」であるといえよう。

オーストリアには，一定の国民からの署名があれば，連邦議会に自分たちの主張を審議することを要請する制度が憲法上存在する。ハイダー自由党は，下院選挙や州議会選挙があるときには，前述のポピュリズム的主張を有権者に主張する一方，選挙のないときには，自党の存在感を示すために直接民主主義制度を活用した。オーストリアの直接民主主義制度の歴史の中で，国民投票運動「オーストリア，第一」は最も成功したものであった。この運動で，自由党は，⑴オーストリアが移民国家でないことを憲法に盛り込むこと，⑵移民の受け入れの制限，⑶外国人労働者に身分証明書の携帯を義務づけること，⑷外国人にいかなる参政権も認めないことなどを主張した。そして，同党は，41万人の署名を集めることに成功し，国民投票が実施されることになった。しかし，投票では有効投票数のわずか7％の賛成票しか獲得できなかった。

では，ハイダーが党首になった後の自由党内の動向はどうだったのであろうか。東原によれば，彼のリーダーシップは「絶対的指導者」的なものであった。ハイダーが党首になっても，党内にはリベラル派が依然として一定の力を保持し続けていたが，ハイダーはリベラル派の勢力との対決姿勢を鮮明にした。そのため，H.シュミットを中心とするリベラル派は1993年に離党し，新党「リベラル・フォーラム」を結成する結果になった。ここに，ハイダーが党首になる以前に作られた，リベラリズムを最高の価値と置く綱領は有名無実となった（東原 2005b：500）。

他方，ハイダーは党内民主主主義を軽視する姿勢を強くした。これは，ハイダーが党首になってから彼によって党内の重要ポストに就いたハイダーの「家臣」がハイダーを支える構図とも関係したといえよう。「家臣」が重要ポストについても，彼らが党内で独自の重要性を発揮したわけではなかった。ハイダーを党首とする自由党の政策はあくまでも「ハイダーの意向がきわめて強く反映されて決定された」のであった（東原 2006a：188）[2)]。

党内におけるハイダーの地位を強化させた自由党は1994年の下院選で得票率を伸ばした。そして1999年の下院選では，さらに得票率を伸ばした。この99年選挙こそ，自由党の「ポピュリズム的支持最大化戦略」が大成功した選挙であった。自由党は，選挙公約として10の主張を展開した（馬場 2000：368）。つまり，(1)子供のいる家庭への現金支給である「育児小切手」，(2)減税・雇用創出，(3)家庭と企業の負担軽減，(4)年金制度改革，(5)外国人（＝移民）問題，(6)富裕層の特権への批判，(7)子供の保護，(8)若者対策，(9)中小企業の競争力強化，(10)国防強化である。自由党は，社民党に次ぐ第二党の地位を占めることになったが，有権者の投票選好はどのようなものであったのか。

メディアや世論調査会社の出口調査によると，自由党に投票した者のキーワードは，「男性」，「若者」，「労働者」の3つであった。また，投票の理由として挙げた項目としては，自由党の移民反対の主張よりも，二大政党支配体制，つまりプロポルツ体制下での既得権益者のスキャンダルを暴露していることや，二大政党体制下における「新風」であることや，自分たちの利害を代弁していることなどがより重要な項目であった。また，99年選挙で，労働者の中で社民党よりも自由党に投票した者が多かったことは，ハイダー自由党の戦略が成功したことを意味しているであろう（馬場 2000：377；東原 2006b：第4章）。

4　権力の座についた右翼ポピュリズム政党――抗議政党から政権政党へ

1999年10月の下院選挙で第一党を維持した社民党党首であり，連邦首相のV. クリマは，連邦大統領から組閣の要請を受けた。社民党は，過半数の議席を獲得していないため，連立交渉を行わざるを得なかった。社民党と各党との交渉が難航を極めていたときに，第二党の自由党と第三党の国民党は水面下で交渉を続け，2000年2月に連立政権樹立に関する合意に達した。連邦大統領は社民党を中心とする連立政権の樹立を期待していたが，第二党と第三党の連立政権の成立を承認せざるを得なかった。ここに，自由党は2度目の政権入りを果たした。この連立政権のことを，自由党のイメージカラーの青と，国民党のそれの黒から，「黒青政権」ともいう。黒青政権は，第三党の国民党の党首シュッセルが連邦首相，第二党の自由党からはハイダーではなく，女性政治家リースパッサーが副首相として入閣することになった（公共関係・スポーツ相を兼任）。連立政権成立直後，ハイダーは自由党党首の地位をリースパッサーに譲った。なお，ハイダーは党首辞任に際して，第1に，彼がケルンテン州首相でもあるので，州知事の職務に専念したいこと，第2に，影の首相という印象を世間に与えたくないこと，そして第3に，自由党の政権参加によって，EUは黒青連立政権を激しく非難し，加盟国の外交関係の断絶などの制裁を行ったが，ハイダーが党首でない方が問題解決をより容易にするであろうこと，の3つの理由を挙げた（Narodoslawsky 2010：42）。

自由党は彼女を含めて6人が入閣した[3)]。なかでも，財務相ポストを自由党が獲得したことは重要であった。有権者は，EU制裁という問題よりも，ハイダー自由党が政権政党としてどのような政策を実際に実行するかに関心があった。黒青連立政権は，ハイダーが自由党から離党する2005年まで存続したが，政権政党としての自由党の評価は，連立政権直後の数年間でほぼ固まることになった。端的に言えば，政権政党としての自由党は，⑴政権政党としての経験不足，それと関連する⑵党内の人材不足，さらに⑶自由党出身の閣僚と自由党幹部（ハイダーも含む）との意見対立に苦しむのである（Luther 2006：26, 30）。

党首をやめたハイダーは，ケルンテン州首相の職は引き続き担当した。彼は，黒青連立政権成立後しばらくは「一党員」として国民党と自由党との連立委員会には参加していたものの，途中からその会合にも参加しなくなった。ハイダーが，連立政権以前から主張していた政策内容を引き続き展開した一方，自由党出身の閣僚たちは国民党との意見の一致や，政府として実際にできる政策とできない政策の区別をせざるを得なかった。つまり，閣僚たちは「政権与党としての責任」を重視したのであった。

閣僚たちは，選挙で自由党が公約として掲げた内容が必ずしも実行できるものはないことがわかってきた。特に，労働者にとって不利となる新自由主義的政策を行わざるを得なかったことは，ハイダーを含めた自由党幹部からは不人気であった。こうした点から，自由党に投票した有権者のような中・低所得者層に有利な税制改革の延期を自由党系閣僚を含めた連立政府が決定したことや，迎撃戦闘機購入を巡る問題は，自由党出身の閣僚とハイダーとの対立を決定的なものにした[4)]。2002年，自由党はハイダーが要求した臨時党大会の実施を決定し，ハイダーら自由党幹部は，党首兼副首相のリースパッサーを筆頭とする自由党閣僚をすべて解任する行動に出た。大会が開催された地名にちなんで，この事件は「クニッテンフェルトのクーデター」と呼ばれる。自由党の混乱を巧みに利用したのが，連立パートナーの国民党であった。連邦首相でもあった国民党党首シュッセルは，任期途中での下院の解散・総選挙を決定した。自由党は，リースパッサー解任の後，投票日までの１ヶ月の間に党首が４人も交代するなど混乱の度を極めた（Luther 2007：237）。選挙の結果は，国民党が前回よりも15ポイント増やし42％の得票率を得て大勝し，第一党になった。自由党の得票率は，前回よりも17ポイントも減らし，わずか10％にとどまった。[5)]

当初，国民党は社民党と緑の党との連立を考えていたものの，連立交渉が失敗に終わったため，自由党との連立を継続する選択肢をとった。いわゆる第二次シュッセル政権の成立である。第二次政権において，自由党は，副首相，法務相，社会相，インフラ相の４ポストを獲得したものの，財務相ポストを失ったこと，また下院の議席数を国民党の４分の１しか持たなかったこと（かつては同数）などから，自由党の政治的影響力はかなり低下した。2005年になると，自由党内では最優先すべき政策目標と選挙戦略，さらには党内主導権を巡ってハイダー派と後述のウィーン自由党党首のシュトラッヘを中心とする「党内右派」勢力との党内対立が激化した。ハイダーは，自分が権力を維持するためには，有力政治家とともに新党を結成するしかないとの結論に達し，同年４月，ハイダーを中心とした連立政権に参加していた閣僚すべてや議員の大半が離党し，あらたに「オーストリア未来同盟」を結成した。国民党は，この未来同盟との連立を選んだ。ハイダーが去った自由党の党首には，シュトラッヘが就任し，オーストリア自由党とウィーン自由党の２つの党首を兼任することになった。こうして，かつての自由党が２つに分裂した形で，2006年総選挙を迎えることになった。

2006年選挙では，民間の組織が行った選挙前調査によると，有権者の未来同盟に対する支持がかなり低いことが明らかとなった。ハイダーのお膝元のケルンテン州では未来同盟の支持は高いものの，グラーツ市（オーストリアでは人口で第３番目の都市）があるシュタイアーマルク州ではわずか1.7％，大票田のウィーンでも1.15%の支持しかなかった。これは，国民党が連立政権の成果をほとんど独占したことによる。選挙戦では，ハイダーの未来同盟もシュトラッヘの自由党も外国人政策，「オーストリア，第一」，大手銀行の汚職事件，犯罪撲滅のための闘いなどを選挙戦の中心的テーマに据えた。両党とも，ハイダー自由党の遺産と支持者を取り合う形となった（Luther 2007：240）。

選挙結果は，社民党が第一党，国民党が第二党となり，両党は6年ぶりに大連立を組むことで合意した。ハイダーらは再び野党に転落した。

5　シュトラッヘ自由党の台頭

社民党党首のA.グーゼンバウアーを連邦首相とする大連立政権は，政権運営を巡りわずか2年で対立し，2008年に下院の解散・総選挙の事態になった。2008年選挙では，ハイダーの未来同盟もシュトラッヘの自由党もかつてのハイダー自由党が行ったような「ポピュリズム的支持最大化戦略」をとった。両党は，オーストリアが二大政党によって支配されている状態を批判した。また，二大政党がまじめに働いているオーストリア人のことを顧みておらず，移民増加によって国内の社会が不安定な状況になったことも強調した。選挙の結果は，二大政党の得票率が戦後最低となる一方，未来同盟が10.7%，シュトラッヘ自由党が17.5%の得票率を得て，両党の大躍進の結果に終わった（Hofer und Toth 2008）。

しかし，選挙直後にハイダーが事故死したことで，未来同盟はカリスマ的リーダーを失うことになり，その後党内は混乱した。その一方で，シュトラッヘ自由党は，自分たちこそがハイダー自由党の後継政党であることを強調し，着実に二大政党に批判的な有権者の取り込みに成功していった。では，シュトラッヘとはどのような人物なのであろうか。

彼のホームページを見ると，彼は経歴の欄で「1969年，真のオーストリア人としてウィーンに誕生」と書いている。何をもって「真のオーストリア人」なのかは不明であるが，おそらくは，彼の家系が1993年の国民投票運動「オーストリア，第一」における移民の家系ではないことを述べたのであろう。彼の父方の祖父はズデーテン・ドイツ人の流れをくみ，第二次大戦後にウィーンに来た。また，母方の祖父は1938年の独墺合邦の時にドイツから来たドイツ兵であった。シュトラッヘは高校生の時にドイツ・ナショナリズムの思想を持つ学生団体（ブルシェンシャフト）である「ヴァンダリア」に属し，高校卒業後に歯科技工士となった。しばらくして，ウィーン大学に入学するものの，中退している（Horaczek und Reiterer 2009)。その意味では，博士号の学位を持つ——オーストリアでは博士の学位は名字の一部になる——知識人のハイダーとは異なる指導者と言える。彼の政治家としてのキャリアは，1991年に21歳という若さで自由党からウィーン市議選に当選したときに始まった。ハイダー没後のオーストリアの政治は，シュトラッヘの動向が１つの焦点であるといえる。

ハイダー没後にまだ国政選挙は実施されていないが，2010年には３州議会選挙が行われた。３州（ブルゲンラント，シュタイアーマルク，ウィーン）の選挙結果は，未来同盟の獲得議席数が皆無なのに対して，シュトラッヘ自由党は３州すべてで前回2005年選挙の約２倍の得票率を獲得している。では，シュトラッヘ自由党は現在どのようなことを主張しているのであろうか。

2011年にシュトラッヘ自由党が作成した党綱領では，まず党の基本的姿勢としてハイダー自由党が1993年に展開した主張である「オーストリア，第一」を掲げている。そして，具体的項目として，「自由と責任」の項目では，自由主義の尊重を主張する。「郷土，アイデンティティ，環境」では，オーストリアの言語，歴史，文化をドイツのそれと位置づけ，オーストリア人の大部分がドイツ民族共同体の一部であることを強調する一方，「オーストリアは移民国家ではない」との立場を明確にする。「家族と世代」では，男女間の平等を論じ，家族が社会の基礎であることを主張する。「教育，学問，芸術文化」では，ドイツ語が学校での授業で使われる言語であるべきこと，公立学校におけるドイツ語能力の習得が授業参加の前提条件とすべきことを主張する。これは，反移民を目的とすることは明らかである。また，「コスモポリタニズム」（Weltoffenheit / Cosmopolitanism）では，旧ハプスブルク帝国領内のドイツ系住民を「旧オーストリア人（Altösterreicher)」と表現し，彼らの利益を代弁するのが自由党であると主張している。そして，「多様性のヨーロッパ」では，強制された多文化主義やグローバル化などを否定する。また，EU（欧州連合）の政治的プロジェクトは今後も続けるべきであるする一方で，欧州統合の目的をヨーロッパ諸民族の「文化と伝統の継承の義務を負ってきた諸国家の共同体の創出」とみなしている。ここには，トルコの加盟に反対する姿勢が見て取れる。なお，シュトラッヘ自由党は，ドイツのプロ・ケルンのように，オーストリア国内でのイスラム教の宗教施設の建設に対して激しい抗議行動を展開したり，ユーロ危機を巡るギリシアのような他国を救済するよりも，オーストリアのことを優先すべきであると姿勢を鮮明にしている[6)]。

現在，オーストリアにおいて予想されている次の大きな選挙は，任期満了による2013年秋の下院選挙である。1999年選挙のように，シュトラッヘ自由党が有権者からの広範な支持を再び獲得するのかが現在焦点となっている。

【注】

1）1980年代後半以降のオーストリアの政権は二大政党による大連立政権であった。

2）なお，黒青連立政権で副首相を担当したリースパッサーは「自由はハイダーの政党である」と表現している（Ottomeyer 2010：25）。

3）具体的には，副首相兼公共関係・スポーツ相，財務相，防衛相，法務相，社会相，インフラ相である（Luther 2006：27）。

4）2002年夏のオーストリアをおそった大水害の復旧・復興のために，政府は6億5000万ユーロの予算を急遽計上し，そのため，2003年に導入予定だった税制改革の実施を1年遅らせた。また，ハイダーは税制改革延期と迎撃戦闘機購入に反対の立場をとった（Narodoslawsky 2010：46）。

5）国民党が躍進した要因の1つには，1999年に自由党に投票した有権者の約半分が国民党に投票したことが挙げられる（Narodoslawsy 2010：66）。なお，2002年選挙については，東原 2007a：652-670を見よ。

6）プロ・ケルンについては，本書第4章を参照。

【参考文献】

高橋進（1984）「大連合体制とデモクラシー——オーストリアの経験」篠原一編『連合政治Ⅱ——デモクラシーの安定を求めて』岩波書店，67-155頁。

馬場優（2000）「ハイダー自由党とオーストリア——1999年総選挙を振り返って」『法学雑誌』（大阪市立大学）47巻2号，366-391頁。

——（2011）「オーストリアにおける極右ポピュリズムの動向：2010年ウィーン市議会選挙を事例に」（龍谷大学）『社会科学研究年報』41号，53-65頁。

東原正明（2005a），（2005b），（2006a），（2006b），（2006c），（2007a），（2007b）「極右政党

としてのオーストリア自由党――ハイダー指導下の台頭期を中心に(1)-(7)」『北海学園大学法学研究』41巻2号306-345頁，41巻3号481-519頁，42巻1号173-218頁，42巻2号405-463頁，42巻3号629-681頁，42巻4号791-806頁，43巻1号143-245頁。

――（2011）「オーストリア」津田由美子・吉武信彦編著『北欧・南欧・ベネルクス』ミネルヴァ書房，169-190頁。

ルター，クルト・リヒャルト（2007）「オーストリア自由党とオーストリア未来同盟」『開発論集』（北海学園大学）79号，東原正明訳，251-283頁。

Dachs, Herbert *et al.* hrg. (2006) *Politik in Österreich: Das Handbuch,* Wien, Manz.

Geden, Oliver (2006) *Diskursstrategien im Rechtspopulismus,* Wiesbaden, VS Verlag.

Hellmuth, Thomas (2002) ">>Patchwork<< der Identitäten. Ideologische Grundlagen und politische Praxis des Populismus in Frankreich und Österreich", in Hauch, Gabriella hrg., *Populismus: Ideologie und Praxis in Frankreich und Österreich,* Innsbruck, Studien Verlag.

Hofer, Thomas und Toth, Barbara (2008) *Wahl 2008: Sieger, Strategien, Sensationen,* Wien, Molden.

Horaczek, Nina und Reiterer, Claudia (2009) *HC Strache: Sein Aufstieg, Seine Hintermänner, Seine Feinde,* Wien, Ueberreuter.

Luther, Kurt R. (2006) "Strategien und (Fehl-) Verhalten: Die Freiheitlichen und die Regierungen Schüssel I und II", in Tálos, Emmerich hrg., *Schwarz-Blau: Eine Bilanz des 'Neu-Regierens',* Wien, LIT.

―― (2007) "Wahlstrategien und Wahlergebnisse des österreichischen Rechtspopulismus, 1986-2006", in Plasser, Fritz und Ulram, Peter A. hrg., *Wechselwahlen: Analysen zur Nationalratswahl 2006,* Wien, Facltas.

Narodoslawsky, Benedikt (2010) *Blausprech: Wie die FPÖ ihre Wähler fängt,* Leykam, Graz.

Ottomeyer, Klaus (2010) *Jörg Haider: Mythos und Erbe,* Haymon, Innsbruck.

Perchinig, Bernhard (2006) "Einwanderungs- und Integrationspolitik", in Tálos, Emmerich hrg., *Schwarz-Blau: Eine Bilanz des 'Neu-Regierens',* Wien, LIT.

Pelinka, Anton (2005) "Die FPÖ", in Fröhlich-Steffen, Susanne und Rensmann, Lars hrg., *Populisten an der Macht: Populistische Regierungsparteien im West- und Osteuropa,* Wien, Braumüller.

Pelinka, Anton und Rosenberger, Sieglinde (2007) *Österreichische Politik: Grundlagen-Strukture-Trend,* Wien, Facultas.

Plasser, Fritz und Ulram, Peter A. (2000) "Rechtspopulistische Resonanzen: Die Wählerschaft der FPÖ", in Plasser, Fritz und Ulram, Peter A. hrg., *Das österreichische Wahlverhalten,* Wien, Signum.

Sickinger, Hebert (2006) "Parlamentarismus", in Tálos, Emmerich hrg., *Schwarz-Blau: Eine Bilanz des 'Neu-Regierens',* Wien, LIT.

Tálos, Emmerich (2006) "Politik in Schwarz — Blau/Orange. Eine Bilanz", in Tálos, Emmerich hrg., *Schwarz-Blau: Eine Bilanz des 'Neu-Regierens',* Wien, LIT.

http://www.fpoe.at/fileadmin/Content/portal/PDFs/_dokumente/2011_graz_parteiprogramm_web.pdf, last visited, 4 August 2012.

第10章
スウェーデンの移民政策とデモクラシー

野田　葉

1　移民とデモクラシー

2011年7月に，77人という多数の犠牲者を出したノルウェーの連続テロ事件は，北欧諸国全体に非常に大きなショックを与えたできごとだった。当時32歳のアンネシュ・ブレイビク被告が事件を起こした動機として「イスラムの侵略と多文化主義から国を守る必要があった」と主張したことは，ノルウェーと同様に人道的配慮を重視し，「寛容な」移民受入れ政策をとってきた隣国スウェーデンに対して向けられたものとして解釈することもできる（他方でブレイビクは，日本と韓国を「単一文化が保たれている完全な社会」であると称賛したという）。

これまでスウェーデンという国は，ヨーロッパ諸国のなかでもとくに移民受入れに寛容な政策をとってきた[1)]。「スウェーデンは，グローバルな移住の可能性に対して開かれた国」であることを移民政策のビジョンとして掲げ，現在も多くの難民を受け入れている（移民局HP）。

2010年末時点で人口が約942万人であるのに対して，外国生まれあるいは外国生まれの両親のもとに生まれたスウェーデン人は約180万人に上り，人口の約19.1％を占めている。そして2011年の1年間に，さまざまな国から来た9万3134人に在留許可が与えられた。

しかし多くの難民を受け入れ，国内に外国のバックグラウンドを持つ人々が増えていくのと並行するかのように，とりわけ近年，反移民的な主張を柱にした政党の台頭が注目を集めている。2010年の議会選挙でスウェーデン民主党が初めて国会の議席を獲得し，その移民排斥の主張が支持を高めているのである。あらためていうまでもなく，移民[2)]は，既成政治への異議申し立てにより支持を集めようとするポピュリズム勢力の格好の標的であり，また他方で，その受入れのあり方は，その国のデモクラシーの性格を反映している。その意味で，移民はデモクラシーの状況を映し出す鏡のような役割を果たしているともいえる。本章はこうした観点からスウェーデンの移民政策の展開を概観することを通じてスウェーデンのデモクラシーのありかたを確認してみようとするものである。

具体的には，移民という「外から来る者」に対してスウェーデンはどのように接してきたのか，という観点から，スウェーデン・モデルの下に展開されてきた労働市場政策における移民労働者の位置づけにも留意しつつ，国際情勢を反映する移民の流入に対応してきた移民政策の展開と国内社会の関係，そしてポピュリズム政党への支持が高まる社会的趨勢をみていくことにしたい。

2　戦後初期の移民政策

1　北欧共同労働市場の導入

かつてスウェーデンは大量の移民を送り出す側にある国だった。19世紀末から1920年代ごろまでの間に当時のスウェーデン人口の実に５分の１を占めるおよそ100万人が，主にアメリカを行き先として移民していったといわれる。

しかし第二次世界大戦後，スウェーデンは移民を送り出す国から受入れる国になる。戦争中にその戦場とならずにすんだスウェーデンは，いち早く戦後経済復興のスタートを切ることができた。そのために生じた労働力不足を補うため，1946年にスウェーデン政府は東南欧諸国から高技能労働者を受け入れることを決定する。これをきっかけに自発的な意志で仕事を求めてやって来る労働移民の流入がはじまった（小池 2005：26)。

1954年にスウェーデン，ノルウェー，デンマーク，アイスランドの間で「北欧共同労働市場」協定が結ばれ，北欧諸国の市民は自由にスウェーデンへ移動し，居住し，働くことができるようになった。現在のEU諸国間における自由な移動と同様のシステムが，50年代半ばの北欧諸国間ではすでに実現されていたのである。しばらく後にフィンランドもこれに参加し，フィンランド人が労働移民として多く移り住むようになった。当時のスウェーデン入国者数を国別でみると，すでに1950年からフィンランドからの入国者数は毎年１万人をしばしば超えるようになった。1960年代半ば以降になると２万人を上回るようになり，1970年には４万1479人を記録している。1950～1970年の間でフィンランドからの入国者数は常に全体のほぼ３分の１以上に相当し，約半数を占めることもあった（SCB 1975）。

こうした労働移民の増加が社会問題として取り上げられるようになったのは，1960年代半ばごろのことだった。スウェーデンはドイツやスイスのようなゲスト・ワーカー制度を採用することは一度もなかった国である（Hammar 1985：18）。しかし1950年代頃までスウェーデン政府は移民労働者に対してその定住を拒むことはしなかったが，積極的な受入れ政策をとっていたわけでもなかった。

2　多文化主義への転換

またスウェーデン政府は，もとから移民の文化やアイデンティティに理解を示していたわけでもなかった。1946年当時，ウステン・ウンデーン外相はバルト諸国からの難民に対して「スウェーデンに残るのならばスウェーデン人になり，スウェーデン人のようにふるまうべきである」と国会で発言している（小池 2005：25）。

しかし60年代を通じてスウェーデンは徐々に多文化主義的な方向へ政策を転換させていった。そこにはいくつかの理由がある。

まず，1954年の北欧共同労働市場の導入によって，フィンランドをはじめ北欧諸国からの労働移民が増えていくなかで，その次に多かったのが中欧または西欧出身者だった。彼らは文化的背景や生活様式がスウェーデンに似ており，同化するのにそれほどの困難もないように思われた。ところが，50年代末ごろからトルコやギリシャからの労働移民が増え始めると「スウェーデン人のように」なるのはそれほど簡単にはいかないことがわかってきた。

他方で60年代半ば以降，政府の関係機関によって労働移民に対する調査が進められるなかで，働くためにスウェーデンに来て定住を決めた人々の福利厚生に対しては道徳的責任があるのではないかという認識が広がるようになった。

また興味深い点は，フィンランド政府との関係である。ルンブロムによれば，60年代末ごろまでフィンランド移民は年ごとに増加していたが，それは次第に，大量の国民を送り出すフィンランド政府の側にとっても自国経済を守る観点から重要な関心事となっていったのだという。スウェーデンにいる大量のフィンランド人がいつでも母国に戻れるようにするには，彼らが母語の言語能力を維持しておくことがとりわけ重要になる。フィンランドは北欧理事会を通じて，スウェーデンに対して一定の規制への協力を求め，それがスウェーデンの政策形成にも影響を与えることになった。スウェーデン政府は1974年に一連のプログラムをつくり，移民の言語的，宗教的，文化的グループへの支援をすすめていくのである（Runblom 1995：312-317)。

文化的同質性の高さからいえばむしろ近いとも考えられるフィンランド系移民であるが，関係の深い隣国からの移民に対する配慮がスウェーデンの多文化主義的政策への方針転換を促す１つの要因となっていたのである。こうした方針転換を基盤につくられた移民統合政策が，他の国からの移民にも同様に適用されていくことになっていくのである。

3　多文化主義的な移民統合政策の確立

1　移民統合政策の基本方針

こうしてスウェーデンは，移民が出身国から受け継いできた文化的な差異を認めた上で，その彼らが定住することを前提に，スウェーデン社会に彼らを「統合」していく道を選んだ。1968年，スウェーデン政府は「移民問題研究委員会」を組織して，翌1969年には入国管理と移民統合を担当する「国家移民局（SIV)」を設立する。そして1974年に当時の社民党パルメ政権に提出された移民問題研究委員会の最終報告が，翌1975年に移民統合の基本的政策方針として採用されることになった。

その基本的理念としての３つの原則が「平等（jämlikhet）」，「選択の自由（valfrihet）」，「協力（samverkan）」である。まず「平等」とは，移民が他の人々と同等の機会，権利および義務をもち，スウェーデン国民と同じ社会・教育・経済的権利を享有することを意味する。そして移民それぞれの言語的・文化的アイデンティティが，母語の保持や文化活動等を通じて確認できる可能性が与えられなければならない。次いで「選択の自由」とは，移民がその言語的・文化的アイデンティティをどこまで保持・発展させるかについて，スウェーデンの文化的アイデンティティに同化することなく選択の自由を保障しようとするものである。そして「協力」とは，上の２つの目標実現のための手段として，移民とスウェーデン国民が寛容と連帯のもとで互いに協力していくことをめざそうとするものである（小池 2005：27；岡沢 2009：248）。

以後，この３つの原則が移民政策の具体的展開の指針となる。

まず，1976年に帰化の条件が緩和された。これによって18歳以上の非北欧諸国出身者は，従来の７年間から５年間の居住によって帰化できることになった。しかし帰化をためらう移民も少なくない。その背景には個々にさまざまな理由が存在している。そこで定住外国人であることによって生じる経済的，政治的不平等の是正がさらなる課題となった。

1979年に社会的権利として，３年間の居住によって定住外国人も老齢年金を受領する権利が認められ，また１年の滞在許可および住民登録を要件として障害年金，遺族年金，また児童手当などが受給できることになった。

また，政治的権利として1976年にはおよそ３年間の住民登録期間を満たす者に，地方自治体（コミューンおよびランスティング）への参政権が与えられることになった。これには移民の政治的関心と参加を促進させることによって，スウェーデン社会への連帯感をもたせるという狙いがあった。この当時，定住外国人に地方参政権を付与するということは世界にも類例をみない画期的なことであった。

ただ実際に1976年９月に初めて行われた選挙において，定住外国人の投票率は全国の平均をかなり下回っている。これには政治参加に積極的な層が帰化する傾向が強いという可能性もあるが，スウェーデン全体が約90％の高い投票率であるのに対して，外国人の投票率は59％にとどまった。

また注意しておくべきことは，このような移民統合の諸政策が「スウェーデンの価値規範と衝突しない範囲のもの」であったということである。小池克憲によれば，スウェーデンの国民が共有してきた平等，正義，民主主義，男女平等といった価値観と移民たちの持ち込む異なる文化的価値規範が衝突するような場合には，それに対する支持や補助を与えることは控えられたのである（小池 2005：27-32）。

2　労働組合の労働力需給管理と労働移民の受入れ停止

戦後のスウェーデンの移民統合に関してもう１つ重要なことは，労働組合連合（LO）を中心的な担い手の１つとしてきた労働市場管理政策である。

スウェーデンでは従来から労働組合が社民党政権の重要な支持基盤の１つとなり，その政策形成に深く関わってきた。そのもとで法による規制は最小限に抑えられ，経営者連盟（SAF）との労使中央交渉によって取り決められる労働協約が幅広い分野の雇用条件を定め，その拘束力が非組合員にも及ぶ北欧型労使関係が1950年代の初めには確立していた（宮本 1993：164）。

深刻な労働力不足に悩む戦後当初の産業界において移民労働力の受入れが不可欠となるなかで，LO の関心は国内労働者の賃金水準の低下を招かないような形で労働力の需給がうまく調整されていくことにあった。

そこで労組は，次々と流入する労働移民を入国と同時に労組に加入させ，スウェーデン人労働者と同じ労働条件を保障することによって国内全体の労働条件を保持させるという方策をとったのである。

その後60年代を通じて労働移民は増加し続けたのに対し，経済成長に陰りがみえはじめた1972年，LO は政府に単純労働移民の受入れ停止を要請したが，この労働移民の受入れ停止について LO は，無制限な移民労働者の受入れは，すでにスウェーデンに滞在している労働移民にとっても，スウェーデン人と同様の生活環境を得られなくなることにつながるという主張で，これを正当化している（小池 2005：33）。

他方で，スウェーデンにおいては移民の規制管理は非常に効率的に行われていた。すなわちスウェーデンでは国民がすべてパーソナル・ナンバーをもち，銀行口座を開いたり，病院の受診などさまざまな生活場面でこのナンバーの提示を求められるため，このナンバーを所持せずに滞在することは困難だった。そのためこの当時，不法移民はほとんどいなかったという（小池 2005：33）。

ともかく60～70年代にスウェーデンにきた移民労働者は，スウェーデン人と完全に平等とまではいかなくてもさほど苦労することなく仕事をみつけることができたのである。時には雇用主が住居を提供することもあった。1972年からは有給で240時間までスウェーデン語を学ぶこともできるようになる。その費用は雇用者の負担となるため，安易に移民労働者を雇用させないよう防ぐ狙いもあった（Hammar 1985：36）。また，学校では移民の子供たちに対する母語教育も行われ，地域の図書館には移民の母語である辞書や新聞，書籍などが備えられるなどした。

このように労働移民の受入れは1972年に停止される一方で，それと同時並行的に，スウェーデン型の労使関係に支えられつつ「平等，選択の自由，協力」の３原則による移民統合政策が「完成」したのである。

4　難民の増加と労働市場の変化

1　移民構成の変化――難民の増加

(1)　移民の構成の変化――労働移民から，その家族・難民へ　1972年の労働移民の受入れ停止によって移民労働者の流入は規制された。その後はすでに国内にいる労働移民の家族呼び寄せ，あるいは難民の受入れが，入国する移民の主たる部分を構成することになる。

家族呼び寄せについては，ヨーロッパではこれを禁じようとした国もあったが，スウェーデンはそうしなかった[3)]。1980年から1985年の間，毎年6000～7000人ほどが家族呼び寄せによる滞在許可を認められている。

他方でスウェーデンは人道的観点から難民の受入れにも積極的だった。1968年にソ連の軍事侵攻を背景にチェコスロバキアから数千人の難民を受け入れたのをはじめ，1970年代にはトルコ，シリア，イランなどから約２万人のクルド人を，そして東南アジアからベトナム戦争を背景に約9000人のベトナム人を受け入れた（山本 2000：5-6）。

当時のオロフ・パルメ政権はベトナム戦争への反対を明確に表明し，1972年末にハノイへの北爆を批判したことからアメリカのニクソン政権と対立し，翌1973年，アメリカに駐米・スウェーデン大使の受入れを拒否されるほど外交関係が悪化した時期があった（ハデニウス 2000：123-124；清水 2009：43）。

当時の冷戦下にある国際情勢のなかで難民を受け入れていくことは，ときとしてそれ自体が戦争反対という平和的メッセージとして政治的意味を強く帯びる行為となり，スウェーデンの難民受入れ政策はこうした歴史的経験を経て，なおいっそう強固な人道的理念に裏打ちされるものになっていった。しかし，70年代ごろまでの難民はまだそれほど多くはなかった。

(2)　難民の増加と1988年シューボの反乱　しかし，80年代半ばごろから難民が増加し始める。1984年には約１万2000人だった庇護申請者数が，年ごとに増え，1988年まではかろうじて年２万人未満だった庇護申請者が，1989～1991年にかけて３万人前後にまで達するようになるのである。

これに対してスウェーデン政府は1985年から，難民をできるだけ国内に均等に分散して引き受けていく「スウェーデン全国政策」を実施する。これは中央政府と地方自治体が合意にもとづいて協定を結び，スウェーデン全域で難民を受け入れていくことを狙いとしていたが，同時に人口の減少している自治体で空いていた集合住宅を有効利用することも目的にしていた（山本 2000：13）。

ところが，1988年にいわゆる「シューボの反乱」とよばれる事件が起きる。1987年の時点で全国の自治体284のうち，240が難民の受入れに応じるなかで，スウェーデン南部のスコーネ地方にあるシューボ（Sjöbo）では，1985年以来，政府からの難民受入れ要請を市議会が数度にわたって拒否していた。そのシューボが全国の注目を集めたのは，1988年秋に難民受入れの是非を問う住民投票が行われたためである。投票の結果，住民の67.5％にあたる6237票が，年間約30人の難民受入れに「ノー」の意思表示をした（岡沢 2009：255-258，小池 2005：38）。シューボが住民投票という手段をとることを決めた時点でこの事件は全国レベルの論争を引き起こしたが，住民自身が難民の受入れを明確に拒否したというインパクトは，それまでの移民や移民政策に対する反感を表すことへのタブーを破るきっかけとなった（Hammar 1999：179）。

(3)　難民のさらなる急増――ユーゴ難民とイラク難民　冷戦の終結後，民族紛争の多発するなかで難民の数は増加の一途をたどる。90年代初めはユーゴ紛争をめぐって多数の難民が国外に逃れた。スウェーデンにおける1992年の庇護申請者は８万4018人と，前年比の約３倍に達する増加となった。そのうちのおよそ７万人を旧ユーゴ出身者が占めている。滞在許可を認められた難民は，1992年には全体で１万2791人であったのが1993年に３万6482人，翌1994年には４万4875人となり，80年代の末ごろからは年を追うごとに難民が増え，それにともなう家族呼び寄せも増加し，1994年のピーク時の在留許可数は全体で７万8860人にまで達することになった。

イラク戦争後の状況悪化にともない，2006～2007年ごろに難民申請数は再び急増する。2006年，イラクからの庇護申請者だけで8951人，翌2007年は１万8559人となる。2007年の全申請数は３万6207件に達し，ユーゴ紛争以来の大量申請となったが，その半数をイラク出身者が占めていた。スウェーデンは2006年に２万5096人，2007年に１万8414人を難民として受け入れているが，そのうちイラク出身者は2006年で7245人，2007年で１万695人であり，この２年間に受け入れたうちの41％がイラクからの難民である（移民局 HP）。

この結果スウェーデンは，他の欧米先進諸国すべてを合わせたよりも多くのイラク難民を一国で引き受けることになった（Parusel 2009：6）。スウェーデンは他のEU諸国へ受入れ負担の増加を何度も求めたが，諸国の反応は冷淡だった。この後スウェーデン政府はイラク難民を規制する措置をとり，翌2008年にはイラクからの受入れを4240人にまで減らしている。しかし同時期にソマリア，アフガニスタン，レバノンなどからの難民は増加している。

このように，スウェーデンは近年に至るまで人道的観点から難民の受入れに積極的でありつづけながらも，無制限に受け入れてきたわけではなく，いったんは相当数を受け入れた後，その後の増加に対しては一定の流入規制をしながら受け入れるというやり方をとってきたのである。

しかし，世界のどこかで政治情勢が悪化するたびにそこから逃れてくる人々が難民申請を求めてスウェーデンに押し寄せるということがくりかえされるうちに，スウェーデン国内の移民構成はまさに多様化し，さまざまな人種の人々が絶えずスウェーデン社会を行きかうようになった。労働者が移民の主体であったころは若年層男性が中心であり，労働の現場以外で彼らと出あう機会も比較的少なかったのに対し，家族や難民の移住が増加するにつれて移民の性別も年齢層もばらばらになってくる。フランスについてハーグリーヴスが指摘しているのと同様に，移民の家族は日常生活で目に入る機会も増え，しかもアジア・アフリカ出身者であれば身体的な特徴からすぐに見分けがつき，「第三世界の人たちが可視的になった」のである（ハーグリーヴス 1997：47-48)。

このように冷戦の終わるころから，スウェーデンにおける移民の数とそのエスニックな多様性がともに急激に拡大することになり，国内社会が文字通り「グローバル化」していくことになった。こうした社会の変容は同時にネイティブのスウェーデン市民の間に反移民的感情をかき立てるきっかけが増えていくことにもつながっていった。

2　移民労働者をめぐるスウェーデンの労働市場の変化

(1)　労働市場の変化――LO の影響力の後退　　他方で，労働市場における移民の立場も1990年代前後を境に大きく変化していくことになる。

戦後のスウェーデンは80年代末まで全体的に失業率が低かった。先に述べたように経済成長と労組による労働管理にもとづいた平等主義的な労働市場のなかにあった移民労働者は，80年代末ごろまでかなり安定した労働条件を確保することができていた。

しかし，50年代以来，SAF と LO の間で労働者の雇用条件をめぐって幅広い内容を含んだ労働協約を取り決めてきた労使中央交渉というシステムは1990年に終焉を迎える。以後，賃金や一般的な雇用条件をめぐる交渉は産別レベルで行われることになったのである（宮本 1993：159)。輸出依存型から多国籍企業化といった産業構造の変化とも相俟って，LO は労働市場への影響力を徐々に低下させていくことになる。

産別労働協約による労働条件の確保という形でスウェーデン・モデルは残されたものの，90年代初めの経済悪化とともにスウェーデンの失業率は大幅に上昇した。そしてこのときに移民労働者の失業率はネイティブのスウェーデン人に比べて格段に悪化することになった。

1989年には全体の失業率が1.5％に対して外国生まれの者の失業率は3.5％だったが，1993年には全体が8.2％に上昇したのに対して，外国生まれの者の失業率は24％にものぼった。わずか４年の間に５人に１人が職を失ったという計算になる。さらにアフリカとアジア出身者の失業率は，ネイティブのスウェーデン人と他の条件（教育，年齢，性別など）が同じ場合で比較すると４倍に上昇した（Schierup, Hansen and Castles 2006：207)。経済悪化とともに表面化したエスニックな格差は，移民というバックグラウンドをもつ者がいったん労働市場から排除されると，ふたたびそこへ戻ることが相当に難しいという状況の現出を示すものであった。

(2)　EU のなかのスウェーデンの移民労働者　また，1995年にスウェーデンがEU に加盟したことは，EU のルールが適用されることによって，平等主義的な労働条件を保障してきたスウェーデン・モデルをさらに根幹から揺るがす可能性をもたらすことになった。

それは，2007年に起きた１つの事件によって現実に示されることになった。ラトヴィアの会社がスウェーデンにおける建築事業を受注したところ，その会社の被雇用者がスウェーデンの最低賃金よりも低い賃金でスウェーデンの現場で働くことになったため，スウェーデンの建設事業労組が協約賃金の適用を求めて争議行為（ブロケード）を行った。これに対してヨーロッパ司法裁判所（ECJ）は，この争議行為がEU 域内市場におけるサービスの自由移動原則に抵触するという判決をくだしたのである。「労組自らが締結した協約を産業全体に適用するための争議行為が広く適法とされてきた」スウェーデン・モデルがEC 法によって制限されるという事態が起こりうるということが，この事件判決を通じて明らかになったのである（両角 2009：52-53)。

また，低賃金国の会社がEU 加盟国に事業者登録し，その国の低い労働基準で下請けをするといったようなことはすでに2000年ごろからスウェーデンでも行われていたという。たとえば，当時まだEUに加盟していなかった東欧の建設業者がイギリスで事業者登録をしてスウェーデンでの仕事を請けるといったようなことである。EU加盟後はそうした業者が形式だけを整えた「自営の」下請け業者となり，スウェーデンの労働協約を下回る安全基準で安い移民労働力を使うという形で国内企業のかくれみのとして機能するようになり，これまで厳しい法規制によって労働条件を守ってきたスウェーデンの建設労働者にとって深刻な問題となっている。しかしこのような労働市場における下請け事業の実体はまだスウェーデンの研究においても十分把握されていないという（Schierup, Hansen and Castles 2006：216）。

また，庇護申請を却下された難民が，移民当局や警察に隠れて建設業やレストラン，クリーニングといった現場で長時間労働と最低賃金以下で働くという実態も最近，指摘されてきている（Schierup, Hansen and Castles 2006：217；RS 2012/10/31）。

5　反移民政党への支持と政府の対応

1　難民の増加と反移民政党　スウェーデン民主党――近年の支持率上昇

このような1990年代以降の難民の増加傾向とスウェーデンの労働事情の変化に対応するかのように，反移民を唱える政治勢力が近年，拡大してきている。

スウェーデンの反移民政党は，1991年に移民排斥を主張する新民主党が国政で24議席を獲得したが，1994年の選挙では支持が得られず，その後，内紛によって自壊してしまったのちは，ヨーロッパの他の国とは違って，意味のある政治勢力としての台頭を見ることはないままであった（渡辺 2009：297-298）。

しかし近年，「スウェーデンをスウェーデンのままに」というスローガンを掲げて移民政策批判を展開しているスウェーデン民主党への支持が急速に伸長してきている。ここではこの政党の主張内容について清水（2011）の整理にしたがって概観しておきたい。

1988年に「スウェーデン人の利益を代表する政党」として結成された同党は，「寛容な移民政策」がスウェーデンにとっての脅威であるとして移民排斥を主張してきた。当初はネオナチ的な要素をも含みもつ政党であったが，2001年には党内の過激主義的グループが離党し，そうした極右的イメージをいくぶん希釈させることに成功した（清水 2011：14）。

2005年の同党の基本綱領においても，現行の移民政策が祖国スウェーデンへの脅威として批判されている。清水謙によれば，同党は民主主義政党でありかつナショナリスト政党であると自己規定した上で「一国家一国民原則」を主張し，「その原則を脅かすものが移民，超国家性，そして帝国主義であり，この認識はスウェーデン民主党のEU脱退論にも繋がっている」という（清水 2011：15）。

スウェーデン民主党は2006年の議会選挙では得票率が４％に届かず，議席を得ることはできなかったが，2010年には得票率６％となり，20議席を獲得して国政に登場する。

2012年７月にゴットランドで，諸政党やNGOが集まって演説やシンポジウムが多数行われる毎年恒例の政治週間アルメダーレン（Almedalen）が開催された折，スウェーデン民主党党首のジンミ・オーケソンは聴衆を前に，移民こそがスウェーデン福祉モデルに必要なあらゆるものを欠如させる社会を作り出したのであり，「大量移民（mass immigration）」か，「共通の価値（common values）」かを選択すべきなのだと主張した。

オーケソンはまた，30年代の社民党党首P. A.ハンソンの主張した有名な「国民の家」――すべての市民が平等で助け合う「家」を理想とする（ハデニウス 2000：44）――という言葉を引いて福祉政策の重要性を訴えた。彼は福祉政策が「スウェーデン国民」のためのものであるべきだと主張し，それをかつて社民党が理想の将来像として掲げた「国民の家」に結びつけるのである。

この主張に対してスウェーデンのあるメディアは，ハンソンがすべての者を包摂する社会を論じたのに対して，スウェーデン民主党はスウェーデン人ではない者（non-Swedes）の排除を求めたのだと指摘している。また同党の「だれも取り残されない（no one left outside）」というスローガンに対して，スウェーデンの全国紙「ダーゲンス・ニューヘーテル」は，このオーケソンのスピーチを報じた記事に「みな取り残される（everyone left outside）」という見出しをつけて皮肉った（RS 2012/07/02）。

しかし，2012年５月の支持率調査でスウェーデン民主党を6.6％が支持し，10月の調査では8.5％と支持はさらに伸びており，アルメダーレンで掲げた国政で第三党をめざすという目標を民主党はこの世論調査においてはすでに達成している（RS 2012/05/13, 2012/10/26）。

またオーケソン党首は議会政党化への路線転換による勢力拡大をめざし，党内から過激主義および人種差別主義を一掃すると宣言し，そうした行為や発言を一切容認しない――「ゼロ・トレランス」政策で臨むという方針を党内に徹底しようとしている（RS 2012/10/12）。その矢先に，１人の党幹部が2010年夏に人種差別発言をしたことがビデオ映像の流出によって内外に明らかになるという事態が生じた。しかし彼がその要職を辞任するという形で，オーケソンの「ゼロ・トレランス」はすぐさま実行されることになった。このようなスキャンダルにもかかわらずスウェーデン民主党への支持は衰えていないのである（2012年11月29日の時点でスウェーデン民主党への支持率は8.6％と報じられた（RS 2012/11/29））。

スウェーデン民主党の主張は，つまるところ「開かれた社会」，とりわけ1960年代末以降の社民党政権が主張してきた人道主義的な難民受入れなどを謳う「国際的連帯」の理念そのものを否定する立場であるといえるだろう。その意味でこれまでのスウェーデンの移民政策を根本から批判するというそれまでのスウェーデンにはなかった新しい政治的主張であり，こうした主張を掲げる民主党が支持を増やしつつあるという現象は，まさにスウェーデンにおいても移民をターゲットにした排除の論理をともなうポピュリズムが本格的な政治勢力として台頭しつつあることを示しているとも言え，注目される。

2　スウェーデン政府の対応

このような動きに対し，穏健連合党を中心とする中道右派連合政権は，2010年の新政権発足にあたってスウェーデン民主党に「助けを借りる気はない」と断言している（朝日2010年９月21日）。また，スウェーデン政府としての難民の受入れも基本的方針としてはこれを変えていない。

90年代前半の難民増加とともに移民に対する反発の風潮が強まるなか，当時の社民党政権は1997年に「平等，選択の自由，協力」の３原則をあらためて再確認し，同時に「多様性」という概念を打ち出してこれをすべての政策の出発点であるとし，移民統合とは移民が適応するだけでなく，受け入れる側と移民とが相互に適応していく過程であると位置づけた（小池 2009：35；Schierup, Hansen and Castles 2006：222-223）。そして中道右派連合へと政権が交代した現在も「スウェーデンは，グローバルな移住の可能性に対して開かれた国」であることを移民政策のビジョンとして掲げている（移民局 HP）。

政府は移民政策の方針として「スウェーデンは難民の国際的保護の責任を分担せねばならない」と言明している。スウェーデンは「国連難民高等弁務官（UNHCR）と建設的協力を進めていき，人道的難民政策を推進し，迫害・圧力から逃れる人々の避難の場所になる」つもりであるという。

他方で，政府はこの方針表明のなかでEU 諸国が「難民に保護を提供する責任をもっと分担」するように要求している。ヨーロッパが難民保護に対して「さらに国境を閉ざす傾向」には反対を表明するとし，もしスウェーデンが世界中の難民の状況について「不均衡な責任」を負わねばならないとすれば，結局は「われわれの保護制度の維持」に「問題が生じてくる」ことになるだろうと内外に向かって訴えかけている（スウェーデン政府 HP）。

実際，新たな難民の受入れは続けられている。2012年春にシリアの国内情勢が悪化し，内戦化の危険から国外へ逃れようとする人々が続出しつつあった。スウェーデン政府はただちにシリアからの難民申請の受付けを開始し，６月時点で800人のシリア人に在留許可を与えることを決定している（RS 2012/06/15）。

また，スウェーデン政府は2010年末に，難民に対する新たな就労支援施策を打ち出した。2010年12月に「特定の新着移民のための定着導入に関する法律」をいくつかの法改正とともに施行し，新たな定住が決まった「新規認定難民（nyanlända invandrare）」に対して調査・面談を行い，労働市場への定着導入・自活のためのプラン（定着導入プラン）を難民本人とともに作成し，就労の援助を行うという政策を進めている（井樋 2010：147-150）。難民就労の担当機関は

AFM（職業安定所 arbetsförmedlingen）に一本化し，地方自治体ではなく国が引き受けることによって取り扱いを全国で画一化し，より効率的に難民の就労を促進することが目指されている。2012年11月の時点でおよそ１万5000人の新着難民がこの就労支援事業に登録しているという（RS 2012/11/21）。難民が定住先ですぐに直面する問題が仕事を得て生活できる収入を得ていくことである以上，雇用環境が厳しいなかで国が効率的な就労支援を行うことの意義は大きい。

このような難民就労促進事業の背景にはもちろん，雇用のミスマッチによって生じている労働力不足という現在ある課題と，社会の高齢化にともなう労働力の確保という将来的課題に対して，定住難民を労働市場に取り込む施策を通じてその対策の１つとしようとする政府の現実的な政策的意図も存在しているが，国内社会のなかに難民をいかに統合していくべきかを現実的に探りつつ，難民受入れを継続していこうとするスウェーデン政府の意志もまたそこには表れているのである。

6　スウェーデン・デモクラシーのゆくえ

以上，スウェーデンの移民政策について，移民をとりまく国内労働市場と国内社会の変化に留意しつつ，その変遷をたどることを試みてきた。

スウェーデン政府の難民受入れについて，一国で「不均衡な責任」を負わねばならなくなれば，結局は「われわれの保護制度の維持」に「問題が生じてくる」という言葉は切実であり，これに対して応答するべき相手はもちろんヨーロッパ諸国に限られるわけではないだろう。

スウェーデンは確かに現実的に移民の制限や規制を繰り返し行ってきたことは事実だが，他方でスウェーデンが「グローバルな移住の可能性に対して開かれた国」であるというビジョンを掲げて，1000万人にも満たない小国のなかに驚くほど多くの難民を受け入れ続けてきたこともまた事実である。このような「寛容な」スウェーデンの移民政策は，つまるところ70年代のパルメ政権が掲げた「国際的連帯」を志向してきたスウェーデン・デモクラシーの１つの実践が引き継がれてきたということを意味しており，そうした「開かれた国」であることが難民となった人々をさらに招き寄せているのである。しかし現在，このようなある意味でラディカルでさえあるデモクラシーの行く手に，多くの先進諸国とも共通するような移民排外主義的な主張を掲げたポピュリズム政党への支持拡大という挑戦が立ちはだかってきている。さらに，スウェーデン・モデルによる平等主義的な労働市場が崩壊しつつあるなかで，移民が雇用の面でも周辺化されていくという問題も生じてきた。

しかし，こうした課題に正面から直面せざるをえないのは，世界のどこかで難民が発生するたびに迅速に反応し，可能な限り彼らを受入れていこうとする開かれたデモクラシーを維持してきたスウェーデンであるからこそであるともいえるし，また，その理念にもとづく政策努力が放棄されていないということも，この国の現在なのである。

いずれにせよ，移民政策はスウェーデン・デモクラシーを映す鏡となっていることは間違いないといえるだろう。

【注】

1）2004年からブリティッシュ・カウンシルらがEUの支援を得て行ってきた移民統合政策指数MIPEX（Migrant Integration Policy Index）という正規滞在外国人（EU諸国においてはEU市民以外）の権利保障に関する調査があり，労働市場，家族呼び寄せ，教育，政治参加，永住許可，国籍取得，差別禁止法制の７分野の指標ごとにその移民統合政策の度合いを国別に比較している。その2007年度（EUなど28ヶ国参加）と2010年度（EUなど33ヶ国参加）の調査においてスウェーデンはいずれも総合で参加国中，最高ポイントを獲得している（2007年度83ポイント，2010年度84ポイント。2010年度調査に参加した日本は総合38ポイントで30位）。評価の恣意性が克服できない面もあるため，単純な横軸の各国比較による序列化には問題があるという指摘（近藤 2012：105）もありながら，各国の移民統合政策について一定の指標になるものとして注目されている（丸山 2009：226，近藤 2012：77-107）。

2）本章において移民とは，外国のバックグラウンドをもち，外国生まれである者，または両親が外国生まれで本人がスウェーデン生まれである者とする。ここには必ずしも住民登録をしていない難民申請中の者，または何らかの理由で在留許可を持たない者も含めた広い定義をとることにする。

3）フランスでは1974年に移民凍結の一環として家族再結合が禁止されたが，やがてうまくいかないことがわかり，1978年にはフランスの最高行政裁判所である国事院がこれを違法とした（ハーグリーヴス 1995：47-48）。

【参考文献】

井樋三枝子（2010）「スウェーデンの外国人政策と立法動向」『外国の立法』246。

岡沢憲芙（2009）『スウェーデンの政治――実験国家の合意形成型政治』東京大学出版会。

近藤敦（2012）「移民統合政策指標（MIPEX）と日本の法的課題」『名城法学』62巻1号，77-107頁。

小池克憲（2005）「スウェーデンの移民政策――多文化主義政策を中心に」『北欧史研究』22号，23-44頁。

――（2009）「福祉国家と移民――スウェーデンの経験から」『オルタ　特集：北欧神話？――グローバリゼーションと福祉国家』2009年7/8月号。

清水謙（2009）「第二次世界大戦後のスウェーデンの移民政策の原点と変遷――「人種生物学」への反省と「積極的外交政策」の形成過程から」『北欧史研究』26号，30-54頁。

――（2011）「スウェーデンの2006年議会選挙再考――スウェーデン民主党の躍進と2010年選挙分析への指標」『ヨーロッパ研究』10号，7-27頁。

ハーグリーヴス，アリック・G.（1997）『現代フランス――移民からみた世界』石井伸一訳，明石書店。

ハデニウス，スティーグ（2000）『スウェーデン現代政治史――対立とコンセンサスの20世紀』岡沢憲芙監訳，木下淑恵・秋朝礼恵訳，早稲田大学出版部。

丸山英樹（2009）「欧州における移民の社会統合と教育政策――『移民統合政策指標』と『移民の子の統合』報告書からみるドイツとスウェーデン」『国立教育政策研究所紀要』第138集，223-238頁。

宮本太郎（1993）「欧州経済統合とコーポラティズム――スウェーデンモデルのゆくえ」『年報政治学』153-167頁。

両角道代（2009）「変容する『スウェーデン・モデル』？――スウェーデンにおけるEC指令の国内法化と労働法」『日本労働研究雑誌』590号，46-54頁。

山本健兒（2000）「スウェーデンへの移民と移民問題」『地誌研年報　9号』1-32頁。

渡辺博明（2009）「第8章　北欧諸国」網谷龍介・伊藤武・成廣孝編『ヨーロッパのデモクラシー』ナカニシヤ出版，267-305頁。

――（2011）「福祉国家再編の政治とスウェーデン社民党の対応戦略」田村哲樹・堀江孝司編『模索する政治　代表制民主主義と福祉国家のゆくえ』ナカニシヤ出版。

SCB: Statistiska centralbyrån, Statistisk årsobok för Sverige, 各年度版。

スウェーデン移民局HP “Our Vision and Mandate”, last updated 2011-01-19, http://www.migrationsverket.se/info/208_en.html（2012年9月19日確認）。

スウェーデン政府HP “Migration and Asylum Policy”, last updated 2011-04-28, http://www.sweden.gov.se/sb/d/3083（2012年9月19日確認）。

スウェーデン法務省 Migration policy, Fact Sheet, Ministry of Justice, Ju. 11. 02, April 2011.

RS: Radio Sweden　http://sverigesradio.se

Migrant Integration Policy Index III　http://www.mipex.eu

Hammar, Tomas（1985）“Sweden”, in Hammar, Tomas ed., *European immigration policy: a comparative study,* Cambridge, Cambridge University Press, pp.17-49.

――（1999）“Clothing the Doors to the Swedish Welfare State”, in Brochmann, Grete and

Hammar, Tomas eds., *Mechanisms of Immigration Control: A Comparative Analysis of European Regulation Policies,* Oxford, Berg, pp.169–201.

Runblom, H. (1995) "Immigration to Scandinavia after World War II," in Tägil, Sven ed., *Ethnicity and Nation Building in the Nordic World,* London, C. Hurst & Co., pp.282–324.

Parusel, B. (2009) "Focus Migration: Country Profile no.18 Sweden" (http://www.focus-migration.de/Country_Profiles.1349.0.html?&L=1, last visited, 19 September 2012).

Schierup, Carl-Ulrik, Hansen, Peo and Castles, Stephen (2006) "'Paradise Lost?' Migration and the Changing Swedish welfare State", id., *Migration, Citizenship, and the European Welfare State: A European Dilemma,* Oxford University Press, pp.163–194.

あとがき

新しい右翼，ポピュリズムを精力的に研究しているミュデは，ポピュリズム的言説が今や西欧のデモクラシーにおいて主流になっていることを「ポピュリズム的時代精神」という言葉で表した。われわれが，本書のタイトルに「ポピュリズム時代」と冠したのも，先進諸国のデモクラシーの現状についてほぼ同様の認識を持っているからである。日本に関しても，「主流」というと議論の余地があるかもしれないが，ポピュリズムが日本のデモクラシーに対して大きな，そして深刻な問題を突きつけつつあることは間違いない。

そういう状況認識から，本書ではポピュリズム的問題状況において先行しているヨーロッパを対象として取り上げ，理論面と実態面から多角的に研究することにした。その中で，ポピュリズムが理論的に多義的であり，実態的にも多様であることがわかってきたが，同時に論点の明確化や問題の理解がこの間進んできていることも明らかになってきた。

ポピュリズムは歴史的にみれば政治的に左翼の立場に立つ政治勢力として現れたこともあるが，今日の先進諸国では右翼の政治勢力がポピュリズムの主たる担い手になっている。

また，新しい右翼の反体制的，反民主主義的性格を重視するがゆえに，それにポピュリズム概念を適用することを否定して「極右」（本書では同等の意味で「右翼過激主義」という言葉も使っている）の言葉を用いる論者もいるが，彼らにおいても，新しい右翼がグローバル化や脱工業化という社会経済的に新たな時代の局面において現れたものであり，それゆえに戦前のファシズム，戦後直後のネオ・ファシズムとは断絶しているとの見方がされている。

そして，新しい右翼のポピュリスト的特質を何よりも重視する論者は，ポピュリズムが，社会経済的な変化もさることながら，今日における政治的な変化，つまり代表制デモクラシーの機能不全が深まる中で登場してきていることに注目している。

ポピュリズムは，人民＝「普通の人々」に寄り添い，その民意を汲み取ることのできない腐敗したエリートを攻撃するとともに，民意を体現するリーダーの登場とそれと人民との直接的一体化を希求する。ポピュリズムのこうしたスタンスは，確かにデモクラシーのリベラルな形態としての代表制デモクラシー，つまりリベラル・デモクラシーとは対立するとはいえ，デモクラシーの本来のあり方が直接デモクラシーであったことを考えれば，反デモクラシーであるとまではいえない。

さらに，デモクラシーとの関係でポピュリズムがやっかいなのは，最近のヨーロッパではリベラルな価値を擁護するポピュリズムも登場していることである。「自由」を認めない「不寛容」なムスリムから「寛容で自由な社会」を守るといった，いわばポストモダンな理屈立てに基づいて移民排斥を主張しているのである。

あるいは，新しい右翼は，当初においては，新自由主義に共鳴して反税の立場から福祉国家を批判していたが，最近ではエリートを利することから新自由主義を批判し，「普通の人々」の利益になることから福祉国家も擁護するようになっている。そのことによって新しい右翼は，よりポピュリズム的になったわけである。いうまでもなくその「普通の人々」からは同質性を破壊する存在としての外部者＝移民は除かれているが。

そのように民意を重視し，ときには自由を擁護するという，まさにカメレオンのごとく変幻自在のポピュリズムを理論的に的確に捉え返し，またそれに実践的にも適切に対処することはそれほどたやすくない。だからこそ，本書では，まずもってポピュリズム的問題状況において先行するヨーロッパを対象として理論と実態の理解を深めようとしたわけである。

理論面では，できるかぎりポピュリズムを内在的に捉え直すというスタンスに基づいて，デモクラシーとの両義的な関係性を解きほぐしながら，それを超える視座を試論的に提示し，また対抗戦略としての参加ガバナンス，熟議デモクラシーの可能性について論じ，あるいは比較政治学的分析のための論点整理を行った。

実態面では，ヨーロッパにおいてもポピュリズムが早くから登場し，また多大な影響力をもってきたフランス，イタリア，オーストリアといった諸国のみならず，最近に至るまでポピュリズムの出現や影響力が比較的に抑えられていたとされるドイツ，イギリス，スウェーデンといった国々をも取り上げて，その国のポピュリズムの歴史および現状を明らかにした。

そうした作業を通じて，本書がポピュリズムの理論的な捉え返しやそれへの実践的な対処の仕方にどの程度貢献しえたかは，読者諸賢の判断を待つしかないが，われわれ自身は共同研究としても道半ばであると自覚している。ポピュリズムの比較政治学研究としては，対象にたとえば先進国ではアメリカ，そして何よりも日本を組み入れる必要があるし，分析枠組みの理論的な精錬化も求められる。またポピュリズムとデモクラシーの関係の理解もより深化させる必要がある。本書で十分果たされなかったそれらの課題は，今後の研究に委ねることにしたい。

本書は大阪市立大学大学院法学研究科において山口定先生の学恩に浴した者達が中心になってつくっている研究会の共同研究の成果の一部である。本書の執筆にあたっては，2009～2011年度龍谷大学社会科学研究所共同研究（「デモクラシーの機能不全と市民力の再生——担い手と政治空間の変容の欧米比較——」）および2012～2014年度科学研究費（基盤研究（B）「『再国民化』の比較政治学——ヨーロッパ・デモクラシーのジレンマ」）の研究助成を，また刊行にあたっては上記研究所の出版助成を受けた。最後に，法律文化社の小西英央氏には本書の企画から刊行に至るまで大変お世話になった。記して謝意を表したい。

石田　徹

索　　引

あ 行

か 行

さ 行

た　行

な　行

は　行

ま　行

や　行

ら　行

執筆者紹介

（執筆順，＊は編者）

野《の》田《だ》 昌《しょう》吾《ご》	大阪市立大学大学院法学研究科教授	第１章
坪《つぼ》郷《ごう》 實《みのる》	早稲田大学社会科学総合学術院教授	第２章
＊石《いし》田《だ》 徹《とおる》	龍谷大学政策学部教授	第３章
中《なか》谷《たに》 毅《つよし》	愛知学院大学法学部教授	第４章
畑《はた》山《やま》 敏《とし》夫《お》	佐賀大学経済学部教授	第５章
藤《ふじ》井《い》 篤《あつし》	香川大学法学部教授	第６章
小《こ》堀《ぼり》 眞《まさ》裕《ひろ》	立命館大学法学部教授	第７章
＊高《たか》橋《はし》 進《すすむ》	龍谷大学法学部教授	第８章
馬《ば》場《ば》 優《まさる》	福岡女子大学国際文理学部准教授	第９章
野《の》田《だ》 葉《よう》	龍谷大学非常勤講師	第10章

Horitsu Bunka Sha

龍谷大学社会科学研究所叢書第 97 巻

ポピュリズム時代のデモクラシー
――ヨーロッパからの考察

2013年 4 月 5 日　初版第 1 刷発行

編　者　高《たか》橋《はし》　進《すすむ》・石《いし》田《だ》　徹《とおる》

発行者　田　靡　純　子

発行所　株式会社 法律文化社

〒603-8053
京都市北区上賀茂岩ヶ垣内町71
電話 075(791)7131　FAX 075(721)8400
http://www.hou-bun.com/

＊乱丁など不良本がありましたら，ご連絡ください。
お取り替えいたします。

印刷：中村印刷㈱／製本：㈱藤沢製本
装幀：谷本天志

ISBN978-4-589-03490-8

植民地帝国日本の法的構造

浅野豊美　松田利彦　編

信山社

まえがき

本稿は、近代日本が形成した帝国の内側と外側に視点をすえて、帝国が内側でいかなる法制を備えていたのか、且つ、外側で周辺地域の国際秩序とどのように結びついていたのか、内側と外側の総合的構造の解明を目指した国際日本文化研究センターにおける二〇〇一年度の共同研究（「日本植民地法制度の形成と展開に関する構造的研究」）の成果である。

本書には、帝国の内側における国家と社会の基本的な関係に視点をすえた研究成果が収められている。つまり、帝国内部の法制度が各地域の伝統社会をどのように管理・統制し、変化させるべく設計されたのかを中心に、国家の側で法を作り出し運用するための憲法的枠組み、社会の側の市民的近代法制の中核となる民事法と刑事法の基本体系、そして社会と国家を結びつける参政権と徴兵制という国民の権利と義務の中心となる公法に焦点が当てられている。帝国の外側に視点をすえた研究成果は、姉妹書『植民地帝国日本の法的形成』として、まもなく刊行される予定であり、帝国が単なる国民国家の拡大版でないことについて、内側を見るに際しても念頭に置く必要があるので、合わせて参照いただきたい。

本書に収められた各論考の詳細な紹介は、共同編集者である松田利彦さんから行われるので、ここでは、帝国を内側から法制度を軸に論じるという本書全体の問題意識を明確にし、それに基づいて各論文の位置付けについて説明したい。

そもそも帝国とは、ある民族が他の民族を支配し統治するための政治システムである。つまり、それは国民が国民を自己統治するための政治システムである国民国家の逆の存在であり、階層性、無境界性を特色とする。しかし、近代日本帝国が特徴的であったのは、中心に「日本」国民が主体となった政治システムとしての明治憲法体制を有し、その部分が主権と国境を有する国民国家から構成される主権国家システム＝国際社会の一部を構成していたこと、及び、それと同時に、帝国そのものが国際社会から領域的主権行使を承認されていた「公式」部分と、「非公式」に居留地制度や治外法権原理を根拠として影響力を行使する周辺部分から構成されていたことであった。つまり、近代の日本帝国は、国際秩序と帝国秩序の狭間に置かれていたのである（詳しくは、姉妹書・酒井哲哉論文）。

こうした観点に基づき、本書は、帝国の内側において国際秩序と帝国秩序はいかに交錯していたのかという問題を主要共通テーマとしている。具体的に言えば、国際秩序においては、国民が国家の主人公となるべきものであるが、では、その国民を定義する国籍法は帝国の内側でどのように形成され、民事法中の戸籍制度や家族法との関係はいかなるものであったのか（山口論文）。また、国民を国家の主人公とするに当たって、中心部分で国民国家を形成するに際して機能したところの、明治憲法に基づく国家基本法の体系は、制度としてどのように植民地に応用され形成されていったのか。この問題を、文論文は、司法制度に則して問い、浅野論文は、司法制度に適用される民事・刑事の基本法体系について問いかけている。更に、森山論文は、司法制度を帝国の内側で完備することは、独立や主権の国際的承認という国際秩序の中の地位と大いに関係するものであったことを実証的に明らかにしている。

更に、国民を国家の主人公とするための憲法的枠組みの中で、司法制度と共に欠くことができないのが、民衆を国民として国家の統治行為に参加せしめるための制度、つまりは参政制度である（松田論文）。また、国民としての参政権は、国民としての義務である徴兵制度との関係が密接であった（近藤論文）。

国民を国家の主人公とする「はず」の制度は、以上のような公法としての憲法的制度が中心となるが、しかし、実際に、「日本国民」という匿名集団の中に植民地の住民を包容していくためには、本来国家から独立した市民社会の法であるべき民事法・家族法に特殊な工夫が行われたし（洪論文）、自由主義国家において生命と財産の保障という最小限の秩序を維持する刑事法も、国民形成に奉仕したり帝国の治安を維持するという特殊な機能を有するようになったのである（水野・李論文）。

以上のように、本書は帝国の内側の構造的な「法制」の中でも、特に重要な鍵となる問題に焦点を絞り、そこを鋭く切り込む論文によって構成されている。切り込まれている各論文のテーマの更に奥には、「国民」が国家の主人公となるべき国際秩序、及び、「国民」となり得ない従属民族と「国民」となった民族から構成される階層的な帝国秩序、この両者の狭間に置かれた日本帝国の内側における国家と社会の基本的な関係が横たわっている。

こうした観点から見ることで、今までの諸研究が問題としてきたところの、「同化」と「近代化」にまつわる根本的な「矛盾」を解きほぐす糸口を読者に提供できるとすれば、それ以上の喜びはあるまい。

例えば、「同化政策」にまつわる根本的な矛盾としては、それを日本帝国が採用したにもかかわらず、民族的な差別も厳然として存在してきたことが挙げられる。何を同化させ、何を差別したのか、その分野に注目することの重要性は近年注目されているが、それと同時に、日本帝国自体が国際秩序と帝国秩序の狭間に置かれていたという条件も見過ごすことはできないであろう。つまり、「外国人」を厳しく管理し、内地雑居によっても浸透され得ない体制を築いていたのが「内地」であったが、その内地における「外地人」の差別と、そもそも日本による植民地化以前に「外国人」が治外法権という権利を武器に居住、営業、宣教を自由に営んでいた「外地」における「内地人」の特権的地位と「外地人」の差別は、似ているようであるが、実は微妙に異なるものである。二つの違いが意識されずに今まで来てしまったこと、それ自体の理由から考えていかなければならないであろう。

また、日本の植民地支配が現地社会の「近代化」にいかなる貢献をなしたのかという論点も論争を呼んできたテーマであった。植民地化によって本来その民族が有していた自主的な近代化の芽が抑圧されてしまったことが主張される一方、他方では、植民地化によって意図せざる近代化が進められたとも主張されてきた。こうした相反する認識の相違が「近代化」概念の定義に依存するものであることは当然としても、それを説明する概念として近年提示されている「植民地的近代化」概念の内実は、「法制」を素材とすることで実証的且つ緻密な議論に耐えうるものとして洗練化していくことができるであろう。

本書の意義について、視点を変え、今度は現代の東アジアの歴史認識や記憶をめぐる状況に即して考えてみたい。その状況は、一言で言えば、様々な帝国時代の過去の事実を反映しながら、歴史的に各地の戦後国民社会の中で形成されてきた集団的感情と記憶が、グローバル化によって、戦後に引かれた国境線を自由にまたぎ錯綜し混沌としている状況といえるのではなかろうか。そうした中で、帝国の法制は過去と現実をつなぐ一種不動の化石であると考える。帝国法制は、現代にひしめく様々な記憶やイデオロギー的な結論を前提とした「歴史」に対し、過去という厳然たるリアリティを、乾いた手とさめた頭で歴史的再構成を行うための格好の素材である。

しかし、それにもかかわらず、今まで、帝国の法制についての研究は、十分に行われてこなかった理由は、別個に考察するに値するであろう。ヨーロッパやアメリカ帝国の研究において、法制史によるアプローチは古典的な研究に属する。それに反して、日本帝国の研究において、久しく古典的、オーソドキシカルな位置を占めてきたのは、経済史中心の研究であった。近年は、経済史に基づいた大理論が姿を消す中、「事実」の発掘と「実証」にもとづいた研究が主流となりつつあるが、様々に錯綜する事実を意味づける「関係」や「構造」は、今こそ、法制の視角から検証されるにふさわしい。

本研究会にはご参加いただけなかったが、私がピーティー先生の著書『植民地―帝国五十年の興亡』（読売新聞、一九九六年）を翻訳させていただいた際に、最も印象的であったのは、日本植民地帝国の「功罪」、つまり、民族の抑圧という側面と、その反対に帝国的統治の下で進められる近代化の側面という二つの側面に対応する「事実」が、「バランス」よく列挙され、記述されている点であった。

しかし、翻訳を進める中で、「バランス」だけでは不十分であるとの思いが深まっていった。ピーティー先生は、御著書の最後で、功罪二つを秤（てんびん）にかけたらその針はどこで止まるであろうかとして、極めてシンボリックに重要な問題を提起されたが、功罪という座標軸に対応して、それに対応する「事実」を切り取って並べていくだけでは、その針は永遠に右に左へと揺れ動くままであろう。そうした分布図を「バランス」良く並べることのみが、日本帝国の研究課題ではなかろう。ピーティー先生の著作は、見事に総合的な見地から、多面的な性格を描写することに成功する一方で、「功罪」に対応する事実を両論併記するにとどまり、功罪の両側面がなぜそのごとく現れてきたのか、その事実と事実の間の「関係」、そして、その関係が織りなす「構造」、そしてその構造的変化としてのダイナミズムを解明するまでには至っていないのではないか、その点が、訳者の身ではなはだ僭越ではあるが、大いに不満であった。

そうした「不満」は、なかなか、自分でも言葉にすることができなかったように思う。しかし、日文研において、共同研究を主催するという格別なる機会を与えられ、また、しどろもどろの呼びかけに応じて、日本帝国史の研究に何らかの関係を有し、関連分野も含めて第一線で活躍する研究者の方々に参加を賜ることができたことは、大きな転機となった。貴重な時間を割いて、御参加いただき原稿をお寄せいただだいた諸先生方に改めて感謝申し上げたい。

とりわけても、長尾龍一先生と森山茂徳先生には、全回余す所無く御出席を賜り、常に議論を盛り上げていただいた。全回御出席をいただいたのは、私と幹事役の松田さんを除いては、お二人の先生のみである。金曜日の夜から日文研ハウスで「前夜祭」をやる常連の三人組として、山口輝臣さんもほぼ毎回加わり、森山先生から様々な研究上の薫陶を受けたことは、京都桂の深くて暗い静かな山の空気や福岡の明太子と共に忘れられない思い出である。長尾先生からは、毎回、法学の真髄に触れるコメントを授けていただき、更に、信山社への紹介まで賜った。長尾先生の御力添えなくして、この研究会の議論がここまで盛り上がることはなかったであろうし、その成果が世に出ることもなかったであろう。かつて、私が院生であった頃、大学院の入学式で、「大胆に定説を覆す研究をせよ、若い時の論文においてこそそれができるのだ」との激励の言葉を長尾先生から頂いて以来、大胆と傲慢の区別の付かないような私を温かく見守ってくださったことに、感謝の言葉が見つからない。

最後に、日文研において影で研究会を見守ってくださった松田さんと担当の御先生方、職員の皆様、そして、本研究会の成果を世に出すに当たって多大なる御尽力と、時々の必要に応じた的確で短く、しかし暖かい励ましとを賜った信山社の村岡侖衛氏に感謝申し上げる。

二〇〇三年一一月

浅野　豊美

解　説

まえがきに述べられているように、この共同研究は、国際秩序と帝国秩序の狭間におかれた日本帝国の法的構造を司法制度から考察した論考、参政・徴兵制度から分析した研究、および帝国の法的構造の植民地における特殊性を扱った諸論文からなっている。本書の編集にあたっては読者の便宜を考え、全体を三部に再構成し帝国全体の構造、台湾に関わる問題、朝鮮に関わる問題をそれぞれの部で扱うことにした。以下、各部ごとに所収論文の簡単な紹介を行う。まず、第Ⅰ部には、帝国日本における明治憲法体制と植民地領有との関係に関わる三篇の論文を収めた。

山口論文は国籍法の成立過程についての研究史整理を行っている。同論文では、関連研究でも必ずしも言及されてこなかった小嶋和司の論文「明治前期国籍立法沿革史」（一九七五年）を再発掘し、小嶋論文の提示した時期区分を採用しつつ、それぞれについての近年の研究動向をまとめた。国籍法成立史自体を俯瞰する既存研究は少ないものの「国際結婚」や条約改正、植民地法制史、民法典編纂史など様々な関連分野において進展が蓄積されていることを示してくれている。今後、小嶋論文で十分に関心を払われていなかった民法の中での国籍規定の試みを歴史的に明らかにすることが重要だとの展望を提示した。

文論文の論点は二つに分けられる。第一は台湾型司法制度の確立過程であり、その指標として、一八九八年の台湾法院条例改正と翌年の台湾法院に対する本国大審院の上告管轄権に関する法案の否決が重視されている。前者は、本国の司法官に比べ保障程度の弱い身分保障制度を台湾に導入することになり、後者は台湾司法制度の異法域性を維持する防壁を構築する結果となった。このような枠組みのもと、一九〇〇年以降台湾総督府は、行政官による司法事務処理の領域を拡張したり、訴訟手続きを簡易化・迅速化したり、また台湾特殊の刑罰制度を設けたりすることで統治の効率化を進めた。このような台湾の司法システムは、ただ単に台湾総督府当局のみの都合によって作り出されたというよりは、明治日本の国家優位の司法の思想が植民地で全面的に発現されたものととらえられている。それ故に、台湾型司法制度は台湾のみならず他の植民地にも導入・応用される通用性をもったとしている点が文論文の論点の第二点目である。台湾型司法制度が日露戦争以降の関東州と旧韓国・朝鮮において導入・拡張され、以後の植民地司法制度の基本的枠組みとなった様相が概観されている。

浅野論文は、国際法上の治外法権を支える概念である属人主義が、植民地帝国日本内部の法的構造にどのように組み込まれていったかを示そうとしたものである。まず、西欧諸国における国際法上の属人主義の起源と変化を跡づけ、それを受容した日本帝国と西欧国家を比較しその異同を抽出した。ついで、このような国際法上の属人主義に基づく外地法に対して、法の形式・内容・属人的性質の有無による分類軸を立てられることを、戦前期の法学者の外地法の分類を援用しながら理論づけた。その上で、外地における民事・刑事の属人的性格を有する法令がどのように外地各地域に埋め込まれたのかを具体的法令に則して検討し、さらに外地の各法令に日本帝国大の法令として一つの連携性を獲得させることに共通法（一九一八年施行）の機能を見いだせることを強調している（共通法については、姉妹書所収の浅野論文がその制定過程を跡づけ、同法に盛り込まれた立法意図を明らかにしている。あわせて参照されたい）。また、民事・刑事以外に行政法と社会法の分野に関わる法令にも属人的性質を有する法律があり、その機能的展開は民事・刑事法の場合と異なることに注意を促している。

これら第Ⅰ部の諸論文が帝国日本の植民地法制全体への展望を示した総論とするならば、第Ⅱ部以下は、そのような植民地法制が各植民地社会でどのように機能したか、その政策構想や運用の実態などについて植民地と本国の間ないし植民地相互の差異性に着目した各論ということができる。

第Ⅱ部の二論文は、台湾支配における支配体制形成の試みと現地社会の現実との間の相剋を扱った点で共通項をもつ。

近藤論文では、一八九七年以後、台湾において試みられた植民地人民の兵士としての募集・採用・訓練について考察されている。植民地兵創設構想は、台湾守備隊の不足兵力の補塡策として台湾総督府・陸軍内部で打ち出され、試験的実施という形ではじめられた。乃木希典総督が推進した「護郷兵」第一期生の徴募は、各募集地で漢人と対立し日本軍に歩み寄らざるをえなかった少数民族勢力を主眼においていた。しかし、植民地兵養成慎重派だった児玉源太郎が新総督に着任すると、呼称は「軍役志願者」と改められ採用対象者も漢族へと変わった。この時期、第二、三期生は駐屯軍の雑役勤務に使用することを意図したものであり、第四、五期生は日本人兵卒と変わらぬ歩兵を養成しようとするものだった。しかし、いずれの時期においても植民地兵養成は問題を露呈した。民族部隊構想にもとづく第一期生は、総督の交代により挫折し、第二、三期生は勤務内容が雑役であることから募集難や逃亡などの問題が続出し、第四、五期生においても兵士としてのステータスが付与されていないために不満が解消されなかった。そして帝国日本が植民地人民を日本軍兵士として養成しようとした初めての経験が、このように失敗におわったことは、徴兵令が植民地に長く適用されなかった原因となったとの展望が示されている。

洪郁如論文は、台湾社会史の視角から女児取引の慣習とそれに対する植民地政府の管理体制を扱った。台湾社会では、①養女、②媳婦仔《シンプア》（息子の嫁にするために幼いときから収養する女子）、③査某嫺《ツアボガン》（下女）という女児取引慣習があったが、三者の境界は曖昧だった。清朝政府の統治期、これらは基本的に容認されていたが、日本の植民地期に入ると法に基づく管理が基本方針とされた。媳婦仔は、戸籍整理に際して、「妻」と「養女」という日本の家族認識を基準として強引に分類され、查某嫺は一九一七年以降慣習自体が認められなくなった。しかしこれらの法的管理は慣習自体の改革を意味しなかった。台湾総督府は、金銭収受や売春をともなう女児取引自体を改革しようとはしなかったのである。他方、台湾人エリート層も家庭内労働力の確保のために女児取引の慣習に頼っていたため、改革には消極的であり、これらの慣習は植民地期を通じて残存することになったのだと論じられている。

第Ⅲ部では、朝鮮における法制が、どのように構想され運用され変容していったかを、保護国期から植民地期全体までおおよそ時系列的に追っていけるように配列されている。

森山論文は、保護国期韓国において推進された司法制度改革を分析対象としている。伊藤博文韓国統監を初めとする改革推進者は朝鮮の「伝統法制」を法制度の欠如、恣意的な法運用というかたちで認識し、その改革に当たり「司法権の独立」という理念を掲げ施政改善の最重要課題に位置づけた。「司法権の独立」は、司法と行政の分離とともに治外法権の撤廃を通じた国家的独立をも含意した点で、日本や清国と同様の文脈を有したが、日本の保護国であった韓国の場合は完全な国家独立でなく保護政治と自治の間の過渡的機能をもったものとして構想されていたとされている。しかし司法制度改革は、一九〇九年の韓国司法・監獄事務の日本への委託にともなって放棄された。その原因として、同論文は、司法制度改革が「伝統法制」からの訣別と「司法権の独立」を追求したために莫大な費用を要し当初の構想から後退したこと、および、改革の方向性や保護政治自体に対して日韓両国から批判を招いたこと、さらに重要な点として、間島問題を媒介として欧米列強が韓国問題に干渉する恐れが生じたために治外法権撤廃が緊急課題として浮上し、司法権委託という方式がとられたことを指摘している。

李鐘旼論文は、朝鮮の開港期から植民地期初期までを対象として軽犯罪取締法の推移を、日本との比較も交えながら分析することで、支配体制がどのような社会規範の形成を志向したかを明らかにしようとしている。まず明治日本の都市民衆支配のあり方が「違式詿違条例」と刑法中の「違警罪」を通じて検討され、西欧人の視線を意識した日本的慣習や服装に対する規制から都市環境秩序の維持へと重点が映ったことを指摘している。他方、朝鮮の場合は、一八九〇年前後、在朝日本人に対して各地領事館が施行した「違警罪目」を見ると、明治政府が西欧人の視線を意識して作った法令項目を活用しているが、服装の規制については朝鮮人・清国人との区別などの問題も関わって本国より複雑になった。植民地化後の一九一二年には「警察犯処罰規則」が施行され、朝鮮人にも軽犯罪取締法令が適用されるようになった。これを日本の「警察犯処罰規則」と比較すると、植民地支配に必要と考えられる、集団行動や治安に関する項目、異民族間の経済的・文化的摩擦に対処する項目が強化され、抗日運動に限定されない様々な規範からの逸脱者を処罰する法令となっていたことが論じられている。

松田論文は、植民地参政権問題を視野にいれながら、衆議院議員選挙法の朝鮮施行を求めた運動団体・国民協会の活動を追ったものである。国民協会の創設者閔元植の経歴を概観し、ついで、一九二〇年に結成された国民協会について、総督府官僚（の経験者・現役・予備軍）を中心としたエリート支配層を中軸としたこと、韓国「併合」を日本と韓国の対等合併と見る原則論に立って参政権要求を行ったことを示している。その活動は閔元植暗殺によって打撃を被りながらも、一九二〇年代半ばに転機を迎えた。「内地」での普通選挙制度実現への動きが朝鮮参政権問題にも進展をもたらすとの見込みが高まると、朝鮮では参政権問題に協会以外の勢力も参入するにいたった。協会は、新たに登場した勢力のうち、在朝日本人の参政権要求運動と手を結びながら、朝鮮総督府筋の流布する自治論への反対運動を展開した。他方、自治論等への対応をめぐる協会内の紛争や朝鮮参政権問題に対する政府の態度に結局何の変化も見られなかったことは会勢不振を招く結果となった。一九三〇年代以降も若干の状況の好転により国民協会は運動を継続させたが、結局戦争協力団体として参政権要求を放棄するに至る過程が跡づけられている。

水野論文は、治安維持法を素材として、「内地」と植民地に同一の条文をもつ法令が施行される場合でも両者の間に解釈・運用の落差が生じることを示している。治安維持法制定当初、日本政府・朝鮮総督府の当局者とも植民地独立運動が同法の適用対象になるとの見解を示していた。しかし、朝鮮の司法当局は論理を明確に組み立てていたわけではなく、一九三〇年代初期になって、「朝鮮独立＝帝国領土の僭竊＝統治権の内容の縮小＝国体変革」という図式のもと、朝鮮独立運動に治安維持法の「国体変革条項」を適用することが判例として確立した。ただし、日本「内地」の検察当局はそのような解釈を採用することに慎重だった結果、治安維持法の解釈・運用においては朝鮮との間に齟齬が生じることになった。一九三〇年代後半になると、「内地」でも朝鮮独立運動に治安維持法が適用されるケースが現れたが、大審院判決によって「内地」でも植民地独立運動に「国体変革」条項を適用する判例が確立したのは一九四三年のことだった。このような過程を追うことで、植民地朝鮮と本国における治安維持法の解釈・運用には相当の違いがあったことを明らかにしている。

以上の諸論文を通じて、帝国日本の法的構造と台湾・朝鮮における運用・展開に関わる多様な論点が提示されることになるだろう。

松田利彦

浅野豊美・松田利彦編『植民地帝国日本の法的構造』

目　次

I　明治憲法体制と植民地基本法秩序

目　次

目次

目　次

目　次

I

明治憲法体制と植民地基本秩序

国籍法以前

研究の整理による予備的考察

山口 輝臣

はじめに

日本人というものにはじめて法的定義を与えた国籍法が施行されたのは、明治三二年（一八九九年）四月であった。この事実は様々なことを教えてくれる。例えば、一九世紀の大部分は国籍についての法制度を持たなかったということ。あるいは明治中期まで、日本人なるものをめぐる思考は国籍法への引証なしになされていたこと。二〇世紀に至るまで、「国籍法以前」の世界が広がっていたのである。

もっともこうした事実への関心は、戦後長らく、周辺的なものにとどまっていた。ある時期まで、研究論文における国籍という語は、そのほとんどが多国籍企業という術語のなかで存在するだけだった。国籍など見えなかったし、強いて見ようともしなかったのである。

しかしそうした状況は確かに変化した。国民国家の揺らぎなるものを誰でもが口にするようになり、それを支える仕組みのひとつである国籍へも注目が集まる。植民地帝国日本についての研究もこうした波を被り、「内地」と「外地」、あるいは「外地」相互の差異ないし差別といった伝統的な問題について、国籍からの接近が試みられるようになった。(1) 帝国日本が植民地を獲得するたびに国籍問題へと直面してきたことを考えれば、極めて正統な問題設定ということもできる。

ところで国籍法ができた明治三二年は、台湾領有後すでに数年を経た時期である。このことは、少なくとも台湾について言えば、すでに存在する国籍法に基づいて国籍をめぐる問題が対処されたのではないことになる。もしかしたら国籍法の成立そのものが台湾領有と何らかの連関をもっていると考えるべきなのかもしれない。いずれにしろ国籍法の成立過程は知らねばなるまい。植民地法制研究は、明治国籍法への新たな視点を提示し、その研究を要請する。

だがそうした期待にうまく応えてくれる研究は現在のところ存在しない。それどころか国籍法の成立過程に関する研究そのものも僅かしかない。「国籍法以前」の世界は、いまなお暗い闇のなかである。しかし導きの糸がないわけではない。それが小嶋和司「明治前期国籍立法沿革史」である(2)。

憲法学者である小嶋和司(3)によって一九七五年に発表されたこの論文は、一次史料の博捜を武器に、前人未踏の領野へ分け入った文字通り先駆的な作品である。そしてその後、「国籍法成立史」についてこれを凌駕するものは現れていない。しかし「国籍法成立史」を少しばかり離れれば、それと関連してくるような研究も登場してきている。

本稿では、小嶋の「明治前期国籍立法沿革史」を起点に、小嶋以後の研究を検討していきたい。その意味で、これはまずは文献解題の試みである。この一本を読んでおけば大体は分かるといった便利な研究のないテーマについて、若干ながらその利便性を高めようという企てである。そして同時に、本稿のあとに続くべき研究において考察すべき課題を発見する試みでもある。「国籍法以前」研究のための序説と言うこともできるだろう。

一　小嶋論文の概要

まずは小嶋論文が提示した見取り図を見るところからはじめよう。

小嶋は、明治期の国籍立法を、三期に分けて見ていく。第Ⅰ期は明治初年から明治一九年頃まで、第Ⅱ期は二〇年から二四年頃まで、そしてそれ以降、明治三二年の国籍法成立までを第Ⅲ期とする【表1】。ただし小嶋論文は、これらのすべてに目を配った概説ではない。論文で扱われているのは、専ら第Ⅰ期と第Ⅱ期で、第Ⅲ期について述べるのは「本稿の目的ではない」とされ（三三九頁）、簡単な展望が一頁半ほどなされているに過ぎない。すなわち小嶋論文は、基本的には明治二四年に至る時期の国籍立法に関する論文として、読まれるべきものである。

ところでこの時期的限定は、彼の用いた史料に制約されたところも大きい。小嶋は述べている。

本稿筆者は、井上毅・伊藤博文・伊東巳代治・三条実美の遺文書を渉猟して、明治六年以降、国籍関係について多くの立法の試みの存したことを知っている（二六八頁）。

井上毅の残した《梧陰文庫》以下、小嶋が跋渉した文書群は、質量ともに近代日本を代表するものであり、その内容は広範囲に及び[4]、多様な視点から、様々な使い方が可能である。これらの史料群に対する小嶋の関心は、明治典憲体制の成立過程を解明するというものであった。このもっとも伝統的かつ研究蓄積の厚い分野において[5]、小嶋もまさに珠玉という言葉の相応しい作品を残している[6]。「明治前期国籍立法沿革史」も、小嶋によるそうした史料読解が産み出したものであった。そのため、井上毅・伊藤博文・伊東巳代治といった人物たちが国籍立法へと直接には関与しなくなっていた第三期について、ほかの時期と同じような密度で史料に基づいて記述することはできなかった。

この点と関連して、小嶋による先行研究の整理についても触れておこう。小嶋はまず、国籍立法の沿革として従来の研究書[7]が述べるのは、明治六年太政官布告第一〇三号と旧民法人事編のみであるとする。次いで前者について、その実効性の有無が述べられていない点を不満とする。また後者は、施行延期のまま

【表1　小嶋論文の見取り図】

第Ⅰ期（～19年頃）
　①国籍という観念の受容、国民の範囲は制定法を待たず自明　例）戸籍
　②明治6年3月14日太政官第103号布告とその修正の試み（9年／16年）
　③帰化法案の立案（9年／？年／19年）
第Ⅱ期（20年～24年）この期の特徴は「憲法発布と不平等条約問題の特異な進展」
　①憲法における諸案
　②国民身分法（20年）
　③帝国臣民身分法・日本国籍法（22年）
　④旧民法人事編（23年10月7日公布）
　⑤帰化法（23～4年）
第Ⅲ期（それ以後）　　　「第三期について述べるのは、本稿の目的ではない」
　①条約改正による状況の好転
　②民法には国籍関係規定がなく、帰化法でなく国籍法に
　③起草そのものはまったく新しくなされた
　④条約による得喪に言及なく、国内法に視野を限局

＊　①以下の数字は、便宜的に付したものであり、章や節とは必ずしも対応していない。

で止んだため、「実定法史の立場からいえば、それは、立法の試み以上の意味をもちえない」として、それを特筆大書する理由を疑問とする。そして前者のような認識から、本論の第一期の部分において、明治六年太政官布告第一〇三号についてその実施の様子にまで踏み込んだ記述がなされ、また第二期に関しては、実施には至らなかった数多くの「立法の試み」を掘り起こし、旧民法人事編の特権的地位を奪い取る。先行研究の簡潔な整理は、本論と密接に結びついており、見事というほかない。ただし旧民法を実定法たりえなかったとして、ほかの「立法の試み」と同列視しただけでなく、僅か四行の分析しか加えなかったことは、先に触れた第Ⅲ期、すなわち民法典とは別個に、しかしそれに従属する形で国籍法が構想されるようになった時期の捨象と相俟って、民法における国籍規定いう問題系を、結果的に視野の外へと追いやることにもなる。この点は、次章において再び検討することになるだろう。

【表２「国籍法以前」関連事項年表】

年　月	事　　　項
慶応３年４月	英国領事、「内外婚嫁」につき神奈川奉行へ問い合わせ。幕府は許可する旨を伝達（Ⅰ−②）
明治４年４月	太政官布告第170号（戸籍法）公布
７月	太政官制度局、「民法決議」を作成
明治５年７月	司法省明法寮、「皇国民法仮規則」を完成
明治６年３月	太政官布告第103号を各国公使へ送達、国内へも公布（Ⅰ−②）
３月	司法省、正院へ「民法仮法則」を提出
９月	左院、民法の草案を作成。
明治９年６月	寺島外務卿、三条太政大臣へ第103号布告改正案を提出（Ⅰ−②）
11月	ボアソナード、「日本民籍を得之を失ひ及之を復する法令」を起草（Ⅰ−②）
12月	寺島外務卿、伊藤法制局長官へ「帰化法案」を提出（Ⅰ−③）
明治10年９月	司法省、民法第一編人事ほかを提出
明治13年６月	元老院に民法編纂局開局。以後、ボアソナードを中心に起草作業本格化
明治16年？月	ロエスレル、「内外人の嫁娶及其妻子の権利義務に関する条例」を起草（Ⅰ−②）
？月	井上毅？、「内外人結婚条例」を起草（Ⅰ−②）
明治19年８月	井上外相、伊藤首相へ「入籍退籍条例」を提出（Ⅰ−③）
12月	ロエスレル・モッセ、「国民権」に関する答議（Ⅱ−①）
明治20年３月	井上毅、「憲法草案」を起草。以下、次々と憲法草案が作成されていく（Ⅱ−①）
７月	井上毅、伊藤博文へ「国民身分法」を提出（Ⅱ−②）
明治21年４月	外務省、「帰化条例」を立案
７月	旧民法第一草案成立（Ⅱ−④）
明治22年２月	大日本帝国憲法発布（Ⅱ−①）
７月	山田司法相、「帝国臣民身分法」を閣議提出。以後、大きな争点となる（Ⅱ−③）
８月	外務省、「帰化条例」を立案（Ⅱ−③）
９月	「帝国臣民身分法」、枢密院にて修正、「日本国籍法」となる（Ⅱ−③）
12月	条約改正交渉の延期を閣議決定
明治23年４月	司法省法律取調委員会、民法人事編の草案を完成（Ⅱ−④）
10月	法律第98号（民法人事編・財産取得編）公布：第２章に「国民分限」（Ⅱ−④）
11月	青木外相、山県首相へ「帰化法案」を提出（Ⅱ−⑤）
明治24年12月	政府、第２回帝国議会へ「帰化法案」を提出するも解散で審議未了（Ⅱ−⑤）
明治25年11月	法律第８号（民法及商法施行延期法律）公布　→　29年末、次いで31年６月末まで延期
明治26年１月	旧民法施行予定日
３月	勅令第11号（法典調査会規則）公布
５月	法典調査会第１回主査委員会にて、国民分限に関する規定削除が決定
明治28年４月	日清講和条約調印。台湾領有へ
明治31年４月	法典調査会にて国籍法案が審議される
５月	政府、第12回帝国議会へ「国籍法案」を提出するも審議未了
６月	法律第９号（民法親族・相続）・法律第10号（法例）・法律第12号（戸籍法）等公布
７月	法律第21号（明治６年第103号布告改正法律／外国人を養子又は入夫となす法律）公布
７月	民法施行
10月	法典調査会にて国籍法案が修正審議される
12月	政府、第13回帝国議会へ「国籍法案」を提出、成立する
明治32年３月	法律第66号（国籍法）公布　４月１日施行
６月	勅令第289号により国籍法は台湾へも施行される

＊　この年表は、小嶋論文をはじめ、本稿に登場する論文を理解するにあたってさしあたり必要と思われる事項をとりあげたものである。なお、（Ⅰ−②）といった付記は、【表１】と対応している。

さてここらで論文の具体的な内容に入るべきだが、その詳細については、小嶋論文以後の諸研究と照合する際、必要な範囲で言及することにしたい。ただし第Ⅱ期の記述はほとんど同じ形の繰り返しになっているので、その点はあらかじめ述べておくほうが良いだろう。なお、以下におけるⅡ―④などの表記は、【表1】のそれを意味している。

まずここで扱われているのは、いずれも成立しなかった企てであることに注意する必要がある。それどころかⅡ―④の旧民法人事篇を除けば、公布にすら至っていない。故にその様相を知るには、関連する立法の試みが記された史料を収集するという作業からはじめなくてはならない。小嶋は《梧陰文庫》などを対象に、その作業を遂行していった。ただしその過程で発見された史料のほとんどは、作成年月日が不明なものである。そこで関連する書翰等で補充したり、あるいは史料への書き込みや修正に検討を加えたりすることで、史料の相互関係を認定していく。こうして見出された案のかたまりが、国民身分法であり、帝国臣民身分法・日本国籍法であり、帰化法ということになる。第Ⅱ期の諸案のほとんどは、こうした作業によってはじめて見出されたものである。国籍法の沿革に関する先行研究が言及すらしていなかったものについて、史料の発掘からはじめてその相互関係の復元にまで至る第二期の記述こそ、小嶋論文の白眉である。

以上をまとめよう。小嶋論文は、国籍法へと連なる立法の試みのうち、とりわけ明治二四年頃までについて、井上毅ら明治憲法の制定の中心にいた人物の残した史料に基づいて復元したものであり、明治二〇年代前半の記述が、その中核をなしている。未踏の領域へ史料を足がかりに踏み込んでいったパイオニア的な業績である。

二　小嶋論文と小嶋以後の諸研究との照合

小嶋論文が発表された一九七五年から四半世紀以上が過ぎた。以下では、その間に現れた研究について、小嶋論文を軸に据える形で、整理を試みる。

ただし通常のいわゆる研究史整理とは、若干異なる様相を呈することになる。それは主として、以下で取り上げる研究のうち、小嶋論文へ明示的に言及しているものが僅かであるということ、さらに言うと、小嶋論文を参照していないと断言できるものの方が多いかもしれないという事情による。すなわち各論文等における小嶋論文への言及の仕方を拾っていけば、とりあえずひとつの研究史ができあがるということにはならない。小嶋論文によって「国籍法成立史」とでもいうべき研究分野が本格的に形成されることがなかっただけではなく、そうした試みを企てた数少ない研究においてすら、小嶋論文が言及されることはほとんどなかった。そもそも研究史などないのである。そのためここで整理の対象とすべき研究とは、いくつかの研究分野において、その研究遂行の必要などから「国籍法以前」について論及することとなったすべての作品ということに、一応はなるだろう。しかしそうした業績を網羅することは到底できない。よってこの後に並ぶ諸論著は、そうした集合全体からすれば、あくまでもたまたま筆者の目に触れたものに限られることになる。

1　全体に関する研究

まず「国籍法成立史」ともいうべき課題に正面から取り組んだ研究から見ていくことにしよう。

小嶋論文刊行から五年後の一九八〇年、塙叡「明治三十二年の国籍法成立に至る過程―日本国籍法史序説―」が発表されている[8]。この作品の特徴は、例えば、近世の長崎で産まれた「混血児」に対する法令から「国籍」についての原則を抽出しているように、国籍法の成立過程を近世以来の長いスパンで考えたところにある。立法の沿革へと課題を限定した小嶋論文とは、対極に近いアプローチと言えるだろう。しかしその分、どうしても手探り状態という印象、悪くいうと国籍に関して思いついたことを脈絡もなく書き連ねているという印象を与えてしまうことは否めない。塙自身、「国籍法に関する研究は従来ほとんどない」（三〇一頁）として、その点を認めていた[9]。その意味で「序説」という語がまさに適当な論文である。ただし逆から言えば、いまだ十分に展開されていない素材が散りばめられているということでもあり、実際に上述の「混血児」問題などのように、後続の研究者によって発展させられた論点もある（次節参照）。また小嶋論文において本来ならば考察されてしかるべきであったにもかかわらず抜け落ちてしまった事象、例えば、いわゆる私擬憲法における国籍条項の問題（Ⅱ―①）、あるいは帰化法案をめぐる議会審議（Ⅱ―⑤）などへの言及もあり、小嶋論文の修訂においても有用である。

塙論文と異なり、立法の沿革史という小嶋と同じ視点によったものに、田中康久「日本国籍法沿革史（一）～（一三）」がある[10]。一九八一年一〇月、法制審議会に国籍法部会が設けられ、国籍法の改正について調査・審議が開始された。そして八四年には、父系血統主義を父母両系血統主義へと改めるなど、大規模な法改正として結実する。田中はこの当時、法務省民事局第二課長の職にあった人物であり、この長大な連載は、国籍法の改正作業へ資料を提供するということを念頭に置きつつ執筆されたものであった。つまりこの論説は実務家により、職務遂行の必要のために記されたものなのであり、本サーベイで取り上げる他の論文とはいささか性格を異にする。しかし明治六年太政官布告第一〇三号から明治三二年国籍法を経て現行法（当時）に至るまでの変遷を、もっとも詳細に通観した作品としての地位は、いまも揺らいでおらず、いずれにしろ必ず参照を要するものであることに変わりはない。

田中論文は、小嶋論文との対応で言えば、Ⅰ—②・Ⅱ—①・Ⅱ—②・Ⅱ—③・Ⅱ—④・Ⅱ—⑤に漏れなく触れている。よって両者を照合することで、それぞれの理解を深めることができる。ただし田中は、小嶋とは異なり、主として刊本に拠っている。例えば、井上毅に関し、小嶋が原文書である《梧陰文庫》を渉猟したのに対して、田中は、そこから一部を活字におこして公刊した『井上毅伝・史料篇』に拠った。このためⅡ—③やⅡ—④における諸案の相互認定といった小嶋論文の中核をなす部分に対応する記述はない。田中論文においては、帝国臣民身分法・日本国籍法・帰化法のいずれもが単数形である。簡単に言えば、小嶋論文が参照されなかったということであり、その点と関係して基本的な錯誤も散見される。よって田中論文の特徴点はそうしたところにはない。単数形ではありながらも、それぞれの案の各条について逐一説明を加えることにより、その条文のもととなった西洋の法文を指摘し、あるいは案相互の微妙な相違へ注意を促すといった、いわばそれぞれの段階における最終草案へのより精密な分析に手掛かりを与えてくれていることこそ、もっとも意義のある点と言えるだろう。

この二作品以降、「国籍法成立史」に正面から取り組んだ本格的な作品は出ていない。もっとも先述した一九八四年の法改正にともなって、いくつかの注解書が出版され、そのなかで「前史」という形で、若干の言及を行っているものもある。しかし一方ではこの改正により、これまで旧国籍法といわれてきた明治国籍法は、さらに一代前の存在となった。注釈者の「前史」に寄せる関心はさらに薄らぎ、それ以前の注解書を超えるような記述をみることはない[11]。

現時点でその例外と言えるかもしれないのが、二〇〇一年に発表された国友明彦「家族と国籍」である[12]。これは明治以降現在に至るまでの国籍法の変遷を概観したものである。しかし「国籍法成立史」を試みた諸研究のなかで小嶋論文へ言及したほとんど例外的ともいえる存在であるだけでなく、小嶋の使用していない史料の参照も行っており、注目に値する。しかし残念なことに、小嶋論文と重なる時期を扱っているのは数頁に過ぎず、当然のことながら本格的な分析も行われていない。小嶋論文に引き付けて、かつ田中論文と対比的に言うならば、明治六年太政官布告第一〇三号から明治三二年国籍法を経て現行法に至るまでの変遷を、もっとも簡潔に通観した作品ということになるだろう。

このほか概観的な仕事のうち、ある程度まとまった記述があるものに、尹《ゆん》健次「「帝国臣民」から「日本国民」へ――国民概念の変遷[13]」がある。これは戦後改革に重点が置かれた国民概念変遷史の試みであり、明治期の国籍法についても、戸籍との関連などで見通しが述べられている。

以上、全体に関する研究の検討を行った。ここから、まずその数が極めて少なく、そして相互の参照も十分でないため、水準的にも相当問題があることが明らかとなった。あえて言えば、序説と概観しかないのが現状である。ただしこれは「国籍法成立史」を正面から試みたものに関してのことである。同じ対象についても、異なる関心に基づき、高水準の研究が行われていることもあるだろう。

2　主として第I期に関する研究

第I期において中心となるのは、明治六年太政官布告第一〇三号であった。「自今外国人民ト婚姻差許左ノ通条規相定候条此旨可相心得事」以下、僅か七條からなるこの布告は、「外国人民ト婚姻差許条規」・「内外人民婚姻条規」・「内外婚姻法」・「内外人婚姻規則」など様々な名称で呼ばれている。いずれにしろ今日いうところの「国際結婚」について定めた最初の法令であり、婚姻法の研究においてはしばしば言及されてきた。例えば小嶋論文より古いものになるが、石井良助「明治初年の内外婚姻法」は、公文書を通じて、この布告の実施過程についてとりわけその手続き面を中心に考察したものと言うことができる。[14]この第一〇三号布告について、新出史料によって新たな光を当てたのが、近世史家・大口勇次郎による「〈国際結婚〉ことはじめ――内外人婚姻規則の制定事情」である。[15]そしてこれ以降、「国際結婚」への関心から、第一〇三号布告を本格的に論じた研究が出現するようになる。

大口論文は、明治六年の布告に先立って、すでに慶応三年に徳川幕府によって「国際結婚」の検討が行われ、それが公認されていたことを、オックスフォード大学ボドリアン図書館架蔵の史料を用いて明らかにした。またその経緯を含め、幕末から第一〇三号布告までの過程について、「国籍と『分限』」といった形で、明瞭かつ示唆的な論点の整理を施した。すなわちI―②についてより的確に捉えることを可能にするとともに、I―①に関しても、具体的に考察をしていくための手立てを示しているように思われる。

第一〇三号布告の成立過程の復元作業を受けて、これ以降、「国際結婚」の「実態」へと関心が移っていく。それはどのような手続きによってなされたのか、そもそも何件行われ、それはどのような人々によってなされたのか。こうした疑問に対し、外務省外交史料館や国立公文書館などの関係史料を博捜して迫っていったのが、小山騰『国際結婚第一号――明治人たちの雑婚事始』である。[16] 小山は、明治六年から三〇年まで、すなわち太政官布告第一〇三号布告によってなされた二三〇件に及ぶ「国際結婚」のリストを作成し、脱漏を想定してその総数をおよそ二六五件と推定した。さらに国籍別・男女別などの分析を行うことで「国際結婚」に関するいくつかの傾向を発見するとともに、尾崎三良＝バサイア・モリソンといった興味深い事例については、関係者の史料などを照合し、その具体的な顛末も明らかにしている。また布告の成立過程についても、英国外務省文書の参照により、その理解の幅を拡げた。このように小山書は、明治期の「国際結婚」研究においてまさしく画期的といえる作品であり、とりわけ個別事例の記述において精彩を放っている。

小山以降のものとしては、学位論文をもとにして二〇〇一年に公刊された嘉本伊都子『国際結婚の誕生――〈文明国日本〉への道』がある。[17] 本書は、小山が使用したものとともに、さらにいくつかの史料を付け加えることで、小山書の増訂を行う一方、小嶋論文をはじめとした関連する数多くの研究へも十分に目を配っている。第一〇三号布告に関して、「混血児」への処置を視野に入れたり、あるいは布告における「分限」という言葉に着目した点などは、先行研究をうまく活かしたものと言えるだろう。しかし小山書を前提としたとき、嘉本書の最大の特徴は、むしろそれらの上に立ってなされたより理論的な分析にあるだろう。例えば、「対内的日本人―対外的日本人」といった区分の試み、あるいは「分限主義時代」なるものの設定。こうした大胆な作業仮説の提示によって、問題の所在を一層明確にすることを可能にした点である。

以上見てきたように、第一期に関する研究は、「国際結婚」への関心に導かれたものであり、「国際結婚」をはじめて規定した明治六年太政官布告第一〇三号の成立過程、さらにはそれによってなされた「国際結婚」の「実態」まで、かなりの程度明らかにされている。そもそも小嶋論文においてこの布告が考察の対象となっていたのは、それが明治前期において、国籍の得喪に関する唯一の制定法であったからである。よって「国際結婚」研究の成果を、第一〇三号布告の制定とその運用について研究成果と捉えれば、それはまさに「国籍法以前」の「国籍」法制とその運用を明らかにしたものにほかならない。そしてそう考えたとき、《梧陰文庫》によってなされた小嶋論文の記述は、大きく面目を改めることになるだろう。

3　主として第Ⅱ期に関する研究

明治二〇年から二四年頃とされる第Ⅱ期は、「憲法発布と不平等条約問題との特異な進展」によって特徴付けられる、と小嶋はいう（二九〇頁）。第Ⅱ期の諸案（【表1】）のうち、①はまさしく憲法発布へ至る過程で現れたものであり、明治憲法成立史の蓄積の上に立ってその経過を叙述している。また②～⑤の相関関係を認定したことこそ、小嶋論文の白眉であることは、すでに述べた。そしてこれらの案がこの時期に登場し、一定の変化を被り、そして実施に至らず潰えていくという知見について、小嶋はそれを条約改正問題との関連で理解していった。すなわち単純化して言うと、条約改正の代償ともいうべき外国人判事の任用という案が、判事となる人物の帰化、さらにはより広く国籍の異動に関する仕組みを要求するに至り、②以下の諸案が構想されたのであるが、条約改正そのものの頓挫によって、そうした目的による帰化法ないし国籍法は不用に帰していった、という理解である。この条約改正については、小嶋論文のはるか以前から、政治史研究者により、外交文書や政治家が残した私文書などを基礎に、詳細な研究がなされてきている。現在でもしばしば引証される、深谷博治『初期議会・条約改正』は、戦前期におけるその代表的な業績である。[18] そしてこれらの研究では、当然のことながら外国人判事の任用問題が扱われ、ときにはそれとの関連で帰化法について触れられる。こうした成果を引き継ぐとともに、鋭い創見を随所に交え、問題の所在を明快にした作品が、坂野潤治「条約改正と大同団結運動」である。[19]

長大な通史の一部をなすものとして発表されたこの作品において、坂野は、大隈（重信）条約改正が憲法発布に間に合わなかったことに着目する。条約改正が憲法以後となってしまったことにより、大隈が外交告知文において約した外国人判事の任用などは憲法違反であるという、それ以前には存在しなかった議論を惹起する。そして帰化法は、そうした事態へのひとつの解決策として案出された、と位置付ける。この憲法と条約改正を繋ぐものとして帰化法が浮上するという理解は、当該期の政治における帰化法の重要性を教えてくれる。憲法―帰化法―条約改正という問題構成である。さらに例えば、井上条約改正と大隈のそれとの時期的相違を憲法の有無から考える視点などは、帰化関連諸法案のより緻密な分析へと道を拓くものでもあるだろう。

「国籍法以前」において、国籍についてもっとも議論がなされたと言って良い大隈条約改正に関しては、その後も坂野の指摘を踏まえた形で、帰化法に言及する論文が登場している。とりわけ近年は、広範な反対運動を含めたその多岐にわたる様相について、特定の個人や集団に視点を据えつつ再構成する試みが盛んである。そのうちいくつかを挙げてみよう。

沼田哲「元田永孚と明治二二年条約改正反対運動」。[20] この論文は、元田永孚研究の一貫として記された作品であるが、彼らによる大隈条約改正反対運動の拡がりを、元田の残した文書などを用いて精密に復元している。新史料に基づいて大隈条約改正へ接近を試みたものとして、早いもののひとつだろう。

元田のような断固たる反対論者と比べると複雑な立場にいた人物に伊藤博文がいる。伊藤博文と伊東巳代治との独特な関係へと着目し、膨大な史料渉猟に裏付けされた記述がなされた、佐々木隆『伊藤博文の情報戦略――藩閥政治家たちの攻防』には、伊東巳代治を軸に大隈条約改正を考察した節を含んでおり、(21)Ⅱ―③の政治史的意味についても触れられている。

また大隈条約改正への反対運動は、政府部内にとどまらず、民間の様々な集団によっても担われていた。政治的争点としての条約改正に着目し、それをめぐる国内政治を跡付けることで政治史へ新たな知見を加えた、小宮一夫『条約改正と国内政治』が、大隈条約改正に関して注目したのは、政党勢力の動向である。(22)徳富蘇峰関連の未公刊史料などを使いつつ、筆はⅡ―③にまで及んでいる。

これらの仕事は、いずれも条約改正に対する政治史的関心から着手されたものと言うことができる。そして共通しているのが、その史料水準の高さである。もともとこれらの論文は、新史料の発掘や公開、あるいは史料閲覧方法の簡易化といった史料状況の好転を承け、それにより、従来の見解を修正ないし再検討することを目指したものである。網羅性や徹底性に関して言えば、近代日本研究において最高の部類に属すると言えるだろう。史料水準はすでに小嶋論文の時代とはかけ離れている。それはとりわけ政治家の私文書に残された書翰の利用という点で著しい。

しかしこうした政治史研究において、帰化法は、まずは当該期の政治過程を説明するひとつの道具として存在している。つまり政治過程を的確に説明することを目的に、そのための核となる道具として帰化法が扱われているのである。帰化法によって説明しても、帰化法を説明してはいないと言い換えても良いだろう。帝国臣民身分法や日本国籍法ではなく、専ら帰化法という大まかな呼称を使用していることも、そうした点と関連がある。そのため小嶋論文と対照して帰化法を理解するといった、研究目的からすると不要なことなどもちろんなされない。単数形の案と複数形の諸案という先述の対比を用いれば、政治史研究における帰化法は単数形である。「国籍法以前」を考えるという視点から、第Ⅱ期の政治史研究を振り返ってみれば、その最大の寄与は、単数形の帰化法を政治過程のなかで理解する枠組を提示したこととなるだろう。

こうしたなかにおいて例外的な試みが、二〇〇〇年の原田一明「明治二十二年帰化法案をめぐる憲法論議について」である。(23) 原田は次のように述べている。

小嶋論文によって整理・考究された研究成果を前提としながら、国籍法制定史の中でも特に注目される第二期の帰化法制定をめぐる憲法解釈論争に焦点を当てて、井上毅とのかかわりを中心に、小嶋教授が語られなかった視点から、若干の論点を補うことにしたい（三七六頁）。

このように原田論文は、小嶋論文を正面から受け止めて問題を組み立てた、筆者の知る限りただひとつの論文である。そして大隈条約改正にかかわる政治史の知見を踏まえ、それをもう一度法的観点から捉え直そうという試みであり、その際、井上毅が軸とされた。「国籍法成立史」という視点で第Ⅱ期へ本格的な鍬を入れた、現在のところ唯一の作品と言えるだろう。

論文は大きく二つの部分からなる。ひとつは小嶋による草案の相互認定を前提に、そのレベルで政治史研究を再解釈する作業である。例えば、ある時点である会議にかけられた草案は、小嶋によってまとめられた十を超える草案のどれにあたるのかといったことの推定を試みている。結果として、より微細な政治史的探求とも言うべきものとなっている。またもうひとつが、憲法解釈をめぐる論争を、井上毅はもちろん、それ以外の主張にまで目を配りつつ跡付けた部分である。こちらは文字通り小嶋論文では言及されなかった領域を提示したものであり、今後のさらなる展開が望まれる。

以上、第Ⅱ期に関する研究を概観した。ここに関してまず参照されるべき研究は、条約改正を対象とした政治史研究であり、それらはその圧倒的な史料水準のもと、明治憲法と条約改正という視野のなかで、「国籍法以前」を考えることを可能にするものである。ただしそれらの成果を活かし、より国籍に則した形での研究は、ようやく緒に着いたばかりである。

4　主として第Ⅲ期に関するもの

もともと小嶋論文は第Ⅲ期については短い見通しを述べていただけであった。よってこの時期について同論文と厳密に照合しつつ、新しい研究を考察するということは難しい。しかしそこから研究の方向性についての示唆を強いて抽出してみれば、①改正条約実施との関連、②民法典制定との関連、そして③台湾領有との関連というあたりになるだろう。

このうち①と②については、前者が明治三二年、後者が三一年と時期的に近いこともあって、その相互の関連などについても早くから論じられてきた。第Ⅱ期における「憲法と条約改正」[24]に相当する「民法と条約改正」、あるいは「法典編纂と改正条約実施」という伝統的な問題構成である。

ただしそうした業績のなかで、国籍法に関して本格的な言及を含むものとなると、筆者の探索が不十分なことは認めるとしても、ほとんど見当たらないのではあるまいか。民法―国籍法―条約改正という問題構成は成立しなかったようだ。その理由を推測すれば、以下のようなところだろう。㋑条約改正史といっても、その中心は条約改正交渉についての研究であり、改正条約の実施についてはあまり関心を呼ばなかった。㋺民法典成立史についても、法典調査会において一セットのものと考えられた諸法のうち、研究者の注目は民法が一身に集め、国籍法などは見向きもされなかった。双方からするこうした無関心が重なり、「民法と条約改正」という議論はされつつも、そこに国籍法が絡んでくることは皆無に近かった。あるいは第Ⅱ期のように国籍というものが大きな政治的争点とはならなかったため、国籍法の成立は、あくまでもひとつのマイナーな法律の成立として捉えられていたと言ってよいかもしれない。

しかし、①改正条約の実施は、近年の移民に関する歴史的な研究において、改めて注目を集めつつある。改正条約の実施は、居留地制度の廃止という面を含んでおり、外国人の処遇が根幹から変化するものにほかならなかったからである。例えば、山脇啓造「もう一つの開国―明治日本と外国人」(25)は、条約実施後の制度を一八九九年体制と呼び、その体制を支える柱のひとつとして国籍法を理解している。しかし、「旧国籍法に関する本格的研究は少なく、不明な点も多いので、ここでは、その概要を紹介するにとどめたい」と、論文中で述べているように（七七頁）、国籍法そのものについての言及は、概説的なものである。

山脇論文から数年を経て、移民史における国籍法の位置付けを正面から試みた作品が現れた。浅川晃宏「明治国籍法の歴史的意味―帰化の設定をめぐって」(26)である。この論文には第Ⅱ期への言及もあるが、その中心となるのは、第Ⅲ期における議会審議をフォローした部分だろう。審議の際に現れた帰化をめぐる意見の相違に注目することで、国籍法において帰化の設定がなされたことの重要性が説かれている。先述したような研究状況において、貴重な業績であることは間違いない。ただ井上毅の論説のみから第Ⅱ期を理解しようとする点や、その井上毅の起草した案を「少なからず継承して制定された明治国籍法」という関連付けなど、鷹揚な議論が多い。

現時点でむしろより注目すべきなのは、③の台湾領有をめぐる研究であろう。日清戦争にともなう領土割譲によって生じた新たな問題のうちのひとつに、その住民の国籍をどうするかというものがある。この問題は、国籍猶予期間の設定と国籍法を台湾へ施行したことで処理されたと、国籍法の解説書などでは簡単に解かれている[27]。しかし、下関条約批准から二カ年の国籍猶予期間の終了は三〇年五月、国籍法の「内地」施行が三二年四月、そして台湾への施行が六月という事実を年表のように列ねるだけでも、そうした通り一遍の説明では到底済まないことは明らかだろう。台湾住民の国籍が問題となった時期の日本にはそもそも国籍法がなく、それを適用することはもちろんできない。台湾領有にともなって発生した台湾住民の国籍問題は、言うなれば、国籍法以前の問題としてはじまり、国籍法がつくられ、それが施行されることで一定の「解決」を見たのである。

この点に向かい、台湾総督府文書によって斬り込んだのが、浅野豊美「日本帝国における台湾『本島人』と『清国人』の狭間――国籍選択権と台湾法制」である[28]。浅野論文は、国籍猶予をいかに法制化するかをめぐる諸案の競合を復元するとともに、それぞれの案を、戸籍調査や改正条約の台湾適用問題などとの連関のなかで理解しようとした野心的な作品である。この論文は、植民地法制の相互連関を明らかにすべく試みられた連作のひとつであるが、文字通り「国籍法以前」の国籍問題を扱ったものであり、明治国籍法成立の最後の段階について、それを照射する新たな視野を提示するものである。

以上、第Ⅲ期について瞥見してみた。この時期に関する伝統的な枠組によって国籍法を重要視するのは難しく、その影響もあり、国籍法を正面から扱った研究はほとんど登場しなかった。その点で、移民史研究による改正条約実施への着目や、台湾領有にともなう住民の国籍問題の考察などは、例外となり得るものであるが、ようやく本格的な研究が着手されたというところである。

5　その他——小嶋論文で扱われなかったもの

最後に小嶋論文の視野から外れたものに目を向けることにしよう。ただしこれまでも繰り返し見てきたように、小嶋論文は国籍立法へと焦点を絞った作品であった。そのためそれを超えるような領域——一例として、国籍法によって定義されるに至った「日本人」に対する同時代の人々のイメージなど——へは沈黙している。この点は塙論文に言及した際にも指摘した。よって論文において扱われなかったことは数多くあり、そうしたことについての知見を吸収し、小嶋の研究をより広い視野から見渡すことには、確かに大きな意味がある。だがそうした諸研究を検討する作業は、むしろ本稿に続くはずの本論においてなされるべきであり、ここでは行わない。本節ではこうした限定のもと、小嶋論文と同じ国籍立法という次元において論じられなかった重要な系譜について見ておきたい。

小嶋論文は第Ⅲ期を基本的に捨象していたこと、そしてそれが多く史料的制約によるものであったことは第一章で述べた。逆に言うと、史料的制約を解き放ちさえすれば、第Ⅲ期の研究は大幅な進捗が約束されたも同然ということになるだろう。幸いなことに、民法典編纂史については、近年、新たな史料の発掘と、貴重な史料の公刊ないし復刊作業が急速になされている。そのあたりに関しては、広中俊雄「日本民法典編纂史とその資料——旧民法公布以後についての概観」といったサーベイもある。(29) こうした第Ⅲ期の史料の中心となっているのが民法典編纂を与った法典調査会関係の史料であり、国籍法が起草され、審議されたのもまさにその法典調査会であった。すなわち民法典編纂の関係史料は、ほとんどそのまま国籍法研究においても共用できるのである。第Ⅲ期についての足掛かりは得られているといえよう。

しかしこの史料の所在についての小さな知見は、次のようなことを考えさせる。民法と国籍法とのこの近しい関係は、ただ第Ⅲ期のみにとどまるのか、と。もちろんそんなことはない。それは小嶋論文にも第Ⅱ期の④で旧民法人事編への言及があり、その第二章「国民分限」が全文引用されていたことからも明らかだろう。これは民法典中に国籍関連の規定を置くというものであった。民法との近さといえば、これ以上のものはない。

しかし逆に言うと、それ自体に国籍規定を含むⅡ―④の旧民法人事編において、もはや国籍法は必要ない。言い換えれば、旧民法人事編は、国籍法をつくろうとする幾多の試み――同じ第Ⅱ期の国民身分法や日本国籍法など――とは、両立し得ない。すなわち国籍についてそもそもいかなる法律によって規定するかという点で、国籍に関する特別法（国籍法）を設けるとする立場と、民法において行うとする立場とがあった。そして一方が採用されれば、他方は無用となる。

小嶋が「日本国籍法沿革史」において発掘し、整序した数多くの案のほとんどは、このうちの前者、つまり国籍法をつくろうという試みであった。そして後者、つまり民法における国籍規定の試みについては、旧民法を引用するばかりで分析らしいものはなく、ましてや旧民法へと結実していく諸案については触れられていない。

すなわち小嶋論文が提示した道筋とは「まったく独立」した（小嶋論文、三二〇頁）もうひとつの国籍立法の系譜が存在するのである。これこそ小嶋論文で扱われなかったもっとも重要な事柄になるだろう。もっともそれが本当に「まったく独立」していたのかどうかは検討の余地があるが。

その系譜は、民法のなかに「国民分限」の規定を行うというナポレオン民法典をモデルにしたものである。そして明治初年からいくつもの案がつくられては消え、明治二〇年代に入って国籍論議が沸騰したときにもその作業は続けられ、議会開設前には公布へと漕ぎ着けた。ただし結局のところ実施には至らず、民法典のモデル転換によって「国民分限」の規定は民法典から外され、それによって国籍法の必要が生じてくる。ただしその起草は民法典と同様な方式で行われていくのだが。第Ⅲ期において民法典編纂史のための史料は国籍法編纂史のそれと大幅に重なった。第Ⅰ期と第Ⅱ期について言えば、民法典編纂史が同時に国籍立法沿革史でもある、そうした系譜があるのである。

ただしこうした系譜の存在を小嶋が気付かなかったとするのは早計である。それは少数ながら的確極まりない論文中の民法への言及を見れば、瞭然であろう。ただほかの部分――国籍法の系譜――と遜色ない密度で記述することができないと判断し、記さなかったと想像しておきたい。

さて小嶋論文のおいて探求されなかったこの系譜へ目を配った数少ない作品に、二宮正人『国籍法における男女平等』がある(30)。本書は、一九八四年に改正された父系血統主義をはじめ、国籍法における男女間の不平等に関する比較法的考察をしたものであり、欧米のみならずブラジルやトルコにまで視線が届いている点に特徴がある。そのなかで日本の明治国籍法の成立経緯についても概観している。その記述のほとんどは小嶋論文と田中論文とに拠ったものだが、旧民法人事編に至るいくつかの民法草案についても、ごく僅かではあるが、触れている。小嶋が記さなかったもうひとつの系譜に関するいまのところ唯一まとまった記述として、参照する価値はあるだろう。

以上、その他として、小嶋論文ではほとんど扱われなかったもうひとつの系譜の存在を指摘した。「国籍法成立史」という枠組で対象の追究を行うと、どうしても国籍法の起源への遡及へと視野が限られがちになってしまう。しかしそもそも国籍法をつくらないという選択肢があり、むしろ途中まではそちらの方針が実現に近づいていたのである。小嶋の描いた世界とは別個に国籍を云々し、立法作業を遂行していた世界が少なくともひとつはあった。「国籍法以前」の様相について、仮に国籍立法という限定された視角から考察するのであっても、小嶋論文と同様な柱をもう一本立てることは必須となるだろう。

おわりに

いまから四半世紀以上前に書かれた小嶋和司の論文「明治前期国籍立法沿革史」をたよりに、その後に登場した研究について検討をおこなってきた。「国籍法成立史」というテーマへ挑んだ論著は少なく、またその水準も高いとは言えなかったこと。しかし悲観する必要はなく、「国際結婚」や条約改正への研究、あるいは民法典編纂史や植民地法制史などにおいて有意義な作品が現れており、それらを参考にできること。概ねこうしたことが明らかになった。これに史料状況の好転という一般的な事態をも考慮すれば、「国籍法以前」について、精細かつ清新な研究が出現することを期待しても、そう酷な注文とは言われないだろう。最後にそうした研究のための突破口となるかもしれない点について若干の指摘を行い、今後の展望に代えたい。

まず実定法のレベルと立法の試みのレベルとは区分して考えるのが、問題を明確にする第一歩である。実定法レベルでは、とりあえず、明治六年太政官布告第一〇三号→明治三一年法律第二一号→同法＋明治三二年国籍法が対象となる。そしてそれぞれの成立過程とともに実施ないし運用の過程を考察することが課題となる。この点で「国際結婚」研究が有用なことはもはや再説しない。ただしここで注意しておきたいのは、「国籍法以前」における「国籍」をめぐる問題のすべてが、これらの法令の運用として理解できるわけではないということである。例えば、法律では規定がないにもかかわらず、帰化が許可され、あるいは不許可とされた事例があることが知られている。また樺太・千島交換条約によって「国籍」の変更も起きている。そもそも僅か七条しかない第一〇三号布告の網の目（？）で掬えるのは、相当に限られた範囲のもののみである。「実態」について考察を深めていこうとするとき、どうしても「国際結婚」についての研究を踏みこえ、史料に基づいた復元を自ら試みていかなくてはならなくなるだろう。

次いで立法の試みのレベルについて。こちらにおける中心は、何といっても民法の系譜である。すなわちこの系譜に列なる諸案について、復元するという作業である。その際に参考になりそうな点について、少しばかり記しておきたい。

国籍立法の試みのうち、その登場から死滅まで、現時点でもっとも整合的に説明されていたのは、憲法―帰化法―条約改正という枠組によるものであった。小嶋の見取り図によるとⅡ―③に関してのものである。しかし国籍立法の試み自体は、それよりも遥かに古くから存在した。憲法と条約改正によって帰化法が浮上してくる以前の第Ⅰ期の流れとして、小嶋は、第一〇三号布告改正の動き（Ⅰ―②）と、帰化法制定の動き（Ⅰ―③）との二つを挙げていた。しかし記述の中心が前者（Ⅰ―②）に置かれたこともあり、第Ⅰ期と第Ⅱ期との連関の仕方は、明確にされていない。民法の系譜を明らかにする作業は、Ⅰ―③を介し、第Ⅰ期と第Ⅱ期との連続面へ目を向けさせてくれるだろう。

一方、それぞれの案の相違点に着目するならば、憲法以前と憲法以後との状況変化に着目した坂野論文が役に立つ。これは「憲法発布と不平等条約問題の特異な進展」といういささか大まかな特徴付けが施された第Ⅱ期の諸案について、例えば②と③の関連など、より微細な検討を可能にしてくれるだろう。そして条約改正との関係と漠然とはいわれながらも、その第一の当局者である外務省の動向について小嶋論文ではほとんど触れられていないあたりも、注目点となり得るだろう。

また民法以前―民法以後という視点も役に立つ。ここにおける民法を明治民法とすれば、「国籍法以前」はそのほとんどが民法以前であるということに気付かされる。その民法以前において民事法の基軸となっていたのが戸籍法である。国籍立法の企図は、一方では民法典編纂とセットなされたとともに、もう一方では民法典ではなく戸籍法のみを前提に、なされたのである。「戸籍と国籍」という、植民地法制の研究においてまさにひとつの論点となっている問題構成は、「国籍法以前」においても、何らかの展望を拓くことになるかもしれない。

さらに民法を旧民法人事篇とすれば、その場合、第Ⅱ期のなかでただひとつ民法以後となる⑤帰化法が焦点となってくるだろう。それは小嶋の見取り図にしたがった第Ⅱ期と第Ⅲ期との連関という関心からしても、また小嶋の描いた系譜と民法を中心とした系譜との関連という今後の中心論題からしても、同様であろう。「新出史料」を加えてⅡ―⑤帰化法への考察を行ってみると、帰化法の立案が旧民法の公布にともなうものであること、あの盤石に見えた小嶋の相関関係の認定そのものに重大な瑕疵があること、またそれにともなって小嶋による時期区分などをも再検討せざるを得ないこと、などが明らかになった[31]。現在の研究状況を踏まえるならば、小嶋の研究の上に議論を組み立てるのではなく、それこそ小嶋の行った態度そのままに、史料に基づいてもう一度組み立てなおしていくことこそ、どうやら「国籍法以前」をもっとも深く考え、その世界へ灯りを差しかける何よりの方法ということになりそうである。

(1)　一例として、水野直樹「国籍をめぐる東アジア関係―植民地期朝鮮人国籍問題の位相」、古屋哲夫・山室信一編『近代日本における東アジア問題』(吉川弘文館、二〇〇一年)。

（2）小嶋和司憲法論集第一巻『明治典憲体制の成立』（木鐸社、一九八八年）所収。初出は『法学（東北大学）』三九―二、一九七五年。以下では、木鐸社版に拠る。

（3）小嶋については、前注に掲げた憲法論集の第三巻『憲法解釈の諸問題』（木鐸社、一九八九年）に略歴や著作目録がある。また、小嶋宏彰編・刊『父の二言―小嶋和司エッセイ集』（一九八九年）があり、その人となりを垣間見ることができる。

（4）明治典憲体制とあるのは、皇室典範と大日本帝国憲法とが最高の形式的効力を有した点を正確に表現しようとした呼称であり、明治憲法体制と普通言われるものと基本的には等しいと言って差し支えない。

（5）ひとつの集大成として、稲田正次『明治憲法成立史』全二巻（有斐閣、一九六〇年・六二年）があることは、周知の通り。

（6）そのうちのいくつかは、『明治典憲体制の成立』に収められている。

（7）平賀健太『国籍法』上（帝国判例法規出版社、一九五〇年）と、江川英文・山田鐐一『国籍法』（有斐閣、一九七三年）を挙げている。

（8）芳賀幸四郎先生古稀記念論文集編集委員会編『芳賀幸四郎先生古稀記念・日本社会史研究』（笠間書院、一九八〇年）所収。なお、小嶋論文への言及はない。以下では参考のため、小島論文への明示的な言及の有無を、「有」ないし「無」という形で付記しておく。

（9）塙が明示した「国籍法に関する研究」は、小嶋も引いている平賀と江川・山田の二書のほか、田代有嗣『国籍法逐条解説』（日本加除出版、一九七四年）である。

（10）『戸籍』四五四～四七七、一九八三～四年。「無」

（11）例えば、小嶋も参照していた江川英文ほかによる有斐閣・法律学全集『国籍法』の各版における記述を比較せよ。江川英文・山田鐐一『国籍法』（一九七三年・初版）、江川英文・山田鐐一『国籍法』（一九八九年・新版）、江川英文・山田鐐一『国籍法』（一九九七年・第三版）。「無」

(12) 国際法学会編『日本の国際法の百年』五（三省堂、二〇〇一年）所収。「有」
(13) 尹健次『日本国民論―近代日本のアイデンティティ』（筑摩書房、一九九七年）所収。初出は、戦後日本・占領と改革第五巻『過去の清算』（岩波書店、一九九五年）。「無」。
(14) 石井良助法制史論集第二巻『日本婚姻法史』（創文社、一九七七年）所収。初出は『法学協会雑誌』八三―三、一九六六年。
(15) 大口勇次郎『女性のいる近世』（勁草書房、一九九五年）所収。初出は「『国際結婚』事始め」と題して、『お茶の水女子大学女性文化センター年報』四、一九九〇年。「無」
(16) 講談社メチエ、一九九五年。小山にはこれ以前に「明治前期国際結婚の研究―国籍事項を中心に―」、『近代日本研究』一一、一九九四年もある。いずれも「無」。
(17) 新曜社、二〇〇一年。「有」。
(18) 深谷博治『初期議会・条約改正』（白揚社、一九四〇年）。
(19) 井上光貞・永原慶二・児玉幸多・大久保利謙編『日本歴史大系』四・近代Ⅰ（山川出版社、一九八九年）所収。同書の普及版では、第一三巻『明治国家の成立』（山川出版社、一九九六年）所収。「無」
(20) 『日本歴史』四四四、一九八五年。「無」
(21) 中公新書、一九九九年。第二章第一節。「無」
(22) 吉川弘文館、二〇〇一年。「無」
(23) 梧陰文庫研究会編『井上毅とその周辺』（木鐸社、二〇〇〇年）所収。「有」
(24) 例えば、中村菊男『近代日本の法的形成―条約改正と法典編纂』（有信堂、一九五六年・初版）など。
(25) 伊豫谷登士翁・杉原達編『日本社会と移民』明石書店、一九九六年。「有」
(26) 『移民研究年報』七、二〇〇一年。「有」
(27) 江川英文ほかによる『国籍法』各版などを見よ。

(28)『現代台湾研究』一九、二〇〇〇年。「無」

(29)広中俊雄「日本民法典編纂史とその資料―旧民法公布以後についての概観」、『民法研究』一、一九九六年。有斐閣、一九八三年。「有」。

(30)

(31)この点は、山口輝臣「旧民法と帰化法案」（近刊予定）を参照。

［付　記］　本稿は、二〇〇二年二月の研究会における報告の一部を文章化したものである。そのため、それ以降に公表された諸業績については触れられていないことを、お断りしておきたい。

植民地司法制度の形成と帝国への拡散

初期台湾型司法制度の成立に至る立法過程を中心に

台湾総督府高等法院庁舎

文　竣　暎

はじめに

朝鮮、台湾などの植民地に対する日本の統治は、近代的司法制度の移植を伴うものであった。もちろん、植民地における司法制度は、明治維新以来、西欧近代司法制度の移入として成立した日本の近代司法制度が有した、特徴ある近代性の外に出るものではなかった。しかも、植民地統治当局の利害の下で、司法制度が設計されることにより、植民地では司法権の独立性が弱く、司法官をはじめ司法組織と人員が小規模に限定され、広範な司法事務が行政官や警察官に委任されるなど、司法の地位と規模の面で甚だしい欠陥を有した。また、帝国日本の司法秩序全体は、朝鮮、台湾、関東州、南洋群島などの各植民地の司法制度がそれぞれ存在しながら、中心部の司法権力――本国の最高裁判機関である大審院、そして最高司法行政監督機関である司法省――と縦に連絡されるのではなく、各地域間での横の連鎖による帝国司法ネットワークとして存在していたにすぎなかった。(1)

こういった特徴的構造を支えていたのは、植民地に対する立法権を植民地総督または本国の内閣に委任した植民地立法制度であった。日本の植民地立法制度は、一八九六年三月の法律第六三号「台湾ニ施行スヘキ法令ニ関スル法律」(いわゆる六三法)で、その基本構造が整えられ、のち植民地朝鮮にも同種の制度が設けられた。その骨子は植民地総督に広範な立法権(台湾の場合は律令、朝鮮の場合は制令)を委任する一方、本国内閣にも本土の法律を植民地に施行する勅令の発布権限を与えるものであった。また、関東州や南洋群島の場合には、内閣が勅令により法律事項を立法した。こういった法的構造のもとで、帝国

京城三裁判所庁舎（朝鮮高等法院・京城覆審法院・京城地方法院）（1928年）

内の各地域は独自の法令体系を有し、各地域はそれぞれあたかも外国のような「異法域」として取り扱われることになったため、司法制度もこの異法域性に基づいて設定されざるを得なかった。このような構造は、内閣や植民地総督府が、議会と大審院からの干渉を受けずに植民地統治を遂行するために講じられたものであったことはいうまでもない。

しかし、植民地立法の仕組みそのものが、自動的に植民地司法制度の中身と形式まで完全に決定してしまうわけではない。一八九五年の台湾領有以来、紆余曲折を経て台湾統治制度が整えられ、一九〇五年以後になると、台湾で形成された種々の台湾型統治制度が他の植民地または勢力圏に移植・応用されることとなった。台湾型司法制度の成立も例外ではなかった。それは、時々の局面において選択された措置が積み重なった結果であり、その過程には複雑な国内的また国際的政治のダイナミクスが作用していた。特に、一八九七年から一八九九年までの政治的局面は、台湾における司法権独立や憲法および改正条約の実施問題に決着をつけた一連の措置により、それ以降の植民地立法・司法制度および帝国司法ネットワークのあり方に大きな影響を与えた。

そこで、本稿では、植民地司法制度の形成と帝国への拡散を検討するにあたって、植民地司法制度のモデルとしての台湾型司法制度の成立に至る立法過程に注目する。まず、初期台湾統体制が胚胎していた問題を解決する過程における法的・政治的選択、それが台湾における法令体系や司法制度に及ぼした影響、台湾の特殊な司法制度の成立を可能にさせた諸条件に着目して、台湾における司法権の位相、裁判機構および司法事務の編制、そして、主な裁判法規や刑罰法令を中心に台湾型司法司法制度の成立過程を分析する。そして、台湾型司法制度の他の植民地、特に旧韓国および植民地朝鮮への移植・応用、帝国各地域間の司法ネットワークの形成問題を検討する。(2)

一　台湾領有直後における初期台湾司法制度の構想と成立

1　台湾領有直後の台湾司法制度の構想

(1)　**内地延長主義と植民地主義**

一八九五年五月の台湾領有を前後して、日本政府内部では台湾統治制度の基本的あり方について様々な議論が交わされた。(3) 当時の主な論点は、台湾の憲法上の位置、特に台湾に対する立法権の行使は憲法規定に従うべきかどうか、また、台湾を「植民地」として本国と別個の制度により統治するか、なるべく本国同様の制度により統治するかという統治の根本方針をめぐって展開された。台湾における司法制度の構成問題も、このような文脈で議論された。

例えば、楢原陳政は、文化が低く風俗習慣が本国と著しく異なる台湾に対しては、清国の旧律を参考にして台湾新律を制定し、裁判組織も各県・府レベルでは警察官を審判官とし、その頂点に台湾総督が庁長となる高等審判所を設けることを建議した(4)。彼が念頭に置いたのは、欧米近代的司法制度を本格的に導入する以前の日本のように、「新律綱領」(一八六九年一二月)のような法令を制定し、行政の一部としての裁判を運営することであって(5)、日本の経験から台湾の文明発達程度に対応する制度を設定しようとしたのであろう。

一方、外国人顧問らは、それぞれ出身国の植民地司法制度を参考にしながら、台湾に対する司法政策を提案した。例えば、フランス人のル・ボンは、一八九五年四月の司法大臣芳川顕正宛の意見書中で、台湾はフランスのアルジェリアのようにして本国に完全に近似せしめ「将来に於て帝国の真の一県と為さざるべからざる」とした。特に刑事法はなるべく日本の法典を施行すること、また、「法官に付ては日本の構成法に倣ひ無数の階級を組織し、且東京の大審院並に司法省に直属する所の下級裁判所及一の控訴院を建設」すべきとした(6)。本国司法制度の内容および形式を延長し、本国司法機関が直轄する司法制度を建議したといえる(7)。

その反面、イギリス人顧問カークードは、台湾を憲法の外に置き植民地として統治すべきとした上で、台湾の裁判制度の組織要領を提示した(8)。彼が一八九五年八月、具体的台湾統治方案をまとめ、司法大臣に台湾統治制度に関する諸勅令草案を建議した際には(9)、台湾の司法制度に関し次のような四つの点が主張されていた(10)。①台湾の裁判所の組織およびその管轄範囲は植民地法律または勅令により定める、②裁判官は、天皇の叙任するもの、総督が本国政府の認可を得て叙任するもの、そして総督が自己の責任をもって叙任するもの、という三つの方法によって任用する、③裁判官に対する停職または免官に関しては行政官に対するそれと区別しない、④台湾の控訴院の裁判に対する上告は東京に設置する特別裁判所に提起する。

この中の②と③は、植民地台湾では行政と司法の分離、裁判官に対する厚い地位保障といった司法権独立の制度は適合せずとする観点に基づいている[11]。彼は一八九八年の意見書でも、台湾のような地域では行政権と司法権を一身に合わせることにより人民に対する官吏の威信が増し、地方行政官は人民と日常交渉するから、その官吏が公平な場合には、その判決に対する人民の信用が独立裁判官の裁判に対するそれ以上に大きくなり、台湾の経費を大いに節減できるという利益が生じるとし、行政と司法の厳格な分離に反対した[12]。

④の特別上告裁判所はイギリスの枢密院司法委員会の例に倣ったもので、日本の各植民地における裁判に関する上告事件を裁判する機関として想定された。この裁判所は裁判所構成法との抵触を避けるため「判事以外の老練家」たる官吏七人から構成する。特に彼は台湾は本土から遠くないため、費用や時間の損失を理由にする反対論は大きくなかろうと楽観した[13]。

このように、カークードは植民地としての統治原則に沿って、本国の裁判組織から切り放された植民地向けの特殊裁判制度を提案したのだが、④で示した本国の特別上告裁判制度のように、植民地の裁判を本国のコントロールから完全に断絶するべきではないとしていた。これは、カークードがその勅令草案の他の部分で、台湾統治に対する本国政府の行政的監督権や立法的優越性を明確にし、「司直の総原則の統一」と「日本法理の総原則」を重視していることに相応しいものである[14]。

以上で見た諸構想は台湾に対する本格的施政が行われる以前の段階で提示されたものであったが、結果として政府はそのいずれをも選択しなかったものの、これらの構想は台湾における裁判法規の制定、台湾における司法権と行政権との関係、そして、台湾や本国の司法機関間の関係など、のちの台湾司法制度の展開に関わる示唆に富む内容を持っていた。

(2) 政府の折衷的模索

実際日本政府が台湾統治の基本制度の定立に取り組んだ際には、台湾の司法制度についてはどのような方針が存在したのであろうか。当時政府内部において審議の対象となっていた法律案としては六三法の母体といえる「台湾条例案」や「台湾統治法案」などの法律案が資料上確認される[15]。これらの法案は主として台湾総督の立法権、台湾財政の独立などを規定したものであり、カークードの構想に近いともいえるが、実は憲法と台湾との関係についての問題をいったん先送りしたものであった。台湾の基本統治制度を議会の協賛を得て法律により定める一方、内閣が総督府の政治的・行政的監督を行い、また、総督が台湾の立法・司法・行政の全権を行使することで、政府内部の妥協が行われていたことが窺われる。

「台湾条例案」や「台湾統治法案」は、裁判制度に関し非常に簡単な規定をもっていた。裁判所設置の法的根拠を、それぞれ勅令または台湾総督の命令に求めている点では相違するが、両者ともに「裁判官は法律に定めたる資格を具ふる者を以て之に任ず但し当分の内行政官をして之を兼務せしむることを得」としている。しかし、本国の裁判官と同じ資格をもつ台湾の裁判官に対する地位保障規定はない[16]。このように「台湾条例案」や「台湾統治法案」上の裁判制度の内容は、後の法律第六三号が、立法における内地延長主義的な要素（勅令による内地法律の施行）と植民地主義的な要素（総督の律令発布権）が、不均衡ではあるが共存している構造を持っていたことと照応していた。

ところが、六三法案の段階になると、裁判制度に関する規定は台湾財政に関する規定とともに削除され、立法権に関する事項のみが規定されることとなった。帝国議会の審議の際、憲法上の議会の立法協賛権を否定したこの六三法案をめぐり、憲法と台湾の関係に関する論争が行われることとなった（いわゆる六三問題）。政府委員として議会に出席した台湾民政局長・水野遵は、この問題に関しては明確な答えを回避しながら、台湾にはできるだけ内地同様の制度を施すという方針であることを強調した[17]。議員らを説得するための論理といえども、憲法および本国の制度の正統性という壁にぶつかって、植民地委任立法制度の内的制約性、その臨時性と変則性を政府当局者みずから認めたことに注目する必要がある[18]。また、水野のこの発言は、台湾司法制度の初期設定の方向を示すものでもある。

2　一八九六年の「台湾総督府法院条例」

一八九六年三月二九日公布された法律第六三号「台湾ニ施行スヘキ法令ニ関スル法律」に基づき、台湾総督は一八九六年五月一日律令第一号「台湾総督府法院条例」（以下「法院条例」と略す）を公布した。台湾ではすでに軍政時期に法院事務が開始されたが[19]、この「法院条例」の公布を通じ、本格的な裁判組織が設けられることになった。

台湾総督府法院は、台湾総督の「管理」に属する「地方法院―覆審法院―高等法院」の三審制裁判機構であった。また、本国の裁判所構成法上の裁判所・判事・検事という名称と異なって、法院・判官・検察官という名称を使った。これは単なる名称の違いにとどまらず、本国の司法裁判所から台湾の法院を区別する効果を有しており、いわば植民地裁判機構の標識のようなものであった[20]。判官の場合、「台湾条例案」や「台湾統治法案」と同じく、裁判所構成法上の資格が必要であるが、その地位保障に関する規定はなく、当分の間、地方法院判官は行政官として任命されることになった。検察官に関しては判官のような資格要件がない。

なお、台湾総督府は同年七月一一日律令第二号として「台湾総督府臨時法院条例」を公布し、翌日の一二日には臨時法院を北斗に設置する総督府令を発した。臨時法院は、台湾の抗日武装勢力、いわゆる土匪を通常の裁判管轄から排除し速やかに裁判し処断する目的を持つ一種の臨時軍事法廷のようなものであった。台湾統治初期の治安状況の中で創出された臨時法院制度は、後の「匪徒刑罰令」のような過酷な刑罰法規、そして、各種の刑事手続法規上の特例が形成される通路として機能することとなる。

更に、総督府側は八月一四日、緊急律令として律令第四号「台湾ニ於ケル犯罪処断ノ件」を公布し、台湾における犯罪は帝国刑法により処断するが、台湾住民に適用し難いものは別に定めるところに依るとした。なぜこのような内容の法令を本国政府の承認を待つことなくあえて緊急律令の形式で発布したのか。『台湾総督府警察沿革誌』によると、台湾総督府は七月一五日から総督府法院の執務を開始したが、それまで軍政期の「台湾住民刑罰令」の外に刑事実体法の制定が整わず、総督府内部でも法の適用についての見解も一致しなかったという。この律令の公布以前、総督府法院は法院会議を開き「内台人を問わずその犯罪に関しては旧慣風俗に依ること」を議決したが、その議決に従う義務はないと主張するものも出てきて、この状況では裁判の統一ができないと憂慮した総督府が緊急律令を発したということである。これに対し、一部の判官から律令をもって帝国刑法全部を台湾に施行することは、「六三法」に違反するので、この律令は無効であるという反対の声すらあった模様である(21)。

そして、この「台湾ニ於ケル犯罪処断ノ件」とともに、刑事事件処理に関する準拠法として、一〇月一日には、「勾留又ハ科料ノ刑ニ当ルヘキ犯罪即決例」（律令第七号）を公布し、本国の違警罪即決例にならい、勾留または科料の刑に当る軽微犯罪を警察署長が即決する制度を導入した。しかし、それ以外の民事法規や裁判手続法規に関する立法措置は行われなかった。「台湾ニ於ケル犯罪処断ノ件」をめぐる論難から見られるように、この段階では、台湾司法制度の基本的方向さえまだ固まっていなかったのである。

二　「高野事件」と台湾法院制度

1　「高野事件」の波紋

一八九七年一〇月、松方内閣は当時台湾高等法院長の高野孟矩に高等法院長を非職に付す旨の辞令を送った。[22]しかし、高野は台湾には憲法が施行され、台湾の判官も憲法上の裁判官であり、松方内閣の処分は裁判官の地位を保障している憲法条項に反する措置であると抗議し非職処分に服従しなかった。他の台湾判官らをはじめ本国の法曹界や政治家も高野の抗議を支持し、本国では憲法擁護運動、司法権擁護運動が繰り広げられた。政局に波乱をもたらした高野事件は、台湾判官の地位問題を通じ台湾の憲法上の位置という未解決の問題を再び公然化させ、帝国議会では、この問題に関する政府の明確な見解の表明を求める質疑が次々と提出された。[23]

また、高野事件は台湾における改正条約実施の問題の関係でもう一つの重要性を有した。当時の台湾では、一八九六年二月以来日本政府と欧米諸国との間に結ばれた「不平等」条約を施行していたが、改正した新条約を台湾に実施するとすれば、台湾における欧米諸国の治外法権撤廃の前提として締約国の外国人を日本人と同等に待遇しなければならない。これは本国の法律を適用し、内地の裁判所に匹敵するほどの独立かつ公正な裁判を保障しなければならないことを意味した。故に、判官が行政処分で非職・免官することができるという方針を維持するとすれば、改正条約の趣旨と衝突し、そのため外交的抗議が行われるかも知れなかった(24)。

これらの問題を解決するため、乃木総督は一八九七年九月、松方内閣総理大臣に台湾に改正条約を実施せず、憲法を改正して台湾を憲法の外に置くことを建議した(25)。しかし、松方内閣は高野事件が一因となって一八九七年一〇二月に崩壊し、結局、高野事件の提起した難問は、松方内閣を継ぎ成立した伊藤博文内閣と、新任の児玉源太郎台湾総督や後藤新平民政局長との間で解決が目指されることとなった。

2 憲法および改正条約の台湾実施

伊藤内閣は台湾統治制度の全般を再検討し始めた。政府内部では台湾の憲法上の位置をはじめ、台湾への改正条約実施や帝国法典の施行、それに伴う台湾法令や司法制度の再編成問題をめぐる様々な議論が交わされた(26)。外務省側は、一八九八年三月に新条約の台湾実施は論議の余地がないという立場を示し(27)、伊藤内閣は同年六月に「帝国憲法は台湾に施行せられたるものとす、改正条約は台湾に施行するものとす」という内訓を台湾総督に下達した(28)。興味深いのは、政府が憲法の解釈によってではなく、「六三法」の制定および台湾総督府予算の議会協賛といった、その間に定着したものを一種の合憲的慣行として位置付け、憲法がすでに施行されたと論じていることである(29)。このような論法は、憲法施行の規範的意味に直接に触れずに、憲法の施行問題をあくまでも内閣の裁量の下に置こうとする政治的考慮から出たと考えられる。

いずれにせよ、問題はそれに応じる善後策であった。

まず、改正条約実施に備えるための帝国法典の実施に関する措置を見ておく。伊藤内閣は、台湾に帝国の法典を実施するが、律令により台湾人および清国人のみの事件に関する特例を設けることができるとする内容の法律案を第一二議会に提出する予定であった。しかし、六月末伊藤内閣が総辞職し大隈内閣が成立するという政変が起こったため、この法律案は議会に提出されなかった。条約改正通告期限が迫ってきてくるなか、大隈内閣は七月九日の閣議で次のような内容の総督府律令案を通過させた(30)。つまり、台湾における民事、商事および刑事に関する事項は、帝国の民法・商法・刑法・民事訴訟法・刑事訴訟法に依る、ただし台湾人および清国人のみの事件に対しては現行の例に依るということであった。台湾総督府は、一八九八年七月一六日「民事商事及刑事ニ関スル律令」（律令第八号）を公布した。同じ時期に、後述する台湾法院条例改正律令案も審議された。

伊藤内閣が準備していた法案や「民事商事及刑事ニ関スル律令」はともに帝国法典の台湾実施に関する内容であったが、その法律的意味に対しては注意しなければならない。万一、伊藤内閣が準備していた法案が法律として公布されたとすれば、台湾における立法・司法制度は以後の展開とはかなり違う方向に進む可能性があった。なぜならば、帝国法典が律令でなく法律により直接に施行されることとなり、これらの法律事項に関する総督の律令権の行使範囲が台湾人および清国人の事件に対することに限られ、少なくとも民事、商事および刑事の法規の面で台湾の異法域性が薄くなる。その反面、「民事商事及刑事ニ関スル律令」は、律令の形式で帝国法典を依用するという方式を取ったので、台湾に依用された帝国法典はあくまでも委任立法制度に基づいた台湾のみの法令として効力を有するに止まり、律令であるから律令による改廃が可能となった。よって、総督府は台湾の異法域性を保ちながら一九〇〇年代に入ると、種々の律令を制定し台湾という領域に均一に施行される特例を設定していくこととなったのである。

三　台湾法院制度の刷新とその結果

1　台湾法院制度改革の構想

ところで、高野事件を巻き起こした問題、すなわち、台湾法院判官の地位保障の問題はどう解決されたのか。その時の台湾法院改革の諸構想をたどりながら、この問題がどう決着がつけられたのかを概観する。

一八九八年一月後藤新平は、台湾の民政局長に任命される直前、桂太郎内務大臣に「台湾統治急案」という意見書を呈した。後藤は、台湾の施政に関しては一八世紀の欧米と同じく警察を中心にする方針を取るべきであるとした上で、第一審裁判は警察署が実行し、巡回覆審裁判を組織して警察官の裁判に対する覆審を行い、そして、最終の審理権限は東京の大審院に移すという裁判制度の改革構想を示した。(31)警察中心の施政や統治経費の節減という方針を前面に出し、後藤の内務省官僚らしい性格の現れた大胆な構想であって、この構想は、台湾裁判制度刷新の基本的な枠組を決めることにつながった。

一八九八年三月イギリスの植民地および台湾を視察して帰国したカークードも、後藤への共感がうかがわれる次のような改革案を内閣に提示した。(32)つまり、すべての事件に対する第一審は地方行政機関の長に任せ、その裁判に対する覆審を台湾覆審法院に取り扱わせること、台北または東京に設けられる高等法院に覆審法院の裁判に対する上告を許すこと、そして覆審法院および高等法院の裁判官は独立した終身官とすることが主な内容であった[33]。相変わらず地方行政機関長の裁判権を認めているが、一八九五年八月の意見と異なって覆審および上告審の裁判官を終身官としている。その理由につきカークードは何も言及しなかったが、恐らく、当時のイギリス植民地において認められていた裁判官地位保障制度を参考にして、高野問題にある程度の解決の道を与えようとしたと思われる[34]。

カークードのこの意見は、もちろん憲法および改正条約の台湾実施に反対した上で提示されたものであった。当時の内閣法制局長・梅謙次郎は、「台湾ニ関スル鄙見」で、憲法や改正条約の実施問題ではカークードと全く反対の意見を有していたものの、裁判機構の基本的な構成方式に関してはカークードの提案と共通する点があった。梅は、「上告庁」および「控訴庁」の裁判官は裁判の公平を期するため終身官とすべきだが、第一審は、領事裁判の領事による裁判と小笠原諸島および伊豆七島の島吏による裁判などの例のように行政官に兼任させることができるとして、その場合、台湾法院は帝国憲法第六〇条の特別裁判所として見なすべきであるとしている[35]。

一方、改正条約実施論者であった外務省顧問デニソンは、一八九八年五月の意見書で欧米人と日本人の事件は本国法律および本国同様の裁判制度により取り扱うが、台湾土人と清国人に対しては行政官が裁判権をもつ二重的司法体制を提案した[36]。

なお、台湾内部からは台湾への改正条約の実施に備える措置として台湾司法機関の司法省直轄論が台頭した[37]。つまり、台湾の司法官庁およびその職員を本国司法省の直轄に移転するが、台湾の陸海軍のようにその監督権だけは総督がこれを行うことにより、台湾の司法官の地位を堅くするということである[38]。そのかわりに、台湾土民に対しては帝国法典を実行せず、また、地方行政官である弁務署長に勧解権、すなわち、裁判官の下した判決に準ずる執行力ある紛争調停権を与えることを条件としていた。

以上のように、台湾法院制度に関しては、憲法問題や改正条約実施問題に関するそれぞれの立場に基づき多様な改善策が出されていた。このような議論の中、台湾の憲法上の位置や改正条約実施に対する政府の方針が固まっていたこともあったため、台湾総督府にとっても台湾の判官に対する身分保障制度を講じることは避けられないこととなった。その場合、デニソンの主張した二重的司法制度を設ければ、論理的には簡明であろう。しかし、これは、児玉総督や後藤民政局長としては決して受け止められないものであった。判官に身分保障を与えるとしても、六三法に基づく総督統治権を保ち、警察中心の施政と経費の節減を計るための新たな枠組みに照応する限りで認められるものであった。

2 一八九八―九年の台湾総督府法院刷新の経過

(1) 一八九八年の台湾総督府法院条例の改正

一八九八年五月台湾総督府は、「台湾総督府法院条例改正律令案」「台湾総督府判官懲戒令律令案」を伊藤内閣に提出した。その骨子は、①台湾法院を総督に直属させること、②「高等法院―覆審法院―地方法院」の三審制から「覆審法院―地方法院」の二審制に転換すること、③判官に対する身分保障制度を設けること、④行政官が地方法院判官を兼任できる制度は当分のうち維持することなどであった[39]。つまり、台湾法院の総督への直属を明確にした上、判官に対するある程度の身分保障を認める一方、台湾内部における上告審を廃止し、法院機構を縮小する内容である。

内閣との協議過程では、伊藤首相や芳川司法大臣が司法省直轄論を提起したほか、総督府としては受け入れ難い更なる要求が内閣からなされた。特に内務省は、内地人および外国人に対しては内地の裁判制度とほぼ同じレベルの裁判手続きを保障すること、および大審院への上告を許すこと、そして、清国人や台湾人の事件の場合にはそれとは別の手続きにより処理し台湾法院内部で三審制を設けること、以上の三点を骨子とする、人種・国籍による二重的裁判制度の導入を要求した[40]。この内務省の修正案に対しては法制局も批判的だったので、政府は総督府の律令案をもとに審議を続けた。その際、特に③および④の点が問題になり、総督府側は、③の行政官による地方法院判官兼任を許す条項を削除することに一歩譲歩したが、決着までには至らなかった。

審議の途中、初の政党内閣である大隈内閣が成立する政変が起こり、総督府側はやむを得ず政府側の要求に応じ、再び判官の身分保障制度および判官懲戒手続きを補完するなど修正を加えた。ようやく七月一二日内閣は、大審院と総督府覆審法院とを連絡させる内容の単行法律を議会に提出することを条件にして律令案を通過させた[41]。ここで、一八九八年五月法院条例改正案が提出された際、台湾総督府側がそもそも大審院と台湾覆審法院を連絡させる構想をもって政府との協議に臨んだのか、あるいは、逆に政府側（特に内務省）から提示されたのか、資料の制約で断定できないが、後藤新平が「台湾統治急案」ですでに同じ構想を示したこともあり、改正条約や法典の台湾実施をめぐる当時の状況に鑑みれば、台湾総督府が伊藤内閣を相手にして上告裁判を完全に否定する目的の法院条例改正案を出したとは思われない。むしろ、台湾総督府がこの構想を前提して台湾法院を二審制に転換する律令案を設け、内閣にもその方針を示したと見る場合、政府審議過程で、その重要性にもかかわらず、上告審廃止そのものに関し深刻に議論された様子はなく、台湾法院の総督直属、地方法院の合議制廃止、判官の身分保障程度、地方官の判官兼任制等が主な議論の対象がなった理由を説明することができると考えられる。

総督府は、七月一九日律令第一六号「台湾総督府法院条例改正」、翌日の二〇日には、律令第二〇号「台湾総督府法院判官懲戒令」を公布した。この二つの律令により、台湾でも新たに判官の身分保障制度が導入されることとなったのである。しかし、本国に比べてはその保障程度が弱く、検察官の身分保障は依然として認められなかった(42)。いずれにせよ、台湾司法権独立の問題に一応の決着をつけたこの結果を踏まえ、一八九九年三月になると、当時の山県内閣が「台湾に憲法は施行せらるるものとす、台湾総督府判官は憲法第五十八条第二項の保障を受くるものとす」との公式答申を帝国議会で表明するに至る(43)。

(2) 一八九九年の「台湾総督府法院ノ判決ニ対スル大審院ノ裁判権ニ関スル法律案」

一八九八年九月、政府との約束のとおり、台湾総督府は大審院の上告裁判権限に関する法案を内閣に稟申した。それに基づいて一八九九年一月「大審院特別裁判権ニ関スル法律案」がいったん完成され第一三議会に提出された。その内容は、大審院が台湾覆審法院の判決に対する上告および再審に関する裁判権を有するということであった。これに対して司法省から、大審院が全事件に関する最終審理権限を持つとすれば、むしろ台湾に裁判所構成法を施行することによって台湾法院を司法大臣が監督するほか司法権の統一をはかるのが適策であるという論議が提起された。後藤新平は、これでは台湾独特の法院制度の根本方針が破壊されることになると判断し、法案の内容は、更に民事訴訟法および刑事訴訟法に基づいた覆審法院の判決のみを大審院が最終審理するように修正された。この規定によって、当時民事訴訟法および刑事訴訟法が適用されていなかった台湾人および清国人の事件の場合は、台湾の覆審法院の段階で結審されることとなったと考えられる(44)。

政府はこの修正法案を「台湾総督府法院ノ判決ニ対スル大審院ノ裁判権ニ関スル法律案」として、同年二月衆議院に提出した。衆議院は、帝国法律解釈の統一を図るという法案の趣旨に賛成する雰囲気であった。法案審議を付託された衆議院特別委員会は、もう一歩進んで、総督府・政府側の反対にもかかわらず、台湾覆審法院の判決を大審院が破棄した場合、内地の控訴院にも差戻しできるように法案を修正した。この委員会修正案が本会議を通過し、貴族院に送付された(45)。

貴族院特別委員会の審議の際、総督府や政府側は政府原案を採択するよう希望したが、委員会は衆議院修正案にも政府原案にも批判的であって、結局貴族院本会議で両法案とも否決されることになった。台湾から東京まで来るのは人民に大変な負担を課すものであり、法律解釈の統一という名目も「六三法」に基づく台湾特殊の法令制度の趣旨に合わず、むしろせっかく委任立法制度を設けた以上は、台湾法院の判決に対する上告も台湾内部で処理すべきであるというのが貴族院の反対理由であった(46)。帝国法律解釈の統一をモットーにし本国司法権との連結を主張する立場と妥協しながら、台湾司法制度の異法域性を保とうとした後藤の意図が裏切られ、その異法域性を生み出した「六三法」の論理構造が逆に足かせとなったのは皮肉な結果であった。こうして、大審院と台湾法院とを結び付ける試みは失敗し、台湾総督府法院は上告審のない「地方法院―覆審法院」という二審制の構造を持つこととなった。

(3)　一八九八―九九年の台湾法院刷新の結果に対する評価

一八九八年から一八九九年三月までの台湾法院制度の刷新の経過とその結果をどう評価すべきであろうか。高野事件の解決を模索しながら台湾統治に適合した制度の創出が模索され、一連の結果を産み出したことがまず注目される。後藤または台湾総督府の立場からみれば、台湾法院の総督への直属を明確にし法院の職員および組織を縮減するなどの成果を収めたと評価できる。しかし、行政官の地方法院判官兼任制の廃止、当初想定したことより厚くなった判官の身分保障、そして、大審院の上告および再審の裁判権に関する法案の否決などの結果は明らかな後退であった。一方は憲法が台湾に施行されているという論理により、また一方は、台湾は律令制度により本国から断絶した特殊法域であるという論理により、深刻な打撃を受けたといえる。

ところが、皮肉なことに、第一三議会で否決された法案には台湾総督府側が気づかなかった重大な問題があったと考えられる。たとえ日本人または欧米人の事件に限られるとしても、大審院の上告管轄権を通じて、台湾における法令の解釈と適用は、大審院の最終的審査の下に置かれることとなる。よって、それだけ台湾における法令の独自的な解釈・運営が難しくなり、更には律令によって民事訴訟法および刑事訴訟法の内容を変更することさえ間接的に制約されたであろう。つまり、経費節減にはある程度成功するが、台湾の法令や裁判がつねに帝国法律の統一という中心部からのプレッシャーに曝されることになるのである。

要するに、この法案は司法制度の一角を本国に連絡させることにより植民地委任立法制度の根幹を揺るがしうる潜在力を持っていた(47)。以後総督府や政府側から一度も類似した法案を提出しなかったこと、むしろ議員から提出された法案に強く反対したことは、まさにこのような点に気付いたからであろう。その意味では、法案否決により議会の方が総督統治にとっての脅威の要因を未然に率先して自らの手で除去したといえる。

四　一九〇〇年以降の司法制度の再編と台湾型司法制度の定立

1　新たな方向の模索

法院条例の改正をはじめ、それまでの台湾内政で起きた諸問題に解決の道を開いた台湾総督府は、一八九八年八月には「保甲条例」（律令第二一号）、一一月には「台湾総督府臨時法院条例中改正律令」（同第二三号）、「匪徒刑罰令」（同第二四号）を発し台湾の治安確保に尽力する一方、[48]台湾旧慣調査事業を意欲的に推進しつつ台湾の独自的な統治制度をより自覚的に模索して行き始めた。

一八九八年の法院条例改正をきっかけに、一八九九年度の台湾法院の判官の定員は五五人から三二人へ、検察官は二九人から一四人へ、大幅に縮小された。[49]また、一八九九年の大審院への上告に関する法案は、台湾人および清国人の事件に対しては民事訴訟法および刑事訴訟法を適用しないことを前提としていたが、法案が否決されたため、その前提を引き続き維持する必要がなくなった。むしろ、国籍・人種による裁判法規の二重的編制が、取り扱い方の統一や裁判の円滑な進行に不都合な結果をもたらしたと認識され、[50]一八九九年四月二八日には、律令第八号「本島人及清国人ニ刑事訴訟法民事訴訟法及其附属法律適用ニ関スル律令」を公布し、別段の規定がない限り台湾人および清国人の事件に対しても民事訴訟法および刑事訴訟法を適用するようにしたのである。もちろん、総督府は、その別段の規定にあたる刑事手続上の特則として、同日律令第九号「本島人及清国人ノ犯罪予審ニ関スル律令」を公布し、本島人および清国人の犯罪については刑事予審を省略することができるとした。刑事訴訟法が必ず予審に付することを要求している重罪事件は、これにより、予審を省き迅速に処理されることとなる。当時の重罪犯罪を多数をしめていた「匪徒刑罰令」違反事件が主な適用対象になったことはいうまでもない(51)。

ところで、台湾全域にわたる統治力や治安の確保につれ、台湾裁判制度はもう一つの問題に直面することになった。つまり、全員が身分保障を受けている専門の司法官による裁判、しかも、一層縮小された法院機構のもとで、増えつつある紛争や事件をより効果的に処理できる法令および裁判の仕組みをどう整えるかという台湾内部の問題である。台湾内部からは、高等法院の復活、判官および検察官の増員など、裁判制度の整備を求める意見が出され、総督府側も台湾内部での上告審復活の必要性を認めなかったわけではなかったが、経費の問題で許されなかった(52)。その以降には、三審制復活問題と結び付けられ、大審院への上告許容または裁判所構成法の台湾実施を求める声が高まっていったため、総督府は台湾の二審制を積極的に擁護しなければならなかった。

また、一八九九年四月の律令第八号により、一部の例外領域を除いて、裁判手続の二重的編制がなくなったとしても、台湾法院の二審制構造や職員・施設の規模を考慮すれば、刑事訴訟法および民事訴訟法をそのまま適用することは技術的に無理があるため、台湾の実情に相応しくより一般に適用される手続法規を案出する必要があった。

結局、台湾総督府がとったのは、現行の裁判組織はそのままにしながら、一方で、行政官による司法事務処理の領域を拡張して法院の関与する裁判事務の領域を縮小し、もう一方では、便宜的でかつ簡易な法執行手続きを設ける措置であった。そして、そのアイデアは、台湾の旧慣、欧米列強の植民地司法制度、本国における新たな制度的・理論的動向などのあらゆる方面から綿密に収集された。

まず、訴訟手続法規を整備過程を概観すれば、一九〇一年五月二七日の律令第四号「刑事訴訟手続ニ関スル律令」は、訴訟手続の新たな展開の方向を示す初めての例であった。一八九九年の律令第九号が台湾人および清国人の事件に関する特例であるとするならば、「刑事訴訟手続ニ関スル律令」は、刑事被疑者・被告人の国籍・人種を問わず適用できる刑事手続上の特例として設定された。そして、台湾総督府が「実際上最必要にして且機宜に適するもの」[53]として設けた規定の一つは、いわゆる要急事件における検察官の強制処分権を認めるものであった。[54]これは、現行犯事件を除いては捜査上強制処分権を予審判事に帰一させている明治刑事訴訟法からの重大な離脱を示している。

台湾における統一的な民事・刑事手続法規の整備をほぼ全うしたのが、一九〇五七月二九日の「民事訴訟特別手続」（律令第九号）、同日の「刑事訴訟特別手続」（律令第一〇号）であった。いずれも訴訟手続きの迅速と便宜を計っているが、特に「刑事訴訟特別手続」は、刑事予審を任意化し、被告人の権利および利益を制約するほか、捜査検察機関の権力を大幅に強化することにより、明治刑事訴訟法の基本構造を解体し、糾問主義の性格を全面化させたものであった。

2　笞刑処分制度、犯罪即決制度、庁長による民事調停制度

このように統一的な訴訟手続法規の整備が模索されるなか、一九〇三年七月に入ると、台湾裁判制度の重大な変化を示す一連の律令案が整えられた。刑事事件において罰金笞刑処分制度や犯罪即決制度を導入する二つの律令案、そして民事事件において民事勾留制度や庁長による民事裁判制度を導入する二つの律

令案であった[55]。

罰金笞刑処分制度は、短期自由刑の弊害を是正し「支那人種」の気質に適合するという理由で、禁固刑を罰金・科料刑あるいは笞刑に、罰金・科料刑を笞刑に換えて処罰できる新たな刑罰制度であった[56]。この制度の論理的な基礎は、後藤新平の命を受けイギリスの植民地を視察して戻った覆審法院長・鈴木宗言が提示したと知られている[57]。犯罪即決制度とは、軽罪の多数を占める窃盗・賭博・暴行・傷害・阿片令違反等の犯罪で重禁固三月または罰金百円以下に当たるものに対し警部や憲兵に即決裁判権を与えるものであった。なお、民事勾留制度とは債権者からの申し立てにより債務者を勾留する制度である。また、庁長による民事裁判制度とは、従来認めていた庁長の民事争訟調停権に裁判官の判決に準ずる効力を与えるものであった。つまり、台湾における特殊な刑罰制度や強制執行制度を導入し、また、従来判官の職権に属する司法事務の一部を行政官に移すことを目的としていた。これらの制度は台湾島人および清国人の気質や旧慣に基づき正当化されているが、各律令草案には台湾島人および清国人の事件にのみ適用されべきという明文の規定がなかった。

律令案に対する意見聞取が行われた際、当時の覆審法院検察官長・尾立維孝は罰金笞刑処分制度、犯罪即決制度、民事拘留制度の導入に対し強く反対した。彼は、高野事件以後裁判官の地位を強固にし裁判や監獄制度が着々と整備され、まさに道民が新施政に悦服し始めた際に、旧制の遺物で治めることは文明的法制と一視同仁の大義に悖るものであり、その適用対象から内地人も排除されていないため、本土や他の外国に居住する内地人より在台内地人を冷遇酷待する不当な措置であると指摘した。特に、犯罪即決例について、「司法権の基礎を薄弱ならしめ犯罪人の四分の三は判官を離れて警察官の手に帰し法院は空しく虚器を擁するに至らん」とし、「小額の経費を節するか為めに司法制度を根拠より変更して文より野に転せんする」と厳しく批判した(58)。

もちろん、尾立も司法運用経費の節減を計ろうとすることには変わりなかった。例えば、監獄経費の節約のため、多くの軽い犯罪を警察官や検察官の微罪処分の拡大により対応することを強調した。ひいては、彼は、植民地の事情の下で検察権の強化によって行くべく、新たな法院条例改正案を提案した。それは、検察官の位相や権限を強化する一方、法院長と判官の事務を再調整することにより、法院組織を更に縮小することを目指した(59)。鈴木覆審法院長がこれに強く反対したのは当然であった。このような反対のゆえか、尾立の法院条例改正案は総督府内部で廃案になった。しかし、尾立の法院条例改正案に現れた検察権強化の意図は、前述した刑事手続法規の整備過程において貫徹されていったことに注目する必要がある。

罰金笞刑処分制度、犯罪即決制度、民事拘留制度、庁長による民事調停の制度などの導入に関わる律令案は、一九〇三年一〇月以降政府の審議を受けることとなった(60)。そして、民事勾留制を除いて、一九〇四年に入って一月一二日「罰金及笞刑処分例」（律令第一号）、二月二五日「庁長ヲシテ民事争訟調停等ヲ取扱ハシムル件」（律令第三号）、三月一二日「犯罪即決例」（律令第四号）が次々と公布された。その間の議論や審議を通じ、「罰金及笞刑処分例」では台湾人および清国人の犯罪に適用されると明示し、「犯罪即決例」では対象犯罪の範囲を制限し庁長、支庁長または庁警部に即決権を与えることとなった。しかし、この新即決制度は、従来の違警罪即決制度と異なって、法定刑でなく処断刑で即決の対象犯罪を定めたため、即決権者の裁量の範囲が非常に拡大された(61)。

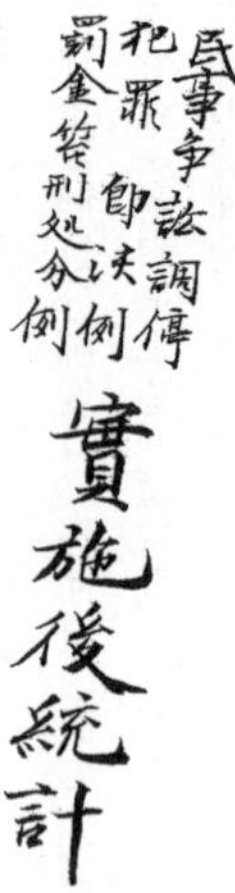

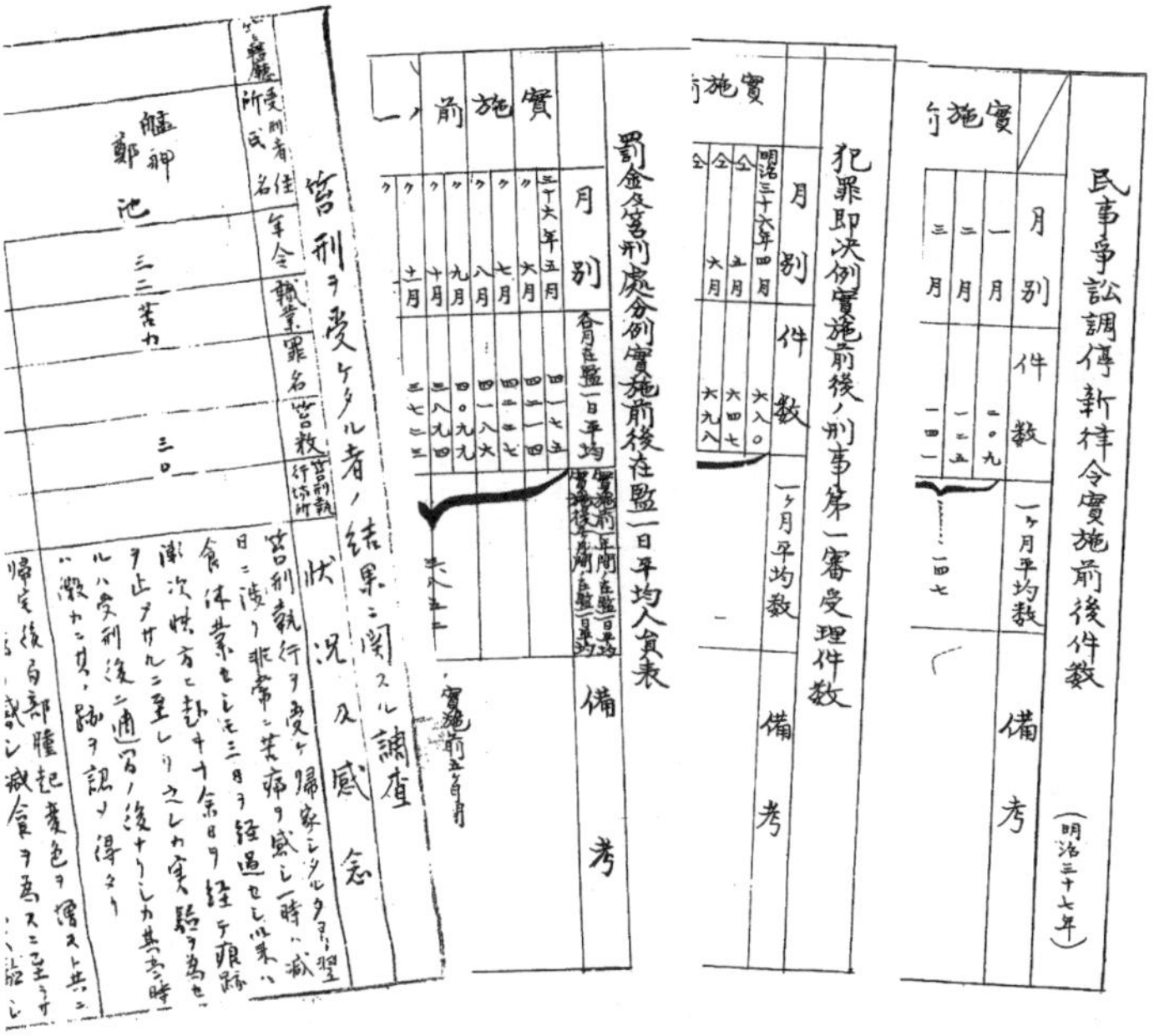

一九〇四年の新制度実施成績に関する台湾総督府の調査資料
（国立国会図書館憲政資料室・後藤新平文書より）

この三つの新制度の実施がどのような効果をもたらしたのか。まず、これらの制度を実施するに伴い、一九〇四年から再び判官を三二人から二四人に、検察官を一四人から九人に減員した[62]。また、一九〇五年その実施結果を調査した総督府資料によると、民事第一審事件は一ヶ月平均約一五％減少、刑事第一審事件は一ヶ月平均約四七％減少、一日在監人員約一一％減少という「効果」があったという。そして、財政的効果の面では、法院の年間経費のほぼ三分の一にあたる経費節減と収入増大、監獄費要求額の六分の一の節減ができたとされている[63]。

以上のような過程を経て一九〇〇年代半ばには台湾の裁判制度や裁判法規などが、ほぼ整備されていき、その最後に一九〇八年八月二八日の「台湾刑事令」（律令第九号）と「台湾民事令」（律令第一一号）の発布によって民事・商事・刑事に関する立法措置が総括されることになったのである。

3　台湾型の司法制度の定立の意味

ここでは、一九〇〇年代半ばまでの台湾における司法制度の確立過程とその結果とを吟味してみよう。さしあたり、一九〇四—五年の間に発布された一連の律令は、一八九九年までの高野事件の解決過程が積み残したことと関連して理解する必要がある。台湾は憲法が施行される日本の領土であるという建前のもと、司法権の独立をある程度認めざるを得ない前提で台湾法院制度が形成されたものの、台湾総督府はその制約を迂回しながら、台湾型司法制度を整備していった。その結果は、少し誇張すれば尾立覆審法院検察官長が指摘したとおり、司法制度を根底から骨抜きにしてしまった面をもっている。もちろん、これは、律令による帝国法典の「依用」の法的効果及び本国大審院との断絶によって、法典の統一や司法の統一という帝国中心への求心力から台湾の立法および司法の異域性を維持する防壁が構築されたため、可能になったといえる。

一九〇四—五年に導入された制度は台湾の特殊事情という本国政府を説得するための論理に基づき正当化された。すなわち、遅れた文明の発展程度、台湾人や清国人に特有な気質や伝統、不安定な治安状態等があるため、台湾には特別な取り扱いが必要であるということであった。しかし、これらの制度の成立にあたって、台湾総督府の意図のみが一方的に貫徹されたと簡単にいうことはできない。これらの制度を導入するには、総督府内部での合意はもちろん、本国内閣の承認を得る必要があった。特に警察による犯罪即決、庁長による民事争訟調停などの司法事務の処理、そして、民事・刑事訴訟上の特別手続などは、台湾に居留する日本人（ひいては、欧米人）にも適用される可能性があるため、単に支那人種の風俗や気質に合うという論理だけでは政府の懸念を払拭するには十分ではない。ここで注目すべきは、この時期、台湾でみられた傾向が、本国の司法制度においてすら進行していたことである。

例えば、穂積陳重は、短期自由刑の弊害を防ぎ犯罪者の性質に適する近代的刑罰制度として笞刑制度を本土にも施行すべきだと主張した。(64) これは犯罪人の特性に基づく治療的・予防的処遇を強調するヨーロッパの実証主義犯罪学派の影響を受けながら、刑法の改正を行おうとしていた当時の刑罰・行刑思想の一断面を示すものである。(65) 台湾総督府が、一九〇六年三月「台湾浮浪者取締規則」（律令第二号）を制定した際にも、政府を説得するため、類例がないほどの長文の理由書で、最新刑罰理論を動員した。(66) また、一八九九年からは司法省が監獄費節減のための捜査機関の微罪不検挙処分を励行し起訴猶予慣行が形成されていった。(67) 一九〇一年には、要急事件における捜査検察機関の強制処分制度、刑事予審の比重減少を内容とする刑事訴訟法改正案が公表された。(68) なお、一九〇五年からは区裁判所の管轄を拡大する裁判構成法改正が行われ、より多くの事件を簡易な手続きで処理するようにした。(69) 同じ時期に明治日本の司法制度の中で重大な変化が始まっていることを感じさせる動きが現れていたのである。

つまり、当面の問題に対して、人民の権利の確保や司法へのアクセスの拡大ではなく、その反対の方法、すなわち、国家権力や治安体制の強化により対処しようとする流れの中で、総督府や本国政府の官僚の問題意識や観点には互いに共有するところがあったといえる。

また、この問題は近代日本の立憲体制の脆弱性とも関連していたと考えられる。というのは、台湾の憲法上の位置問題とは別に、台湾に住む日本人は当然憲法上の権利を享有すべきだが、彼らに対する差別待遇の問題は、「六三法」の制定時期からあまり議論の対象とならなかったのである。台湾の日本人は、台湾の特殊事情、例えば、台湾人に対する一視同仁の統治という名目で、または、台湾の治安維持のための取り締まりの対象として[70]、台湾地域全体に対する差別構造のもとに置かれ、本国では当然受ける憲法的・法的保護から排除された。このような差別待遇の問題を指摘する声がなかったわけではないが、日本の国益といった論理に圧倒された。本国の有数の法学者らも、たとえ植民地の憲法上の位置という問題に関しては熱気ある論争を行ったものの、植民地に居住する内地人の憲法上の位置ということは彼らの関心の外にあった。

要するに、台湾の司法制度は、単に植民地統治当局の作品にすぎないものではなく、明治日本の国家優位の司法、官憲中心の司法の属性が植民地で全面的に発現されたものである。台湾の司法制度が、台湾の特殊事情から生まれた制度としての位相を超える通用性を帯び、帝国の他の植民地においても導入・応用されたこと、ひいては本国の司法制度の変化を先取するように見えることは、このような台湾型制度の性質と深く関連する。

五　台湾型司法制度の拡散と帝国司法の統一問題

1　台湾型司法制度の拡散：関東州、旧韓国、朝鮮

台湾領有以来、一〇年間かかって確立された台湾の司法制度は、日露戦争以後日本の勢力圏に入った他の地域へ移植されていった。まず、関東州の場合、一九〇六年から台湾型の司法制度が導入されるが、一九〇八年九月の「関東州裁判令」（勅令第二一二号）、「関東州裁判事務取扱令」（同第二一三号）、「罰金及笞刑処分令」（同第二三六号）によって司法制度の整備がいったん完結された。関東都督府法院は「地方法院―高等法院」の二審制法院であり、地方行政官である民政署長は一定範囲の民刑事事件に対する第一審裁判を行い、また、台湾の民刑事上特例を補完した手続法規を備えた。そして、清国人に対する笞刑制度も、すでに軍政時期から導入されていたが、一九〇八年九月の枢密院会議で外交上の問題とあわせて検討され、支那人種に適する刑罰制度として再確認された(71)。

つぎに、旧韓国における日本人居留民に対する裁判制度を見ると、日本政府は、一九〇六年六月二五日の「韓国ニ於ケル裁判事務ニ関スル法律」（法律第五六号）、「統監府法務院官制」（勅令第一六四号）、「韓国ニ於ケル裁判事務取扱規則」（勅令第一六六号）を制定することによって、従来の領事裁判制度を変え、理事官による第一審、統監府法務院で行われる第二審により構成される居留民裁判制度を設けた。これは、領事の裁判に不服の場合、本国の長崎控訴院および大審院での裁判を受ける権利を剥奪するものであった。後に満州、間島、南部中国においては、領事官の裁判に対する不服事件をそれぞれ関東州、朝鮮、台湾の植民地の上級法院が審理することとなったが(72)、この「韓国ニ於ケル裁判事務ニ関スル法律」がその制度的先例であったということができる。また、「韓国ニ於ケル裁判事務ニ関スル法律」の第一〇条は、勅令により韓国における居留民に対する裁判事務上の特則を定められるとする一種の委任立法制度を認めていた。そのため、一九〇六年二月の第二二議会においては、この法律案をめぐって憲法論争が行われた(73)。この法律に基づいて制定されたのが「韓国ニ於ケル裁判事務取扱規則」であった。韓国に居留する日本人の民事・刑事事件に関する手続法規であるが、手続の迅速と便宜を計るため特例を導入している。

更に、一九〇九年七月一二日になると、旧韓国政府からの司法監獄事務委託が行われ、一〇月一六日には「統監府裁判所令」（勅令第二三六号）、「統監府裁判所司法事務取扱令」（同第二三七号）、「韓国人ニ係ル司法ニ関スル件」（勅令第二三八条）、「韓国ニ於ケル犯罪即決令」（同第二四〇号）などが公布された。統監府裁判所は、「区裁判所－地方裁判所－控訴院－高等法院」の四級三審制裁判機関として組織され、

裁判の光景（上：旧韓国時代の郡守裁判　中：統監府裁判所　下：併合直後の朝鮮総督府裁判所）（朝鮮司法協会『司法協会雑誌』第八号より）。

韓国人と韓国居留の日本人の事件に対する裁判権を行使することとなった。

しかし、韓国人のみの事件に関する裁判法規は、「韓国人ニ係ル司法ニ関スル件」により韓国法規を適用するようにしたので、「刑法大全」、「民刑訴訟規則」などの韓国法規が依然として有効であり、それが属人的に適用されることとなった。(74) 従って、統監府裁判所の訴訟手続を定めている「統監府裁判所司法事務取扱令」は、韓国法規が適用される範囲以外の事件、つまり、原則として韓国に居住する全日本人の事件、また、韓国での日本の裁判管轄権が認められた一部の外国人の事件に適用される。(75) その中身を見ると、訴訟の迅速や便宜を計るため台湾型の手続法規に似た規定が多いが、例えば、刑事手続の場合、台湾と関東州と異なって、要急事件における検察機関の拘留権だけは認めないような違いがある。「韓国ニ於ケル犯罪即決令」も、統監府警視および警部の行う犯罪即決の対象を、拘留・科料に処すべき事件、韓国法規により笞刑・拘留・三〇円以下の罰金に処すべき事件としており、台湾の即決制度より対象犯罪の範囲が狭い。しかし、「民刑訴訟規則」の刑事手続規定は、警察官にも独自的な捜査上強制処分権を与えたが、これがのちの「朝鮮刑事令」の要急事件における司法警察官の強制処分制度に転じ、新たな植民地型の捜査手続のモデルとなったことに注意する必要がある。(76)

ちなみに、それまでの韓国居留の日本人に対する裁判権の根拠法であった、一九〇六年の「韓国ニ於ケル裁判事務ニ関スル法律」は、同月一八日の緊急勅令によって廃止された。(77) 緊急勅令は次期の議会で事後承諾を得られなければ会期終了と同時にその効力を失うこととなるが、一九一〇年三月第二六議会衆議院で衆議院決議として事後承諾案件の提出を要求したにもかかわらず、日本政府はいずれの措置も採らなかった。(78) したがって、法理上には議会の会期終了時点で一九〇六年の法律第五六号の効力が甦り、少なくとも日本人に対する裁判権の法的根拠という問題について、一九〇六年の法律第五六号と統監府裁判所令とが衝突することとなる。日韓併合の局面において日本政府が自国民に対してすら、どれほど恣意的に非立憲的権力を行使していたのかを端的に示す例ともいえる。

そして、一九一〇年八月の日韓併合を前後しては、韓国の裁判制度をも台湾や関東州の例のように二審制に変更しようとする動きがあった。しかし、韓国における欧米諸国の治外法権の撤廃問題などを考慮し、三審制がいったん維持されることになった。(79) そのかわり、一九一〇年一〇月一日制令第五号としてその名称を統監府裁判所から朝鮮総督府裁判所に変え、地方裁判機構を一部縮小した。そして、一九一〇年一二月には、「犯罪即決例」(制令第一〇号)「民事争訟調停ニ関スル件」(同第一一号)を公布し、民刑事にわたる警察司法権の土台を構築した。その後一九一一年五月には制令第四号として朝鮮総督府裁判所令を改正し、また同第五号として「朝鮮総督府判事懲戒令」を制定することにより判事に対する地位保障制度を導入した。だが、朝鮮の判事の場合、禁固以上の刑の宣告または懲戒の処分によらなければ免官されないとして、判事の地位保障程度が台湾のそれよりは低い。

一九一一年には、朝鮮総督府の行政整理作業に伴い、総督府高等法院長や高等法院検事長などが台湾に出張し司法制度や監獄制度を視察するなど、(80) 朝鮮の裁判制度の整備に拍車をかけ、その結果、一九一二年三月一八日のこれらの措置を通じて朝鮮における司法制度も台湾型の植民地司法制度として再誕生することとなった。

まず、「朝鮮総督府裁判所令」(制令第四号)が改正され、地方裁判所を地方法院に、控訴院を覆審法院と名称を変えたほか、区裁判所を廃止し地方法院支庁が設けられ、更には地方法院の合議制が廃止されるなど法院組織は一層縮小された。それと同時に、それまで朝鮮人にのみ適用される旧韓国法規と、日本人および外国人に適用されてきた日本法規と属人的に分かれた裁判法規を統一する作業が行われ、「朝鮮民事令」（制令第七号）と「朝鮮刑事令」（同第一二号）が制定された。「朝鮮民事令」と「朝鮮刑事令」は、民法、商法、刑法、民事訴訟法、刑事訴訟法等の日本の諸法律を「依用」し、多数の特例を設けていた。しかし、朝鮮人の凶悪犯罪が多いため特段の対策が必要し、従来微罪に笞刑を科する慣例があるとして、「刑法大全」の一部の規定は当分の間その効力を有することとなり、「朝鮮笞刑令」（同第一三号）を通じて、朝鮮人にのみ適用する笞刑制度が導入された(81)。つまり、形式的には基本法が属地的なるものとなっても、属人的な差別規定は姿を変えて生き残ったのである。本書中の浅野論文には、そうした規定が網羅され紹介されている。

2　帝国司法の統一の試みとその挫折

台湾律令制度という植民地委任立法制度のため、内地と台湾は、同じ日本帝国の領土であっても法律の面では互いに相手を外国と同じ異法域とせざるを得ず、それが動かしがたい通念として受けとめられた。一八九九年第一三議会で否決された法案は一つの転機になりうる可能性をもっていたが、その後台湾総督府は何れの措置をも取らなかった。台湾法院と内地裁判所とを連結する唯一の糸は司法共助であった。しかし、このような異法域性に疑問を抱きこの状況を克服するための試みが行われ始めた。

ここで、元台湾総督府覆審法院長の鈴木宗言が異法域状態を解消するための論理的根拠を与えようとしたのは興味深いところである。彼は台湾に憲法が施行されていることを根拠に、台湾の律令および台湾法院の判決の効力は帝国全体に及ぶことはもちろん、内地の法律および裁判所の判決の効力も台湾に及ぶと主張した(82)。このような論法は、一九〇〇年代後半から、台湾や本国の法曹人と政治家が連携して台湾と内地の司法統一を指向した一連の立法運動の中でも繰り返された。台湾には憲法が施行されているので、当然法令および判決の効力の共通を認め、司法制度を統一しても、何ら憲法上差し支えなく、むしろ憲法の範囲以外にある他の地域と異なる方針を取るべきであるということであった。

その最初の試みが、一九〇八年三月の第二四議会衆議院に提出された「帝国ノ領土内ニ於ケル裁判ノ効力ニ関スル法律案」であった。審議の結果、本国の裁判所および台湾の法院の下した民事判決の相互執行を認める内容に修正されたが、その法案は、衆議院本会議を通過したものの、会期終了のため貴族院の審議が行われず、結局廃案となった(83)。

翌年の一九〇九年二月第二五議会衆議院には「内地及台湾司法共通ニ関スル法律案」が提出された。その骨子は、①台湾覆審法院の判決に対する大審院への上告の許容、②判決効力の共通、③弁護士の職務と資格の共通、④台湾の判官・検察官・弁護士の在職年限を内地において認定することなど四つであった。①に対して、台湾総督府側は「植民地に於て最も適合する処なりと信ずる属地主義の現行司法制度の一角を破壊」するものとし、「大審院に上告の途を開かんとするは台湾統治の根本政策に違反」するとして強く反対した(84)。衆議院特別委員会は①をいったん保留し、残りの三つの点に関してのみ審議を続け、その結果旧韓国の統監府法務院に関する事項まで含める二つの修正法案が成立した。そして、その中の一つであった「裁判所、台湾総督府法院、統監府法務院及理事庁ノ判決ノ執行ニ関スル法律」が一九〇九年四月法律第三六号として公布されることとなった(85)。しかし、その内容は、ある地域における民事判決を民事訴訟法上の外国裁判所の判決の強制執行に関する規定に準じて他の地域で執行できるというものだったので、判決の効力の共通を認めたとはいえなかった。

つぎに、一九一四年三月、日本弁護士協会が中心になって「内地、朝鮮、台湾ノ司法機関及民事刑事ノ法規統一法律案」を起草し、これを衆議院提出しようとする動きがあった。司法大臣奥田義人は、内地、朝鮮、台湾における立法・司法の不統一は時勢の趨帰に背馳するものであるため、政府が法案の趣旨に同意する方針をあらかじめ閣議で決定して置くことを請議した。閣議は、慎重に考慮すべき事項が多いとして、政府は法案に同意せず、ただその大体の主義のみを収容するにとどまるという微温的方針を決定した(86)。しかし、この法案は実際議会には提出されなかった。

そして、一九一四年一二月第三二議会においては「裁判所構成法及弁護士法ヲ台湾ニ施行スル法律案」、「明治三十九年法律第三十一号中改正法律案(87)」、「行政裁判法及訴願法ニ関スル法律案ヲ台湾ニ施行スル法律案」が議員から提出されたが、やはり成立までには至らなかった。一九一六年の第三七議会に提出された裁判所構成法などを台湾に施行する内容の二つの法律案も同様であった(88)。

以上で見たように、政府や台湾総督府は、特に大審院への上告と裁判所構成法の施行などの司法機関を直接連絡させる措置には一貫して反対していた(89)。それはいうまでもなく総督統治の根幹にかかわる問題であるからである。そのかわり、帝国司法の統一または共通に向かう立法的な試みの中、異法域性の存在そのものには影響のない判決効力の共通というようなものには同意した。一九一一年から着手され、一九一八年法律第三九号として公布された「共通法」は、各地域の法律行為や判決などの面における連絡規則を体系化し、渉外事件に際し、各地の司法機関に適用される帝国内諸法令の適用規則を定めたものにすぎなかった。

おわりに

一八九六年の六三法は台湾における立法権や司法権を帝国中心部のそれから断絶させ異法域を構築した。その断絶性や異法域性は、この時点で固まったというよりはその後、六三法の段階で潜伏していた問題が徐々に提起され解決されていくことにより、定着していったといえる。一八九八年以降、より自覚的に植民地司法のモデルを模索していた植民地統治当局は、その当時の法的・政治的条件に、時には適応し時にはそれを迂廻しながら、台湾型司法制度を徐々に形成・確立していったのである。この過程は、同時に近代日本の植民地型司法制度や帝国的司法統治秩序をオリエンテーションする過程でもあった。

本稿では、一八九八年五月から七月までの間行われた帝国法典実施に関する立法措置と台湾法院条例改正、そして、一八九九年三月の第一三議会での大審院の上告管轄権に関する法案の否決という一連の結果を重要な契機としてとらえ、論議を進めた。もちろん、筆者は、当時の法的・政治的結果があったため、初めて種々の制度が形成されたとか、他の選択肢が植民地人にとってもっと望ましい結果をもたらしたであろうと言おうとすることではない。当時他の選択肢の現実的可能性に対しては慎重にアプローチする必要があり、それに過度に意味づけてもならないと考える。筆者が注目したところは、統治当局が具体的な司法政策を決定するにあたって、考慮しなければならなかった法的・政治的な制約条件が、近代日本の立憲政治体制においてどう形成され定着されていったのかという問題であった。また、本稿では、主として司法機関の構成や刑事法規を中心に各植民地の司法制度の共通点に注目したので、司法制度の他の部分や各植民地間の違いに関しては詳しく論じなかった。特に、他の地域における司法制度の成立過程を説明するには、台湾型制度の移植と応用という一方的過程のみならず、その地域の独自なコンテクストを解明することが重要である。このような限界と問題を認識しながら、本稿では、近代日本の植民地司法制度の成立と拡散過程の大略を描写しようと試みた。

一九〇〇年代台湾において確立された植民地的司法制度の内容や形式は、一九二〇年代に入って笞刑制の廃止をはじめ一部再編されたが、その基本的な枠組みは本質的に変化しなかったといえる。その一例として植民地の裁判官の人数が挙げられる。例えば、植民地朝鮮の場合、併合時の判事数は二五四人にのぼっていたが、一九二〇年代半ばには一八三人に減り、その後一部増員が行われたものの、そう簡単には併合当時の人数には戻れなかった(90)。また、日本、台湾、朝鮮の裁判官の一人当たり人口数を比べると、台湾および朝鮮の数は日本のそれより大体二倍ぐらいになっている(91)。このような小規模な人数で司法を効果的に運営することができた一つの理由は、植民地型の司法制度の構造、つまり、行政機関が行使するインフォーマルな司法権力が公式な司法制度の基底を蚕食しており、また、司法の内部においても各種の特例により司法の厳格さが形骸化された構造にあったといえる。

（1）　この点に関して、本書中の浅野論文が詳述している。

（2）　台湾における日本統治当局による司法制度の導入と展開は、王泰升『台湾日治時期的法律改革』台北：聯経、一九九九年。また、刑事司法制度に関するものであるが、拙稿「帝国日本の植民地刑事司法制度の形成—一八九五—一九一二年台湾と朝鮮における法院と刑事法規を中心に—」韓国法史学会編『法史学研究』第二三号、ソウル：民俗園、二〇〇一年、九七頁以下。

（3）　台湾領有直後の台湾の憲法上位置に関するの政府内部における論議は、伊藤博文編『台湾資料』秘書類纂一八（原書房復刻、一九六五年）に収録された「台湾現時国法上ノ地位」「属地統御ノ大権」「カークード氏台湾制度、天皇の大権、及帝国議会ニ関スル意見書」などの資料参考。

(4)　楢原陳政「台湾ノ法律教育ニ関スル調書」前掲『台湾資料』五一頁。

(5)　新律綱領の内容と特徴に関し、詳しくは、水林彪「新律綱領・改定律例の世界」石井紫郎・水林彪校注『法と秩序』（日本近代思想大系7）岩波書店、一九九二年、四五四頁以下。

(6)　ミシエル・ルボン「遼東及台湾統治ニ関スル答議」（一八九五年四月二二日）前掲『台湾資料』四〇七―八頁。彼の意見はフランスの中央集権的な同化政策を一律に応用した結果ではなかった。彼は、フランスの植民政策の中央専制的な性格を批判しながら、遼東半島の場合はその軍略上の重要性に鑑み行政および司法上の自治を許容する植民地制度を設けることを建議し、また、「司法上の点に於ては甚だ簡単にして唯、強固なる武力に由てのみ平均を得る所のものとす」としたのである。同、四〇〇―七頁。

(7)　内地延長主義に立っていた原敬も、「台湾統治二案」で台湾における裁判は台湾総督に一任せず内地の官庁が直接管理することを主張した。前掲『台湾資料』三四頁。

(8)　一八九五年四月三〇日の司法大臣芳川顕正宛の意見書で、カークードは、台湾裁判組織を講ずるには「支那人若干人を裁判官となすことは極めて良計なり」とし、かつ、植民地裁判所の裁判に対する上告について、東京の大審院が取り扱うか、特に植民地裁判所の裁判に対する上告を受理する裁判所を設けるすべしと建議した。カークード「植民制度」前掲『台湾資料』一四八頁。

(9)　カークード「司法大臣閣下ニ上ル大日本植民地制度組織方案並ニ之ニ効果ヲ与フ可キ各法令及ヒ各規則ノ草案」（一八九五年八月六日）（国立国会図書館憲政資料室、後藤新平関係文書7―34（マイクロ・フィルム番号：R25））のうち、「植民官庁及ヒ植民会議組織ニ関スル勅令草案」（以下「植民官庁・会議勅令草案」と略す）および「台湾及ヒ膨湖島ヲ以テ一個ノ植民地ヲ創設シ総督、行政会議及ヒ立法院ヲ設置シ其他同植民地ノ一般制度ニ付テ規定スル勅令草案」（以下「台湾植民地制度勅令草案」と略す）。

(10) 前掲「台湾植民地制度勅令草案」の第二八条ないし第三一条。
(11) その理由について、カークードは、台湾のような新設の植民地においては、裁判官に任用された人物の中で少なくない不適任者が生ずるとして、証明すべき理由なく不適任者を停職または免官することができるようにする必要があると述べている。前掲「台湾植民地制度勅令草案」第三〇条の註。
(12) カークード「憲法上台湾ノ位置ニ関シテ内閣総理大臣伊藤侯爵閣下ニ奉呈スル意見書」（一八九八年三月二八日）後藤新平文書7―33―1（R25）。
(13) カークード、前掲「台湾植民地制度勅令草案」第三一条の註。
(14) カークードは、司法大臣を植民会議の重要なメンバーとしているが、その理由として前掲「植民官庁・会議勅令草案」第四条の註に、「司直の総原則は成る可く統一を要す、本国と植民地とに依て之を異にす可からず」としている。また、「台湾植民地制度勅令草案」第六条は、台湾植民地における現行法律、慣習および慣例は廃止または改正されない以上は有効であるが、「日本法理の総原則」に反するものは無効であるとしている。
(15) 「台湾条例案」原敬文書研究会編『原敬関係文書』第六巻、日本放送出版協会、一九八六年、二二三―五頁。「台湾統治法案」前掲『台湾資料』一五一―一五三頁。
(16) その真意は裁判官の地位を行政官のそれと同じようにするということにあったとしても、台湾における司法権の独立に関する明確な立場の整理がない限りは、法解釈上にはそう簡単に結論は出てこない。この曖昧な態度は一八九六年五月の「台湾総督府法院条例」でも続けられたが、高野事件が起こった時いずれかの選択を迫られることとなったのである。
(17) 外務省編『外地法制誌（六）：台湾に施行べき法令に関する法律の議事録』文生書院復刊、一九九〇年、一一頁。
(18) このように六三法を位置づけることは、逆に植民地委任立法制度の独自的存立根拠を脅かす恐れがある。例えば、「匪徒刑罰令」「台湾阿片令」「罰金及笞刑処分例」のような律令に対して、帝国議会において、律令の形式で本国では例のない本国の法制に背く制度を設けたことは、委任立法制度の本旨に当たらないという批判が起きた。中村哲『植民地統治法の基本問題』日本評論社、一九四三年、八八頁。また、台湾総督府が律令権の健全な運用の証しとして台湾には本国の法律をほぼそのまま施行していたと強調した際、そうすれば、法律関係において内地と台湾とが異なるという理由の下に変則の立法を持続する必要は全くなく、むしろ、「憲法上の変則として授けたる権能は彼より取戻すべき機会に接着」しているという攻撃を受けた（一九〇九年第二五議会における花井卓蔵議員の発言）。『帝国議会衆議院議事速記録23』東京大学出版会、一九八〇年、四二八頁。

(19)　軍政時期の台湾総督府は一八九五年一〇月「台湾総督府法院職制」を公布し一審制の台湾総督府法院を設け、台湾住民の民事・刑事事件に関しては「台湾住民刑罰令」「台湾住民治罪令」「台湾住民民事訴訟令」などの簡単な法令を制定し、台湾における裁判事務を開始していた。前掲『台湾資料』二三四頁、三三五頁以下参考。もちろん当時は六三法の公布以前の軍政時期であったので、これらの法令は法律としての効力を有せず、すべての裁判は行政官により行われた。とくに「台湾住民刑罰令」は、過酷な軍事犯処罰規定としての性格を持っていた刑事法であった。軍政期の裁判事務に関しては、台湾総督府警務局編『台湾総督府警察沿革誌（四）』（一九四二年）台北：南天書局復刊、一九九五年、一―九頁。

(20)　「法院」という名称は、一八八〇年の公布された「治罪法」上、皇室および国事に対する罪と皇族および勅任官の犯罪に管轄権をもつ「高等法院」から、その先例が見つけられる。軍政期の台湾においてはすでに「台湾総督府法院」という名称を使っていた。「治罪法」、「陸軍治罪法」および「海軍治罪法」では、刑事訴追機関に「検察官」という名称を付けていたが、一八九〇年の刑事訴訟法（いわゆる明治刑事訴訟法）の制定以後、通常刑事手続上の訴追機関の名称は「検事」となった。また「判官」は、日本の律令国家時代使われたこともあった中国風の官名として、まさに台湾総督の命令＝律令という名に相応しい名称である。のち「法院」という名称は、関東州と南洋群島での「地方法院、高等法院」、植民地朝鮮での「地方法院、覆審法院、高等法院」のように植民地裁判機構の一般的名称になった。そして、関東州の場合「判官、検察官」という名称を、朝鮮と南洋群島の場合「判事、検事」という名称を使っていた。ちなみに、満州国の場合は「法院」、「審判官」、「検察官」という名称が使われた。

(21) 前掲『台湾総督府警察沿革誌（四）』六六頁。

(22) 高野に対する非職処分は、台湾民政局および拓殖務省の上層部の人事問題を解決する政治的措置であったが、その背景には、乃木希典台湾総督が台湾統治刷新の一環として意欲的に推進した腐敗官吏の摘発・捜査の過程で生じた台湾の行政官と司法官とのあつれき、台湾総督府の疑惑事件の処理をめぐる見解差もあったといわれる。詳しくは、楠精一郎『明治立憲制と司法官』慶応通信、一九八九年、一一五頁以下。

(23) 一八九七年一二月（第二次松方内閣）の第一一議会貴族院での「台湾総督府法院判官ノ非職免官ニ関スル質問」『帝国議会貴族院議事速記録13』東京大学出版会、一九八〇年、五頁。一八九八年五月（第三次伊藤内閣）の第一二議会貴族院での「台湾総督府法院判官ノ非職免官ニ関スル質問」前掲『帝国議会貴族院議事速記録13』一一九〇頁。同じ議会衆議院での「憲法第五十八条第二項ノ件」前掲『帝国議会衆議院議事速記録14』東京大学出版会、一九八〇年、二八頁。一九〇〇年二月（第二次山県内閣）の第一四議会衆議院での「憲法上ノ保障ニ関スル建議案」『帝国議会衆議院議事速記録16』東京大学出版会、一九八〇年、四五四頁。

(24) この問題を指摘し高野非職処分を批判しているのは、「台湾司法権問題」、後藤新平文書7―69―10（R30）。

(25) 「台湾島ニ新条約実施ニ関スル意見書」および「憲法行否ニ関スル総督意見」（「台湾ニ関スル鄙見」後藤新平文書7―5（R23）に所収）。

(26) 浅野豊美「近代日本植民地台湾における条約改正―居留地と法典導入―」『台湾史研究』第一四号、一九九七年、六一頁以下参考。

(27) 外務省政務局長中田敬義、台湾事務局長野村正明殿（一八九八年三月一九日枢密送第三七号）前掲「台湾ニ関スル鄙見」に所収。

(28)　内務大臣（一八九八年六月訓第六二六号訓令）前掲「台湾ニ関スル鄙見」に所収。
(29)　政府の論理は次の通りであった。憲法は新領土に施行する特別の国家行為により施行せらるるものにして、台湾領有の当時にあってはもとよりその領域に対して帝国憲法は施行されていなかったといえども、その後立法事務や予算会計事務にすでに帝国議会の協賛権を認識したことは帝国憲法に依由する国家行為を発表したものにほかならず、したがって、今日にあって憲法は既に台湾に施行されたものとするということであった。「台湾ト憲法トノ関係ニ関スル意見」前掲「台湾ニ関スル鄙見」に所収。
(30)　台湾総督府宛内務次官鈴木克美申進（一八九八年七月八日秘甲第八一号）前掲「台湾ニ関スル鄙見」に所収。また、その簡略な経緯については、浅野豊美「日本帝国の統治原理「内地延長主義」と帝国法制の構造的展開」『中京大学社会科学研究』第二一巻第一・二号、二〇〇一年、二六七頁。
(31)　「台湾統治急案」鶴見祐輔『後藤新平』第一巻、勁草書房再刊、一九六五年、九一六頁。
(32)　前掲「憲法上台湾ノ位置ニ関シテ内閣総理大臣伊藤侯爵閣下ニ奉呈スル意見書」および「カークード氏台湾ニ関スル覚書説明筆記」後藤新平文書7―33―2（R25）。
(33)　前掲「カークード氏台湾ニ関スル覚書説明筆記」。
(34)　イギリスの各植民地における司法機関に関しては、泉哲『植民地統治論』有斐閣、一九二一年、二六二頁以下。
(35)　前掲「台湾ニ関スル鄙見」。
(36)　浅野豊美、前掲「近代日本植民地台湾における条約改正―居留地と法典導入―」七〇頁。
(37)　「司法問題ニ関スル本会ノ決議ト希望」（「台湾経営策」後藤新平関係文書7―78（R31）に所収）。「本会」とは総督府官僚たちの会議と思われるが、具体的にどんな会議であったのかは明確でない。作成日付はないが、その内容からすると、一八九八年初、新任の児玉総督や後藤民政局長に台湾統治方案を建議する目的とした資料と推測される。

(38) 本国で一八七五年から一八九一年の民事訴訟法の施行までの期間施行された勧解制度は、紛争当事者からの中立てにより、判事が紛争の和解、調停などを試みる民事紛争解決制度であって、裁判所支庁または区裁判所などの下級審の専属管轄とされていた。明治政府の奨励により勧解制度は、増えつつあった民事紛争を裁判所の枠組みの中に吸収させ、裁判所機構が制度的紛争解決機関としての位相を確保するように機能した。染野義信「司法制度（法体制確立期）」鵜飼信成ほか編『講座日本近代法発達史2』勁草書房、一九五八年、一二九－一三二頁。

(39) 詳しくは、檜山幸夫「解説：台湾総督府の刷新と統治政策の転換―明治三一年の台湾統治―」『台湾総督府文書目録』第三巻、中京大学社会科学研究所台湾総督府文書目録編纂委員会、ゆまに書房、一九九六年、四二三頁以下参考。

(40) 内務省案は、檜山幸夫、前掲解説、四三二頁。ただし、この解説に紹介されている内務省案の原文では、「土人及清国人」の上告事件は台湾高等法院で取り扱い、また、大審院が取り扱う上告事件が「内地人及清国人」の事件とされている。しかし、大審院の管轄する上告事件を「内地人及外国人」と見ることが、内務省案全体の筋に合い、檜山教授もこの点に疑問を表している。本稿では、批判を甘受して、大審院の管轄する上告事件を「内地人及外国人」の事件とした。

(41) 「台湾総督府法院条例ヲ改正ス」『公文類聚』第二二編・明治三一年・第二八巻・司法（国立公文書館、2A－11－類831、マイクロ・フィルム番号：類140－720）。

(42) というのは、本国の判事の場合は、裁判所構成法により転官・転所・停職・免職・減俸を含む地位保障があるのに対し、台湾の判官を免官・転官のみについて保障されるばかりか、総督は必要と認めるときは判官に休職を命ずることができるなどの重大な違いがあるからである。一方、法院条例改正を通じ各法院に検察局を付置し総督に直属させるなど検察機関を強化したが、検察官の資格および地位保障に関してなんら規定しなく、地方法院検察権の職務の警察官（警視または警部）代理制度を依然として維持することにより、検察権の運用への行政権からの干渉通路を確保した。
(43) 前掲『台湾総督府警察沿革誌（四）』一四頁。
(44) 前掲書、一九頁。
(45) 『帝国議会衆議院委員会議録　明治編12』東京大学出版会、一九八六年、三〇三頁以下。『帝国議会衆議院議事速記録15』東京大学出版会、一九八〇年、五二六頁以下。
(46) 『第十三会帝国議会貴族院委員会議録』貴族院事務局、一八九九年、一二七九－九頁。
(47) 法案審議を付託された衆議院特別委委員会議での花井卓蔵議員の次のような発言は、総督府側の意向とは全然違うこの法案に対する理解ぶりを見せている。
「賛成の理由は第一には法律六十三号と云ふやうなものがありまして、さうして立法の大権と云ふものを委任されて居りながら、台湾に向って三審裁判所を設くると云ふことが出来ないと云ふのは、折角委任をされて居る立法の範囲内に於て裁判制度丈は、どうも是丈はやる力がないと云ふことを表明された御殊勝の念に免じて、一つは賛成を致します。」前掲『帝国議会衆議院委員会議録　明治編12』三〇八頁。
(48) 「保甲条例」とは、台湾の旧慣を参考し、保と甲という地方組織段位で住民を編成し、連座責任を担わせる制度であった。また、台湾人の抗日抵抗をより効果的に鎮圧するため、軍政期の「台湾軍事犯処罰令」のように「匪徒刑罰令」という極めて包括的かつ過酷な処罰規定を設ける一方、従前の臨時法院の管轄権に「匪徒刑罰令」違反事件を加え、ただ一審で処断することとした。
(49) 台湾総督府官房文書課編『台湾統治綜覧』一九〇八年、四八八頁。
(50) 「台湾島人及清国人ニ刑事訴訟法民事訴訟法及其附属法律ヲ適用ス」『公文類聚』第二三編・明治三二年・第三八巻・司法三・刑事（2A－11－類871、マイクロ・フィルム番号：類149－111）。
(51) 台湾総督府は、この律令案の理由書の中で、「匪徒刑罰令犯の如き其罪跡顯著にして敢て證據の蒐集を要せさるものに對して一々豫審を求むるか如きは特に形式に拘泥し他裁判事務の澁滯を来すの虞ある」とした。「台湾人及清国人ノ犯罪予審ニ関スル件ヲ定ム」『公文類聚』第二三編・明治三二年・第三八巻・司法三・刑事（2A－11－類871、マイクロ・フィルム番号：類149－126）。

(52) 「立法司法及行政私見」後藤新平関係文書7－69－5（R30）。また、一八九九年以降、台湾における三審制復活の問題は、前掲『台湾総督府警察沿革誌（四）』一二一頁以下を参考。

(53) 「台湾ニ於ケル刑事訴訟手続」『公文類聚』第二五編・明治三四年・第一九巻・司法門・刑事三（2A－11－類924、マイクロ・フィルム番号：類160－224）。

(54) 「刑事訴訟手続ニ関スル律令」第二条によると、検察官は現行犯でない事件といえども、捜査の結果急速の処分を要すると思料したときは、拘引状を発することができる。この場合、禁固以上の刑に該当するものと思料したときは拘留状を発しまたは検証・差押・捜索をすることができる。

(55) 罰金及笞刑処分制度、犯罪即決制度、民事拘留制度を導入する律令案らの内容に関しては、「律令案罰金及笞刑処分例」後藤新平関係文書7－69－10（R30）、覆審法院検察官長尾立維孝「民事拘留笞刑復興及軽罪ノ即決裁判権ヲ警察官ニ附与セントスル律令案ニ対スル意見書」（一九〇三年七月三一日）後藤新平関係文書7－81（R32）。

(56) 自由刑の罰金刑への換刑制度は、一八九八年八月律令第二〇号「台湾阿片令改正」によりすでに導入された。その後も台湾人などの犯罪事件に関し自由刑の罰金刑への換刑制度を拡大する方法が講じられた。台北地方法院検察官・猪瀬藤重「本島人巡査任用ニ関スル意見書」（一八九九年四月九日）後藤新平関係文書7－79（R32）。

(57) 前掲『後藤新平』第二巻、一六〇頁。平野義太郎「笞刑について」『法律時報』第一二巻第一一号、一九四〇年、一一七一頁。

(58) 前掲「民事拘留笞刑復興及軽罪ノ即決裁判権ヲ警察官ニ附与セントスル律令案ニ対スル意見書」。

(59) 律令案の内容は、従来法院事務を監督事務だけを行っていた各法院長にも裁判事務を担当させること、軽微事件に対する覆審および刑事予審を廃止すること、法院会計事務を総督府に移管すること、判官を含め法院職員の人員を一層減らし一部の地方法院および出張所を廃止すること、検察官長の位相を高め法院長と同等にし、検察権に対する身分保障制度を導入することなどであった。これに対し覆審法院長鈴木宗信は「覆審法院検察官長ノ法院条例改正案ニ対スル意見書」（一九〇三年九月）後藤新平関係文書7－69－9（R30）を通じ反対意志を明確にしたのである。

(60)　一九〇三年一〇月五日に台湾総督が罰金及笞刑處分律令案を上奏した。「罰金及笞刑處分例ヲ定ム」『公文類聚』第二七編・明治三六年・第一六巻・司法門・刑事（2A－11－類961、マイクロ・フィルム番号：類168－981）。「律令案経過（一二月九日）」後藤新平関係文書7－81（R32）は、一九〇三年一二月九日現在、「即決例は内務省より法制局に内協議中、庁長民事裁判の件は内務省の手にあり、罰金及笞刑処分例は内務省を通過す、民事拘留規則は本島人および清国人にかぎりこれを適用するとの修正を条件として内務省を通過す」と審議経過を伝えている。

(61)　一九〇四年の「犯罪即決例」第一条第二項によると、拘留または科料の刑に該るべき罪、主刑三月以下の重禁固の刑に「処すべき」賭博の罪、そして、主刑三月以下の重禁固または百円以下の罰金の刑に「処すべき」行政諸規則違反の罪が即決の対象である。従って、賭博罪および行政諸規則違反罪は、即決権者が三月以下の重禁固または百円以下の罰金の刑に処すべきと判断した場合、正式裁判に付するための措置をとらずに、即決することができる。つまり、即決の対象は、あらかじめ法令で定めた刑罰でなく、有罪人に対する実際の刑罰として最終的に決められる処断刑の判断に左右され、それだけ即決権者の裁量による処分の余地が広くなる。

(62)　前掲『台湾統治綜覧』四八八頁。

(63)　「民事争訟調停、犯罪即決例、罰金笞刑処分例実施後統計」後藤新平関係文書7－69－10（R30）。経費節減の比率はこの資料に基づいて筆者が推算したものである。

(64)　「法理演習記事（特に台湾の笞刑に関する穂積陳重博士の意見）」『法学協会雑誌』第二二巻第三号、一九〇四年、四五一頁。人道主義的教育刑制度の導入論者であった小河滋次郎は、笞刑制度は野蛮的な刑罰制度であり行刑制度の統一を害し実効性もないと批判した。小河滋次郎「台湾笞刑令ニ就テ」『法学協会雑誌』第二二巻第四号、一九〇四年、五一一頁以下。これに対し、笞刑制度の考案者であった鈴木宗信は「微罪に付ては一層偉大なる自由裁量の権能を裁判官に与へたるものにして寧ろ近世進歩せる法律思想に出たるものなりと云ふべし」と擁護した。鈴木宗言「小河氏ノ笞刑論ヲ読ム（承前）」『法学協会雑誌』第二二巻第七号、一九〇四、九五五頁。

(65) 当時刑法改正の思想的・社会的背景に関しては、吉井蒼生夫『近代日本の国家形成と法』日本評論社、一九九六年、一八四頁以下参考。

(66) 「台湾浮浪者取締規則」の内容は、住居・生業を有せず公安を害しまたは風俗を乱す虞がある台湾人に対して、庁長が戒告処分、強制定住処分、強制労役処分を課するということであった。一九〇〇年一一月の律令第二一号「台湾保安規則」により、内地人や外国人に対する戒告処分制度は施行されたので、台湾人にも戒告処分を導入する必要性を説得するに、別に問題はなかったといえる。問題は強制定住・労役処分の制度であった。ここで、総督府は、匪徒をはじめ各種の財産犯罪の胚芽なる労働を嫌忌する無為徒食の群れに対して、事後的刑罰手段だけでは十分にその病根を治すことができず、強制定住・労役処分により定住や労働の習慣を培養し、他の潜在的犯罪人を威嚇する適切な治療的・保安的処分を課する必要があること、これを通じて「治安保持の目的を達し拓殖の便利を図る」一挙両得の利益があることを力説した。「台湾浮浪者取締規則ヲ定む」『公文類聚』第三〇編・明治三九年・第一七巻・警察・行政警察（2A－11－類1022、マイクロ・フィルム番号：類184－1103）。この制度は、他の植民地には導入されなかったが、保安処分の先例として注目された。

(67) 起訴猶予処分慣行の形成に関しては、三井誠「検察官の起訴猶予裁量（一）」『法学協会雑誌』第八七巻第九・一〇号、一九七〇年、九二六頁以下。

(68) 一九〇一年の刑事訴訟法改正案に関しては、小田中聡樹『刑事訴訟法の歴史的分析』日本評論社、一九七六年、一七三頁以下。

(69) 根本松男「裁判所構成法改正の沿革」『法曹会雑誌』第一七巻第一一号、一九三九年、一二六頁以下。

(70)　台湾居住日本人に対する特別な取り締まりの意図は、一九〇〇年一月の「台湾新聞紙条例」、二月の「台湾出版条例」、一一月の「台湾保安規則」などの治安法規の制定で明らかになった。台湾総督府は「本島に在住せる内地人又は外國人中往々臺灣人民の無智に乗し姦計詐譎を行ひ或は本島從來の善良なる風俗を壞乱する者あり、且内地人の言行にして新附の臺民に對する内地人の威信を害し或は一葦帶水の對岸清國人民にして浮言流説を以て人民を誘惑し延て政務に影響する者等ありて本島統治上支障少からす」として「台湾保安規則」の制定理由を挙げている。「台湾保安規則ヲ定ム」『公文類聚』第二四編・明治三三年・第三一巻・警察（2A－11－類九〇二、類155－998）。

(71)　「關東州罰金及笞刑處分令」（一九〇八年九月二四日）『枢密院記事筆記』国立公文書館、2A－15－9、枢D274、マイクロ・フィルム番号：枢35－18。「關東州罰金及笞刑處分令審査報告」（一九〇八年九月二四日）『枢密院決議』国立公文書館、2A－15－12、枢D274、マイクロ・フィルム番号：枢68－1188。

(72)　一九〇八年法律第五二号「滿洲ニ於ケル領事官ノ裁判ニ関スル法律」、一九一〇年法律第四〇号「間島ニ於ケル領事官ノ裁判ニ関スル法律」、一九二一年法律第二五号「南部支那ニ於ケル領事官ノ裁判ニ関スル法律」

(73)　衆議院の法案審議の際、問題になったのは、第一に、理事官による裁判は憲法上の裁判官による裁判を受ける権利を侵害するということ、第二に、領事裁判下の三審制を二審制に換えることは外地の日本人に対する差別酷待であるということ、第三に、裁判法規上の特例を設けることを勅令に委任した同法第一〇条は違憲的な立法制度であるということであった。これに対し政府側は、統監府理事官は領事に属する職権を引き続けて裁判権を行使するということであるため、理事官の裁判権は従来の領事裁判権と同一なものであり、まだ内地人の事件が少ないため、あえて上告制度を設ける必要がなく、現地の実情上法律を変更しない限りで多少の特例が必要であると答えた。そして、花井卓蔵のような議員も、この制度は国益の必要であり、本国でも上告制度そのものに対する懐疑論があるとして政府の法案を支持した。結局、法案は三月一八日衆議院本会議を通過した。『帝国議会衆議院議事速記録21』東京大学出版会、一九八〇年、二五五頁、二七一頁以下。『帝国議会衆議院委員会議録

37』東京大学出版会、一九八八年、一四三頁以下。

(74) 一九〇五年四月二九日公布された「刑法大全」(韓国法律第二号) は、朝鮮王朝初期以来、基本的刑事法典として使われてきた「大明律」を基盤にして、一八九四年からの諸改革措置を盛り込んだ法典であって、明治初期日本の「新律綱領」(一八七〇年)、「改定律例」(一八七三年) に似た体系と内容を持っていた。しかし、「刑法大全」は依然として笞刑および拷問を認めており、法適用上の身分差別を完全に廃止しなかった。韓国政府は、一九〇七年七月一三日「民刑訴訟規則」(韓国法律第七号) の制定と同月二三日「刑法大全」の大幅な改正 (同第二三号) を断行したが、いずれも当時韓国政府を掌握していた日本人官僚らの作品であった。

(75) 一九〇八年五月、日米間で締結された韓国における発明、意匠・商標および著作権に関する条約で、韓国におけるこれらの知的財産権に関する韓・日・米三国民の事件に対しては韓国の日本裁判所が裁判管轄権を行使することとなった。

(76) 「民刑訴訟規則」第一五三条は、それまでの韓国刑事手続法規とは異なって、警察官に一〇日間の被疑者拘留権を含む独自的強制処分権を与えた。日本人警察による犯罪捜査手続の支配の意図が明らかに現れたもので、このような司法警察官の独自的強制処分権は一九一二年の「朝鮮刑事令」第一二条・第一三条で再確認された。日本政府が、一九二二年公布された大正刑事訴訟法を台湾、関東州、南洋群島に施行する一連の措置をとる際に、「朝鮮刑事令」の捜査上強制処分制度の構造が参考になった。一九二三年一二月二六日勅令第五一四号「台湾ニ施行スル法律ノ特例ニ関スル件中改正ノ件」第二八条以下、同日勅令第五二四号「関東州裁判事務取扱中改正ノ件」第七二条以下参考。同日勅令第五二五号「南洋群島裁判事務取扱令中改正ノ件」第六五条以下。

(77) 一九〇九年一〇月一八日勅令第二三五号「明治三十九年法律第五六号廃止ノ件」。興味深いのは、当時韓国政府の法部次官であった倉富勇三郎の関係文書中の「韓国ニ於ケル裁判事務ニ関スル件」(国立国会図書館憲政資料室、倉富勇三郎関係文書、30―一九) である。この文書には、一九〇六年法律第五六号を廃止し統監府裁判所を設ける内容の法律案 (勅令案ではない!) が含まれているが、その施行期日を一九〇九年四月一日としている。この資料から、一九〇八年末にはすでに統監府裁判所の設置が現実の日程として浮び上がっていて、一九〇六年の法律第五六号に代わる法律案を第二五議会に提出しようと準備していたことが窺われる。

(78)『帝国議会衆議院議事速記録24』東京大学出版会、一九八一年、五〇五頁以下。

(79)国分三亥「併合と司法制度との関係」『朝鮮』一九一〇年九月、琴秉洞編『資料　雑誌にみる近代日本の朝鮮認識四』緑陰書房、一九九九年、二六三頁。

(80)当時の新聞報道はこの視察の目的が総督府裁判所を二審制に改めることにあるのではないかという疑惑を提起した（「朝鮮新聞」一九一一年一一月二六日字）。これに対し朝鮮総督府側は、朝鮮は人口および事件数の面で台湾と比較できない、また、朝鮮の三審制を信用したため欧米諸国は治外法権を撤去したので、朝鮮において二審制を採用する方針はないと明言した（「朝鮮新聞」一九一一年一二月五日字）。

(81)「朝鮮司法事務ニ關スル新制度ノ梗概」（一九一二年四月四日）倉富勇三郎関係文書30―十六。依然として朝鮮人に適用されることとなった「刑法大全」の犯罪規定は、殺人、強窃盗、強窃盗傷人・強姦等の犯罪の既遂・未遂犯および主犯・従犯で、いずれもその法定刑は死刑または終身懲役であるこれらの刑罰規定（特に強盗関係犯罪の場合）は、義兵の武力抵抗や独立運動資金募集などの抗日運動に対する効果的な処罰手段でもあったことに注意すべきである。そして、「朝鮮笞刑令」は、台湾の「罰金及笞刑処分例」と異なって、自由刑の罰金刑への換刑は認めず、自由刑・財産刑の笞刑への換刑をのみ許した。

(82)鈴木宗信「内地及台湾間に於ける法律律令の効力に就て（承前）」『法学協会雑誌』第二三巻第四号、一九〇五年、五三三頁以下。

(83)『帝国議会衆議院議事速記録22』東京大学第出版会、一九八〇年、三九七頁。『帝国議会衆議院委員会議録明治編47』東京大学出版会、一九八八年、三〇五―三〇八頁；『帝国議会貴族院議事速記録24』東京大学第出版会、一九八一年、三六〇頁。

(84)『帝国議会衆議院委員会議録　明治編52』東京大学第出版会、一九八九年、三五六頁。台湾旧慣調査事業の

総責任者であった岡松参太郎も「内地及台湾司法共通ニ関スル法律案ニ就テ」（国立国会図書館憲政資料室、平沼騏一郎文書六八一）という意見書を出し、法律案の全体に反対した。
(85)『帝国議会衆議院議事速記録23』東京大学第出版会、一九八〇年、一三〇頁、四二六頁以下、六〇九頁以下。前掲『帝国議会衆議院委員会議録　明治編52』三四七頁以下。『帝国議会貴族院議事速記録25』二一〇頁、三四八頁以下。『第二十五回帝国議会貴族院委員会議録』貴族院事務局、一九〇九年、八六一頁以下。
(86)「内地朝鮮台湾ノ司法機関及民事刑事ノ法規統一法律案ニ関スル件」『公文雑纂』大正三年・司法省・文部省・第一五（国立公文書館、2A－14－纂1300）。
(87) この法律第三一号改正案の骨子は、法律事項中台湾に特別なものだけを台湾総督の律令により規定されるように制限する一方、司法裁判、民事刑事および監獄に関する事項は勅令により本国法律を施行するが、その勅令で台湾に対する特別規定を設けることができるということであった。
(88)『第三十五回帝国議会衆議院記事摘要』衆議院事務局、一九〇四年、四四五頁以下。『帝国議会衆議院速記録29』東京大学出版会、一九八一年、五八五頁以下。『帝国議会衆議院委員会議5』東京大学出版会、一九八一年、四四九頁以下。
(89) 台湾総督府側の論理を簡明に示しているのは、台湾総督府民政長官・下村宏「臺灣統治ニ關スル所見」（一九一五年一一月二三日）（国立国会図書館憲政資料室、平沼騏一郎文書六八一）の内、第一三立法及司法の「三審制度論ニ就テ」。
(90) 朝鮮の判事の人数は、朝鮮総督府編『朝鮮総督府統計年報』によるものである。一九四四年に刊行された『昭和一七年朝鮮総督府統計年報』によると、一九四二年の判事の人数は二四六人にまではのぼる。
(91) 裁判官一人当たりの人口数は、王泰升、前掲『台湾日治時期的法律改革』一六六頁の「表3－4」参考。
＊ 日本語に未熟な筆者が、この論文の完成したのは、浅野豊美先生や酒井一臣先生のおかげであった。とくに、

細かく文章の手入れをはじめ、貴重なご助言をいただいた浅野先生に大変お世話になった。この場で、お二人の先生の御厚意に感謝の念を伝えたい。

植民地での条約改正と日本帝国の法的形成

属人的に限定された「単位法律関係」と「共通法」の機能を中心に

浅野　豊美

一　問題の所在――属人法の歴史的展開と国際私法／植民地法／国際法

朝鮮併合からまもない一九一一年五月、神田の学士会館で開かれた法理研究会において、美濃部達吉は、法理研究会会長の穂積陳重や一般会員の山田三良、江木翼他を前に植民地法研究の必要を以下のように呼びかけた。(1)

植民地法なるものは独立の部門として研究することを要するものなり。何とならば、⑴植民地法は公法の部門に於ても私法の部門に於ても、内地の公法私法と殆ど全く異なるものと云うことを得べし。⑵植民地に於ては別種族の人民殊に内地人と土着人と混在して、或程度に於て属人法主義行はるること内地の属地法主義と異なる。而して我国の現在及び将来に於て斯法研究の必要価値頗る大なること多言を要せざるにも拘らず、独立部門としての其研究が未だ端緒をも開き居らざるは余の深く遺憾とする処、大学其他の設備に於て其講義の開始を見んことは就中余の切望に堪へざる処にして、本講演の如きは唯だ斯法研究の機運を促がさんと欲する微意にすぎざるなり。

美濃部は、植民地法を内地法と別個の公法・私法体系を有する存在として研究しなければならないとして、それは「我国の現在及び将来」の「必要価値頗る大なる」研究であるとしていた。本稿が注目するのは、美濃部が以上の点を訴えるに際して、植民地法の特徴を「種族」の「混在」故の属人法主義が一部に行われていることにあると指摘したことである。

本稿は、この属人法主義の展開という視点から、国際法上の属人法が国内法としての植民地法制の中にいかに転換していったのかを、植民地帝国の法的構造全体の中で、しかもそのかなめとなっていたと考えられる「共通法」の機能の分析に注目して明らかにせんとするものである。なお、本書姉妹書（『植民地帝国日本の法的展開』信山社、二〇〇四年）中には、筆者による別な論文が収められている（「国際秩序と帝国秩序をめぐる日本帝国再編の構造」、以下、「姉妹書拙稿」とのみ記す）。これは、時間的な変遷に沿って、共通法が帝国法制再編の可能性を含みながら政府委員会等において審議・制定されていった際の議論の構造を、時系列的分析で明らかにしたもので、横断的構造的分析を施した本論文と共に参照願いたい。

筆者はかつて帝国法制の起源を、国際法における治外法権制度から説明し(2)、台湾の領有直後に陸奥条約改正による内地雑居体制に台湾を包摂するため、台湾における属人的二重法制が形成されたことを論じた(3)。こうした説明の前提となっていたのは、近代日本の条約改正を「内地」において完結したものとしてとらえるのではなく、「外地」となる植民地における条約改正と合わせて検討し、その上で西洋諸国の属人的主権の否定と日本による領域主権の確立・拡大という観点から日本帝国をとらえる視点である。「不平等条約」時代の領事裁判制度は、西洋本国の民事・刑事法が日本本土のみならず、東アジア各地の居留地に居住する外国人に属人的に延長されるという原理に基づいていたが、これを拒否し領域的な主権を日本の側に認めさせ、国際的承認を得ながら公式帝国によってそれを代替していったものこそ条約改正であることが確認された。その際には、帝国内における様々な法制度の整備が西洋諸国から要求されたが、その前提となる帝国法制の核である近代日本自身の法制度は内地社会を前提に整備されつつある段階であった。即ち、西洋式の法典整備、工業所有権保護同盟への加盟、司法制度整備と運用が、国内の反発を乗り越えて急速に実行された所以である。[4]

しかしながら、見過ごされてならないのは、近代日本の条約改正で国内法制整備が主権確立の条件とされたことが、植民地法の基本的構造である属人法の形成に深い影を落としていたことである。台湾[5]と朝鮮[6]に関する近年の研究によって、台湾においても朝鮮においても、国内管轄事項であるはずの植民地経営の出発点に、国際関係の処理が重くのしかかり、その地における植民地法制の基本構造を規定していたことが今までの研究から明らかになってきた。

では、こうした国際関係的要因によって属人的構成をとって各地域の内部に編成された帝国的法制の基本構造は、その地域内部においていかなる展開をしたのであろうか。また、以後の日本帝国の膨張に際して、その地域内部の属人法は、帝国全土の法秩序の構造をいかに規定し、また規定されたのであろうか。地域内の属人的規定こそ、後の時代において差別の温床となっていった部分と考えられるが、少なくとも、初期においては、旧慣温存の手段とされ、統治の「実効」に貢献していたはずである。旧慣温存から差別の温床となるまでの間には、一体どのような機能的変化が起こったのであろうか。「差別」の構造は、法や政治のみで十分な説明を行えるものではないが、少なくともどのような法的な構造があったのかという最小限の事実について、「外地法」の法規分類の基準を手がかりに、属人法の機能的変遷と、その帝国法制全体構造の中での位置を明らかにしていきたい。帝国法制全体の構造が解明されなければ、属人法の役割や機能はわからないと考えるためである。

帝国法制の全体的構造を論じる上では「共通法」の制定過程と、その構造的検討は不可避である。共通法制定が具体化されていったのは、冒頭の法理研究会前後と考えられる。当時、日露戦後の日本帝国は、樺太領有と関東州租借を実現し、また、五年の保護国期を経て朝鮮を併合することでインフレーション的膨張をしていた。帝国内部に内地と台湾を合わせて五つの地域を抱えたことにより、地域間を架橋するより高次の法秩序が、「共通法」の立案を契機に構想されていくこととなった。

共通法について簡単に紹介したい。共通法は、冒頭に掲げた研究会に参加した法学者を中心とする委員会が政府内に設置された一九一二年から立案が開始され、一九一八年四月十七日の法律第三十九号として制定された。帝国解体以前の共通法に関する研究としては、商法の専門家であった實方正雄による研究が有名である。(7) それによれば、共通法は帝国の内外地の間で法令が異なるため、その間の「連絡」と「適用」の規則を定めたものとされている。即ち、「合理的法秩序維持の要求に基」づき、内地・台湾・朝鮮・樺太・関東州という「異法地域」間の「連絡統一」を図り、各地域の形式と内容を異にする民事、商事、刑事の「法律秩序の調和的適用範囲を確定」するのが共通法であったとされる。また、、地域を越えた人と物の移動を規律する帝国内の「私法交通の合理的秩序」の中核となる法律であったともされる。こうした研究が法制度論のアプローチに立って客観的事実を明らかにしてくれているのは確かであるが、私法のみに関心を注いでいる点、そして「差別」や「抑圧」を生みだした法的な構造如何という現代的問題関心と全く無縁である点で、時代的な制約は免れない。

本稿が着目する点は、私法公法を含めた帝国全体の法的構造がいかなる「合理的秩序」であったのかという点である。それを、帝国主義国家対抑圧民族という視角にアプリオリに還元してしまうことなく、植民地法全体の構造の中で共通法の機能を検討することにより、制度的なアプローチで行う。また、それと合わせて制定過程の分析については、当時の植民地法制全般の構造と社会的機能、そしてその再編に関する問題がそこに集積されて提出されていたと考えられるため、姉妹書論文において別途考察を行うこととする。

姉妹書論文で詳しく検討するが、共通法制定をめぐっていかなる帝国法秩序の問題点の検討と議論が行われた末に、それが制定されたのかは、日本の公式帝国がインフレーション的拡大を経た直後に形成された基本構造を検討する上で重要な素材である。帝国法制全体の構造を研究しようとすれば、理想的には桂園時代の政治体制の変動や、植民地発展戦略を指向したとされる後藤新平や桂太郎等を中心とする政治史研究[8]と合わせて、より総合的な研究をこの時代に関して集中的に行う必要がある。本稿は、そうした研究の展開に貢献すべく、より長期にわたる帝国法制の変化の土台となる基本的構造に焦点を絞り、帝国としての「合理的秩序」の構造と、その中核となった共通法の機能の検討を行うこととする。

二　国際法上の治外法権を支える属人主義と国内法としての属人主義

最初に、国内法と国際法、公法と私法という二分法的な見方を排して、西洋国際体系の中で国内法と国際法がどのように連関して発展してきたのか、それが二〇世紀初頭においていかなる問題に直面していたのかを明らかにしたい。これは、共通法が国内と国際の間にある植民地化された「地域」と「地域」、もしくは帝国本国としての「地域」を結びつけるものであったためであり、且つ、各地域内部での公法と私法を他の「地域」におけるそれら等と縦横に連絡し、適用規則を定めるという複雑な機能を有する法律であったと考えられるためである。そうした法秩序全般にわたる共通法の性格を明らかにするために、こうした基礎的な作業は不可欠である。

結論を先取りするようになるが、共通法は「私法」と「公法」の分離を前提とした上で、異法地域をまたいだ事件に対してどの地域の私法が適用されるべきか、その規則を定めた技術的古典的な「国際」「私法」ではないと考えられる。つまり、植民地にかかわるがために、主権の水平関係を意味する「国際」や、国内の複数の地方間の水平関係を意味する「準国際」という語では捉えられない垂直的な関係の中で共通法は機能していた。また、「公」や「私」という概念自体が国家主導の近代化によって大きく変容した部分と、そうしていない部分を抱える非西洋圏地域においては、「私法」が「公法」とどのような関係にあるのか、「私法」そのものが日本帝国でどのような特殊な役割を担っていたのかを考えることが共通法の考察に不可欠であると考えられる。(9)

従来までの日本法制史研究においては、共通法と「準国際私法」とをほぼ等価の存在とみなしきた傾向があった。(10)こうした見解が一般化したのは、帝国解体以後に「戦後日本」社会となった地域で、植民地法制史がそれ自身としては意味を持たなくなったため、専門家としての民事法学者の理解可能性とその基本的関心の範囲内で、過去の法令の性格が位置付けられたためであったと考えられる。準国際私法とは、国家内部に複数の異法地域を抱えるアメリカやイギリスで、複数の地域にまたがる民事上の渉外事件が発生した際、どの地域の法令でどこの地域の裁判所が裁判をするのか、その準拠法や裁判管轄を指定する国内法のことである。これが共通法の一側面を照らすものであることは確かなことであるが、(11)制定された共通法の規定内容が単に私法領域ではなく、会社法、刑事法、更には、民事刑事の訴訟手続や裁判管轄、判決効力承認の問題にも及ぶことは無視されてはならない。こうした幅広い領域にかかわった機能を有した共通法を論じるためには、そもそも国内法とか国際法というものがどのようにして成立してきたのか、基本的な見方を提示することが必要と考える。

また、姉妹書掲載論文で明らかにしたように、共通法制定過程において、内地と朝鮮・台湾をまたいで一家全体が他の地域に本籍を移動させる意味の「転籍」を認める委員会最終草案ができていたこと、保険行政等の産業行政法規の連絡の是非という植民地行政の統一にかかわる問題が提出されていたこと、更に、公式帝国周辺部に広がる領事裁判地域をも共通法の定義する「地域」に加えるべしとの議論が提出されていたことも、国内法と国際法、私法と公法にまたがって共通法を総合的に検討することの必要性を示唆している。

「国内法」と「国際法」、「私法」と「公法」という基本概念は、共通法制定に関与した主要な当事者達によって、どのように受け止められていたのであろうか。そもそも、当時、民族や国民という集団をまたいで機能するところの、国際私法、国際刑法、国際法、及び、それらに深い関連を有する属人法や属人主義とは、どのように相互に連関し合う起源を有していたのであろうか。また、共通法制定前後の二十世紀初頭において、そうした一連の法律はどのような変化に直面していたのであろうか。現代日本の国際法や国際私法史の研究をその点についてまとめると同時に、一方で過去の日本の法学者がどのような認識を有していたのか、秋山雅之介と山田三良等の議論に沿って論じていきたい。

最初に、属人法の起源が治外法権制度にあることは前述したが、この治外法権制度は、西洋諸国がオスマントルコ帝国から与えられた「キャピュチュレーション」の特権に由来する。[12]また、主権国家成立以前の西欧諸国では、相互に治外法権を認め合うことが一般化しており、中でも、ハンザ同盟諸国のロンドンにおける治外法権特権廃止は一八七〇年のことである。[13]主権国家体制の成立によって、ヨーロッパ内部の治外法権は消滅していくが、それがオスマントルコとの関係を基本に発展し、更にアヘン戦争以後には、東アジア諸国の関係に持ち込まれたのである。

この治外法権制度は、「法権」が領域の外へと延長されていくことを基本原理としていたが、近代日本の条約改正成功以後、その延長は対人主権の完全な実行という形で周辺地域に対して行われた。朝鮮併合後、寺内正毅朝鮮総督との親密な関係故に、朝鮮に参事官として赴き初期朝鮮法制の樹立に影響を与えた法学者である秋山雅之介は、治外法権を支えた国際法上の属人主義と、国際私法と国際刑法における属人主義の違いについて以下のように説明している。

秋山雅之介（1897年、32歳）

国際刑法及国際私法の研究範囲（とは、―浅野、以下同様）…甲国人民の乙国に於ける犯罪及甲国の犯罪者か乙国に在る場合に於て之に対し如何なる程度如何なる方法を以て甲国の権力を及ほし得へきや、又は甲国人民か乙国に於て民事商事の関係を有する場合に甲国法律の効力は如何なる程度及方法に於て之に及ふへきやを論定（するものである）。…此点に付きては領事裁判制度に於て、甲国に在留する乙国人民に対し乙国の民刑法律か之を支配すると、其研究範囲の同一物なるか如き観あり。（しかし）領事裁判権は国際條約に依り国家の領土主権を制限して以て完全なる属人主権の実行を其版圖内に於て行使することを意味し、之に反して国際私法及国際刑法に於ては、原則として領土主権を制限することなく、之を侵害せさる範囲内に於て属人主権の實行を期し両者の調和を図る(14)［原文カナ、以下同様に引用文中のカナはひらがなに改め、漢字は極力簡略化した］

つまり、領土主権が制限され、相手国の完全な「属人主権」が貫徹されるのが治外法権とそれに立脚する領事裁判権であり、その一方で、相手国の「領土主権」と自国の「属人主権」が相互に「調和」されるのが国際私法であると秋山は定義した。こうした見方に立って、立場を逆転させ自国の側から見れば、相手国の属人主権と自国の領土主権とを「調和」させて生まれるのが、「国際私法」「国際刑法」であるということになる。つまり、自国の主権の許容する相手国の法が属人法として自国の中でも適用され、自国の法と相手国の法とが「法律の抵触」を生じた場合に、国際私法が法律自体の適用規則として機能することになる。但し、この場合の国際私法は、立法管轄権の範囲を決定する国際法的慣習を前提としていると言わなければならない(15)。現代の国際私法においては、ある私法的関係や事件から発想し、それにもっとも密接な法域の法を、「単位法律関係」（後述）毎に選び出し適用していく方式がとられ、こうした秋山の法律の側から見た発想は葬られている。しかし、もはや現代においては通用しない国際私法観であろうと、属人法と属地法に法規を分類する秋山等の説に従ってみると、国際法上の治外法権原理と帝国法制の原理が属人主権という点において結ばれるのである。近代日本が国際法において西洋諸国と対等な国内管轄権、つまり、領域的主権を承認されたことと帝国としての法的構造との関係については、こうした考えに立って考察を進めることが有効と考える。

一九〇二（明治三五）年の国際法学会設立に際した「発刊の辞」では、「主権の最も重要なる特権」とは、「即ち外国人に関する法権」であることが宣言されている(16)。対内的な絶対性、即ち、この外国人に関する法権行使をも包含する領域的主権は、対外的な平等と表裏一体であったということができよう。近代日本の場合には、日本本土のみならず、その周辺地域でも西洋外国人への主権を確立することが、帝国法制の出発点に重くのしかかっていた。しかし、逆にそれに成功すれば、東アジアという日本周辺の地域で列強としての平等な待遇の獲得が保証されたのであった[17]。義和団事件への出兵と日露戦争での勝利のみならず、こうした帝国法制の整備と外国人への主権行使の制度的保証もまた、国際社会で他の列強と肩を並べる対等な地位を確保し、且つ、地域の安定勢力として、国際的な責任を果たす帝国としての威信とパワーを獲得する上で大きく貢献したものと考えられる。

では、国際社会で平等な地位を有する主権国家同士の関係の中で、国際私法はどのような役割を果たし、どのような位置にあったと言えるのであろうか。条約改正によって「日本帝国」は主権を認められ、国家を構成員とする「国際社会」の対等な一員となったわけであるが、その国際社会は、他の一面では、国境を越えた活動を認められている個人を主体とする社会であり、主権国家は国際社会の中の部分にすぎないものであった。故に、主権国家間関係においては国際（公）法が存在する一方で、民事法令の異なる、地域や国家に所属する個人と、他のそれに所属する個人とが契約を結んだり、養子縁組や結婚等の身分行為を行ったりするに際しては、ある私法的関係や事実について、それについての裁判がどこの国や地域で行われようとも、同じ結果が出ることで、市民的権利が擁護されることが国際慣習として期待されていた。こうした慣習をより強化すべく、サヴィニーによる新しい国際私法が、一九世紀中頃以後に受け入れられ、その最新の説に立って日本でも「法例」が一八九八年（明治三一）に国際私法の中核にあたる法律（同年第一〇号）として制定されている[18]。西洋国際体系として編成された国際社会へ日本が条約改正という形で参加を要求した際、民事・刑事の基本法典と共に、個人の渉外事件に関する国際私法が「国際社会」の側から要求された所以は、こうした国際慣習法としての国際私法の性格に求められるとしか考えられない[19]。

しかし、こうした慣習を共有できない地域に対しては、「完全な属人主義」が実行された。つまり、イギリスの作り上げた東アジア居留地貿易システムにおいて治外法権原理が一般化したのは、居留地に滞在

台湾領有時に居住していた代表的な西洋(スコットランド)人マカイの歯治療

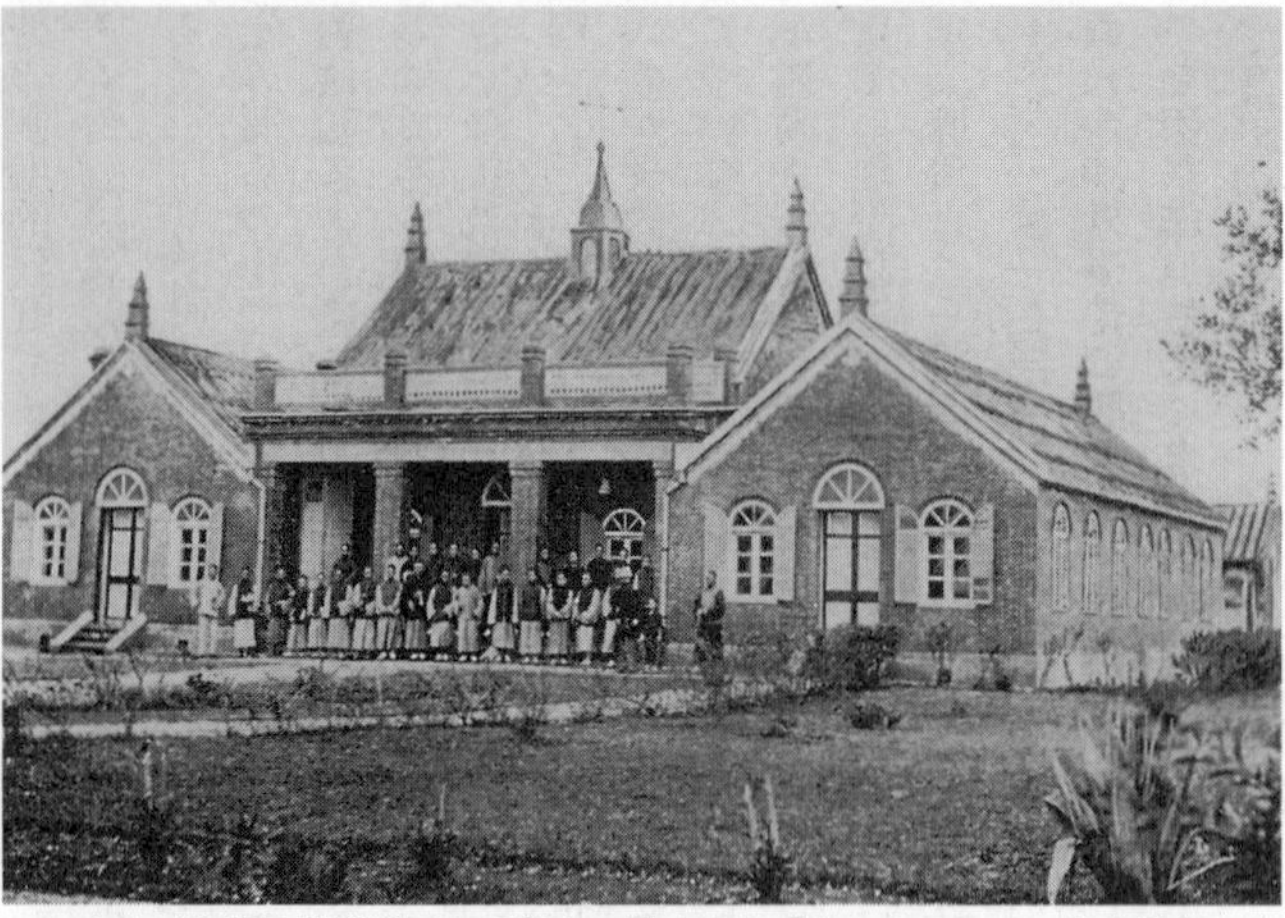

マカイが台湾の開港場である淡水に設立した「オックスフォード大学」
(Geo, L. Mackey, *From Far Formosa*, 1896より)

する自国民の個人としての生命と財産を、属人主権の原理によって延伸される自国の法律の下に置き保護するためであった。つまり、西洋の内部、キリスト教圏においては、国際法が主権国家を責任主体とする国家間の相互の権利と義務を規定するものとして発展する一方で、国境をまたいだ身分行為や契約を取り交わす個人を責任主体として、個々の個人の権利と義務に拘わる法令がどの法令に依るべきかを指示する適用規則として、ある範囲の国内法を属人法とする国際慣習に立ち、少なくともサヴィニー以前においては、法規分類学として国際私法は発展した。その一方で、西洋が膨張した先の地域においては、主権国家として対等に交際し得るに十分な法制を備えた国家が存在しないため、治外法権と「完全な属人主権」の原理によって居留地の自国民の生命と財産を保護し、国際私法が不要となる体制が作られていたと考えられるのである。治外法権を行使される対象地域から行使する資格を有する主体としての地域への移行に際して、近代日本が基本法典のみならず国際私法の制定をも要求され、一八九八年に「法例」と民法の親族・相続編が、七月十六日という条約改正実施通告期限日にあわせて公布されていること、しかし、日本の法例は属人法を認める法規分類学ではもはやなく、単位法律関係（後述）毎に、最も密接な法域を指示する間接法規として当時最新のサヴィニーの理論の影響を受けて制定されたことは、日本帝国の法的構造を考察する際にも、重要な水準点を提供している。

つまり、サヴィニー以後の国際私法は、相手国の属人主権が制限されるという考えに代わって、自国の領域主権の中で承認された外国人の権利としての「外人法」の存在を前提としているように思われる。[20] 法例では、「人ノ能力ハ其本国法ニ依リテ之ヲ定ム」とか、「外国人カ日本ニ於テ法律行為ヲ為シタル場合ニ於テ」云々として、「能力」や「法律行為」という単位法律関係毎に法律の適用規則が定められてあるが、それは、そもそも、民法第二条が「外国人は法令又は条約に禁止ある場合を除く外私権を享有す」と外人法の基本を内外人平等の私権享有として定めているからであった。「外国人に対して裁判権を行使すること」ができる「独立自主」の主権国家は、「文明国」でなければならず、それは、主権が平等で相互的なものであることを前提に、人の交流が国境を越えて行われる国際社会の中の部分社会として存在するものであった。よって、同じ「近世文明国」に属する外国の国民が自国に滞在している限り、その私権を「内外人平等」に保護する保証を外人法や司法制度という形で示すことは、慣習上「文明国」としての義務であった。故に国内法としての民法の規程に基いて、他の文明国の私法の適用が正当化され承認されていくことになる。

また、外人法と共に、外国法人の権利に関しても民法三六条は規定しており、日本の法律か条約で「認許」された以外、外国法人は商事会社しか認められないとされた。つまり、外国の法律で組織された外国法人、特に、地方自治体や教会等の公益法人は認めないことを原則とする一方、貿易を奨励するために商事会社についてのみ、相互主義に立脚して設立を認め国際的に保護する姿勢を有していた[21]。

こうして主権国家の枠の中で認められた外国人の法的地位を前提として、その範囲において、個々の事件とその単位法律関係に適用される法令がどの国のものとなるのを決めるのが「法例」であった。つまり、「文明国」相互の間でも、個々の法律は「社会の反映にして国民的精神の発現した」ものであり、また「立法の目的」も多様であるため、法律の内容は異なるものとなる。その結果、本国の法律適用で保護されるか、在住する国の法律適用で保護されるかについての統一された「同一の標準」を定めることが必要になり、それを目的として国内法としての国際私法が必要になるのである[22]。

また、法例制定の時点では注目されていなかった、同じ主権国家の内部に属する異法地域間の異なる私法の準拠法を決定する準国際私法についても、一九一〇年前後、日本が帝国としてのインフレーション的膨張をした時代に大いに研究が進んだ。英米法系の国々では、法典編纂以前のヨーロッパ大陸諸国と同様な状態が二十世紀に入っても継続しており、国内に複数の異法地域を抱えていた。異法域の法の適用に関して、国内の異法地域か外国のそれかを原理的に区別しないのが準国際私法である。[23]

以上、条約改正と合わせて国際私法としての法例が制定された背景や国際私法の機能一般を明らかとしたが、西洋世界内部の主権国家関係を機軸として、個人間の生命と財産を国境を越えて保護する体制は、主権国家として認めうる国家がそれまで存在しなかった東アジア地域に、属人主権に基く治外法権原理によって拡大されていたものの、日本が単独で主権国家にノミネートされて以後、大きな変化に直面していくことになったと考えられる。近代日本の条約改正が周辺の地域秩序にどのようなインパクトを及ぼしたのかが考察されなければならない。つまり、東アジア居留地システムが日本帝国にどのように回収されていったのかが問われなければならない。

そうした変化を考察する前提として、まず山田三良の国際私法と準国際私法に対する基本的観念を整理してみたい。山田三良によれば、国際私法も準国際私法も、法令を異にする各国の国民や各地の人民が、それらの境界線を越えて身分関係や財産上取引上の契約を結ぶに際し、個々の事案にどの国の民事法が適用されるのか、「法の抵触」を回避しながら、その適用規則を定める点で、両者とも全く同じ原理に立脚する。[24]しかし、山田は、十九世紀前半にまず西洋域内の各国で法典が制定され、内部の民事法が統一された結果として、国内における準国際私法と国際私法が分離したことを指摘している。つまり、法典整備までの間、中世以来の領邦が主権国家内部に組み込まれても、そこには依然独自の「法域」があり、外国と同様の適用規則によって、個々に適当な法令が選び出されていた。国家内部が多数の領邦国家に分裂してきた中世のイタリアやドイツなど国内に複数の法域を抱えた国々では、主権国家の内部にあると外部にあるとを問わず、異法地域間の異なる内外法律の適用規則として国際私法は発展してきた。しかしながら、十九世紀になってヨーロッパ大陸諸国の法典整備により国内の地域の間での法律の違いが消滅したことにより、外国との法律適用問題のみが国際私法の問題とされるに至った。また、国際私法が対象とする属人法の決定基準も、国内における地域の違いを前提にした住所地法でなく、国内で単一の法典が支配する本国法へと転換されたところであった。しかし、英米法の諸国においては、国内で統一された法典が施行されなかったため、依然として、国内の地方毎に判例主義で形成された法システムを残し、国内の地方の相互連絡関係と、外国の法と自国の法の相互連絡関係が、原理的に区別されることなく展開され、属人法は内外人の別なく住所地法を基準として決定される状態が継続していた。

山田三良（1930年）

山田が整理した、以上のような状態に西洋世界があり、且つ、そうした西洋諸国が一八八〇年代以後大規模に世界各地に公式植民地を拡大した状況において、近代日本における法典整備と国際私法の輸入が行われていることに注意する必要がある[25]。英米法系の諸国で国内と国際が区別されていないことを前提にした「州際私法」と、大陸法系の諸国におけるその区別を前提とした「準国際私法」という系統の異なる二つの名称が、日本の植民地統治が本格化した時期に国際私法と区別して与えられたことは、示唆に富む[26]。折しも、その当時の西洋でも、エッシェル・マイリー（Escher Meili）やジッタ（Jitta）[27]など一部の学者の手によって、州際私法、もしくは、準国際私法を、母国と植民地との間、また植民地相互の間の法の抵触問題に拡張し、ヨーロッパ文明国以外の植民地化した諸国との間で、帝国内部の法律の適用規則を論じる研究が登場していた(28)。国際私法の発展が、西洋文明圏の枠を越えていく学問的契機が訪れていたと考えられる。つまり、ある一つの主権国家内部における複数地域間の法律適用規則であろうと、その相互間の国境をまたいだ渉外行為についてのそれであろうと、一九世紀までは専らヨーロッパ世界の内部において行われたのに対して、一九世紀の末期になると、文明の「発展段階」が異なるとみなされた周辺地域である植民地との間で、母国の法と植民地法との間の連絡関係についての学問が展開されるようになっていた。日本帝国が共通法制定において直面したところの、本国の法体系と植民地の法体系をいかに関係づけるのかという課題も、その延長線上にあった(29)。

通常、ヨーロッパ世界の内部において国際私法が有効に機能する世界は、社会を規定する実定法あるいは判例法としての私法が領域主権を有する「近代的」な国家によって管理され、領域の内部における人間の生命や財産が内外人平等に保護されていることを原則としている。しかし、「文明」と「野蛮」に象徴される植民地と母国との関係においては、法システムを動かす政治的な枠組みが異なるのみならず、法規範の起源が全く異なる故、ローマ法を継受した「文明国」相互間と同じ国際私法が機能することは期待できない。日本のみならずヨーロッパ植民地帝国内部での法域抵触の問題は、実は、そうした旧慣を基本とする植民地法制と、公法秩序と私法秩序とを分けて有する「近代」社会である植民地母国との摩擦に伴う問題を含んでいたと考えられる。

しかしながら、東アジア居留地システムが近代日本帝国に回収されていった法的構造は、西洋諸帝国の中心部分が構成する主権国家システムとその周辺部分への波及の法的構造との完全なアナロジーとはなり得ない。近代日本帝国の場合には、西洋帝国と異なり、拡張対象である東アジア地域には既に居留地制度が存在し、属人主権原理にもとづく治外法権制度からの圧力が常に働いていたと考えられるからである。この問題を日本帝国を材料に考えようとする場合には、帝国内部における個別地域での外人法のあり方、即ち、外国人の永代借地権や土地所有権、そして外国法人による教会や学校の経営権等の団体法・社会法の問題について、外交史をふまえた更なる実証研究が必要である所以である。本稿は、こうした問題が存在していることを認識しながらも、台湾、樺太、関東州、朝鮮において、各々領有・租借・併合という異なる継緯で、日本が西洋諸国の治外法権をほぼ排除した後、それらの地域と日本帝国本土が、各々固有の経緯から別個に形成した法令体系をふまえ、その上に、どのような高次の法秩序を形成したのかという問題に絞って論を進める(30)。これは、東アジアの治外法権に基いた居留地システムが、中心に近代法システムを備えた日本帝国の出現とその帝国主義的膨張により、いかに代替されていったのかという問題について、政治外交史的アプローチの環境とでもいうべき、法制面での構造を問いたいと思うからである。以下では、日本帝国に固有な側面と、西洋帝国にも通じる側面に分けて、順に論じたい。

外国の対人主権を各地域毎に異なる経緯と方法で排除した結果、日本帝国の主権の内部では複数の地域が生みだされ、相互に関係を有しないという不安定な状態が発生していたため、主権国家内部の異法地域間の法秩序を構築する必要は多くの識者によって認識されるに至っていた。一九〇八（明治四一）年の帝国議会で小川平吉は、「台湾の人を訴えて裁判判決が確定して、之を執行しようと思っても」、内地裁判所が台湾での判決執行を命令できないため、「又もう一度台湾の裁判所に行って、台湾裁判の判決を受けなければ、執行が出来ないという実に不都合極まる、不可思議極まる状態になって居り」、「外国人達は之を聞いて驚いて居り、又笑って居」り、「斯ういうことは何処の国にも無いというを言って居る」と指摘している[31]。この指摘は、近代日本の東アジアにおける孤独な状況を示していると考えられる。つまり、日本が国際社会の対等な主体としての資格を得るべく、国際私法を含めた国内法を整備しても、整備直後の国際私法は西洋の国家と交際する国際秩序の上でのものでしかなかった。帝国秩序内部の台湾と日本本土との高次の法秩序ができていなかった[32]。

こうした不安定な状態は、西洋圏における歴史的経験を経て、「主権」を確立したのではないことに由来する。西洋の主権国家が常に国際社会全体の一領域の管轄を行う部分社会に過ぎず、常に他国との関係の中で展開してきたがために、準国際私法と国際私法を当然備えながら主権国家へと変化してきたのに対して、異なる文明圏において主権国家として承認された日本帝国には、国際私法を急遽制定したものの、しばらくの間、帝国内部の異法地域間の秩序がないという状態が発生していたのである。それは、歴史的経験に基づく、文明国が国際慣習上当然備えるべき国内法制が欠如した状態でもあった。本書の文竣暎論文に紹介されているように、この問題については、帝国議会で司法統一に関する法律案が提出され、民事に関してのみの判決効力の執行と司法共助がまず可能とされるに至った。それを最小限の修正を積み重ねる形で展開していく過程で、西洋の主権国家内部にも複数の異なる地域があり、その間で私法適用規則が、準国際私法もしくは、州際私法として存在することが、再発見・再紹介されていった[33]。共通法の制定は、こうした作業の延長に位置していたと考えられる。

西洋諸国と日本とでは、その内部の国内法の編成について、国際関係の成立と拡大にかかわる以上のような根本的相違が存在していたが、逆に以下のようなある程度共通する要素もあったと考えられる。第一に、帝国本国と植民地の間においては、「国際私法」として私法に限定されるのではなく、準拠法自体がその範囲を拡大させていたと考えられる点である。植民地化された地域の慣習法は、ローマ法と異なり、公法私法という体系を別個に有するわけでなく、また、法のみならず、政治と経済・文化システムの複合体という性格を有する。こうした慣習法に支配された植民地の統治は、帝国本国の西洋的法体系との相克を伴うものであったが故に、法と政治・経済・文化の複合体としての「旧慣」やそれに立脚する共同体の「自治」という言葉の使用頻度を高めた(34)。植民地との間での法の抵触は、私法領域のみならず、法秩序一般にわたる問題であった。よって、古典的な意味の国際「私法」に限定されない、公法やそれ以外の一般的な法秩序全体の衝突規則が問題にされるようになったと考えられる。実際、ヨーロッパ内部の国際私法の発展においてさえ、一九世紀の中頃の一時期、国際私法の扱う領域とは単なる私法相互の抵触ではなく、「公法たると私法たるとを問わず、苟くも其衝突を解決する規則は総て国際私法の範囲に属す(35)」とされた時期があった。後述するように、共通法が民事以外の刑事法や行政法令上の連絡と適用規則の提供を行うことになった背景はここに由来すると考えられる。また、これも後述するように、日本帝国の「外地」内部に存在した属人的法令は、「異法人域法」、もしくは、「人際法」としてあったと考えられ(36)、現代では宗教的人種的な理由に基づく私法上の「人際法」が、当時の日本帝国においては刑事法や言論・出版の自由に関する公法上の権利に及んでいた。帝国法制やその要としての共通法の検討は、「私法」、「公法」という枠組を越え、それ自体を問題にしながら行わなければならない所以である。

第二は、国際私法でいう公序良俗原則の徹底を意味する「従属的法域」が植民地との民事上の基本関係に設定されたと考えられる点である。国際私法があくまで対等な主権国家関係から構成される世界において機能するのに対して、国際法上対等な存在とは見なされていない植民地法域に所属する個人と、主権国家の領域に所属する個人との間で、法律の境界を越えて私法上の身分・財産関係が結ばれた場合には、個人相互の関係に、非対称性が生じたと考えられる。つまり、対等な国民的個人を主体とする西洋式の国際

宜蘭濁水渓蕃童教育所（1911年頃）（井出季和太『台湾治積志』1937より）

私法がそのままでは適用されず、ヨーロッパ本国の法令が、「公序良俗原則」によって、半主権国家や植民地に及ぼされる傾向が出てきた。つまり、主権国家と半主権国家もしくは植民地という非対称な関係においては、そうした領域をまたいだ個人の私法上の関係は、垂直的「従属的」なものとなる傾向があった。(37)

この「従属的法域」という考えは、やがて一九三〇年代末に入って東亜新秩序を支える法的原理を探るため、フランスの植民地法制の具体的な事例をもとに国際私法学者の齋藤武生や江川英文によって研究が進められていく。法域を従属的なものとすることにより、本国法の影響が植民地に及んでいき、同化に貢献するものとなっているとの評価が与えられていた。(38)

第三に、これは日本帝国法制においてより顕著な点であるが、本来国家から自律すべき領域の私法が、国民形成に奉仕する目的優先の機能に転換させられつつあったこと、それに対応して社会法・行政法の分野が西洋帝国に比べ、より一層拡大していたったと考えられる点である。(39)これは、二〇世紀の私法史についての研究書で指摘されている傾向であるが、近代日本の場合には、そうした国家領域の拡大という現代的変化を待つ以前から、私法の独立性は弱まっていたと考えられる。なぜなら、日本が帝国として東アジア世界の開発・搾取を目的とした現地社会の植民地的近代化をはかる上で、帝国内部の拡大的国民統合による「日本」社会の同化が指向され、スタイルの違いはあるものの基本理念としては共有されていたため、そうした政治的必要の優先により、私的な領域と公的な領域の峻別を前提とする理想的市民社会モデルから、早々に遠ざかっていたと考えられるからである。

民法は、本来的には国家から独立すべき「ブルジョア的」市民社会における所有権不可侵と契約自由を基本原則とした。しかし、現代においては、社会の形成や維持という公益の維持に奉仕することが求められるような傾向が生じているとされる。こうした傾向は、一九世紀の自由主義全盛の時代が終わり、「社会の発見」[40]が思想的潮流となる二〇世紀初頭、国家の重みが増し教育法や社会法の領域が拡大すると同時に、有機的社会観が垂直的従属的社会構造と結びつく傾向が生じた時代に起源を有する。[41]そうした状況において、二〇世紀の民法は、帝国や国家に対応した形で、上から帝国的「社会」や「国民社会」を形成し、再編する機能を担わされ、民事法の機能は、私的利益の調整から、積極的に社会形成をになう性格のものに変化していたと考えられる。[42]帝国主義諸国において、経済法と社会法、更にはそれを運用する行政法の領域が拡大したが、それに対応して、植民地の側でも、急速な経済開発や安全保障上の利益を優先する帝国本国の目的を至高のものとしながら、それに従属した機能を有する帝国大の安定した社会の形成を促す私法の形成が企図されたのではないかと考えられるのである。こうした私法の機能変化に対応して、帝国の内部の法秩序においても、準国際私法は単なる国家領域から独立した「私」の領域で地域に分かれた法令間の技術的適用規則ではなく、公法や社会法と連動して国民社会形成へと向かう目的指向的なものへと変化していたと考えられるのである。

こうした民事法の社会形成機能重視の傾向は、私法と公法にまたがる領域での社会法・経済法・行政法領域の拡大という現象とパラレルであった。社会法・経済法という視点は、帝国法制についての近年の議論の中でほとんど提示されていないにもかかわらず、戦後日本で社会経済史分野から行われた帝国植民地研究に比較的良くなじむ分野である。社会経済史的な下部構造が上部の統治構造にいかに反映していたのかという視点に基づく研究を、今度は逆に「上部構造」とされる法制が、下部構造であるはずの社会をいかに形成する機能を担ったのかという視点と合わせて、再発掘検討する時代が訪れているといえそうである。

少し時代は下るが、社会法の発展とその性格、帝国法制の内部における比重の拡大は、東京帝国大学法学部長穂積重遠の「皇紀二六〇〇（一九四〇）年奉祝」の言葉に見てとることができる。穂積は、明治以来の法律学と政治学の発展を振り返り、明治時代のそれが新制度の分析概念に急であり「何」（What）の研究と教育が中心であったのに対して、大正時代以後、「何故に」（Why）と「如何にして」（How）の研究と教授が発展し、昭和時代も継続発展させられていること、法制の実際の運用の観察と批判に力が入れられた結果、「所謂公法・私法の双方に跨がる中間領域たる社会法・経済法・産業法とでも名づくべき新法制の発達が著し」く、「我国に法制の全体系上極めて重要な地位を占め」ている状態が観察されると述べている。(43) 穂積のいう「社会法・経済法・産業法」の中には、当時の産業統制法以外に、「従来比較的閑却されて居た」ところの工業所有権法・鉱業法・漁業法・農業法が含まれていた。一九四〇年の産業統制強化時代の傾向は、より古い時代、一九世紀の末期あたりに起源を有していることが、ここからも伺うことができる。

「私法」と「公法」として二分される体系の狭間で、その二分法に当てはまらない領域の重要性が増していたことは、朝鮮の「自治育成」の基盤となる治外法権廃止を外交的に実現する政策とも深い関わりを有するものであった。保護国朝鮮での治外法権廃止という要求を列強に認めさせるに際して、清国での工業所有権相互保障に関する条約締結がテコとして利用されたし[44]、清国での鉄道建設に関する借款団の活動範囲や権限は当時の国際政治の焦点となっていた[45]。産業振興に関連する経済法やそれを支える開発を秩序付け単なる私人の経済活動を公益の下に従わせる社会法という領域が重要となり、その重要性は帝国本国のみならず、植民地においても観察されることとなった。

第四には、以上と深く関連しているが、東アジア国際行政の展開の活発化に伴う領事裁判権から領事行政権への比重の増大という変化が挙げられる。これが、帝国内の従属的法域を更に帝国外部へと延伸することになっていったと考えられるのである。その一例としての、競馬場経営を核とする馬事行政の延伸に関しては、姉妹書に掲載された山崎有恒論文に詳しい。日本帝国が東アジア国際政治における勢力均衡の一アクターとして行動し、イギリスの作り上げた東アジアにおける居留地ネットワークによる自由貿易システムを支える役割を担っていくためには、多民族の活動に伴う居留地や租界を国際的に、西洋の側に開かれたものとして維持・管理しつつ、管理能力を拡大していくことが必要であったと考えられる。国際協調を国際関係において維持しながら、帝国外部での行政や法の枠組みを、帝国内部の多民族の居住する複数地域間の法秩序と結びつける形で整備し、個人の財産や生命の十分な保障をする必要があった。また、帝国外の周辺地域において、工業所有権法にもとづく産業保護、港湾や鉄道などのインフラストラクチャーの整備・管理を行うに当たっては、門戸開放と機会均等の原則という枠組みの中でそれを行うという国際関係上の要請故に、それに見合った立法手続と、それに従った行政上の執行責任が要求されていたと考えられる。この門戸開放と機会均等という原則遵守の声明は、日米間における一九〇八年末のルート高平協定[46]、一九一七年の石井ランシング協定[47]によって再度確認されている[48]。しかしながら、諸外国の国益と門戸開放理念とは、時として対立する局面をはらんでいた。例えば、鉄道権益を重視する日本の国益にとっては、アメリカがロシアに対して、韓国北部への鉄道も含めた南満州地域の鉄道に関する共同経営をもちかけ、米露合同で日本に提議することを呼びかけたことは、日本の反発を招き急進的韓国併合を呼び起こした[49]。その一方、ルート高平協定の際の「対外政策方針」では、特殊利益としての鉱山や鉄道の確保を個別に推進する帝国主義政策ではなく、門戸開放と機会均等という原則とも両立する「列国に共通なる事項に関しては列国と行動して同一の歩調を取」ることが決定されていた。こうした協調路線と、「満州に於ける我特種の地位に関しては漸次列国をして之を承認せしむるの手段を取る」ことは、両立するとまだ当時は信じられていた[50]。つまり、中国、特に満州において、他の帝国と協調できるところは協調しながら、特殊の地位を目指すという方針の下で、帝国相互の関係では協調体制を維持しつつ、法典が未整備、もしくは運用されない地域である中国に対して、列国間の国際条約、例えば、万国著作権保護同盟や万国工業所有権同盟と類似の内容を有する日米、日仏、日独、独英、日露のそれぞれの条約を締結し、一致して国際行政的活動にあたっていた[51]。

日露戦後の日本の重工業化とアメリカ資本の東アジア進出に伴う国際環境の変化は、こうした国際行政の展開とそれに伴う摩擦をともに深刻化させると共に、治外法権の運用も領事裁判のための民事刑事司法から行政法的な色彩を強める方向に変容を迫られ、また、帝国内部の民事法にもこうした周辺地域での活動を支える新たな役割が求められていたと考えられるのである。姉妹書拙稿で試みたように、領事裁判に準用される帝国本国の法制を、帝国内の次元にとどめず東アジア地域社会を舞台に分析する必要がある所以である[52]。

三　法規分類からみた帝国法制の全体構造と共通法の機能

東アジア居留地システムという一種の国際秩序が、日本帝国の法秩序に回収されていくに際し、「完全な属人主義」が帝国内部の属人法に、ある意味で飼い習されていった法的構造を、西洋帝国や主権国家システムにおける公法／私法観念と国内法／国際法観念との対比で前節では論じた。そうした分析上の注意点をふまえ、本節では日本のかつての法学者が民事・刑事に関する「外地法」をどのように分類していたのかを切り口として、帝国法制全体がいかなる構造の中に属人法を組み込んだのかについて自分なりの枠組みを提示したい。この構造の中でこそ、共通法がいかなる機能を果たしていたのかが自然と明らかになると考える。帝国内部の民事・刑事分野の基本法制が、帝国法制の基本構造分析の柱となるが、社会法と行政法について、それがどのように帝国法制の構造にかかわっているのかについても検討を行いたい。

外地に施行された法律を体系的に分類するに際して、第二次大戦後の外務省が用いた分類基準は、「㈠外地に当然適用の法律」、「㈡勅令で施行された法律」、「㈢属人的性質の法律」[53]を三本柱とするものであった[54]。一方、朝鮮総督府で参事官等を勤め諸法令の審議立案に拘わってきた荻原彦三の回想においては、当時の役人たちの常識として[55]、「㈠規定の内容上当然朝鮮にその効力を及ぼした法律及び勅令」、「㈡勅令を以て特に朝鮮に施行することを定めた法律」、「㈢朝鮮に施行する目的を以て特に制定した法律及び勅令」という分類があったとされる。

両者を比較してみると、「勅令で施行された法律」のみは完全に一致しており、また、荻原のいう(ハ)及び(イ)の一部は外務省の㈠に対応するものであることも疑いなかろう。荻原のいう(イ)の残りが外務省の㈢に重なっていると考えられるが、問題は、荻原の「(イ)規定の内容上当然朝鮮にその効力を及ぼした法律及び勅令」のなかで、何が外務省の「㈠当然適用の法律」と区別されるところの「㈢属人的性質の法律」であるのかということである。この問題を考えるため、まずは、外地の法律と、法律と同様の効力を有する律令・制令をどのように分類するのかという分類枠組みについての議論を整理することにしたい。その整理の枠組みは、二次大戦後の外地法分類の直接の起源をなす第二次世界大戦中の清宮四郎等の外地法研究[56]に依拠するが[57]、その源流である共通法制定時の山田三良や鈴木宗言の議論にもさかのぼることにしたい。

1　法の「形式」に基づく分類

外地に「当然適用」の法律と「勅令で施行」された法律は、ともに台湾・朝鮮総督への委任立法による律令・制令の上位に位置する法令である。しかし、それは当初から上位にあったわけではない。台湾法制の中核となった一八九六年法律第六三号（略称「六三法」）制定においては、台湾という領域内で法律を要する事項が総督の命令で定め得る（第一条）[58]とされた一方、帝国議会が台湾にその一部、もしくは全部を施行する目的で法律を制定する権限は排除されておらず、二つは対立する関係にあった[59]。また、その一方で六三法時代においては、すでに法律で決定されている事項を、総督の委任立法権を行使した律令の発布によって修正することが可能であった。つまり、法律と律令は全く同じ効力を有して併存し、相互に抵触する場合には相手を修正することが可能で、お互いに排斥しあう関係であった[60]。

有賀長雄によれば、そうした対立をはらんだ法体系が作られたのは、当時この六三法が永久的存在とは考えられていなかったためである。明治憲法八条の法律事項に代わる緊急勅令同様に、台湾での法律事項に関する総督命令もいずれは帝国議会から事後承諾を得なければならないが、台湾統治の根本方針を定めるまで、事後承諾期間を、緊急勅令の際の有効期間である次の議会開催時よりも長期、つまりは、六三法の時限立法期間である三年先に設定したのであると有賀は考えていた(61)。

こうした暫定的な性格の六三法が三年間ずつ二度延長された後、一九〇六年になって三一法が制定され、翌年施行された。この三一法の制定に当たっては、勅令案と呼ばれる別な案、つまり、法律事項を中央政府の勅令で規定できるとする案が存在したが、それは取り下げられた。委任立法制度それ自体の憲法的な性格は論じられないまま、技術的な弊害を除去する方向へと三一法によって修正されたのである。即ち、法律と同一の効力を有し法律決定事項にも修正を加えることができた律令の地位が三一法では一段下げられた。これにより、議会と総督の立法管轄権の衝突という弊害が除去され、総督による律令は帝国議会による法律に違反できないことが定められた。この方式は、朝鮮へも一九一一年の法三〇号によって拡張されたが(62)、台湾における三一法が五年間の時限立法の状態のままであったのに対し、朝鮮では恒久法とされ更に安定度を高めていた。

これ以後、中央政府の勅令、もしくは直接の立法によって法律が台湾・朝鮮に施行されれば、その後に発布される律令・制令はその法令に違反できなくなった。その結果、外地における法令は、立法管轄権の所在やその行使の枠組みの違いにより、三種類に区分され、強弱の位置づけが与えられることとなった。

即ち、①総督が委任立法権に基づき勅裁を受け発布した律令と制令、②本来内地のために制定された法律を勅令によって外地に延長施行した法律、③台湾、もしくは朝鮮のみ、あるいは帝国全土に施行する目的を以て帝国議会の協賛を経て発布された法律、以上の三種類である。この区分は、立法権の所在に注目して、法の「形式」で分類したもので、[63]立法権の形式による第一の外地法分類と定義する。①が②と③に比べて一段劣った地位にあったことは、二つの水面が隔壁で仕切られている状態にたとえられる。隔壁が切って落とされると、水面は内外地一様に同じ高さになり、もはや外地の総督による命令によっては隔壁を再度設けることができない。[64]法律と同様の機能を有した勅令も重要であるが、法令の連絡・衝突には比較的関係が薄く煩雑になるため、法律の施行や委任の枠内での修正に関係する勅令等を除き、本文では省略する。[65]

法律同様の効果を有する命令①、つまり律令・制令こそ、しばしば、台湾領有や朝鮮併合以前の慣習や旧法令の内容をその形式の中に継承したり、内地法と異なる特別な内容を有する立法を可能とした法令である。これは、外地の法体系全般に外地法たる性格を有せしめる中核となるもので、[66]「形式」上での位置付けだけでなく、後述する第二の「内容」に関する分析と組み合わせることで初めて、外地法の構造を論じることができるようになる。

こうした分類軸の基準となる法令の「形式」を決定するのは、法令の定立の主体と様式である。それは以下のようにまとめられるであろう。①では総督府が主導する形で本国政府の承認を受け、[67]②では帝国議会が既に承認したものを本国政府が主導しながら総督府と合同し、③は総督府の意向を踏まえ本国政府が主導・調整しまとめた法案を帝国議会に提出し審査・承認される形で、つまり三つの異なる様式で立法が行われる。明治憲法体制では、議員立法は行われず、専ら政府の補弼により提出される法案が帝国議会において審議され、その協賛により法律が天皇によって公布されたが、外地においては、この公式の立法過程に、通常よりも多数の機関が公式に参与し、その三つの様式に基づく協同作用によって法律が外地に効力を及ぼすことが分かる[68]。

逆に言えば、この第一の分類軸は、法が帝国の国家機関内部のいかなる協同によって定立されるかという立法形式による分類である。外地における立法形式は、しばしば、憲法施行の如何を論じる材料として議論されてきたが、ついにその解釈についての学説は一定しなかった[69]。しかし、現実にどのような機関が協同して法を定立するかという点での法技術的な事実は明確であったため[70]、憲法解釈は脇に置いて最小限の事実に依拠しながら立法の「形式」によって外地法を分類することができるのである。

この①②③の三者は、総督府と帝国議会のいずれが、より主導的かという点で、更に①と②③という二つのグループに大別され、それぞれ当該地域においてはどちらを原則としているのかを観察することで、法的な意味での植民地性を決することができる[71]。山田三良によれば、共通法制定の時点での法律的な意味での植民地は台湾と朝鮮のみであった。その後、台湾では一九二一年に、それまでの三一法に代わって法三号が施行されたため、それを契機にして、①原則から、②③原則へと劇的な転換が起こり、台湾は少なくとも法的には植民地ではなくなったと山田は認識している。その一方、朝鮮では①が主流のままであった[72]。樺太においては樺太長官に立法権が委任されていないので①が存在せず、終始②③を原則としていた。一九二一年以後の台湾や領有以後の樺太が法的に植民地とはいえないのは、帝国議会の権能を侵す特殊な委任立法権の発動が法によって具体的個別的に限定され、それにより内地の法律が何年も遅れて施行されていく、「大きな離島」に過ぎない存在となるためである。実際、一九二一年以後の台湾での律令制定権は、法律が存在しない隙間の開いた箇所においてしか行使されることがなくなり、実際はそのような隙間はほとんど開いていないため、律令はそれまでに発布された律令の修正を専らとするようになり、新規立法としての律令は十五年以上「冬眠期間」に入った[73]。

しかし、法的な植民地ではないにせよ、そうした特殊な地域と本土の法令には次節で述べる内容の点で差が生じた。それは、例えば、樺太に勅令で法律を施行する際、監督官庁の読替を行ったり現地住民に関する事項についての変更を施すことが、法律に決められた範囲内で勅令により行うことができたからである[74]。また、③として地方特別法を帝国議会が制定することも行われた。こうしたことから、②③を原則とする地域でも法域間の抵触は起こり得るが、それは立法権の所在にかかわって法的な意味での植民地か否かが問題となる法域ではなく、法律適用規則に関する単なる技術的問題のみが残って立法権自体は一元化されている法域となる。

以上、法令の「形式」による第一の分類は、国家機関の協同による法定立の枠組み自体が事実として確定していたが故に[75]、その法定立の枠組みに注目したものである。共通法は、「形式」の異なる法令が存在することを大前提として、その間の連絡と適用規則を提供するものとして機能していたが、その機能を論じるためには、次の分類軸である「内容」の問題の検討が不可欠である。

2　法の「内容」に基づく分類

外地法の分類の二つ目の軸は、同一事項に関して外地法の実質内容が内地法と同じ「内容」の規定であるか否か、つまり「内容」を指標とするものである[76]。これは一見単純なようであるが、「何を」、「いかなる意味」で同じ内容と定義するかという二点で、非常に複雑な問題をはらんでいる。

「何を」について、つまり、内容に関する分類の機軸となるところの、基本単位やその範囲を決定するに当たっては、形式との関連が重要となる。前述した第一の分類の②、つまり、勅令によって施行された法律は、全体として形式も内容も同じものといえるが[77]、第一分類の①、つまり、制令と律令の場合には、一つの法令の内部には、内容を同じくする諸規定とともに、それを異にする諸規定という二つの集合体があり、それが複雑に盛り込まれるという構成をなしていた。「内容を同じくする」とは、ある事項（「単位法律関係」と呼ばれる）に関して、同一事項を規律する内地法に「依る」と規定された場合である。この場合には、法令全体の形式が異なっているにもかかわらず、その単位法律関係についてのみ、同じ「内容」を内外地法は有することになる。その一方、内容を異にする規定とは、別なある事項に関して、「旧慣に依る」、もしくは「従前の例に依る」と規定されるか、内地法とは全く異なる特殊な内容を直接定めている事項であった。例えば、前述の明治三一年律令第八号では、「内地人と西洋外国人の民事」が内地民法に「依る」とされたことで、内地法と「民事」一般に関して同じ内容を有するようになった一方、台湾の「本島人並びに清国人の民事」は旧慣に依ると規定されていた。つまり、「本島人並びに清国人の」という属人的限定を施した「民事」という単位法律関係が切り出されていることに注意が必要である。

内地法を施行せずに、「依る」とのみしたのは、律令と制令という「形式」の枠の中に置いておくことで、必要に応じた改廃が総督府の主導で可能となるようにするためであった。法律として施行されれば、帝国議会の協賛を得るという政治的に困難な手続きが要求されたのである[78]。台湾に関しては、一九〇七年の三一法施行と翌年の台湾民事令と刑事令の制定により、朝鮮に関しては、一九一一年の法三〇号と翌年の朝鮮民事令と刑事令の制定によって、それぞれの領域一般に適用される属地的な法制として、民事一般が内地の民法、刑法他の付属法に「依る」とする基本構造が決定された。

その際に重要であったのは、その民事と刑事の基本法制の例外、つまり、内容を異にする部分が、どの事項、つまり単位法律関係にどのような内容で盛り込まれたのかという問題である。内地法と異なる内容を有した民事・刑事の例外部分を考察するにあたっては、「何が」例外となったのか、その基本単位である単位法律関係に注目する必要がある。例えば、明治三一年律令第八号を改正して生まれた律令である一九〇八（明治四一）年の律令第一一号台湾民事令は以下のような条文からなっていた。

第一条　民事ニ関スル事項ハ民法、商法、民事訴訟法及其ノ附属法律ニ依ル(79)
第二条　土地ニ関スル権利ニ付テハ民法第二編物権ノ規定ニ依ラス旧慣ニ依ル但シ土地ニ関シ特ニ定メタル規定ノ効力ヲ妨ケス
第三条　本島人及清国人ノミノ間ノ民事ニ付テハ左ノ規定ヲ除クノ外民法、商法及ビ其ノ附属法ニ依ラズ旧慣ニ依ル(80)

つまり、第一条で「民事ニ関スル事項」を内地法に「依ル」として内地の民法、商法他と同じ「内容」を原則として規定する一方で、第二・三条で「土地ニ関スル権利」と「本島人及清国人ノミノ間ノ民事」という単位法律関係を「旧慣」に「依ル」としていたのである。しかし、この例外には、更に「例外の例外」が設けられ、「土地ニ関シテ特ニ定メタル規定」（二条）である律令(81)や「左ノ規定」（三条）としての内地民法の一部の規定は、二・三条で旧慣の依用が原則とされたにもかかわらず、有効であるとされた。(82)また、省略したが四条でも同様に、例外の例外として、「本島人及清国人ノミノ間ノ民事」の中でも物権と債権の規定の一部は、(83)旧慣に依らず内地法に「依ル」ことになった。「例外の例外」は、内地法と「同じ内容」の依用ということになる。(84)
例外や、例外の例外と指定された部分が、「本島人及清国人ノミノ間ノ民事」という形で、「本島人及清国人ノミノ間」という属人的な限定句に「民事」を足し合わせた単位法律関係として切り取られていることには十分な注意が必要である。この属人的な限定のない「土地に関する権利」一般が指定されたり、あるいは逆に、属人的な限定と組み合わせて、例えば、「民事」、「物権」が指定されたりした。つまり、法令が本来規定する大小さまざまな法領域（単位法律関係）と、ある人間集団を指定する条項を組み合わせて、属人的な単位法律関係を形成し、それを内地の民刑事法に「依る」としたり、旧慣や旧法令、特殊律令に「依る」として、それにより全体としての「形式」は別な法令でありながら、内地法と「同じ内容」を有する部分と異なる内容を有する部分を組み合わせて埋め込み、全体としては領域的な効力を有する「形式」による分類①、つまり律令・制令が生まれていたのである。

つまり、内容に関する分類は、ある「形式」を有する法令全体を単位として行われるのではなく、その法令内部の各単位法律関係を単位として行われるのである。例えば、「物権」、「相続」「民事」などがそれに該当するが、そうした単位法律関係がどのような具体的な問題を内包するのかは、国際私法学上で大きな問題とされている[85]。実際、帝国議会で共通法原案が審議された際にも、どういう単位を以て「内容が同じ」と認めるのかが相当問題とされている[86]。

単位法律関係を機軸として判別される、その単位事項に関する外地法の内容と、対応する内地法の内容との異同は、共通法の機能を深く規定している。共通法は、民事（第二条一項）と刑事（一四条）に関して、全く同じ規定を設け、「一の地域に於て他の地域の法令に依ることを定めたる場合に於ては各地域に於て其の地の法令を適用す。二以上の地域に於て同一の他の地域の法令に依ることを定めたる場合に於て其の相互の間亦同し」との規定を置いていた。これは、ある単位法律関係に関する事項が他の地域の法令に「依ル」場合、つまり、内容を同じくする場合には、「互ニ法令ヲ同シクスルモノト見ナシテ[87]」、つまり形式上も同じ法令が相手の領域にまで延長施行されているとみなして、法廷地法、つまり、裁判所のある地域の「法令ヲ適用ス」と定めるものであった。こうした規定は連絡規則と呼ばれる。共通法は法例や国際私法がそうであるような適用規則のみで構成されるものではなく、この連絡規則を重要なもうひとつの構成要素とするものであった(88)。「依ル」とした単位法律関係に関して、形式を異にする法令の下に相手の地域が置かれているにもかかわらず、その間が連結され、法廷地の法が相手側にまで延長されている状態が作り出されることとなったのである。

　更に重要なのは、こうした連絡に際して、切り取られるべき基本単位が属人的に定義されている点である。切り取る範囲が属人的であるがゆえに、清宮四郎が指摘したように外地人法としての性格が外地法体系にもたらされたと考えられるのである(89)。この問題の本格的な考察は次節で行う。

　内地延長に関しては、内容と形式に注目すると、形式が違う法令に「依ル」という規定を設けることで、ある事項に関して内容を延長する場合と、(1)②で述べたように形式も内容も合わせて、法律全体を延長する二つの方式があったことが分かる。ただし、後者の方式でも、樺太でみられたように、法律を勅令で施行する際に、法律の定めた枠の中で勅令による修正が加えられることがあるため、法律全体が延長され形式が同じになったにもかかわらず、その内容の隅々まで完全に同じとは限らない。

　外地法体系全体の動態変化を観察すると、旧慣を依用した部分は、台湾でも朝鮮でも民事令の小規模の改正により、「例外の例外」の部分、つまり、内地民法の規定が依用される部分が拡大していったことにより、次第に縮小していった。共通法制定以後のことになるが、台湾ではついに、台湾人のみの間の民事等、属人的に定義された巨大な例外部分について、その更なる例外として内地法を依用して延長するのではなく、むしろ形式の上で均一な民事法を延長施行し、一切の属人的な例外部分をなくすことを原則とする方向へ転換された。これが、一九二一年の法三号の制定による律令制定権の制限、及び律令を例外として勅令による内地法律の延長を原則とすることの制度化である。それに対応して、翌年の勅令四〇六号と勅令五二一号では、それぞれ内地の民事関係法、行政諸法が台湾へ延長施行された(90)。つまり、例外の例外としての内容面での内地延長という「量」的変化は、「質」としての法形式上の内地延長へと転化され、内地法律の勅令による施行が実行されたのであった。

しかし、この新しい法制の中には、依然として内地民法と異なる内容を有する部分が残されていた。法三号には、一条二項で「官庁又ハ公署ノ職権、法律上ノ期間其ノ他ノ事項ニ関シ台湾特殊ノ事情」があるときは、勅令を発布できるとされており、更に、その第二条では、「台湾ニ於テ法律ヲ要スル事項ニシテ施行スヘキ法律ナキモノ又ハ前条ノ規定ニ依リ難キモノニ関シテハ台湾特殊ノ事情ニ因リ必要アル場合ニ限リ」律令の制定ができるとされた。これを根拠として翌年一九二二年の九月に公布され翌年正月から施行された勅令四〇七号「台湾ニ施行スル法律ノ特例ニ関スル件」においては、その中の「第二章民事ニ関スル特例」が設けられ、「本島人ノミノ親族及相続ニ関スル事項ニ付イテハ民法第四編及第五編ノ規定ヲ適用セス別ニ定ムルモノヲ除クノ外旧慣ニ依ル」（第五条）との規定が置かれた。つまり、属人的に定義された台湾人のみを当事者とする「親族」と「相続」という単位法律関係は、旧慣に「依ル」ものとして、内地民法と異なる内容を依然有した。形式は法律になっても、今度は法律の内部において、属人的に切り取られた単位法律関係が勅令によって存在するようになった。つまり、樺太と同様の方式で属人的に定義された異法領域が、今度は法律の中に残ったといえる。異法領域として残された台湾人の親族相続という単位法律関係の内容がどのような具体的な旧慣によって構成されていたのか、それに対応して性別で画される「個人」の権利義務や道徳的法的規範の整備がいかに妨げられたのかに関しては、本書中の洪郁如論文に詳しい。

これ以外にも、法律上の特例として勅令四〇七号を根拠に認められた旧慣として、土地に関してある集団に認められた権利である祭祀公業は有名である。法人は法律で定めなければならないとする民法が施行されたにかかわらず、勅令により慣習上の存続がその集団に認められたのである。[91] しかし、これ以外の土地に関する旧慣上の権利は、明治三一年の律令九号や台湾民事令を根拠として、それまでは内地人も含めた台湾の住民一般を規定してきたにもかかわらず[92]、この四〇七号勅令によって、全て内地民法上の物権・債権の一部として読み替えられた。また、それに際しては読み替えに伴う技術的規則も定められた。

つまり、勅令による法律の施行で、法令の形式は同じになっても、法三号で認められた範囲で勅令により指定された単位法律関係に関しては、内容が異なる規定が法律の中に残ったため、「法域」は依然存続したといえる。共通法は、その点において依然台湾でも有効性を失わない。しかし、この際には、「本島人ノミノ親族及相続」に関する慣習とか、本島人のみが当事者として認められていた「祭祀公業」の慣習が法律の中で例外とされたため、例外とされる分野は、ますます属人的な単位法律関係としての性格を帯びることになった。外地での新規の立法が、立法権の根拠を法律と別にする特殊法令によって行われるのではなくなり、原則として法律に統一されたにもかかわらず、異なる内容を有する基本単位が属人的なものとなって、しかも法律を根拠として存在するようになったのは、皮肉なことであった。

後述する行政法との関連で注目されるが、こうした民事法令の内地延長以外に「行政諸法」がまとめられ、勅令第五二一号として台湾に施行されている。台湾に延長施行された行政法としては、海港検疫法、重要物産同業組合法、治安警察法（但し行政訴訟に関する規定を除く―原文、以下同様）、保険業法、行政執行法、工場抵当法、農業倉庫業法、保税倉庫法、保税工場法、漁業法（但し行政訴訟、水産組合及水産組合連合会に関する規定を除く）、伝染病予防法（一部を除く）、電気事業法、河川法（一部を除く）、癩予防法、少年救護法（一部を除く）などがあった。一九二〇年代に盛んに進められる台湾の産業開発に対応して、それを直接推進するための法律と、それに伴って引き起こされる社会変動に対処すべく、民生安定に関する法律が延長されていることがわかる。

この勅令五二一号によって行政諸法が延長施行された際にも、台湾特殊事情に由来する変更点が、その勅令の内部に列挙された。例えば、行政官庁の総督への権限読替、許認可権限の緩和（祭祀公業制の法人登録税免除〔四条〕、薬剤師免許不要〔二六条〕等―浅野、以下同様）、その反対の許認可権限強化（治安警察法による届出期限前倒し〔七条〕、行政訴訟や組合規定の除外〔漁業法等〕）、地方自治制が異なることへの機関委任事務（伝染病予防法〔一五条〕、汚物掃除法〔二〇条〕、種痘法〔二八条〕）、総督府による行政への地方負担取り決め（電信線電話線建設条例〔二二条〕、河川法〔二三条〕）などが主なものであった。つまり、台湾の地方自治制と行政制度が内地と大きく相違するが故に、そうした行政法上の単位事項に関しては、台湾に関してのみ適用される異なる内容が、形式上延長施行されたはずの当該行政法の法律内部に、設けられたのである。これは、行政一元化が行われず、総督府の総合行政権が残置されている限りは仕方のない規定であるといえよう。一九三五年以後の地方自治制度の発展と一九四三年の内外地行政一元化の領域拡大こそが新たな局面をもたらすものであったと考えられる。

3　「属人的性質を有する」か否かによる分類

(1)　地域内部の属人法と帝国大の属人法

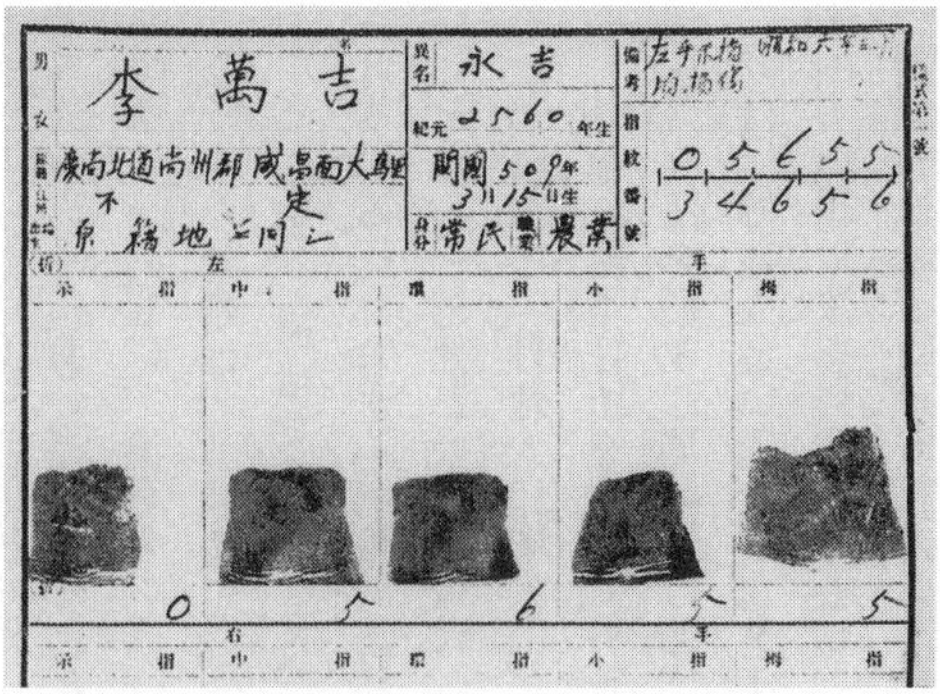

指紋カード　朝鮮総督府刑務局に保管されていたと考えられている。当時最新の捜査技術が戦後の「在日」差別の象徴となっていく（『施政二十五年史』1935）。

第三の分類軸は、「属人的性質を有する」か否かという区分である。共通法による各法域の法令の連絡・適用規則の機能を、外地法という体系全体の構造から論じようとする際、本論が最も注目するのは、内地法や旧慣を依用するに際して、「本島人の」とか、「朝鮮人の」という属人的限定句を用いて、ある単位法律関係を定義して特殊な内容を属人的に規定した点である。こうした単位法律関係を属人的に指定し切り取る方式が、本来属地法であるはずの律令と制令の内部において行われ、更に、台湾での法三号制定以後は、法律の内部の属人的な異法域部分である「人域」として残されることになった。こうした属人的に定義・限定された単位法律関係を含んだ法令が『外地法制誌』にある「属人的な性質を有する」法令の一つとされたことは疑いない。しかし、「属人的性質を有する」法令は「外地」という特殊な地域に限定されていたわけではない。「属人的性質を有する」法令が、こうした外地内部の属人的単位法律関係といかなる関係にあり、全体として、どのような構造をなしていたのかを本説は考察する。それに当たっては、「外地法」ではなく、「外地人法」とされる人域についての考察と、「属人」という概念を拡張したところの、「人」ではなく「機関」や「会社」に「属」する法令についての考察を、二つの支柱としていきたい。

「外地人法」、つまりは、「外地」という「地域」に属している「人」に連繋する法の説明に当たっては、清宮四郎の「外地法」の定義が参考となる。[93] 清宮は外地に「おいて」のみならず、「関連して」行われる法も含めて外地法を定義した。前者の「外地」に「おいて」行われる法とは、通常の制令・律令で、それぞれ台湾、朝鮮という地域一般において適用される属地的な法令である。これに対して、後者の「外地」に「関連して」行われる法とされたのは、①「外地にあると内地にあるとを問わず外地統治当局の組織及び作用を規律する法」、②「内地と外地または外地相互の関係を規律する法」、③「外地人に属人的に行はれる法」の三つであった。つまり、清宮は、属人的な性質を有する「外地人に属人的に行はれる法」を、外地に関連する法の三番目に位置づけ、外地に「おいて」行われる法である属地法と対照させている。①は本節の後半において論じるところの、人以外の機関や組織に付随する法であり、②は共通法がまさにそれである。問題は、清宮のいう③、「外地人」という「人」に「関連して」行われる法令である。[94]

こうした分類は、共通法を商法や私法の視点から研究していた實方正雄の定義にも通じる。實方は、「国籍や住所と連結されている『実質法秩序の全体』が属人的法体系」であり、「物の所在する場所に連結されているそれ」が「属地的法体系」であるとした。[95] 国籍や住所を保有できるのは「人」でしかあり得ないことから、外地という地域に「籍」や住所を置いている人々と連結される法秩序が存在することになる。それが清宮の「外地人に属人的に行はれる法」としての「外地人法」であると考えられるのである。つまり、外地に籍や住所を置く「外地人」にのみ適用される、前述の属人的な領域が、一つの体系となって外地法の一部を形成していることは明らかである。

では、外地人という人に連繫する属人的法領域③は、どのような体系をなし、さらに、外地、もしくは帝国大の属地法を形式上の機軸とする外地法全体の中でどのような位置にあったのであろうか。③と②との関係が問われなければならない。

この問題を考える際に重要なのは、内容の分類で単位事項を属人的に限定し、内地法に「依ル」とか旧慣に依ると規定した部分は、あくまで外地という地域の内部においてのみの規定であることである。つまり、法の形式においては地域内の属人法であり、地域外への効力を有しないはずの地域内部の属人法体系が、なぜ、帝国全土、あるいは帝国外にまで効力を及ぼす属人法となるのかが考察されなければならない。その媒介となる仕組みこそ、②としての共通法による法例の準用と、「人」が「地域」に属する仕組みであったと考えられるのである。

(2) 民事における属人法の帝国大への拡大と内地の公法への陥入

まず、民事におけるその仕組みと、その仕組みによって作られる帝国全土にわたる属人法の体系について説明したい。共通法第二条二項は、民事に関して、ある単位事項で内地法に「依ル」場合、形式の異なる内外の法令であっても、相手方に自分方と同じ形式の法令が延長されているとみなすという連絡規定を設けた。その一方、内外地の法令の内容が異なる場合は、「法例ヲ準用ス」ることと、「此ノ場合ニ於テハ各当事者ノ属スル地域ノ法令ヲ以テ其ノ本国法トス」と規定していた。法例が、明治三一年に制定された国内法としての国際私法で、日本帝国と諸外国との人的地域的境界をまたいで発生した渉外民事事件に、どの法令が適用されるのかを定めたものであったことは前述の通りである。その法例の規程が、外国人本人や外国人である「夫」の「本国法」を適用すると定めた単位法律関係としては、能力（法例第三条）、婚姻成立要件（同一三条）、婚姻効力（同一四条）、夫婦財産制（同一五条）、相続（二六条）、遺言（二七条）等の単位法律関係が挙げられる。これらの領域おいては、本来、外地内部の属人法であるものが、法例準用を定めた共通法二条により、帝国全土において適用されることになった。

ただし、法例準用の際、法例にある「本国法」の代わりとして、「属する地域の法令」が使われていたことには注意が必要である。この「属する地域」であるはずの外地の法令が、その内部において属人的に分離されていたのである。単純な法例準用でありながら、準用される地域内部の民事令に属人的な規定を埋め込んだ単位法律関係があったために、地域内部の属人法は、その事項に関してのみは帝国全土に拡大するのである。こうした仕組みが、民事やその中の能力や親族・相続の分野に限定されることなく、公法分野にも拡大していたことは後述する。また、この民事に限定された拡大の仕組を一般化して、属人法を帝国大のものとして認めようとする主張があったことは姉妹書拙稿に詳述されている。

次に、地域内部の属人法を帝国全土へと展開させる構造のかなめとなっていたのは、「人」が「地域」に「属する」仕組みであった。「人」を「地域」に直接「属」させる法令は、明治三一年の戸籍法が改正され身分登記簿が廃止されてからはなくなった。その代わりとなったのが、「人」が必ず「家」に属し、一方、「家」は必ず「地域」に属する仕組みであった。公簿上の家は「戸」として把握される。次項で述べるように共通法は、その第三条において、地域によって異なる戸籍関係法令の連絡規定を定め、同時に、第二条により属する地域、即ち本籍地法をもって、法例にある本国法の代わりとしていた（姉妹書拙稿）。ただし、こうした仕組みは、共通法と必然的に結びついたものではないと山田三良は述べている。個人が地域に何を連結点として属するのかについては、「住所地主義」、「民族主義」、「本籍地主義」の三つが念頭に置かれたといわれ、最後の本籍地主義を採用して個人を地域に属させるということは、必ずしもこの規定の必然的な帰結ではない。山田によると、「転籍の自由を認めざる現在に於ては」という条件付きで、本籍地主義によらざるを得ないとされているのみである（山田三良「共通法案に就て」（三）『法学協会雑誌』第三六巻七号、一九一八年、五七頁）。

公簿上の家である「戸」を公証した各地域の法令には、内地の戸籍法（明治三一年法一二号、改正後は大正三年法二六号）、台湾の戸口規則（一九〇五（明治三八）年台湾総督府令第九三号）、朝鮮の民籍法（一九〇九年旧韓国法律八号）及び朝鮮戸籍令（一九二二（大正一一）年朝鮮総督府令第一五四号）があった。ただし、外地における以上のような特別の法令は、あくまで、「（台湾）本島人」と「朝鮮人」のみに適用される地域内部の属人法であり、外地に在住する「内地人」には、内地民法が依用され、その親族・相続に関する手続法としての戸籍法も外地において内地のそれが依用されていたと考えられることには注意が必要である。[96]このように外地内部で戸籍という事項が属人法となったのは、その実体法に当たる朝鮮と台湾の民事令が親族・相続という単位事項に関して朝鮮人・本島人のそれのみを分離するという属人的な内容を有していたからである。それに対応して手続き法としての家に関する規定も属人的に分離された。よって、住所を外地に定めても、所属する戸が内地にある限り、それは内地人でしかないことになるし、逆もまた然りである。

こうした構造において問題となるのは、「戸」が所属する地域を変更する仕組みをいかに設けるのかという問題と、「人」が所属する「戸」を変更する仕組みをいかに設けるのかという問題の二つである。共通法は、前者について、草案段階では該当する規定を置いたにもかかわらず、その規定は途中で削除され、結局は、後者についてのみ、抽象的な規程を設けるにとどまった。[97]共通法第三条には戸籍法令間の連絡規定が設けられ、「一ノ地域ノ法令ニ依リ家ヲ去ルコトヲ得サル者ハ他ノ地ノ家ニ入ルコトヲ得」ない（二項）ものの、「一ノ地域ノ法令ニ依リ其ノ地域ノ家ニ入ル」ことはできると定められた。ただし、その場合、その人は、「他ノ地域ノ家ヲ去ル」（一項）とされ、所属する「家」を二つ有する二重戸籍の弊害が除去された。つまり、「家」の属する「地域」の籍（「地域籍」）を変更する「転籍」という形で、一家全体が他の地域に本籍を移動することはできないが、[98]「人」が結婚や養子等によって、他の地域に属する「家」へと、その属する「家」（家籍）を変更したり、その地域に新しい家を創立したりすることが可能となった。

以上で説明した三つの仕組み、つまり、家を媒介として「地域」に「人」が「属する」仕組み、「属する地域の法令」中の親族、相続等の単位法律関係が属人法によって構成されていたこと、それにもかかわらず、「属する地域の法令」を法例上の「本国法」として準用する仕組み、これらが共通法の内部に設けられたことで、初めて、地域内部の属人法は、民事に関して、帝国全土の属人法となったのである。

こうした構造は、共通法制定以後の内地延長政策の実行によってどのように変化したといえるのであろうか。台湾に民法が延長された一九二二（大正一一）年以後も、台湾本島人の親族・相続に関する規定が属人的に分離されていたことは、内容に関する部分で前述した。それが可能となったのは、「台湾に於ける「本島人のみの親族及相続に関する事項」（勅令四〇七号）（法三号二条）について、特殊な修正を施すことが認められたためである。つまり、形式上民法の延長施行が行われて、法令上の違いはなくなったにもかかわらず、その延長の際の特例勅令によって、延長によって法域がなくなったはずの単一の法の内部に、「本島人の」という属人的な限定詞をつけた「親族」「相続」という単位法律関係が例外内容部分として規定されたのであった。

更に、この勅令四〇七号が一九三〇年に共婚問題を契機にして更に改正されようとした際も、「本島人」という法律上の概念を依然として有効にするための規定は残り続けた。一九三〇年に台湾総督府内部で作成された勅令四〇七号改正草案は、それまでの台湾人の民事に関する特例を廃止し、親族・相続に日本民法を適用し、更に、戸籍法と寄留法を台湾に施行するという民事法令上の一大変革を盛り込んだ草案であった[99]。しかしながら、改正草案第二六条の五には、「本令施行の際戸口規則に依り本島に本拠を有する者及本令施行後其の家に入る者を本島人とす。但し内地（「他の戸籍法施行地」とペン書きあり―浅野）に本拠を有するに至りたる時は此の限に在らず」とされ、「本島人」の定義はこの勅令以後も有効に行われ継続されようとしていた。つまり、台湾戸口規則と内地戸籍法という属人的な法制上の区別は、戸籍法の台湾施行後には、戸籍ではなく勅令中のこの条文によって継続されようとしていたことになる。それは、「内地人も又本島に本籍を移すことを得るに至り内地人と本島人とを区別すべき標準消失する」にもかかわらず、兵役法の適用から「本島人」を除外するためであった。もはや、戸籍法が統一され、「内地人」、「本島人」という区別は戸籍法令の区別によっては行えなくなるはずであったのに、それまでの属人的な区別の体制が、新勅令案施行の際の戸口規則と戸籍法の違いに由来する一条として盛り込まれたのであった。しかし、この勅令案は、徴兵を差別的に行うことが不可になることが障害となったためと考えられるが、廃案とされ実現されることがなかった。

民事法における地域内部の属人法が帝国大のそれへと拡大していった構造は、民事のみに限定されたわけではなかった。公簿上の家である「戸」の籍、戸籍によって、「人」は一つの「地域」に属することが可能となったが、この仕組みを用いて、国民の義務の一つである徴兵制度や[100]、外地官庁に勤務する内地人官僚に対する「現地加俸」制度が設けられていたのである。本籍地主義を支える戸籍法令が、民事に関する共通法二条を媒介せずに、「戸籍法の適用を受」けるか否かによって差別的規定として盛り込まれると、公法の条文において規定対象者を民族的に限定することが可能となり、その法律全体が属人的に運用されることになったといえる。こうしたやり方で、日本帝国における「属人的な性格を有する」法令は、一般的な国際私法上で属人法が承認されている領域である民事上の能力や婚姻という私法の一部分に限定されずに、行政法や公法にも拡大していた。

例えば、一九二七（昭和二）年兵役法は第一条で「帝国臣民たる男子」に兵役の義務を課していたが、その第二三条では、「戸籍法の適用を受くるもの」で二十歳になった者にのみ徴兵検査を課すとして、法律の中に属人的な規定を置いていた。しかしながら、その当時の兵役法施行令第八〇条[101]では、「朝鮮若は台湾に在留する者にして徴兵検査を受くべき者、又は関東州、支那、香港、澳門、若は沿海州其の他当該地域の付近に在留する者…は、陸軍大臣の定むる所に依り、本人の所在地付近の軍隊、地方庁、又は領事館に於いて徴兵身体検査を受くることを得」として、内地人に関しては、公式植民地でもその帝国周辺地域でも、本籍地主義ではなく住所地主義によって徴兵検査を受けられるようにしてあった。法律の対象者は本籍地主義で定義し、その法の運用部分は住所地主義ということになる。

こうした構造は、民法や民事訴訟法が生活の本拠のある住所主義をとり、住所のある地域の裁判所で訴訟を起こすことを基本としていたことと著しく対照的である。この本籍地主義と住所地主義の使い分けの問題について、一九一四年の戸籍法改正時に帝国議会で答弁に立った司法大臣の奥田義人は、「民法に於ては住所主義が取ってありますので、本籍主義に依り差支のないものは本籍主義を取って宜しいのですが、其中徴兵の如きは…本籍主義に依って差し支えないと認めたからああなって居るのだらうと思います。…私の記憶して居る所では徴兵令より外には先づ無いと思います。他は皆財産訴訟其の他の関係であって、どうしても住所主義に依りませぬと今日の時代に於いては到底むずかしかろうと、斯様に思って居ります」と述べている[102]。つまり本籍地主義を採用していた法制度一般は、少なくともこの奥田の一九一四年の見解によれば、徴兵令のみであるという。国民の権利としての参政権は、国民の義務としての徴兵制と対になると一般的には考えられるが、奥田義人の答弁には参政権が属人的に行使されているという認識は見られない。しかし、この問題に関しては、共通法制定の過程において、日本に住所を移した朝鮮人に住所地主義に基づき、内地での参政権を付与するか、それとも朝鮮内部の異なる親族・相続を背景にした本籍地主義に基づいて、内地での参政権を認めないことにするのかが初めて議論され、内務省での検討が始まったことが指摘されている。本書中の松田論文は、内地ではなく朝鮮という地域での一般住民、即ち、朝鮮人・内地人が、共に差別されない形式での参政権を獲得する運動の展開について論じたものであるが、こうした運動を刺激したはずの内地での朝鮮人の参政権については、江木翼や当時の内務省地方局長は消極的であり、内地の市町村レベルでの地方参政権にさえ反対であった[103]。しかし、共通法制定後の二年間で政策転換が行われ、地方参政権と国政参政権を住所主義によって運用することが明確にされ、内地在住の朝鮮人・台湾人も、内地住民として「一定の」定住要件を満たす限りにおいてその権利の対象となったのであった。

また、外地の国家機関に勤務する公務員に関しては、その公務員の戸籍が内地戸籍であれば、給与の大幅な加俸が得られ、外地人官僚との間に大きな給与の差が生じていたことも大きな問題であった[104]。加俸は、正確に言えば、外地という地域内部の問題ともいえるが、民事以外の外地の公法にこうした体系が持ち込まれていた。

地域内部の親族・相続という単位法律関係を属人的に限定して民事法の一部が属人法を形成したことによって、その部分の手続き法としての戸籍法令が、今度は法令全体として異なる形式を有するものに地域別に分離されたことが、こうした戸籍法令への連繫を伴う公法上の差別規定を生み出していた。つまり、「本島人」「朝鮮人」という民族的名称を用いることなくして、あくまでも、第一分類の形式上の法令の違いに基づいて、戸籍法令という形式上の目印を埋め込まれた公法上のある単位法律関係全体が、一気に属人的法体系の中にとりこまれてしまうため、戸籍法令の形式上の差異は「重宝」であったと考えられる。「朝鮮人の」、「台湾人の」という規定を有する法令は、形式上、外地という地域内部にしか存在しないにもかかわらず、民事に関しての本籍地主義に基づく法例準用と、公法や行政法中に設けられた戸籍法適用者にのみ適用される単位法律関係の中に徴兵対象者と公務員の加俸対象者に対する規程が含まれたことで、帝国全土のみならず、帝国外にさえ適用される属人法が、私法と公法にまたがるひとつのシステムとして生み出されることとなったのである。

こうした点から、共通法の一般的イメージは大分修正を要することがわかるであろう。共通法は、地域の間で、形式や内容を異にする法令について、それぞれ連絡規則と適用規則を定めるものとされ[105]、そうした地域自体の内部にある二つの属人法体系の間の関係は規定しないとされる[106]。それにもかかわらず、少なくとも民事に関しては、ある単位法律関係において、関係する当事者に適用されるべき民事法の内容が異なっている場合には法例が準用され、属する地域の内部の属人法が帝国全土にわたる属人法となり、その構造は、内地延長主義の実行によっても消滅しなかった。また、民事上のこうした仕組みのかなめとなっていたところの「人」を地域に属させる仕組みである戸籍法令の種類、つまり形式の違いが利用され、内地にのみ施行されている戸籍法という法律の適用を受ける者についてのみの公法上の特権が帝国各地の法域の中に形成されていったのである。実際は地域内に限定されていたはずの異法人域が、徴兵と公務上の給与における差別として、帝国全土にまたがって膨張していったということができる。

しかし、こうした民事における属人法の基本的な構造とその拡大の一般的傾向、及び、参政権、徴兵制等のいくつかの公法における展開が指摘できたとしても、それを全ての法領域に無条件には拡大できない。民事法以外の分野では、一般的に属人法があっても、それが地域の内部に限定されていた場合がしばしばあった。例えば、私法と公法の両方の性格を有する教育制度において、属人的内容を有する法令は存在したが、形式の上で地域内部でしか効力を有しない。つまり、外地地域内部においては、確かに、内地人の学校と外地人の学校は属人的に分離されていた。また、一九二〇年代になって外地における教育令の改正が行われて以後も、日本語常用か否かという文化的な属性によって、進学する初等学校に差別が設けられた。しかし、内地に居住すれば、少なくともそうした制度的差別は教育の上では存在しなかった。また、言論出版に関する法令も朝鮮地域内部では属人的に分離されていたが、内地においては、少なくとも法律の条文の上では、そうした差別はなかった。(107) こうした事項についての属人法は「外地」に、少なくとも法形式上は封じ込められていたのである。

では、どのような領域に、いかに地域内部の属人法は拡大していったのであろうか。この問題を考察するために、刑事法令そして、社会法・経済法の順に地域内部の属人法とその拡大の仕組みを考察したい。

(3) 刑事法領域における帝国大への拡大

刑事に関して形式上、外地全体の人やものに一律に及ぶ基本法は、時代によって変遷はあるが、台湾刑事令（一九〇七年）と朝鮮刑事令（一九一二年制令第一一号）が代表的である。これらは、内地の刑法に「依ル」ことを基本にしながら、朝鮮人や台湾本島人に関する笞刑や犯罪即決等の単位法律関係に付き、民事と同じようにして異なる内容を属人的に盛り込み、特殊な内容を定めたものであった。(108)

台湾での刑事法令の中の属人的な内容を有する部分は、民事と異なり、拡大こそすれ縮少する傾向はさほど顕著ではなかった。台湾刑事令の前身に当たる明治三一年律令八号によって、台湾の刑事は「内地の刑法・刑法施行法及刑事訴訟法」に「依ル」こととなったが、一方で、この時までに制定されていた、匪

台南監獄より臨時法院へ押送（『台湾総督府警察沿革誌㈡』）

徒刑罰令（明治三一年律令第二四号）、台湾阿片令（明治三〇年律令第二号）等は依然有効とされ、議論はあったものの台湾本島人にのみ適用された。そして、民事において内地延長への転換が行われたのと対照的に、こうした刑事法令の構造に大きな変化はなかった。

変化はむしろ、属人的分離を強める方向に働いた。刑事に関する属人的な規定は、一九〇三（明治三六）年以後になると、民事にも関係する訴訟手続という、台湾内部の司法分野で更に拡大し[109]、政府審査を受けた台湾総督府による律令として翌年から次々に制定された。例えば、台湾本島人についてのみ、罰金の代わりに笞刑で済ませる罰金及笞刑処分例（律令第一号）、犯罪即決例（律令第四号）、行政官である庁長に実質的な裁判権を付与した民事調停制度（律令第三号）、そして更に翌年の一九〇五年の刑事訴訟特別手続（律令第一〇号）が設けられた[110]。しかも、注目すべきなのは、こうした刑事訴訟に関する一連の律令が「内務省を通過す」るに際して、「本島人及清国人に限り之を適用す」[111]との属人的規定を盛り込むことを条件とされたことである。こうした規程が次々に制定されたのは、一八九八年七月に台湾を含めた帝国全土での陸奥条約改正実施準備が完了し、列国が異議を唱えることなく、翌年から完全にその効力が発生したことも一因であろう。もはや、高い費用をかけてまで、三審制を維持する必要もなければ、行政と司法を教条主義的に分離して運用する必要もなくなったと考えられる。[112]条約改正による国際的承認の下で台湾を当面は植民地として統治していくことの方針が明確になったことが、現地人のみについての属人法を刑事や訴訟手続法へと拡大させていくことになったと考えられる。民事刑事の実体法と訴訟手続法の属人的規定に対応して、台湾島という領域において、属人的な規定を盛り込んだ司法制度が体系としてできあがっていったことは、本書の文竣暎論文によって初めて明らかにされた点であり、文論文では更に台湾特殊の司法制度が朝鮮統治に応用されたことが指摘されている。

朝鮮における地域内部の刑事に関する属人法は以下のような展開を見た。[113]朝鮮併合後の明治四五年制令一一号朝鮮刑事令の制定では、内外人に均しく内地刑法が基本的には依用されたが、「朝鮮人の刑罰」に付いてのみは、第四一条で大韓帝国時代の刑事法の規定の一部を依用すると定められていた。その四一条には、大韓帝国刑法大全の廃止にもかかわらず、その中の、謀殺律（刑法大全四七三条）、故殺律（同四七七条、七七八条）、親属殺律（同四九八条第一号）、強竊盗傷人律（同五一六条）、強竊盗強姦律（同五三六条）、強竊盗（同五九三条）並びにその未遂犯に関する規定は、「当分ノ内本令施行前ト同一ノ効力ヲ有ス」と定められた。つまり、保護国時代に治外法権を有する外国人（日本人を含む）を除外して、朝鮮人のみに適用されていた大韓帝国刑法大全の属人的「効力」が、併合後の朝鮮でも、元大韓帝国臣民である朝鮮人に対してのみ継続する仕組みであった。国際法上の属人法がそのまま帝国法制に取り入れられたのである。この属人的規定は、まもなく大正六年制令三号により、朝鮮刑事令四十一条二項全体が削除されるまで継続した。

韓国時代の裁判

　また、朝鮮刑事令以外の刑事に関する特殊律令としては、朝鮮笞刑令（明治四五年制令一三号）、犯罪即決令（明治四三年制令一〇号）があったが、前者の第一三条には、「本令は朝鮮人に限り之を適用す」との規定により、笞刑令全体が属人的なものとなっていた一方、後者は、在朝鮮内地人にも同様に適用されていたことは注意を要する。この朝鮮笞刑令も、やがて、大正九年三月に制令五号によって廃止された(114)。

　朝鮮で併合以後にも継続された大韓帝国時代の法令は、外地法制誌第七巻に網羅されているが(115)、刑事に関係した地域内の属人法で、しかし、公法的性格をも有した行政法としては、朝鮮人にのみ適用された新聞紙法（一九〇七〔光武一一〕年法律一号）、保安法（同年法律二号）、出版法（一九〇九〔隆熙三〕年法律六号）の三件と、在朝鮮日本人にのみ適用された保安規則（明治三九年統監布令一〇号）、新聞紙規則（明治四一年統監府令一二号）、出版規則（明治四三年統監布令二〇号）の三件がある。これらは、完全に属人的に分離された法体系を帝国解体の時まで維持し続けた。つまり、大韓帝国時代には、在韓日本人は治外法権特権が認められていたがため、彼らに大韓帝国法令は適用されず日本の統監布令が適用され、一方、朝鮮人には大韓帝国の法令が適用されており、こうした治外法権が存在していた時代の地域内部の属人的に分離された二つの法体系がそのまま帝国法制の一部となっていたことがわかる。この中の大韓帝国保安法は、大正八年制令第七号「政治ニ関スル犯罪処罰ノ件」での「政治ノ変革ヲ目的トシテ多数共同シ安寧秩序ヲ妨害シ又ハ妨害セムトシタル者ハ十年以下ノ懲役又ハ禁錮ニ処ス」との規定や、大正一四年法律四六号治安維持法の朝鮮施行によって、重複する部分の効力を喪失していったとされる。[116] しかし、発布時点での「朝鮮内においてのみ而も朝鮮人に対してのみ適用される」という基本性格に変化はなく、その犯罪構成要件の解釈が時代により大きく違っていた。[117] ただし、大正八年制令七号と治安維持法が属人法ではなく、前者は朝鮮という領域一般における在朝日本人を含むあらゆる犯罪に適用され、後者は勅令による外地での施行により帝国全土で属地的に規定された法令であったことには注意が必要である。両者ともに、「域外」への適用を規定していたが、治安維持法が外国人にも適用されるのに対して、制令七号は帝国臣民のみに適用された[118]（本書収録の水野直樹論文参照）。

共通法は、こうした刑事法における地域間の異なる法令をどのように媒介したのであろうか。山田三良の帝国議会での説明によれば[119]、共通法制定以前においては、外地で内地の刑法が依用されているとしても法の形式が異なるために、法律である刑法の懲役は、律令である刑法の懲役と違うとされ、台湾で重罪を犯して逃亡した犯人を内地の裁判所で裁くことができなかった。わずかに、「裁判所及台湾総督府法院共助法」（明治三三年法律第八三号）によって犯罪捜査や刑の執行を嘱託できるに過ぎなかった。こうした問題を除去すべく、共通法一三条では、「日本帝国の領土内に於て法権の及ぶ区域内に於て罪を犯したる時は」、「何処で罪を犯した者であっても互いに其の地の地域に於て之を処罰」できるという原則が定められた。更に、一四条では、民事同様に犯罪地の法と法廷地の法が依ることによって同じ内容を有する場合には、法廷地の法が延長されているとみなし、更に、お互いが異なる場合には犯罪地の法が適用されるとの原則が置かれた。しかし、地域内部の属人的特殊内容部分の「笞刑ニ関スル規定」は、法域を超えて内地では適用されず（二項）、逆に、内地の犯罪を外地で裁判する場合には、「其の規定に依り」「笞刑」の言い渡しをする（三項）とされた。外地の特殊法令制度を前提に、「其の規定に依り」としたのは、笞刑の適用が外地では外地人のみに対して行われているためである。刑事においても、地域内部の属人的な体系を利用する規定があったということになる。

共通法は、数個の相関連する事件の裁判管轄に関して、民事[120]（九条）と刑事（一六条）の規定を置いていたが、刑事に関しては刑事訴訟法五条[121]と一〇条第一項[122]の規定が準用された。また、刑事事件を犯罪地で審理する方が便宜であると検事や検察官が認めた場合（一七条）や、既にある地域で審理が開始された事件で他の地域の裁判所で審理するのが適当と審理途中で認められた場合（一八条）には、その事件の審理をその適当な地域に「送致」（一七条）、もしくは「移送」（一八条）することができた。こうした規定は、検察制度という司法行政の運用によって、帝国内部の地域ごとに分断された刑事司法の枠組みに一定の調節機能をもたらすものであったということができる。[123]

当時の刑法総則中の「法例」は、確かに、帝国外での犯罪の中でも、不敬罪、内乱罪、外患誘致罪、通貨偽造及び行使罪等に関しては、たとえ外国人でも刑法が適用され、更に、殺人（一九九条）、傷害（二〇四条）、強盗・窃盗（二三五／二三六条）等の罪に関しては、帝国外で犯罪を犯した自国民を処罰するとの規定を置いていた。[124]この規定は、中国等、日本が領事裁判権を有する地域には適用されず、領事裁判権地域には刑法が直接施行されていた。しかし、極東ロシアやアメリカで活動する朝鮮人の取締には有効であったと考えられる。

この総則は依用によって朝鮮刑事令・台湾刑事令でも有効であった。また、共通法十四条の規定で同じ

「内容」を有する部分は同一の法が施行されていることにするとの規定により、朝鮮刑事令・台湾刑事令の中でも、内地の刑法と同じ「内容」を有する部分は領事裁判諸地域に直接それらが施行されているとみなして朝鮮と台湾の法院で帝国外の該当する犯罪を直接処罰することが可能となったと考えられる。

その一方、朝鮮・台湾の刑事令で、朝鮮人・台湾人のみに適用される特殊な刑事令は、域外適用ができず、上海や天津における朝鮮人・台湾人の取締や領事裁判には内地の刑法が効力を有する。[125] しかし、例えば言論思想に関する朝鮮人に対してのみ適用される朝鮮内部の特殊な取締に関する制令・律令も実質的には域外へと及ぼすことができたと考えられる。それは「犯罪地」の決定が、犯罪構成要件に該当する「謀議」や「計画」、「実行」等の行為から、構成要因に基く「結果」に至るまでの幅広い事項のいずれか一つが日本帝国（朝鮮）内で発生した時には地域内犯（制令違反）とされ得る拡張解釈が可能であった構造によったものと考えられる。[126]

また、帝国外での犯罪に関して、朝鮮と台湾における本来外地内のみの属地的な制令・律令が、直接「域外」でも有効であった例がある。大正八年制令七号第三条は、「帝国外ニ於テ第一条ノ罪ヲ犯シタル帝国臣民ニ亦之ヲ適用ス」として、「域外」の「帝国臣民」の当該犯罪にも効力を及ぼすと定めていた。これは、朝鮮人も内地人も平等に適用される。しかし、この規定は内地の刑法中の規程に「依る」ものでないため、共通法は内地との間でこの制令を連絡せず、犯罪構成要件を内地においてのみ構成し、犯罪の結果も内地にしか及んでいない刑事事件には、この朝鮮の制令七号の効力は及ばない。しかし、「域外」に含まれる帝国外部の租界や居留地で該当する犯罪が行われた際には、犯罪の計画や実行、また、その結果が朝鮮に及ばないとしても、この規程故にその効力を及ぼした。実際、この制令に対して中国の租界で朝鮮人が違反事件を起こし逮捕された際は、一旦は内地の長崎の裁判所に送付されたにもかかわらず、朝鮮の裁判所に送致されたという。(127) つまり、刑事司法制度における内外法域間の横の連絡構造によって、領事裁判制度が内地司法制度に属していた時代でも、この送致と移送の仕組みによって、外地法の中で域外へと効力を及ぼすとした法令を根拠にすることにより、あるいは「犯罪地」の拡張的解釈によって、外地の裁判所が帝国周辺の領事裁判権地域から移送されてきた犯人に対して裁判を行うことが可能であったように考えられるのである。

(4) 行政法・社会法領域における帝国大への拡大

以上、外地における民事、刑事の基本法を中心として、「属人的な性格を有する」法令が外地の地域内部にどのように埋め込まれ、それが帝国全土、あるいは帝国外へといかに拡大していたのか、その仕組み

統監府第173号

統監府第430号

統監府第507号

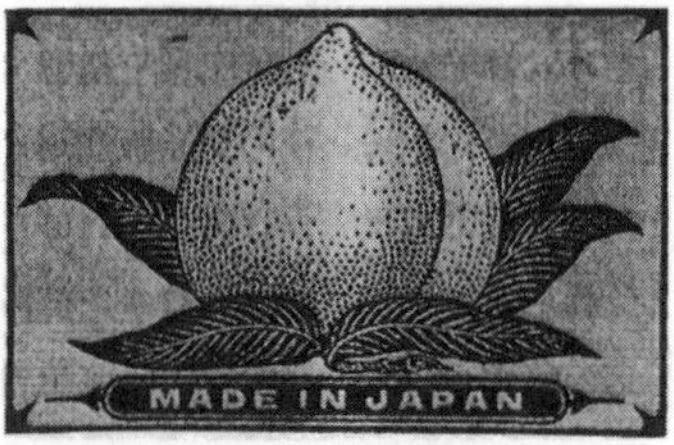

統監府第508号

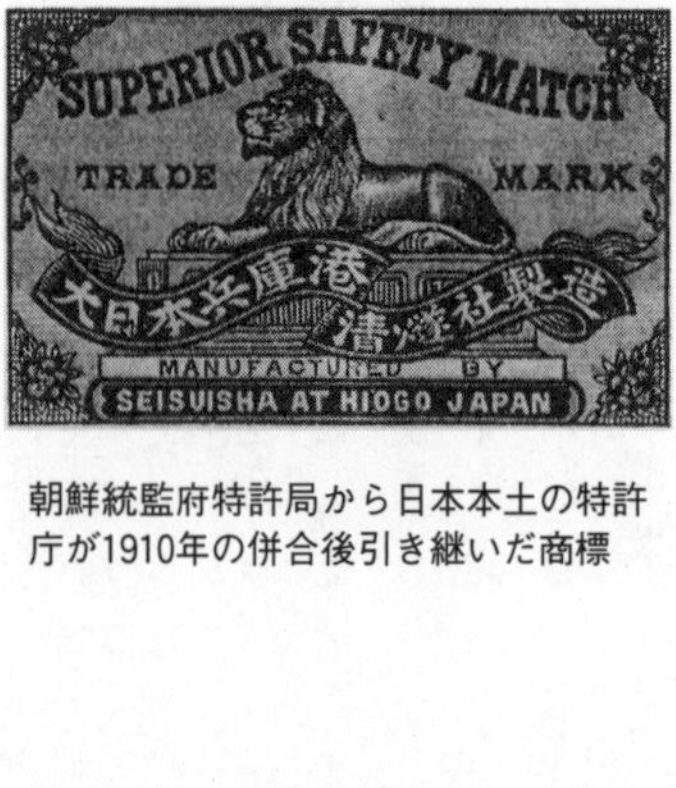

朝鮮統監府特許局から日本本土の特許庁が1910年の併合後引き継いだ商標

を共通法の機能と共に述べた。民事・刑事の基本法は日本帝国の司法制度の根幹であったが、行政に関する訴訟は司法制度から分離されており、国家による許認可や公共事業に関連する土地収用などに関する訴訟は、特別裁判所としての行政裁判所が管轄していた。こうした私法と公法の両方にまたがる行政法と社会法分野の法令の一部にも、少し違った意味で「属人的性質を有する」法令があった。

清宮四郎の見解によれば、属人的、正確には属「機関」的性格を有する法令として、人に連繫される属人的法令以外にも、外地にあると内地にあるとを問わず、外地統治当局の組織及び作用を規律する法（清宮の①）があったとされることは前述した。共通法は、こうした法令を連絡しなかったのであろうか。姉妹書拙稿で述べるが、共通法の制定過程では、江木翼が共通法はこうした行政法令をも連絡するべきとし、そのことによって当該分野に関する行政を内外地一元的に運用していくための方向性を示すべきだとの議論を提示していた。行政の内外地の一元化の問題は、特許法では既に台湾のみならず朝鮮でも実現していたが、共通法の制定以後、船舶行政に関して実現され、やがて、総力戦の時代に一気にその領域を拡大することになる。(128)

こうした意味での「属人的性質を有する法律」が定義されていたことは、第二次大戦後の外務省『外地法制誌』が、それを施行地域を限らない性質を有する法律で、「あるいは人に、あるいは物に、あるいは事件」や「事業」に追随していかなる外地にも行われ得るものとしていたことから明らかである。(129)その具体例としては、公務員やその遺族に追随していく恩給法、国の会計という事件に追随する会計法、航空輸送事業という事業に追随していく大日本航空株式会社法などが挙げられた。(130)つまり、法の形式という第一の分類において述べた、⑴①②③はいずれも施行地域が限られた法域を有する法令であるのに対して、法域を有せず、人・物・事件・事業に追随して、帝国全土と周辺部に施行されていく法令があったことになる。つまり、団体や組織、またその活動に附属して外地でも行われるとされる「属人的な性格を有する法令」は、法律でありながら、(1)②の勅令によって外地に施行される法律でもなければ、(1)③の外地にその全部もしくは一部が適用されることを前提に制定されたものでもない。それにもかかわらず、外地において「当然に」適用される法律なのである。

日本帝国においては、外地の開発政策が軍事的・経済的な目的から急速に進められ、それに伴い、「同化」による日本社会の膨張も、少なくとも理念としては首尾一貫指向されていた。それ故に、国家の社会への介入は深刻であり、民事法と刑事法よりも、私法と公法の両方にまたがる行政法・社会法、特に教育法は重要であった。こうした分野における属人法は、民事での属人法が国際私法の中で認められているものと大分性格を異にする。属人法とは、本来、人がどこへ赴いてもその人に追随して、その人に関する法律問題に付き、その人に付て適用される、その人に固有な法であるが[131]、これが外国においても外国の主権による制約を受けずに行使され、更に、人間に附属するのみではなく、人間の構成する法人や組織・機関、その活動である事業にも附属し、国際私法上属人法が認められる分野よりも更に拡大していったという二点が、日本帝国の大きな特徴であるように看取される。こうした考え方を、民事にまで拡大せんとした江木の主張は、姉妹書拙稿の中心的テーマの一つである。

冒頭で紹介した秋山雅之介の議論においても、国際私法における人に付属する属人法が相手国の主権の制限に従うのに対して、治外法権において本国主権が域外に延長される際は、法制に関して完全な属人主義が実行されることが指摘されていた。公式帝国以後の「属人的性質を有する」法令においても、内外地をまたいだある機関の行政活動や、法律に根拠を有する特殊法人の活動と深く連関した領域にこの領域の法令があることは見逃されるべきではない。例えば、この種の法律である恩給法は、帝国本土の政府機関に勤務する官員が出張や出向をし、あるいは外地人が官員に採用され内外地の官庁で勤務した際の恩給資格や金額を決定する。また、内地の政府機関である陸軍省、海軍省、農商務省特許局等は、外地における軍事基地や軍事港湾行政、あるいは特許行政を直接出張所を設けることで行っていたし、更に特許局にいたっては朝鮮人が主体となり内地の行政裁判に訴えることさえ可能であった。また、法律に根拠を有する特殊法人である航空会社等が内外地をまたいで活動するに伴い[132]、その法人の設立や権限に関する法令も、外地において適用されたと考えられるのである。

こうした行政法・社会法分野で、機関や事業に追随する法令が内地においては法律勅令に根拠をもち、一方の外地においては律令・制令に根拠を有するが故に、内地から外地へと向かう事業の方が保護される傾向があったことにも注意が必要である。そもそも、団体や組織とその活動に附属する「属人的な性格を有する法律」とは、非公式帝国の拠点となっていた租界を支える根拠となった「領事行政権」が公式帝国の中に形を変えて残留したものであり、領事行政権とは、治外法権原理に立脚する領事裁判権と対になる概念である[133]。治外法権は現地の政治権力やその制定した法に服従する義務から、開港場に居住する西洋人を免除するものであり、この原理に立脚して通常西洋本国の裁判権が開港場に拡張され領事が代行するものが領事裁判権である。この領事裁判においては、刑事事件の場合、被告人となる自国民を裁判前に拘置する警察機能が不可欠であり、更には、第三国の外国人や現地の住民との間に生じる渉外的な事件に関する証拠調べ等の司法警察が必要となる。こうした警察機能が司法のみならず、行政にも拡大され、治安・衛生等に関して、現地の住民にまで行政権が拡大されたものが領事行政権である。第三国の外国人にも行政権が行使されるに必要な条約が現地の国家との間で承認されれば、それは租借地、もしくは、公式帝国という形を取ることとなる。開港場という空間一般における行政機能が、警察のみならず、教育・衛生・

後藤新平一行南清政況視察（1899年５月厦門南普陀寺、井出季和太『台湾治積志』1937より）

産業等に拡大され、主権が実質的に分割され、外部から管理される契機を領事行政権という概念は提供したといえるであろう。

こうした領事行政権の展開にまで逆のぼって帝国の法制度を歴史的視角から見てみると、ある国の領事が本国政府機関の委託を受けて他国にある租界で行政を展開したり、あるいは、本国の政府機関自身がそこに出張所を設立したりするに際して、本国の政府機関や特殊法人の設立に関する勅令や、その活動の根拠となる法律が開港場に及ぶことが注目される。属人主権の原理に立脚する治外法権は、単に領事裁判権の根拠となっただけではなく、領事行政権とし展開されていったのである。つまり、属人主権の原理に従い、本国の住民に対する司法のみならず、行政に関連した領域においても、本国の法制の領域外への延長が行われていった。(134)

こうした性格を有する領事行政権の展開において本国の関連法令が自然に属人主権の原理によっ

て開港場に適用されている状態が生じたわけであるが、こうして用いられることとなった本国の関連法令は公式帝国となった後にも残留し、それが人・団体・その活動に附属する「属人的な性格を有する法律」となったと考えられるのである[135]。つまり、こうした帝国本国政府の政府機関やそれに準じる法律によって設置された特殊法人は、公式帝国以後の総督府官制によってほとんど一元化され統一されたが、軍事や知的所有権の国際標準に関する業務や、内外地をまたいだ性質をもつ業務に関しては、総督府の総合行政権に組み込まれることなく、直接内地の機関や特殊法人が外地において当該行政法上の権限を行使することができた。そのため、そうした行政の根拠となる内地の法律が属人主権の原理に従い延長され続けたのである[136]。

外地で直接活動した内地の政府機関や特殊法人として、陸海軍省と特許庁、航空会社等が挙げられることは指摘したが[137]、こうした組織のリストと「属人的な性格を有する法律」とは対応している。つまり、こうした外地内部での一元化から取り残された、あるいは、そもそも外地のみでの一元化にはなじまず、内外地全体で一元化する必要のある事業活動に関する法律やそれに伴う人員の身分や権限に関する法律こそ、「属人的な性格を有する法律」に包含されると考えられるのである。こうした背景故に、台湾や朝鮮の拓殖会社も、外地を主な活動の根拠とするにもかかわらず、内地の法律によって設立されたのである。外地の官庁は自ら独力で内外地をまたいで活動する特殊法人を法律上の存在として生み出すことができない点で、少くとも「満州国」以前においては、「国家の中の国家」という存在からはかけ離れた存在である。

二十世紀に入り、近代日本が公式帝国としての膨張を遂げる一方で、十九世紀末までの領事裁判制度は、それに刺激されつつ、また、アメリカの登場による新たな国際関係の角逐の中で大きく性格を転換させた。それまでは、在外居留民の民事・刑事の司法に関する事件を領事裁判は対象としていたのに対して、中国での租界と租借地の発展とそれにともなう領事行政権の承認、国際共同租界に関する行政を諸国が委員会を編成し共同で運営する慣行が発展するにつれ、領事裁判に適用される法令も単なる民事・刑事の基本法ではなく、社会法・行政法の分野へと範囲を拡大させ、警察や教育、産業振興等の行政法部分と、それに伴う行政刑法部分が域外へと適用されていくことになった[138]。こうした領事裁判制度の新たな展開と国際行政的活動の活性化に結びつけられる形で、日本帝国内部の行政法・社会法、そして刑法や民法までがいかなる形式や内容で帝国周辺へと延伸されていこうとしたのかについては、姉妹書拙稿が明らかにしてくれるであろう。

おわりに

以上、東アジア居留地システムを支えた治外法権原理と、それに基づく国際法上の完全な属人法主義が、日本帝国法制の中に回収されていったダイナミックなプロセスについて、公法／私法、国内法／国際法という観念を横断しつつ、民事法・刑事法のみならず、行政法・社会法分野について、属人的な性質を有する部分の法構造全体の中での位置を中心に考察を進めてきた。

最初に、属人法の位置を論じる前提としての帝国法制全体の構造を明らかにすべく、帝国存続の時代に諸法学者によって行われた「外地法」の分類体系を吟味し整理した。それにより、各種法令がどのような機関の協同により立法されたのかを示すものとして「形式」に基づいた分類軸を示すと共に、外地の個々の制令・律令が、内地法を依用した単位法律関係と、それと異なる「内容」を有する単位法律関係が合体した構造を有していることを示した。属人的な性質を有する部分は、帝国内部の各地域内部の民事・刑事の法令においては、外地人のみに効力を有する特殊な内容を有する単位法律関係として存在していることがわかった。これは、法令の制定権力の所在に基づく「形式」は内地法とは別個なものでありながら、内地法全体が「依用」されているに過ぎないため、治外法権時代と同じ「従前の効力を有す」とか、「朝鮮人の」「台湾人のみの間の」という属人的限定を行いながら、特殊な内容を単位法律関係に盛ることが可能であったためである。こうした地域内部の属人的性質を有する部分を、帝国全土で効力を有する法令に昇格させたのが共通法であったのである。

その一方、行政法・社会法分野においては、民事・刑事同様の構造が、言論・出版に関する朝鮮での規定や初期の教育法令等で見られたものの、外地全体に均一な属地的効力を有し、外地独特の内容をほぼあらゆる事項に関して有する法令が、交通通信、衛生、教育、産業などの法分野で見られた。これは、公式帝国とされてから、それまで当該地域で活動していた日本の諸機関が、総督府による総合行政の展開に対応して統合され、独特な行政を展開することになったことに対応すると考えられる。しかしながら、帝国全体で内外地を一元化した行政が要求される分野は徐々に増えていく傾向にあり、民族をまたぐ「国際」行政的性格上要求されるところの、工業所有権、船舶、軍事等の行政分野においては、内地の法律に根拠を有する機関や特殊法人が外地でも活動出来ることを可能とする規定が置かれていた。これが、もう一つの属人的性質を有する法律に該当し、法律事業や機関に追随して外地においても行われる法律となっていた。これが行政法・社会法における属人的部分を形成したのである。

清宮四郎が外地法を外地において行われる法律のみならず、外地に関連して行われる法律とし、この後者のカテゴリーの中に、「外地人に属人的に行はれる法」と、「外地にあると内地にあるとを問わず外地統治当局の組織及び作用を規律する法」を合わせて入れたことは本文で述べたが、外地に関連して行われる法律の中の二つの属人的性質を有する法令の部分は、原理や起源を同じくしながら、異なる機能的展開を遂げたと言えるであろう。つまり、公式帝国に組み込まれる以前の段階では、共に国際法上の属人主権という共通の原理を有したにもかかわらず、治外法権と治外行政権は公式帝国以後、異なる役割を国家と社会との関係において、果たしていたと考えられるのである。最後に、以上の観点から、治外法権に対応する民事・刑事の属人法と、治外行政権に対応する行政法・社会法分野の属人的性質を有する法律との関係を考察してみたい。

自国民の生命と財産の保護を目的とする領事裁判において用いられていた民事・刑事法は、自国民のみに有効な属人的なものから、外地という地域において有効な領域的なものへと「形式」を転換した。各法律は内地人の現地における活動を有利にするべく、内地法の依用を基本としたが、新たに統治対象として組み入れた現地人については、そこだけ属人的に異なる「内容」を盛り込むようになった。一方、交通・衛生・教育・産業等において、租界等における領事行政権に対応してその組織や作用を規律していた行政法・社会法は、総督府の登場によって「外地」の内部で属地法として一元化され、外地内部での民事・刑事上の待遇の違いを前提に、言論・出版や教育の分野で階層化され、特殊な内容によって構成されるようになったと考えられる。こうした展開は、最初に述べた社会形成に奉仕するという意味の民事法・私法の機能変容に対応している。

内地延長主義が実行されていくことに伴って、属人的な性質を有する部分は共通して消滅する運命にあったと思われがちであるが、実際の展開では、民事、刑事、及び、それ以外の社会法・行政法の分野において異なる様相をたどった。民事においては、台湾で顕著に見られたように徐々にそれは縮小され、法令全部が内地法の延長として形式の上で転換される傾向があったのに対して、刑事における属人的な部分は最後まで朝鮮でも台湾でも大きな修正が施されることはなかった。その一方、事業や機関に追随する法令の部分は、内地延長主義の実行によって、逆に総督府の総合行政権を簒奪し、内外地を区別しない一元化された行政機関に基く統一された行政法・社会法を要求していくこととなったと考えられる。

こうした内地延長主義実行の趨勢から見れば、総督府の外地全体の総合行政権に基づく特殊な行政機関としての存在は、むしろ、民事・刑事法分野の特殊事情に、ますます依拠する傾向が生じ、それが内地延長主義の実行を阻む構造を生み出していたと考えられる。つまり、内地延長主義が内地法の外地への勅令施行と、それに対応する行政機関や司法機関の一元化によって実行されていくとすれば、その実行主体は、あくまで本国政府である。つまり、総督府の総合行政権は社会的法的な根拠のみならず、実際の権限を喪失していく一方である。しかしながら、民事・刑事において、現地の特殊事情に基づいた属人的性質を有する内容部分が単位法律関係に沢山存在している限り、総督府の「権限」は守られる。総督府の委任立法権それ自体は、現地の特殊事情に合わせた臨機応変な立法を可能とし、それによって現地社会の同化融合に貢献するはずのものであったにもかかわらず、総督府の存在それ自体がさまざまな既得権益をそこから利益を受けていた社会集団に生み出していったことに対応して、逆に総督府の「権限」を守るため、民事・刑事の特殊事情が使われるという傾向が生み出されていったと考えられるのである。

更に注目すべきは、総督府の権限が正当化されたのは、こうした帝国内部の法的構造によったのみならず、帝国周辺部へと延伸される本国の法令の運用に当たって、外務省が領事館を統括するに際して、基本的な協力関係を総督府と結ばねばならず、そのためにも総督府に行政的司法的権限を有せしめることが不可欠であったためと考えられることである。なぜなら、帝国の周辺部においては、台湾と福建・広東の対である。

岸、朝鮮と満州という関係に見られたように、外地人の社会的活動を帝国の力の源泉に取り込んでいくことが必要あり、そうした外地人に実際上、多大な影響力を及ぼしていた官庁こそ両総督府であったからである。

この点を本格的に論じることは、その分析の根拠となる共通法制定過程で交わされた実際の議論や、より精密な共通法の機能の分析と合わせて姉妹書拙稿に譲るが、重要なことは共通法が、その適用規則と連絡規則の機能によって、外地という地域内部にしか存在しないはずの民事・刑事における属人的法令を、それぞれ法例準用（第二条）や犯罪地の法の適用（第一四条）という規定によって帝国大のそれへと実質的に拡大する機能を果した点である。刑事における「犯罪地」の定義の拡張傾向や事件送致の仕組みとも重なることで、周辺部の領事裁判において用いられる帝国本国の法体系の中に、公式帝国植民地内部に封印されたはずの民事・刑事の属人法が拡大していく契機を提供するものであった。かつて国際関係の中で、治外法権制度を逆手にとって生まれた日本帝国法制中の外地内部の属人法は、共通法によって今度は周辺地域の国際関係を逆に規定していくようになったと考えられる。総督府の存在意義は、そうした新たな空間に見いだされる傾向が強まっていったことが、こうした構造からも浮き彫りにすることが出来る。

姉妹書拙稿においては、以上のような機能を有することとなった共通法の制定される過程を中心に、共通法が「領事裁判権地域」を規定対象に組み込むべきか否かという問題、そして、外地という地域内部の属人法体系を規定すべきか否か、また、行政法の統一をも視野に入れるべきか否かという問題など、共通法そのものの性格を一変させる重要な論点をめぐる議論が分析され、帝国法制度が統一的な体系と構造を確立していく立法過程が論じられる。

（1）「法理研究会記事」『法学協会雑誌』第二九巻、第六号、一九一一年六月、一六二頁。

（2）筆者は、以下の論考において、内地延長主義の起源を検討し、台湾初期法制が居留地制度と深い関わりを有することを論じた。本稿は、この考察ではあいまいになっていた法制的内地延長主義と属人法制の関係が論じられる。浅野豊美「日本帝国の統治原理『内地延長主義』と帝国法制の構造的展開」（中京大学社会科学研究所『社会科学研究』第二一巻第一・二号二〇〇一年三月、以後「日本帝国の統治原理」と略称）

（3）「近代日本植民地台湾における条約改正―居留地と法典導入」『台湾史研究』一四号、一九九七年一〇月、六一―八四頁。「日本帝国における台湾『本島人』と『清国人』の狭間―国籍選択と台湾法制」現代台湾研究会『現代台湾研究』一九号、二〇〇〇年三月、七〇―八六頁。

（4）条約改正の条件となったのは、「法典の実施」と「万国文学美術保護同盟及び万国工業財産保護同盟」への加入の「二者」であった。中村進午「日本に於ける過去及び現在の領事裁判」『法学志林』第四九号、一九〇三年、一三頁。

（5）台湾を日本の主権的領域の内部に置き、樟脳搬出権や沿岸貿易権という外国人の利権を回収するため、外国人の生命と財産を補償するに十分な台湾法制が必要とされた。それは一八九七年前後、アーネスト・サトウ公使と外務省との間で条約改正実施を円滑に進めるための交渉が展開されていく際の大きな課題とされていた。結論として、初期台湾法制における民事・刑事の基本法令は一八九八年七月に属人的二重制度として編成された。即ち、律令八号で、台湾に存在する内地人と西洋外国人の民事と刑事は日本本土の民事刑事の法典に「依る」（この意味は後述）一方、台湾人及び清国人のみを当事者とする民事は旧慣に「依る」こととなった。つまり、法の形式において内地の民法刑法と分離される一方、内容において内地の民法と刑法を属人的に限定して延長する基本構造が作り出された。一方、その例外として、土地に関する権利義務は、台湾島内全土で属人的差別を設けない属地法とされ、内外人を平等に台湾の旧慣に「依る」（同年律令九号）こととした。この初期台湾法制における属人的構成は、台湾全島を大きな居留地であるかのようにして、かつて西洋列強が行使した属人主権原理を日本帝国が「逆手にとる」ものであった。前掲「日本帝国の統治原理」二七三頁。

（6）　朝鮮併合においても、併合後と同時に公布実施された制令一号「朝鮮ニ於ケル法令ノ効力ニ関スル件」で、「朝鮮総督府設置の際朝鮮に於て其の効力を失ふへき帝国法令及韓国法令は当分の内朝鮮総督の発したる命令として尚其の効力を有す」とされたことにより、保護国時代の大韓帝国法令と統監府令による属人的法制の編成は、制令という形式によって維持された。それが朝鮮統治法制の出発点となったのであった。また、併合以前の保護国の法制度も、保護国という国際法上の地位が西洋国際関係にモデルを求めたものであったため、在朝鮮居留民への治外法権行使を柱に、韓国法から彼らを全く分離する構造を有していた。伊藤博文による統監府政治は、諸外国の同意と在朝鮮日本人社会の同意を得ながら韓国での治外法権廃止を目的としたが、後者の反対は強力であった。保護国期の法的構造の転機として注目されるのは、ルート・高平協定が実現する半年前に、その当事者たちによって、日米間の条約として韓国での工業所有権保護のレジームが生まれ、日本政府の勅令を韓国に施行することで、日本人・米国人・韓国人に一律に日本法を適用するという方式が始められたことである。日本の勅令を韓国の国内法として施行し、日本の統監府特許局を朝鮮に置く代わりに、米国が治外法権を部分的にそれについてのみ撤去した。工業所有権に関する法令は、日本の勅令が韓国全土に直接施行されるという形式を取ったが、これは居留地にも韓国内地にも、治外法権による例外なしに一律に効力を有し、裁判権も統一された。この方式が、居留地在住の外国人を除く民事と刑事一般に拡大されたのが、一九〇九年七月の司法権委託であり、土地に関する実体法は韓国法でも、それに関する司法は日本の統監府に委託されることとなったのである。

しかし、実体法と司法手続きを分離することには限界があったと考えられる。韓国法主義は、民事の基本法制のみであれば、国内で準国際私法的法律適用規則を作れば採用できなくもない。問題は、土地登記、税制、更には産業振興、衛生、教育、土木という各行政権の運用を統一し自治育成を行うことが、韓国法主義で可能かということであった。行政分野をも韓国法で行うことは、いずれ治外法権が撤廃されれば、韓国政府の行政権に統監府の行政権が吸収されることを意味した。伊藤の統監府政治は、自らの足下を崩し在韓日本人の猛烈な反発を招くものであり、韓国が多民族的な社会となり在韓日本人が日系韓国人として生きることを選択してくれない限り困難なものであったと考えられる。唯一現実的な選択肢として採択されたのが、司法権委託であったが、長期的展望の開けないまま国際関係要因から併合が行われ、日本法による属地法整備と日本の行政権による統一が全面的に開始されていったのが併合であった。併合後の朝鮮総督府の政策は、こうした行政権の統一的運用を指向し、制令という形式で暫定的に継承した従前の属人的法制を総督府によって属地的に統一していくところから開始されたのであった。以上は、「保護国朝鮮の治外法権廃止をめぐる日米交渉と国際法・国内法の交錯―工業所有権法と東アジア国際行政制度の発達」として近日発表予定（「保護国朝鮮の治外法権廃止」と略す）。

保護国の法制度については、有賀長雄と立作太郎との間で展開された、保護国論争が参考となる。それについては、田中慎一「保護国の歴史的位置―古典的研究の検討―」東京大学東洋文化研究所『東洋文化研究所紀要』第七一冊、一九七七年三月。有賀長雄『保護国論』早稲田大学出版部、一九〇六年。また、最近の研究としては以下があり、大いに学ばせていただいた。森山茂徳『近代日韓関係史研究』（東大出版会、一九八七年）、同『日韓併合』（吉川弘文館、一九九二年）。小林玲子「朝鮮植民地化と国籍―立作太郎の理論を中心に―」（一橋大学大学院入試論文、未発表）。小川原宏幸「日本の韓国保護政策と韓国におけるイギリスの領事裁判権」（同題で前半後半に分かれ、それぞれ『駿台史学』（第一一〇号、二〇〇〇年）、『（明治大学）文学研究論集』（第十三号、二〇〇〇年）に発表）。

（7） 實方正雄「共通法」（末弘厳太郎編『新法学全集　第三十一巻　国際法Ⅲ』日本評論社、一九三九年所収）一―二頁。

（8） 小林道彦『日本の大陸政策―桂太郎と後藤新平』南窓社、一九九六年

（9） 山田三良は、法例という国際私法の改正ではなく、別法として共通法を制定した理由について、帝国議会で以下のように述べている。「共通法に於ては全然国際私法の原則に依ると云う主義は執りませぬ…成程法律の抵触問題と云うものが、若しも民事に関する法律丈でありますれば、御趣意のように法例を改正するか、或は多少

修正致しましたならば、それでも事は足るしだいであります。…我国に於きましては、内地と植民地の関係が、全体の法制制度が、英米に於ける各州間、アメリカの各「ステート」の間、或は英国の「コロニー」と本国との間の関係（と）は大分違って居りまして、此間の民事の関係は、総ての問題を外国と同様に云うことは、甚だ法制上不都合な関係を来す次第でありまして、…民事に関する問題丈でありましても、全く法例の追加と云うような意味で云いますのは、第二条に触れて居る問題であります、第三条の事は、法例の規定とは全く趣意が異なるものでありますから、之を同じに見ては居りませぬ、況《ま》して第三条以下の各条に対きましては、全然法例にない事でありまして…」「第四十回帝国議会衆議院共通法案委員会議録第三回　大正七年三月五日」十頁（『帝国議会衆議院委員会議録一七』臨川書店、一八九三年、二五八頁、以下、「衆議院共通法案委員会議録第三回」と略し、日付と議事録に記載されたページ数のみを付す）。

（10）日本における近代百年の国際私法史が回顧され、山田三良に言及された際、その第一の業績としては、一八九八年の法例の起草への貢献と修正理由書が挙げられ、それに続く第二の業績として挙げられているのは、「わが国の準国際私法典たる共通法の制定」であった（早田芳郎・沢木敬郎「国際私法　学説百年史」『ジュリスト四〇〇号記念特集』一九六八年六月、二三〇頁）。尚、前掲「共通法」を執筆した實方正雄も、専門は国際私法と会社法である。

（11）筆者の共通法への関心は、第二次大戦中の衆議院議員選挙法改正による台湾と朝鮮への参政権延長に関する論文を、一九九一年に修士論文としてまとめ上げたことに端を発する。その後、参政権審議の際に政府委員を務めた山田三良を軸に、山田の学問形成史を逆にたどるようにして、大正から明治へと、また、朝鮮のみならず台湾をも包括する形で、時間と空間を越え帝国法制の展開の法的「イデア」を法学者の言説から抽出し、それを元にして帝国法制の構造的展開をたどることが博士論文の課題となった。その論文の基本構成は、一九九七年末の中間発表で公表したが、「第一編　改正条約台湾適用問題と台湾統治法の形成」と、「第二編　朝鮮領有と共通法の形成」が中心となり、後者においては「共通法による法域の統合」を焦点としている。これが第三編以下の満州国法制と大東亜法秩序の展開に接合される。「法域」の統合という視点を論じるにあたっては、本書に論文をお寄せいただいた諸先生方の御研究、並びに、国民統合、植民地統治史、異文化接触に関して、国際関係論、文化人類学、地域研究を主な研究方法として展開されているところの、東京大学駒場キャンパスでの国籍学籍を異にする諸先生諸学友の研究成果に負うところ多大である。特に、劉夏如さんには、鈴木三良文書並びに国立公文書館の基本史料の所在に関し御教示を賜り、また、台湾の祭祀公業に関する旧慣立法の研究の魅力を教えていただいたことに深く感謝申し上げたい。しかし、本稿は劉さんの研究と基本的着想を異にしており、私の追及している植民地における条約改正史、及び帝国法制の構造的展開研究の延長にあるものである。法域が異法人域として拡大された属人的法制が日本帝国内部に存在しており、古典的な準国際私法からはみ出す側面の方に注目したのが本論とも言える。本論は共通法研究の入り口にすぎないもので、共通法が帝国法制のかなめとして、どのような機能を果たしていたのかは、司法面での判例や旧慣立法の個別法についての分析を行って初めて確固としたものとなろう。劉さんから御了解をたまわること、何より御研究が、一刻も早く発表されることを祈りたい。

(12)　筒井若水「非ヨーロッパ地域と国際法」成蹊大学政治経済学会編『成蹊大学　政治経済論集』第一五巻、第三号、一九六五年、及び、同「現代国際法における文明の地位」『国際法外交雑誌』第六六巻、第五号、一九六八年。また、姉妹書中の長尾龍一論文も参照のこと。

(13)　J.E. Hoare, *Japan's Treaty Ports and Foreign Settlements : The Uninvited Guests, 1858-1899*, Cromwell Press, 1994.

(14)　同じ史料の中の別な箇所で、秋山は、国際刑法についても言及し、公法の衝突と抵触法が問題となっていること、法の抵触の起源は、治外法権に伴う属人主権の時代が終り、西洋本国の公私法一般が西洋圏の相手国の法令によって選別されることに由来していることを指摘している。秋山雅之介「領事裁判権ト国際私法ト国際刑法トノ関係」『法学士林』通巻四四号。こうした問題意識は、朝鮮併合時に「活躍」した以下の人物にも共通している。倉知鉄吉「領事裁判権と治外法権」『法政新誌』通巻一四号。

(15) 相手国の属人法の効力が属人主権の原理によって自国内に及ぶという考えは、サヴィニー以来否定され今日に至っている。サヴィニーによって、私法的法律関係には、それにもっとも密接な法域の法が適用されるべきで、世界中のどこで裁判が行われてもそれが適用されるべきであるとする国際私法観が生み出された。日本の一八九八年制定の法例は、こうした当時最新の国際私法観を「純粋に近い形で成文法化したもの」と言われる。後述する山田三良が、住所地にこだわったこと等、その影響は顕著である。しかし、山田は、国際慣習に従った自国の国内法である外人法を前提として初めて国際私法は機能すると述べており、外国人の「私権」制限が行われる領域があることを承認している点で、属人主権と自国の属地主権との「調和」という考えとは無縁ではないと考えられる。道垣内正人『ポイント国際私法』有斐閣、一九九九年、六―七、六三―六七頁。山田に関しては、注(20)を参照。

(16) 国際法学会「発刊の辞」『国際法雑誌』第一号、一九〇二年二月、一頁。

(17) マーク・ピーティ（浅野豊美訳）『植民地』読売新聞社、一九九六年、三十頁。

(18) 道垣内前掲書、六六頁。

(19) 道垣内前掲書（七頁）では、国際法としての国際私法観は否定され、国際私法は単なる国内法とされる。しかし、歴史的な視点からは、国際社会の会員となるための資格には、国内での法典整備が国際私法も含めて要求されていたことは確かである。国内の秩序と国際関係の無秩序は近代国際社会の特徴であるが、国内にある一定の規格化された秩序を有している限り、国際関係も純粋な無秩序ではあり得ない。ヘドリー・ブル（臼杵英一訳）『国際社会論』岩波書店、二〇〇〇年、四三頁。逆に言えば、国際関係の主体としての承認を受けるためには、ある種の国際慣習法に従って国内法の整備を行う必要があったことに注意を向ける必要があろう。道垣内書は、非常に優れた入門書であり、大いに学ばせていただいたが、こうした点が見過ごされていないであろうか。ある種の国際慣習法、文明国標準という考え方を歴史学に応用して、それを満たさない中国に対する国際共同管理論を論じた業績として、本書姉妹書の酒井一臣論文がある。また、最近の論文としては、非ヨーロッパ圏でヨーロッパ人の生命・自由・財産を守ることと、残り少ない未開拓の空間を分割するための制度として「文明国標準」が生まれたことについての議論を整理し、日本がそれに適応したことを論じた研究として以下がある。岡垣知子「主権国家システムの規範と変容」『国際政治一三二 国際関係の制度化』二〇〇三年、二二頁。

(20) 山田三良『国際私法』早稲田大学出版部蔵版、出版年不明（一九〇九年頃と思われる）、三一四頁。「独立自主の法権」を有せず、領事裁判権の存在する諸国においては、「国際私法は未だ全く其存在の基礎を有」しない。そうした諸国に滞在する外国人には、自国の法権が属人的に延長されており、民事上の裁判を自国の領事が行うのみならず、現地の公法にさえ服従する義務はないと山田は述べている。

(21) 梅謙次郎「外国法人に付て」『法学志林』第四六号、一九〇三年、五八頁。

(22) 同右。

(23) 歴史的にみると、国際私法は主権国家相互間の関係からではなく、主権国家以前、その内部に異なる私法体系を有する地域相互の関係として中世のイタリアから発生した。十九世紀の法典編纂によって、ヨーロッパ大陸諸国が主権国家内部で統一された私法の法典を有するようになると、ヨーロッパ大陸諸国相互の国家間の渉外私法を意味するものとなった。しかし、英米法の国々では、国内の私法が統一されていないため、国内の異法地域相互の関係と、外国との関係を同一に扱う国際私法が生き続けた。便宜的に前者を「準国際私法」と呼ぶが、基本的には同じものであり続けた。跡部定次郎「国内地方特別私法適用規則」『京都法学会雑誌』第七巻第四号、一九一二年。山田三良『国際私法』大正五年版・下巻、五〇八頁。「州際私法」という訳語を宛てたのが跡部で、「準国際私法」と訳したのが山口弘一であるというのも興味深い。山口弘一『日本国際私法論』巌松堂書店、一九二一年（改訂第三版、初版は一九一〇年）。

(24) 山田三良『国際私法』（出版年不明、全体で二二五頁、教科書であるため奥付がない。山田の教科書としては、一九一三年頃からさまざまなものが出版されているが、一九三二年に有斐閣から出版された同名の上中下の三巻本とほぼ同じ内容を有することから、一九三〇年前後のものであることが推測される）一六―二〇、四一―

四二頁。

(25)　川上太郎『日本国における国際私法の生成発展』有斐閣、一九六七年。

(26)　跡部定次郎前掲論文「国内地方特別私法適用規則」、六二一―六三三頁。

(27)　ジッタに関しては世界法の主唱者ということで、共通法の研究で知られる實方も以下の論文を執筆している。實方正雄「ジッタ教授の新国際私法体系㈠―㈣」明大学会『法律論叢』第一〇巻、第一―四号、一九三一年。實方の共通法研究で紹介した「合理的秩序」の必要性に対する認識や、それを「構成員に権利を与へ義務を課し、又此等個人の権利義務に対応する権力を社会体《ママ》に与ふる社会原理」(通巻五二一頁)の「根底」として把握する点はジッタからの影響と考えられる。また、ジッタは、国際私法を「法律関係の単なる機械的解決原則の考究にあるのではなく、人類の世界交通における私法関係自体をその対象とする」としていると要約した(通巻四二五頁)。また、準国際私法、もしくは、州際私法を日本に紹介した跡部定次郎も同時期の以下の論文で、ジッタに着目し、国際私法を単なる法律抵触の学問として見ずに、「国家以上の一大共同団体の法律要求に応ずる私法」(通巻五〇三頁)であるとする説を紹介している。跡部が後述するように、共通法を別法として制定する必要はなく、法例の改正で十分であるとしたのもこうした世界共通法の視点に立つと考えられる。跡部定次郎「ジッタ教授の国際普通法論に付て」『京都法学会雑誌』第四巻第三号、一九〇九年三月。

(28)　前掲山口弘一『日本国際私法論』八三―八四頁。山田前掲書(二八―二九頁)にも植民地の領有が法の抵触を発生させることが指摘されている。

(29)　注(27)で紹介したように、ジッタに着目した研究が、實方によって再発見され、大東亜共栄圏を念頭にした大東亜法秩序建設に貢献すべく、それまでの西洋植民地法制が回顧されたことに注意する必要がある。

(30)　山口弘一『日本国際私法論』巌松堂、一九二一年(改訂第三版)、九三―九四頁。鈴木宗言「台湾律令論㈠」『台湾慣習記事』第五巻第一号、一九〇五年一月五―六頁。例えば、当時課題とされたのは以下のケースであった。「台湾で行った利息契約の履行地が内地である時は、内台何れの利息制限法に従うべきか。台湾民事令

第三条で台湾本島人のみの間の取引には台湾の旧慣が適用されるとしても、内地で二人の台湾人が取引を行った場合には、台湾の律令は本土においても台湾人に対して私法上属人的な効力があるのか。」こうした課題は、台湾の律令が内地の裁判所で全く適用されず、そのため台湾における法律行為や台湾法院の裁判判決が内地において効力や執行力を認められない故に発生したものであった。台湾で設立した商事会社も内地では法人として承認されず支店の登記もできなかった。こうした問題の更に根本には、六三法に基づいて制定された律令が、憲法で規定された事項に関して憲法的手続きを経て制定された法律ではないため、台湾という領域の外に出ればそれは法律とはみなされないという判断が存在していた。よって、憲法に基づいた内地の裁判所で台湾の律令を「適用」することはできない。また、律令によって設立された台湾の法院で下された判決も、内地では効力を持たないのであった。

(31)「帝国の領土内に於ける裁判の効力に関する法律案委員会議録　第一回　明治四一年三月一四日」『帝国議会衆議院委員会会議録　四七　第二十四回議会　明治四十年』東京大学出版会、一九八八年（以下、『衆議院委員会議録四七』と略す）、三〇五頁。

(32)この問題が、司法共助や判決効力の承認、民事刑事の基本法と司法に関する統一運動となって展開し、共通法制定へとつながっていくプロセスは、文竣暎論文中の「帝国司法の統一の試みとその挫折」に詳しく紹介されている。

(33)跡部定次郎前掲論文「国内地方特別私法適用規則」六二一—六三頁。

(34)旧慣という語は、ドイツとフランスの「国法」と「私法」の研究を行った井上毅の翻訳ではないかと考えられる。井上は、「私法」と「国法」の一部における旧慣の尊重を自治を重視する立場から唱えていた（坂井雄吉『井上毅と明治国家』東大出版会、一九八三年、一一一—一一八頁）。後藤新平も旧慣重視と改良の立場から自治の尊重を唱えている（鶴見祐輔『後藤新平』第二巻、勁草書房、一九六五年、一五四頁）。

(35)跡部前掲論文、五五—五六頁。

(36)　人際法は、人的不統一法国において法律の適用関係を定めるルールである。人的不統一法国には、インド、エジプト、シリア等が挙げられるが、一つの国の中に、人種、民族、宗教によって法律を異にする集団がある。道垣内正人前掲書、一七―二一、一九一―二〇六頁。以下の書には、パレスチナに入植したユダヤ人が、一九二〇年代に「一つの地における二つの民族の自治」、つまり、パレスチナという同一の領域の中において、ユダヤ人とアラブ人という二民族毎に、それぞれ異なる人際法と民族評議会によって自治を行う構想を有していたことが指摘されている。森まり子『社会主義シオニズムとアラブ問題』岩波書店、二〇〇二年、八八―九三頁。

(37)　山田三良によれば、領土の併合には、一方で、アルザスロレーヌが一八七一年にドイツに吸収されたケースのように、「本国の一地方に対する関係」という国家内部の異法地域間関係に収まるものがある反面、もう一方で、イギリスによるインド・東南アジア植民地の領有や、米国によるアラスカ・ハワイの属領化のように、「従属関係を有する」地域同士の関係が生まれるケースがあるという。その上で、山田は、日本の内地と外地の関係について、それが確かに現在は本国である内地と植民地との関係ではあるが、「早晩」「内地に編入することを期」している植民地である点において、日本の植民地は世界史に例を見ない独特のものであるとする。山田三良「共通法案に就て（一月二十八日法理研究会講演）」『法学協会雑誌』三十六巻四号、一九一八年四月、七十―七十一頁。

(38)　姉妹書拙稿の注(85)参照。

(39)　こうした私法の機能転換という着想は、近代国民国家における国民形成に奉仕する私法と側面を研究した櫻田嘉章のサヴィニー研究に負っている。櫻田嘉章「サヴィニーの国際私法理論㈠―殊にその国際法的共同体の観念について―」『北大法学論集』第三三巻第三号、一九八二年、五九二―六〇三頁。

(40)　蠟山政道は、「国家主権の絶対性に対する批判を、国家から自立した「社会」概念を提示することで行」ったが、こうした議論の背景には、「大正期の政治学における伝統的な国家学からの離反という潮流があった」と指摘されている。酒井哲哉「『植民政策学』から『国際関係論』へ―戦間期日本の国際秩序論をめぐる一考察」

（本書姉妹書『植民地帝国日本の法的展開』信山社、二〇〇四年、以下姉妹書とのみ記す）
(41) 酒井哲哉「国際関係論と『忘れられた社会主義』」『思想』岩波書店、二〇〇三年一月、一二五頁。
(42) 多喜寛『近代国際私法の形成と展開』法律文化社、一九七九年、六九―九一頁。
(43) 穂積重遠「法学部総説」『東京帝国大学学術大観』東京帝国大学、一九四二年、二六―二八頁。
(44) 前掲拙稿（未発表）「保護国朝鮮の治外法権廃止」。
(45) 四カ国借款団から六カ国借款団をめぐる簡単な政治過程については、中山治一の解説参照（『日本外交史辞典』山川出版社、一九九二年、三六四頁）。
(46) 外務省編『日本外交年表並主要文書』原書房、一九六五年、三二二頁。
(47) 同右、四三九頁。
(48) 特に後者において、領土の近接性故の特殊利益が承認されていることは、東アジア地域における日本の特殊な地位につながる芽を有しているとしてアメリカで問題となった。この石井ランシング協定は一九二三年のワシントン会議で廃止される。
(49) 前掲森山茂徳『近代日韓関係史研究朝鮮植民地化と国際関係』二三九―二四九頁。
(50)「対外政策方針の決定　明治四一年九月二五日閣議決定」前掲『日本外交年表並主要文書』三〇五―三〇九頁。
(51) 前掲拙稿「保護国朝鮮の治外法権廃止」。
(52) 保護国朝鮮において、部分的に治外法権を撤廃するための日米交渉が展開されたが、その撤廃分野となったのは、特許法と商標・意匠などの工業所有権法の分野であった。これらは民法のいう物権の一種であるが、国家による登録が必要であり、また、国際的な保護なくしては十分に機能しない。前掲「保護国朝鮮の治外法権廃止」。当時の国際行政の発展をまとめたものとして以下がある。蜷山政道『国際政治と国際行政』巌松堂書店、一九二八年。

(53)「属人的性質の法律」という項目が立てられても、台湾や朝鮮においてそれに該当する具体的な法律は網羅的に記述されておらず、わずかに恩給法等が挙げられるのみである。戦後賠償を曖昧にするため、徴兵に関する兵役法や徴用に関する国民徴用令等を挙げなかったという政治的要因と合わせて、カテゴリー自体の曖昧さにも原因があったと考えられる。最初にこの語が使われたのは、一九五二年の外務省条約局による「外地法制概要」による（外務省条約局編『外地法制誌』第一巻、文生書院、一九九〇年（原刊は外務省一九五五年）、二七－二九、三八頁）。こうした植民地法令の編纂が第二次大戦後の外務省によって行われたことは興味深いが、それが戦後アジア外交の準備作業として行われたことは、外交史料館における旧植民地関係機関資料である「茗荷谷資料」の公開に関するエッセイとしてまとめたもの。浅野豊美「歴史の共同研究と共に歴史史料の共有を」『日文研』二八号、国際日本文化研究センター、二〇〇二年。

(54)更に下位の分類枠組みがあることにも注意。前掲「日本帝国の統治原理」二三七－八頁。

(55)友邦協会「日本統治下における朝鮮の法制　故荻原彦三遺稿　昭和三四年十月二八日第七四回朝鮮史料研究会講述」（同会編『朝鮮近代史料研究　第六巻政治・法律ほか』クレス出版、二〇〇一年復刻）四－五頁。荻原は寺内正毅総督の辞任直後から参事官室に青年官吏として勤務するようになったが、その先輩から伝え聞いた話として、寺内総督が首席参事官秋山雅之介に法制上の審査を任せて決済をしていたと証言している。

(56)大東亜共栄圏建設にあたっては、広域圏建設を働きかける主体である日本帝国自体の「統治の性癖を再認識」し「自覚」することが必要と指摘されていた。こうした必要性の自覚が、この時期の外地法研究を促進したと考えられる。中村哲『植民地統治法の基本問題』日本評論社、一九四三年、一頁。一連の外地法研究の成果については、注(57)を参照。

(57)外地法の制定様式、つまり法源に基づく区分にあたっては、以下の論考を参考にした。清宮四郎『外地法序説』（有斐閣、一九四四年、三四頁）、向英洋「旧外地法講義(二)」『戸籍』第四七七号、一九八四年三月、三四頁、松岡修太郎『外地法（新法学全集第五巻行政法Ⅳ）』（日本評論社、一九四〇年、一〇、三〇－四四頁）、山崎丹照『外地統治機構の研究』（高山書院、一九四三年、三〇六―三六七頁）。この中で、松岡は憲法に定められた統治の枠組みに従い立法が行われる地域を内地とし、内地法を一般法、外地法を特別法として位置付け、法律・緊急勅令・制令及び律令・勅令・行政官署の命令・旧法令の順に、どの国家機関がいかなる根拠でどこまでの権限を行使しうるかを論じている。この法令の形式順に記述するスタイルは山崎、向にも共通しているが、実際の行政の根拠となる法制の記述では松岡の分析がより網羅的である印象を受ける。山崎は、記述の重点を特殊な統治制度の歴史的背景に置いている。これに対して、清宮は法の形式と内容の検討を「静態的分析」とする一方（三〇―三六頁）、形式が定まる所の「法定立」と「法実現」という立法・司法・行政の全側面についての「動態的分析」の必要を説く。その上で、後者の動態面で特殊な制度が敷かれ、それが「一つの法体系を形成」している領域を「外地」（二九頁）とした。そして、その外地に「おいて」行われる法、つまりは法域を有する属地法体系を「狭義の外地法」とする一方、外地に「関連して」行われる法、つまりは、清宮の言う「属人的に行われる法」を含めた体系を「広義の外地法」とした（三〇頁）。こうした清宮の分類は、ドイツの植民法研究者のシャック（Schack）から影響を受けたもののようであるが、時間的な制約のためシャックのドイツ語著作は十分検討できなかった。ともかく、外地法の研究には、静態的分類のみならず、法の定立と実現の過程について「動態的分析」を行わなければならないと指摘していることは看過されてはならなず、この視点こそ、憲法の外地適用を論じるにあたっての本質であると考える。清宮の研究は、本稿が注目する戦前の外地法研究の最高の到達点といえるものであるが、本稿では、清宮が静態的とした法の形式を、動態的観察対象となる法定立の産物と位置づけて、分類を単純にすることにした。

(58)　立法権への協賛は帝国議会が行うと憲法に規定されているにも拘わらず、憲法が定める法律事項について、それを台湾総督が命令で規律できるとする権限を与えたのは憲法違反ではないかとの批判が、政党の側から六三法を制定した藩閥政府に向けて浴びせられることとなった。論争を左右した焦点は、台湾に憲法が施行されているか否かである。つまり、憲法が台湾に施行されていれば六三法は違憲となり、施行されていなければ違憲とはならない。しかし、法学的判断として、憲法が施行されているかどうかは六三法の解釈と、それに基づいてどのような実定法が台湾で制定されているのかという事実解釈によるしかないので、一種の神学的論争が行われることとなった。詳しくは以下を参照。外務省条約局『外地法制誌第六巻　台湾ニ施行スヘキ法令ニ関スル法律ノ議事録』文生書院、一九九〇年（原刊は一九六六年）。外地への憲法適用をめぐる学説の整理については、前掲松岡修太郎『外地法（新法学全集第五巻行政法Ⅳ）』（一二頁）、及び、前掲清宮四郎『外地法序説』（六三―七六頁）を参照。後者が最もよくまとまっており、「全面的非通用説（市村光恵）」、「全面的通用説（佐々木惣一・松岡修太郎）」、「一部通用説（美濃部達吉・黒田覺・宮澤俊義）」の順に紹介されている。憲法施行の如何は理論的には導き出せず、外地の実際の法制によって判断するしかないとの指摘は、黒田と宮澤によって行われている。清宮自身も部分施行説に立ち、法制から憲法施行を判断するとの説をとる。しかし、問題は外地法制自身が「何を法的な根拠として存在するか」（七六頁）であると鋭く指摘し、それが「天皇の御裁断」（八三頁）によるとする指摘を行っている。一九四五年に衆議院議員選挙法が改正され、朝鮮・樺太・台湾からも議員が選出できるような法律ができた際に、天皇の詔書が発布されたのは、この学説に影響されたものということもできる。

(59)　一八九六年四月から、六三法が施行され有効であった期間、即ち一九〇七年一月の三一法施行まで、台湾総督府官吏や軍人の恩給に関する法律、台湾に新しく設けられた官庁である台湾会計検査院や台湾銀行、事業公債に関する法律等が合計で十四帝国議会で制定され、天皇により公布されている。外務省編『外地法制誌2　外地法令制度の概要』文生書院、一九九〇年復刻、一八〇―一八一頁。

(60)　鈴木信太郎「律令制定権の範囲に付て」『台法月報』三五巻二号、一九四一年、三五頁。

(61)　有賀長雄『国法学』上、早稲田大学出版部、一九〇一年、五六一頁。有賀は、もしも、明治憲法が台湾に施行されているならば、中央政府による緊急勅令さえ議会の事後承諾が必要であることから、況や、地方政府と言うべき総督府の律令に法律事項を委任する際しては、当然議会の承諾を得ていずれそれを法律とする義務があるとし、この法律化までのゆとり期間が六三法の有効期間である三年であると見ていた。しかし、有賀は、こうした六三法体制それ自体が、もしも台湾に憲法が施行されているならば、憲法違反であることを認め、むしろ、憲法は施行されていないとの立場から、主権の無制限の発動たる勅令によって法律事項とされる部分も自由に勅令で定めることができるようにすべきであるとする。しかし、既に政府は、六三法を法律として議会の協賛によって成立させており、後者の説に立てば全く必要のない台湾での委任立法の根拠を法律に求めてしまったために、問題が複雑にねじれてしまったのだと喝破している。有賀『国法学』出版後まもない時期に租借された関東州と、保護国となった朝鮮では、そこが領土ではなかったため、勅令によって在留日本臣民の権利に係わる憲法上の法律事項は自由に制限されることとなった。これに関しては、有賀の『満州委任統治論』（博文館、一九〇五年、四五頁）と『保護国論』（早大出版部、一九〇六年、三三〇頁）でも言及があり、勅令による法律事項決定は肯定されている。その一方、予算措置を伴う場合には、内地の国民の権利にも係わるため法律による必要があると指摘している。

(62)　この指摘は、鈴木宗言も行っているし、美濃部達吉も言及している。前掲「法理研究会記事」一六五頁。詳しくは、前掲「日本帝国の統治原理」、前掲拙稿「保護国朝鮮の治外法権廃止」。

(63)　鈴木宗言「台湾律令論㈠」『台湾慣習記事』第五巻第一号、一九〇五年一月、五―六頁。前掲「日本帝国の統治原理」（二三八、二五五頁）は外地法制誌の分類に従ったが、本稿では、立法管轄権の違いに基づく形式的違いと、後述する法の内容に従った違いを区別していることに注意。

(64)　前掲「日本帝国の統治原理」二五五頁。鈴木信太郎前掲論文「律令制定権の範囲に付て」三十頁。実際には、朝鮮ではこの種の法律がほとんどない反面、台湾では、勅令による内地法律の施行が一九二一年から原則とされた（本文で後述）。しかし、そうなると律令制定権は法律の下に位置するがゆえに、法律が依然制定されていない分野がほとんどないため、律令制定権はほとんど自由には行使できないようになり、律令は十五年の「冬眠期間」に入った。その間、律令制定権を行使したわずかの例としては、台湾都市計画令が台湾独特の地方自治制度を根拠に律令化された程度である。しかし、その際も、内地の都市計画法に規定されてある訴願に関する条項は削除せざるを得なかった。なぜなら、台湾には訴願法が施行されているため、訴願に関する事項に関して律令を以て独自の規定を設けられないためであった。律令と法律の抵触については、「内容」に関する後述の説明、及び、注(86)参照。

(65)　法律が原則内地にのみ発布され当然には外地に効力を及ぼさないのと全く逆に、勅令は原則上、内外地の帝国全土に発布され、例外として地域を限るもので、法律の施行を定める施行勅令、法律を外地に施行する際の細かな条件を定める委任勅令、教育令や官制等それ自身固有の内容を持つ独立勅令に分類される。勅令が内地の政府の補弼によって天皇により発布されるのに対して、法律と勅令の委任に基づき出される内地の政府の閣令省令の一部も、外地に適用される。前掲山崎丹照『外地統治機構の研究』、三二三―三二八頁。ここで一部とされているのは、後述する治外行政権のなごりと考えられる。

(66)　民事に関して、一九二一年法三号制定以前の台湾では、土地に関する権利一般と、台湾本島人と清国人以外に当事者がいない民事事件が旧慣に依ることとされた（一九〇七年台湾民事令）。朝鮮では、台湾よりも旧慣の存在する余地は限定されており、日本民法の定める債権と物権で内地民法と同様の規定が朝鮮でも原則とされ、その上で、それに矛盾せず補完的とみなし得る土地に関する朝鮮の旧慣上の物権を認めるという方式をとった。しかし、その一方、台湾では台湾人の間のみに限定されていた能力、親族・相続一般が、朝鮮では属人的に旧慣にゆだねられていた。つまり、日本人や西洋人との渉外事件には法例が準用された点で、台湾よりも旧慣が適用されるケースは拡大していたといえる（一九一二年制令第七号朝鮮民事令）。また、不動産登記や利息に関して、日本内地の当該法律が施行されるか、旧慣を制限する効果を有する朝鮮総督の制令が実定法として制定されれば、慣習や旧法令は力を失う。刑事に関しては、台湾民事令（一九〇七年）や朝鮮刑事令（一九一二年制令第一一号）によって内地の刑法に「依る」ことを基本にしながら、笞刑や犯罪即決の面で、特殊な規程を属人法的に盛りこんだ。これは内容についての部分で後述する。外地法の内容に関して、律令・制令という形式を中心とする民事・刑事の体系のどこに、内地法と異なる内容が盛られているかという分析に関するもっとも体系的でコンパクトな研究に関しては以下を参照。山田三良「植民地法と内地法との関係について」『法学協会雑誌』第三〇巻、二・三・八・十一号（以下号数と通巻頁番号のみを記す）、一九一二年。

(67) 内務大臣や拓殖務大臣など、中央政府の担当大臣の手を「経て」天皇から「勅裁」を得る必要があった（六三法二条）ため、実質的には総督府と政府の合同による。檜山幸夫「台湾総督の律令制定権と外地統治論」『台湾総督府文書目録』第四巻、ゆまに書房、一九九八年、四七二頁。

(68) 前掲山田三良「植民地法と内地法との関係について」二号、二八三頁。後に清宮四郎も、外地を「異法領域または特殊統治地域」とする定義と、外地を「法的従属地」とする定義を比較しつつ、宮澤俊義、松岡修太郎、美濃部達吉、佐々木惣一等の議論を整理分析したが、その上で、自身も「統治行為の定立の仕方が憲法に普通に定められたものと原理を異にし、しかも該部分領土に通用する法が一つの部分法体系を形成すると見られる場合」にそれを外地とすると定義している。清宮前掲書、一五―二九頁。

(69) 山田三良は、①では憲法が施行されているとはいえないので植民地であるとしたが、それは一時的な存在に過ぎず、②③に移行して初めて法的な意味での植民地を脱するとした（前掲山田「植民地法と内地法との関係について」）。美濃部や清水は、こうした法の制定過程を無視して、演繹的に憲法施行を論じた。つまり、臣民の権利や明治憲法の各条項の施行具合に注目して静態的に分析する方法をとったのに対して、山田は憲法がその根本構造を規定するところの法制定という動態的プロセスに注目して「外地」か「内地」かを決する説を打ち出したといえよう。清宮四郎は、こうした動態的過程に注目して、憲法の施行不施行を論じる立場があることを初めて自覚的に説明したといえる。清宮前掲書、四八―八六頁。

(70) 原敬は、一九〇六年三月の帝国議会で、内相として以下のように述べている。「故に今日初めて憲法が行はれて居るとか、行はれて居らぬとか云ふことを、政府に於て認めるか認めないかと云ふ議論は此十何年以来の事実に依つて何れとも判断が付くことだらうと思ひます」。前掲『外地法制誌第六巻』二五〇頁。

(71) 山田は、各法律が法域を異にするからといってそれは植民地とはいえない例としてドイツ統一以前のラント法があること、また、立法の原則が憲法の枠組みを原則にしているため、樺太が法的には植民地とはいえないことを述べている。また、山田の植民地の法的な定義においては、国際法も半分の重要性を有しており、国際法上の領土であり、かつ、現地の住民を自国民として統治する必要性のある地域において、特殊な法の定立が行われる地域を植民地と定義している。これは、ドイツの保護領法が本来は領土とはいえない保護国における属人的な領事裁判法制の拡張として発展したことを念頭にしている。前掲山田「植民地法と内地法との関係について」二号、二八一―二八八頁。

(72) 山崎丹照前掲書、三六一頁。一九二一年法三号以後の台湾の状態は、原則が転換した点で、少なくとも法的な意味での植民地とはいえない。しかし、律令制定権は単に制限されている状態に過ぎないため、原則は変わっても実態は変わらないであろうと当時の台湾人によって批判された。若林正丈『台湾抗日運動史研究』研文出版、一九八三年、六三頁。しかしながら、その後の実際の経過は、当初の批判を「裏切る」もので、律令制定権は十五年にもわたってほとんど「冬眠状態」に入った。冬眠から覚まして再び律令を活用すべしとの意見が現れるのは、第二次大戦がアジアへと拡大しようとしていた最中のことである。注(86)の鈴木信太郎論文「律令制定権の範囲に付て」三五頁。

(73) 同右。

(74) 一九〇七(明治四〇)年法律第二五号「樺太ニ施行スヘキ法令ニ関スル法律」による。法律施行に際して勅令で特別の規定を設けることができた事項とは、「土人ニ関スルコト」と行政官庁の職権、法律上の機関、裁判所が職権で選任する弁護人や訴訟代理人に関することの四点であった。

(75) 前掲「日本統治下における朝鮮の法制」一頁。荻原彦三は一九五九年の友邦協会の研究会における冒頭の挨拶で、「法令のことは朝鮮で役人をしていた人には常識でありまして、特に私から(独自な話を―浅野)お話申し上げることはないと思います」と述べている。こうした常識的な事実が、十分吟味されることなく埋もれてしまったことの原因や、その含みについては、戦後日本社会とアジア諸国との外交をめぐる政治的状況と共に、別途現代的な視点から考察されるべきであろう。

(76) 清宮前掲書、三四頁。また、外地法の形式と内容という二つの軸を立てて分類することは向前掲論文でも行われているが、内容を属人法と属地法の違いにのみ集中させ、法律の依用は別な節にしてしまっているためわかりにくくなっているように思える。前掲向英洋「旧外地法講義(二)」三一―三三頁。

(77) 本書中の水野直樹論文では、たとえ勅令による法律の施行が行われても、つまり、ある法が、形式も内容も内外地で同じになっても、裁判判例が内地と朝鮮で異なるものとして発展していったことが示されている。単なる法律の条文ではなく、その運用に係わる司法制度の統一がなくしては、制度的な内地延長の実行が挙がらないことが示されている。また、帝国議会の共通法審議では、税法、船舶法などの行政法や衆議院議員選挙法を外地へ勅令により施行することも今後の検討課題であると政府は述べたが、そのためには行政機関の一元化も不可欠であった。「貴族院共通法案特別委員会議事速記録第二号　大正七年一月二八日」七頁『帝国議会貴族院委員会議事速記録　第四十回議会(二)［復刻版［八二］大正七年』臨川書店、一九八二年（以下、「貴族院共通法案特別委員会議事速記録第二号大正七年一月二八日」とのみ記し、議事録の頁数を付す）。

(78) 前傾拙稿「日本帝国の統治原理」二六七頁。

(79) この第一条にいう「附属法律」とは、民法と商法の施行法、人事訴訟手続法、非訴事件手続法等であったが、注目すべきは、「保険業法」が入っていることである。これは、設立に許可のいる業種に関する基本法であり、経済法・行政法の色彩を帯びた法律である（明治四一年総督府令第四八号）。この経済法・行政法の問題については後述する。

(80) この規定により、日本内地人と台湾本島人の間で民事に関する渉外関係が発生した際には、日本人にも台湾人にも依用された民法その他の内地法が適用されることとなった。しかし、これは法例の準用によって台湾人の能力や親族・相続等には台湾の旧慣が場合によっては適用されることを定めた共通法二条と矛盾する規定であった。一方、朝鮮民事令第一一条においては、「朝鮮人の」親族・相続は旧慣に依るとされ、旧慣の依用は朝鮮人間のみの関係に限定されず、法例が本国法によると定めた単位法律関係において、朝鮮の旧慣が朝鮮人に適用された。このように台湾と朝鮮では、各々の法体系における旧慣の位置が全く異なっていたことに注意する必要がある。共通法の制定過程では、台湾民事令第三条の台湾人相互の関係にのみ限定される旧慣依用と、共通法第二条が定めるところの、個人が地域に属し渉外事件の際には法例が準用されるとする規定が矛盾することは、立法段階で意識されていた。江木翼は、山田三良に対して、この点に関する台湾民事令改正の必要をどう考えるのかと問いただしている。しかし、山田は共通法はそもそも当時の植民地法制そのものを変更する意志はないので、将来の民事令改正にゆだねるとした。「貴族院共通法案特別委員会議事速記録（大正七年）」一九九頁。しかし、それから三年後に法三号と勅令四〇六／四〇七号によって、台湾に民法が施行された際にも、内地法延長の例外として同様の規定が継続され、且つ、律令による法律や勅令の改正は不可能であるため、この矛盾は放置されることとなった。これが、台湾人と日本人の「共婚」が法技術的に困難となった最大の原因と考えられる。共通法の立案段階で矛盾が意識されていたにも拘わらず、民法施行の段階での原則転換が朝鮮をモデルに、「台湾人のみの間の親族・相続」ではなく、「台湾人の親族・相続」として修正されなかったのかは、今のところ同化促進という政治的な理由に求めるしかない。また、一九二一年の法三号では、それまで正確には清国人及び本島人間とされていた規程が修正されて、清国人が削られ本島人のみを当事者とする親族・相続に限定された。これは、一九二一年まで清国人、もしくは中華民国人と台湾人の間の渉外事件に関しても同様の矛盾が発生していたこと、よって、それがこの年から除去されたことを示している。この問題に関しては、台湾大学の王泰昇教授の指導を受ける大学院生が判例を使って実証研究中とのことを王教授より直接漏れうかがった。研究の成果を期待したい。

(81)　代表的なものには、「外国人土地取得に関する律令」（明治三三年律令第一号）、「土地貸借の期間に関する律令」（明治三三年律令第二号）、「蕃地に関する律令」（明治三三年律令第七号）、「出典地業主権に関する律令」（明治三七年律令第一〇号）、台湾土地登記規則（明治三八年律令第三号）などがある。

(82)　「民法第二百四十条及第二百四十一条」と「民法第四百九十四条乃至第四百九十八条」がこれに該当した。

各々、遺失物取得、埋蔵物発見、供託による免責、債権者の供託物受領の要件に関する規程である。

(83) 土地に関して、朝鮮民事令では逆に内地の物権を原則とし、そこからはみ出す旧慣を例外として認めたことは、注(66)で述べた通りである（一九一二年朝鮮民事令一二条〔物権の種類は慣習による〕）。また、同第一一条能力・親族・相続に関する事項の比較については、注(80)で述べた。跡部定次郎「国内地方特別私法適用規則」『京都法学会雑誌』第七巻第一〇号、一九一二年、一～二頁。山田三良「共通法案に就て(二)」『法学協会雑誌』三六巻六号、一九一八年六月、一〇二―一一四頁。山田は、刑事法令に関しても、台湾人、朝鮮人のみに適用される特殊律令・制令を列挙している。

(84) 一九二一年以前の台湾民事令では土地に関する権利は旧慣によることが原則とされる一方、その例外として内地法の依用が行われ、民法第二四〇条及第二四一条、民法第四九四条乃至第四九八条がその部分では旧慣を否定し依用された。朝鮮に関しては、注(66)(83)を参照。朝鮮民事令第一二条には、「不動産に関する物権の種類及び効力に付ては第一条（で依用した民法―浅野）に定めたる物権を除くの外慣習による」とあった。前掲山田三良「植民地法と内地法との関係について」八号、一三二八頁。

(85) 金子宏他編『法律学小辞典（第三版）』有斐閣、一九九九年、一〇五八頁。夫が死亡した場合の妻の権利は日本では「相続」に当たるが、スウェーデンでは、夫婦「財産」制の問題である。「相続」とは何かという概念の内容に関しても、抵触が起こることがわかる。この問題は、国際私法総論上の重要問題で、日本では自主決定説をとっている。

(86) 「貴族院共通法案特別委員会議事速記録第四号　大正七年二月二日」（三三―三五頁）及び、「同第二号　大正七年一月二八日」（一〇―一二頁）。岡野敬次郎は内容が同じなら法例が準用される必要はないという点から質問を開始し、答弁に立った山田三良との間で、内地の法律の「其一部依りたる場合に之を同じものと看做すや否や」の問題に関して議論となった。政府の見解として、山田三良は、全部が依用されていなくても、逐条ごとに一部が依用されていれば、その部分に関しては、法令を同じくするものと見なすと述べている。こうした議論が展開された背景には、日本の近代法制定自体が概念法学の影響を受けて行われたことがあるように看取される。こうした潮流は、やがて、一九二〇年代に入って、社会の発見という思想的潮流の中、現実に生起する社会現象を規定している「生きた法」に着目すべきとの立場から末弘厳太郎等によって、批判されていくことになる。しかし、この同じ立場から、一九三〇年代末期になると、南方圏進出にあたって台湾を工業化するためという社会的要請にあわせて、台湾の律令制定権を再び強化すべきとする議論が唱えられたことは注目に値する。鈴木信太郎前掲論文「律令制定権の範囲に付て」、及び、同「律令の制定と法律との関係に付て」『台法月報』三四巻、九・十一号、一九四〇年。鈴木は、台湾で律令によって行われた、地方制度改正（一九三五年）、台湾都市計画令制定（一九三六年）、台湾商工会議所令（一九三六年）、台湾庁制制定（一九三七年）を取り上げ、各々の内地法律との抵触がいかに解決されたのかを論じ、最終的に、法律への抵触故に律令制定権が自由に行使できない現実を、「抵触」解釈の変更、もしくは、後述する大正十一年勅令四〇七号の改変によって乗り切ろうとした。

(87)　この言葉は、実際の成案から削除されたが、起草委員長であった山田三良は、この言葉を入れて条文の意味を解釈すべきと説明している。山田三良「共通法案に就て㈠㈡」『法学協会雑誌』第三六巻第四・六号、一九一八年。

(88)　前掲實方正雄「共通法」六頁。

(89)　前掲清宮四郎『外地法序説』三〇頁。戦後日本の在日韓国朝鮮問題を論じた大沼保昭の論文でも属地法と属人法の複雑な性格は指摘されている（姉妹書大沼保昭講演参照）。

(90)　台湾に施行された法律は、民法、商法、民事訴訟法、民法と商法の施行法、不動産登記法、競売法などがあった。一九三五年の時点での包括的な法令のリストは、以下にわかりやすく紹介されている。末弘厳太郎編『現代法令全集Ⅰ皇室編・憲政編』日本評論社、一九三五年、憲政編三二一頁。末広は概念法学から判例主義へと法学研究の方法論に画期を開いた人物であり、民事諸法の台湾施行を定めた勅令四〇六号よりも、行政諸法の台湾施行を定めた一九二二年勅令五二一号の方を重視する編集をしている。同上、一七—三五頁。勅令施行による法律の最終的なリストは、『外地法制誌』。

(91) 祭祀公業を東アジア各地の共同所有財産に関する旧慣や近代法への読み換えについて比較した研究として以下がある。劉夏如「台湾祭祀公業研究をめぐる『伝統中国』と『近代法継受』の相克」『日本台湾学会報』第二号、二〇〇〇年四月。

(92) 以下に土地に関する旧慣上の権利が内地民法のどの規定（→カッコ内）に読み替えられたのかを示す。①「業主権」（→所有権）、②「地基権」、「工作物又ハ竹木所有ノ為ニスル存続期間二十年以上ノ贌耕権其ノ他ノ永佃権」（→地上権）、③「耕作又ハ牧畜ノ為ニスル存続期間二十年以上ノ贌耕権其ノ他ノ永佃権」（→永小作権）、④「典権」及「起耕胎権」（→質権）、⑤「胎権（起耕胎権ヲ除ク）」（→抵当権）、⑥「（②③以外の―浅野）贌耕権其ノ他ノ永佃権及佃権」（→賃借権）

(93) 前掲清宮四郎『外地法序説』三〇、五〇―五三頁、注の(57)参照。清宮は、また、「法規範は全て空間的事象を内容としないものはなく、全ての法規範は属地的規範であり、一方、法規範は人間の行為を規定しないものはなく、全ての法規範は属人的規範ということができる」（五十頁）とも述べている。

(94) ①に関しては、治外行政権との関連に注目してこの節で後述するし、②は本稿が分析対象としている共通法を主に指す。

(95) 實方正雄『国際私法概論』有斐閣、一九四二年、五八頁。

(96) 内地人の戸籍に関する事項は、根拠はあいまいであるが、属人法として外地在住の内地人に対し依用されていたと考えられる。朝鮮民事令、台湾民事令に明文の規定がないが、少なくとも、身分行為にともなう届出に関しては、朝鮮・台湾の両総督府から内地の司法省を経由して、内地人の出身地の役場の戸籍係に戸籍が送付されていた。共通法二条一項では、依る場合には法廷地法が相手の地域にも裁判の上では延長されることになっていたが、戸籍法全体を内地人に関してのみ依用することは行われず、届出の部分が実際上運用されていたと考えられる。

(97)　この点に関する詳細は姉妹書拙稿で論ずるが、以下でも言及されている。栗原純「台湾と日本の植民地支配」『岩波講座世界歴史二十　アジアの近代』岩波書店、一九九九年、七六頁。

(98)　なぜ、内外地の戸籍法令間の連絡ができないとされたのか、それには行政的な理由もあった。外地の戸籍法令には台湾の戸口規則に見られるように、阿片の吸引や纏足、種痘、政治的危険度など、警察行政に必要な事項も記載されており、主務官庁も法務関係ではなく警察関係であった。また、台湾戸口規則は台湾総督府令で、しかも、管轄は警察官であった。その反対に、朝鮮人の戸籍に関する規定が一九一五年から、朝鮮総督府法院に移管されていたのと対照的である（『朝鮮戸籍令義解』）。一九二二年十二月の朝鮮民事令の改正に盛り込まれ、それに対応した同年朝鮮総督府令一五四号によって朝鮮戸籍令が制定され、朝鮮総督府法務局の管理下に置かれていたのと比較して、台湾の戸口は、より警察・衛生に関する行政法的性格が強いといえる。また、姉妹書論文にあるように、共通法三条の立案過程では、当初予定されていた一般的転籍を可とする規定が削除されている。また、共通法制定以後に、外地での戸籍法令の整備が進み、内地の戸籍法に対応する制令・律令上の朝鮮・台湾戸籍に関する規定が形式の上で完成しても、各地の戸籍法令のお互いの効力の連絡は、専ら、養子縁組や結婚などの身分行為に限って認められたに過ぎない状態が継続した（前掲拙稿「日本帝国の統治原理」二五二―二五四頁）。身分行為というわずかな単位法律関係に関して、戸籍法令間での連絡が可能であった以外には、内地人の戸籍と外地人の戸籍法令上の手続きとその実体法としての親族・相続法の内容は異なり、且つ、形式として分離されていたため、相互の連絡はできなかった。

(99)　「大正十一年勅令第四百七号台湾ニ施行スル法律ノ特例ニ関スル件中改正案」（二五―二六頁）『本邦人婚姻及法規関係雑件』茗荷谷研修所旧蔵記録 K1、外交史料館所蔵。この改正案が廃案とされたのは兵役法との調整ができなかったことに起因することが、この資料の書き込みから読みとることができる。

(100)　兵役法の改正は、内地法律の勅令による外地施行ではなく、法律自体の条文を改正して行われた。戸籍法のみならず「朝鮮民事令中戸籍に関する規程の適用を受くる者」というようにして、外地に属人的に拡大されて

いった。前掲拙稿「日本帝国の統治原理」二四四―二四五頁。宮田節子・金英達・梁泰昊『創氏改名』明石書店、一九九二年、一二八頁。。

(101) 一九〇六年の勅令第三一八号では、「台湾、樺太、韓国、露国領沿海州、露国領薩哈嗹、清国香港、澳門に在る者は陸軍大臣の定むる所に依り所在地付近の軍隊又は領事館に於いて徴兵身体検査を受くることを得、但し検査を受くる為要する旅費は自弁とす」と類似の規定が掲げられている。

(102) 「衆議院委員会討議第六回」法律新聞社編纂『戸籍法改正寄留法制定理由』法律新聞社、一九一四年、一三五―一三六頁。

(103) 松田利彦『戦前期の在日朝鮮人と参政権』明石書店、一九九五年、二〇―二一頁。

(104) 加俸制度に関しては、以下に詳細な研究がある。岡本真希子「解説　朝鮮総督府・組織と人」学習院大学東洋文化研究所『東洋文化研究』第四号、二〇〇二年三月、一五六―一六四頁。及び「小磯総督時代の概観」同『東洋文化研究』第二号、二〇〇〇年三月、一三五頁［宮本正明氏による注(15)］、更に、「参政権施行の経緯を語る」［同氏による注(2)］同上、一七〇頁。

(105) 前掲實方正雄「共通法」六頁。

(106) 「貴族院共通法案特別委員会議事速記録第三号　大正七年一月三十日」二四頁。

(107) 前掲拙稿「日本帝国の統治原理」二四五―八頁。

(108) 前掲山田三良「植民地法と内地法との関係について」『法学協会雑誌』第三〇巻、二・三・八・十一号。

(109) この過程は本書中の、文竣暎論文に詳しく紹介されているので、是非参照していただきたい。

(110) 「律令案経過（十二月九日）」『後藤新平関係文書』七―八一、R―三二。一九一二年。山田三良「共通法案に就て(二)」『法学協会雑誌』三六巻六号、一九一八年六月、一〇七頁。

(111) 「律令案経過　明治三六年一二月九日」『後藤新平関係文書』R―三二―八一

(112) これに関しては、条約改正を根拠とする批判が台湾総督府内の検察官であった尾立惟孝から、児玉総督宛に寄せられている。尾立は、条約改正に備えて依用民法刑法を台湾でも実施したのに、「僅に四年を経過し復た笞刑を本島に興さは外国の我に信なしと言ふや知るへきのみ。而して本案通過の暁には欧米人たると内地人たるとを問はず台湾に在る者は均しく笞刑の下に支配せられさるを得さるへし。而かも提案者或は云はん。本案の表面に於ては内地人若くは欧米人たると台湾島民たるとを問はされとも実際の適用に至ては専ら之を島民に施す趣意なりと。夫れ法条の明文に於いて被告人の何人種たることを区別せず。而して漫に手加減を執法の際に望むも豈に得へけんや、且つ島民と雖も今日は帝国の臣民なり。均しく帝国の臣民なるに之を待つに特殊の刑を以てせんとするは法制の原理に悖り又実際に一視同仁の大儀に反し」、また、欧米植民地でも本国に存在しない刑罰を植民地に設定したという事例がないとした。覆審法院検察官長尾立惟孝「民事拘留笞刑復興及経済の即決裁判権を警察官に付与せんとする律令案に対する意見書　明治三六年七月三一日」『後藤新平関係文書』R－三二－八一（本文書の所在に関しては、文竣英氏より御教示を受けた）。

(113)　山田三良前掲「共通法案に就て(二)」百十三頁。

(114)　『外地法制誌』第七巻（制令前編）、二六二－二六三頁。

(115)　刑事に関連した法律以外で、大正時代を越えて帝国の終焉まで効力が継続した保護国時代の法制度には、大韓帝国の法令である、移民保護法（一九〇六（光武十年）法律二号）、国有未墾地利用法（光武十一年法律四号）がある。本文に紹介した三件とあわせて、この五件のみが一九四五年まで効力を有した。一方の旧統監布令では、官署の手数料を収入印紙で納付する件が他にあり、本文のものとあわせて四件であった。特に、日本帝国の外へと移民を送出するに際して、併合以前の日本の移民保護法（明治二九年法律第七十号）が内地人に適用され、朝鮮人移民と区別した移民行政が行われていたことは、満州での属人的な帝国邦人社会行政との関連で注目される。『外地法制誌』第八巻（制令後編）、四九五－五一一頁。

(116)　治安維持法は、第一条「国体ヲ変革シ又ハ私有財産制度ヲ否認スルコトヲ目的トシテ結社ヲ組織シ又ハ情ヲ知リテ之ニ加入シタル者ハ十年以下ノ懲役又ハ禁錮ニ処ス」と規定し、第七条で「本法ハ何人ヲ問ハス本法施行区域外ニ於テ罪ヲ犯シタル者ニ亦之ヲ適用ス」と域外適用を定めていた。

(117) 保安法は、「政治」に関する言論とそれによって引き起こされる治安妨害を取り締まったが、類似宗教取締りを目的としたため、「政治」の定義は、朝鮮を対象とするもの一般であった。それは、治安維持法の禁ずる「国体」の「変革」及び「私有財産制度」の「否認」、刑法の規定する内乱罪にかかわる「朝憲」、政治刑事特別法の「国政」等を含む、遙かに広い概念であった。しかし、「不穏の言論」をなし教唆によって「治安を妨害」しないかぎりは、犯罪とならないとされた時期もあったにもかかわらず、第二次大戦中には、朝鮮人間の私的な会話さえ、この保安法によって検挙されることとなった。以上は、村崎満「保安法の史的素描」朝鮮司法協会『司法協会雑誌』二二巻一一号、一九四三年、二一―二七頁。保安法から治安維持法に至る政策決定や言説に関しては、本書の水野直樹論文及び、同「治安維持法の制定と植民地朝鮮」(『人文学報』第八三号、京都大学人文科学研究所、二〇〇〇年三月)を参照。

(118) 大正八年制令七号では「本令ハ帝国外ニ於テ第一条ノ罪ヲ犯シタル帝国臣民ニ亦之ヲ適用ス」とされ、大正十四年法四六号治安維持法第七条では、「本法ハ何人ヲ問ハス本法施行区域外ニ於テ罪ヲ犯シタル者ニ亦之ヲ適用ス」と定められていた。前者が帝国臣民のみで、後者が「何人」であることに注意。

(119) 「貴族院共通法案特別委員会議事速記録第三号　大正七年一月三十日」二十頁。

(120) 帝国内の複数の法域にまたがった民事訴訟については、戸籍ではなく住所に連結された。つまり、「一の地域内に住所を有せさる者の裁判管轄又は他の地域の法人の裁判管轄」は、民事訴訟法他に盛り込まれていたところの、日本に住所を有しないものや外国法人の裁判管轄に関する規定が準用された。民事実体法が、戸籍に連結される傾向にあったのと対照的である。

(121) 土地管轄を異にする数個の事件が関連するときは、一個の事件につき管轄権を有する裁判所は、併せて他の事件を管轄することができるとの趣旨の規定である。(現在の刑事訴訟法〔昭和二三年法律第一三一号〕第六条)

(122) 同一事件が事物管轄を同じくする数個の裁判所に係属するときは、最初に公訴を受けた裁判所が、これを審判するという趣旨の規定である。(現在の刑事訴訟法第一一条)
(123) 中央からの縦の統一がなされず、横の連絡・共助の仕組みが司法制度について発展していたことについては、本書中の文論文、及び、以下を参照。田中隆一「帝国日本の司法連鎖」朝鮮史研究会編『朝鮮史研究会論文集』三八号、二〇〇〇年十月。
(124) 帝国外における自国民の犯罪で刑法により処罰を定めたのは、刑法第三条「この法律は、日本国外において次に掲げる罪を犯した日本国民に適用する」との規定で、具体的には、第一九九条殺人罪、第一七六条から第一七九条までの強制わいせつ、強姦罪、第二三五条から第二三六条までの窃盗、不動産侵奪、強盗罪等である。
(125) 牧野英一『日本刑法』有斐閣、一九一七年、三六七頁。
(126) 道垣内前掲書、七二頁。
(127) 水野直樹先生主催の領事館警察研究会において本論文を発表した際、水野先生よりこのコメントを賜った。改めて感謝申し上げるとともに、帝国外への帝国内部の各地の刑事法令適用がどのような仕組みで行われたのかについては、今後更に探求を深めたい。
(128) 水野直樹「戦時期の植民地支配と『内外地行政一元化』」京都大学人文科学研究所編『人文学報』七九号、一九九七年三月、七七～一〇二頁。
(129) 前掲『外地法制誌』第一巻、三八頁。
(130) 同右。
(131) 前掲『法律学小辞典』七二二頁。「において」ではなく、「に関する」、「に付て」という用語の使用法に注意。
(132) 専ら外地で活動する拓殖会社等は、(1)③の法律に設立の根拠を有した。
(133) 斉藤良衛『外国人の対支経済活動の法的根拠』外務省通商局、一九四三年。全五巻からなるこの著作の中でも、特に、第三巻・第四巻の二冊にまたがる「第四章属人的治外行政権の性質」、「第五章我国法令上の属人的治外行政権」を参照。

(134) ドイツの植民地法制は、こうした属人的な法制として発達した。長尾龍一「ドイツ植民地法制覚え書き」(姉妹書)。こうした属人的な原理に立脚するのが居留地だとすれば、租界や租借地では、現地の住民にまで主権の一部が行使されることが特徴である。しかし、ドイツの保護領法は、あくまで本国民と外国人のみを対象にするもので、現地の住民は国王の命令によって、いかようにも統治される存在であった。

(135) 以下の論文では統監府政治時代の商標や発明特許等の工業所有権法制について論じたが、併合後にも特許庁のみは朝鮮総督府の行政権とは別個に朝鮮に支庁を置き、特許行政は当初から内外地行政一元化されていたことに注目する必要がある。前掲拙稿「保護国朝鮮の治外法権廃止」。

(136) 特許庁編『工業所有権制度百年史』社団法人発明協会、一九八四年、三〇〇、五三二頁。朝鮮併合直後の勅令第三三五号「特許法等を朝鮮に施行する件」により、特許法、意匠法、実用新案法及び商標法、著作権法が朝鮮に施行され、勅令三三九号による特許登録を行う弁理士制度とあわせて、工業所有権法と著作権法に関しては内外地で一元化された行政制度が敷かれ、且つ、紛争に際しての行政裁判や大審院への訴えも内地の特許庁によって執り行われていた。台湾や樺太でも状況は同じで、それぞれ、明治三二年六月の勅令第二九〇号、大正十二年勅令第三二一号で、内地法の延長施行が行われている。これは、権限の読替等がない純粋な内地延長であり、それは実際の行政権司法権の本国行政機関による統一を意味することが如実に示されている。

(137) 前掲松岡修太郎『外地法』四〇―四一頁。

(138) 領事裁判に関する法律としては、明治三二年法律第七〇号「領事官の職務に関する法律」があり、第二条で「条約中領事官ノ職務ニ関シ法律ノ規定ヲ要スル事項ニ付法律ノ規定ナキトキハ命令ヲ以テ必要ナル規定ヲ設クルコトヲ得」とされ、法律の規定がない場合には法律事項に関する命令を出すことができた。この法律は一九二五年に大幅に改正されるが、改正前の領事裁判制度の不備な点として、(イ)領事館の適用すべき内国諸法令の範囲が明確でない、(ロ)保護民等、いかなる人が領事裁判に服従すべきかの原則がない、(ハ)アメリカが行ったのと同様に通常裁判所を設置して領事館管轄区域内の裁判事務を行わせようとしても現行ではその余地がない、㈡領事裁判に対する覆審の連絡が思わしくない、㈭内国諸法令の国外における施行期日がはっきりしない、以上の欠点を有していたことが、朝鮮併合にも関与していた外務官僚によって指摘されている。菊地駒次「領事裁判に関する現行法制の不備を論ず」『国際法雑誌』第六巻七号、一九〇八年四月。領事裁判にいかなる法が、いかなる原理によって適用されていたのかは、更に考察を進めたい。領事裁判に伴う覆審や上告に関する司法制度に関しては、前掲田中隆一論文を参照。

II

台湾社会と慣習の
近代的再編及び台湾特殊法制

徴兵令はなぜ海を越えなかったか?

台湾における植民地兵養成問題

近藤 正己

はじめに

近代日本の「国民皆兵」システムは、徴兵の詔の煥発と徴兵令の施行によって成立した日本軍が、数度にわたる徴兵令改正によって免役規定を消失させながら、明治憲法の兵役義務化の明示により完成させた兵士徴集機能であった。むろん、兵役義務とはいえ全国民を徴集したわけでなかったが、現役兵士として服役せずとも、予備役・後備役・補充兵役・国民兵役として服役していたように、法的には一七歳から四〇歳までのすべての男子が軍に服役しているとされる。つまり、「国民皆兵」システムとは男子全員を軍務に経験させる装置であり、それを法律で規定していたのが徴兵令であった。

明治憲法制定後の「国民皆兵」システムは、二つの大きな問題をかかえていく。その一つは、徴兵令が施行されていなかった北海道、沖縄県、小笠原島に対して、いかに施行するかという問題であった。これらの地域への転籍による徴兵忌避が顕著になるや、問題解決を急いだ軍は徴兵令を漸進的に施行することによって決着をつける。もう一つは、日清戦争後、日本が始めて領有する植民地に居住する新たな「臣民」に対する兵役問題であった。明治憲法には植民地やそこの人民についての規定は一切ないため、植民地の登場によって当然出現する問題であった。本稿は、この第二の問題をとりあげる[1]。

ところで、日本の植民地支配が最終的な拠り所としたのは軍隊であった。したがって、植民地人民に兵役を賦課する問題は、植民地統治の根幹にかかわっていた。だが実際には、植民地人民が日本軍の正規兵士に登用されるのは、陸軍特別志願兵令が朝鮮に適用された一九三八年からであり、数年後には朝鮮や台湾に徴兵制度が施行されて、「国民皆兵」システムはやっと植民地にまで及ぶことになる。(2) 問題は、植民地人民に兵役を賦課するようになった時期が、なぜ植民地統治から四〇年以上も経過したのちであったかだ。

本稿は、日本の植民地統治の開始とともに、植民地人民を日本軍兵士に養成しようとした軍の企図とその実態を明らかにするなかで、なぜ徴兵令が台湾に施行されなかったかを考える。

一 植民地兵の養成構想

初代台湾総督の樺山資紀が、下関条約の締結に反対し日本の植民地領有を阻止しようとして樹立された台湾民主国を壊滅させ、参謀総長に「台湾平定」の報告を発したのは一八九五年一一月一八日であった。それを受けて翌年三月末日に台湾総督府は軍政から民政へ移行し、翌四月一日には大本営が解散し、日清戦争は終結した。だが、この「台湾平定」報告後も、大陸に去った清国正規兵にかわって一般民衆が主体となる抗日武装運動が繰り広げられた。この抗日武装運動は「隠顕出没極リナキ」典型的なゲリラ戦術を用い、地域的にも全島的な広がりを見せた。

近衛師団や第二師団などが凱旋すると、それにかわる駐屯軍を派遣する必要性が生じたが、軍はこの新たな植民地に対して、どのような軍備の方針でのぞんだのか。「台湾島兵備ニ関スル要領書」には次のように書かれている。

兵備ヲ台湾島ニ置クノ目的二アリ。曰ク外寇ニ対スル者、曰ク内治ニ要スル者。夫レ台湾ハ帝国南門ノ鎖鑰ナリ。外寇ニ対スルノ守備固ヨリ僻ルヘキニ非ス。然レトモ物ニ本末アリ。事ニ先後緩急アリ。台湾要衝ナリト雖モ、之ヲ本州ニ較スルトキハ則チ末ナリ。今ヤ内地ノ国防ニ急ニシテ、大ニ軍備拡張ヲ図ルノ秋ニ際ス。本ノ未タ固カラサル、焉ンソ其末ヲ顧ルニ遑アランヤ。故ニ本案ハ姑ク第二ノ目的（内治のこと……引用者註、以下同じ）ヲ取リ、単ニ島民ヲ鎮撫シ内治ヲ整理スルニ要スルノ兵力ヲ置クコトト為セリ(3)

ここには第一に、植民地台湾が日本の「南門ノ鎖鑰」と位置づけられ「要衝」の地であるという認識が示されるものの、外敵からの防衛という見地からの第一義的防衛ラインからはずされ、「内地」の国防よりも次位に置かれていることがわかる。このことは第一義的防衛を優先させ、そのための軍備拡張である日本軍の七個師団体制からの脱却と、師団増設へ向けての軍備拡張を優先した姿勢をうかがわせる。それは、台湾への部隊派遣にも反映する。

台湾への駐屯部隊には、基隆と澎湖島に要塞砲兵大隊、それに北部に台湾守備混成第一旅団、中部に同第二旅団、南部に同第三旅団が配置された。要塞砲兵隊は東京湾および下関要塞砲兵連隊から編成され、混成第一旅団は第一、第二師団、近衛師団、混成第二旅団は第三、第四師団、近衛師団、混成第三旅団は第五、第六師団、近衛師団から編成された。近衛師団は三分の一ごとに分けられ、第一、第二師管に属す近衛兵が混成第一旅団に編成されたように、郷里を同じくする下士兵卒が同一の旅団に集まるように工夫された。

このように、台湾に駐屯すべき部隊は、北海道の第七師団をのぞいた師団から派遣されることとなる。

北海道をのぞく全国から派遣され、陸軍全体が植民地の防衛に参加するシステムにされた理由は、「内地各師団ノ兵備ヲ錯乱セスシテ派遣ノ目的ヲ達セントスル」ためであり、「（台湾）島民鎮圧ノ上ヨリ之ヲ観ルトキハ其数（派遣員数のこと）ハ殆ント少極」であったからと説明されている。これで、台湾に新たに師団が設置されなかったり、特定師団に負担を依存しなかったことがわかるが、軍中央は小規模の派遣ですむと見込んでいた。

第二には、台湾への軍隊派遣は台湾「内治」、すなわち抗日武装運動の鎮圧を目的としたものであったことが明確に示されている。このことは、「台湾守備混成旅団司令部条例」（一八九六年勅令一一二号）にも配備の目的が所轄守備管区内の警備と「匪徒」の鎮圧にあることが明記されている。「台湾平定」後も抗日ゲリラを鎮圧することこそ重要な軍事的課題とされていたのである。

むろん、このことも部隊派遣に大きく反映する。派遣最初の九六年は第二、第三年兵が派遣されたが、この年の下士卒の数は、台湾憲兵隊を除外すると一万一六七六人で、これは日本全体の兵員の一一・四％にあたる。翌年から各師団は秋季機動演習を終える頃、ほぼ一年間にわたる新兵教育を終了した第一年兵を台湾に派遣し、二ヵ年滞在し満期となった兵卒を内地に送還した。軍隊生活に慣れていない新兵では衛生上で不利とされたためだが、台湾では新兵教育を実施する余裕はなく、台湾へ到着するやいなやすぐに戦闘に従事させたように、台湾は戦時に等しい扱いがされたことを物語る。

台湾守備隊をはじめ、台湾に駐屯していた軍を指揮していたのが台湾総督である。台湾総督は「台湾総督府条例」（九六年勅令八八）によって陸海軍大将もしくは中将とされ、その権限は「委任ノ範囲内ニ於テ陸海軍ヲ統率」（同三条）し、「其管轄区域内（台湾および澎湖諸島）ノ防備ノ事ヲ掌」（同五条）り、「安寧秩序ヲ保持スル為ニ必要ト認ムルトキハ兵力ヲ使用スルコトヲ得」（同六条）るとされていた。また、陸海軍を統率する権限をもった台湾総督の命のもとに、軍政と軍令をつかさどっていたのが台湾総督府軍務局であった。台湾に派遣された海軍は兵力としては微力であったので、軍務局のなかでも陸軍部が力をもった。

さて、第三代台湾総督の乃木希典が再び台湾に着任すると、その眼前に展開していたのは、日清戦争時と変わらぬ状況であった。一八九七年四月三〇日、乃木は陸軍大臣の高島鞆之助に向かって、台湾の現状を、「其実全ク之（明治二七、八年戦役のこと）ニ連繫シ其討伐ノ如モ土匪アリ、支那残兵（台東ニ集団シ在リタルモノ……原註）アリテ、決シテ内地土寇竹槍席旗ヲ鎮圧スルノ類ニアラズ」と説明している(4)。

「土匪討伐」で日本人の「善良ナル将校兵士ヲ失フハ甚タ惜ムヘキノ至リ」と乃木が感じたように、正規兵を相手としない「土匪討伐」は将兵の士気に大きな影響を与えていたと思われる。軍隊は各地に分散され、しかも分遣隊として派遣されて小部隊編成で抗日ゲリラとの戦闘を余儀なくされていた。台湾へ到着したばかりの徴集兵にとって、台湾の地勢にくらく、しかも「土匪」の出没情報で守備隊が駆けつけてもすでにゲリラの姿かたちも見えなかったり、良民かゲリラか見分けも困難だった。そこで日本軍は、しばしば付近の家屋を焼夷する戦術を用いた。家屋を焼失された人々のなかからは、抗日ゲリラに参加する人々が出現するという状況が繰り返された。乃木は着任直後に台湾総督訓令として「土匪討伐ノ際家屋ヲ焼夷スヘカラサル件」を発令したが(5)、有効な戦術をうちだせないでいた。問題はそればかりでなく、その兵力も「（中隊人員が）元ト百二十人ノ戦員ナルモ、疫癘瘴雨ノ為メニ侵サレ、其健康者タル僅ニ五、六〇名ニ過キス」とほぼ半減している状態であった。乃木の眼には、守備隊兵力が「到底不十分ナルハ敢テ多弁ヲ要セサル所(6)」と映っていた。前任総督の桂太郎がそうしたように、乃木もまた中央に対して守備隊の増加を訴えていた。

こうした問題が山積している状況のなかで、陸軍部第一課長の楠瀬幸彦中佐が「土匪討伐」の戦術として考え出したのが、「台湾全島ヲ数区ニ分チ各区ニ適応ノ統治策ヲ定ムルノ件」であり、このプランは乃木に提出された。提案理由は「諸種複雑ナ住民ニシテ区々特別ナル風俗習慣ヲ有スル本島（台湾）ニ於テ、全部画一ノ統治方針ヲ採ルノ不得策ナルヤ明カ」であったことから、「進化ノ度ニ応シテ之ヲ数区ニ分チ、各区毎ニ適当ノ統治策ヲ施ス」ことにねらいがあった。これに、第一、第二、第三旅団管区ごとの治安の度合いを加味してそれぞれ一等地から三等地に区分しようとするものであった。これにより、各等地に応じた軍隊の配備、給養方法をはじめ、憲兵や警察の配置に変化をつけようとするものであった。もともと、このプランはフランス領であったトンキンの統治方法から学んだもので、その効果については「充分好結果ノ実証ヲ見」ていたといわれる。

これが一八九七年六月に採用されて、一等地に軍隊と憲兵、二等地に憲兵と警察、三等地に警察を配置する三段警備制へと発展する。だが乃木がきつく諫めていたものの、軍人と警察官との関係は軋轢や齟齬で良好ではなく、三段警備はうまく機能しなかった。

この楠瀬が、一八九六年九月、華南、香港、フィリピンに出張した。米西戦争、およびアギナルド（Emilio Aguinaldo）を中心とするフィリピン革命運動が活発となり、その視察であった。偽名を用いて赴いたマニラでは、フィリピン革命を鎮圧する側に植民地人からなる兵士がスペイン兵とともにわずか千五百人で、革命側約二万人と対峙していた。このとき、楠瀬の眼前に展開されていたのは、二万人の革命勢力を撃退した植民地兵の戦闘姿であった。この植民地兵がスペイン政府に反対の意向をもつにしろ、厳格な軍紀の下に「訓練指揮ノ上ニ犯ス可カラサルノ監督法ヲ設ケ」られた兵ならば、「有益ノ軍隊ヲ組織シ得ラルルナラン」と、楠瀬は感じたという(7)。台湾にも植民地人民を兵士に採用して植民地軍を組織しようとする構想が、楠瀬に浮かんだ瞬間だと思われる。

半年後にも、陸軍部第二課の山田良円大尉が安南に出張し、その視察報告が台湾総督官邸でなされている。「土民兵」の様子については、兵舎がフランス人のそれとは別個に築造され、椰子の屋根と竹の柱からなる簡易なバラックに家族同伴で自炊していること、また危惧される武器については室内に置くことは許可されず、貯蔵所に保管されていたことが報告されている。また「匪賊討伐」のさいには将校・下士とともに戦い、「反逆を企つる如き徒なきは実に美事」と、その安全性が強調されている。(8) さらに、土民兵を指揮する将校・下士についても目が配られ、フランス人が大半とはいえ土民兵が昇進する道が用意されている点についても言及されるなど、その観察は立案者の視点に立脚しながら実際的かつ具体的であった。

一方、参謀本部でも植民地の軍備をどうするのか、植民地の人民を兵士とすべきか、こうした思案に明け暮れていた。植民地統治の経験のない日本が、見習うべき対象の一つとして選んだのはフランス領印度支那であった。

参謀次長であった川上操六が部員の明石元二郎らを率いて、仏領印度支那、タイを視察する前に、最初の視察地であった台湾に到着したのは一八九六年一〇月二二日のことであった。台湾総督府側が出迎えたのは軍務局陸軍部第一課課員の藤井幸槌大尉であった。このとき陸軍部で構想している「護郷兵」のプランが話題にのぼった。翌日には藤井の直属の上司であり、護郷兵設置のプランナーであった楠瀬幸彦が直接川上らに対して「護郷兵類似のものを作る説」を熱っぽい調子で展開した。これに対し川上一行の反応は、明石が「頗る予が意見と合」してもろ手を挙げて賛成したように、植民地兵士の編制を模索する台湾総督府軍務局陸軍部と参謀本部の勢力がはじめて一堂に会したときに、両者は意気投合した。ときに、日本がはじめて植民地を獲得してわずか一年ほどの時点である。

川上一行は、フランス領印度支那へと向かい、「我新版図ノ経営ニ参考セントス」という意気込みを抱いてフランスの植民地統治を観察した。かれらの最大の関心事は軍事であり、そのなかでも植民地駐屯軍のあり方にあった。トンキン（東京）には植民地兵士によって編成された部隊が三連隊あり、幹部はヨーロッパ人が占めていた。兵士は各地方から徴募法によって各村落の二〇歳から三五歳までの体格強壮者を選出し、現役兵は六年、その後志願により数年の服役を重ねることができたという。また外からの襲撃や内乱の勃興を鎮圧するための軍隊一般とは任務を異にする「護郷兵」もおかれた。護郷兵とは「邦土ノ安寧ヲ保タンカ為ノ予防並ニ鎮撫」するために置かれる「軍隊外ノ保安兵」、もしくは「軍隊類似ノ武装警察」という概念でとらえられている。とはいえ、その編成はほぼ軍隊と同一であり、その幹部には陸海軍より転じた者が任じられた。経費は植民地政府の負担で、人員は全インドシナで約一万人に上ったといわれる。

一八九六年九月下旬から四ヶ月にわたって台湾、印度支那などを巡視して日本に帰ると、川上はトンキンや安南地方での植民地兵士の具体相を『印度支那視察大要』として著した。また明石は「台湾島視察意見」を書き残している。視察による結論の概要は、明石の次のような言葉に代表される。

今回巡歴せし印度支那地方の土兵、即ち東京、安南の両撒兵（西洋式に訓練された兵士）とも、其密集の練操等の景況より考察するに多少本国兵に及ばざることあるべきも、之を駆つて戦に臨ましめ効績あることを信ずるに足れり。若し台湾土兵の性質訓練、東京、安南撒兵の如きに至らば台湾守備の軍隊の一部に宛て、費用を節約するを得べし。即ち土賊、強盗の群に向ひ我精鋭なる軍隊の多数を野蛮の境に労するの要なく、土民を以て土民の害を除くを得んコスト面からみても、兵力削減の点から言っても植民地兵士の養成と編制は必要であることを確信したのであった。そのためには、兵数では本国兵を多くして植民地兵を圧倒すること、幹部はもっぱら本国出身者が統御することなど、視察で得た統治の技術を書き添えている[9]。このような川上の『印度支那視察大要』や、明石の植民地兵創設論は、参謀本部を中心に植民地における兵備軍制論に影響力を及ぼしたものと考えられる。

さて、植民地兵編制の構想は台湾総督府陸軍局の幕僚たちが積極的だったが、乃木がこれに同意を与えると一挙に具体化した。一八九七年二月六日、乃木は台湾守備混成第一、第二、第三旅団長に通牒を発し、「土人兵」と「熟蕃兵」各一隊を試験的に設置する編制方法を調査させると同時に、この試験的試みの結果次第では「後来ノ大計画ヲ定メラルルノ方針」にすることを明らかにしている[10]。この二月六日の通牒では、漢族から編制された「土人兵」の一隊と、「熟蕃人」からなる「熟蕃兵」の一隊、計二隊の合計四百名規模の植民地人兵士を創出しようとしていた。この「土民軍」設立構想が、乃木たちのアイデアの原初的形態であった。

二　植民地兵起用をめぐる推進派と慎重派

乃木は陸軍大臣高島鞆之助へ具申した四月八日の意見書のなかには、その必要性について次のように力説している。

埔里社の護郷兵　護郷兵の軍服は、袖がひろめの「法被」形、帽子はひさしのある鳥打帽、軍靴はなく、はだしであった（Adolf Fischer “Streitzüge durch Formosa”）。

本職（乃木）ハ一日モ早ク土民軍ヲ編成シ一ハ不足ナル兵力ヲ増加スルト同時ニ、軍事費ノ幾分ヲ減シ、一ハ本島ニ於ケル必任義務法実施ノ階梯ヲ起シ、本島後来ノ経営上、一大便益ヲ与ヘントス(11)

植民地人民を兵士として編成したならば、日本本土から大量の兵士を輸送することもない。簡単に兵力の増加が見込むことができる。また、日本人兵士の食料の多くは米をはじめ、内地からの輸送が必要で維持費が高額であるが、植民地兵士は維持費が低廉である点で、コストが低廉化できる。さらに、下関条約から二年経過したことにより台湾人民に日本国籍が付与された今は、かれらを日本軍兵士として採用することは徴兵制度の基礎とすることができる。またこのほかに、乃木はかれらが風俗言語に通じているからスパイ活動のような「査偵」に使用できる点、「土匪」から見破られない点、それに忍耐強いことや風土病に強い点などを列挙している。

そして、予算折衝のために乃木は楠瀬を東京に向かわせた。そのさい楠瀬が陸軍中央に向かってした説明によると、植民地人民を兵士として採用することの利点には、低廉なコスト、風俗言語に熟達していること、「土匪」に看破されにくいこと、困難に耐久することが可能であること、風土病に強いことの五点が挙げられ、英仏の植民地でも利用されていることが付け加えられている。

興味深いのは「土民軍」の兵員充足の説明である。楠瀬は、台湾に居住する「土人」「熟蕃」「生蕃」の三者に及び、かれらを軍隊に採用する利害得失をそれぞれ説明している。[12] その第一は「土人」、すなわち台湾住民の多数を占める漢族では、「無頼ノ移住民」に着目する。この「無頼」の民は「眼中唯私利私欲アルノミ」のような連中ではあるが、「粗食労働ニ堪ヘ其負担力モ遥カニ日本人ノ上ニアルヲ以テ山河ノ跋渉ニハ最モ適当ノ人物」であるという。日本人幹部がかれらに軍事訓練を施せば、「仮令脳中一点ノ愛国心ナキモノト雖モ有効ニ使用シ得ヘキ」だと力説する。

第二に「熟蕃」をとりあげ、かれらは山地やその付近に居住しているため、漢族に比べて山川の跋渉に慣れ、「土匪、生蕃等ヲ討伐スルニハ更ニ一層ノ利益アル」と見てとった。また、埔里、台東ではかれらが武器をとり守備隊の鎮定作戦に協力した事実を取り上げ、「熟蕃兵コソ後来最モ有望ノ土兵トナルコトヲ信スルモノナリ」と望みを託している。この「熟蕃兵」は、費用の面からみても「土人兵」に比べると半分ですみ、魅力であった。すなわち、漢族では食料こみで一人につき月額六円ないし七円が必要であったが、「熟蕃」では一大隊約四〇〇人で一年間四万五千円に過ぎない。日本人兵士よりは漢族、漢族よりは「熟蕃兵」の方がコストダウンできるのであった。

これに対して、費用の点では最も小額ですむものの、「生蕃」は「無智矇昧」で「編制訓練シテ何時ニテモ一号令ノ下ニ使用スルコトヲ得サル」とし、当面は採用しないとし、「徐々ニ之ヲ使用スルノ方法ヲ今日ヨリ考究スルノ必要アル」と付け加えている。このことは楠瀬がフィリピンで見た植民地兵の姿を思い描くとき、納得する。楠瀬にとって植民地兵は、単に日本軍に味方するだけの存在では不可で、軍事訓練を受け命令を忠実に果たす近代的兵士でなければならなかった。

楠瀬の説明で特徴的なことは、兵士の適否を「種族」の特性から判断していることである。このことは植民地兵士の編成と密接な関係をもつ。楠瀬は初年度には「土人兵」部隊を三箇中隊、「熟蕃兵」部隊を三箇中隊編成し、それを「補助島民兵」として第一、第二、第三旅団に二個中隊づつ配備し、宜蘭、埔里社、台東に配置する構想を抱いていた。「熟蕃兵」と「土民兵」は同じ部隊に混在するのではなく、それぞれ「種族」別の部隊を編成しようとするものであった。これはフランスが印度支那ですでに実施していたのを学んだものであったことは言うまでもない。

「台湾土民軍歩兵各大隊新設着手順序」表によると、二年目以降も同じように一年で六中隊づつ増設し、九七年から着手して四年間で四個中隊からなる歩兵大隊を三個編成して、「台湾土民軍」を完成しようとした。[13] これが、慎重派から掣肘を受ける前に台湾総督府が描いた「台湾土民軍」の完成図であった。

この当時、台湾守備隊は第一旅団から第三旅団まで六連隊、全部で一八大隊編成であった。したがって、このプランが実現すると約三分の一の日本人部隊が植民地兵士の部隊にとって替わるはずになる。

一方、参謀本部側の明石が描いた「台湾土兵創設」構想の完成図では、開始六年目には一〇〇〇人からなる大隊が九個できあがり、各旅団に三個大隊からなる「土兵連隊」が出現することになっていた。つまり、三個の各旅団は歩兵からなる一個の「本国連隊」と一個の「土兵連隊」とからなり、歩兵以外の砲兵、騎兵、要塞砲兵、工兵などは別個に本国から派遣しようとしているので、数の上では本国兵が圧倒する構図になっていた。

台湾総督府と参謀本部の推進派は一八九七年三月下旬に台湾総督府民政局長の水野遵を加えて「台政改

新協議会」を開催して協議した。水野は文官ではあったが、台湾の守備兵はアルジェリアの如く、「其大部分を土兵を以てしやう」という意見の持ち主であった[14]。三者は「土兵」の養成と民政管轄区域を減少することで参謀本部側、台湾総督府民政局、陸軍局の三者の合意ができた。このときの合意では、養成する兵士数はとりあえず三千人とされ、台湾守備隊に配置されることになった[15]。推進派の働きかけにより、「土民兵」編制は陸軍省でも検討され「善良なる結果を得る見込ある」とされ、具体案が上奏された。五月中旬では、あとは裁可を待つだけだった[16]。六月に入り、天皇から下問されて軍事参議官の審議が始まると、俄然雲行きが怪しくなってきた[17]。審査の過程で台湾の「各地に土匪出没して未だ殲滅に帰せざる有様」が問題となったからである。参謀総長、監軍、陸相からなる軍事参議官は、詳細は乃木の上京を待って決定すると慎重な姿勢を崩さなかった[18]。六月二五日に乃木が上京した。また膠着状態を打開するため、推進派の川上参謀次長と楠瀬中佐が、慎重派の巨頭であった監軍の山県有朋の部下である井上監軍部参謀長を迎える形で、参謀本部で会談が行われた。その結果、山県有朋側も折れ[19]、本年度は試験的にとどめ、募集は兵としてではなく「人夫」の名で募集すること、台湾幹部練習所本部と支部を新設し、八〇名からなる中隊を三箇、計二四〇人を訓練すること、本格的な実施は来年度からにすることで折り合いがついた[20]。

もともと乃木が陸軍中央に護郷兵編制を持ち出したのも、その予算を求めたからであった。新聞報道では五月には帝国議会に経費を要求する手はずであると報道され[21]、それが七月上旬になると、一転して陸軍省軍事費などの剰余金より支出することになったと変化している[22]。さらに下旬には、再び議会に提出しその協賛を経て来年度より実施すると二転三転している[23]。二転三転する報道は、積極派と慎重派の力関係を如実に示している。

それが「人夫」として募集すれば、帝国議会に予算をはかる必要もなく実験的に実施できるという理由で解決されたのは、両者の妥協の産物であった。それを示しているのが翌年の第一二回帝国議会の貴族院予算委員会での陸軍次官の見解である。政府委員として出席した中村雄次郎陸軍次官は「台湾ノ土人兵唯今試験中デゴザイマス、……何分初メカラ十分ナ兵ヲ養ヒマスルト云フコトハ試験ヲ致シマシタ後デゴザイマセンヌト十分ナ決心ガ附キマセヌデゴザイマス。ソレデ昨年来試験ヲ致シテ居リマス。……如何ナル結果ヲ見マスルカ結果ガ果シテ宜シウゴザイマスレバ必ズ土人兵ヲ編制致シマシテソウシテ費用ノ御協賛ヲ得ル積リデゴザイマス」と答えている(24)。ここには、試験終了後の「土人兵」編制にさいして、費用の要求を議会にはかるという考えが示めされている。

乃木希典が台湾帰任後に発した一八九七年九月二一日の総督内訓にも、折り合いの内容がうかがえる。すなわち、乃木は、十一月から宜蘭、埔里社、台東に将校ら幹部を派遣し、「土民ノ性向習俗ニ就キ傭兵及簡易軍事教育ノ施行シ得ヘキヤ否ヤヲ実験」し、結果次第では隊伍に加えるとともに、訓練地を全島に普及すると説明している。これが乃木の言葉による妥協であった。

結局、一八九七年に必要とされた予算の四万四八七六円の半分ほどは威海衛占領軍編制改正費の残金が充てられ、あとの半分は臨時軍事費の残金が充てられた(25)。

だが妥協が成立したのちにも、陸軍中央の慎重派は一〇月二八日の陸相邸での将官会議でも「土匪未だ殲殺せざるのみならず却て益々蜂起の兆あるに依り、此際護郷兵を募集し之に武器等を提携せしむる如きは時期尚早きにはあらずや」と、再び慎重論が澎湃として起こった(26)。しかも幹部教練は実施しても募集は延期し、募集費は明年度の予算より削除せよとの意見まで出た。

三　平埔族兵士づくり

中央との折衝後、帰台した乃木はすぐさま第一、第二、第三混成旅団から植民地兵を訓練する幹部を任命し、訓練の教習を始めるとともに、一八九七年九月二一日には「護郷兵養成ニ関スル総督ノ内訓」を発した。

本島我帝国の版図に帰して以来既に二たひ歳を閲し、人民の居住の期も亦既に経過せり。自今以降は宜しく此民に身を以て国家を擁護するの精神を涵養せしめ、而も我現在の守備隊を漸次減少して、他の須要に応すべきは免れざるの趨勢なりとす。

「人民の居住の期」とは、日清講和条約第五条に基づき、台湾居住者に日本国籍の付与が確定された同年五月八日であった。この日本国籍が付与されたとされる台湾住民に対して、乃木は「国家を擁護するの精神」を養成する必要性を強調するとともに、かれらに軍事的訓練を施して日本軍に編入させ、台湾守備隊の日本人兵士を段階的に減少させる考えを公言した。ただ、台湾住民に対する軍事訓練といっても、現今の台湾に徴兵制や全島的な志願兵制をただちに施行することの不可能な現状を指摘した上で、台湾総督の所見を次のように披露している。

将校以下若干ヲ宜蘭、埔里社、台東ノ三個地ニ駐紮セシメ、先ツ熟蕃人或ル場所ニ於テハ、土民ノ

表① 「熟蕃」の居住地域（1905年）

庁	「熟蕃」人口(a)	「本島人」全人口(b)	a／b％	旅団管区
蕃薯寮	9,417	47,926	19.65	第３旅団
阿緱	9,377	162,196	5.78	第３旅団
台東	5,967	48,480	12.31	第３旅団
南投	4,865	71,231	6.83	第２旅団
台南	3,726	184,396	2.02	第３旅団
宜蘭	2,726	111,383	2.45	第１旅団
塩水港	2,624	270,387	0.97	第３旅団
恒春	2,498	19,001	13.15	第３旅団
台湾全域	46,432	2,973,280	1.56	

註 「本島人」とは内地人、外国人を除外した台湾居住者のことで、「種族」として「漢人」、「熟蕃」、「生蕃」が挙げられている。なお、埔里社は当時の行政区域では南投庁に属する。出典 『明治三十八年臨時台湾戸口調査結果表』臨時台湾戸口調査部、1908年刊

性向習俗ニ就キ傭兵及簡易軍事教育ノ施行シ得ベキヤ否ヲ実験シ、其ノ結果ニ因リ、之ヲ隊伍トシテ運用セントス(27)

実験的試みと位置づけられているのは、陸軍中央との申し合わせ事項であることはもはや言うまでもない。問題は、実施される場所が宜蘭、埔里社、台東の三ケ所で、その説明としてそれらが「熟蕃人」の居住地域であるとされている点である。このことは、乃木の植民地兵養成の構想のなかで、「熟蕃人」の存在が大きな位置を占めていたことを表している。

そこで、「熟蕃人」の人口と居住区を確認しておこう。台湾で始めて人口センサスが実施されるのは一九〇五年一〇月であるが、このときの熟蕃人口は表①のように台湾全域で約四万六四三二人であり、これは外国人や植民者を除外した台湾居住者の一・五六パーセントに過ぎなかった(28)。乃木たちは台湾全域にわたる人口数を正確に把握する術をもっていなかったとはいえ、マイノリティーがゆえに、その獲得がきわめて困難なことは認識されていたと思われる。宜蘭と埔里社は第一、第二旅団管轄の

なかで最も熟蕃人が多く、台東は第三旅団管轄のなかでは三番目の地域であったことがわかる。「熟蕃人」とは、漢人社会の文化的影響を強く受けた台湾先住諸民族をいい、今日では一般に平埔族と呼ばれている。この平埔族社会について、その出現から形成までを概観できる埔里を例にとってながめたい。

先住民の居住地であった埔里一帯に漢人が進入するのは嘉慶年間であるが、清朝は禁碑を立ててその越入を防遏しようとしたとされる[29]。道光年間になると、彰化、南投、嘉義、大肚渓北、台中、新竹、雲林方面に居住していたバブザ、ホアニァ、パポラ、パゼヘ、タオカスなどの平埔族は激増する漢人に弾かれるようにして追われ、埔里盆地へむけて移住する人が次第に増加した。道光三年（一八二三）正月には、埔里一帯に移住した十四集落の平埔族代表者が一同に会し、入山して「生番」と争うこと、弱者をいじめること、漢人の開墾を誘発すること、漢人を雇傭し在地経営することの四つを禁止する誓約を交わした。しかし、第一の誓いにもかかわらず、先住者である「生蕃」とは衝突を避けられなかったことがかれらの口碑から判明している[30]。二〇年（一八四〇）には「熟蕃已に二千人、生蕃僅に二十余口を存するのみ[31]」といわれ、平埔族が先住者を駆逐したことを物語る。

埔里社庁が開設された光緒元年（一八七五）になると、今度は漢人の進出も進み、咸豊年間には埔里社堡の中央に漢人の集落が形成された。平埔族の第三、第四の誓いにもかかわらず、漢人の開墾が進み、しだいに平埔族と漢人の闘争が表面化するようになった。光緒元年（一八七五）になると、清朝はこの地に大埔城を築き、中路撫民理蕃同知を派遣し、熟蕃を教育する義塾を埔里社四堡で十九箇所も設置している。漢人の文化的攻勢はゆるぎないものになっていた。その一方で、英国長老会宣教師の布教も進み、烏牛欄社には教会堂が建設された。

埔里社四堡とは東角堡、西角堡、南角堡、北角堡のことである。日本の勢力が浸透した直後にこの地を訪れた伊能嘉矩が調査したときのメモを参考にして、この地方の平埔族の戸数や人口などを表②にまとめてみた。それによると、この埔里社四堡には約七六〇戸、約三六〇〇人の平埔族が居住していた。平埔族人口が一〇〇名以上の比較的大きな庄・社は、西角堡では房裡社、大馬璘庄、烏牛欄庄、日北社、阿里史庄、日南社、八股庄、南角堡では林仔城庄、興（恒）吉城庄、北角堡では大湳庄、蜈蚣崙庄、守城份庄、下梅仔脚庄で、そのうち最も大規模なのが西角堡の烏牛欄庄、南角堡の林仔城庄、北角堡の守城份庄であった。この四堡のうち、漢人の移住が激しかったのは東角堡、南角堡で、平埔族は西角堡、北角堡において人口の上で優勢を保っていた。

台湾総督府国語学校書記であった伊能の実査によって、この当時、「蕃名」による社名を維持していたのは半分以上にのぼり、とりわけ西角堡に多いことがわかる。また平埔族の使用言語をみるとき、かれら固有の言語を維持している地区は大馬璘庄、烏牛欄庄、阿里史庄などの西角堡、それに虎仔耳庄、大湳庄、楓仔城庄、蜈蚣崙庄、守城份庄、牛臥山庄の北角堡に多い。これらのことから、西角堡や北角堡の平埔族は漢人に対抗する文化的な力を保持し、漢人とは異なった集団意識をもっている可能性をうかがわせる。これとは対照的に、東、南角堡では大肚城庄、水里城庄を除外すると閩南語が日常語に使用されており、固有言語は古老がわずかに記憶している程度で、日常的には言語の漢化が急速に進んでいたことをうかがわせる。

さて、日本軍がこの地域を制圧するのは、一八九六年三月に埔里社に撫墾署が設置された当時と思われる。この頃から台湾総督府の役人が埔里社に出張し、この地の「熟蕃人」部落の様子も次第に明らかにされ、そのなかには「帝国（日本）ニ帰セシヨリ恰モ己レノ仇ヲ報ジ得タル思ヲナシ、悦服帰順スルノ実意

区の平埔族

数、男女人数		護郷兵	褒賞者	言語の状況	移住時期
女	計			蕃語	
9	20	1		不使用	
32	82	2	余清蓮５元	不使用	
27	52	2		不使用	1820、30年代
約50	約90	1		不使用	
28	82			不使用	1850年代
約40	約70			不使用	
27	59	1		不使用	
約213	約455	7			
86	179	4	潘藍玉５元	不使用	1820、30年代
74	175	3		使用	1820、30年代
163	328	8	潘定文賞勲局50元、潘踏必里20元	使用	1820、30年代
55	110	2		不使用	1820、30年代
43	91	3		不使用	1820、30年代
51	128	3	黄利用５元	使用	1820、30年代
98	199	3		不使用	1820、30年代
76	160	1		半ば使用	1820、30年代
		3		不使用	
646	1370	30			
19	40	4		使用	1830、40年代
144	296	4	劉秀10元	不使用	1820、30年代
19	42			半ば使用	1820、30年代
約70	約140	2		不使用	1840年代
35	71	2	巫福清５元	不使用	
40	70			不使用	
約327	約659	12			
3	8			使用	
106	220	6		使用	1820、30年代
23	46			使用	
106	247	1		使用	1840年代
116	284	4		使用	1820、30年代
				使用	1820、30年代
30	61	1		不使用	
約35	約75	2		不使用	
約80	約150	2		不使用	1820、30年代
25	48	1	巫明順５元	不使用	
		1			
		1			
約524	約1139	19			
約1710	約3623	68			

1992年所収をもとに作成）
ていない。

は水尾庄、頂史港坑庄、頂福興庄に居住する熟蕃人がいたことを確認できる。

表② 埔里地

					熟蕃の戸	
No	堡	庄	蕃名の社名	族名	戸数	男
1	東角堡	塩土庄		ホアニア	5	11
2		枇杷城庄		ホアニア	22	50
3		十一份庄	Savava	ホアニア	10	25
4		水頭庄		ホアニア	20	約40
5		文頭股庄	Varo	ホアニア	11	54
6		中心仔庄			16	約30
7		牛洞庄		ホアニア	12	32
				小　計	96	約242
8	西角堡	房裡社	Waraoral	タオカス	36	93
9		大馬璘庄	Papatakan	パゼッヘ	37	101
10		烏牛欄庄	Aoran	パゼッヘ	65	165
11		日北社	Varaval		28	55
12		双藔庄	Tanatanaha	タオカス	23	48
13		阿里史庄	Rarusai	パゼッヘ	31	77
14		日南社	Tadahannan	タオカス	44	101
15		八股庄	Homeyan	タオカス	33	84
16		水尾庄		タオカス		
				小　計	297	724
17	南角堡	大肚城庄	Hajyovan	パポラ	9	21
18		林仔城庄	Taopari	バブザ	59	152
19		水里城庄	Vudol	パポラ	11	23
20		興(恒)吉城庄	Makatoon, Tariu	バブザ	25	約70
21		生蕃空庄			18	36
22		白葉坑庄	Taorakmun	ホアニア	20	30
				小　計	142	約332
23	北角堡	虎仔耳庄			2	5
24		大湳庄		パゼッヘ	46	114
25		楓仔城庄			7	23
26		蜈蚣崙庄	Tarawel	パゼッヘ	57	141
27		守城份庄	Santonton	パゼッヘ	58	168
28		牛臥山庄	Daiyarotol, Pazzehuamisan, Varru	パゼッヘ		
29		下史港坑庄		タオカス	12	31
30		上梅仔脚庄		タオカス	10	40
31		下梅仔脚庄		バブザ	22	約70
32		九欉楓庄			12	23
33		頂史港坑庄				
34		頂福興庄				
				小　計	226	約615
				総合計	761	約1913

伊能嘉矩「埔里社の平原に在る熟蕃」（伊能嘉矩の『台湾踏査日記』台湾風物雑誌社、
＊伊能は頂史港坑庄と頂福興庄を北角堡に含めていない、また水尾庄を西角堡に含め
＊伊能によれば、梅仔脚は北角堡であり、地図でもそれが確認できる。
＊伊能は熟蕃者が占居している地はすべてで32箇所だとしているが、護郷兵の名簿で

ハ其言語挙動ニ顕レタリ」という「熟蕃人」の声も報告されるようになった[32]。だが一八九六年六月になると、雲林地方一帯で抗日ゲリラの動きが活発となり、埔里社の情勢も不安定となった。七月に台中・埔里社間で電信が不通になると、台湾守備混成第二旅団長の田村寛一は埔里社の守備増援のためにさらに一中隊を派遣するとともに、新たに石塚烈三郎大尉に指揮を命じた[33]。抗日ゲリラが集々街方面より埔里社に迫る二里あまりとなった九日、埔里社の守備隊に憲兵、警察、行政官が集まり、退避か死守かを決定する会議が開催された。指揮官の石塚は兵力や食料の不足に加え、「埔里社内外ノ人民悉ク敵ノ内応スヘシト危惧シ」たこととあわせて、撤退を主張した。その一方で、撤退に反対する声も挙がり、賛否両論が対立した。この会議には平埔族も加わり、烏牛欄庄の平埔族を代表して頭目の潘定文が「四社……烏牛欄・大馬璘・牛眠山・大湳……の熟蕃は、ことごとく日本軍がこの地を死守することを懇望しています」と発言した[34]。漢人と抗争関係にあった平埔族にとって、日本軍の埔里からの撤退は、勢力の均衡がくずれ、漢人の圧力に脅かされることにつながりかねなかったからである。それにもかかわらず、会議は撤退に決定し、守備隊約二〇〇名、憲兵約六〇名、警察約四〇名をはじめ日本側は埔里社から退いた。

翌日、埔里社城内出身の陳結、それに李林基が指揮するゲリラ部隊が埔里城に入った。そして一五歳以上の男子にゲリラ部隊への参加を命じ、日本軍を追撃した。この抗日ゲリラの指導者たちとその出身庄は、洪水順（十一份庄）、王明言、陳阿塗（ともに枇杷城庄）、都国禎、陳旺、林秉忠（ともに大肚城庄）であったことがわかっている[35]。抗日ゲリラ指導層の出身が埔里の東角堡、南角堡地域の漢人に多いように、これらの地域の漢人の一部は抗日ゲリラに積極的に参加していたと考えられる。

日本軍が撤退すると、日本軍に協力していた平埔族は抗日ゲリラと対立し、先の潘定文は房里、阿里史、水尾地域の有力者とともに防衛ラインを布いて、抗日ゲリラ側の連携勧誘にはのらなかったという。

一方、撤退した守備隊であるが、第二混成旅団長から埔里社回復の厳命を受けると、再び埔里社に進軍した。台湾総督府陸軍幕僚の編纂書には、このとき「該地（埔里社を指す）附近ノ隘勇約百名、熟蕃約百五十名来テ我軍（日本軍）ヲ援助」したため、一七日に埔里を再び占領することができたとある。(36) 隘勇とは蕃界に設けられた防蕃機関の偵察や防備に従事した人員で、このとき隘勇を指揮していたのが林栄泰である。「熟蕃約百五十名」は、烏牛欄庄、大馬璘社、牛眠山（牛臥山庄）、大湳庄が中心になっていたと思われる。

埔里社を再び占領するや、守備隊はゲリラ側に与した「附近多数の村落を一炬に附することに決し、徹底的膺懲を加へ」(37)、南角堡の大肚城、林仔城、東角堡の枇杷城、中心仔、水頭、十一份などのほか、五城堡の鹿嵩仔、猫囒、水社、銃櫃庄などの集落はことごとく焼き払われた。ゲリラ側の指導者であった黄達理、林明智、王明浩、羅金水らは、捕らえられた者、助命を懇願した者、埔里から逃走して時効になってから戻る者などさまざまであったが、これ以後、この地では武装抗日運動は絶えた。

この戦闘のさい、大埔城、つまり埔里社街から避難した住民も多かった。また地区として日和見を決めた箇所もあった。それが西角堡の水尾庄、双寮庄、房裡社、日南社であった。(38)

この事件は日本軍にとってもショッキングであったようで、埔里社退却を指揮した第二旅団の将校は、のちに旅団の臨時軍法会議に付されて有期流刑一二年と処断されている。(39) また、日本軍に協力した林栄泰、潘定文が勲六等や報奨金を授けられたり、さらに潘踏必里（烏牛欄庄）、陳中廉、黄世龍、蔡認、遊通達（以上城内）、劉秀（林仔城庄）、黄利用（阿里史庄）、潘藍玉（房裡社）、巫福清（生蕃空庄）、巫明順（九欉楓庄）、余清蓮（枇杷城庄）が褒賞を受けた。(40) 褒賞された人々はその多くが平埔族とはいえ、城内出身者のなかには漢人が含まれているかもしれない。

護郷兵応募者数、採用者数

（1897年11月護郷兵第一期生）

受験者乙種				受験者丙種				採用者				予備員			
熟蕃	漢人	広東人	小計	熟蕃	漢人	広東人	小計	熟蕃	漢人	広東人	小計	熟蕃	漢人	広東人	小計
3	6	0	9	1	8	0	9	7	7	0	14	2	8	0	10
11	1	0	12	10	0	1	11	34	1	1	36	11	2	0	13
7	0	0	7	8	0	0	8	11	0	0	11	6	1	0	7
11	1	0	12	13	3	0	16	16	2	0	18	8	2	0	10
0	0	0	0	0	0	0	0	0	0	0	0	0	0	0	0
0	0	0	0	0	0	0	0	0	1	0	1	0	0	0	0
32	8	0	40	32	11	1	44	68	11	1	80	27	13	0	40

以上をまとめると、日本が登場する以前の埔里には、先住民の「生蕃」のほかに、オールド・カマーとして平埔族、ニュー・カマーとして漢人（ここでは福建系と広東系の衝突は表面化しなかったようである）がしのぎを削っていた。平埔族は、もともとの先住民を駆逐するとともに、同じく埔里に移住してきた漢人と拮抗していたが、時間の経過とともに数において圧倒する漢人の前に劣勢は隠せなかった。この埔里の政治空間に変化をもたらした要因が日本軍の埔里進入であった。

植民地化を進める日本に敵対し、漢人が抗日ゲリラとして結集し日本軍と戦闘状態になると、従来から漢族と拮抗していた平埔族のなかから日本に接近する勢力が登場した。これが烏牛欄社、阿里史庄、房里庄、水尾庄地区などのパゼッヘとタオカスで、かれらはこぞって対日協力の道を選択し、抗日ゲリラとも武力対立を辞さなかった。このとき、平埔族のなかでも、日和見を決めこんだ地区もあったから、平埔族が一枚岩となって漢族と対立した構図とはいえなかったにしろ、パゼッヘやタオカス以外からも対日協力者が出現したように、かれらの対日接近が平埔族一般から支持されていたと認めることもできよう。

以上、日本という新たな独立変数の登場により、エスニック・グ

表③　埔里地区の壮丁数、

	壮丁（18～36歳）				応募者数				事故不参				受検者甲種			
	熟蕃	漢人	広東人	小計	熟蕃	漢人	広東人	小計	熟蕃	漢人	広東人	小計	熟蕃	漢人	広東人	小計
東角堡	41	344	9	394	11	28	0	39	0	0	0	0	7	14	0	21
西角堡	232	91	22	345	71	3	3	77	11	0	0	11	39	2	1	42
南角堡	87	118	0	205	33	0	0	33	2	0	0	2	16	0	0	16
北角堡	250	44	18	312	49	10	0	59	3	3	0	6	22	3	0	25
北港渓堡	7	22	9	38	0	0	0	0	0	0	0	0	0	0	0	0
五城堡	0	640	9	649	0	1	0	1	0	0	0	0	0	1	0	1
合計	617	1259	67	1943	164	42	3	209	16	3	0	19	84	20	1	105

注　［網掛け］原文と異なる。「漢人」とは福建系漢人。出典　陸軍省弐大日記M31－15より作成

ループがそれぞれの思惑をもちながら、日本に接近したり反発して新たな連携・対立関係を模索している構図をみた。この浮かび上がった構図を抜きにしては日本側が設定した徴募地域の意味も、応募に応じた人やその所属する集団のとった行動の意味も理解できない。

　では、台湾総督府は護郷兵としての人員をどのように獲得しようとしたのか。台湾総督府による採用は、一八九七年を皮切りに五回確認できるが、一八九七年に採用されたのを第一期生と呼称する。この第一期生の徴募のために台東、宜蘭、埔里社には募集委員長として中佐、もしくは少佐が任命され、委員としては護郷兵編成調査事務所の幹部や軍医ばかりか、地方行政官も任命された。地域の内情に通じていた地方行政官は人員確保にとって不可欠な存在であり、当初から軍務局は民政局側の協力を求めていた[41]。

　護郷兵募集仮規則第一〇条によると、応募資格は満十七歳以上三十六歳以下、身長五尺以上で、定住地があり担保者をもつ者となっている。また徴募の方法は同規則第四条に示された徴募方針によれば、募集は事務所が設置された近隣地域に員数を割り当てる「各地賦課法」か、あるいは応募者の自らの意志で応募できると解釈できる「現時志願徴募則チ傭兵法」か、そのどちらを採用してもよいと

されている。とはいえ、三地域とも徴募地区に募集人員を割り当てた形跡がなく、埔里社の北港渓堡地区のように志願者が全く一人も出ていない地区も存在しているように、「各地賦課法」は採用されなかった。

応募は個人の自由意志にゆだねられたわけでなく、応募者現住地の「総理」もしくは「其部落ノ代表者」の担保が必要とされた。この担保者は「部落ヲ代表シ担保可仕、依テ当人逃亡其他不業績ヨリ除隊ノ暁ニハ、当人担保部落ヨリ其代人ヲ御指定ノ日限迄ニ差出可申、又之ニ要スル諸般ノ費用ハ負担」（同第五条）するという「担保証」の提出が義務づけられた。このことは、応募が「部落」代表者あるいは「部落」の大きな負担に依拠していたことをうかがわせる。事実、埔里では各街庄社長が志願者を引率して検査場に来て、身体検査にも立ち会うほど積極的に関わっている。

徴募地域は東角堡、西角堡、南角堡、北角堡のほかに、埔里社周辺の北港渓堡、五城堡が選ばれた。この徴募地域は埔里社弁務署、および埔里社警察署の管轄区域と一致している。表③のように、この徴募地域を全体としてながめると、一八歳から三六歳までの壮丁総人口は一九四三人であり、「熟蕃」、福建系、広東系の内訳は六一七、一二五九、六七人であった[42]。壮丁数から判断して、平埔族人口が漢人のそれを上回っていた地域は西角堡、北角堡である。それに反して、東角堡、南角堡、北港渓堡、五城堡では福建系が平埔族を凌駕し、とりわけ五城堡でそれがはなはだしい。また広東系はどの地域でも少数派である。

これら徴募地域は調査事務所から徒歩でほぼ一日以内の地域であったといえる。徴募地域を比較的小規模に限定した理由は、「慣習トシテ営内常住又ハ遠隔地ヘノ移住ハ嫌忌シテ」いた「熟蕃人」の慣習を日本軍が考慮していたことが主因であり[43]、それに加えて戦争や水害で道路や橋梁が破壊されていたり、「土匪横行」のために単独旅行ができなかった事情が考えられる。

徴募地域が埔里社弁務署の管轄区域と一致しているように、徴募には行政側からも働きかけが行われた。

徴募委員長の内藤基が埔里社に着任すると、彼はただちに県の下級行政機関であった弁務署長と徴募方法を協議している。その結果、弁務署長は各堡に出張し、街庄社長を集めて護郷兵についての趣旨を説明している。

募集が始まると、応募者の出現が比較的に順調だったため、募集委員たちは安堵している。応募者はこの地域全体で平埔族が一六四、福建系四二、広東系三人、合計二〇九人であった。応募者が壮丁にしめる割合は平埔族が二六・五八％、福建系が三・三三％、広東系が四・四八％であった。このように、平埔族の応募率はきわだって高く、漢人の応募姿勢とは画然とした相違がみられる。

一八九七年一一月二五日から二七日において、身体検査が調査事務所で実施された。応募者のうち、一割ほどが身体検査を受けなかったが、受検者のうちでは甲種合格が平埔族、福建系、広東系の順で八四、二〇、一人で、受検者に占める割合はそれぞれ五六・七六％、五一・二八％、三三・三三％となっている。甲種合格者が多いことには、募集委員長も「予想外ナリ」と驚きと喜びを隠さなかった。丙種不合格は同様に、三二、一一、一人、割合は一八・二四％、三三・三三％、三三・三三％となっている。甲種合格率が高く、乙種不合格率が低いのが平埔族である。合格者のなかには上等兵にも見込めるものも七人ほどがいるとされ、また「読書ヲ能クスルモノ」も若干名がいた。平埔族側は兵士として適確な頑健な者を応募させていたことをうかがわせる。

埔里の場合、応募者の職業については判明しない。そこで宜蘭をみると、身体検査を受けた漢人一〇〇人、平埔族一〇〇人のうち、漢人は農業四四、傭工（雇い）二九、苦力一二、商業、工業、郷勇、船頭がそれぞれ三人、小使二、大工一となっている。平埔族で最も多いのが農業で八一、郷勇八、漁業六、苦力四、傭工一と続く。農業が多く、八割を超えているのが目に付く。おそらく、埔里の場合は農業が占める割合がこれより高かったのではないかと思われる。また、埔里では苦力を生業とする者は採用されていない。

志願者の応募意図については、宜蘭では生活の資なきために兵士を志望した例とか、父兄を「匪徒ノ殺戮」で失いその復讐のためといった理由のほかに、功名心からとか、平埔族に対する厚遇などを理由に応募した例が挙げられている。宜蘭の募集委員長であった藤村忠誠少佐は、応募者の多数が「畢竟当局者ノ勧誘ニ抛ト雖トモ、自ラ進ンテ護郷兵タランコトヲ希望スルモノ無キニアラズ」と分析している。

これに対して、埔里の検査場では募集官が志望理由を尋ねると、その「多クハ守郷ヲ以テセリ」と答えたという。この言葉どおりだとすれば、埔里における平埔族の参加動機には地域防衛への思いがきわめて強かったことになる。「護郷兵」という名称が「守郷」をイメージさせたのであろうか。あるいはより具体的に、漢族抗日ゲリラから平埔族の居住地域を防衛しようとした意思を表明したものであったものか。いずれにしろ、埔里における平埔族は個人的理由からの応募という側面よりは、地域的民族的視点に基づいていた応募と考えられる。

身体検査の合格者のうち、くじ引きで計八〇人が一八九七年十一月末に採用されたが、その構成は平埔族、福建系、広東系の順に六八、一一、一人であった。採用された平埔族は烏牛欄庄の八人を筆頭に、大濫庄が六人となっている。一庄または一社で四人であったのは、房裡社、林仔城庄、大肚城庄、守城份庄、三人は水尾庄、日南庄、双寮社、阿里史庄、大馬璘庄であった。やはり、西角堡や北角堡が多い。注意したいのは埔里社街には一人もいない点である。

採用者の現住所から推定すると、平埔族のうち民族系統でいえばパゼッへ二五、タオカス一八、ホアニア七、バブザ六、パポラ四などとなる。これから、パゼッへとタオカスが圧倒的だったことがわかる。

採用者のうち、平埔族で最も多かった姓は、「潘」二八、「林」五、「黄」「陳」「李」がそれぞれ四、「劉」三、「巫」「張」「羅」「蚋」が二となっている。もともと平埔族に多かった「潘」姓が採用者のなかでも際立っている。

この「潘」姓のうち、次の一九名の名前を名簿から見出すことができる。潘茅格清秀、潘打毛厘阿目（以上大湳庄）、潘阿為先、潘界丹天文、潘哮唏阿木（守城份庄）、潘嫣下納清束、潘阿為頭番、潘后目阿新（阿里史庄）、潘頭番阿敦、潘蹈宇哈仔蘭、潘阿敦米老、潘打毛厘馬下蚋、潘馬下六愛都、潘馬吓蚋阿敦、潘馬下蚋頭番、潘孝希阿為（烏牛欄庄）、潘阿四老金連、潘蹈宇改丹、潘沙望春（大馬璘庄）は漢人によくみられるように姓名が三字ではなく、名の音を漢字表記したところが特徴的である。かれらは居住地区は異なっていても、いずれもパゼッヘだったのである。また、表②から明らかなように、かれらパゼッヘの間ではパゼッヘの言語を話していたのである。姓と言語などに共通項があれば、平埔族のなかでもかれらがひとつにまとまる必然性は整っていたのであり、また数量からみて、かれらが護郷兵として採用された平埔族の最も核となった部分であると考えられる。

このほかの「潘」姓には、潘萬財、潘申治（双寮社）、潘蕃格、潘傳旺（房裡社）、潘阿炮、潘義仔（頂梅仔脚庄）の六名がいる。かれら三字からなる「潘」姓の人々は居住地区は異なっていても、いずれもタオカスであった。かれらタオカスは漢人と同様に姓名を三字にし、パゼッヘと異なり固有語をすでに話さず、いわゆる閩南語を用いていたのである。つまり、姓名においても、言語においても、かれらタオカスはパゼッヘに比べ漢化の度合いが進んでいたと考えられる。したがって、タオカスがパゼッヘほどに採用人数が少ないのは、この漢化の度合いと関係があると考えられる。

一方、採用者のうちの漢人をながめると、福建系が埔里社街の三人、十一份庄の二人が目に付く程度で、採用者を出さなかった地区より採用された地区のほうが少ない。先にみたように、応募者が壮丁にしめる割合は平埔族に比べて圧倒的に低かったし、採用者の出身地区も散在しており、集中していない。福建系も広東系も、平埔族とは対照的に、応募に対しては地区として積極的姿勢を示さなかったことは明らかである。

抗日ゲリラの指導層を輩出し、またそのために日本側に家屋を焼却された地区は枇杷城庄、十一份庄、大肚城庄、林仔城庄などであった。これらの地区では枇杷城庄から平埔族の余清蓮、林仔城庄からも同様に劉秀などの対日協力者が登場しているように、日本軍の再占領以後には、おそらく平埔族と漢族が激しく対立していたと推定される。このような枇杷城庄と十一份庄から、福建系が採用されている点が注目される。

採用された漢人の姓に注目しても、「陳」姓が三で、それ以外はすべて重複がなく、特徴的なところは見当たらない。したがって、姓という血縁的つながりや、採用者の居住地区から判断しての地縁的つながりは、漢人にはきわめて少ないことがわかる。

平埔族は、この護郷兵徴募に対して、烏牛欄社、大湳庄、守城份庄のパゼッヘ族と、房裡社、水尾庄、日南庄、双寮社のタオカス族が積極的に応じた。また、ホアニア、バブザ、パポラの各民族も漢族と比較すると、採用者は格段と多いことから、応募に対して積極的な行動は、平埔族に共通した行為とみなしてよいと考えられる。

この平埔族の対応を、埔里社をめぐる抗日ゲリラと日本軍との戦闘にさいして対日協力を選択したときの行為と重ねてみると、平埔族は漢族との競合のためには進んで日本への接近を選んだと考えられる。むろん、この平埔族の選択は長年の宿敵であった経済的・文化的強者に対するマイノリティーの防衛意識に基づいているものとみることができよう。

このような平埔族の行動は、他の地域ではどうであったのだろうか。宜蘭の場合、徴募地域全体における壮丁総数に対する応募者の割合は、一〇・〇％であり、これは埔里社とほぼ同程度である。応募者を民族別にみると、平埔族は一八一人、漢人が一〇五人、そのうち、採用者はそれぞれ五八人、二二人であった。応募数において平埔族が漢人を上回っているものの、応募総数のうちの平埔族の占める割合は、六三・三％であり、これは埔里社より一五ポイントほど低い。したがって、埔里社ほどではないが、宜蘭においても平埔族の応募は漢人に比べ積極的だったとみてよいだろう。

では、乃木たちは、この結果をどのように見ていたのか。

乃木は「護郷兵トナルヘキ傭人募集景況報告」を陸軍大臣と参謀総長に提出し、そのなかで応募者が必要人員の二倍以上にものぼり、しかも「熟蕃人」が多数を占めたことに安堵しながら「意外ノ好結果」であると総括している。(44)だが、この報告には重大な誤謬があった。台東の応募者二六二人のすべてが「熟蕃」であるとしている点である。

台東における募集区域については、台東庁長の相良長綱と護郷兵大隊長の相良行政大尉が「熟議ノ末募集ニ着手スヘキ蕃地ノ方面ヲ指定」している。その「蕃地」とは卑南社、呂家社、射馬干社、知本社であった。募集委員になった庁書記官の中村雄助が通事らを率いてこれら徴募地区をまわり、いずれも頭目を通して護郷兵設置の趣旨説明と募集勧誘にあたった。この勧誘では台東庁嘱託として勤務する地域有力者、通訳を伴ない、勧誘はどこも頭目を通しておこなわれた。卑南社では三〇名、呂家社では五一名、射馬干社三八名、知本社三四名、合計で一五三名の応募者を獲得した。わずか一週間程度の勧誘であったが、この応募者はその後も続出し最終的には二六二名にのぼった、と中村雄助の「復命書」は述べている。この

台東の護郷兵　中央の帽子をかぶっているのが護郷兵。うち一人は卑南族と同様の剣を腰に差している。無帽もしくは布を頭に巻いているのが卑南族。坐っている左側の女性が実力者のタッタ（陳達々）（Adolf Fischer “Streitzüge durch Formosa”）。

「復命書」は台東庁長を通じて乃木に送付されている。乃木は台東の応募者が「熟蕃」ではなく「生蕃」であることを知っていたはずである(45)。問題は、乃木ら台湾総督や陸軍局首脳が「熟蕃人」を求めたのにもかかわらずが、台東護郷兵事務所側が「生蕃」を優先した判断の根拠が何であったかである。それには現場の政治状況を考える必要がある。

台東に日本軍が現れる以前の一八九五年秋、劉永福配下の一派約一四〇〇の兵士が西部からこの地に逃れてきたのは、劉永福が大陸へ逃亡した後であった。かれらは卑南を根拠地としていた。この旧清朝兵士とこの地の先住民が次第に対立した。九六年に入ると、先住民はかつて親交のあった恒春の頭目である潘文杰を通して日本側に帰順を願い出てきた。二月一日には卑南地方の二八社二五四人が帰順しているが、そのなかには知本社の大頭人擬薛、射馬干社の社長阿媽瓜の名を確認することができる。

五月二五日、いよいよ混成第三旅団の一歩兵大隊が討伐隊として打狗から船で東海岸に向かい、卑南の沖合いから上陸した。「敵ノ抵抗ヲ受ケルコトナク」上陸できたのは、卑南へ進軍していた旧清朝軍四〇〇の兵と「卑南及阿眉社ノ蕃人」が、雷公火付近で戦闘状態であったからであった。また、「土民ハ一般軍隊ノ到着ヲ喜ヒ、殊ニ生蕃人ハ毎日五六百名来ツテ運搬ニ従事シアリ(46)」と、日本軍の上陸に協力している。第三旅団には恒春支庁長の相良長綱が同伴し、また「ぱいわん蕃ノ頭人潘文杰」をともなっていた。帰順に立ち会った相良長綱や潘文杰が、日本側に協力するよう説得したことはいうまでもない。日本軍の日本軍の上陸によって、旧清朝軍の指揮官の劉は逃亡して山中に潜伏するが、数年後に捕縛され大陸へ送還された。

このように、日本の制圧以前には、台東一帯は先住民と旧清朝軍が対立状態にあった。日本軍の出現の際、先住民が日本軍に協力した理由には、そうした事情が背景にあったからである。台東付近には、平埔族居住区もあったが、第三旅団や恒春支庁長から台東庁長に転じた相良長綱らが、あえて壮丁がわずか五〇〇人に満たない地域を選択した理由も、こうした経緯を判断してのことと推察される。

台湾総督府の護郷兵編成構想から逸脱するにもかかわらず、混成第三旅団側が先住民を徴募したのは、台東では先住民しか徴募できない状況であったと考える方が自然であろう。「生蕃」を護郷兵にすることは、乃木や楠瀬の構想から逸脱するばかりでなく、東京の「有力なる軍人社界に異論」がおこっていた(47)のであるから。このように考えると、埔里でも台東でもそうであったように、徴募は漢人と対立し日本軍に歩み寄らざる得ない勢力に大きく依存して実施されたと思われる。

結局、台東からの応募者は「熟蕃人」ではなかった。採用者は「生蕃」八〇人であった。これで、三地域の採用者は先住民、平埔、漢人の順に、八〇、一二六、三四人となった。これは、当初の「熟蕃」と漢人の部隊編成の構想から大きく逸脱している。乃木や楠瀬の構想は徴募する段階で修正を余儀なくされていった。

護郷兵の入隊式は一八九七年一二月一日に挙行された。護郷兵の軍服は、帽子はラシャ製の鼠色の鳥打帽子形で、後ろにもひさしがつけられ、服は厚手の木綿の布地で筒袖がひろく「法被」のような形で、「幾分支那的」と形容されている。軍靴は支給されず、はだしであった。その服装は日本人兵士が見ても「詫異の感」を抱いたというから、遠くからでも明確に区別できた(48)。営舎は、台東では卑南守備隊付近に「生蕃地と同様の体裁に」建築されたという。食事は土地で産した芋や粟が用いられ、むろん、日本人兵士とは別であった。このように、護郷兵の衣食住は日本軍のそれとは大きく隔たりのあるものだった。

第一期生の教育は満一年とされ、最初は「護郷兵教育仮規則」にのっとり、規則正しい起居に慣れることから始められ、敬礼そのほか、戦闘動作の初歩を習得することを目的とした。言語に関しては、通訳を通じてコミュニケーションがとられたが、埔里社では毎週一時間が日本語の学習にあてられた。ただ、上等兵以上に抜擢された者でかつ漢学の素養のある者だけはとくに週四時間を教授し、普通会話をはじめ簡単な文書が読める程度にまで教授する予定とされた(49)。台東では、埔里社や宜蘭とは様相が異なり、日本語教授だけでなく、数の数え方や度量衡の呼称法から簡単な計算法なども教えられているのが特徴である(50)。護郷兵に武器を携帯させるか否かは軍としても大きな問題であったようであるが、後述するように、勅令によって認められ将校の命令のもとに使用された。使用許可された銃器は村田歩兵銃で、一旅団あたり八〇丁となっており、人数分支給されている。練兵のときに渡され、終了と同時に倉庫に保管された。

訓練のほかに勤務が課せられた。埔里社では、先住民からの攻撃を警備するため、二箇所の警備衛兵が設置され、護郷兵は歩哨や斥候勤務をつとめたり、風紀衛兵や郵便護衛勤務もつとめている。その勤務評価については、深夜に先住民が出没しても「豪モ恐怖又ハ躊躇スルコトナク」、郵便護衛勤務では日本人兵士によく「服従」していたという。したがって、第二旅団の報告は、厳格に規則を守り、「能ク軍務ニ耐ユルモノト確信ス」るとの評価を下している[51]。

第一期生が訓練を受けて一年になろうとしていた一八九八年一〇月下旬、台湾総督児玉源太郎は各旅団長に訓令を出し、かれらを地方警備や討伐隊に加え、試験するよう指示した。いよいよ実地試験の段階を迎えた。むろん、それは実戦で使用できるか試みるためのものであった。

埔里社からは星川文七中尉に率いられ、二七名の第一期生が第三旅団の「土匪討伐」に応援として参加した。このときには、日本人現役兵とともに警戒線で使用されたが戦闘には遭遇しなかった。このときの評定は、日本人現役兵と混合で歩哨に立つ哨兵勤務では言語不通のため協同動作に欠けるとされた。だが、第一期生だけの歩哨勤務では動作は「稍稍確実ナリ」と評価されている[52]。

埔里社だけでなく、宜蘭や台東の第一期生も実戦下で評価されたが、いずれも現場で監督していた指揮官の見方は概して良好であった。白水幕僚参謀の報告は、第一期生は「忠実ニ働キ居レリ。之（護郷兵）ヲ解キタル暁ニハ地方警務ニ使用スル様取計ヒ置カレタシ」と要望するほどであった[53]。このように、護郷兵に対する各旅団レベルの評価は「良成績」であった。

乃木や楠瀬は、護郷兵の訓練完成を待たずして台湾から退いたが、その後任たちの護郷兵に対する姿勢は乃木や楠瀬と同一ではなかった。

まず、一八九九年二月に開催された各旅団参謀及両要塞砲兵隊長会議の席で、木越安綱参謀長は第一期生の今後の措置については「当分今日ノ侭ニ据置」くよう発言している。また、第一期生を訓練した幹部については漸次減少、訓練所も縮小、廃止することを示唆し、その後は「各地共其地ノ守備隊長ニ兼轄セシムルモ又一案」という見解を示している[54]。

六月に入ると、地元新聞は台湾総督府の動向に注目し、「其筋」の話として第一期生の解散が決定されたと報道した。二週間後には総督内訓として、軍事教育の実験の結果は良好と認めつつも、「本島一般ノ情勢未タ之ヲ継続シ若クハ之ヲ増設スルノ気運ニ至ラス」として、解散に踏み切る方針が示された[55]。これと同時に、台湾総督は陸軍大臣への報告に、第一期生の教育結果が明瞭になったために解散することになったと稟申しているが[56]、結果報告だけで詳細な理由は記されていない。

解散とは、宜蘭、埔里社、台東で募集採用された第一期生を解雇することを意味した。実際に解散された八月末日には、すでに第二期生が募集採用されて訓練を受けていたが、この第二期生は解雇されるわけではなかった。それにしても、第一期生は徴募のとき、「向ウ四箇年間ハ決シテ自己ノ便宜上ヨリ除隊ノ儀申出合間敷」と誓約書を書かされていることからみて、募集採用のさいには四年間以上の勤務が約束されていたはずであった。さらに、実戦での結果も、多くの将校が口をそろえて評価したようにきわめて良好だった。第一期生の解散理由は、乃木を受け継いだ児玉総督に帰着すると思われる。

後に、第十六議会で「(台湾ノ土人ノ兵隊が) 実地ニ行ハレマシタカ、又実地ニ行レマシタトスレバ其結果ハ如何デアリマス」と質問を受けた陸軍大臣の児玉源太郎は、次のように答えている。

最初(明治) 三十年ニ行ヒマシタ。ソレハ重モニ熟蕃ヲ中心ト致シマシテ、熟蕃ト生蕃トソレカラ他ノ支那人、即チ台湾人モ込メテ兵隊ヲ組織シマシタ。所ガ可ナリ形ハ出来マシタ。形ハ出来マシタガ茲ニ最モ憂慮スベキコトノ生ジマシタノハ、此生蕃熟蕃ガ年ヲ取リマシテ兵隊ノ役ニ立タヌト云フ時ノ始末、即チ支那ノ老兵ノ如キモノヲ形造ルト云フ慮リガ生ジマシタ。デ生蕃ノ生活ト云フモノハ極ク低イモノデ之ヲ仮ニ屯営ニ入レマシテ可ナリ高イ程度ノ生活ヲサセマス。ソレガ年齢ハ無理ニ使ヒマスレバ四十一杯位ハ使ヘマス。ソレヲ兵隊ニ使ハヌヤウニナッタ暁、之ヲ生蕃ニ又返シマスト又生蕃ノ群ニ這入ルコトガ出来マセヌ。即チ生活ノ度ガ変ッテ居リマス。サウスルト此者ハ無頼漢ニナルヨリ仕方ガナイ。是ハ危険デアルト考ヘマシタカラ私ガ行キマシテ三十二年ニソレハ止メマシタ。皆解隊ヲ致シテ仕舞ヒマシタ。ソレデ此上取リマシタノガ純粋ノ台湾人ダケヲ取ッテ……(57)

児玉の論は、「生蕃」や「熟蕃」が兵舎を出たのち、社会復帰を危惧するための処置だという点に尽きる。だが解散後、第一期生は行政機関への就職を斡旋される場合が多く、埔里社ではそのうち三八名が台中県巡査補になっているし、宜蘭では叭哩沙樟脳局試験所での樟脳局壮丁として採用されている(58)。

巡査補制度は日本人巡査だけでは不足していたため、「本島人」を採用して巡査の職務を補佐するために一八九九年八月から始められた制度であるが、第一期生は採用試験が免除され、また給与の面でも優遇された(59)。一方、樟脳局壮丁とは、樟脳の専売制度を始めた台湾総督府が樟脳や樟脳油を製造するために設置した羅東樟脳局の、樟木の濫伐や密製脳を取り締まるための防備員であった。かれらには、先住民からの襲撃に備えるため、銃器、弾薬も官給されていた。このように第一期生の社会復帰については、台湾総督府の手厚い保護によって再雇用がなされているのである。

また、第一期生の社会復帰を危惧するためのものだとしても、それではなぜ第二期生を募集したのだろうか。その疑問は、児玉が「生蕃」や「熟蕃」を廃し、漢人を採用する企てだったことで氷釈できる。第一期生の解散は児玉の「生蕃」「熟蕃」観に基づいていることを示している。

四　漢人兵士づくり

話を、児玉が台湾総督に就任する前に戻そう。

第一期生の募集採用が終わり、各地における護郷兵の募集概況報告書が一八九七年末に、台湾総督府から陸軍省や参謀本部に回送された。それらの報告から、同年夏の約束事が守られていないことを発見するのに時間はかからなかった。台湾総督府が「兵」として募集採用したことを、陸軍中央は気づいた。このとき陸軍次官であった児玉源太郎は、護郷兵設置準備のために幹部にあてる人員を定員外で設置し、また「土人」を募集し実地に訓練することを是認したが、「護郷兵設置ノコトタル目下計画中ニテ、未タ発表ノ運ニ至ラサルヲ以テ、公然護郷兵トシテ土人ヲ募集スルヲ得ズ。即チ傭人トシテ採用ノ筈」であったと、台湾総督府が中央との約束を履行しなかったことをなじった。児玉は、陸軍幕僚参謀長の立見尚文を書簡で厳しく叱責するほどだった(60)。

乃木は台湾高等法院長の高野孟矩更迭事件を期に台湾総督辞任の意思を固めていたが、一八九八年二月下旬に免官となった。第四代台湾総督には陸軍次官の児玉源太郎が就任したことで、植民地兵編制問題は一変した。陸軍省軍務局軍事課は「台湾土着ノ住民中軍役志願者ヲ傭役ノ件」を起案した。それは次の三項目からなっていた。

第一項は、「護郷兵」の呼称を廃して、「軍役志願者」と呼び、台湾の土着住民を選抜して傭役し、かれらを台湾守備隊に附属させるとしている。その理由には台湾守備隊が「匪徒鎮圧」などの任務を遂行するさい、軍役志願者を後方防衛に担当させるのに利点がある点を掲げている。第二項には、この軍役志願者の訓練のために台湾守備隊の将校、下士が担当することができるとしている。これら第一、第二項は乃木たちの主張であり、台湾総督側の要求が受け入れられたことを示している。第三項が最も重要であるが、今後「本規定実施ニ関スル総テノ事項」は台湾総督が定めるとし、主務大臣である陸軍大臣に事後報告だけが求められた。すべてを台湾総督に委任した理由には「規矩一律ノ制度ハ今日未タ之ヲ望ムヘカラス」と説明されている。つまり、現場における臨機応変の政策が必要とされ、この問題は台湾総督の専任項目とされたのであった(61)。乃木と陸軍中央との間でほぼ一年にわたって懸案とされていた問題が、急転直下の解決をみたのは台湾総督の交替しか考えにくい。台湾総督の専任項目になったことからでも明らかなように、慎重派の児玉が台湾総督に就任したことを機として、問題を児玉に一任して解決の糸口を見出そうとしたと考えられる。

この起案は軍務局長、法官部長らの承認を得て陸軍省で決済され、三月二二日に参謀本部に送付された。翌日に参謀総長の川上操六が異存ない旨を回答すると、陸相桂太郎との連署で上奏し、四月九日に天皇によって裁可された。軍事課で起案されたのが三月一八日であったから、裁可までに要した日にちは一ヶ月半ほどであった。以上のように、乃木が台湾総督を退き児玉に交代すると、推進派と慎重派との対立で滞っていた懸案事項は児玉に委ねられる形で解決に向かった。

つづいて四月一一日、軍役志願者の銃器携帯についても陸相によって閣議提出された。伊藤博文内閣は五月二日、勅令第八八号により、守備隊将校の命令を受けたときに限り軍役志願者が銃器を使用することを認可した。わざわざ勅令の制定を必要としたのは、軍役志願者がその使用を「濫用」する危険を予防することだと説明されている。

さて、「台湾土着ノ住民中軍役志願者ヲ傭役ノ件」と銃器携帯の認可が台湾総督に通知されると、翌六月に児玉台湾総督はこれらを「軍役壮丁概則」として民政局長の後藤新平に通達した。(62)この概則は旧来の護郷兵を「軍役壮丁」と称し、護郷兵調査事務所を「軍役壮丁本部」と改称するとし、それ以外のこと、すなわち軍役壮丁の採用人数、訓練する将校・下士の人数などから徴募訓練・給与などを規定した従来の護郷兵募集仮規則などについては従来どおりを踏襲するとしている。したがって、「軍役壮丁概則」は実質的には「護郷兵」という名称の解消を宣言することに狙いがあったと考えられる。それにもかかわらず、実際にはしばらくすると「軍役壮丁」ではなく中央がネーミングした「軍役志願者」を使用する方が多くなった。

六月一日に開催された旅団長会議において、児玉は「予ノ職務ハ台湾ヲ治ムルニ在テ台湾ヲ征討スルニアラス」と前置きし、「台湾ヲ治ムルノ要ハ第一（に）政治ヲ統一」することだと述べている。ここでいう政治の統一とは、植民地統治に当たった武官と文官の反目の解消を指すものと思われる。鶴見祐輔の『後藤新平伝』は、第二旅団長の松村務本と民政局長の後藤新平との「殴り合ひの喧嘩」が披露され、(63)植民地政策をめぐって、台湾総督府陸軍参謀長および三旅団長など在台湾武官と台湾総督府民政局長を頂点とする文官が対立していたことを象徴的に描き出している。

文武官対立の原因の一つが三段警備であった。統治の現場では警察と憲兵が対立して抗日ゲリラ対策がうまく機能しておらず、地方官は憲兵専管区に対して行政の普及や統一を期すことができなかった。こうした行政側の不満は、台北、台中、台南の三県知事の連名による三段警備の廃止の進言となって現われていた。

進言を受けた児玉は、手詰まりになっていた軍隊の抗日ゲリラ鎮圧策に見切りをつけ、鎮圧の主体にあたるのは警察が適任であると考え、三段警備の制を廃止して今後はゲリラ制圧は地方長官主導でおこなうと表明した。こうして、ゲリラ対策は実質的に後藤新平の手に委ねられ、後藤はゲリラ側と直接交渉して「帰順」を迫る「土匪招降策」を採用するとともに、「帰順」に同意しないゲリラには「匪徒刑罰令」（一八九八年律令二四号）によって厳罰を課した。

ところで、児玉は「殴り合ひの喧嘩」を利用して武官を力で抑えるとともに、この六月、民政局長を民政長官に昇格させ、武官の文政介入を抑止することに成功した。こうして、抗日ゲリラ対策についても、軍隊の「土匪討伐」は地方官の請求があってはじめて出動できるように改めた。児玉は次のように説明している。

兵力は国家の寧静を維持するに於て一日も欠くべからざるものなり。然れども今日の如き制を執りて兵力を細分するは兵力の効用を奏する能はざるのみならず、寧ろ用兵の法に於て頗ぶる危険の処あり。……軍隊は固より行政警察的の教育あるものにあらず、此の如き軍隊を以て警察的任務に当らしむるは既に当を失すればなり(64)。

児玉は、集結されてこそ軍隊の威力が有効に発揮されると考え、分散的に抗日ゲリラ戦に投入されていた現状に疑問を抱いていた。彼は、そもそも行政警察の訓練を受けていない軍隊が抗日ゲリラ対策に当たることを望んではいなかったのである。

では、抗日ゲリラ戦に使用しようとした護郷兵、すなわち軍役志願者を、児玉はどうしようとしたのか。軍役志願者について児玉色が現われるのは、一〇月一日に立見尚文や楠瀬幸彦が配置換えで内地に戻った後からであった。陸軍幕僚参謀長に木越安綱が就任すると、翌十一月一日、木越は在台陸軍部隊長などを前にして軍役志願者に対する新方針について語っている。この日は台湾陸軍の諸官衙が新らたに再編成されたときであったが、それにともない軍役志願者についても第二期生の募集からは従来と異なる手法を採用すると予告している。その要点は、第一に、軍役志願者は「現在ノ軍役壮丁ト全ク其ノ用法ヲ異ニス。即チ其ノ要領ハ全ク土人ヨリ募集」するとした。ここでいう「土人」とは文脈からして漢族を指す。このときすでに、先住民や平埔族からは募集しないことを決断していたと考えられる。第二に、軍事訓練については「号令ヲ以テ進退セシムルヲ限リトス」る程度の初歩的訓練にとどめるとした。銃器携帯については「試験ノ結果」に待つとし、棚上げにしている。第三には平時では軍役志願者を軍内の雑役に服させ、行軍などの時には「行李人夫」とし、戦時では「土人人夫ノ取締」に任ずるとした。第四に、配置先には歩兵、騎兵、砲兵、工兵の部隊とし、それぞれ二〇名づつ配置するとした(65)。新方針は第一期生のそれを大幅に改訂しようとしていることに気づく。

このことは、児玉の独自の考えとはいえない。参謀本部は九月二日に台湾陸軍諸官衙編制を改めていたからである。その改正点は、混成旅団は司令部の規模に対して統率部隊が小さかったが、司令部をスリム化して台湾総督に直隷する組織とすること、また統率部隊は散布型から集結型へと配置方法を改め、かつ歩兵隊を増大させ歩兵連隊編制を廃止したことにあった。こうした改正は、まさしく、「匪徒」の鎮撫が効を奏し「警察力ノミヲ以テ制裁シ得ルニ至ラントシ」ていることを認め、守備隊の任務が「匪徒ノ鎮撫」から「外冦」に重点を移した結果であった。これにより、行李と軍需品の運搬に要する人馬材料の重要性は低下したため、その代替として「所要ニ際シ之カ基幹タルヘキモノヲ養成シ置クハ用兵上緊要ナルカ故ニ、各兵中隊ニ土民ノ軍役志願者二十名宛ヲ置クコトヲ得ルノ規定ヲ設ケタリ(66)」としたのであった。

一年後の一八九九年一〇月四日、児玉は「軍役志願者規則」を台湾総督府府令第一一七号として発布した。そこにはまず、第一条で軍役志願者が「本島人ノ志願者中ヨリ採用シ軍務ニ傭役スルモノ」（第一条）と規定されている。応募資格については、二〇歳以上三五歳以下の年齢制限が設けられ、第一期生と比較すると若干限定されている。また「行状方正ニシテ禁錮以上ノ刑、若ハ賭博犯ニ依リ処罰セラレタルコトナキ者」（第一条）という条件がついている。毎回の募集人数は総督が定め（同三条）、募集区域は混成旅団長が定める（同六条）ことになっていた。

「本島人」規定は、政府で決定した「台湾土着ノ住民中軍役志願者ヲ傭役ノ件」のなかの台湾土着の住民と同義語と解釈できる。いわゆる内地人を排斥した条項である。したがって、これは漢族と限定しているわけではない。だが法の上で規定していないだけで、前述した帝国議会における児玉の証言や、木越の口演からみて、採用者は漢族だったと思われる。採用者がすべて漢族であったかどうかを確認するのは史料的には困難であるが、次の表④を見てもらいたい。

第二期生の募集は台北県九〇、台中県八〇、台南県八五、宜蘭庁一〇、澎湖庁五、台東庁五で計二七五名とされ、全島各地域に及んでいる。また台北県の場合、基隆一一、水返脚九、台北二三、新竹一六、滬尾六、三角湧八、桃仔園一二、景尾五と、県下の各弁務署に対して人員の割り当てが定められ(67)、募集にあたっては、まず割り当ての倍数以上の志願者を獲得するよう指示されている。同様のことは台南県においてもみられることから(68)、台湾全域から均一的に徴募しようという意図を感じとることができる。こうした傾向は第二期生の翌年に募集された第三期生にもみられる。

各地域から広範囲に募集していることは、第一期生が限定された地域からの募集となっていた点と対照的である。募集範囲をほぼ台湾全域に拡大したことは、「生蕃」や「熟蕃」を包含することはあっても、

表④　軍役志願者募集人員（1899～1902年）

告示時期	第二期生 32/10/5/	第三期生 33/7/29/	第四期生 34/7/3/	第五期生 35/8/5/	
台北県	90	95	60	台北庁	19
台中県	80	80	44	基隆庁	22
台南県	85	90	48	宜蘭庁	4
宜蘭庁	10	10	4	深坑庁	14
澎湖庁	5	5	4	桃仔園庁	7
台東庁	5	5		新竹庁	6
				苗栗庁	3
				台中庁	16
				彰化庁	4
				南投庁	4
				斗六庁	21
				嘉義庁	5
				塩水港庁	3
				台南庁	36
				蕃薯寮	4
				鳳山庁	4
				阿猴庁	4
合計	275	285	160	合計	176

行政区画は1902（明治35）年に変更されている。
出典は、「台湾総督府報」第614、790、980、1198号。

ほぼ台湾全域に居住していた漢族を採用対象者としていることを意味している。

問題は、第一期生の「熟蕃」主体から第二期生の漢族主体への移行が決断された時期である。つまり、第二期生を漢族主体にするとの政策決定が、前年の一八九八年一一月一日にはすでになされていた点である。この時期は第一期生の実地試験を各旅団長に訓令した同年一〇月二八日とほぼ同時期である。第一期生の実戦投入の成績結果いかんに関わらず、児玉たちはすでに第二期生を漢族主体としていたのであった。このことは、乃木や楠瀬らにみた日本人兵士に比べて安価で、抗日ゲリラに対抗する民族部隊の構築という構想とは別の構想に基づくものと考えねばならない。

では、第二期生を養成する構想とは何か。

第二期生の勤務は、入営後「簡単なる軍事教育を施し隊中諸般の雑役に使用し、傍軍隊の軍紀風紀に習はしむ」（同第二条）こととしている。ここでいう「雑役」とは浴室、庖厨、砲廠、厩舎などでの役務と説明され、けっして「軍属たるの品位を損すへき汚穢の作業を為さしむへからす」（同第七条）ことが強調されている。この「雑役」は通常勤務においてであり、行軍や演習のときには、行李の監視役が課せられた。いずれにしろ、最終的には抗日ゲリラ戦に投入されることを予定された第一期生の勤務とは大きな隔たりがある。第二期生の軍事教育は戦闘を想定するようなものとはおよそ無縁であり、そのことは訓練にあたる側からも説明できる。第二期生の教育を担当したのは、中隊ごとに配置された教官一名、助手上等兵と兵卒若干名にすぎず、しかも隊の都合によっては短期輪番でもよいとされていたからである。つまり、第一期生のときのように、特別に訓練を受けた将兵が配置されたものではなかったのである。ここから、第二期生は戦闘兵を養成するという点がきわめて希薄となっていることがわかる。

第二期生の軍事教育は、「帝国軍隊ノ威厳軍紀風紀ノ静粛、兵器材料ノ整備ヲ知ラシメ漸時奉公ノ思想ヲ養成シ延テ以テ本島人民ニ其余風ヲ伝播セシムルヲ以テ目的」（「軍役志願者教育概則」第二条）とすることに主眼があった。つまり、第二期生に軍事的技術を取得させることなどは眼中になく、かれらに日本軍を体験的に肌で感じさせ、「奉公ノ思想」を育成させ、退役後にはそれを台湾社会へ伝播させる遠大な計画であった。この点について、「軍役志願者規則」を発布するにあたり、児玉は各部隊長に内訓として次のように語っている。すなわち、「軍役志願者傭役ノ主旨ハ、他年本島土着ノ住民ヲシテ必任義務兵役ニ誘導セントスル第一階梯ナルカ故ニ、各隊長ハ深ク注意ヲ加ヘ漸次尚武ノ気風ヲ養[69]」うことが必要だとしている。ここにおいて明らかなように、第二期生の募集は「必任義務兵役」、すなわち徴兵制度を照準に入れた第一段階という位置づけがなされたのであった。

児玉はそのためにも、第二期生の採用基準を「体格、知能、身元」の順序とし（軍役志願者規則第一二条）、知能を二番目に重要視した。知能の重視と、入営後の「雑役」勤務とは一見して矛盾しているようだが、「必人義務兵役」を理解するに足る人員を確保するための措置と考えられる。児玉が平埔族を中心としていた第一期生を解体して、第二期生の対象には漢人に的を絞った理由の一つがここにあった。

次の手がかりは、第二期生の配置先にある。第二期生は台湾守備隊の各中隊約二〇〇名の日本人兵卒のなかに、その一割を限度として少人数で配置された。中隊兵舎の片隅におかれた休憩室を居場所にして、兵事訓練や雑役勤務にあたった[70]。この兵舎のなかでは多人数の日本人と少数の台湾人という特殊な環境ができあがり、日本人正規兵と雑役に従事する漢人軍役志願者という構図ができあがる。しかも、軍事教育の使用言語は「国語」（第一条）とされていた。第一期生が民族部隊として日本人兵士とは別個の戦闘集団として訓練されたのは対照的である。このように、台湾守備隊の各中隊に少数づつ分散されて配属され、日本人正規兵とは比較的近距離にいながら正規兵とは異なる役割が与えられ、しかも将来的には正規兵として期待されるポジションが第二期生であった。ここにみられるように、児玉は義務兵役を強く意識して第二期生を構想していた。

次に、第二期生の対象とされた漢族の対応をみよう。

第二期生は新聞の漢文欄で大々的に募集された。募集には「今回の軍役は警備の重任となるべき、一種の志願兵で名誉あるもの」と宣伝され[71]、給与は毎月八円で、居住地に近い当地勤務とされた。ただし実際には、給料は一等給八円、二等給七円、三等給六円とされ、品行方正かつ勤務勉励の者が一年ごとに一等級ごと進むようになっていた。応募には街庄社長の保証書が必要とされた点は第一期生と同様で、地方庁の役人や弁務署の兵事主任が委員となって勧誘に当たり[72]、勧誘の対象には保甲壮丁が選ばれる場合が多かった。全島的には不明であるが、台北県における志願者は二四四名で、そのうち身体検査などによって合格とされた者は一二四名、そのうちの九〇名が要員として採用され、残りは予備員とされた。(73)

募集までは問題がなかったが、この第二期生は入営してしばらくすると、逃亡、服役忌避などが続出し、欠員が生じる事態に陥った。その補充のため予備員を採用したものの、それでも人員不足が続いた。再募集するが、それでも定員に満たなかった。これには地方官も旅団もなす術がなく、お手上げの状況となった。新聞報道によると、その原因は「待遇に懲り」たことにあると報じられ、(74)「雑役」勤務に問題があることが明々白々となった。逃亡があまりにも多発したため、台湾総督府は逃亡に対する処分を行政処分に軽減するだけで、事態を静観するしかなかった。(75)

翌一九〇〇年には、第三期生とまったく同じ待遇であった第三期生の応募が始められ、募集定員も第二期生より一〇名多い二八五名とされたが、募集はきわめて困難で、とりわけ「台湾北部」（第一旅団管轄と思われる）では合格者が六七名しかいなかった。(76)そのため軍は第二期生、第三期生の「雑役」勤務構想の修正を余儀なくされ、一九〇一年四月から軍役志願者規則の改正をいそいだ。

こうして六月七日に、「軍役志願者規則」（府令第三八号、以下「改正規則」と略す）が改正され発布された。この「改正規則」の柱は「本島人ノ志願者ヲ募集シテ守備隊ニ編入シ、軍事教育ヲ施シ兵卒同様ノ役務ニ服セシム」（第一条）と明記されたように、日本人兵卒と同様に服務させようとした点である。

具体的には、服装、待遇、服役の改善であった。服装については、「概ネ兵卒ニ同シ」（第三一条）にするため第一期生以来の服装は改められて帽子、靴、外套などは歩兵二等卒と同様とされ、これで外見からは一般兵卒と見分けがつかなくなった。ただ、軍役志願者の服装の襟には、台湾守備の徽章と所属隊の番号が付けられた。

待遇については、給与が入営一年目は日給二三銭と日給制となり、従来はなかった入営・帰郷旅費が支給されるようになった。こうした給料などや被服費の占める金額は、一九〇二年度において一二万七三一六円で、これは台湾の軍事費二四九万二七七八円のうちの約五・一パーセントを占める。[77]

また、従来は認められなかった解役申請も、やむをえない場合に限り許可されるようになった（同七条）。服役については、営内居住（同五条）となり雑役が廃止されたことが大きく変わった。それにともない、台湾守備隊への編入先は歩兵隊に限定された。「兵士」と同様に扱うとすれば、特別の技術や用語を必要とする騎、砲、工兵隊では不適当であるとみられたからであろうか。また歩兵隊編入の定員は、改正規則では「当分ノ内一中隊一〇人」（同三条）とされたものの、七月に発せられた「軍役志願者取扱内則」では「毎年三人或ハ四人」とされている。これは毎年三、四人として合計でも一〇人を超過しないという意味であろう。前規則と比較すると、中隊の中での軍役志願者の割合が一段と減少した。

さて、大多数の日本人兵卒のなかで中隊の一割にも満たない軍役志願者は、雑役廃止によって当然のことながら軍事訓練にウェートが占められる。教育については「軍役志願者教育教則」に定められているが、それによると軍役志願者は「殊ニ心性ノ修養ヲ完ウシ兵卒必要ノ任務ヲ修得セシムル」ことに目的がおかれた。第一年目の教育は日本人兵卒とは区別され、入営から半年間にわたる第一期では術科が各箇教練、体操、射撃予行演習、距離測定、狭窄射撃、射撃、野外演習、銃剣術の課目が順に教えられた。また学科では第一期の最初に「国語、勅諭、読法」が教授された。教育用語は「国語」が用いられることになっていたが、実際には入営初期から半年間は、教官が通訳を通して日用緊急の日本語を教える方法が採用された。[78]教授内容は各種兵の識別、団体編制、上官の官姓名、武官の階級及び服制、勲章の種類、軍隊内務書の摘要、陸軍礼式、刑法、懲罰令の摘要、武器器具、被服・装具の名称、装法・手入法、野外用務令、および射撃教範へと進んだ。

第七ヵ月から一〇ヵ月までの第二期では、術科が部隊教練と工作、学科が衛兵勤務、赤十字条約の大意となる。第一一ヵ月からの第三期には術科が一般兵卒との合併教練と続き、学科が帝国国体の大要となっている。第二、三期は日本人兵卒と合同で教育することができるとされた。また第一、二期の終了時には大隊長、もしくは中隊長が検閲することになっており、最終的な教育責任は「中隊長」とされた。

日本人兵卒とほとんど変わらない教育内容であるが、こうした教育内容を受けることになっていた第四、五期生の応募条件はといえば、年齢制限が満一七歳以上二五歳以下と若年化し、「服役中一家の生計に差支なくして家事に系類なき者」（二条三項）という項目が新たに加わり、比較的富裕な家庭からの応募を求めていることがわかる。ただ、第四期生の募集定員は台北県六〇、台中県四四、台南県四八、宜蘭庁四、澎湖庁四、合計で一六〇名と大幅に削減し、第二・三期生の六割にも満たなかった。これは第二、三期生の応募状況を考慮して、慎重にならざるを得なかったものと推察できよう。

実際の一九〇一年の第四期生の応募状況は不明であるが、募集に応じた第四期生志願者の学力については、第一旅団管轄下の場合が判明している。読書可能なものが入営者全体の三三・一％、姓名が書けるものが五三・一％、読み書きできない「無学」なものが一五・六％であった。[79] この数字は当時の内地の入営新兵と大差がなく、「知能」を重視していた台湾総督府を喜ばしたに相違ない。

ところで、新規に第四期生を募集採用するさい、「改正規則」前に採用された第二期生、第三期生の処遇をめぐる問題が浮上した。第二、第三期生と第四期生の間には、その扱いにおいて大きな疎隔があったからである。結局、現用の軍役志願者には再度、「改正規則」の基準に基づき品行挙動の適否を調査する作業が実施され、本人の希望意思を確認した上で、不合格者は除隊された。[80] こうして、主として雑役に従事していた第二、三期生のうち、第四期生としての基準を満たした者は解雇されることなく守備隊にとどまり、第四期生とともに訓練を受けたと考えられるが、その全体数は不明である。では、新教育の結果はどうだったか。第四期生の第一期終了時に実施された歩兵第二、第三大隊での検閲では、不動の姿勢は不完全であったが、それ以外の射撃の三姿勢、行進の諸運動、それに学科は「稍好成績」であった。とりわけ学科は「国語」で明晰に答え、首尾を誤らなかったため検閲官も一驚を喫したという。

訓練結果は、演習にもあらわれた。一九〇三年一月に実施された第一混成旅団の機動演習では、対仮設敵旅団演習が行われた。軍役志願者も一般兵卒のなかに混じり、演習中は一般兵卒と変わることなく、単独もしくは部隊とともに服務した。その成績は「甚だ良好にして一人前の歩兵として更に差支なく対敵の動作間然すべき点を見ず、舎営地内に於ての規律も別段欠点として挙ぐべきことなか」ったといわれる。[81]また、各旅団参謀副官、要塞砲兵大隊長、憲兵隊長らが出席する会議においても、軍役志願者を戦闘線に使用しようという意見が出るほどであった。[82]軍役志願者の演習や訓練評価についての現場の評価は悪くなかった。

問題は再び、逃亡からはじまった。しかも入営直後からであった。地元新聞は「特種の人に対して、特種の教育を注入するには最初手加減を肝要とするものあり」[83]と報道していることから、いきなり日本人兵卒と同じような教育をしたということにあるらしい。それ以後も逃亡は続いた。翌一九〇四年の統計であるが、軍属の逃亡は一九、うち軍役志願者の逃亡が一八名を占めた。日本人下士卒の逃亡が一名に対して、際立っていた。[84]

問題の第二は、日本人巡査を嘲笑して喧嘩するなど喧嘩口論、賭博が絶えなかった。[85]歩兵各隊に配属されていた軍役志願者六〇名のうち、その三分の一にあたる二〇名内外が犯罪のために免役となったともいわれている。[86]逃亡、喧嘩、賭博などの事件が多発したため、その対策として、軍役志願者の資格制限を一段と厳しくし、入営後も軽罪以上の処刑を受けたものは命令を以て解役する処置がとられた。[87]だが免役や解役にされた者が、帰郷して入営の妨げとなる言いふらしをするなど、[88]さらに問題が深刻化した。台湾守備歩兵第五大隊第一中隊の林四才が謀殺事件で軍法会議で死刑判決を受けるにいたると、[89]深刻な事態はピークに達した。

軍の不満は強く、ときとして陸軍参謀が直接、庁長会議に出席して軍役志願者の募集人物について種々注文し、各庁は街庄長を集めて各管内の壮丁に勧誘するよう働きかけた。だが、それでも軍の注文どおりの人物を得ることは困難で、地域によっては募集定員に満たないところも続出した。[90]軍役志願者に人が集まらない原因として、抗日ゲリラ戦に直ちに従事させられるとの流言が広まり壮丁の多くが恐怖をいだいたためとか、教育や資産がある者は巡査を志願する傾向があり、巡査補の方が身体の拘束が少なく、又報酬も多額で、住居地付近で勤務でき家族と共に生活できることにあったともいわれる。さらに、軍隊生活に慣れない軍役志願者が厳格な規則の束縛に耐えられないことも理由として挙げられた。

むろん、こうした軍役志願者がおこす問題のほかに、教育の任にあたる日本人士官、下士にも問題がないとはいえなかった。台湾守備隊に派遣される将校は、台湾在勤中に勤務満限となる「老朽士官」が人選され、戸山学校で将校教育を受けなかった特務曹長出身者が多く、兵卒にいたっては重軽禁錮処分を受けた者が多く含まれていたように、台湾への派遣は「劣等」のものが選抜されることが多かった。これについては、陸軍大臣が師団長会議でしばしば注意していたが、それでもなかなか改善されなかった。このほかにも、下士以下の台湾在勤年数が一年になったことで、[91]軍役志願者の教育の任に当たる者がしばしば交代したことも要因にあげられる。

軍が下した最終的な決断は、一九〇三年七月に軍務局から提出された「台湾陸軍諸部隊編制改正理由」の中に見られる。それには、「軍役志願者ハ戦列兵トシテハ固ヨリ完全ナラス。又雑役ニ服スルコトハ、彼等之ニ甘ンセサルノ傾向ヲ生セリ。而ルニ彼等ノ身分ハ概シテ土人中ノ品位劣等ナル者ナルヲ以テ、延ヒテ我兵卒ノ品位モ彼等ト同類ノモノナルカ如ク、一般土人ニ観察セシムルニ至ラバ、他日台湾ニ義務兵制度ヲ施行スルノ障害トナルノ患アリ。故ニ之ヲ廃止スルヲ要ス。以下、騎、砲、工兵隊皆之ニ準ス。」とある(92)。

これが軍役志願制度の廃止理由であった。つまり軍役志願者が戦闘兵として「完全」でないこと、また雑役としてはかれらがそれに甘んじないこと、さらには軍役志願希望者が「品位劣等」であるため、台湾人の日本兵への見方にも悪影響がでる。そうした悪影響は将来に施行するかもしれない徴兵制度に支障をきたす、としているのである。

児玉台湾総督にいたっては、一九〇〇年一一月の時点で、「内地ノ兵ヲ以テ台湾ヲ守備スルハ少クモ二十年乃至五十年ハ尚ホ継続セラレヘシ。台湾ノ兵備組織等ニハ未タ根拠ナキカ如シ、此根拠ヲ定ムルハ向後長年ノ後ナルヘシ(93)」と将校に語っている。第三期生の募集が不調に終わった頃の発言であるが、児玉は中央の決断よりかなり早い時点で植民地兵士養成の見切りをつけていたと考えられる。

では、こうした軍役志願者を通じて、台湾では植民地人民に兵役義務を課すということをどうみていたのか。軍役志願者の「取扱ひ振りが旧政府時代の傭兵的にもあらず、去りとて又国民兵役義務的にもあらず、半義務半傭兵の姿なるを以て実際兵営内の起居に適せざるは陸軍部内に於ても否定せざる向きもあると、地元の新聞は軍の動向を報道している(94)。

また、軍の内部では、「一部の人士中には台湾土人の壮丁にして徴兵適齢に達せるものには現行徴兵令を斟酌して兵役義務に服従せしむべしと唱ふるものあり」とした上で、「政府に於ても之に関し種々欧米各国の占領地に於ける先例と台湾の情態とに鑑みて研究を遂げつつあるも、当分台湾土人徴兵問題は見込みなく、一言にして云へば台湾人は未だ兵丁服従の観念及び其資格に於て具備し居らざれば今後教育の効果に俟ちたる後はイザ知らず、今の所耳を仮すの価値なき架空談なりと陸軍当局者は言明せり」と報じられている(95)。

おわりに

外敵からの防衛と抗日ゲリラの掃討を目的とした台湾守備隊は、北海道をのぞいた日本全国の師団から派遣された日本人徴集兵で構成されていた。だが、抗日ゲリラとの戦争によってその兵力の増大が余儀なくされると、不足兵力を補塡するために、植民地兵の採用に踏みきる必要に迫られた。

こうして、植民地人民への募集が始まり、その採用者数の合計は、一八九七、一八九九、一九〇〇、一九〇一、一九〇二年の各期を合わせると中途採用を除けば一一三六名にのぼった。

第一期生（一八九七年）では、平埔族を中心とする民族部隊の編成が企図された。だが陸軍中央からの掣肘によって、その規模は大幅に縮小された。第二、三期生は漢民族を駐屯軍の雑役、輜重として養成する試行がなされた。第四、五期生は漢民族を、日本人兵卒とかわらないような歩兵として養成する試みがなされた。これらの試行錯誤は、兵士としての良否や兵種としての適否が「民族」ごとに精査された点に特徴が求められる。

植民地人民を兵士として養成する試みの底流には、乃木であれ、児玉であれ、「必任義務兵役ニ誘導セントスル」強い願望が流れていた。かれら台湾総督は、ゆく末は植民地の防衛を植民地人民が担うことを願っていたからであった。また、抗日ゲリラとの戦闘現場にいた将校は、植民地兵の働きを比較的高く評価しているように、植民地兵士による植民地防衛を肯定的にとらえていた。

だが、第一期生は児玉総督によって平埔族を中心とする民族部隊構想が否定されて解散した。第二、三期生は勤務内容への不満が、募集難、服役忌避、逃亡を誘発した。第四、五期生は、兵卒としての「心性ノ修養」を求められたが、身分的には軍属であり兵士としてのステータスは依然として与えられなかった。求められるものと置かれた現実とのギャップははなはだしく、その不満も想像して余りない。また、多数の日本人兵士集団のなかに囲まれる緊張からくるストレスも、逃亡や喧嘩の原因となったと思われる。いずれにしても徴兵への射程を入れて施策を進めれば進めるほど、将来の徴兵が展望できなくなるほどの危機的状況に陥っていくのである。

たしかに、護郷兵構想には平埔族の一部から呼応するものがあった。これは三節でみたように、長年にわたって漢民族との闘争にしのぎを削っていた平埔族が、漢民族に対抗する手段として日本軍に接近したことと考えられる。だが、この構想は台湾総督によって幕が引かれた。

第二期生（一八九九年）以降における漢民族を植民地兵士として養成する試みの失敗は、根源的には採用条件に大きな魅力がなかったことに起因する。もともとコスト削減をはかるための措置であることから、おのずと給与は小額であったし、警察巡査補などと比べても勤務条件もよくなかった。つまり傭兵としては、雇用条件としての魅力が欠けていたのである。

また、兵としてのステータスが付与されていないことも、致命的欠陥だった。軍属身分では、日本軍が望んだ「喜ンテ役ニ服」すような精神は望むべくもなかった。軍が「志願」と呼ぼうとも、憲法第二〇条で義務兵役を負担しなければならない日本人の「志願」とは、含まれる意味がまったく異なっていたからである。明治憲法における兵役義務は、まがりなりにも「臣民」としての権利をふまえてのものだったが、植民地における軍役は、権利義務とは無縁のものであった。その志願の実態は、**四**節でみたように、役人や地域の名望家から強く勧誘されてのものだった。

以上のように、陸軍が最初の植民地で試行した植民地人民の兵士養成は失敗に終わった。その失敗は、これから長く陸軍内部で語り継がれ、のちの兵役法審議のさいの植民地兵役義務負荷尚早論の根拠となり、植民地が「国民皆兵」システムから切り離される存在となるほど、植民地兵役制度に大きな影響を与えた。

（1）戦前における専論としては、鷲巣敦哉「本島民兵役志願制度の回顧」（『台湾地方行政』第四巻三号、一九三八年三月）が挙げられる。鷲巣は、朝鮮に陸軍特別志願兵令が公布された直後にこれを発表している。その論旨は、「兵役志願を為すことを認めた」制度は台湾においては「実験済み」であって「忌憚なく申せば、完全に××（失敗か）してる」るとし、特別志願兵制度を「直に真似をすべき性質のものではない」と結論づけている。

（2）宮田節子『朝鮮民衆と「皇民化」政策』未来社、一九八五年、拙著『総力戦と台湾……日本植民地崩壊の研究』刀水書房、一九九六年

（3）「台湾守備隊編制要領及要員」陸軍省「弐大日記」M二九―四

（4）「軍功ニ対スル臨時行賞方ノ件」陸軍省「密大日記」M三〇―一

（5）「地方長官会議席上乃木総督の訓示」一八九六年一二月二日

（6）「台湾総督府陸軍幕僚歴史草案」（復刻版、携幼出版社、一九九一年、以下「草案」と略）四四九頁

(7)「草案」四八二、四八三頁
(8)『東京朝日新聞』一八九七年、七月九日
(9) 明石の「台湾島視察意見」は村田保定編『明石大将　越南日記』日光書院、一九四四年に収録されている。これは陸軍に提出された意見書の下書きと考えられるが、意見書そのものは陸軍省日記などからは確認できなかった。だが、ここに示された護郷兵構想は、台湾総督府陸軍局の構想と極めて類似する点など、台湾側と何らかの連絡があったことは疑いない。
(10)「草案」四六三～四六四頁
(11)「草案」四九八頁
(12)「草案」四七八～四八六頁
(13)「草案」五一〇頁
(14)『大路水野遵先生』大路会事務局発行、一九三〇年
(15)『読売新聞』一八九七年三月二二日
(16)『東京朝日新聞』一八九七年五月一九日、『読売新聞』同二六日
(17)『東京朝日新聞』一八九七年六月二〇日
(18)『東京朝日新聞』一八九七年七月一一日
(19)『台湾新報』一八九七年七月二九日
(20)『東京朝日新聞』一八九七年八月五日
(21)『読売新聞』一八九七年五月二六日
(22)『東京朝日新聞』一八九七年七月六日
(23)『東京朝日新聞』一八九七年七月三〇日
(24)『貴族院委員会速記録』六、東京大学出版会、一九八六年

(25)「土民兵幹部命課之件」「密大日記」M三〇―二
(26)『東京朝日新聞』一八九七年一〇月三一日
(27)「土民軍事訓練に関する乃木総督の内訓」一八九七年九月二一日
(28) このときの調査では「種族」も調査の対象となり、台湾全域で「熟蕃」人は四万六四三二人と数えられている。これは「本島人」のなかの一・五六％にあたる。ちなみに、この「種族」の区分は上位に「内地人」「外国人」と並んで「本島人」が位置し、その「本島人」の下位に「漢人」「熟蕃」「生蕃」が区分されている。「漢人」には「福建」「広東」「其他」が区分され、「福建」は「本島人」の八三・八四％、「広東」は同じく一三・三六％、「其外」が〇・〇二％であった。ただ、「生蕃」については「蕃界」はほとんど調査が及んでいないので正確な数値を期待することはできず、そのことが「種族」間の比較をさまたげる隘路ともなっている。
(29) 伊能嘉矩『台湾文化志』中巻八四四頁、下巻八八〇頁
(30) 伊能嘉矩『台湾蕃政志』台湾総督府民政部殖産局、一九〇四年、二九二～五頁
(31) 前掲『台湾文化志』下巻八八一頁
(32) 笹森儀助『台湾視察論　台湾視察日記』（一八九六年）には、台中県の役人であった田代彦太郎と鮫島喜造が埔里社へ出張したときの三月二二日付の復命書が抜粋されている。
(33) 鈴木満男『〝漢蕃〟合成家族の形成と展開……近代初期における台湾辺境の政治人類学的研究』（東京大学博士論文、一九八八年）は、「漢番関係史」として勉強になり、「埔里の役」を考える上で大いに参考になった。だが、「民軍」の概念には賛成できなかった。隘勇や郷勇などから対日協力者が輩出するように、やはり日清戦争以降から一九一〇年代までは、日本軍と対抗した武装勢力はやはり「抗日ゲリラ」という表現が適当ではないだろうか。
(34) 前掲『〝漢蕃〟合成家族の形成と展開』一九三頁
(35) 同上　一九五頁

(36)「草案」三七五頁
(37)『台湾総督府警察沿革史』Ⅱ、一九三八年、三七九頁
(38) 前掲　鈴木書　一九四頁
(39)「石塚大尉辱職罪判決具申ノ件」「弍大日記」M三〇―一九
(40) 前掲　鈴木書　二〇二頁
(41) 軍務局は民政局に徴募の協力を求め、三地域の地方行政官を募集委員に任命するように依頼した。その結果、宜蘭では委員に書記官の服部譲、書記には属の財満武雄、同じく埔里社では書記官の相浦丈一郎、属の佐賀鉄次郎、台東では書記官の中村雄助、属の本多虎治が任命された。台湾総督府「公文類纂」、一八九七年追加永久「護郷兵募集方内訓及其他一件書」
(42) 埔里社護郷兵徴募委員長の報告書による。ただし中央に発した乃木の報告書では、壮丁の合計を一八六三人としている。この相違は南角堡の壮丁数の数値をめぐる食い違いである。
(43)「草案」四八四頁
(44)「草案」六六一～六六二頁
(45) 前年には総督府民政局殖産部技師の田代安定が台東に調査出張し、台東の徴募地域にあたる住民が先住民の「卑南蕃」であり、戸数、人口数まで記載している。この報告は「台東殖民地予察報文」として乃木総督にあてられている。ただ、田代安定の報告書が指摘しているように、台東近辺の先住民は平地に居住しているので「平地蕃」と呼ばれることもあったが、それを誤解して「平埔蕃」と記すものがいたというので、乃木もそのような誤解をしていたのかもしれない。田代安定『台東殖民地予察報文』台湾総督府民政部、一九〇〇年、一三三頁
(46)「草案」三四〇頁
(47)「卑南護郷兵の事」『台湾日日新報』一八九八年二月二七日
(48)『東京朝日新聞』一八九七年五月二七日

(49)「埔里社護郷兵国語教授課程表」一八九八年「公文類纂」乙種永久第一〇門軍事雑
(50)「台東護郷兵ニ国語伝習開始」一八九八年「公文類纂」乙種永久第一〇門軍事雑
(51)「埔里社軍役壮丁実地服務情況」「草案」九一六～九一七頁
(52)「軍役壮丁ニ関スル歩兵第四大隊長ノ所見報告」「草案」八六〇～八六二頁
(53)「草案」八三〇頁
(54)「草案」九三四～九三五頁
(55)「草案」九九九～一〇〇〇頁
(56)「草案」一〇〇四頁
(57)「貴族院委員会速記録」一三、東京大学出版会、一九八六年
(58)『台湾総督府警察沿革誌』I、三八七頁
(59)『台湾総督府事務成績提要』一八九九年度、六三頁
(60)「護郷兵募集ノ件」「弐大日記」M三一―一五
(61)「台湾土着ノ住民中軍役志願者ヲ傭役ノ件」「弐大日記」M三一―五
(62)「軍役ニ従事セシムル件ニ関シ軍役壮丁概則」、「公文類纂」永久乙種一八九八年
(63)『後藤新平伝』上、太平洋協会出版部、一九四三年、一一六～一二五頁
(64)一八九八年六月五日「児玉総督の施政方針訓示」『詔勅・令旨・諭告・訓達』台湾総督府警務局、一九四一年、四〇頁
(65)「草案」八〇四～八〇五頁
(66)「台湾守備隊編制改正理由書」「密大日記」M三一―一
(67)『台湾日日新報』一八九九年一〇月三一日
(68)『台湾日日新報』一八九九年一二月九日

(69)「草案」一〇四二頁
(70) 第二期生が少数で分散されて自宅近辺の部隊に配属されたため、かれらは自宅もしくは貸し与えられた家屋から通勤していた。『台湾日日新報』一八九九年一二月二六日
(71)『台湾日日新報』一八九九年一〇月二八日。漢文欄には、「此次軍役之選将使当台湾警備重任為一種之志願兵有名誉者」とある
(72)『台湾日日新報』一八九九年一〇月一五日
(73)『台湾日日新報』一八九九年一二月二六日
(74)『台湾日日新報』一九〇〇年五月三〇日
(75)『台湾日日新報』一九〇〇年一〇月五日
(76)『台湾日日新報』一九〇〇年一〇月二三日
(77)「後藤新平文書」マイクロフィルム第三〇、「匪徒鎮圧費予算及決算」所収
(78)「軍役志願者検閲成績」『台湾日日新報』一九〇二年五月一八日
(79)「志願者の学術程度」『台湾日日新報』一九〇一年一二月五日
(80)『台湾日日新報』一九〇一年七月一〇日
(81)「軍役志願者の演習成績」『台湾日日新報』一九〇三年二月三日
(82)「草案」一四四頁
(83)『台湾日日新報』一九〇一年一二月二四日
(84)「草案」一六〇九頁
(85)『台湾日日新報』一九〇二年二月四日
(86)「軍役志願者の犯罪免役」『台湾日日新報』一九〇二年四月一三日
(87)「軍役志願者取扱の改正」『台湾日日新報』一九〇三年八月六日

(88)「本年の軍役志願者募集」『台湾日日新報』一九〇三年八月六日
(89)「元軍役志願者林四才死刑判決具申ノ件」「弐大日記」M三七―一五
(90)「軍役志願者の募集期」『台湾日日新報』一九〇二年八月一三日
(91) 陸軍省大日記「陸軍省雑」M三二―一三
(92)「台湾諸部隊編制改正の件」「密大日記」M三六―三、軍務局軍事課が起案し、陸軍大臣が裁可したが定員縮小に反対であった参謀部長が難色を示したため未決になった。
(93)「草案」一一七九頁
(94)「軍役志願者の募集期」『台湾日日新報』一九〇二年八月一三日
(95)「台湾人と徴兵問題」『読売新聞』一九〇六年五月一二日

植民地の法と慣習

台湾社会の女児取引をめぐる諸問題

洪 郁 如

はじめに

植民者にとってその地の「旧慣」は、かならずしも一元的な存在ではなかった。統治基盤の確立というもっとも緊要な第一義的課題にかかわる類のものがあれば、それ以外の副次的な重要性しかない「旧慣」もあった。つまり「旧慣」の中にも短期間に対応すべきものと、とりあえずは改変せずに放置しても構わないものとの間に、序列は存在した。従来の研究において指摘されてきたように、数多くの慣習の中でも、政策上もっとも急を要し、かつ深刻な問題となったのは、阿片と土地所有に関する旧慣であった。この二つは、漢族系を中心とする台湾人の人心掌握、および総督府の財政基盤の確立という課題に深く結びついており、慎重な対応が必要であった。それ故に、学界でも両者に照準を合わせた研究成果が多く蓄積されてきた(1)。

こうした状況にも関連するが、旧慣問題にかかわる先行研究は、植民統治政策史の側面から問題を捉えるものが多く、台湾社会史の視角から「旧慣」の変容を扱うものは少ない。台湾人の生活日常に深く関わっていながら、いわば当時の政治的経済的観点からは重視されていなかったような慣習に対しては、如何なる法の管理体制が用意されていたのだろうか。また植民政府側の対応は、当該社会にどのような影響をもたらしたのか。後者に属するような慣習を考察することを通じて、植民地の法と慣習の関係性、およびその特徴を新たな視角から浮き彫りにすることが可能であると考える。

上述のような問題意識に基づき、本論文は養女・媳婦仔《シンプア》・査某嫺《ツァボガン》を含む女児取引の慣習を研究対象としてとりあげる。こうした「女児取引の慣習」にテーマを限定する理由であるが、売られたり、貰われたりする養女・媳婦仔・査某嫺にあたる女性は、台湾社会の庶民層においては、中国の南方に比較してもさらに普遍的な存在であった。ここから、植民地台湾の家族形態を理解するためにも、そして庶民層が如何なる法的環境に置かれていたかを究明するためにも、女児取引慣習の変容は極めて重要な手がかりを与えてくれると思われるのである。

一　養女・媳婦仔・査某嫺の内容と特徴

1　台湾における「養女・媳婦仔・査某嫺」の特徴と比較

近代台湾社会の①養女、②媳婦仔、③査某嫺の定義・区分の問題は、植民地研究を専門とする研究者によってしばしば提起されている。字義通りにみれば、まず①養女は養子縁組によって子となった女子であり、②媳婦仔（表1）は中国研究や東洋史研究ではよく知られている「童養媳」、つまり息子の嫁にするために幼いときからもらったり、買ったりして育てた女子のことであり、③査某嫺（表2）は中国大陸では「婢女」と言い、下女のことである。

しかし台湾では、三者の境界線は必ずしも明確なものではなかった。『台湾私法』の記載によれば、台湾では女子の収養（もらって育てること）は、三つの様相を呈していた。

表1　媳婦仔（養媳）の定義と比較

<table>
<tr><td>名　称</td><td colspan="3">媳婦仔（閩族の通俗語）、養媳（法律用語）、小媳婦（粤族の通俗語）、または過門童養之媳、略して童養媳、童媳、幼媳、苗媳</td></tr>
<tr><td>字　義</td><td colspan="3">媳＝子の妻
養媳＝子の妻を養う。（嫁の雛）</td></tr>
<tr><td rowspan="2">養媳と養女の区別</td><td>養　媳</td><td colspan="2">養　女</td></tr>
<tr><td>①将来家男の妻となる目的を有する。
②将来その夫たるべき者が定まっていること、姓を異にすることが必要。
③将来夫となる相手とは、結婚した男女の一方が他方の親族に対するのと同一の親族関係を生じ、従って養媳の父母と夫となる男性とは岳父母（義父母）と女婿の関係を生じる。
④本姓を維持してその上に養家の姓即ち夫姓を冠する。</td><td colspan="2">①単に家女として養う。
②夫となるべき者は定まらず、かつ養家と姓を異にすることを必要としない。
③養者と親子の関係あり、養者の男子即ち家男とは兄弟姉妹の関係が生ずる。
④本姓を棄てて養家の姓を名乗る。（北部台湾および澎湖島に於いては養媳と養女との区別は不明瞭で、異姓の幼女はすべてこれを媳婦仔と称し、元々の姓を維持する）</td></tr>
<tr><td>起　源</td><td>清朝の康熙年間、中国本土において初めて起こったもの。正当の嫁娶を為すには莫大の費用を要するので、その経済的負担を軽減する目的を以て、他人の幼女を抱養し、後日簡易の婚姻を為さんが為であった。清朝時期に台湾に伝来し慣習となった。</td><td colspan="2"></td></tr>
<tr><td rowspan="4">清の条例及び刑案における養媳の三要件</td><td></td><td>中国大陸</td><td>台　湾</td></tr>
<tr><td>①養家に将来その夫となるべき男子があること</td><td>○</td><td>×</td></tr>
<tr><td>②その夫となるべき男と姓を異にすること</td><td>○</td><td>○</td></tr>
<tr><td>③既に男家に養入されていること</td><td>○</td><td>○</td></tr>
</table>

出所：『台湾私法　第二巻下』臨時台湾旧慣調査会、1911年、413-416頁；杵淵義房『台湾社会事業史』徳友会、1940年、494-495頁により筆者作成。

表2　査某嫺の比較

	中国大陸（婢）	台湾（査某嫺）	備　　考
発　生	買断のほか、犯罪、家生（その子孫）など。清律では特殊の場合を除いて、庶民は既に奴婢であるもの以外は、新たに良人の子女を奴婢と為すことを禁じている。	主に買断。	
買断の手続き	条例の定める所に従ってこれを官に届け、その官印を契字に受ける手続きを要する。	売り主において契字を作製し、これを身価銀と引き換えに買い主に交付。手続きは比較的に簡単。	
解　放	解放せられなければ永久に奴婢、解放も法令の規定以外は妄りに之を為すことができない。	法規上の束縛を受けることなく、家長は何時でも自由に之を解放することができる。台湾では査某嫺となる事が容易。その贖身もまた容易で、一旦贖身したときには、直ちにその身分は解放され普通の良人と結婚できる。贖身の手続きは一般に所生の父母または兄弟からか、若しくは娶って妻と為さんと欲する将来の夫から持ち出され、家長がこれを承諾すれば実行。	
身分継承の有無	本人のみならず、その子孫もまた永久に奴婢である事が原則。	その身分を子孫に及ぼさない。ただし婚姻せず、私通によって出産するときには、その子を特に査某嫺子と称して一般に軽蔑され、財産分配でも劣位に置かれる。台湾では大陸と異なり、私生児は原則的にその母に帰属するが、実際には直ちに売断され螟蛉子、養媳、養女などとなり、その身価銀は家長に帰属。もしその家長に男子がない場合には、稀にその螟蛉子となることもある。	台湾では査某嫺は事実上家長の妾となることが多い。家長と私通して出産した子は、慣例上家長の子となる。之を嫡出（正妻の子）および庶出（妾＝慣習により一定の婚姻儀式を行い、正式に認められた第二、第三夫人など＝の子）と区別して嫐出（査某嫺との私通による子）と称し、劣位に置かれる。昭和15年前後には普通の私生児と区別せず、ほかの嫡出および庶出の子と同様の財産分配に与るようになった。

出所：杵淵義房『台湾社会事業史』徳友会、1940年、623-624頁により筆者作成

一　異姓ノ女ヲ養入スルトキニ養媳トスルカ養女トスルカヲ声明セズ他日成長ノ後ニ其性行ヲ見テ或ハ媳婦トシテ家男ニ配シ或ハ養女トシテ出嫁又ハ招婚セシムルモノアリ

二　又初養女トシ入レタル者ヲ後ニ至リ変シテ媳婦トシテ家男ニ配シ（一部ノ人士ニ於テハ既ニ兄弟姉妹ノ名分定ル上ハ相婚セシムルコトヲ得スト為セリ）或ハ其反対ニ養媳トシテ入レタル者ヲ変シテ養女ト為シ出嫁又ハ招婚セシムルモノアリ

三　北部ノ閩族及澎湖島ニ於テハ異姓ノ少女ハ其夫タルヘキ者ノ定リタルト否トヲ論セス皆之ヲ養媳ト為シ或ハ家男ニ配シ或ハ出嫁招婚セシムルモノアリ従テ観念上ニ於テ両者ノ間ニ判然タル区別アルモ実際ニ於テハ之ヲ識別スルコト困難ナル場合アルノミナラス之ヲ表示スル言語モ亦屡混用セラル、コトアリ(2)

以上をまとめてみるなら、第一に、異姓の女子を収養するとき、その身分は媳婦仔か養女かについて最初から決定するのではなく、その成長の過程で女子の品性（性格と日ごろの行動）を見て決めるという点である。嫁として家の男子と結婚させるか、あるいは養女として嫁に行かせたり、婿を取ったりすることもある。第二に、媳婦仔と養女の身分は相互に変更可能である点。つまり養女を媳婦仔に変更したり、また媳婦仔を養女に変更し、養女の慣習にしたがい、嫁に行かせたり婿をとることも可能である。第三に、台湾北部にある大陸漳泉出身の移民、および澎湖島などの地域では、異姓の女子を収養する際、「有頭対」（養家に夫となる男子が定められているもの）か「無頭対」（夫となる男子が未定のもの）かを問わず、養女あるいは媳婦仔としての収養は一律に「媳婦仔」と称する。家の男子と婚姻させるか、嫁に行かせたり、婿をとったりするかは、成長して後、情況を見てから決める。そのほか、養女あるいは媳婦仔の収養という名目における下女（査某嫺）の人身売買も、上述した字義通りの収養と混じり合い、頻繁に行われたのである。

以上から分かるように、台湾社会の文脈では、上述の養女、媳婦仔、査某嫺の三つの身分を、それぞれ独立した身分として理解することは適切ではない。清朝時代から三者の境界線は曖昧であり、呼称までも混用される事態が続いていた。「女児をもらって育てる」行為自体に絡む取引内容は、今日的意味のいずれの語彙にも収まり切らないものであるが、ここでは三者を「もらって（または買って）育てる娘」という共通項において確認した。

2　清朝政府の対応

こうした女児取引の慣習に対し、清朝政府は基本的に容認する姿勢を採っていた。光緒初（一八七五）年、閩浙総督何璟および福建巡撫兼台湾学政葆亨は「戒俗八条示冊」を定め、台湾・福建地方で公布した。「溺女宜禁也」の条文には、次のように示されていた。

「如し女は心外に向ふと謂はゞ、贅婿門に在り、転々其奉侍を資くべし、即ち然らざるも、童養媳家に寄らば、もと未だ人口を増多せず、婢妾大戸に鬻がば、少しく貲財を獲る無からず、何ぞ天倫を蔑絶し、骨肉を残傷するに至るや、用て特に勧喩す(3)」。

こうした条文が必要であったことの社会的背景としては、当時の福建地方での、女児が生まれたときに溺死させる風習があった。嘉慶より道光咸豊年間の頃に至り、この風習は移民とともに台湾に運び込まれた。女児を間引きすることの原因はさまざまで、貧困な家庭においては、多くの子供を養育できないという経済状況の下で、男児よりも女児が先に犠牲となったこと、また富家においては、下女が子供を持つ場合は仕事の障碍となること、あるいは私生児の場合は家族の不名誉となるため、それが女児であれば多くは死の運命を逃れることはできなかった。このほか、将来必要となるであろう結婚費用を節約するために間引きが行われることも少なくなかった。だが行政側にとってみれば、女児を溺死させるよりも、媳婦仔か査某嫺として他家に出させる方が合理的である。つまり媳婦仔として活かせば、その家の家庭人口は増えることもないし、査某嫺として売れば家庭経済の面でも一助になるという論理であった。

女児取引の慣習に関し、清朝政府が干渉しようとしたのは、査某嫺（婢女）禁固の禁止においてであった。前引の「戒俗八条示冊」の中では、「錮婢宜禁也」の一条が設けられていた。「閩俗好みて婢女を蓄ふ、素封大戸は論無きのみ、即ち衣食僅に足るの家も、亦必ず一二の使女あり、以て力役を資く、年既に長成するも婚配を為さず、日に外に出でゝ物件を市買し、一切奔走饋問の労に与り、其遊行を恣にせしめ、管束を加へず、有孕に至るに及び、陽に聞く無きが如く、分娩の時に於て、其生む所の使女あり棄てしめて、己の子女を乳哺せしむ、名づけて奶子頭（奶丫頭の誤植）といふ、延きて中年に至りて、始めて出売を行ふ者あり、終身を錮閉し、竟に遣嫁せざる者あり」[4]。一生のあいだ禁錮することを禁止し、成年の査某嫺を結婚させるべきことを明記した。清朝時代、査某嫺の禁錮に関連する禁令は度々出されていることから、台湾ではそれが普遍性をもつ習俗であったことが知られる。

養女や媳婦仔を名目に掲げた人身売買に関する規制は、管見の限り、以下に引用された光緒三年の諭告のみである。これは福建巡撫丁日昌が地方官に発した諭告であり、当時台湾北部に赴任した淡水同知がこれをうけ、淡水庁下に公布したものであった。つまり「今後、一八歳以上の婢女（査某嫺）については、その長年の労働に免じ、早期に嫁に行かせるべきである。陋習に拘り、長年禁錮すべきではない。また偽りに抱養苗媳の名を用いて、成人しても配偶者を与えず、強制的に娼婦にしようとしてはならない。敢えて違反するものがあれば、本部院の訪聞によるものであれ、告発によるものであれ、例に従い、罪を定める。（前者については、不応重律の杖八十を課する。後者については首脳は光棍令に則し処決すること。従犯は流刑で雲南、貴州、両広など煙瘴の地へ送り兵営で苦役につかせる）。決して寛大な処置は行わない。婢女（査某嫺）を結婚させ、財礼は官に帰す」（光緒三［一八七七］年五月二八日）(5)。主として査某嫺を結婚させること、および違反する者への懲罰を明示したものである。

媳婦仔、養女、査某嫺、または営利のための人身売買などのさまざまな目的は、他家の娘をもらうという単純なことを通してそれぞれに満足させることができた。このような習俗が存在できたのは、国家の社会への管理が比較的緩やかであったことの反映に他ならない。移民社会における清朝の公権力に即して言えば、諭告を民衆社会に均質に伝達すること、法律を確実に実行し、禁令に反する行為を把握・摘発し、懲罰を与えることのできる統治能力が保証されているとは言い難い状況にあった。

二　植民地法制度下の管理

こうした習俗は、日本の植民地統治下にあってはどのような処遇を受けたのだろうか。植民地を法の管理下に置くにあたり、植民地政府は媳婦仔、養女、査某嫺関連の慣習を、旧慣調査事業の一環として家族制度調査の対象に含めた。大勢の法学者と民俗・人類学者により、女児取引の慣習に対する知識が大量に蓄積されることになった。留意したいのは、媳婦仔、養女、査某嫺関連の慣習に対する植民地政府の基本方針は、法に基づく社会の管理に主眼を置いたものだった点である。そこでの慣習認識の基準は、日本社会での「養女縁組」や「妻」などの既存概念であり、その認識の枠に対応する形で法的な分類区分が行われた。慣習そのものに対し、一体どの程度の公権力の介入が生じたかというと、基本的には戸籍登記および「慣習法」の確立の二つの領域に限定されていた。

さらにこうした措置は、必ずしも社会改革に結びつくものでもなかった。人身売買の有無、または公的規定が遵守されているか否かのチェック機能も伴うことはなく、それまでの社会慣習の根本を改変するようなものではなかった。

1　無頭対媳婦仔について

統治側に媳婦仔、養女、査某嫺関連の慣習に対処する必要性が生じたのは、全島人口を把握するために行われた戸口調査簿の登記をきっかけとしていた。戸口調査の実際における最も大きな問題は、媳婦仔と養女の区別、とりわけ夫を定めていない「無頭対」媳婦仔の扱いであった。当時の統治側による認識と指導方針が反映された重要な文書は、(1) 明治四三（一九一〇）年の民政長官より各庁長への通達「妻及媳婦仔ヲ戸口調査簿及同副簿ニ登記スル場合取扱方ノ件」（明治四三年一〇月民内第六九一五号）、(2) 大正五（一九一六）年の警察本署長から各庁長に宛てた通牒「夫未定ノ媳婦仔取扱ニ関スル件」（大正五年一二月本保第一八〇八号）[6]、および(3) 大正一四年八月四日高等法院上告部判決（大正一四年上民第百二号大正一四年八月四日判決）[7]の三つである。主要な争点となった「無頭対」媳婦仔の定義と処理法の変遷については、それぞれ次のように整理できる。

(1) 媳婦仔という馴染みのない身分を如何に理解するかといえば、「妻」と「養女」という日本社会での既存カテゴリーの中間に置いていた。行政側の立場としては、「媳婦仔」か普通の「養女」かの登記を正確かつスムーズに行うために、便宜的にであれ、とにかく明確に区別しようとしたのであった。同通達に添付された解説は、「養女ト媳婦仔ノ区別ヲ明ニシ、決シテ混淆スルコトナキヲ要ス。養女ハ其ノ字ノ示ス如ク己ノ女トシテ養フモノヲ云ヒ、媳婦仔ハ己ノ子ノ将来ノ妻トシテ養フモノヲ云フ」といった峻別基準に立っている。旧慣上は両者の身分の流動性、地域による名称の混用はあるにせよ、登記事務上、明瞭な区分と統一的処理の必要性が強調された。つまり「事務ノ統一ヲ必要ト認メ候ニ付旧慣ノ存スルト否トニ係ラス」、通達どおりに執行しようという指示であった。いわゆる科学的な分類の原理では、カテゴリー間のグレーゾーンの存在は許されない。「養女」はその家の「準」娘の身分として認定されるのに対し、「媳婦仔」は「準」嫁の身分と見なされる。明治四三年の通達ではこのような認識枠に基づき、以下のような登記方法が指示された。

一　妻ヲ登記スルニハ其ノ実家ノ姓ニ夫ノ姓ヲ冠スヘキモノトス

二　媳婦仔ヲ登記スルニハ実家ノ姓ニ其ノ夫ト為スヘキ者ノ姓ヲ冠スヘキモノトス若シ其ノ夫ト為ルヘキ者ノ定マラサルトキハ単ニ実家ノ姓ニ従フヘキモノトス

三　養女（媳婦仔ヲ含マス）ヲ登記スルニハ実家ノ姓ヲ捨テ養家ノ姓ニ従フヘキモノトス

四　前項ニ関スル届書ハ総テ其ノ主意ニ依リ作製セシムヘキモノトス。故ニ二字姓ヲ冠スヘキモノ、実家ノ姓ニ依ルヘキモノ、又ハ姓ノ変更ヲ要スルモノハ区別ヲ明カニセシムヘシ。従来南部各庁ニ於テ散見スル養女中ニハ媳婦仔ヲ包含シ居ルモノ甚タ多キカ如シ、二者決シテ混淆スルヲ許サルヲ以テ、届書整理ノ際ハ特ニ留意シ誤リナキヲ要スまず第一に、普通の「妻」の概念は明白であり、問題にならなかった。当時の台湾では、既婚女性は実家の姓の前に嫁ぎ先の姓を加える習慣があったので、戸口登記はこれを襲用した。例えば「楊」家に嫁いだ「蔡」家の娘は、「楊蔡」という苗字になる。また第二に、養女の場合は他家の娘をもらい、自分の娘として育てるものと思われたので、養子縁組の概念に沿い、元の姓を捨て、養家の姓を名乗るべきと規定された。例えば「楊」家の養女になる「蔡」家の娘は、「蔡」を捨てて「楊」を名乗る。ここでは媳婦仔に注目したい。将来の結婚対象が定められた「有頭対」媳婦仔は、夫の姓を自分の姓の前に付け加える（上記の例では「楊蔡」）、いわば「妻」に準ずる登記となる。第三に、将来の結婚対象が決められないまま引き取られた「無頭対」媳婦仔の登記は、そのまま実家の姓を記載される。例えば「無頭対」媳婦仔として「楊」家に入った蔡さんの、戸口調査簿に登記される姓は「蔡」であった。

(2)　その結果、一部の地域では、他家の娘をもらい受ける際には、容認された「無頭対」媳婦仔の登記が「養女」に比較して大きな比率を占めることになった。大正五年、台南庁長は警察本署長に「当庁下阿公店支庁以南即チ元鳳山庁管内タリシ各支庁ニ於テハ当初夫トナルヘキ男子ナクシテ媳婦仔ヲ認メタル結果現今ニ於テモ男子ナキ媳婦仔ノ届出甚タ多キ状態ニ有之候如此ハ全然認メサルコトニ改ムヘキヤ若シ認メサルコトニ改ムトセハ已ニ登記セラレタルモノハ之カ訂正ヲ為サシムヘキヤ」という内容の照会文書を送り、指示を求めた。これに対して警察本署長は「夫未定ノ媳婦仔取扱ニ関スル件」という通牒をもって、「夫未定ノ媳婦仔取扱方ニ関シ照会ノ趣了承本件ハ貴見ノ通全然之ヲ認メサルコトニ取扱相成度尚既登記ノ分ハ殊更ニ訂正ノ必要無之候」という回答を行った。文書は台南庁長以外の各庁長に宛て同様に発送された。この回答により、それまでの夫未定、いわゆる「無頭対」媳婦仔の新規登記は認められないとする行政姿勢を固めたのである。この転換により、民間側は夫未定の異姓女児の取引を行う際、戸籍登録上では新しい対応を迫られることになった。

戸籍整理事務の必要性に動機づけられた行政部門は、台湾人の家族関係における「媳婦仔」など女子の曖昧な地位の実態に、比較的早い段階で接触していた。ここに開示された登記方法は、行政命令に依拠するものであり、性格的には旧慣の尊重というよりも、日本人自身の家族認識を基準として分類を強行する色彩が強かった。とくに媳婦仔のようなグレーゾーンに対する処置をみれば、この点はいっそう明瞭であろう。

(3) 他方、司法部門が自身の見解を明確にした時期は比較的遅かった。大正一四年、高等法院上告部は、これまでの行政警察部門の見解に反した判決を行った。つまり「本島ノ慣習上媳婦仔ハ縁組当時其ノ夫トナルヘキ者ノ定マリタルト否トヲ論ゼズ将来ニ於テ必ズ子婦ト為サントスル目的ヲ以テ異姓ノ幼女ヲ養入シタルトキハ成婚ノ婦ト同ジク本姓ノ上ニ養家ノ姓ヲ冠シ養家ノ親族ニ対シ姻族関係ヲ生ズルモノニシテ養女ハ之ト異リ前叙ノ目的ヲ有セズ養家ノ姓ヲ冒シ養家ノ親族ニ対シ実子ト同一ノ親族関係ヲ生ズルヲ以テ二者全然別個ノ身分関係ヲ成立スルモノトス」。これは、夫となるべき男子の有無をもって、媳婦仔か養女かの登記基準とする前述(2)の処理方法を、事実上否認したものともいえよう。
ここでは植民地における行政部門と司法部門の立場の相違に注目したい。民事紛争を仲裁し、ある種の慣習法の確立を意図する司法部門は、以上の判決文から明らかなように、できるかぎり台湾人の慣習に寄り添う姿勢であった。杵淵義房によれば、この判例の解釈は、その後の法律界の定説となった(8)。しかし、大正一四年の判決後になっても、「無頭対」媳婦仔の登記を認める変化は見られず、夫が決められていない他家の女児を引き取る場合は、相変わらず「養女」として登録されていた(9)。行政警察部門と司法部門の見解はそれぞれの目的の下に、異なった立場を持っていたといえる。

2　查某嫺について

前述のように、查某嫺の慣習は人身売買の性質を帯び、売春問題と深く関連していたため、清朝政府はかねてからこれを問題視していた。だが、その諭告の内容を分析すればわかるように、清朝政府が禁止したのは、あくまでも查某嫺への虐待、売春業への関わりなどの查某嫺慣習の悪用であり、查某嫺慣習そのものではなかった。これに対し、日本植民政府は統治初期には清朝の方針を踏襲していたが、大正六年以降、查某嫺の慣習自体を認めない立場へと一変した。「無頭対」媳婦仔問題に比べれば、查某嫺慣習に対する行政部門と司法部門の両者は歩調を一致させていたように見える。

大正六年一一月七日の覆審法院による判決は、「他人ヲ以テ查某嫺トナシ終身拘束ヲ受ケシムルカ如キ合意ヲ為スモ其ノ合意ハ所謂公ノ秩序善良ノ風俗ニ反スル事項ヲ目的トスルモノニシテ無効ナリ」と、查某嫺の契約の有効性を否定した。

この判決を受け、翌年の一月には警察本署長から全島各庁長に対し、「大正六年一一月七日覆審法院ノ判決ニ依レハ他人ヲ以テ查某嫺トナシ終身拘束ヲ受ケシムルカ如キ合意ヲ為スモ其ノ合意ハ所謂公ノ秩序善良ノ風俗ニ反スル事項ヲ目的トスルモノニシテ無効ナリトノ判決有之候ニ付爾後查某嫺ニ関スル戸口上ノ届出ハ之ヲ受理セサルコトニ取扱相成度」と指示した。それに基づき戸口登記における查某嫺の新規登記を中止した。既登記分については、さらにその後の大正一〇年に「查某嫺ノ如ク終生人ノ自由ヲ制限スル身分関係ヲ成立セシムル所為ハ公序良俗ニ反スルカ故ニ本人ハ相当事由アル場合ニ於テハ何時ニテモ其身分関係ヨリ脱退スルコトヲ得ヘク戸主タルモノニ於テ之ヲ拒否シ得サルヤ言ヲ待タス」とする判決も出され、査某嫺という身分関係からの脱退を希望する本人の申し出が認められたのである。[10]

「無頭対」媳婦仔問題についての行政部門と司法部門の不一致が、査某嫺問題では見られなかったのはなぜであろうか。後者は前者とは異なり、公然たる人身売買の契約に基づくものである。虐待、売春などに絡み、清朝時代から問題視される度合いも高かった。司法と行政施策における人道的考慮がなされたという側面は当然無視できないが、そこには二〇世紀初頭以来の国際的な婦女売買禁止運動の高揚も関連していると考えられる。[11]婦女、児童の人身売買への関心を高めていた国際社会の潮流の中で、「文明国」としての体面を保つという側面もあったろう。

三　民衆社会の実態——人身売買と売春問題

引き続き、以上のような法規制を受けた民間社会の側の変化について検討してみたい。女児取り引きに関して確立された法制度と旧慣の相違点について簡単にまとめれば、①旧慣の中の「無頭対」媳婦仔を養女として登記することと、②査某嫺という身分の法的廃止の二点が挙げられる。このような登記様式に従った結果、確かに夫なき媳婦仔と査某嫺の二つの身分は、戸口調査簿などの公文書における新規登記を受理されなくなったが、これは決して慣習そのものが民間社会から消失したことを意味していない。

「養女」身分の背後にある人身売買の実態について、萬年宜重は次のように指摘している。「養家ハ生家ノ同意ナクシテ養子ヲ他ニ典売スルヲ得ス但シ財利ノ為ニスル養子ナルトキハ予メ縁組ノ契約書中ニ他日典売スルモ生家ニ於テ異議ナキ旨ヲ特記スルノ例アリ而シテ養女ハ実際ニ於テ婢女トナシ又ハ娼婦ト為ス等財利ヲ目的トナスモノ多シ」[12]。また杵淵義房も、査某嫺制度が形を変えて存在していた当時の状況について次のように述べる。「査某嫺制度は大正六年以降国法上認められないことになったけれども、経済的利害関係に根ざした所の強い根拠に因るものであるから、短時日の間に到底之を一掃することが出来るものでない。果せる哉該制度は養女、養媳、同居寄留人等の名目の下に、現今に於ても尚ほ暗黙の間に依然として実現されてゐる」[13]。

杵淵の言及した根源的要素としての「経済的利害関係」は、連温卿の一九四三年の文章の中でさらに詳しく論じられている。「甚しいところになると、媳婦とは家内的奴隷だと極言することが出来ないかも知れないが、その性質を帯びるやうな状態に変換しつつあるのだ。即ち商品の如く金銭で自由に〈買得〉することが出来ると同時に、利得－利潤さへあれば之れまた自由に手を放すことが出来る」[14]。そこに潜んだ深刻な社会問題は、なりよりも庶民層の貧困問題である。従来の民間社会における女児引き取りをめぐる金銭授受について、ここで聘金との関わりから説明しておきたい。

養女・媳婦仔・査某嫺を含む女児取引に共通する形式的要件としては、聘金（または身価銀）の収受を行うことが挙げられる。その中には名義通りの養女、媳婦仔を出すまたはもらう場合もあれば、実際上の人身売買もあった。将来のトラブルを防ぐために、いずれも「契字」＝契約を作成する。契約書には理由、聘金（または身価銀）の収受、条件などが詳細に記載される。

第一に、一般的にいえば、純粋な養女、媳婦仔の収養は、養家から女児の生家への謝礼という意味での金銭のやりとりは僅かである。もしも友人や親族間の場合は、全く聘金を取らず、契字または婚書（婚姻証明）を作成しない場合さえある。このような親しい間柄の場合は、生家が契字のなかで自分の娘との関係保持を希望するのが常である。すなわち他家に出した後の娘に対する発言権が大きいということである。

例えば明治三六年のある契字には以下のように記されている。「収入が乏しいため……聘礼は清銀二二大元平両に決め、即日全額を査収した。……養女に出して相手方の一族を継承するよう協議した。将来の婚姻についても一任する。但し娼妓にさせてはならない。もし娼妓にするならば、栄（親の名前）は聘銀を備え娘を買い戻すことができる。これに異議を唱えることはできない[15]」。「将来もし結婚する際には、慾（親の名前）に報告しなければならない。村内で慶事が行われる時には、両家が往来することもできる[16]」。

第二に、最初から女児を売り出す目的をもった取引は、聘金（この場合はほとんど身価銀と称す）は極めて高額であり、生家は娘に対する一切の権利を喪失し、親族関係、日常的付き合いも契約において一切禁止される。以下は明治三五年の契字である。「貧困にして借金の取り立てに耐え難く、食事にも事欠き、そのため……養女に出すこととなり、三方面の人士によって議定を行い、身価七三銀および中人銀を合わせ、計二百大圓に決める。即日全額を査収し、娘を買い手に引き渡し、その管理に任せる。娼妓となっても異議は唱えない。もしおとなしく従わず、買い手により他に転売されるとしても、親戚縁者とは無関係である。敢えて阻止したり異議を申して問題を起こしたりしない。この女子とは今後いっさい縁を切り、探し出して買い戻すことはしない[17]」。

聘金（または身価銀）の額とそれ以後の関係保持のチャンスとは、ほぼ反比例の関係を呈している。生家が経済的な理由などで相対的に高い金額を引き受ける場合には、契字で保留される娘に対する権利、親族関係保持の程度は限定されたものになる[18]。甚だしい場合は、生家と完全に断絶することも稀ではない。売春業者が養家として、直接貧困家庭と養女あるいは媳婦仔の縁組を結び、酌婦や娼妓を仕入れることも普遍的であった。

だが、前述した日本統治時期における登記規制と司法判決が、実際に民間社会に与えた影響は非常に限

影艶青彩妓名津基

影艶子文給女雀孔

影艶女美妓名隆基

影艶仙水花名里北

＊　写真説明：1930年代の台湾人芸者（台湾語では芸旦と称す）。その多くは養女または媳婦仔契約の形で売春業者に引き取られた。（『風月報』第45号、昭和12年７月15日）

定的なものであった。現実において貧困問題が続いている限り、女児取引の慣習は表向きの装いを変えるだけであり、消滅することはない。それよりも、法の隙間を知り、法に容認される範囲において変貌して生き残るのが、多くの植民地社会の「慣習」の実態であったろう。前引した連温卿は以下のように述べる。「この傾向（女児取引の慣習）が領台後になつてからますます怪奇な姿を以て現れた。査某嫺の慣習が法律で止められると、彼女らは媳婦として籍に入れられ、媳婦には必ず婚姻の相手がゐなければならない場合になると、彼女らはまた養女として籍に入れられたこともあった。最近では夫々合目的の条件が定められてゐるから、いづれも入籍することが出来ない。もし入籍の有無のみによって養女や媳婦の数を判断するならば、確かに減少してきたとの結論に到達するであらう。しかしながら、事実に於てはさうでもないやうだ。私は、これ以上立ち入ることを遠慮したい」[19]。

実態が変化しなかった原因を整理してみれば、まず植民者にとっては「統治すること」こそが第一義的要素であり、社会改革にはむしろ消極的であった点が挙げられよう。したがって行政・警察機構の登記規制は、女児取引慣習の改革を目的としたものではなかった。戦時中に書かれた前引の連温卿の文章には、総督府の人身売買取り締まりの甘さへの批判が読み取れる。

次に、司法上の動きも積極的な改革能力を持つものではなかった。そもそも査某嫺の運命を強いられたような底辺層の女性が、法律の存在を認めて国家に救済を求めにいくこと自体がほとんど不可能であっただろう。二〇年代には養女、媳婦仔、査某嫺身分の娘の家出現象が恋愛結婚の風潮に乗せられ、新聞紙面を大いににぎわわせていた。その諸事例のなかでは、当事者の女性たちが逃亡したり、また恋人との駆け落ちや自殺を行ったりする例が多く見られ、公権力に助けを求めた場合でも、近所の警察駐在所への駆け込むのがせいぜいであった[20]。裁判所に告訴するにはほど遠かったといえる。王泰升によれば、「人民が身分法関連の紛争を裁判所に提訴しない限り、〈不告不訴〉の原則に基づき、裁判所がみずから介入することはほとんどない。そこからさらに進んで人民の行動規範を改変したり、影響を与えたりするのも不可能であろう」と指摘した。(21) そのため、女児取引慣習の実態に対する司法判決の規制能力も極めて限定的なものであった。

四　国際連盟の実地調査――アモイの台湾人「売笑婦」と養女縁組問題

前述したように、こうした慣習に対する植民統治側の政策方針とは、法の管理下に置かれたとはいえ、戸口登記上の分類、民事裁判上の法源の定義に止まっていた。民間社会で日常的に行われていた人身売買の社会問題に対しては、警察などの公権力による干渉は見られなかった。このような無干渉方針にたいし衝撃を与えたのは、昭和五、六年の間に国際連盟「東洋婦人売買調査専門委員会」による実地調査であった。

昭和五年九月初め、パリ駐在の国際連盟帝国事務局長佐藤尚武は、当時の外務大臣幣原喜重郎に向け、東洋婦人売買調査専門委員会が年末から翌年にかけて極東で「支那売笑婦」を中心とした実地調査を実行する旨を極秘裡に伝達した。その中で最も日本政府を慌てさせたのは、「本邦婦人ノ支那行並ニ台湾婦人ノ支那行」について説明を求められるという点であった。日本側は調査団の台湾入りの予定に「本邦代表者ノ都合モアリ且報告作成上ニ不便モアルニ付出来レハ台湾ヲ除外スルコト」（電送第八六〇二号、昭和五年九月一九日）と最初から難色を示した。結局、連盟側は予定の変更は不可能という返事だったが、台湾について、とりあえず廈門（アモイ）または福州の領事を通じて事情聴取を行ったうえで、なおかつ不十分と判断された場合にのみ台湾に立ち寄るという案で決着した。同月末、調査事項表が調査委員から日本政府に送付され、福州領事館、廈門領事館を中心に、台湾総督府と照会しながら該当地域の台湾人「売笑婦」の調査を急いだ。

連盟側は、廈門には台湾人「売笑婦」が数多くおり、大部分は「養女」という身分で渡航してきたという点に疑問を持ったようである。廈門領事寺嶋広文から台湾総督府警務局長および外務大臣に宛てた「廈門ニ於ケル台湾人売笑婦ニ関スル件」（昭和五年一二月二九日）によると、当地の（台湾）籍民料理屋組合料理屋に属す「売笑婦」は一五四名（一四歳以下二名、一四―二〇歳一二四名、二〇歳以上二八名）、それ以外は十数名と推定された。「身柄売買ノ有無」については、「当地ニ於ケル台湾人売笑婦ハ料理屋営業者カ他人ノ子女ヲ買ヒ受ケ養女トシテ稼業ニ従事セシムルモノ其ノ大部分ヲ占メ其ノ百分比ハ養女七三、〇」と説明している。この根源となる台湾での養女縁組の届け出事情について、届け出の段階で売春業に従事させることが明らかなケースについては受理しない方針だが、ごまかしを完全に抑止することは不可能であるという実情にも触れた。さらに、この種の養女縁組の届け出は台湾で済ませたものであり、廈門日本領事館の管轄外の問題であるとして責任を回避しながら、もしも廈門で届け出のあった場合は受理せず、また今後の取り締まりの方法を考究中であると報告した。それをきっかけに、「醜業ニ入レル事情可成詳細ニ」調査することが求められることになった（昭和六年一月一〇日）。こうしてボールは台湾総督府に投げられることになった。

国際連盟調査委員会の質問表に対する書面回答「東洋ニ於ケル婦人児童売買実地調査委員会質問ニ対スル回答（台湾ノ分）」は、昭和六年一月二九日に正式に提出されている。回答の重点は以下の三点にまとめられる。

第一に、台湾では国際的婦人児童売買の事実はほとんどないと主張する姿勢。

第二に、「ほとんどない」と主張しながら、調査団の懐疑の対象となった養女縁組については、台湾人社会の慣習に由来するものであると説明した。それは元々家の繁栄を図るための制度であり、最初は不道徳な行為ではなかったが、近年来悪用されているという解釈を立てた。

第三に、自画自賛であり、無頭対の登記廃止と査某嫺の人身売買の廃止に関する政令と判例を材料に、自らの治績をアピールした。

同年三月六日、来訪中の調査団は、廈門日本領事館で関係官僚と実際に対面して質問を行った。その後領事館から東京に応答録が提出された（出席者は国際連盟側には調査委員長のジョンソン（Bascom Johnson）、委員のピンダー（Karol Pindor）、サンドクイスト（Alma Sundquist）の三人、書記のシュミーデン（W. von Schmieden）、記録のマーシャル（Marshall）、日本側は廈門駐在領事寺嶋広文、台湾総督府属谷口琴次、外務省書記生増尾儀四郎と外務省巡査高橋部長）。台湾に関する事情は谷口、廈門の状況は寺嶋が回答する形であった。応答の内容をみれば、その論理は従来の書面回答と変わりがない。興味深いのは、調査団からの執拗な質問を受けた婦女児童の「誘拐」問題を、回答の中では養女縁組から注意深く区別していたことである。つまり、「醜業」に従事する目的の養女縁組は誘拐罪として成立しないが、「醜業」を目的とする縁組は認めない方針をとっており、厳重な取り締まりの結果、こうした慣習は既に急激に減少したと主張していた。「醜業」目的での婦女の国外誘拐に対する処分をめぐる質問には、「刑法上ノ処分アリ」と答弁し、さらに「前記ノ事実アリヤ」に対し、「最近五ヶ年間ニソノ例ナシ」と回答した。

結局、調査団は総督府が用意した報告に満足し、台湾行きを中止することになった。その後の東京滞在の行程で予定されていた、台湾方面からのより詳細な報告の聴取も免除となった。こうして台湾総督府当局はさらなる難局を免れることになった(22)。

養女縁組の合法性を利用し、「親」対「子」の家族形態の偽装の下で経営を行うことが台湾売春業者の特徴であるといえるならば、総督府は国際連盟の調査に向き合って、廈門の実状を、人身売買でも売春でもなく、台湾人の養女縁組という「家族的特徴」に引きつけることで説明した。こうして総督府は国際連盟からのさらなる追及を一時的に免れることには成功したものの、養女縁組と売春の問題は正面から解決されることなく、植民統治期を通じて放置される結果となった。

五　在地エリート層の姿勢

言論面から見れば、二〇年代初期に世界の新思潮の洗礼をうけた台湾知識青年たちは、従来の婚姻制度に苦悩と不満を感じ、婚姻自主、男女自由交際、婦人問題などが社会改革の中心的課題と見なされるようになった。養女、媳婦仔の問題、聘金廃止の言論は、このような文脈で展開された。二七年以降、恋愛結婚論の退潮と社会主義思潮の流行にともない、言論の焦点は徐々に労働階層の女性に移行していった。養女／媳婦仔問題、聘金問題を中心とする議論が再燃して以降、それまでの自由恋愛問題は単独のトピックとして扱われることがなくなり、経済的不平等、階級的要素に付随する要素として位置づけられるようになった。

むろん、そうした言論が、ただちに実践面での効果として現れるとは限らない。たとえば張深切は、一九二二年に留学先の東京から一時帰省した時のことについて、その回想録のなかで以下のように語っている。「社会に対する失望と憂鬱から、その怒りを自らの封建的な家庭にぶつけていた。奴隷を直ちに解放する（そのとき家には正式の使用人のほかに二三人の女子奴隷［査某嫺］がいた―原文）、迷信打破、新生活の実行などを主張した。社会革命の前提として家庭革命を実行しなければならないなどと主張し、ばかばかしくも家中は大騒ぎだった」(23)。

管見では、具体的な実践と呼べるものは二例のみである。総督府医学校卒で、医師を務める傍ら抗日社会文化運動で活躍していた韓石泉と、台南第二高等女学校卒の荘綉鸞は、恋愛が始まった一九二一年から、約五年間の交際を経て一九二六年に結婚した。台南市公会堂で行われた結婚式の会上で、二人は数百人の賓客の前で結婚宣言書を読み上げた。韓が主張する婚礼改革の四つの要点は、第一に、儀式は極力簡単にすること。第二に、嫁入り道具は少なくし、展示などしないこと、第三に、「随嫁（陪嫁とも言う。新婦の身の回りの世話のため、嫁ぎ先に女子使用人を随行させること）」の弊習を廃止すること、第四に、大勢で新婦を冷やかす習慣をやめることであった(24)。また、一九二九年の台湾民衆党台南支部書記の胡金論と張麗雲の結婚も、招待状の中で「一、聘金を廃止すること、二、祝儀をやめること、三、形式を重視しないこと」を声明し、これは『台湾民報』紙上で「新時代青年の結婚の好例」として推賞された(25)。

しかしながら、台湾人エリート社会の主流は、これらの社会問題に積極的に取り組む方向性を示してはいなかった。最も根本的な要因は、エリート層の家庭生活を成り立たせていた、いわば家庭内労働力の確保という現実的問題にあった。既述のように、査某嫺の登記が禁止されたあとも、女子使用人にあたる者の登記は、いち早く養女、媳婦仔または同居人名義に転換されるという状況があった。

杵淵は一九四〇年の出版物のなかで、使用人の存在理由について次のように分析していた。「（売買による利益を目当てとする－引用者）本島固有の利己的経済観念と、漢民族固執の労働忌避の慣習とに基づくものである。……古来本島住民の大部分を占むる所の閩族婦女は、漢民族である関係上、同民族固執の遺習に依つて甚しく労働を賤しみ、日常生活に缺くべからざる家庭労働までも之を嫌忌し、僅かに衣食するに過ぎない小家庭に於てすら、一二人の婢を畜へるといふ習俗であつた。之は蓋し漢民族婦女が古来一般に纏足を為すの結果、労働不能に陥つた為めでもある。然るに一方本島人は改隷前に於ては支那内地と同様に、一般に大家族主義を理想とし之を実現してゐた関係上、中流以上の家庭に於ては家庭労働に堪え得る、即ち纏足せざる多数の婦女を必要とした。此等の社会的缺陥と要求とを充たさんが為めに、斯制が自ら発生するに至つたものである。……中流以上の家庭で其の娘を婚嫁せしめる場合には、之に随伴させてやる侍女の必要があるからである。此の侍女を随嫁嫺といふ」[26]。以上の引用では「固有な利己的経済観念」など台湾人へのある種差別的な表現には注意が必要であるものの、エリート家庭の成立が養女、媳婦仔、査某嫺に支えられ、分かちがたく結びついている側面を理解することができよう。

新世代のエリート家庭における「養女、媳婦仔、査某嫺」の役割は、高等女学校以上の学歴をもつ「新女性」のインタビュー記録の中でも確認することができる[27]。昭和一五年前後、林清安、蔡娩夫婦がそろって東京に留学した際、心配した姑が家庭生活と孫の世話をするために、養女二人を連れて内地に渡ってきた。邱鴛鴦（えんおう）には結婚当時、「査某嫺」一人が付いていた。彼女によれば、これは新婦の出身家庭の尊貴の象徴なので、風習に従うことにしたという。蔡素女は結婚する前に、実家の母が三人の「下女」（査某嫺）を使っていた。そのうちの一人は母の専属であり、ほかの二人はそれぞれ二人の娘によって使用されていた。蔡の感想は興味深い。「下女（査某嫺）制度は私の若い頃には非常に盛んであった。それを別段悪いこととは思っていなかった。……私の下女は私が結婚するときに一緒に連れて行った。姉妹のように互いに面倒を見ていた。彼女は一五、六歳のときに家が貧困であったため私の家に売られてきた。私はずっと彼女を家族の一員と見なしていた」。蔡は戦後、第一期の議員として選ばれ、任期中に養女保護協会を設立、養女保護運動への取り組みによってその名を知られるようになる(28)。

全体を見れば、これらの慣習に対する台湾エリート層と日本統治側の姿勢は、改革について消極的である点では共通しておりながら、互いに責任を転嫁し合う様相を呈していた。

まず台湾人エリート層は、日本統治下に入ってから長い年月を経ても相変わらず根絶できない「養女、媳婦仔、査某嫺」の慣習を、植民地行政批判の材料として用いた。D・フィックス（Douglas L. Fix）は一九四三年一一月に刊行された『民俗台湾』の特集号〈養女・媳婦仔制度の再検討〉に見られる知識人の言説を分析することにより、とくに戦時中の厳しい言論統制下の台湾知識人が、在来の文化習俗の論評という形式を用いて日本植民地政府の政策批判を行った点を指摘する(29)。養女や媳婦仔規定の乱用により、使用人、女中または妾の売買、あるいはそれを通じ娯楽産業の労働力としての娼妓の仲介を隠蔽するなどの実態に、知識人等はしばしば言及していた。自ら制定した法の乱用を許しながら、それに対して有効な対策を打ち出せない近代殖民地官僚政治の無能ぶりへの批判であったといえる。また媳婦仔と養女の区分に関する民間側の区分の実用性、あるいは媳婦仔の範疇内部での詳細な分類に繰り返し言及することにより、近代法―少なくとも台湾で実施されていた―の「遅れた」性格が逆に浮き彫りにされることになったという。

その反面、日本統治側はこれらの旧慣の存在をもって台湾人の民族性、前近代性を批判し、日本の文化的優越性を裏付けるための材料として使用した。それでは、植民地当局はこうした旧慣の取り締まりのために資源を投入する意欲を有していたのかといえば、そうとは思われない。民間社会の不穏、反感を招くことなく、リスクを避けながら、台湾人社会において改革の気運が高まるのを待ったうえで、おもむろに公権力による後押しを始めるというやり方が好まれた[30]。消極性、成り行きを眺める傍観者的態度が統治側の姿勢を特徴づけていたのである。

おわりに

以上、見てきたように「養女、媳婦仔、査某嫺」などの女児取引の旧慣に関し、植民側の行政・警察機構ではそれを便宜的に分類して管理下に置くことにした。その一方で、司法側は民事裁判を通して解釈を立て、統治上の法源を用意した。しかし、慣習と一致しない分類法により戸籍登記が行われた結果、民間における「養女、媳婦仔、査某嫺」の語彙・概念はさらに混乱することになった。また、人身売買に関わる慣習に対しても、公権力を行使しての取り締まりが行われなかった点では清朝時期と変わるところがなかった。統治側にとっては植民地経営の合理性という観点からの戦略的考慮、在地エリート層にとっては階層的利益を重視した結果、社会改革に道が開かれることはなかった。「養女、媳婦仔、査某嫺」の慣習が新しい展開を見るには、戦後の時期を待たねばならなかった。

（1）　春山明哲「台湾旧慣調査と立法構想」『台湾近現代史研究』第六号、一九八八年、八七頁。
（2）　臨時台湾旧慣調査会『台湾私法』第二巻下、一九一一年、四一五—四一六頁。
（3）　伊能嘉矩『台湾文化志』中巻、刀江書院、一九六五年、三四四—三四七頁、「戒俗八条」『台湾慣習記事』第二巻第一一号、四八―五〇頁。
(4) 同前、三三一頁、漢文原文は「戒俗八条」『台湾慣習記事』第二巻第一一号、五〇頁を参照。但し、伊能訳文のなかの「閩属」は「閩俗」の誤りであり、『台湾慣習記事』の漢文原文を参照し訂正を行った。
(5) 同前、三二九―三三一頁。
(6) (1)と(2)について、杵淵義房『台湾社会事業史』徳友会、一九四〇年、四九七―四九九頁を参照。
(7) 姉歯松平『本島人ノミニ関スル親族法竝相続法ノ大要』五九五頁を参照。
(8) 前掲『台湾社会事業史』四九九頁を参照。
(9) たとえば当時の法学者、姉歯松平（前掲、六一四―六一七頁）は、慣習法を認めつつも、警察機構が実際の戸口事務を行う際には、「無頭対」を「養女」として登記するよう民衆を指導することを期待していた。登記指導を通じて旧慣を漸進的に改変することを意図したのであった。
(10) 判決と通牒について、前掲『台湾社会事業史』六四九―六五〇頁を参照。
(11) 二〇世紀初の国際的な婦女売買禁止運動に関しては、藤目ゆき『性の歴史学』不二出版、一九九八年、五一―八〇頁を参照。台湾の状況について言えば、大正一〇年（一九二一年）に「婦人・児童売春禁止国際条約」は国際連盟により可決され、その中で二一歳未満の売春は禁止されたが、日本政府は年齢を一八歳としたうえ、朝鮮、台湾、関東州などの植民地には適用しないとする保留宣言を出した（廖秀真「日本植民統治下の台湾における公娼制度と娼妓に関する諸現象」『アジア女性史』明石書店、一九九七年、四一四―四二八頁）。
(12) 萬年宜重『民法対照台湾人事公業慣習研究』台法月刊発行所、一九三一年、一二七―一二八頁。
(13) 前掲『台湾社会事業史』六五〇頁。
(14) 連温卿「媳婦及養女の慣習について」『民俗台湾』三―一一、一九四三年、八頁。
(15) 『台湾私法附録参考書第二巻下』臨時台湾旧慣調査会、一九一一年、二五六頁。
(16) 同前、二四三頁。

(17) 同前、二四八頁。
(18) 清朝の養女制度を対象とする盧光彦の研究（「清代台湾養女制度之研究」台湾成功大学歴史語言研究所碩士論文、一九九二年）は養女契字を詳細に分析し、聘金、身価銀の高さと実家との関係にも言及している。
(19) 前掲「媳婦及養女の慣習について」八頁。
(20) 洪郁如『近代台湾女性史』勁草書房、二〇〇一年、二一〇―二一四頁。
(21) 王泰升『台湾日治時期的法律改革』台北・聯経、一九九九年、三六六頁。
(22) この件に関しては、昭和五―六年「国際連盟婦人児童問題一件、東洋ニ於ケル婦女売買実地調査ノ件」第一、二、三巻（外交史料館所蔵）を参照。
(23) 張深切『我与我的思想』台中・中央書局、一九六五年、一四頁。
(24) 李筱峯「徘徊在診療室與街頭的医師―韓石泉（一八九七―一九六三）」張炎憲・李筱峯・荘永明編『台湾近代名人誌』第一冊、自立晩報、一九八七年、一四一頁。
(25) 「地方通信」『台湾民報』第二四六号、一九二九年二月三日、七頁。
(26) 前掲『台湾社会事業史』六二四―六二五頁。
(27) 游鑑明『走過両個時代的台湾職業婦女―訪問記録』中央研究院近代史研究所、一九九四年。
(28) 戦後台湾の媳婦仔慣習の変化および養女保護運動の展開について、曾秋美『南崁媳婦仔習俗之研究（一八四六―一九七〇）』台湾中央大学歴史研究所碩士論文、一九九六年、同『台湾媳婦仔的生活世界』玉山社、一九九八年、游千慧「一九五〇年代台湾的「保護養女運動」・養女、婦女工作與国／家」台湾清華大学歴史研究所碩士論文、二〇〇〇年を参照。
(29) Douglas L. Fix "Gender, Folklore, and Nationalism: Intellectuals on simpua and adopted daughters, 1943, Taiwan" paper presented at the University of Oregon, 20 October 2000.
(30) 二〇世紀初頭の解纏足運動においても、統治当局には同様の姿勢がみられた（洪郁如前掲書の第一章を参照）。

III

朝鮮法域の民事・刑事上の性格と立法・司法制度再編

保護政治下韓国における司法制度改革の理念と現実

森山茂徳

はじめに

植民地法制度の研究において、最も重要な研究主題の一つは、おそらく、植民地法制度が旧来の社会に如何なる影響を及ぼし、また、それが独立ないし解放後の社会にどのように継承され、正負いずれにせよ、如何なる遺産となったのか、ということであろう。ところで、このことに解答を与えるためには、以下の様々な疑問点を明らかにしなければならない。すなわち、まず第一に、旧来の社会の法制度が本来、どのようなものなのか、第二に、導入された植民地法制度は如何なるものであり、旧来の法制度と、対立するにせよ、相補うにせよ、どのような関係にあったのか、さらに、第三に、相互関係の結果、形成された法制度は、その後、どのように受け継がれたのか、などである。

しかるに、朝鮮における植民地法制度研究では、筆者がいわゆる保護政治期における初代統監伊藤博文の施策に注目して司法制度改革に言及したもの、および、他に梅謙次郎を中心とした諸改革を考察したものなど、ごく僅かを除き、これらの諸点に関する限り、従来の研究の蓄積は甚だ乏しい(1)。その理由は、従来の研究の対象が、概ね、日本側の植民地統治の抑圧的側面、および、それに対する朝鮮側の抵抗的側面の、いずれかに集中しているからである。それゆえ、まず第一に、旧来の社会の法制度それ自体が、充分に明らかとなっているとは、必ずしも言い難い。また、第二に、植民地法制度についても、日本側が朝鮮に憲法を適用せず、朝鮮国民の権利を抑圧したという側面に研究が集中しているにとどまり、その実態が全体として明らかになっているとはいえない。したがって、第三に、両者の相互関係を、客観的・相対的に明らかにした研究も、ほとんどない。

そこで、本稿は、以上の諸点を明らかにする第一歩として、保護政治期に焦点を当て、とくに初代統監伊藤博文による司法制度改革を分析の対象とする。ところで、従来の研究では、伊藤の司法制度改革についても、近代的な朝鮮司法制度の基礎とする一方で、これとは逆に、植民地統治を準備したものと否定的に位置づける見解もある。(2) しかるに、そのような解釈は、司法制度改革それ自体を内在的に分析した結果とはいえず、外在的な視点ないしは問題関心の反映でしかすぎない。司法制度改革は、果たして当初から、そのような性格を帯びたものだったのか。もし、そうならば、司法制度改革が挫折し、日本が朝鮮の司法事務を日本に委託した理由および経緯は、どのように解釈されるのか。従来の研究は、先に言及した筆者の研究および梅謙次郎中心の改革研究以外、これらに明確に答えているとはいえない。(3) それゆえ、本稿は、伊藤を始めとする日本人改革推進者たちが、旧来の社会の法制度をどのように考え、如何なる司法制度を導入しようとしたか、また、それはどのような推移を辿ったか、さらに、その過程で、どのような理念が重視されたか、そして、その政治的意味は何であったか、などについて考察する。

次に、本稿の視角および構成は、以下の通りである。

まず第一に、本稿では、司法制度改革において言及された限りの旧来の朝鮮社会の法制度を、「伝統法制」と呼ぶこととする。したがって、「伝統法制」とは、韓国法制史において通説的に理解されている朝鮮の伝統法制ではない。すなわち、本稿では、「伝統法制」を改革推進者たちは一体どのようなものとして理解し、また、何ゆえそれを問題にしたのか、要するに、それが果たした政治的意味が何であったのかを明らかにする。

第二に、改革推進者たちが、再三再四、「司法権の独立」という理念を標榜したことに注目し、その内容および、それを問題とした理由、そして、その政治的意味を明らかにする。なお、その際、「司法権の独立」が朝鮮のみならず、日本および中国において内包した意味を、比較対照することによって、朝鮮における独自性を明らかにする。

第三に、これらの理念に基づいて推進されたにもかかわらず、司法制度改革が何ゆえ挫折したのかを明らかにする。その際、とくに治外法権の撤廃に関する主張が、挫折の過程とどのように関連していたのかに注目する。

このような考察によって始めて、日清戦争時から始まる司法制度改革の政治的意味、さらに、その後の日本の植民地統治のあり方が明らかとなろう。要するに、「保護政治期」の司法制度改革を、それ以前の日本の司法制度に関する様々の言説と関連させて位置づけるとともに、その過程における様々な主張に注目して客観化・相対化すること、それが本稿の課題にほかならない。

一　司法制度改革における「伝統法制」

まず、一九〇六（明治三九）年に韓国統監に就任した伊藤博文を始めとして、司法制度改革を推進した日本人関係者が、旧来の朝鮮社会の法制度、すなわち「伝統法制」をどのように認識していたのかを検討する。最初に、伊藤についてはどうであったか。筆者がすでに明らかにしたように、彼は保護政治前期において「文化政策」とでもよべる政策を、また後期において「自治育成政策」とでもよべる政策を実行したが、この間、終始一貫、司法制度改革を、その最重要の構成要素とした(4)。それでは、何ゆえ、伊藤は司法制度改革を最重要と考えたのか。それは、彼が、朝鮮においては司法制度、裁判制度がほとんど整備されておらず、韓国が「近代的な」独立国家としての体裁を備えていないと考えていたからにほかならない。伊藤は次のようにいう(5)。

「韓国ニ於テ最進歩セサルハ裁判事務ナリ今日ノ情態ニテハ到底見込ナシト云フモ可ナリ一言ニシテ云ハハ韓国ニハ裁判ナシ……韓国ニ於テハ文明的ノ意味ニテ所謂裁判ナルモノナキ……韓国今日ノ裁判情態ニテハ外国人ニ対シ之ヲ裁判所ニ起訴セヨト勧告スルコトヲ得ス何トナレハ殆ト裁判ノ組織ハ皆無ト称スルモ可ナレハナリ」。

また、次のようにも述べている(6)。

「韓国モ開闢以来支那ト均シク裁判ナルモノハ普通行政ノ一部トシテ行政官ノ職権中ヨリ離ルヘカラサル必要アルモノト認メ今日ト雖韓人ハ尚司法行政ノ区別ニ重キヲ措カス」、「韓人ハ一般ニ裁判ノ重大ナルコトヲ知ラス其ノ政治ニ如何ナル関係アルヤヲ覚ラス極言スレハ彼等ハ殆ト裁判ニ関スル正当ナル観念ヲ有セサルモノト称スルモ可ナリ」、「韓民一般ノ人心ハ裁判ナルモノハ恐ルヘキモノナリトノ観念ヲ抱ケリ是レ従来ノ歴史ノ然ラシムル所」、「韓国ノ訴訟ハ官吏ノ之ニ利害関係ヲ有スルカ如キ場合少カラサル」、「韓国ノ地方官ハ従来普通行政権ト司法権ヲ併有シタルモノ」、「観察使等ノ言フ所ニ依ルニ現今ハ最早旧ノ如ク誅求収賄ヲ為スヲ得スト」。

伊藤の主張の骨子は、次の点である。第一に、韓国には「文明的」な司法制度、裁判制度が欠如していること、第二に、それゆえ、外国人が韓国の裁判所に起訴することができないこと、第三に、司法は普通行政と未分離であり、裁判に対する観念が欠如していること、第四に、韓国の地方官が司法権を駆使して私的利益を追求してきたこと、などである。ここには、伊藤の「伝統法制」に対する見方が如実に示されているが、それは決して伊藤一人に限ったことではなかった。日本の他の政治指導者も同様な認識を有しており、これまで対韓政策が推進される時、とくに壬午軍乱・甲申政変後においては、常にそれが表明され、その改革が目指された。例えば、最も早くその必要を論じたのは井上角五郎であり、その「朝鮮内政改革意見書」で、民刑事の訴訟および監獄施策に関し、従来の地方官の苛酷な所行を停止させるべく、中央政府の地方統制強化の必要を掲げている。(7) また、日清戦争期に甲午改革に介入した井上馨は、右の意見書などを参考として、「法典政略」による近代的法治国家体制の創出を改革の重要要素とし、現実に各部官制と並んで裁判所関係法令の制定を積極的に行った。(8) さらに、民間では、井上角五郎の師、福沢諭吉が日清戦争前に、日本の指導下での朝鮮の統治機構の改革と法律制定を主張していた。(9) その意味で、伊藤の主張は、これらの改革案の延長上にあった。

しかるに、日清戦争期と日露戦後とでは、韓国の国家的位置は大きく変化しており、それに伴い、「法典政略」の意味も変わらざるをえなかった。日露戦後に大きく変わったのは、韓国が保護国となった結果、外交関係において領事裁判を統監府が担当することとなったことである。伊藤はこの件への対策を渡韓前にすでに講じており、領事裁判一審判決に対する控訴を新設の統監府法務院に移す法律案を日本議会に提出していた。そして、伊藤はこの統監府法務院を模範とする裁判制度の改善を、韓国政府に勧告した。(10)

このように、伊藤の司法制度改革の位置づけは、従来の日本の朝鮮改革論とは異なったが、それは、保護政治の位置づけ、および、欧米諸国との関係における相違、ということができる。そして、そのことは、後述する「司法権の独立」および「治外法権の撤廃」と、密接な関係にあった。すなわち、まず第一に、保護政治は韓国をその「独立保証」という名目と矛盾しないように、外国から干渉・影響を受けることのない、日本の独占的影響下に置こうとするものであったが、そのためには日本の指導下での「文明的」司法制度の創出が不可欠であった。また第二に、司法制度の改善の目的は、伊藤が述べたように、「国政ノ改良ヲ図ランカ為ナレトモ一ハ治外法権ノ撤去ヲ熱望スレハナリ」ということにあったのである。(11)この二点に関する考察は、次章に譲ることとして、次に、当時、韓国にあって伊藤の意を受けて司法制度改革に従事した人々の認識について、みてみよう。

伊藤統監は司法制度改革推進に際し、韓国政府をして、梅謙次郎を同政府の最高法律顧問として迎えさせただけでなく、翌明治四〇（一九〇七）年から、韓国法部大臣との間に法務補佐官として日本人を雇用する契約を結んだ。彼らは同年一月以降、韓国各地に派遣され、韓国の司法・裁判状況を実際に見聞した。(12)それでは、彼らは「伝統法制」をどのように認識したか。以下、先行研究に依って、その一部分を紹介する。

まず、梅謙次郎は、韓国の裁判制度の印象を、次のように述べている。(13)

「裁判所ハマア無イト言ツテモ然ルベキデアッテ…裁判ハ所詮諸君ガ想像ノ出来ルヤウナ裁判デハナイ」、「私が民事訴訟法を起草するに就ては主義があります。一は我が邦の民事訴訟法は形式に流れて居りますから、之を非文明国たる韓国に適用するは殊に不適当である」。

このように、梅は伊藤と同様、韓国は裁判が欠如した「非文明国」とみていた。しかし、それにもかかわらず、梅には独特の韓国観・法律観があったようである。すなわち、後のことだが、独自の法律を制定する必要はないという、いわゆる「合邦論」に反対して、梅は次のように言っている。(14)「日本の法律を其儘韓国に行ひうるかと云へは。縦令合邦後と雖も不能なりと思ふ。先つ親族法、相続法の二者は、国々大に慣習を異にし居りて、韓国の慣習は著しく日本の慣習と異なるが故に、之に付て韓国人の為に特別の法律を要する事は何人も異議なき所ならん」。また、民法制定については、「新たに起草すべき民法は全く韓人のみの為にするもの」と述べたのである[15]。

しかし、その一方で、梅は、明治四二（一九〇九）年に「韓国司法及監獄事務委托ニ関スル覚書」が締結された時、次のように言ってもいる[16]。

「今度の協約が成り、韓国の司法権を我が邦に委任することになり、其裁判所は日本の裁判所であって、韓国人に対して裁判することになったのであります。…是は確に我が邦の成功の一で有ります。之が為国庫の負担は増加しましたが、韓国の保護の為めには至極便益であらふと思ひます」。

以上、梅の「伝統法制」認識および司法制度改革意見は、伊藤のそれとほぼ一致していたということができよう。後に述べるように、伊藤もまた司法制度改革を、韓国「人民の権利を伸長」するものと、考えていたからである[17]。

次に、法務補佐官たちの「伝統法制」認識を、以下、簡単にみてみよう[18]。

「賄賂公行権力濫用の遺跡は焼残りの火事場の如く洪水後の家屋に入るが如く官紀紊乱事務錯雑臭気紛々目も当てられぬ惨状とでも形容すべく迚も日本的頭脳常識的判断を以ては解決に苦しむ事が多い」、「大典会通と伝ふ法典もあるが是れ唯空文私法に過ぎぬので苟も民に非違ありとすれば何でも蚊でも裁判する、而も贈賄の厚薄有無は勝敗の決する標準なので、獨り地方官のみならず税務吏でも軍人でも甚しきは宮内官でも裁判する慣例であった」、「見よ彼等は罪なくして捕はれ故なくして奪はる貪婪厭なきの韓国官人彼等の肉を食はずんば厭かざらんとす」、「憐れなる韓民は法律否官吏の前には人格がないのだ人道的問題も人材擁護も迚も話にならない」、「拷問は被告人以外証人等にも行はれ、賄賂を呈せざるものは唯此の一事の為に拷せられ留せらる」。

このように、彼ら法務補佐官たちは、伊藤や梅と同じく、韓国に裁判が欠如していると認識した。しかし、彼らは司法制度改革の必須の具体的項目となると、裁判手続きの欠点、地方官の不正行為と警察不信、補佐官の意見不採用の弊害などを除去することを、指摘するに止まった[19]。要するに、彼らの認識は韓国国民への同情はあるものの、あくまでも官僚的・技術的発想と近代化・文明化論理とによって形作られていたということができよう。

最後に、明治四〇（一九〇七）年の第三次日韓協約により、法部次官に就任し、梅謙次郎とともに司法制度改革を推進した、倉富勇三郎の「伝統法制」認識についてみておこう。彼は次のように言う[20]。

「韓国司法制度ノ紊乱甚シカリシコトハ今更之ヲ詳言スルマテモナク之ヲ極言スレハ無制度ト云フモ不可ナルコトナキ状態ナリシ」、「朝鮮の司法制度は其の由来する所遠く箕子時代より既に成法あり……国を治むるには必ず刑罰なかるべからず故に……各時代の制度は刑罰の範囲外に出でず李氏に至りても仍ほ其の因襲を改めさりし」、「韓国人は固より裁判の何たるを知らざりし」。

倉富もまた、伊藤や梅と同様、韓国に裁判が欠如していると認識していたのである。

このように、「伝統法制」に関する認識には、日本人改革推進者を通じて、ほぼ同じような認識がみられた。したがって、その地位・立場によって異なるにせよ、彼らが司法制度改革を推進するのは当然であった。

それでは、これらの「伝統法制」に関する認識は、どの程度、現実を反映していたのか。ここでは、伝統法制に関する韓国法制史研究の通説的理解について簡単にみておこう。

伝統法制の特徴として、通常、掲げられるものは、以下の諸点である[21]。

第一に、法の社会的基礎は儒教とくにその「徳治主義」とされる。すなわち、儒教の徳目における「礼」こそ社会秩序の骨格であり、法は「礼」の社会的規範力を保障するための手段にすぎず、紛争には消極的で「無訟」こそ望ましく、法の使用が少ないほど善政であるから、法がない世界が理想とされた。

第二に、法制度とくに近代的なそれは未発達であった。法は国王の命令という形で存在し、「礼」を保護するための刑罰法と、それを志向する国家機構に関する行政法が大部分を占め、内容も個別的・具体的で抽象的・一般的命題にまで発展しなかった。独立した司法機関はなく、裁判は行政機関が担当し、究極的には国王が最後の審判者であった。両班が経験と知識がないために、実質的には衙前（地方官庁の書記役）によって裁判が行われ、手続きは守られず、裁判官の主観に依存し、権勢と金力によって裁判結果が左右された。第三に、「民衆」の受動性と「民本主義」とが存在した。一方で、「民衆」は法に大して威圧感、恐怖感をもち、法から疎外されていた。訴訟が提起されれば、当事者間の人間関係は概ね破綻した。しかし他方で、法は単に抑圧的な支配の手段だけであったわけではなく、「徳治主義」は制約原理としても働き、「為民」理念から法は民心・民意に基づくという考えもあった。

さらに、合理的といえる制度も存在した。例えば、君主権制限の制度的装置として、合議制、言官制度、上疏制度などもあった。そして、法思想としては、「祖宗成憲」の尊重、および、法の永久性・不可簡易改正性などが指摘でき、「良法美意」のために、新法を作って旧法を破るのは正しくないとされた（「法立而弊生」）。

以上のように、伝統法制に関する通説的理解と、日本の改革推進者たちの「伝統法制」認識とは、共通する部分もあれば全く異なる部分もある。しかし、ここで重要なのは、彼らが「伝統法制」認識を踏まえ、如何なる論理で改革を正当化したか、あるいは、改革において、如何なる側面を最重要視したかということである。この点について、次に、伊藤が標榜した「司法権の独立」にとくに注目し、その政治的意味をみていくこととする。

二　理念としての「司法権の独立」

伊藤を始め日本の改革推進者たちは、改革に当って「司法権の独立」という理念を多用したが、このことこそ、従来の日本の対韓政策においてみられなかった特質であった。すでにみたように、壬午軍乱・甲申政変後、日本の朝野では、いわゆる「朝鮮改革論」が唱えられ、諸改革案の重要項目には司法制度改革が挙げられていた。しかし、それらは「伝統法制」の不備・不完全ないしは司法制度の欠如とは関連づけられても、「司法権の独立」とは関連づけられてはいなかった。例えば、井上角五郎は前述の「朝鮮内政改革意見書」において、司法制度改革をもっぱら中央・地方関係の改革との関連で述べており、その重点ははっきりと異なっていた[22]。また、福沢諭吉は、韓国は「無法律の有様」と認識しつつ、法律制定を「文明事業」と関連させながらも、その理由を、朝鮮官吏の無責任体制を改善させる必要に根拠づけていた。ただし、注目すべきことは、福沢は「文明事業」のために、莫大な資金の投入を是認していたことである。福沢は、韓国を「独立の文明国たらしめ」るための資金投入が重要であり、それによって韓国は「東洋の一富国たること決して難きに非ず」と考えていたのである[23]。

それでは、「司法権の独立」という理念は何ゆえ主張され、その具体的内容は如何なるものであったのか。

まず第一に、前述したように、それは施政改善の中での最重要課題と位置づけられた。伊藤博文は、「司法権の独立」の必要を次のように述べている[24]。

「司法権ノ独立存在セサレハ個人ノ善政ハ或ハ行ハルルモ到底全体ニ施政ノ改善ヲ期ス能ハサルカ故ニ自分ハ先以テ司法権ノ独立ヲ韓国政治改良ノ劈頭ニ掲ケタリ……司法権ノ独立ハ自分ノ眼中ニ在テハ百般ノ改良中其最重要ヲ為スモノニシテ之ナクンハ百事改良ノ効ナシト信ス……司法権ノ独立ヲ確保スルヲ以テ急務トナササルヘカラス……彼等ノ之ヲ好ムト否トニ拘ラス司法権ノ独立ヲ実行セント欲ス」。

また第二に、それは司法と行政との区別を内容としたが、その目的は国民の安全の確保であり、それによる韓国の発展とされた。伊藤は次のように言う[25]。

「国力ノ発達ト云ヒ国運ノ隆盛ト云ヒ共ニ其ノ国民ノ富力ニ俟タサルヘカラス国民ノ富力ヲ培養セムニハ民力ノ休養固ヨリ必要ナルモ先ツ以テ身体財産ノ安固ヲ保障セサルヘカラス如何ニ国民カ富源開発ニ意アリトスルモ彼ノ貪官汚吏ノ為常ニ生命財産ノ危険ヲ免レストセハ国民ハ一日モ其ノ産業ニ安ンシ其ノ富力ノ増殖ニ勉メサルハ必然ノ勢ナリ何トナレハ国民ノ産業ニ勉ムル所以ハ乃チ其ノ所得ヲシテ適当ニ蓄積シ其ノ富貴ヲ致サントスルニアレハナリ故ニ生命財産ノ安固保障セラレサル以上ハ民力ノ発達ハ竟ニ望ムヘカラス況ヤ国家ノ富強ヲヤ若夫レ生命ハ法律ニ依テ保障セラレ換言スレハ法律ヲ犯スニ非サレハ身体ノ自由ヲ拘束セラルル所ナク法律ノ命スル所ニアラスンハ濫ニ金穀ヲ横徴セラルル憂ナクンハ国民ハ各其ノ堵ニ安ンシ其ノ産ヲ治シ其ノ所得ノ幾分ヲ犠牲ニ供シ以テ国家ノ存立ニ貢献シテ更ニ苦痛ヲ感セサルナリ」。

このように、伊藤は、韓国「人民の権利を伸長」するものとして司法制度改革を考え、それを「司法権の独立」として表現した。そして、このような伊藤の認識は、日本の近代化に携わった経験からも導き出されていた。そのことを、伊藤は、「貴国ノ如キモ日本カ従来執リ来リタルト同一ノ方法ヲ踏襲センカ貴国ノ農工業ハ将来日本ト同様ノ経過発達ヲ見ルコトヲ豫想スルニ難カラスト信ス」と述べていたのである。[26]

同様の認識は、倉富勇三郎にもみられた。彼は、次のように言う。[27]

「伊藤統監は韓国の秕政を釐革するには司法制度を改善し国民の身体財産の安全を確保するを以て最急最要と為し当時の韓国に在りては実に破天荒とも云ふへき制度を定められたり」、「韓国政府ハ伊藤統監ノ指導ニ依リ司法事務ト行政事務トヲ区別シ諸般ノ施設ヲ為シテ司法権ノ独立ヲ図レリ」。

さらに第三に、「司法権の独立」は、梅謙次郎が述べていたように、日本法そのものの適用ではないが、その理念の実行においては、日本式の法律制定および裁判制度改善という内容を含むものであった。「伝統法制」が弊害が多いものであり、新たな法律を編纂・制定する以上、「伝統法制」とは異なった、日本式の方法によって、その実行を図らざるをえないというのが、その趣旨であった。伊藤は次のように言う。[28]

「所謂五法即チ民法刑法商法訴訟法及裁判所構成法ハ国家ノ根本法ナリ此等ノ法律ハ特種ノ法律ナルヲ以テ日本法ヲ模範トシテ之ヲ編纂セシメツツアリ……此ノ組織ヲ了セサレハ韓国ハ真ノ国家ト云フコトヲ得ス」。

以上のように、「司法権の独立」は、韓国における司法を行政から分離し、独自の法体系と裁判制度によって国民の安全を図り、国力の発達を可能とし、ひいては韓国を国家たらしめる最良の方法と考えられ、それゆえ、最重要の改革を指導する理念とされた。

しかるに、「司法権の独立」は、韓国の司法制度改革の理念であっただけではない。それは、日本においてもまた、国家的独立と不可分とされていた。日本でも、明治二四（一八九一）年に起った大津事件では、司法権と政治との関連が問題となった。そして、そのことの意味は、まさに国家的独立にあったのである。三谷太一郎は次のように言う。[29]「国際的危機感と連動していた司法権の独立の観念というものは、当時単に、対内的な意味、つまり司法権の実質を形成しているリーガル・プロフェッショナリズムの表現としての意味、したがって行政権からの司法権の実質的独立という意味をもつに留まらず、当時の先進国に対するいわゆる対抗的近代化、ディフェンシヴ・モダナイゼーションの過程にありました日本におきましては、司法権の独立というものが、対内的意味と同時に対外的意味をもっていた……すなわち、当時の司法権の独立というのは、不平等条約改正問題に直面していた日本にとっては、他国の司法権からの独立、つまり国家的独立そのものであるという意味があった……つまり、司法権の独立というものは当時の日本におきましては、確立されつつあったリーガル・プロフェッショナリズムの表現であったことはもちろんでありますけれども、それと同時にナショナリズムの表現でもあった。……つまり、当時の司法権の独立というのは、治外法権からの『独立』という意味をもっていた。すなわち、司法権の独立が不平等条約の改正による領事裁判権からの離脱を可能にする必要的前提条件であったと考えられる」。

さらに、「司法権の独立」を国家的独立とする、このような認識は、当時の清末中国においても共通していた。清朝中国もまた、国家的独立を維持すべく法律改革を志向していたが、その時の理念も、まさしく「司法権の独立」であった。すなわち、当時の改革推進者たちは、次のように、考えていたという(30)。

「日本を範とすることが、沈家本（修訂法律大臣）が主導した清末の法律改革の重要思想の一つである。……沈家本の主催の下で、当時中国へ招聘を受けて新法の制定に協力した日本の専門家は、前後併せて四人である。即ち岡田朝太郎、松岡義正、志田太郎、小河滋次郎である。……（この結果）沈家本は司法の独立の立場を固めた。彼は上奏文中で司法の独立の必要性を明確に述べている。『調べてみると司法の独立と立憲は、関係が密接である。日本は開港の始めは、各国の領事がいずれも裁判権を有していた。維新になって以来、政府は毎日ひたすら裁判を統一し、十年もせぬうちに、ついに日本に住む外国人をその法律の下に服従させた。論者は国力の急激な上昇は立憲に基づくが、その実司法の独立が陰で効果を収めているのであると言う』」。

なお、清朝中国政府は当初、梅謙次郎の招聘を意図していたが、梅は事情により辞退し、弟子の岡田朝太郎を推薦したという。梅の言う事情とは、彼が伊藤から法典編纂を依頼されたことにほかならない。

このように、「司法権の独立」を国家的独立と等置し、治外法権撤廃の前提とするという傾向は、東アジアにおいて共通のものであった。とするならば、司法制度改革の理念を「司法権の独立」とした韓国、なかんずく伊藤にあっても、司法制度改革のもう一つの目的が治外法権の撤廃にあったことは、言うまでもない。伊藤は次のように言う(31)。「自分カ司法制度ノ改善ヲ急ク所以ハ一ハ固ヨリ国政ノ改良ヲ図ランカ為ナレトモ一ハ治外法権ノ撤去ヲ熱望スレハナリ然レトモ今日ノ状態ニテハ如何トモスル能ハス……今後法律モ漸次完備シ裁判所ノ組織モ完成セハ自分ノ考ニテハ日本先ツ自ラ治外法権ヲ抛テ模範ヲ示シ諸外国ヲシテ其例ニ則ラシメント欲ス」。

このように、伊藤は日本においてと同様、韓国においても、「司法権の独立」を国家的独立と等しく考え、治外法権の撤廃を重要視していることを表明した。

しかしながら、言うまでもなく、当時の韓国はすでに日本の保護国となっていた。それでは、伊藤は保護国である韓国に対し、何ゆえ「司法権の独立」を表明したのか。

一方の解釈として考えられるのは、伊藤の言う「司法権の独立」とは保護政治、ひいては日本による韓国の植民地化＝韓国併合を正当化する口実にすぎないというものであろう。この解釈を説得的なものとする根拠の一つは、先に言及した大津事件における伊藤の行動である。すなわち、伊藤は大津事件において、犯人津田三蔵への量刑判断および大審院長人事への介入で、まさにいわば「黒幕」として影響力を行使し、

「司法権の独立」を犯したとされているのである[32]。また、もう一つの根拠は、後述するように、裁判所に雇用された韓国人司法官が少ないことが挙げられる。すなわち、伊藤は「司法権の独立」を口実として、司法部に日本人を送込み、植民地化の尖兵としようとしたともいえるのである[33]。それゆえ、政治家たる伊藤が「司法権の独立」を韓国において真に実現しようと努力することはありえない、という結論が導出されたとしても、不思議はないといえよう。この解釈によれば、伊藤は「司法権の独立」を掲げることによって、日本の韓国侵略の意図を隠蔽し、保護政治を善政として宣伝しようとしたということになろう。

しかるに、他方で、伊藤が言う「司法権の独立」は、決して保護政治の正当化だけとはいえない、という解釈もありうる。その根拠は、統監府司法庁長官であった倉富勇三郎が、その日記において、ある司法省高官との談話記事の中に、「予伊藤公が朝鮮併合に反対したることを話し確かに先見ありたる旨を説きたり」と書いていることである[34]。これを重視するとすれば、伊藤が韓国に対し、少なくとも一時は文明的制度の導入に熱心であったことを、正当化行為とだけすることには抵抗があろう。

真実は、おそらく両者の中間にあるのであろう。すなわち、「韓国併合についてはその主役であった伊藤博文でさえも、事に臨んでは逡巡があり、不安があったこと、少なくとも前途に確固たる自信はなかったことを物語っているといえる」のである[35]。

さらに、治外法権の撤廃が将来の方針としても、そのための法整備をどのように行うのかという問題が存在する。その場合、第一に、日本式の法整備を行う場合、日本法そのものの適用でないとしても、制度それ自体は全く日本と同様の法制度とするのか、あるいは、特殊韓国的な法制度とするのか、また第二に、誰がその主体となるのか、韓国政府か、統監府か、あるいは日本人顧問を採用するのか、など、解決を要する問題が残らざるをえない。これらの点でも、伊藤の考えは明瞭ではない。しかし、推測するに足る証言は残されている。それは第一に、伊藤が「とりあえず当時韓国で適用中の制度を生かし、韓国内における司法の発達を期すために『漸次韓国の法制を改良する』という漸進主義を取ることにした」ということである。また第二に、法務補佐官制度については、「当制度を単なる臨機応変とするか、確定的な政策とするか。決めかねて」いながらも、「『日本の保護下における韓国の裁判権として帰一させる』という方に、伊藤の気持ちは随分傾いていたように見受けられる」という指摘もある。(36)

ところで、以上の点について言えば、筆者はすでに、伊藤の保護政治の特質を、次のように明らかにした。(37) まず第一に、伊藤の保護政治は、韓国をその「独立保証」という名目と矛盾しないように、外国から干渉・影響を受けることのない、日本の独占的影響下に置こうとするものであった。また第二に、伊藤は保護政治後期に「自治育成政策」を推進したが、その際、「自治」とは、「日本の指導監督なくんば、健全なる自治を遂げ難し」という性格のそれであった。つまり、「韓国は自治を要す」ということも、日本人が朝鮮の政治を行って初めて可能となる将来の事態を指したものだったのである。上記の二点のうち、後者について、国際法学者の有賀長雄は、次のように説明する。(38) すなわち、彼は保護国を分類した『保護国論』において、韓国を第二種保護国とした上で、「国際的に日本が韓国の独立を一貫して主張してきた経緯を重視し……第二種保護国は第三諸国に対しては独立で、能保護国に対しては独立ではないという結論を導き出し……国際社会の中で合理的正当性を確保しつつ、韓国保護国化を弁証しようと」し、さらに「被保護者の神聖なる利益を担保し其の存立を保障し、其の国体を保守し、其の風俗を尊敬し、之をして漸々に文明の利徳を分たしむ」という、「能保護国の『使命』」を提示したのである。こうして有賀は、「独立保障」を掲げながら保護政治を行うという矛盾の中で、保護国化を理論化したが、このような思考様式は、おそらく伊藤にも共通だったであろう。あるいは、有賀は伊藤の意をうけて、保護政治を弁証しようとしたのかもしれない。いずれにせよ、このような文脈から言えば、「司法権の独立」とは日本の保護下でのそれであり、韓国の自治、いわんや完全なる国家的独立を意味したものとはいえない。換言すれば、「司法権の独立」は保護政治と自治との間の、いわば過渡的機能をもったものであり、その実際の推移およびその前途について、伊藤は厳密に考慮していなかった、あるいは、曖昧なままに置こうとしたのではないであろうか。伊藤は次のように言っている(39)。

「韓国政府ニモ自分ノ指揮監督ノ下ニ臨時法典調査局ノ如キモノヲ設ケ一ヶ年二萬圓内外ノ経費ヲチ二三名ノ専門家ニ嘱託セハ一両年ノ間ニ完成スルコトヲ得ヘキ見込アル」。「司法制度ノ改善ハ一時ニ之ヲ行フコトヲ得ス漸ヲ以テ之ヲ遂行スヘシ日本ニ於テモ今以テ尚改良ヲ加ヘツツアリ」。

それゆえ、伊藤は政治家らしく、「司法権の独立」を実現したいとは考えながらも、その具体化においては、状況の推移に委ね、随時、必要な段階で決定していくという態度をとった、と解釈できるであろう。

なお、最後に付言すれば、韓国の政治指導者たちもまた、後世、「売国奴」と呼ばれることとはなったが、当時は、伊藤らと「伝統法制」に関する認識を同じくしたばかりでなく、「司法権の独立」の名の下の司法制度改革を望んでいた。例えば、法部大臣李夏栄は次のように述べている(40)。

「韓国ハ殆ト国法ナキ状態ニアリ故ニ司法ト行政ヲ区別スルノ必要アリ然レトモ韓国法官ニハ信用ナキヲ以テ日本ヨリ法務補佐官ノ如キモノヲ傭聘シテ之ニ公平ナル裁判ヲ為サシムレハ韓国ノ裁判権ヲ尊重セシムルコトヲ得ヘシト信ス」。

それでは、以上を背景として、「司法権の独立」を標榜しての伊藤の司法制度改革は、実際には、どのような経過を辿ったのか、そして、その過程で、「司法権の独立」はどのように実現され、あるいは、実現されなかったのか、それらを次にみることとしよう。

三　司法制度改革の実際

1　「伝統法制」・「司法権の独立」と司法制度改革

司法制度改革は、一九〇七（明治四〇）年七月に第三次日韓協約が締結されると、保護政治後期を特徴づける「自治育成政策」の最大眼目として着手された。しかしながら、その僅か二年後、伊藤は、韓国の司法および監獄事務を日本に委託することを決定し、司法制度改革を断念する。それでは、伊藤は何ゆえ方針を転換したのか。

結論を言えば、それは、第一に、伊藤ら日本の改革推進者たちが、司法制度改革に当り、「伝統法制」を否定するとともに「司法権の独立」を掲げたことが、改革について多くの問題および障害を生じさせ、その結果、改革実現を困難としたからであった。司法制度改革は多くの批判にさらされ、韓国国民を心服させることができなかったのである。また第二に、韓国における治外法権撤廃を緊急に必要とする状況が生じ、伊藤の主導するような司法制度改革では治外法権撤廃までに時間がかかりすぎるため、他の方法が模索されざるをえなかったからである。以下、第一の理由について検討し、改革に対する多くの問題および障害を論じ、第二の理由については、節をあらためて検討することとする。

まず第一に、「伝統法制」を否定する以上、韓国従来の法典は改廃の対象でこそあれ、それを継承することは全く考えられず、法典は新たに編纂・制定されなければならなかった。第二に、「司法権の独立」を掲げる以上、従来裁判権を有していた地方官に代わって司法を担当する司法官を養成し、裁判所を首都ソウル始め各地に新設しなければならなかった。前者については、如何なる法典を編纂・制定するかという問題が存在した。保護政治が「韓国の独立保証」という名目を掲げる以上、日本法のそのままの適用は考えられなかったからである。また、韓国の実情調査、主体、手順、そして、期間などの問題もあった。後者については、「司法権の独立」を掲げる以上、司法官養成も裁判所新設も大規模かつ長期間にわたらざるをえなかった。国民の安全を保障するには、裁判所ないし司法権を行使する機関が、全国至る所に存在しなければならず、しかも、そのすべてに韓国人司法官が配置されるとすれば、その養成には相当な時間が必要だったからである。したがって、規模、期間、費用、そして、韓国人司法官養成までの措置、などの問題があった。

しかるに、様々の問題および障害に直面して、当初の構想は次第に後退し、その結果、それは実現不可能として断念され、日本への司法権の委託という方法が案出された。それでは、それはどのような過程を辿ったか。

まず、第三次日韓協約覚書には裁判所・監獄の新設が規定され、そこで伊藤は、「抑々国家ノ統治上最重要ナルハ法律ノ制定及裁判機関ノ養成ニ在リ之ヲ欠ケハ国民ノ身命財産ノ保護ヲ確保スルモノアルコトナシ」と述べ、従来の理念を繰り返した(41)。司法制度整備は法典編纂、司法官養成、そして裁判所・監獄の新設を内容とし、日本人顧問および法務補佐官たちが支援するとされた。伊藤は、その手順として、まず旧来の「伝統法制」調査に「一両年」を費やし、次いで、法典編纂、刑法の改正、および三審制に依る裁判事務の取扱いを急務とし、さらに「五年間順序ヲ追フテ」司法改善を行う構想であった。なお、当面は、警察官が検事の役割を果たすことも決められた(42)。

この順序に従い、まず、韓国内閣の下に法典調査局が設置され、法学博士梅謙次郎が顧問として調査を開始した。また、法官養成所を設立し、朝鮮人司法官の養成に努めるとされた。しかし、法典編纂には「約三年」を要し、司法官養成も「短時日ノ能ク養成スル所ニアラス」という事業であることを理由として、裁判事務の取扱いが優先された。こうして、一九〇七（明治四〇）年一一月に裁判所構成法、裁判所構成法施行法、裁判所設置法を公布し（一九〇八（同四一）年一月一日施行）、また、八月一日から、大審院、控訴院、地方裁判所、そして一部の区裁判所を開庁し、事務が開始された。そして、第三次日韓協約の締結に伴い、いわゆる「次官政治」が始まり、従来の法務補佐官の多くは、そのまま各裁判所に配属された(43)。司法制度改革は本格化する筈であった。

しかしながら、伊藤は、一九〇九（同四二）年九月、当時の桂太郎首相に「韓国司法及ビ監獄事務委託ニ関スル件」なる文書を送り、司法制度改革を断念する。この文書では、その理由は次のように語られている(44)。

日本は、「韓国保護政策ヲ貫徹シ其効力ヲ普及セント」し、「今日ノ急務ハ韓国ノ司法事務ヲ改良」することとしてきたが、「韓国ニ在テ積年政治紊乱ノ主因タル法治ノ缺點ヲ補ハンカ為ニハ一面法官ヲ養成シ一面国民ノ法治的習慣ヲ馴致セサルヘカラスト雖是レ一朝一夕ノ能クスル所ニアラス少クモ一生期ノ歳月ヲ俟タサルヘカラス然ルニ韓国統治上ノ一大障礙タル治外法権ノ撤去ヲ數十年間遷延シ之ヲ等閑ニ附セハ或ハ形勢ノ變移ニ依リ終ニ其目的ヲ達シ能ハサルニ至ルヤモ未タ測リ知ルヘカラス」、「去ル明治四十年度以来帝国政府ハ六箇年ニ亙リ金千九百六拾餘萬圓……ヲ韓国政府ニ無利息無期限ニテ貸與ス是レ韓国財政ノ現状ニ顧ミ保護ノ目的ヲ達スル上ニ於テ實ニ不得已ニ出ツ……此貸與金ハ明治四十五年度ニ至レハ契約ノ期限ニ達スヘシト雖韓国財政経済ノ状況ハ今暫ラクハ到底我補助金ヲ全廃スル能ハサルカ故ニ結局補助ノ必要アリ」。

ここには、第一に司法制度改革ひいては治外法権撤廃が多年を要すること、第二に改革用の補助金を韓国が償還するのは不可能なこと、の二点が挙げられている。同様の指摘は、明治四二（一九〇九）年の朝鮮総督府『第三次施政年報』にも、以下のようにある。(45)

「然レトモ司法制度ノ整備ハ一朝ニシテ之ヲ求ムヘキニ非ス韓国政府ハ二司法制度改善ノ目的ヲ以テ一面法官養成所ヲ設立シテ韓国人法官ノ養成ニ努力シ一面法典編纂局ヲ設置シテ韓国法典ノ編纂ニ鋭意スト雖適良ナル法官ハ短時日ニシテ養成スルヲ得ス又法典編纂ハ文明諸国人ヲ満足セシムルト同時ニ韓国人ノ慣習ニ適合スル法規ノ制定ヲ要スルヲ以テ是亦決シテ容易ノ業ニ非ス故ニ韓国ニ於ケル司法制度ノ整備ニ関シテハ既ニ諸外国ノ信用ヲ有シ且在来ノ文物韓国ト其ノ系統ヲ同クスル帝国政府ニ韓国ノ司法権ヲ委託スルヲ以テ寧ロ至当ナリトス加之之ヲ韓国政府ノ財政上ヨリ観ルモ確実ナル司法事務ノ改善ハ韓国政府ノ単独執行スル能ハサル所ナルニ帝国政府カ韓国ノ行政司法改善ノ目的ヲ以テ明治四十年度以降五箇年ニ亙リ金一千九百六十余万円ヲ韓国政府ニ無利息無期限ニテ貸付シ韓国ノ歳入ヲ補助スルコトトナシタルモ此等ノ貸付金ハ明治四十四年度ニ至ラハ契約期限ニ達スヘク而シテ韓国現下ノ財政経済ノ状況ヲ以テスレハ韓国政府ハ該期限満了ノ後ニ至ルモ依然トシテ行政及司法全経費ノ負担ニ堪ユル能ハス結局帝国ノ補助ニ頼ルノ外ナケレハナリ故ニ寧ロ進テ司法権ヲ帝国政府ニ委任シ司法及監獄ニ関スル経費ヲ帝国政府ノ負担トシ韓国裁判所ヲ名実共ニ帝国裁判所ト為スニ如カサルナリ」。

それでは、まず司法官の養成はどのように行われたか。甲午改革時に設立された法官養成所は、その後、七年間、廃所の状態であり、一九〇三年に漸く再開された。それゆえ、卒業生の中から法曹職に就く者もあったという。保護政治下では、二年以上の課程を卒業した者には、判事・検事に任命される途が正式に開かれた。したがって、司法官養成は漸進的ではあるが、行われていた。[46] しかし、注目すべきことは、裁判所職員数の推移である。それは、一九〇八年で判事一一〇名のうち日本人が七四名で韓国人が三六名、検事四一名のうち日本人が三二名で韓国人が九名であり、圧倒的に日本人が多い。一九〇九年は判事が一九二名と八七名、検事が五七名と七名、一九一〇年は判事が一八三名と七一名、検事が五四名と六名、そして、一九一一年は判事が一八七名と六二名、検事が五六名と四名であり、韓国人の数は一貫して減少している。[47] しかも、これらの韓国人は法官養成所を卒業した人物とは考えられず、むしろ、それ以前から韓国司法部の職員であった者を雇用した可能性が高い。そのことは、国分三亥の次のような回顧談があるからである。[48]「判検事は旧平理院及漢城裁判所に勤務して居つた韓人の中から鄭寅興を大審院判事、洪鍾檍を同院検事に、其の他二、三十名を控訴院以下の平判、検事に採用した外は、尽く内地から新に招聘された者と、前年に招聘して居つた法務補佐官を採用したのであります。そして、書記、通訳官も主なるものは皆日本人の中から採用した」。

以上のことから考えて、司法官養成は行われたが、法官養成所卒業生で裁判所職員に採用された韓国人は、ほとんどいないといえる。また、司法権委任後は、統監府裁判所が朝鮮総督府裁判所に移行したことに伴い、日本の裁判所構成法に依って資格のある者のみが雇われることとなったため、韓国人の比率は減少したから、この確率はさらに高い。しかも伊藤は前述のように、それよりも裁判事務取扱いを優先した。伊藤は次のように言う。[49]

「目下経費ナキカ故ニ特ニ司法官ヲ任命スルヲ得サルヲ以テ地方官ノ職務ヲ行政司法ト区分シタルニ過キス……将来事情ノ許ス限リ民法刑法民事訴訟法刑事訴訟法ノ制定ニ勉励シ特別ナル司法官検察

官ヲ任命スル迄ニ達セサルヘカラス」。

つまり、司法官養成は時間がかかるにせよ、形式的だったのである。

次に、法典の編纂・制定は、どのように行われたか。概括的に言えば、伊藤が当初構想した「民法刑法商法訴訟法及裁判所構成法」のうち、実際に制定・施行されたのは、裁判所構成法および関係法令のみであった。他の法律は法典調査局において編纂が予定されていたが、一九〇八年に「民刑訴訟規則」が制定された以外は、一九〇九年の司法権委任さらに翌年の併合までには、編纂・制定されなかった。その理由は、民法・商法および民事訴訟法については時間が足りなかったこと、また刑法・刑事訴訟法についてはそもそも大体の方針の決定にとどまったことである。前者についてさらに言えば、梅博士は「伝統法制」とも日本法とも異なる「民商二法統一法典」を構想し、その前提たる慣習調査は一九〇九年にソウルの分が終わり、それに伴い、いずれも起草中といわれていた。また後者についても、倉富法部次官の下で膳鉦次郎調査局委員が起草中とされていた（この中で、梅博士の構想が注目すべきであり、このことについては後述する）。しかし、両者とも、結局は制定されず、総督府になって後に、朝鮮民事令・刑事令として制定されることとなる[50]。しかし、一九〇七年から僅か二年しか経っていない時点で、しかも起草中が事実とすれば、制定に時間がかかって「決シテ容易ノ業ニ非ス」とはいえないであろう。伊藤も日本の条約改正の経験および方法を踏襲すれば、短期間で達成可能と考えていた。すでに引用したように、伊藤は法典編纂を、「一ヶ年二万円内外ノ経費ヲ抛チ二三名ノ専門家ニ嘱託セハ二両年ニ完成スルコトヲ得ヘキ見込」と述べていたからである[51]。

それでは、裁判事務は、どのように整備されたか。第三次日韓協約の覚書では、裁判所として大審院一箇所、控訴院三箇所、地方裁判所八箇所、区裁判所百十三箇所の設置が規定されていた。これに充当する司法官の数は膨大であり、まさに「空前の改革」といえる。これに対しては批判もあったが、伊藤は熱心に推進した。この結果、一九〇八年八月一日から各級裁判所が開庁されることとなったが、諸事情から地方裁判所以上と区裁判所のうち一六箇所が開庁された。また翌〇九年には、三八箇所が続けて開庁されたが、司法権委任に伴い、漸次見直しが行われ、区裁判所は八〇箇所が開庁、事務が開始された[52]。この推移をみる限り、区裁判所の開庁が遅れたとはいえ、裁判事務も大きな障害があったとは考えられない。このこともまた、司法権委託の理由とはいいにくい。

以上のように、司法権委託の理由として述べられていることの多くは、説得力をもたない。それでは、経費負担はどうであろうか。先行研究に依拠して概括的に述べれば、明らかに莫大な費用を必要とし、それが司法制度改革に対する様々な批判を招いた最大の理由の一つとなったといえる。すなわち、韓国政府の歳出のうち、法部所管費用の推移をみると、一九〇六年にそれぞれ一万四三七一円およびであったものが、〇七年に七六万三〇四二円、〇八年に一三七万〇一九二円、〇九年に二三〇万八五〇五円へと、終始一貫、増加している。このような法部の歳出増加は、当然、韓国政府の財政を圧迫したが、それは同政府が容易に負担できるものではなく、日本政府からの貸付金に依存せざるをえなかった。したがって、これに対しては、日本国内の法曹界からも批判を受け、それが司法権委託の大きな理由となったことは、事実といえよう[53]。

しかるに、司法権委託については、これら以上に重要な理由が存在した。筆者がすでに指摘したように、その一つが諸方面からの司法制度改革への反対、さらに保護政治への批判・抵抗であり[54]、もう一つが治外法権撤廃を急がざるをえない状況の出現であった。まず、日本側から反対が生じた。しかも、この反対は、かつて伊藤が、その活用を意図した一進会、および、それと連動した日本国内勢力からも起った。そして、それは伊藤の保護政治への批判へと、次第に拡大していった。それらの批判の最大の目標が、司法制度改革だったのである。批判の主たる内容は、法典編纂および司法官養成は、韓国が独立国であるという誤った認識を欧米諸国にもたせるのみならず、長期間にわたる、また巨額の資金を必要とするというものであった。中でも、一進会顧問内田良平、および一進会の操縦を考慮していた山県有朋や寺内正毅らは、併合推進の立場からこの政策に反対した。確かに、彼らの主張するように、併合を断行すれば、韓国には日本の法律が適用され、しかも欧米列国との関係は日本のそれと異ならなくなり、同時に治外法権は消滅するはずであった。内田や山県らは一進会を操縦し、伊藤の政策に反対させたのである(55)。

また、保護政治自体に対する批判の声が国内でも高まっていた。例えば、帝国議会において、明治四二年二月、小川平吉、河野広中らは、保護政治に対する質問状を政府に提出し、伊藤を攻撃した。その主旨は、伊藤の「自治育成政策」という「懐柔策」が日本の威信を失墜させるというものであり、その実例として、地方官の任免権が韓国の大臣に移ったこと、官吏の収賄が横行していること、さらには「暴徒の始末」が不十分であることなどを挙げている。そして、対韓政策としては威圧政策が最も望ましく、それができないなら保護政治をやめるべきだと結論したのである。小川平吉らはすでに明治四〇年頃から、韓国問題の根本的解決として併合の断行を主張していた。しかも、このような議会における伊藤攻撃に材料を与えたのは、統監府の官僚たちであり、伊藤への批判は足下からもわき起っていた(56)。このような反対に直面し、伊藤は自らの保護政治をみなおすこととなるが、その伊藤にとっての関心事の一つは、韓国国民の動向であった。

しかるに、韓国側では、李完用派など一部の支配層が伊藤に協力的であったことを除けば、概して保護政治に強い反発を示し、あるいは抵抗運動を引起こした。とくに、一九〇七年七月の第三次日韓協約の締結と、同八月の韓国軍隊の解散とは、反日抵抗運動を高揚させる大きな端緒となった。以後、伊藤の統制政策の採用により、宮中は陰謀の求心点ではなくなり、また愛国啓蒙運動も活動を制約されるようになったが、軍隊解散によって活発化した義兵運動が抵抗運動の中心となる。そして、伊藤がその鎮圧について当初は楽観的であった義兵運動は、組織力と機動力とを格段に増し、日本軍を明確に敵として戦いを繰り広げた。このような義兵運動の高揚は、伊藤の保護政治が成功していないことを示す何よりの標であった。伊藤は鎮圧のために様々な手段を試みたが、結局は軍事力に依存せざるをえなかった。[57]伊藤は、韓国「国民ノ法治的習慣ヲ馴致セサルヘカラスト雖是レ一朝一夕ノ能クスル所ニアラス」[58]と痛感したであろう。こうして、伊藤は韓国国民を心服させることができず、韓国統治に意欲を失い、司法制度改革もまた放棄される。

2　国際関係の変化と司法制度改革

当初の司法制度改革を挫折させた第二の理由は、国際関係の変化、すなわち間島問題をめぐって顕在化した、欧米列国の韓国に対する干渉の恐れであった。そして、このような状況に直面して、伊藤は従来の方式ではない、治外法権撤廃の便法を考えざるをえなかった。それが、韓国に日本裁判所を設置し、在韓外国人に日本裁判権に従わせるという、第三の方法だったのである。以下、その経緯をみてみよう。

まず、間島問題とは如何なるものであったか。間島とは、韓国と満州（現在の中国東北地方）との国境地帯を漠然と指す名称である。間島問題とは、この地に主として軍事的理由から日本が進出したため、これをめぐって当時の清朝中国政府と日本との間で外交上の懸案となったというものである。しかも、この問題を契機として、欧米列国とくにアメリカとロシアが干渉する可能性が生まれ、それが日本に韓国の併合の時期を決意させた。間島に日本が進出した意図は、将来のロシアの軍事的行動に備えるために、間島に日本の拠点を築くことであった。この地に古くから朝鮮人が往来・居住しており、第二次日韓協約後は、日本が彼らを保護する責務を負ったことは、その格好の名目となった。こうして、日本の間島進出によって、韓国問題と満州問題とが連関したのである。(59)

しかるに、日本の進出に対して中国は強硬な抗議を行い、これを欧米列国とくにアメリカが支援した。日中間には交渉が行われたが、容易には決着せず、その間、独米中同盟構想など、この問題への欧米の干渉の可能性が生まれた。このような欧米の動向に直面して、日本はあらためて自らの立場の脆弱性を認識した。アメリカが満州問題に干渉するのではないか、あるいはアメリカが他の国を誘って日本の満州利権を制限するのではないかという危惧が、日本の政治指導者たちを襲った。山県有朋は、次のように言う。(60)

「満州の経営進行せす我か利権確立せす我か立脚の地盤強固ならすして空しく歳月を経過するに於ては関東半島は勿論南満州鉄道と雖とも其極之れを維持する能はさるに至るなきを保せす若し不幸にして斯くの如き形勢を馴致することあらん乎其事の韓半島に影響する極めて重かつ大なるものあり……今や僅かに之れを保護国としたるのみにして未だ純然たる附庸と化し能はさる中に再ひ之れを抛棄せさるか如きことあらは……大いに恥つへき……是れ余の常に深憂を抱く所以」。

このように、日本の政治指導者は、韓国問題と満州問題とが連関するがゆえに、もし干渉が現実のものとなれば、それが満州のみならず、保護国にすぎない韓国にも及ぶのではないか、という認識を共有していた。伊藤もまた、それを憂慮していた。伊藤は、すでに一九〇六年三月に、自ら招集した満州問題協議会で、次のように述べている。(61)

「余ハ甚タ憂慮セリ、如何トナレハ是レ独リ日本ノ外交問題ナルノミナラス其ノ影響ハ間接ニ韓国ニ波及スルノ虞アレハナリ、日本ノ満州ニ於ケル行動ニ対シ列国ノ物議ヲ招キ海外ノ諸新聞ヨリ非難攻撃ヲ蒙レハ目下韓国上下ノ人心ハ未タ全ク日本ニ服セス動モスレハ陰ニ款ヲ露国ニ通シテ日本ノ政略ニ反対セントスルモノナキニアラサレハ如斯非難ハ忽チ韓人ヲシテ種々ナル空想ヲ抱カシムルヲ以テ余ハ職責上之ヲ等閑ニ附スルヲ得ス」。

しかも、伊藤は、同年、ロシア総領事プランソンの韓国国王高宗への信任状捧呈問題に、断固反対した際、その一因を韓露条約が日露戦争によって無効となったためとし、新たに韓露条約を結ばせて日本の立場を明確にすべきであると、述べていた(62)。

以上のように、日本の政治指導者のうち、伊藤はとくに韓国統監という立場上、欧米列国の動向が韓国に何らかの影響を与え、「韓国の独立保証」を名目とする日本の保護政治が、それによって危うくされることを強く怖れていた。そして、韓国への欧米列国の干渉がありうるのは、何よりも欧米人が治外法権をもっているからだというのが、伊藤を始めとする日本の政治指導者の、これも共通の認識であった。一九〇五年三月の閣議決定「韓国保護権確立ノ件」では、次のように述べられている(63)。

（保護権確立）「シテ始メテ以テ将来韓国ノ対外関係ヨリシテ再ヒ国際ノ紛糾ヲ誘致シ延テ東洋ノ平和ヲ攪乱スルノ憂ヲ根絶スルヲ得ヘシト信ス尤モ保護権ノ確立ハ之ニ依テ直ニ韓国ト列国間ニ存スル条約ヲ廃止スルノ効果ヲ有セス随テ治外法権及協定税率ニ関シテハ列国ハ尚従前ノ地位ヲ保有スヘキモ之ニ対シテハ自ラ善後ノ方策ナキニアラス即チ治外法権ニ関シテハ帝国ハ宜ク或時機ニ於テ適当ノ司法制度ヲ韓国ニ布キ以テ外人ニ対スル法権ヲ掌握スルコト」。

つまり、治外法権の撤廃は、韓国に対する外国の干渉を予防するためであると、明確に位置づけられていた。それゆえ、それはできるだけ早いことが望ましかったが、しかし、間島問題によって韓国問題と満州問題とが連関するまでは、緊急性はなかったのである。それでは、治外法権の撤廃を急ぐ必要ができた時、伊藤は如何なる方法に訴えようとしたか。皮肉なことに、それはアメリカのイニシァティブから生まれる。そのことを、伊藤は、一九〇七年六月の施政改善協議会において、次のように述べている(64)。

「昨年米国政府ヨリ日本政府ニ対シテ米国人ノ発明特許意匠商標及著作権ヲ韓国ニ於テ日本ノ法律ニ従テ保護セラレタシ然ル上ハ此ノ問題ニ関シテハ米国カ韓国ニ於テ有スル治外法権ヲ撤回スヘシト申込ミタリ……今ヤ此ノ治外法権ヲ一部撤回シテ日本ノ法律ニ従ハントスルナリ…韓国ノ側ヨリ考フルニ治外法権ノ存在スル間ハ独立国ト称スルコトヲ得ス而シテ其ノ一部ヲ撤回セラル、ハ韓国ノ為ニモ祝スヘキコト……自分ノ意見ニテハ韓国法律ノ完備スル迄日本ノ法律裁判ヲ以テ之カ保護ヲ為スニ異議ナキ……縦ヒ日本ノ法律ヲ以テスルトモ外国ヨリ法権ノ一部ヲ回復シ置ケハ将来治外法権ノ全廃ヲ圖ル上ニ於テ頗ル便宜ナルヘシト信スルカ故ニ其ノ申込ニ応セントスルナリ」。

つまり、アメリカは上記の諸件に関して治外法権撤廃を申入れたのであり、伊藤を始め日本政府はこれを受入れ、翌年五月、「韓国に於ける発明、意匠、商標及著作権の保護に関する日米条約」が結ばれた(65)。いわば、部分的・漸進的治外法権の撤廃といえ、この方法が、間島問題という危機的な状況において、実現可能な妙案として浮上した。そして、これを案出したのが、法部次官倉富勇三郎であった。倉富は、次のように言う(66)。

「在韓日本人ニ対スル裁判ノ制度ハ領事裁判ヨリ現今ノ理事庁裁判ト為リタルモノニシテ領事裁判ニ対シテハ内地ノ上級裁判所ニ上訴スルコトヲ許シタルヲ改メ現今ニテハ上訴ヲ審判セシムル為メ特ニ統監府法務院ヲ置カレタルモ制度ノ大体ニ於テハ領事裁判ノ時代ト格別ノ変更ナシ在韓国日本人ノ

訴訟ヲ審判セシムル為メ特別ニ多数ノ裁判所ヲ設置スルハ固ヨリ望ムヘキコトニ非サルヲ以テ既往ニ於テハ現行ノ制度ヲ以テ最善ノモノト為ササルヲ得ス然レトモ理事庁ハ裁判ヲ以テ専務ト為スモノニ非サルニ因リ仮令理事官又ハ副理事官ノ其技能ハ司法官ニ譲ル所ナシトスルモ諸種ノ点ニ於テ専務ノ裁判所ニ及ハサル所アルハ蓋己ムヲ得サルコトナルヘシ翻テ韓国ノ裁判制度ヲ見レハ事創設ニ属シ不備不整ノ所多キハ固ヨリ免レ難キコトナルモ裁判所ノ構成略々日本ノ現制ニ同シク其職員ノ多数亦日本ヨリ聘用セラレタルヲ以テ裁判ノ実質ニ於テハ必スシモ日本ノ裁判ニ比シ難キニ非ス然レトモ韓国ノ法律ハ極メテ不完備ナルヲ以テ在韓国日本人ヲシテ俄カニ韓国ノ裁判権ニ服セシメ難キハ言ヲ俟タス法律ノ制定ハ容易ノ業ニ非サルヲ以テ少クモ今後両三年ヲ費スニ非サレハ其完備ヲ期シ難カルヘシ故ニ今日ニ於テハ在韓国日本人ニ関スル訴訟ハ韓国ニ聘用セラレタル日本法官ヲシテ日本裁判所ヲ構成セシメ日本ノ法律ニ従テ審判セシムルヨリ便ナルハナカルヘシ此方法ニ依ルトキハ韓国ニ於テハ別ニ損スル所ナク而シテ日本人ハ利益ヲ享クルコトハ決シテ鮮少ナラサルヘシ加之韓国ニ於ケル専務ノ日本裁判所ヲ設置スルニ至ラハ特許、意匠、商標等ニ関スル日米協約ノ例ヲ拡充シ在韓国外国人ヲシテ一切ノ訴訟ニ付キ日本裁判所ノ裁判権ニ服セシムルコトヲ得ルニ至ラハ直接ニ韓国ニ対スル治外法権ヲ撤去セサルモ其実之ヲ撤去シタルト同一ノ効果ヲ収ムルコトヲ得ルニ因リ韓国ノ為ニ謀ルモ亦至便ノ事ト謂ハサルヲ得ス而シテ之ヲ実行スルニ付テハ数個ノ法令ト韓国ニ対スル一ノ取極ヲ要スルノミニテ経費其他ニ関シテハ別段ノ施設ヲ為スニ及ハサル儀ト思考致シ候ニ付キ試ミニ別紙法令案ヲ草シ御参考ニ供シ候」。

こうして、「司法権委託という方法が考え出された。それは。韓国に日本裁判所を設置し、在韓外国人関係の訴訟も日本裁判所の裁判権に服させるというものであり、直接に治外法権を撤廃すると同一の効果を収めるとされた（勿論、自動的に治外法権が撤廃されるわけではなかった）。それは「伝統法制」の改編でもなく、新たな法制定でもないため、経費もかからないという意味でも、一種の便法、妙案であった。それゆえ、このことに対しては、例えば、「法典制定派」あるいは「韓国民法典制定派」と「日本法強制派」というような、司法官僚間の深刻な対立があったとは考えられない。ことは、国際関係に関わり、重要な政治的判断に基づいていたからである。(67) ここに、この方法を採用した伊藤は、一九〇九年六月に統監を辞任し、翌七月、「韓国司法及び監獄事務委託に関する覚書」が、統監府と韓国政府との間に締結された。そして、これを契機として、日本は将来のある時点で、韓国を併合することを、閣議決定したのである。(68)

おわりに

日露戦後、伊藤博文が初代韓国統監として推進した保護政治の一環である司法制度改革は、それまでの日本の対韓政策における重要な要素の一つを具体的に現実化しようとするものであった。しかも、それは、それまで日本人が考え、日露戦後に実感された「伝統法制」に対する認識を基盤としていた。それらは、韓国には法制度が欠如し、そのため法の運用は恣意的であり、韓国国民は虐待されているというものであった。また、司法制度改革は「司法権の独立」という理念を掲げた点で、従来の改革論議とは大きく異なっていた。「司法権の独立」を掲げたのは、それが治外法権撤廃などを内包したために国家的独立を意味するとされ、その点で、「韓国の独立保証」という日本の保護政治の名目と一致すると考えられたからである。しかも、当時、広く東アジアでは、「司法権の独立」は肯定的にとらえられており、それを標榜することは、韓国人の保護政治に対する支持を調達する上で効果があると考えられた。つまり、「司法権の独立」は司法制度改革と相俟って、保護政治への韓国国民の心服をもたらす上で、格好の理念であったと考えられたのである。しかるに、司法制度改革の実際は、「伝統法制」からの訣別と「司法権の独立」を内容としたがゆえに、大規模、かつ莫大な費用を要するものとなった。そのことは、日韓両国において司法制度改革への反対を招き、それは保護政治への批判・抵抗ともなり、伊藤に保護政治への熱意を失わせ、韓国の司法権を日本に委託するという結果をもたらした。

さらに重要なことは、国際関係上の危機すなわち間島問題の出現が、治外法権撤廃を緊急課題へと押上げたことであった。間島問題が満州問題と韓国問題とを連関させたため、満州問題への欧米列国の干渉が韓国に及ぶ恐れが生じた。ここに、司法権委託という方法が浮上し、伊藤の辞任、日韓間の覚書交換、日本による韓国併合の決定が行われた。

以上のように、「伝統法制」否定も「司法権の独立」も、結局は実際の司法制度改革とは相容れなかった。そして、総督府は、それらの理念を全く顧慮しなかった。裁判所は独立を失って総督府に従属し、司法制度は伝統法制の近代的様相の下での復活ともなった。このような事態を憂慮したのが、倉富勇三郎であった。彼は次のように言う(69)。

「明治四十三年韓国を併合せられたる以来、在留外国人の治外法権も撤去せられ朝鮮に於ける帝国の裁判所は内地人朝鮮人外国人の別なく帝国の法規に依りて裁判権を施行し其の権限内地の裁判所と異なる所なし然るに併合後十余年を経過したる今日に至るも未だ通常の裁判所即ち裁判所構成法に依る裁判所を設置すへからさる事由ありや否之を別言すれば朝鮮総督府裁判所は尚之を存置せさるへからさる必要ありや否」、「今日は内地の裁判制度を朝鮮に施行するも紛擾を生ずる虞あるへしとは思われず但制令に依る裁判所を改めて裁判所構成法に依る裁判所と為し」、（高等法院の廃止、および、朝鮮総督に属する検察事務指揮監督権の廃止の問題を論じ）「要するに裁判所構成法を朝鮮に施行することは別段の不便なくして多大の利便を得へきとは疑を容るる所なかるへし」。

つまり、倉富は総督府治下の裁判所を総督府の従属から解き放つことを主張し、その根拠の淵源を伊藤の保護政治に求めたのである。しかし、倉富の意図は実現されなかった。同様に、植民地化と軍事化は政党化によって挑戦を受けるが、再植民地化と再軍事化との結合によって、その試みは挫折させられる。[70]こうして、伊藤の保護政治下で始まった司法制度改革の理念と意図は、その結果と現実とによって裏切られた。しかるに、まさにその時、満州では、独立国固有の法整備の試みがみられることとなる。[71]

＊　本稿では、保護国化前の王朝時代に朝鮮半島に存在した国家および国民を指す時に朝鮮という呼称を用い、それ以後については韓国とよぶこととする。

（1）　拙著『近代日韓関係史研究』（東京大学出版会、一九八七年）第二部、拙著『日韓併合』（吉川弘文館、一九九二年）第二章以下、鄭鐘休『韓国民法典の比較法的研究―日本法との関連』（創文社、一九八九年）、内藤正中「韓国における梅謙次郎の立法事業」（『島根大学法文学部島大法学』第三五巻第三号、一九九一年一一月）、李英美「朝鮮統監府における法務補佐官制度と慣習調査事業―梅謙次郎と小田幹治郎を中心に」（一）～（四）（『法政大学法学志林』第九八巻第一、四号、第九九巻第二、四号、二〇〇一年一、三、一二月、二〇〇二年一、三月）など、また、朝鮮と他の植民地との法的関係については、田中隆一「帝国日本の司法連鎖」（『朝鮮史研究会論文集』第三八号、二〇〇〇年一〇月）などがある。なお、植民地朝鮮（韓国）と日本との法的地位に関しては、戦前から多くの研究がある。最近の注目すべき研究としては、浅野豊美「日本帝国の統治原理『内地延長主義』と帝国法制の構造的展開」（『中京大学社会科学研究』第二一巻第一・二号、二〇〇一年三月）があり、多様な問題について論じている。参照されたい。

(2) 前掲内藤論文第一章「韓国立法事業の歴史的評価」、および、前掲李論文第一章「序論」参照。

(3) 前掲拙著参照。なお、前掲李論文は、第四章第三節（前掲（四））で、「韓国内閣の変動」および「『韓国民法典制定派』と『日本法強制派』との対立」などを、その理由として考察しているが、前者については韓国政治についての体系的・歴史的把握が弱いため唐突であり、後者の対立は事実を反映していない。とくに、治外法権撤廃については、拙論のような国際関係的視角が不可欠である。

(4) 拙著『近代日韓関係史研究』第二部第一章、および、拙著『日韓併合』第二・三章。

(5)「第一七回施政改善協議会」一九〇七（明治四〇）年六月四日、市川正明編『韓国併合史料』（全三巻、原書房、一九七八年）第二巻、五一二頁。

(6) 一九〇八（同四一）年六月一三日「伊藤統監演説要領筆記」（韓国法官招待席上ニ於テ）、辛珠柏編『日帝下支配政策資料集』第八巻（ソウル高麗書林、一九九三年）より引用、一五―二三頁。なお、この演説は関係史料に頻繁に引用されている。例えば、『朝鮮における司法制度近代化の足跡』友邦シリーズ第四号（友邦協会、一九六八年）、四八―五四頁参照。

(7) 井上角五郎君功労表彰会編『井上角五郎君略伝』（同会、一九一九年）、四五―四八頁、および、井上角五郎先生伝記編纂会編『井上角五郎先生伝』（同会、一九四三年）参照。

(8) 前掲拙著『近代日韓関係史研究』、三〇―四三頁。

(9)『時事新報』社説、明治二〇年一月六日、二五年一〇月一日、二七年六月一七日。

(10)「第一回施政改善協議会」一九〇六（同三九）年三月一三日、前掲『韓国併合史料』、第一巻一四一頁。

(11)「第四三回施政改善協議会」一九〇八（同四一）年六月二四日、同右第二巻、九四七頁。

(12)　前掲李論文（二）、二二七―二二八頁、前掲内藤論文、一六―二三頁、および前掲『朝鮮における司法制度近代化の足跡』など参照。
(13)　前掲内藤論文、一七―一九頁、梅謙次郎「韓国の話」。
(14)　同右、二〇頁、梅謙次郎「韓国の合邦論と立法事業」。
(15)　同右、一九頁、梅謙次郎「韓国の法律制度について」。
(16)　同右、一七頁、同右。
(17)　梅謙次郎の第二次日韓協約に関する感想中に、「伊藤統監が大に意を用いたところでありまして、要するに韓国の司法制度を改善し、人民の権利を伸長し裁判所を真に独立の官衙たらしめ、司法と行政の区別を明確にして、以て文明的政治を行はんとする前提に外ならない」とある。同右、一六頁、より引用。
(18)　『朝鮮における司法制度近代化の足跡』第一期「法務補佐官招聘時代」に記載の、一九〇八年六月の伊藤統監に対する松寺竹雄検察官の発言、および、諸氏（中村竹蔵、島村忠次郎、大友歌次、草場林五郎、国分三亥氏ら）の回想、また、前掲李論文（一）、二二七―二二八頁（『法律新聞』記載の書信）。
(19)　同右李論文（一）、二二九―二三二頁（ここには、右の伊藤・松寺質疑も引用されている）。
(20)　『倉富勇三郎関係文書』（国会図書館憲政資料室所蔵）書類の部、三〇―二一「司法制度ノ沿革及現状ノ概要」、三〇―二二「朝鮮ノ司法制度ニ関スル私見」。
(21)　韓国法制史研究の文献は多数存在するが、とくに、田鳳徳・朴秉濠両氏の業績は参照されるべきである。ここでは、田鳳徳『韓国法制史研究』（ソウル、ソウル大学校出版部、一九六八年）、朴秉濠『韓国の伝統社会と法』（ソウル、ソウル大学校出版部、一九八五年）などを参照した。また、前掲鄭鐘休『韓国民法典の比較法的研究』、および、前掲李論文にも、主要研究が引用されている。なお、金昌禄「韓国の法体系はどこへ向かって行くのか」（今井弘道他編『変容するアジアの法と哲学』有斐閣、一九九九年所収）が伝統法制を簡単にまとめている。

(22) 前掲『井上角五郎君略伝』、四五―四八頁、改革案第七項参照。
(23) 前掲『時事新報』社説、とくに、明治二七年六月一七日社説参照。
(24) 前掲一九〇八年六月一三日「伊藤統監演説要領筆記」。
(25) 一九〇六年三月二五日「伊藤統監内謁見始末書」、前掲『日韓併合史料』、第一巻、一六四頁。
(26) 同右「始末書」、同右、一六五頁。
(27) 前掲『倉富勇三郎関係文書』所収、倉富勇三郎「朝鮮ノ司法制度ニ関スル私見」および「司法制度ノ沿革及現状ノ概要」。
(28) 「第四三回施政改善協議会」一九〇八年六月二四日、『日韓併合史料』、第二巻、九四八頁。
(29) 三谷太一郎『政治制度としての陪審制』（東京大学出版会、二〇〇一年）、一一六―一一七、二七三―二七六頁。
(30) 李貴連「近代中国法の変革と日本の影響」（池田温・劉俊文編『日中文化交流史叢書第2巻法律制度』大修館書店、一九九七年所収）、二五八、二六五、二七三頁。なお、同書には他に、張培田「清末の刑事制度改革に対する日本からの影響」、小口彦太「満州国民法典の編纂と我妻栄」などの論考もある。
(31) 「第四三回施政改善協議会」一九〇八（同四一）年六月二四日、同右第二巻、九四七―九四八頁。
(32) 三谷前掲書、二七五―二八〇頁。
(33) 第三次日韓協約締結前は、日本人を表立って韓国政府の官僚として雇用することができなかったから、法務補佐官という形式にせよ、司法機能を日本人が独占的に占有するための正当化として、この理念は有効であったと考えられる。しかし、協約締結後は、その必要はなくなった。しかし、司法官に日本人の占める割合は、他の部門・機関に比して圧倒的であった。伊藤が、軍隊および警察と並んで、司法部門を実質的に掌握することで、保護の実績を挙げようとしたことは確かであろう。前掲拙著『近代日韓関係史研究』、二一七―二一八頁。
(34) 『倉富勇三郎関係文書』「倉富勇三郎日記」一九二一（大正一〇年）六月二八日の項。三谷太一郎『近代日本

の戦争と政治』（岩波書店、一九九七年）、五六頁。
(35) 同右三谷『近代日本の戦争と政治』、同右頁。
(36) 前掲李論文（二）、二〇六、二二四―二二五頁。
(37) 前掲拙著『近代日韓関係史研究』第二部参照、とくに、二二四―二二五頁。
(38) 有賀長雄『保護国論』（一九〇六年）、小林啓治『国際秩序の形成と近代日本』（吉川弘文館、二〇〇二年）第二章参照、とくに、八六―九五頁。
(39) 「第五回施政改善協議会」一九〇六年四月一九日、『日韓併合史料』、第一巻、二一七頁。
(40) 「第三回施政改善協議会」一九〇六年四月九日、『日韓併合史料』、第一巻、一八一―一八二頁。
(41) 「日韓協約規定実行ニ関スル覚書附属理由書案ノ件」一九〇七年七月二四日、『日韓併合史料』、第二巻、六三〇頁。
(42) 「第五回施政改善協議会」一九〇六年四月一九日、『日韓併合史料』、第一巻、二二七頁、「第十八回施政改善協議会」一九〇七年六月一八日、同右、第二巻、五二六頁など。前掲拙著『日韓併合』、一四二―一四三頁。
(43) 朝鮮総督府編『朝鮮の保護及び併合』（諸版あるが、金正柱編『朝鮮統治史料』第三巻（ソウル、韓国史料研究所、一九七〇年）所収の頁数による）、二三八―二四二頁、および、「第三九回施政改善協議会」一九〇八年四月二九日の倉富勇三郎の発言、『日韓併合史料』第二巻、八四二頁。
(44) 桂首相宛伊藤枢府議長「韓国司法及ビ監獄事務委託ニ関スル件」一九〇九年七月三日、『日韓併合史料』第三巻、一二四八―一二四九頁。
(45) 朝鮮総督府『第三次施政年報明治四二年』、（朝鮮総督府、一九一一年）、四六―四七頁。
(46) 前掲鄭鐘休『韓国民法典の比較法的研究』、五二―五九頁。
(47) 同右、五九―六一頁、前掲『朝鮮の保護及び併合』、二四〇頁、前掲『第三次施政年報明治四二年』、五〇頁、朝鮮総督府編『朝鮮総督府施政年報明治四三年』（朝鮮総督府、一九一二年）、九七頁、同編『朝鮮総督府施政年報明治四四年』（朝鮮総督府、一九一三年）、六一頁。
(48) 前掲『朝鮮における司法制度近代化の足跡』、四六―四七頁。
(49) 「第十九回施政改善協議会」一九〇七年六月二五日、『日韓併合史料』第二巻、五五三頁。
(50) 鄭鐘休前掲書、八九―九二頁、前掲李論文（三）、二一六―二三五頁、前掲内藤論文、一六―二二頁、および、前掲浅野論文参照。
(51) 「第五回施政改善協議会」一九〇六年四月一九日、『日韓併合史料』、第一巻、二一七頁。
(52) 前掲『第三次施政年報明治四二年』、『朝鮮総督府施政年報明治四三年』、『倉富勇三郎関係文書』書類の部、三〇―八「法部政務報告」（明治四一年七月）、三〇―九「法部所管政務状況報告書案」（明治四二年一月二一日）、三〇―一〇「司法及監獄事務報告」（明治四三年一月～四三年一二月一五日）、三〇―一八「韓国司法制度ノ梗概」、前掲李論文（三）、二一六―二三五頁。
(53) 前掲李論文（四）、一九四―二〇〇頁、拙論「日本の朝鮮統治政策（一九一〇―一九四五年）の政治史的研究」（『新潟大学法政理論』第二三巻第三・四号、一九九一年所収）、七五―七七頁。
(54) 以下。前掲拙著『近代日韓関係史研究』、二一七―二二五頁、同『日韓併合』、一四八―一七八頁、の記述に基づく。
(55) 前掲拙著『近代日韓関係史研究』、二一八頁、同『日韓併合』、一五一―一五二頁。
(56) 前掲拙著『日韓併合』、一七二―一七四頁。
(57) 前掲拙著『近代日韓関係史研究』、二二〇―二二三頁、同『日韓併合』、一五四―一七二頁。
(58) 桂首相宛伊藤枢府議長「韓国司法及ビ監獄事務委託ニ関スル件」一九〇九年七月三日、『日韓併合史料』第三巻、一二四八―一二四九頁。
(59) 前掲拙著『近代日韓関係史研究』、二二七―二三三頁。
(60) 「山県有朋意見書」明治四二年四月二九日、大山梓編『山県有朋意見書』（原書房、一九六六年）、三〇七―

三一一頁、同右拙著、二三三―二四四頁。
(61)　外務省編『日本外交年表並主要文書』(全二冊原書房復刻版、一九六六年）上巻、文書の部、三〇五―三〇九頁、同右拙著、二二七―二二八頁。
(62)　同右拙著、二〇七―二〇八頁。
(63)　「韓国保護権確立ノ件」一九〇五年四月八日、『日韓併合史料』、第一巻、四頁。
(64)　「第十八回施政改善協議会」一九〇七年六月一八日、同右第二巻、五二八―五二九頁。
(65)　前掲『日本外交年表並主要文書』上巻、書類の部、一七二頁。
(66)　『倉富勇三郎関係文書』書類の部、三〇―五「日本裁判所設置意見」、三〇―一九「韓国ニ於ケル裁判事務ニ関スル件」(附属法律案一件、勅令案三件)。
(67)　党派の対立を主張するのは、鄭鐘休（前掲書、八九―九二頁)、李英美（前掲論文（四)、二一一―二一七頁）であり、内藤正中（前掲論文、二〇―二二頁）は筆者の研究を引用し、党派の対立については論じていない。なお、内藤論文は、司法権委託の覚書締結に際し、梅謙次郎が「その『成功』を誇らしげに語っている」(一七―一八頁）と、『東京経済雑誌』一五一四号の記事を引用している。梅の同様の認識については、『経済時報』一九〇九（明治四二）年一〇月二〇日号の梅の「韓国今後の司法」なる文章も、同一論調である（浅野豊美氏の教示による)。また、倉富が終始一貫、伊藤の「司法権の独立」の考えを高く評価していたことは、すでに言及した（例えば、前掲『倉富勇三郎関係文書』所収「朝鮮ノ司法制度ニ関スル私見」参照)。もとより、法律家相互で手続き的問題で、意見が異なることがあるのは当然である（二人だけを比較して党派対立といえるかどうかは疑わしい)。それよりも重要なことは、国際関係であり、日本および韓国の政治の動向である。とくに、伊藤が保護政治を実行するに当り、欧米の動向を注視していたことは周知の事実である。司法制度改革のみに注目したのでは、方針転換は説明できない。
(68)　前掲拙著『近代日韓関係史研究』、二二五―二二六頁。

(69)『倉富勇三郎関係文書』書類の部、三〇―一〇「朝鮮ノ司法制度所見草稿」、および、前掲三〇―一二一「朝鮮ノ司法制度ニ関スル私見」。

(70) 三谷太一郎『近代日本の戦争と政治』(岩波書店、一九九七年)、五六―六一頁。

(71) 小口彦太「満州国民法典の編纂と我妻栄」(前掲池田温・劉俊文編『日中文化交流史叢書第2巻法律制度』所収)。満州国が中国からの独立を目指す以上、日本法を適用せず、「独立国固有の法制を完備する必要があった」ことは、いうまでもない。その司法制度整備の性格については、今後の課題である。この点に関しては、「満州国は法的主権者が政治的主権者に従属している国家」という記述が啓発的である(三谷同右書、一一三頁)。

軽犯罪の取締法令に見る民衆統制

朝鮮の場合を中心に

李　鐘　旼

はじめに

周知のように、日本と韓国において一九世紀末から二〇世紀初に至る時期は、近代化または文明開化を積極的に推進した時期である。社会体制が急変する時期において、体制が志向する新しい規範の形成と強制の過程は、犯罪に対する取締法令にもよく現われたといってよい。特に軽犯罪は、どの時期であれ、どの社会でもありうる殺人、放火、窃盗などの一般刑事犯罪とは違う次元で研究の対象になるのである。社会・歴史的にいかなる行為を「軽犯罪」と規定し、どのように処罰したかを明らかにすれば、ある社会の支配構造、それを支える規範や民衆の日常生活を解明する手がかりになろう。

日本では明治政府が一八七二年から実施した軽犯罪に関する法令と取締に関して多くの研究が行われている。日本の軽犯罪取締の歴史は、日本国内だけではなく、日本の支配をうけた朝鮮・台湾や中国の一部地域にも視線を広げて考察しなければならない。しかし従来の研究では日本以外の社会は、対象とされてこなかった。

本編では、朝鮮において展開された軽犯罪取締を、朝鮮の開港（一八七六）から植民地化ののち「警察犯処罰規則」という法令が制定されるまで、法令の流れを中心にして検討する。この時期は、最初日本でうまれた軽犯罪の取締法令が時間と空間の変化を経て変形されていく様子が見られる、変動の時期でもある。このような検討のため、まず日本においての法令や取締過程を簡単にまとめた上で、在朝鮮日本人の軽犯罪取締に関する法令の流れ、そしてそれが植民地化にともなって朝鮮人にも適用されていく過程を検検討する。朝鮮で展開された取締法令の特性は、このような対比検討を通じてもっとよく解明できるだろう。

一　明治政府の都市民衆支配——「違式詿違条例」と「違警罪」の場合

1　日本の開港と違式詿違条例

日本最初の体系的な軽犯罪取締法令は違式詿違条例（以下「条例」と略記）である。この「条例」は一八七二年東京（東京府達第七三六号）から始まり、次の年、全国的に施行（一八七三年太政官布告第二五六号）された後、一八八二年には刑法中の違警罪に統合された。「条例」と「違警罪」については、すでに研究されているので、[1]先行研究をもとに日本の近代的軽犯罪処罰法の変遷と取締実態を整理してみる。

「条例」は、欧米化を目指す明治政府が「日本的なるもの」を国恥と意識しながら、旧習に対して矯正を加えてきた新政府樹立以後の政策を法令として体系化したものである。[2]当時日本は、西欧の不平等条約を改正するために風俗矯正に対して積極的に取り組んだ。取締は、西欧人の視線を意識せざるをえなかった東京や開港場を中心に、日本人の伝統的服装などの旧習及び街路の清潔や通行安全などを主な対象にして行われた。イギリス人イサベラ・バードの次のような旅行記[3]は、当時の雰囲気を物語る。

私の車夫は、警官の姿を見ると、すぐさま上下座して頭をさげた。あまり突然に梶棒を下げたので、私はもう少しで放り出されるところだった。彼は同時に横棒のところに置いてある着物を慌てて着ようとした。また人力車を後ろで曳いていた若い男たちも、私の車の後ろに屈んで急いで着物をつけようとしていた。私はこのような情ない光景をみたことがない。私の車夫は頭のてっぺんから足の先まで震えていた。

東京違式詿違条例第二二条は「裸体又ハ袒裼[4]シ、或ハ股脛ヲ露ハシ醜体ヲナス者」を処罰するとし、露出された身体を「醜体」と規定した。本来「違式詿違条例」の「違式」は故意犯、「詿違」は過失犯を意味するもので、後者より前者に対して重い処罰を加えたが、第二二条は違式項目に属した。この他にも春画などの販売や文身を対象にした違式条項（第九条・第一一条）などがあったが、一八七六年の「条例」違反者数一万九六〇人の中で、これらの条項の違反者が各八人、四四人に過ぎなかったのに比べて、第二二条の違反者は二〇九一人にのぼった。過失犯（詿違項目）の取締の主な対象は、路上における秩序、交通、衛生に関するもので、「便所ニ非ザル場ヘ小便スル者」四四九五人、「喧嘩口論シ噪閙ヲナス者」二一七二七人、そして「夜中無灯ニテ人力車及ビ乗馬スル者」五〇六人の順になっている[5]。

2　刑法違警罪体制下の取締

「条例」は、一八八二年の刑法の中に組み入れられて、違警罪（太政官布告第三六号刑法四二五条〜四二九条）になった。その内容を見ると、「条例」の内容が相当部分そのまま残されたとはいえ、いくつかの変化が見られる。表1は「条例」と違警罪の各項目比較対照をまとめたものである。

まず「条例」の「風俗に関する規制」項目が、違警罪になってからは文身規制のみを残してすべて無くなり、密売淫に対する規制が新しくできた。また爆発物など「危険物」の市内持込禁止のような規制、交通秩序の確保、そして営業行為に関する規制項目などが新しく追加された。刑法違警罪が、国家、社会の秩序や利益、すなわち「公益を害する行為」を主なターゲットとしていることを示す。違警罪では「風俗に関する規制」項目のほとんどが削除されるなど、個人の服装やむかしからの慣習に対する規制は、この段階でいったんゆるんだといえる。ただし、これらは一九〇八年の「警察犯処罰令」へと受け継がれる際再び登場するのである。

違警罪の中で処罰がもっとも重いのは四二五条の一四項目であるが、その中でも一二項の「定リタル住居ナク平常営業ノ産業ナクシテ諸方ニ徘徊スル者」に対する規制に注目する必要がある。これもまた新しく作られたもので、その後、この「無籍・無職の徘徊者」は厳しい取締の対象として登場するのである。では、実際の処罰はどのようなものだったのだろうか。「条例」が施行された最初の段階では、文字が読めない民衆のために絵解きを導入し、区・戸長や警察官が説諭してから放免するケースが多かった(6)。その後、地方の警察機構が強化されるにともなって厳重な取締が行われ、従来の説諭放免主義の代わりに科罰主義が導入された(7)。その結果、違警犯は一八八〇年代後半期以後急速に増加した(8)。

違警犯が急増した一八九九年から一九〇四年間の統計を多い順に整理すると、①定住所、定業なく徘徊する者（第四二五条の一二）。②牛馬、車や木石などを道路に横たえ交通を妨害する者（第四二九条の二）③密売淫、媒合、容止する者（第四二五条の一〇）④伝染病予防規則違反者（第四二六条の四）⑤人を殴打して創傷疾病に至らす者（第四二五条の九）の順になる(9)。約一五年前の「条例」違反事例と比べると、まったく違う形に変貌したことがわかる。

表1　東京府違式註違条例と違警罪の各項目対比表

	1872年東京府違式註違条例	1880年刑法違警罪
風俗に関する規制	春画其他販売（第9条）	×
	文身（11）	第428条－9
	男女入込湯（12）	×
	裸体（22）	×
	男女相撲其他醜体を見世物に出す（25）	×
	裸体乗馬（26）	×
	湯屋明け放置（37）	×
	婦人断髪（39）	×
		密に売淫 425－10
道路及び交通に関する規則	家屋の往来河岸への張り出し（8）：1878.6.削除	私有地外に家屋・牆壁 427－13
	乗馬馬車馳駆（13）（29）（32）	427－1・2
	夜間無灯馬車通行（17）	427－3
	常灯台破壊（21）	427－15、429－13
	馬及び車留違反（23）	429－10
	無検印の舟車（24）：1873.3.削除	
	軒下への木石炭のつみおき（28）	429－2
	夜間無灯人力車・乗馬（30）	×
	夜間荷車ひき（31）：1873.3.削除	
	馬車・人力車等往来放置（35）	429－2
	荷車・人力車行違い迷惑（40）	×
	往来人家の号札を破壊（43）	429－15
	田園地路なき場通行（47）	429－18
	荷車・人力車等を並べひくこと（51）	429－3
	汚物往来投棄（36）	427－6・7・瓦礫を投棄 427－5
	往来での小便（49）	×
		制止に反し路上での遊戯 429－7
		通行場所の危険傍観 426－5
		出入・通行禁止の無視 429－9・10
		道路での放獣 429－11
		発狂人、路上に徘徊させる 426－7
		橋梁・堤防に舟筏繋ぎ妨害
		水路での舟の交通妨害 429－4
届出に関する規制	外国人無届止宿（第14条）	×
	外国人雑居（15）	×
	止宿人名無届（42）：1877.12.削除	
		死亡申告せずに埋蔵 427－10
放火／放災に関する規制	人家稠密地の火遊び（18）	425－4
	火事場の乗馬（19）	×
	川堀・下水等へ芥を棄て流れをせきとめる（27）	428－6
		爆発物を市内に持ち込む 425－1

		爆発物の貯蔵 425－2 許可なしでの烟火製造販売 425－3 蒸気器械・火窯等健造修理規則違反 425－5 崩壊の危険ある家屋修理せず 425－6 みだりに火を焚く 426－1 水火の変の際に傍観 426－2
衛生に関する規制	にせ又は腐敗した食物販売（7） 病死の牛等販売（10） 掃除下水掃除怠り（38） ふたのない糞桶の運搬（41） 汚物等まきちらし（46） 往来での幼児の大小便（50）	426－3 × 429－6、428－6 × × × 伝染病予防規則違反 426－4 許可なしでの死体解剖・埋葬・移動 425－7・8・13
財産／営業に関する規制	地方の法に違背（6）：1874.3.削除 許可なしでの床店営業（20） 人力車の乗車強制（33） 他人の果実を取る（34）	 427－14・428－7（露店販売） × 429－16 警察の規則に反した工商業 427－8 故なく急病人を診ぬ医者 427－9 定価以上の通行銭請求 428－2 通行銭の不払い 428－3 賭博営業 428－4 通路なき他人の田圃通行 429－18 墓碑・神佛の毀損 426－10 神社・仏堂などの汚損 426－11
秩序一般に関する規制	けんか・口論等（44） 電信線妨害（48） 誤って牛馬を放つ（52） 闘犬（53）	酩酊して喧嘩・道路で高声放歌 429－11・12 × 429－8 × 人家の壁に貼り紙・落書 429－14 人を殴打 425－9 住居していない家屋に潜伏 425－11 定住所，定業なく徘徊する 425－12 公園の規則を犯す 429－17 変死人を検死せずに埋蔵 426－9 公然と人を罵詈・嘲弄 426－12 流言で誑惑 427－11 祈祷などで人を惑わす 426－12

（注）① （）表示は違式詿違条例の条目番号に対応する。426－12は刑法426条12項を示す。

② ×印はなくなった項目を示す。

③ 磯部四郎『刑法講義下巻』八尾書店、1893年、『風俗・性』（日本近代思想大系23）の違式詿違条例全文、徳永高志論文より作成。

明治政府の軽犯罪取締の方向は、西欧人の視線を意識しながら日本人の慣習と服装を規制した最初の段階から、都市環境で守るべき交通・衛生（特に伝染病）・秩序を補強することへ徐々に変化した。この段階で注目すべき点は、人力車、宿屋、貸座敷などの都市雑業層に対する取締が浮上して、不審者（無籍・無産・抵抗集団）への統制が強化し始めたことである。

以上のような取締の流れは、言うまでもなく、警察の統制力の強化を意味する。「条例」とは違って、違警罪の条文には、「官許を得ず」、「官署の督促にもかかわらず」、「官署に申告せず」などの文句がよく登場する。私有財産と安寧を保護してくれる国家は、事毎に申告をうけたり許可を出したり、掃除や家屋の修理までを督促するなど、民衆の日常を管理・指導する主体となった。特に人々の集散が激しい都市生活において国家は、申告、許可、督促などによって生活を「指導」しながら住民を調べ上げて登録する戸口調査を通じて監視体制を強化した。(10) ここで警察は、国家の統制意志を実行する代理人として日常生活に深く関与するのである。そのため当時の民衆は、法令の条文そのものよりも、いつかなる時でも取り締まられることを恐れることになった。(11) このような状況は、朝鮮でもやがて現実になり始めた。

二　朝鮮の開港と渡航日本人に対する統制

1　在朝日本人に対する取締の背景

表2　朝鮮在留日本人数

年度	全体総数	ソウル	仁川	釜山
1881	2,306			2,066
1885	2,626	167	563	1,750
1890	7,245	609	1,612	4,344
1895	12,303	1,840	4,148	4,953
1900	15,829	2,115	4,208	5,785
1904	31,093	7,878	9,830	4,214
1905	42,460	11,247	12,710	6,891

（注）　副島昭一論文3－6頁より作成。

図1　在朝領事館所在地

＊　高崎宗司『植民地朝鮮の日本人』岩波書店より。

朝鮮の開港以来、日本は朝鮮における日本人の勢力拡張を積極的に図った。それにしたがって新出発の夢を抱いて朝鮮へ渡航する日本人の数は、一八七六年から一九〇四年まで平均二六八六人に達し、ハワイ移民が開始される前までは朝鮮が最多の渡航先であった[12]（表2）。しかし、渡航した民間日本人達は経済的な利害関係や文化的差異をめぐって朝鮮人達と様々な葛藤を起こした[13]。当時官公吏以外の在朝日本人の職業を見ると、主に巨大貿易商、中小商人、職人、農・漁民、飲食店関係、日雇、雑業、無職、そしていわば「無産無頼ノ徒」と呼ばれる人々で構成されていた。当然ながら政府が最も注目した対象は、「無産無頼」の集団で、彼らは密売淫関係者と共に代表的な取締のターゲットであった。

一八八〇年から日本の領事館に巡査が派遣され、一方では日本人の増加に応じて彼らの朝鮮内活動を保護し、また一方では彼らを取締ることを任務とした[14]。当時朝鮮には欧米の勢力も進出していたので、日本政府としては朝鮮を文明化させるに足る日本国の力量を見せる必要があり、日本人の行為が国際的な環視にさらされることを意識せざるをえなかった。

朝鮮の各日本領事館は、取締の一環として違警罪目を迅速に布告するに至った。釜山では一八七九年から臨時に日本国内の違式註違条例より必要な条項を選択して施行しており、翌一八八〇年五月には「在朝鮮領事館訓令」の第一〇条において、「日本政府所定ノ警察規則ヲ施行シ、及ヒ註違条例ニ照シ其ノ条目ヲ増減スルヲ得ヘシ」と定められ、違式註違条例を根拠として活動することとなった[15]。確認できる各地の違警罪布告およびその改正の過程は、表3のようになる。

表3　各地方別発布・改正年度

1879.11.	釜山領事館違式註違罪目	
1882. 2.	釜山	違警罪目
1883. 6.	元山	違警罪目
1884. 3.	仁川	違警罪目
1884. 7.	元山	違警罪改正
1884. 9.	仁川	違警罪目改正
1885. 4.	京城	違警罪目
1885.10.	仁川	違警罪目改正
1886. 5.	元山	違警罪目改正
1887. 3.	京城	違警罪目改正
1887. 9.	仁川	違警罪目改正
1888. 3.	京城	違警罪目改正
1888. 3.	元山	違警罪目改正
1888. 4.	京城	違警罪目改正
1893. 3.	京城	違警罪目改正
1895. 6.	釜山	違警罪目改正
1895.11.	元山	違警罪目改正
1901.10.	木浦	違警罪目

（注）『外務省警察史』第3巻の領事館令、『朝鮮国在留日本人に関する諸規則』・『違警罪関係雑件』（外交史料館所蔵資料）より作成。

朝鮮における違警罪は一八八四年から一八九五年までの間に活発に制定・改正されたことがわかる[16]。これらは、刑法違警罪の条項とは別に日本の地方官が各地方の事情に応じて制定する「地方違警罪」に該当するものである。

2　取締の内容と実態

ここで違警罪目の内容を釜山とソウル（京城）の事例を中心に検討してみよう。この二ヶ所を選んだのは、表2からも分かるように、釜山は日本人が渡航し始めた最初の段階から一九〇四年にソウルと仁川に追い越されるまで、日本人がもっとも多く住んでいたところであり、ソウルは首都でありながら駐在する外国人が多いところだったため、日本が格別に注意を払った地域だったからである。

釜山においては一八七六年から正式に日本人が住み始めて、一八八一年の時点ですでに二〇〇〇人位の日本人がいたのに対して、ソウルの場合は一八八三年から一般の日本人が住み始めて、その人口は一九〇〇年になってようやく一八八一年の釜山と同じ水準に達している。表4と表5から分かるように、一八七九年の釜山の「条例」と一八八八年ソウルでの規制項目は、相当対照的である。釜山においては、衛生、交通、秩序に関連する日常的規則が多く見られるのに対して、ソウルの場合は無届けの「人」や「営業」に対する規制及び服装、路上での迷惑行動に対する規制が内容のほとんどを占めている。ソウルのほうが、往来人口の管理に重点を置きながら、他者（欧米人）の視線を格別に意識していたことがわかる。

外国人が多く居住していた中国の都市上海の場合も、規制の内容はほぼ同様であった。一八八三年に制定された「清国上海居留日本人取締規則」をみると、「上海に到着してから四八時間以内に届出を出すこと」、「外出の時は必ず帽子を冠すること」、「婦人として謂われなく短髪し或は男服を着用しないこと」、「清国人の服装で路上を徘徊しないこと」、「男女共に戸外に出るには相当の衣服を着用すること」などの

表４　釜山の違式詿違罪目（1879年）

違式罪目	1．孫庇の往来河岸への張り出し
	2．病死の牛等販売、にせ・腐敗の食物販売
	3．裸体・袒裼
	4．乗馬して市内疾走し、行人に迷惑
	5．夜中無燈で乗馬
	6．下水などに土芥・瓦礫投棄
	7．男女粧飾を乱す
	8．汚物往来投棄
	9．埠頭の桟柱に船舶を繋ぐ
	10．埠頭舟楫の通行を妨げる場所に繋船
	11．神佛祭礼の節強いて出費を促す
詿違罪目	12．往来に荷物・荷車・牛馬の放置
	13．掃除・下水掃除怠り
	14．酩酊して喧嘩、道路で高声放歌
	15．誤って人に汚物・石礫抛る
	16．往来での大小便
	17．闘犬
	18．路傍の植物を害する

表５　ソウルの違警罪目（1888年３月１日）

1．漢城に到着・出発の際無届	11．醜装で徘徊
2．転居・同居の無届	12．朝鮮人の服装で徘徊
3．失踪・復帰の無届	13．路上で婦女に戯れる
4．出産・死亡の無届	14．夜間11時以降の歌舞音曲
5．身元不明の者を止宿	15．喧嘩・口論等騒ぎ
6．無許可飲食店･宿屋･湯屋･遊興営業	16．路上での高声放歌
7．無届無願営業	17．人家稠密地での火遊び
8．諸営業の規則違反	18．合力・押賣を強いる
9．裸体・袒裼	19．官庁の召喚不応
10．男子外出の際、無帽子	20．汚物往来投棄

（注）『外務省警察史』第３巻不二出版、1969年。

内容が入っている。この規則は一八八六年に違警罪目として改正、施行された[17]。

ソウルや釜山以外に、元山・仁川・木浦それぞれの領事館違警罪目に共通して見られる項目は、表四と表五で下線を引いて示して置いた。全体的に見て朝鮮の違警罪目は、日本の「条例」の関連項目がそのまま含まれていることがわかる。日本の開港直後、外国人の視線を意識しながら作った「条例」の内容が、海を渡って「外地」の都市において活用されたのである。

一九〇〇年前後、日本では植民熱があふれ、外地に進出した日本人は遅れた国を文明化させ開発する使命をもつという認識が強かった[18]。このような認識は、朝鮮で発行された在朝日本人達の雑誌内容からもよくうかがうことができる。文明国である日本の国民として相応しい服装に対する期待は、一九〇四年四月仁川で開催された[19]「第1回在韓国各地居留民長会」における「居留民風儀取締」に関する建議に典型的に表れている。

我国は韓国に対して先進国たる地位實績を占むるに拘はらず、近来居留民日に増加し、各種の人物来往し、其服装の如きは最も区々なるを以って、醜態百出見るに忍びざる野蛮風体を目撃することあり、(中略)…是等は先進国たる我国民の最も慎むべき態度たるべしと信ずるを以って大に注意警戒を加え、相当の取締方法を設くるの必要ありと認む（下略）

ところで服装に関する規制は、ただ露出に対するものだけではなかった。ソウルでのはじめての取締法令である「日本人民朝鮮国漢城在留規則」[20]（一八八三）には、「裸体袒裼又ハ股脚ヲ露シ頬冠リ搗込髪等ノ醜態ヲナシタル者」[21]という項目がある[22]。「頬冠リ搗込髪等」という文言は、すぐなくなったようだが、明治初期の「外地」において日本的な服装の一部を「醜態」あるいは「不体裁」と見なして相当細かく規制したことがわかる。その他にも「違警罪目」には、「醜装をしないこと」、「男装または女装をしないこと」、「朝鮮人（清国人）の服装で外に出ないこと」のように様々な内容が含まれている。各条項が正確に何を規制しようとしたかは、明瞭ではないが、いくつかの例を挙げて推測してみよう。

表5で「11．醜装ニテ徘徊シタル者」という条項は、九番目の「裸体又ハ袒裼シ、或ハ股脛ヲ露ハシ醜体ヲナス者」とは別であり、「醜装」ということが身体の一部を露出する類の「醜体」と違うことは明確である。おそらく「醜装」というのは、女性の男装または男性の女装に対する規制（「男女粧飾を乱す」）と関連しているようだ。仁川の「違警罪目」（一八八四年）とソウルの「日本人民朝鮮国漢城在留規則」（一八八五年）には「男女姿粧ヲ易ヘ又ハ奇恠ノ装飾ヲ為シテ猥リニ路上ヲ徘徊スル者」という項目があり、男娼などの呼客行為に対する取締として理解できよう。また日本人が朝鮮人（または清国人）の服装をなすことは、当時「日本式服装で出かけると周りに人が集まる」などの経験談[23]からもわかるように、わざわざって見えることを避けるため、朝鮮式服装をした日本人がいたのかもしれない。それに対して日本当局としては、朝鮮人と日本人の間に区別がつかないことをなるべく防ごうという立場だったか、それとも「不審者」の変装に対するより積極的な政策の一環か、色々な解釈の余地が残るのである。

いずれにしても、日本国内より朝鮮で服装に対する規制が複雑になったことは、欧米勢力を意識して自己規制をさせるという面だけでなく、朝鮮人や清国人と日本人の間に区別をつける問題、そして外地で身分を隠すための変装に対する警戒など、多様な問題が絡まっていたと考えることができる。

身分の確認、即ち同一性の確認という問題も、朝鮮の違警罪目によくあらわれている。表4と表5の項目以外に、各地の領事館違警罪目の中には、「族籍身分年齢職業を詐称して止宿した者」または「警察官戸口調査の時脱漏隠蔽して其実を告げざる者」（一八八六年の元山違警罪目）という項目が見られる。[24] これはいうまでもなく政府の立場から見て「不審者」、即ち日本または朝鮮で「危険人物」と見なされる者、また徴兵忌避者などの人物を探し出すための装置であった。

それゆえに、当時の旅館は、身分が不明な者の止宿や調査の端緒になる宿帳の管理をめぐって厳しい取締をうけた。ソウルの宿屋取締規則起案（一八九三年）には、宿泊者の「族籍・住所・氏名・年齢・職業・入京用名・行先や発着時間を詳記して、翌日午前一〇時まで警察に持参、検認を受けるべし」ということまでも定められている。[25] ソウルの場合、表5の1から7までの項目でわかるように、渡航者の移動や身辺の変化、営業の許可などをめぐる取締が実際に細かく行われ、無届によって違警罪の処分を受ける人が多かった。[26]

では、全体的な取締実態はどのようなものであったか。残念ながら在朝日本人の違警罪取締全体をまとめた統計は、見当たらないので各地域の一部事例を中心にして推測して見る。少ない事例ではあるが、渡航初期から一九〇五年までの各地の処罰事例を検討してみると、実際に拘留や科料の処罰を受けた人数は、年間約四〇－五〇人にとどまったことがわかる。その理由としては、まず民衆への統制力を保障する警察の組織力という面で、当時の領事館警察が充分な取締力量を備えていなかったことが考えられる。第二に、様々な取締の法令は用意したものの、厳しい処罰を実行すると、朝鮮への移民増加など日本の勢力拡張に悪影響を及ぼす恐れも考えざるを得なかったと思われる。処罰件数の少なさは、このようなディレンマを表している。したがって、この時期、日本人に対する取締は、実際の処罰によるというより説諭という形で行われるケースが多かった。

一八八六年のソウルでの説諭事例[27]を見ると、記録された一六件の中、往来での木挽きに対する説諭一件

を除外すると、八件が朝鮮人との言い争いや対立、そして七件が日本人の服装に関するものだった。例えば

・四月一一日の午後六時二七分頃、大塚という人物が、自分の店頭で朝鮮人と商業上の取引の件について高声で争論

・六月二八日の午前一〇時十七分頃、不体裁なる姿にて歩行

・八月一六日の午後一一時、頬冠を為し歩行

・一〇月二四日午後二時、醜体を顕し歩行

・一一月一四日の午後五時三〇分頃は、酔って喧嘩をした日本人についてある英国人が告訴したため説諭を行ったことなど、細かい記録が残されている。

一方科料処分をうけたケースを検討すると、無届、売春、殴打、伝染病予防規則・居留民営業規則違反、放尿、居留地での銃の発射のような行為が含まれている。言い争いのレベルを超える実際の殴打行為や無届、衛生・売春関係に対して処罰を行ったと見られる。しかし、拘留・科料から説諭にいたるまでの取締実態は、地域によって記録された人数に差が大きな差があり、その一般的傾向については断定できないが、確かに時間の経過に従って人数は増えたことがわかる。日清戦争や日露戦争以来渡航した日本人が急増したからである。

三　植民地朝鮮の軽犯罪統制構造

1　警察犯処罰令体制へ

一九〇五年の第二次韓日協約（保護条約）の後、統監府が設置され、日本の領事館は理事庁となり、領事館警察は廃止されたが、顧問警察を通じて日本の警察権は拡張を続けた。[28] 警察の保護と取締を受ける対象も日本人だけではなく、朝鮮人まで拡大されるに至った。顧問警察の監督を受けた大韓帝国は一九〇六年に「街路管理規則」（警務廳令第二号）を布告した。[29] 全一七条のこの規則は、違警罪の交通・衛生・路上の身体露出に関する項目とほぼ同じ内容で、違反者に対して一〇以下の笞刑及び三日以内の拘留を課することを定めている。衛生と交通に関する規制は、これ以前から韓国政府のもとでも行われていたが、違警罪のように総合的な軽犯罪取締法令はなかったようで、一貫した取締が行われたかもまだ明らかではない。

一方日本においては一九〇八年に刑法違警罪に代わる「警察犯処罰令」（一九〇八・九・二九・内務省令第一六号）が布告された。新しい刑法が制定されるにともなって、旧刑法の中にあった違警罪は刑法と分離され、内務省令の警察犯処罰令に生まれ変わったのである。刑事犯と区分される「警察犯」の形式上の概念規定は次のようなものであった。[30]

刑事犯と警察犯との区別は如何と云ふに、刑事犯は国家又は個人の法益を侵害した場合であり、又特別重要なる法益に付ては之を侵害するに至らざるも侵害する虞ある行為をも刑事犯として認めるのであるが、その場合は侵害の危険が現実に具体的になつたときに限るのである。（中略）反之、警察犯は法益に対する抽象的危険な行為を罪として罰する場合であり、換言すれば法益を侵害するかも知れないと云ふ虞ある行為を取締るのである。例へば道路へ物を抛げる行為は其の時に通行人がなければ何等の危険はないのであるが、元來道路は人の往來する場所であるから、物を抛げたときに人が通行せぬとも限らぬ、其の人に当るかも知れない。どうも之は（即ち抽象的に）危険だから之を禁じ之を罰せねばならぬとするのである。故に警察犯は之を抽象的危険犯とも云ふのである。

しかし、警察犯処罰令のなかには、ただ「法益を侵害するかも知れないと云ふ虞ある行為」だけではなく、「他人の業務に対し悪戯又は妨害を為したる者」（第二条の五）、「祭事、祝儀又は其の行列に対し悪戯又は妨害を為したる者」（第二条の九）などの項目のように、すでに何らかの「妨害」をしている場合も多く含まれている。それが軽微な行為という理由から刑法犯ではなく警察犯とされるにすぎず、刑事犯と警察犯との区別はそもそも明確なものではなかった。

内務省令である警察犯処罰令は、三〇日未満の拘留や二〇円未満の科料処分を下すことができたので、原則的には「日本臣民ハ法律ニ依ルニ非スシテ逮捕監禁審問処罰ヲ受クルコトナシ」という憲法第二三条に違反することになる。これに対して警察は、一八九〇（明治二三）年法律第八四号「命令の条項違反に関する罰則の件」の委任に基き同年勅令第二〇八号「閣令省令庁令及警察令に関する罰則の件」が省令に百円以内の罰金若しくは科料又は三月以下の懲役禁錮若しくは拘留の罰則を附することを認めていること

を根拠として警察犯処罰令を合理化したのである。(31)

全四ヶ条五八項目からなる警察犯処罰令は、違警罪の内容の一部をそのまま含んでいたが、いくつかの点で変化が確認される。まず「条例」から違警罪に変わる段階でなくなっていた裸体と放尿に対する条項が再び登場した。警察犯処罰令には「公衆」という概念が導入され、「公衆の目が触るべき場所」・「公衆の自由に交通し得る場所」においてある行為をしてはならないという文言がよく見られる。その場所とは、いうまでもなく公的空間としての街路・公園などを意味するもので、身体露出や放尿などをしてはいけないということである。

他に注目すべきことは、乞食に対する規制（第二条二項）やいわゆる「迷信」及び「類似宗教」に対する規制の強化（第二条一八、一九項）、出版物と広告に対する規制（第二条六、七、八項）、労働者と動物虐待に対する規制（第三条三〇項、第四条一四項）、そして治安法令を補完するいくつかの条項が登場したことである。ここで警察犯処罰令の第一条、すなわち、最も重い処罰の三〇日未満の拘留処分が定められている項目を確認して置く。

第一条　一．故ナク人ノ居住又ハ看守セサル邸宅、建造物及船舶内ニ潜伏シタル者
　　　　二．密売淫ヲ為シ又ハ其ノ媒合若ハ容止ヲ為シタル者
　　　　三．一定ノ住居又ハ生業ナクシテ諸方ニ徘徊スル者
　　　　四．故ナク面会ヲ強請シ又ハ強談威迫ノ行為ヲ為シタル者

四項を除いた残りの項目は、違警罪の第四二五条の九、一一、一二項目と同様である。違警罪の場合最

も重い処罰は、四二五条の全一四項目に対する違反として三日以上一〇日未満の拘留または一円以上一円九五銭以下の科料であった。警察犯処罰令は、最も重罪である項目を上記の四つに圧縮して、処罰の内容も一層強化した。密売淫関連者と浮浪者（或は「危険人物」）そして団体行為などで問題を起こす者に対する警察の取締が強化されたのである。

特に三項は、浮浪者に対する規制である同時に、簡便な人身拘束の手段として活用されるようになる。つまり第一条の違反者には、三〇日未満の拘留処分を下すことができたので、権力の立場から、いわゆる「危険人物」を調べようとするが適切な拘束名分がないとき、この三項を悪用したのである。[32]このため、警察犯処罰令は一種の治安法令として広く知られてきた。軽犯罪取締において治安に関する部分の比重は、次第に増加していったといえるが、植民地においてはそれがいっそう明確に表われることになる。

2　警察犯処罰規則からみた植民地支配と民衆統制

警察犯処罰規則（朝鮮総督府令第四〇号：以下「規則」と略記）は、朝鮮が植民地になって一年半後の一九一二年三月二五日に施行された。在朝日本人に対しては、すでに一九〇八年日本国内で警察犯処罰令が布告されてから三日後、統監府令第四四号として警察犯処罰令が誕生されていたが、朝鮮人に対してはそれに該当する法令がなかった。総督府側は「規則」の制定趣旨を次のように説明している。[33]

従来朝鮮ニ於テハ警察犯ニ対スル取締ハ（明治）四一年統監府令第四四号警察犯処罰令ニ依リシモ同令ハ朝鮮人ニ効力ヲ有セス一般取締上往々其ノ均衡ヲ失シ遺憾ノ点尠カラサルト一般刑事ニ関スル法

令ノ整理統一ヲ期スル趣旨トニ依リ朝鮮内ニ在ル内外鮮人ヲ同一取締ノ下ニ置クノ便宜ナルヲ認メ刑事令発布ニ際シ四五年三月朝鮮総督府令第四〇号ヲ以テ右処罰令ヲ改正シ所定罪目ヲ八七種ニ類別シ旧令ニ二種ノ罪目ヲ加ヘ此等ハ主トシテ朝鮮現時ノ実状ニ照シ朝鮮人ノ行為トシテ取締ヲ要スヘキモノ又ハ警察取締ニ属スヘキ諸営業ノ幾部其ノ他ニ対スル取締ヲ励行スル主旨ニヨリタルモノ（下略）。

ところで植民地である朝鮮における「規則」の法的淵源は、いわゆる「内地」のそれとは異なるものである。警察犯処罰令が根拠にした前記の法律第八四号や勅令二〇八号は、植民地である朝鮮・台湾・関東州には施行できなかったからである。つまり、朝鮮の場合、法律を要する事項は、総督の「命令」である「制令」で定めるとされ（一九一一年法律三〇号）、また一年以下の懲役若しくは禁錮、拘留、二百円以下の罰金又は科料の罰則は、総督がその職権又は特別の委任に依って「朝鮮総督府令」を以って課することとされていた（一九一〇年九月勅令三五五号朝鮮総督府官制）。(34)

総督以外にも朝鮮総督府警務総長及道長官（三月以下の懲役・禁錮・拘留と百円以下の罰金・科料）や朝鮮総督府警務部長（拘留科料）も命令を出して罰則を定めることを認められていた（一九一〇年九月勅令第三七六号）。日本で内閣総理大臣及び各省大臣、そして地方長官や警務総監が罰則の権限を持ったのとは異なって、朝鮮では警務部長にまで権限が付与されたのである。朝鮮における警察権の肥大化はこれだけではない。「規則」が布告された一九一二年の時点で朝鮮総督府警務総監部員である田口春二郎は、当時の朝鮮の特徴を次のように書いている。

茲ニ注意スヘキハ現時朝鮮ニ於テ道長官ハ自己ノ名義ニ於テ警察命令ヲ発スル権限ヲ有セス駐箚憲兵

隊長ノ意志ニ依テ之ヲ発セシメサルヘカラス、警務部長ハ道長官ヨリ全ク独立シタル官庁ナリ故ニ現今朝鮮ニ於テ警察規則ヲ発シ之ニ罰則ノ制裁ヲ附スルコトヲ得ル者ハ朝鮮総督、警務総長、警務部長ノ三者ニ限ラルルナリ[35]

法令の規模からみると、以前の法令と比べて「規則」のほうが項目が多くなっていることがわかる。最初四条五八項目だった日本の「警察犯処罰令」は、三日後に統監府によって発表された「警察犯処罰令」では四条七九項目[36]に、また一九一二年の「規則」では二か条八七項目に増えている。それでは、朝鮮において追加された項目について調べてみよう。まずその中で集団行動及び治安に関する内容と、立法趣旨[37]を検討する。

八。団体加入ヲ強請シタル者：これは結社の取締（一九一〇年制令第八号）と集会に対する禁止（一九一〇年朝鮮総督府警務総監部令第三号）、そして在朝日本人が団体加入を勧めようとするとき、許可を要するとした法令（統監部令第一〇号保安規則第三号）とは別のもので、自治団体や公共団体以外の団体への加入を強請する行為を取り締まるために作られたものである。

十九。濫ニ多衆聚合シテ官公署ニ請願又ハ陳情ヲ為シタル者：古来朝鮮人は、単力で事を為す気概が欠乏しているため、多数衆合の勢力で対抗することになり、本規定は、その弊風を除去し多衆勢力が起こす危険を防ぐため出したもので、在留内地人の行為にも適用することは無論のことである。

二〇。不穏ノ演説ヲ為シ又ハ不穏ノ文書、図書、詩歌ノ掲示、朗読若ハ放吟ヲ為シタル者：不穏な演説・文書・図書・詩歌などは、民心を動揺させ風俗を害し、国家爲政の目的に反して一大事を惹起する可能性があり、保安法と新聞紙法、出版法、清韓在留帝国臣民取締法などによって厳しく対処しているが、その法令規定以外の事項で不穏な行為を為すことのないよう本号を制定した。

二九。本籍、住所、氏名、年齢、身分、職業等ヲ詐称シテ投宿又ハ乗船シタル者：詐称とは真実ではないことを知りながら故意にある事項を表示したことをいう。投宿とは他人の家に宿泊することをいうもので、旅店であるかないかを問わない。ここで注意すべきことは、一九一一年六月朝鮮総督府令第七五号、「宿泊及び居住規則」には、詐称投宿する場合は処罰する規定がないので、本号で処罰すべきものとする。

三二。警察官署ニ於テ特ニ指示若ハ命令シタル事項ニ違反シタル者：警察官署は、公安の保持、危険の予防、衛生、その他警察取締上で、職権の範囲内で法規以外に種々の指示命令を下すことがあり、その場合に何等の制裁がない時は指示命令の実効を奏することできず、保安の維持、危険予防などの目的を達することができないので本号を定めるが、この規定は指示命令の実効を得る方法手段がない時に適用するもので、濫りにその範囲を拡張させてはならない。

三三。不正ノ目的ヲ以テ人ヲ隠匿シタル者：不正の目的で人を隠匿し、その踪跡を韜晦することは私安《ママ》上危険が少なからず、植民地において従来合意の上で婦女を[38]隠匿する趨勢に鑑み規定したものである。

八六。許可ヲ得スシテ劇場其ノ他ノ興行場ヲ開キタル者：劇場、興行場などは建築物自体においても公衆の危険となる処があるのみならず、演劇興行題目が風俗上の取締を要すべきなのはもちろん、演劇人及び観客の取締、その他公衆衛生等の関係上必ず警察官署の許可を要することとし本規定を定めた。

以上の内容をみると八、十九、二〇項は、集団行動に対するものであるが、朝鮮人だけではなく、在朝日本人の集団行動もまた規制の対象になっている。八項と十九項・八六項は、日本のほかの植民地の同じ法令では見られない朝鮮のみの固有な規定であり、二〇項の場合は台湾の「違警例」（一九一八）にも見られる。これらの条文によって、当時朝鮮の代表的な治安法である「保安法」と「出版法」、「新聞紙法」にはない内容、すなわち団体加入を勧める行為から「不穏」なものと見なされた文書・図書・詩歌の掲示、朗読と放吟行為まで規制することができるようになった。八六項は、興行の施設のみならず内容に関する規制であり、朝鮮の下層民俗とつながっている様々な見世物を、風俗取締の一環として排除しながら劇場という空間に集まり始めた群衆に対して監視や警戒を強化したのである。

第二九項は、すでに領事館の違警罪目にあった項目で、朝鮮の「規則」以外にも台湾、関東州、サハリン、北海道などの軽犯罪取締法令にも見られる。「止宿」以外に「乗船」した者も対象とされ、移動する「不審者」の取締と「外地」においての身分確認について徹底を期するために作られたことがわかる。第三三項には、人身売買に対する規制意図が表われている。「植民地」における婦女隠匿という内容からわかるように、第三三項と同じような項目は、台湾と関東州（「警察犯処罰規則」一九二二）の法令にももりこまれてあり、「外地」に広がった遊郭などの売買春産業と関連がある。(39)

第三二項は、非常に包括的な内容を示している。立法趣旨でも「濫りに権限を拡張させないこと」を但し書きでつけているが、具体的な内容を示さずに「警察官署の指示と命令に従わない者」となっているため、結果的には植民地における警察の処罰権限を事実上制限なく保障する項目となっている。朝鮮以外では関東州の法令にもこの項目が見られる。

第二に、営業行為をめぐる争いに関する条項に注目して見よう。次の項目のうち、九、一二、一三項目は、ほかの植民地では見られない朝鮮だけの固有なものである。

九。濫ニ市場其ノ他之ニ類スル場所ニ当業者ノ出品若ハ入場ヲ強請シ又ハ物品売買ノ委託ヲ強請シタル者：これは商工業の自由を尊重するために作ったもので、朝鮮においては市場といっても、至る所にこのような犯行を行い利益を図る者が少なからずいるので、民心に不安の念を抱かせるおそれがあって新設するのである。

一一。入札者通謀シテ競争入札ノ趣旨ニ反スル行為ヲ為シタル者：入札の趣旨に反して通謀し利を図る背後者がいて、保安警察の取締上規定した。

一二。財物ヲ売買シ又ハ勞力ヲ受給スルニ当リ不当ノ代償ヲ請求シ若ハ相当ノ代価ヲ支払ハスシテ不正ノ利ヲ図リタル者：これは主に個人の利益を保護するために認めたもので、一般取引及び労力の授受の際、安全を期するため規定したのである。

一三。他人ノ事業若ハ私事ニ関シ新聞紙、雑誌其ノ他ノ出版物ニ掲載セサルコトヲ約シ新聞紙、雑誌其ノ他ノ出版物ニ虚偽ノ事実ヲ掲載シ若ハ掲載スルコトヲ約シテ金品ヲ受ケ其ノ他不正ノ利ヲ図リタル者：新聞雑誌その他刊行物など公衆の目に触るものを利用し本犯行をすれば、世人の信用に大きな影響を及ぼすおそれがあり、まして犯行者が不正に自分の利益を取る目的で出した場合は、厳しく取り締まる必要があるので規定した。

一八。故ナク他人ノ金談取引等ニ関渉シ又ハ濫ニ訴訟、争議ヲ勧誘教唆シ其ノ他紛優ヲ惹起セシムヘキ行為ヲ為シタル者：近時、俗間にいわゆる三百[40]と称する徒輩が現れ本犯行を敢行し、この間往々不正の利益を博しようとする者が少なからず、代書業者、訴訟代理業者等に往々見るところなり、特に朝鮮人のようにまだ文明の及ばない者に対し、その訴訟を好む風習を悪用して平地に波乱を起こす者あり、取り締まる必要があるためこの条項を規定した。

二六。自己又ハ他人ノ業務ニ関シ官許アリト詐称シタル者：個人の事業は官許を得るべきもので、朝鮮のように文明が普及されていないところでは、ある事業をするに官許を得たと詐称し、世人の信用を獲得しようとする者が往々いる。特に植民地における新事業の勃興に伴う許可を、官許ありと詐称した場合、少なからず被害を与えて一般人の迷惑となることが多いので、この項を定めた。

以上からみると、営業・入札・取引など民事をめぐる利害関係が原因になった不祥事を取り締まるための内容である。特に朝鮮の植民地化前後の時期に商権をめぐって起こった葛藤が「規則」に反映されたことがわかる。第一八項の場合は、このような状況で朝鮮人を相手にした様々な仕方のありようを示している。

第三に、朝鮮のみの固有条項で興味深い項目を紹介する。異民族支配という関係における意思疎通の問題に関連するもので、通訳に関する条項がそれである。

二五。故ラニ虚偽ノ通訳ヲ為シタル者：朝鮮で日本人と朝鮮人の間の意志の疎通はほとんど通訳によって行われるが、通訳者が故意に虚偽の通訳で意志の疎通を欠かし同化融和への好みを転じ（この部分は原文の意味が不明瞭。原文は「同化融和ノ好ミヲ転シ」）事件を惹起するおそれがあり、これを取り締まる目的で本規定がある。ここで通訳とは、日本語と朝鮮語の通訳だけに限らず他言語も包含する。

植民地化を前後にした時期の朝鮮における通訳に対して、当局は次のような認識をもっていた。

通訳ハ意思疎通ノ機関トシテハ最モ必要ナルモノナレトモ其選択ヲ誤ランカ弊害測ルヘカラサルモノアリ従来何レノ官衛タルヲ問ハス通訳ニ従事スル者ノ弊害多大ナリシハ事例ノ証明スル所ナリ而シテ通訳ノ弊害ハ韓人ニ最モ多シ是レ畢竟通訳ニ従事スル者ノ品性野卑ナルト日本人タル官吏カ当国ノ事情ニ暗カリシ結果彼等ニ乗スルノ機ヲ与ヘタルニ外ナラス(41)

この問題は、植民地において起こりうる意思疎通上の問題とも考えられるが、台湾と関東州の同一法令にはこのような規制が見あたらない。朝鮮において通訳の問題が大きく取り上げられたことがわかる。

最後に、「規則」には、都市が急激に発達するにともない、街路における交通秩序や安全及び衛生に関わる内容が多く含まれるようになった。そのほとんどは、「条例」と違警罪の中にあった内容であり、そのまま残されたり、あらたに追加されたりしたものである。ほかの植民地では見られない朝鮮のみの項目には線を付けて置いた。

四二。官署ノ許可ヲ受ケテ崩壊ノ虞アル建造物ノ修繕又ハ顛倒ノ虞アル物件ノ積換等ヲ怠リタル者
四六。街路ニ於テ夜間灯火ナクテ諸車又ハ牛馬ヲ使用シタル者
四七。許可ヲ得スシテ路傍又ハ河岸ニ露店等ヲ開キタル者
四八。制止ヲ肯セスシテ路傍ニ飲食物其ノ他ノ商品ヲ陳列シタル者
四九。電線ノ近傍ニ於テ紙鳶ヲ揚ケ其ノ他電線ノ障害トナルヘキ行為ヲ為シ又ハ為サシメタル者
五〇。石戦其ノ他危険ノ遊戯ヲ為シ若ハ為サシメ又ハ街路ニ於テ空気銃吹矢ノ類ヲ弄ヒ若ハ弄ハシメタ

ル者

六二。溝渠、下水路ヲ毀損シ又ハ官署ノ督促ヲ受ケテ其ノ修繕若ハ浚渫ヲ怠リタル者

六三。官署ノ督促ヲ受ケテ道路ノ掃除若ハ撒水ヲ為サス又ハ制止ヲ肯セス結氷期ニ於テ道路ニ撒水シタル者

六四。官署ノ督促ヲ受ケテ煙突ノ改造、修繕又ハ掃除ヲ怠リタル者

六九。他人ノ所有又ハ占有シタル土地ヲ冒シテ工作物ヲ設ケ軒樋ヲ出シ牧畜ヲ為シ又ハ耕作其ノ他現場ニ変更ヲ来スヘキ行為アリタル者

七〇。電柱又ハ橋梁、掲示場其ノ他ノ建造物ニ濫ニ牛馬ヲ繋キタル者

七九。埋棄シタル牛、馬、羊、豚、犬等ノ死屍ヲ発掘シタル者

八五。許可ヲ得スシテ煙火ヲ製造又ハ販売シタル者

八七。渡船、橋梁其ノ他ノ場所ニ於テ定額以上ノ通行料ヲ請求シ若ハ定額ノ通行料ヲ支仏ハスシテ通行シ又ハ故ナク通行ヲ妨ケ若ハ通船ノ求ニ応セサル者

以上の検討からわかるように、「規則」は、衛生と交通の項目はもちろん「不穏な行動」と集団行動を防ぐための項目、そして日本人と朝鮮人間の利害関係の衝突や言語疎通の問題に対処するための諸項目が重ねられた膨大な構造をもつものであった。そのような意味で朝鮮の「規則」は、日本のそれとは違って「外地」支配のために必要とされる、治安の強化や異民族間の経済・文化的葛藤に対処する項目が追加されたものと言えよう。

特に治安維持のための条項をみると、「規則」は二重の意味で統治者の便宜のために活用されたと思わ

れる。前にも触れたように、集団行動及び政治活動に対する規制の趣旨をみると、「保安法などの規制内容とは別に」些細な政治的行動、つまり団体加入「勧誘」及び文書などの「掲示」や「朗読」、「放吟」も取締の対象になる。「規則」は、「刑法」では取締が不可能な政治的行為であっても、簡便に処罰することができるという「長所」をもっていた。

しかし、このような「長所」は、時には「弱点」でもあった。たとえば三・一運動が広がった緊迫した情勢では、当局はわずかな政治的行為でも厳罰で対処しようしたが、「規則」の処罰規定は、当局にとってはあまりに緩やかなものだった。したがって、「規則」の違反に対する処罰について新しい解釈が登場した。例の「規則」第二〇項の行為に対して、次のような判例が見られる。〝それが治安を妨害したあるいは妨害しようとした事実があれば、その行為は「保安法」または大正八年制令第七号「政治に関する犯罪処罰の件」の違反行為に含めることができるので、同法違反として処罰すべきであり、「規則」で処罰してはいけない(42)〟。

とはいえ「規則」を抗日運動を抑圧するための治安法という側面だけで取り上げるとすれば、以上で明らかになった様々な取締の対象を見逃すことになろう。「規則」の違反者には、いわゆる「公衆の目が触るべき場所」・「公衆の自由に交通し得る場所」における規範が内面化されていない者から、掃除を怠けた者、「迷信」と見なされた宗教を信じる者、乞食、無職浮浪者、官の許可を得ずに営業をする者、そして当局の政策に不満を持って団体行為を図る在朝日本人に至るまで、さまざまな類型の民衆たちが存在しうるのである。ただ残念なことに、現在確認できるのは、朝鮮総督府の統計に残っている「規則」違反者総数だけで、各項目別の具体的な違反状況は、不明である。今後明らかにすべき課題としておきたい。

おわりに

日本と朝鮮において軽犯罪に関する規定と取締の歴史は、日本で推進された文明開化と近代国家形成の歴史を反映している。明治政府は、西欧との関係の中で、急速に文明開化を推進しながら旧来の習俗を否定し、服装を変革する一方、衛生と交通秩序に対する新しい規範を身につけるよう都市の民衆に要求しつづけた。明治政府は、地域社会を再編し、何度かの戦争を経て、日本という近代国家体制を形成するに至った。日本社会で徴兵令、戸籍法のような「人に対する管理体制」が構築されるのと並行して軽犯罪の取締も、西欧化を標榜する文明開化にとどまらず、不審者・浮浪者、乞食、政治的危険人物などを索出し体制を保護する目的をもって進められた。

日本の「外地」への勢力拡張は、朝鮮のみならず台湾や関東州などの社会に大きな変化をもたらした。特に多数の日本人が渡航した朝鮮において軽犯罪に対する取締は、明治初期の日本国内取締の縮小版として始まったが、日本の植民地になってからは、以上のような日本国内の変化がより圧縮的に進行されたものととらえることができる。したがって、日本が主導する文明開化の推進と安定した植民地支配のための治安維持（「不審者」の索出と「集団行動」に対する制限）や民族間の葛藤の調整などが、ほとんど同時に解決すべき課題になった。植民地朝鮮における警察犯処罰規則は、このような課題を背負って制定されたのである。

（1）神谷力「地方違式詿違条例の施行と運営の実態」『明治法制史の研究』慶応通信、一九七七年、熊倉功夫「文明開化と風俗」『文明開化の研究』岩波書店、一九七九年、内田誠「明治前期における行政警察的取締法令の形成」『早稲田法学会誌』三三巻、一九八三年、徳永高志「明治初年の都市民衆支配―東京府違式詿違条例制定前後」『歴史評論』四〇五号、一九八四年、大日方純夫『日本近代国家の成立と警察』校倉書房、一九九九年、同『近代日本の警察と地域社会』筑摩書店、二〇〇〇年、岩谷十郎「明治時代の罪と罰」『法社会史』山川出版社、二〇〇一年

（2）徳永高志、前掲論文、三〇―三一頁、大日方純夫、前掲『日本近代国家の成立と警察』一八一頁。

（3）イサベラ・バード（高梨健吉訳）『日本奥地紀行』平凡社、一九七三年、一七五頁。

（4）上着を脱いで肌を露わすこと（小木新造ほか編日本近代思想大系二三『風俗・性』岩波書店、一九九〇年、一二七頁）。

（5）小木新造ほか編、前掲書、八六八―九頁。

（6）本来の法定処罰は、贖銭〔科料〕を賦課し、支払えない時は笞刑（一八七六年廃止後懲役）と拘留を賦課するものであった。

（7）神谷力、前掲論文、一八七頁。

（8）これは、警察網を地域の末端まで行きわたらせようとするいわゆる「散兵警察」方式が、一八八八年一〇月の「警察官配置及勤務概則」によって制度化され、一万カ所をこえる駐在所が設置された条件をもとに可能になったからといえよう。大日方純夫、前掲『日本近代国家の成立と警察』一四九頁。

（9）岩谷十郎、前掲論文、四六五頁。

（10）一八七六年に本格化した戸口調査によって犯罪や反政府的動向を摘発して治安維持機能を向上させること、脱籍・浮浪を一掃し、「戸」を単位として民衆を緊縛する体制を補強することがすすめられた。前掲『日本近代国家の成立と警察』二〇一頁。

(11)　徳永高志、前掲論文、三七頁。
(12)　木村健二『在朝日本人の社会史』未来社、一九八九年、七頁。
(13)　梶村秀樹「植民地と日本人」『朝鮮史と日本人』明石書店、一九九二年、高崎宗司『植民地朝鮮の日本人』岩波書店、二〇〇二年、孫禎睦『韓国開港期都市社会経済史研究』ソウル：一志社、一九八二年。
(14)　外務省百年史編纂委員会編『外務省の百年』（下）原書房、一九六九年、一三七三頁。
(15)　『日本外交文書』一二―一三二頁、一三―一五六頁、副島昭一「朝鮮において日本の領事館警察」和歌山大学教育学部紀要『人文科学』三五　一九八六年、一〇頁。
(16)　刑法外の違警罪として、地方官に与えられた立法権内で便宜に設定するところの違警罪である。処罰においては、刑法上の違警罪と同一の効力が生じる。磯部四郎『刑法講義下巻』一二一八―九頁。
(17)　『在清韓両国領事館違警罪目制定執行一件』（外交史料館所蔵資料、四―二―二―四〇）
(18)　木村健二「朝鮮居留地における日本人の生活態様」『一橋論叢』第一一五巻第二号、一九九六年、五三―四頁。
(19)　京城居留民團役所『京城発達史』一九一二年、一三三―四頁。
(20)　『朝鮮国在留日本人ニ関する諸規則―京城ノ部』（外交史料館所蔵資料、四―二―一―七）
(21)　「当時」の「搗込髪」というものがどのような髪型だったのかは明確ではない。『日本国語大辞典』（小学館、一九八二）によれば、搗込髪の「搗込」というのは「突込」（つっこむ）に同じことであり、「突込頭」という項目に次のような内容が書かれている。【1．元禄頃の材木屋などが結った髪型。中剃（ぞり）を大きく、元結を一村余りに結ぶ。突込髷。2．歌舞伎の鬘の一つ。髷を丸めて鬘の中へ突っこんだもの。雲助、非人などに用いる】いずれにせよきちんとした服装を求めていた当時の権力側にとっては「のぞましくない」髪型とみなされたと思われる。「搗込髪」に関しては日文研の早川聞多先生・松田利彦先生にご教示頂いた。記して謝意を表する。

(22) 一八七三年上海の「日本人心得方規則」でも「…手拭ヲ以テ頭或ハ面ヲ覆う如キ「不体裁」ヲ為ス可カラサル事」という内容が見られる。『外国在留帝国臣民取締法関係雑件1巻』（外交史料館所蔵資料、四―一―二―九）

(23) 『全州府史』一九四三年、三二四―五頁。

(24) 一八八六年の釜山の事例を見ると、一ヵ月に一回、一年間一二回に渡って戸口調査が行われていた。「明治一九年及び同二〇年在釜山領事館警察事故」『外務省警察史』第二巻　五二頁。

(25) 『違警罪関係雑件』（外交史料館所蔵資料、四―二―二―八九）。

(26) 「明治一九年違警罪判決一覧表」『在朝鮮国帝国領事館ニ於ケル民刑事裁判並ニ事故報告』（外交史料館所蔵資料、四―一―二―九）。

(27) 「明治一七年行政処分事件一覧表」『在朝鮮国帝国領事館ニ於ケル民刑事裁判並ニ事故報告』。

(28) 松田利彦「朝鮮植民地化の過程における警察機構」『朝鮮史研究会論文集』第三一号、一九九三年。

(29) 大韓帝国議政府官報課『官報』一九〇六年、一・六.

(30) 塩野季彦『改訂増補警察犯処罰令釈義』一九三三年、一―三頁。

(31) この勅令は、一九〇六年（勅令第二五八号）と一九〇八年（勅令第二四五号）の二回にわたって改正されて罰則が強化された。村上又一『警察犯処罰令研究』帝国講学会、一九二七年、二―四頁。

(32) 武安将光「特別法犯」最高裁判所事務総局編『本邦戦時・戦後の犯罪現像（第1編）』一九五四年、五八頁。

(33) 朝鮮総督府『最近朝鮮事情要覧』一九一五年版、四二六―七頁。

(34) 台湾の場合は、一八九七年勅令三六二号台湾総督府官制で、関東州においては一九〇六年八月勅令一九八号関東都督府官制で、同じく「府令」で処罰できるようになった。自治館編集局『対比注解警察犯処罰令』一九二〇年、一〇―一一頁。

(35) 田口春二郎『朝鮮警察犯要論』文星社、一九一二年、一八頁。

(36)　大韓民国国会図書館『統監府令資料集』(中)一九七三年、三六〇—四頁。
(37)　立法趣旨の説明は、田口春二郎、前掲書、二二三—二二七を要約したものである。
(38)　植民地で婦女を隠匿したということは、「売淫出嫁婦」の場合を意味するもので、たとえ合意があったとしても犯行として扱われる。田口春二郎、一七六頁。
(39)　藤永壮「朝鮮植民地支配と「慰安婦」制度の成立過程」『慰安婦・戦時性暴力の実態I—日本・台湾・朝鮮編』緑風出版、二〇〇〇年、同文献の収録論文参考。
(40)　「三百」とは明治初期、代言人（弁護士）の資格をもたないで、他人の訴訟や談判などを取り扱った者。もぐりの代言人。『国語大辞書』小学館、一九八一年。
(41)　当時指摘された弊害の内容は、①故意或ハ無意識ニ秘密ヲ漏洩スルコト②官憲ノ威ヲ利用シテ不正行為ヲ敢ヲスルコト③関係者ニ対シ日本官憲ニ贈賄スル如ク欺キ自己カ収得スルコト④物品販売ノ際其中間ニ立チ代価ノ幾分又ハ全部ヲ陰奪シテ相手方ニ交付セサルコト⑤就官或ハ請願等其他或事ノ成就シタルヲ自己ノ尽力ニ依ルモノトシテ暗ニ贈與ヲ請求スルコト⑥贈賄又ハ依頼ヲ受ケ一方ノ利益トナル不正通訳ヲ為スコト⑦多少ノ欠点アル者ニ対シ之ヲ恐嚇シテ出金ヲ請求スルコトである。その対策として日本人警官に対する朝鮮語学習の奨励があげられている。韓国内部警務局『韓国警察一班』一九一〇年、七一—五頁。施行された政策や成果に関しては、山田寛人「日本人警察官に対する朝鮮語奨励政策」『朝鮮史研究会論文集』三八、二〇〇〇年、一〇月参考。
(42)　朝鮮総督府高等法院『朝鮮高等法院判例要旨類集』一九二〇年、一八五頁。

〔付　記〕　本稿は、二〇〇一年四月から二〇〇三年二月まで学術振興会外国人特別研究員として京都大学人文科学研究所において行った研究成果の一部でもある。日文研の研究会における報告に対し、ご意見とご助言をくださった方々、また資料調査の段階から日本文の校正に至るまでご指導くださった水野直樹先生にこの場を借りて御礼申し上げます。

植民地期朝鮮における参政権要求運動団体「国民協会」について

松田利彦

はじめに

朝鮮植民地期最大の抗日独立運動となった一九一九年の三・一運動は、日本本国と植民地の政治的関係の再設計を迫る契機となった。独立の要求を力で弾圧しつつ、「内地延長主義」とよばれる朝鮮人・台湾人の政治参加の仕組みが理念的ではあれ提示され、これ以後、参政権問題は一九二〇年代の植民地支配政策を特徴づける一つの争点として浮上した。その一方で、朝鮮・台湾の現地民族の中からも参政権を要求する運動が起こった。朝鮮では衆議院議員選挙法の朝鮮施行を求めるという内地延長主義に呼応した形態で、台湾では台湾議会設置運動という内地延長主義への反発を秘めた形で、それぞれの運動は展開された。

本稿は、一九二〇年閔元植《ミン・ウォンシク》（一八八六～一九二一年）によって設立され、前者の運動の担い手となった親日団体国民協会について考察するものである。

国民協会についてはいまだ専論はなく、台湾議会設置運動が若林正丈氏の研究によって周到に明らかにされている(1)のとは対照的である。これは、台湾議会設置運動が抗日民族運動の一環をなすものだったのに対して、国民協会は明らかに支配政策に順応した親日団体だったという性格の差異によるところが大きい。とはいえ、一九二〇年代朝鮮における親日系団体ないし参政権要求団体に限定するならば、国民協会の規模、存続期間や影響力は最大級だったといっても過言ではなく、その存在を無視することはできない。ともあれこのように研究が未発段階にあることに鑑み、本稿は、国民協会の担い手、思想、活動等について基礎的事実を掘り起こすことを最大の目的としている。と同時に、国民協会の研究は、近年注目されつつある以下の二つの問題に対しても若干の問題提起をなしうるだろう。

第一は、親日派の問題である。一九二〇年代における親日派に対して、姜東鎮氏の古典的労作『日本の朝鮮支配政策史研究』（東京大学出版会、一九七九年）は、総督府が支配の円滑化のために育成した点を強調し、国民協会についても「親日与論の造成に利用するために」作られ、「斎藤実治下において当局の最も重視した」親日団体だったと位置づけた（二三一〜二三二頁）。これに対して、金東明「支配と抵抗の狭間——一九二〇年代朝鮮における日本帝国主義と朝鮮人の政治運動」（東京大学総合文化研究科博士論文、一九九七年）は、親日派を「一方的な政策の産物」と見なすのではなく、その「運動の論理及び運動の具体的な展開、さらには他の運動勢力との相互関連」を考察する視角を提唱した（三頁）。今後の親日派研究においてこのような視点が不可欠であることに筆者も同意する。ただ同氏の研究で惜しまれるのはこのような視角を十分に分析枠組みとして生かし切れず、実際の親日派の行動の解釈については既知の事実の読みかえにとどまっている印象を与える点である。国民協会に限っても、幹部の階層や経歴の解明、機関誌の論調の分析など内的論理を理解するのに欠かせない作業が少なからず残されている。

第二に、本研究は、当然に朝鮮参政権問題についての先行研究とも接点をもつ。この問題については金東明、前掲論文の他、朴賛勝『韓国近代政治思想史研究——民族主義右派의 実力養成運動論』（歴史批評社、一九九二年）第四章、小熊英二『〈日本人〉の境界——沖縄・アイヌ・台湾・朝鮮 植民地支配から復帰運動まで』（新曜社、一九九八年）第一一章、趙聖九『朝鮮民族運動と副島道正』第二部（研文出版、一九九八年）、森山茂徳「日本の朝鮮支配と朝鮮民族主義——一九二〇年代の「朝鮮自治論」を中心として」（北岡伸一・御厨貴編『戦争・復興・発展——昭和政治史における権力と構想』東京大学出版会、二〇〇〇年）等によって、近年集中的に研究が進められている。のみならず、これらの研究はいずれも同様の結

論を示唆しているように思われる。すなわち、これらの研究が一致して指摘するところでは、一九二〇年代半ばから末期にかけ朝鮮総督府内部では内地延長主義から自治主義支配体制への転換が試みられたが実現しえなかった、とされているのである。(2) これは重要な指摘だが、その一方で、総督府および独立運動団体を含む民間諸勢力における自治論の流れを実態以上に強調することになりかねないのではないかとの懸念も抱かせる。一九二〇年代において自治論が独立運動陣営の一部を幻惑するほどの影響力をもったことは否定しえないにせよ、自治運動勢力はせいぜい運動団体の組織計画のみで挫折したに過ぎない。これに比して、国民協会の担った内地延長主義型参政権運動は、独立運動勢力から完全に背を向けられつつも、最盛期には会員数一万名を超えた。かかる運動の実態を無視して当時期の参政権運動の全体像を把握しようとすることにはやはり問題があるといわざるをえない。本稿は、国民協会の運動を視野に入れることで、朝鮮参政権問題の展開過程にこれまでとは異なった角度から光を当てることになろう。

本稿の構成は以下の通りである。第一章では、三・一運動以前の閔元植の行跡を韓国併合前後にわたり概観した。第二章では、国民協会結成の経緯、会員の構成、活動と思想内容、および同会の活動に対する総督府や独立運動陣営等の反応等を分析した。第三章では、閔元植の暗殺（一九二一年）以降の会の動揺および参政権問題が多様化した一九二〇年代後半における活動の様相を主に考察し、三〇年代以降の動向についても展望を試みた。

一　三・一運動以前の閔元植の行跡

1　韓国「併合」以前

閔元植は一八八六年七月、京畿道楊平郡に生まれた[3]。本貫は驪興閔氏、すなわち皇帝高宗皇帝の妃で一八九五年に日本軍人・大陸浪人によって殺害された閔妃の末裔につらなる家系だったが、「卑賤」な家門だったとされている[4]。一八九四年に中国保定府にわたった後、九七年に朝鮮に戻り各地を流浪し、居所定まらぬ生活を送ったが、九八年日本に渡り八年間滞在した[5]。その間の足跡ははっきりしないが、福岡市東亜学校教師をつとめ、また、伊藤博文・井上馨等「貴顕ノ家門ニ出入シ」たともされる[6]。当時二〇歳に満たなかった青年閔元植が政界要人とどれ程の関係をもちえたか疑問ではあるが、日露戦争後、日本の強い影響下にあった朝鮮に戻ってきた際、こうした長い滞日経験が有利に働いたことは事実だろう。一九〇六年、朝鮮に戻った閔は以後二年足らずの間大韓帝国の官吏としてをつとめ頭角を現した。これは、伊藤博文初代韓国統監・岡喜七郎統監府警務総長の推薦によるものだったともいう。一九〇六年七月から度支部主事、〇七年四月からは帝室会計審査委員、同年六月には内部衛生課長をそれぞれつとめたが、「挟雑ナ事アリ免官シ一時警務庁ニ捉ヘラレ」た[7]。この時期における閔の政治活動は、帝室会計審査委員時代の日本視察時（一九〇七年五〜六月）の動向に窺われる。表向きは日本宮内省の視察だったが、実は韓国皇帝高宗から以下のような三つの「密命ヲ帯」びていた。

「(一) 各国ノ大使及日本ニ於ケル内外ノ志士ニ対シ金銭其他ノ方法ニ依リ国権恢復ノ運動ヲ試ミル事 (二) 皇妃厳氏ヲシテ皇后ニ陞冊セシメントハ豫テ其一族及一部ノモノニ依テ策画《ママ》セレラツ、アルモノナルカ……之カ成効ノ動機ヲ作ル事 (三) 英親王将来ノ慶運ヲ図ランカ為メ其妃トシテ日本皇室ヨリ皇女ヲ迎ヘントスルノ希望厳妃及其一族ニ在リ果シテ日本皇室ノ許諾ヲ得ヘキ乎探求スル事」。

閔元植

このように韓国皇室、なかんずく皇妃厳妃の工作員として働いたのは、閔が「厳妃ノ実兄厳俊源ノ長女ヲ配偶者トシタ」因縁による。[8] 韓国皇室の権勢回復という目的は、上記密命に見られる如く「国権恢復」の側面をもちつつ、日本への接近をも模索するという矛盾した様相を示しているが、おそらくこの時期までの閔の対日観は複雑だっただろう。滞京中、閔は東京勧業博覧会を見物したが、その折り、「韓国婦人」が「獣類同様公衆ノ観覧ニ供セラレ居ル」のを見、「忍ヒサル処」として「警視総監ニ対シ相当ノ保護方ヲ依頼スヘシ」と述べている。[9]

官職を辞した後、閔は一九〇八年頃、時事新聞という新聞を刊行したが内容は明らかでない。また、同年八月、褓負商を組織した産業団体として帝国実業会が結成されると副会長となり事実上同会を主導した。同会の平壌演説会で閔の語ったところでは、前述の博覧会での事件に衝撃を受けたため、「実業ニ志ヲ立テ」、教育・産業を通じた実力養成を考え、同会を設立した、としている(10)。しかし、同会は日本の国策会社たる東洋拓殖株式会社への接近を図るなど親日的路線をとり、会内から反発が起こったため併合までに有名無実化した(11)。日本の朝鮮侵略と朝鮮人蔑視をよく知っていたが故に、その力に圧倒され、かえってその力に依存しようとする発想は、ここにも窺われるように思える。

また、韓国併合を前にした一九一〇年三月には、政友会という政治結社を組織した。同会は、李完用親日内閣の与党的立場に立った民間勢力として知られる国是遊説団と国民大演説会の系譜を引く結社だった。国是遊説団は、一九〇九年七月に結成され韓国政府の施策宣伝、特に義兵に反対する演説に努め、同年一二月には他団体との共催で国民大演説会を開いたが、そこでは李完用内閣と対立していた一進会への批判と日本の保護政治に対する賞賛が基調をなしていた(12)。しかし、内部警務局の資料によれば、この勢力は「経費ニ困難ヲ来シ殆ント消滅ノ態」となっていたため、国是遊説団と国民大演説会に参加していた鄭應卨・高義駿が新たな結社として組織したのが政友会だった(13)。

政友会の総裁は、朝鮮王朝末期の高級官僚出身で独立協会運動・国債報償運動にも関わったものの親日的立場に移ったとされる金宗漢だったが、実権は、高義駿、鄭應卨および閔元植の手にあった。綱領は「一、皇室ノ尊栄、二、政治務実、三、教育振興、四、実業発達、五、社会改良、六、貧荒救備、七、韓日親善」の七項であり、会員数は約一五〇名だった(14)。綱領には当時の政社にしばしば見られる教育・産業における実力養成論の主張が窺えるとともに、皇室の尊栄や韓日親善なども掲げられており焦点がはっきりしない。しかし、既述した政友会の前歴から判断して、李完用内閣とその親日路線の支持に重点が置かれていたとひとまず考えられよう。寺内正毅の韓国統監就任（一九一〇年五月）に際して金宗漢・鄭應卨が政友会総裁・幹事として語っているところでは、朝鮮人民を経済的困窮から救済することを寺内統監にまず望みたいとし、その上で「民心稍々平安に向ふを待ち一切の国政を挙げて日本の統一に待つことと為さば、即ち東洋の平和は期せずして到るべき也」としている[15]。彼らは日本による施政の改善を求め、韓国併合も否定していなかった。しかし、政友会は、併合直後、他の政社と共に強制的に解散させられた。

以上のような併合前の閔元植の政治的活動はやや錯綜した印象を与えるものの、全体としては、韓国皇室あるいは李完用政府にちかい立場から行動していたことが判る。その際、閔にとって日本は障害というよりはむしろ利用しまた頼らねばならない対象と意識されていた。そこには、後に自ら「予の今日あるは日本政府及日本人の庇護を受くること多し[16]」と語った如く、少年時代より長く日本に逗留したその経歴が大きく関わっていよう。併合以前の日本滞留経験、そして日本の支配が強まった日露戦争後における官僚としてのあるいは民間活動家としての台頭――これらは当時の一部の朝鮮人にとって、抗日とはまた異なった一つの選択肢であり、閔をはじめとする国民協会のメンバーの少なからぬ部分もそのようにして政治的活動の経験を積んでいった（第二章第2節、参照）。

2　「併合」以後

一九一〇年八月韓国併合が断行された。閔は、後に「予は私かに謂へらく韓国にして独立の能力無しとせば併合も亦洵に已むを得ざらん」と回想しているが[17]、閔の経歴から見てこのような感慨を抱いたことはあり得るだろう。

併合後、閔は地方官僚として登用された。一九一一年七月、京畿道陽智郡守となり、一九一四年三月同利川郡守に転じ、一七年九月から一九年一一月まで同高陽郡守をつとめた。当時、郡守といえば、官職への道をほとんど閉ざされていた朝鮮人にとって「官界に於ける……唯一の羨望の地位」（『大阪朝日新聞 鮮満附録』18・7・5）だった。旧大韓帝国郡守は併合後のべ一〇〇名近くが更迭されたが、そのような淘汰の中でも閔が生き残ったのは、「近代教育と親日的傾向[18]」という郡守の任用条件に彼が適合していたことを示す。

郡守時代、閔は、松永武吉（京畿道道長官、後中枢院書記官長）、小田幹治郎（総督官房参事官室事務官、後中枢院書記官）、藤波義貫（総督官房秘書室通訳官）ら総督府日本人官僚と接触し、一九二〇年代に国民協会を興す基礎を作った。また、地方官僚閔元植の横顔をうかがわせる出来事として、陽智郡守在職時、宇佐美勝夫内務部長官の指導により内地模範村七箇村を視察したことがあげられる。特に静岡県蕃原村では、明治の初年に篤志家片平信明が始めた報徳社運動が広まっており、村民に勤労・貯蓄・納税の観念が徹底していることに感銘を受け、折に触れこれについて語っている。

「勤倹貯蓄奨励에 関한 講話」（『毎日申報』18・7・17〜7・21）では、閔は以下のように論じている。日本は「世界第一等強国」となったが、朝鮮では人民が「国家のことを度外視し国家のことは政府が道のことは道長官が……各施行するものであって我等人民には関係がないとして自発的先取精神がわずかになり……もし人々が皆斯くの如ければその国は将来どうなってしまうか」、早くこのような「盲聾主義を打破」する必要がある。このように説きながら、静岡県蕃原村での実見を引き、有力者が勤労貯蓄に率先して励むことを促す。

有力者の先取精神の必要性は、「先覚者의 奮励를 望함」（『毎日申報』19・3・11〜3・19）でも取り

あげられている。すなわち、朝鮮人は「官尊民卑の風が極度に達し……国家に対し人民は何等責任がないものと覚悟している」。しかし欧米列強の「発展の原因は皆自治制下で有力者即先覚者が官憲の指導を待たず該地方人民と共に心を合わせ……各其地方の発展を図るに由」り、朝鮮でも先覚者が新教育普及、産業発展に人民を指導せねばならない。先覚者は高利貸しでなく土地開墾・土地改良・品種改良に投資すべきである、と。

このように、併合後、郡守として登用された閔は、総督府高官と親交を結ぶ一方で、日本の地方改良運動とその基盤となった報徳社運動を実地に視察し、自らの任地においてもそれを実践しようとした。閔が思い描いたのは、村落の「有力者」が総督府の政策に呼応して教育・産業の近代化を進め村落支配を積極的に担っていく姿だった。これは当時の朝鮮農村における在村耕作地主の動向および当時の総督府の農村支配政策と基本的に一致する。[19] 以上に見るこの時期の閔元植には、総督府官僚と積極的に人脈を結び、統治政策の方向を見極めるに敏な地方官僚の姿が窺われ、このような側面は後の一九二〇年代の閔にも認められるところである。ただし、一九二〇年代に活発に展開することになる参政権運動との関わりについては、この時期にはいまだ村落有力者の「政治参加」という程度の漠然とした萌芽しか認められない。閔元植が朝鮮統治体制のあるべき方向として参政権の獲得という問題を意識しはじめたのは三・一運動の衝撃を受けてからのことだった。

二　国民協会の結成

1　三・一運動への対応と協成倶楽部の結成

一九一九年三月、朝鮮三・一独立運動が勃発すると、閔元植は多くの文章を新聞・雑誌上に発表した。時系列順に整理すると以下の通りである。

① 三月一一〜一九日「先覚者의　奮励를　望함」（『毎日申報』。朝鮮語）

② 四月九〜一八日「騒擾の原因と匡救私案」（『京城日報』。日本語）。『毎日申報』（4・10〜4・16）に「騒擾의　原因과　匡救의　例案」の題で同内容が掲載され（朝鮮語）、『大阪朝日新聞』（4・8〜4・14）、『大阪朝日新聞 鮮満附録』（4・9〜4・16）にも一部省略の上「朝鮮騒擾に就きて」の題で掲載された（日本語）。

③ 四月二七〜二九日「駁論に対へて」（『京城日報』。日本語）。『毎日申報』（4・27〜4・29）に「更히　騒擾에　対하여」の題で同内容が掲載される（朝鮮語）。『大阪朝日新聞 鮮満附録』（4・29〜5・13）にも「再び朝鮮暴動に就て」の題で掲載された（日本語）。

④ 五月「騒擾善後策」執筆（発表されたのは『亜細亜時論』第四巻第一号、一九二〇年一月。日本語）。『太陽』第二六巻第一号（一九二〇年一月）にも「朝鮮騒擾善後策＝鮮民の求むる所は斯の如し

二」の題で発表された（日本語）。

これらの文章が書かれた約二ヶ月に、閔の主張はいくつかの点で重要な変化を示した。まず、三・一運動の原因については、②では、キリスト教徒・天道教徒が民族自決を誤解して起こした「盲動」、③では「朝鮮人の無識無定見」と断じていたが、運動が一段落した段階で書かれた④では、三・一運動の原因は民族自決主義への誤解のみならず、「朝鮮人の不平が素因」となっており「軽々に看過するを許さず」との指摘にかわった。

このように三・一運動の背景に朝鮮統治に対する朝鮮人の不満があったことを指摘するにいたったことは、閔の統治政策改善についての論調、特に参政権についての取りあげ方の変化とも軌を一にする。①では、内地人との待遇の差異は内地人と朝鮮人の富力・学力の差異から来るものであり、日本の指導にしたがって実力を養えば参政権を含む諸権利は自ずから与えられると述べるにとどまった。しかし②では、朝鮮人が、軽挙を慎み「日本帝国の臣民として正々堂々之［参政権］を要求する」ことを望むとの論に転じた。その上で、「政府は朝鮮民族に対し……参政権を附与すべきを約するは……朝鮮人を以て植民地の土人視せりとする不平の迸出を壅塞すべき唯一無二の良法」と、参政権付与を人心慰撫のための積極的な方案として主張した。しかし、参政権付与をどのような形態で行うかという問題になると、なお閔の立場は固まってはいなかった。④では、「予の立案は、漸次改革を加へつつ、十年にして中枢院は朝鮮議会に、道会以下は府県会郡市会等に比すべき位置に進むの過渡的制度として之を薦むるに適せん」として、自治論に近い案を提示しつつも、内地延長か自治かの論議はしばらく措くとして明言を避けた。

以上のように、閔元植は、三・一運動時、一貫して朝鮮独立運動に反対する立場から議論を展開しつつも、運動の原因については他律性原因論から統治への不満が原因とする見方に変わり、その中で参政権要求も示し始めた。これは、実は当時の本国言論界の議論の変化とも大筋一致するものであった。閔が参政権要求を始めた四月、日本国内の言論界では、外部の扇動に原因を求める初期の議論から日本の武断統治が原因とする見方に傾き、武官総督制廃止をはじめとする統治政策の改善を主張しはじめた。こうした中、有力新聞の中には参政権付与について論議するものも一時的に現れ（『東京朝日新聞』4・5、『大阪朝日新聞』4・14各社説）、吉野作造・末広重雄らも植民地自治論に言及した[20]。

このように見ると、三・一運動勃発後まで明確な参政権要求論をもたなかった閔元植にとって、三・一運動の進展にともない日本国内にあらわれた朝鮮統治改革の気運は、大きな転換を促す契機となったのではないかと思われる。閔が参政権の要求という発想を、内地の新聞や民本主義者によって提起された衆議院選挙法の朝鮮施行・朝鮮議会設置論などから示唆を得たと断定しうる材料はない。しかし、内地の新聞にも論説を発表していた閔は当然その論調についても知っていただろう。少なくとも一年足らず後に発足した国民協会が、創立趣意書や帝国議会に提出した第一回参政権請願において、第一次世界大戦後における日本内地での思潮の変化に触れ、「社会改造ノ声到ル処ニ喧伝セラレ」「人民ノ政治的要望ハ益々其度ヲ加ヘン」としていること、その結果として「普通選挙ノ声既ニ都鄙ニ遍キ」ことを指摘しているように[21]、閔元植の運動が内地の大正デモクラシーを意識していたことは間違いない。ただ、彼らは、後述のように台湾議会設置運動の場合のような大正デモクラットとの直接的な結びつきをもつものではなく、その意味では大正デモクラシーとの連関性は限定的だったと見なければならない。

ともあれ、三・一運動期に参政権要求という発想にたどりついた閔元植は、八月、天皇による「一視同仁」の勅語が発され、原敬首相の持論たる「内地延長主義」に基づく「文化政治」が新たに開始されると、参政権要求を、朝鮮人・内地人同等の参政権を求める方向——衆議院議員選挙法の朝鮮への施行を求める内地延長主義的な方向――へと固めた。

それは、まず、閔を中心として京城で結成された協成倶楽部の活動に現れた[22]。協成倶楽部は、八月一日幹事長李東雨、評議員閔元植・金明濬・金丸他の陣営でつくられ、会員数は三〇名前後だった。結成にあたっては山県伊三郎政務総監・宇佐美勝夫内務部長官との相談を経たとされ、総督府御用紙の『京城日報』『毎日申報』(8・12)が社説で同倶楽部の結成を賞賛していることからも、総督府の事前の了解があったことは間違いない。

協成倶楽部は、規約では、社会的各種事項の研究、各員共助をうたっており、閔の記者会見でも「各人生活の向上社会の進歩発展に関して」論議するものだと説明しており(『京城日報』8・11)、特に参政権問題を標榜してはいなかった。しかし一〇月一九日閔元植が『京城日報』『毎日申報』に発表した「新日本主義」では、「大日本帝国は日鮮民族共同の国家と成りたる」ことは「天意」だとした上で、「朝鮮民族は大日本帝国ゝ民たり故に合理的且合法的手段を以て民権の主張を期するを妨げず」と述べている。また、一一月一日に開かれた協成倶楽部の時局講演会では、金明濬と金丸が講演を行い、いずれも三・一運動のような独立運動が利益にならぬことを説いているが、金丸は参政権についても触れ、「自治」は望む必要なく「内地人と同等となることのみを望むのだ」と述べている(『毎日申報』11・3~11・11)。さらに、同月三日から約一ヶ月間、閔元植と李東雨は東上し、首相・拓務大臣・文部大臣をはじめとする内地政界要路の人物と面会したが、閔の談話によれば、「総督府なるものを永久に存置するか或は相当の時期に於て内地の府県制ゝ度を採用するものなるか」との閔の問いに対し、原首相は「相当の時期至らば必ずしも総督府存置の必要を見ざるに至るべし」との回答を得たとしている(『京城日報』19・11・18)。

このような一連の言動から、閔ら協成倶楽部関係者が、独立運動や自治論を排し、原首相や総督府の建前とも合致する内地延長主義に基づく権利要求の志向をもっていることは、すでに明らかになりつつあった。この年一〇月に作成された総督府警務局の報告は、朝鮮人の政治運動を独立派・自治派・同化派に分類した上で、「閔元植……等ハ所謂同化派ニシテ既ニ協成倶楽部ナル団体ヲ組織シ……民間ト官憲ノ間ニ介在シ陰ニ自己ノ勢力ヲ得ントスルモノ、如シ(23)」と分析していた。そして、観測気球的活動を続けてきた協成倶楽部は、翌年早々、参政権問題を権利要求の中核に据えた新団体・国民協会へと改組する。

2　国民協会の結成

一九二〇年一月一八日、閔元植を会長として京城で国民協会が結成された。協会の趣旨および綱領には、産業奨励・教育普及・労資の調和・思想善導等と並び、「立憲国民タル自覚ヲ喚起スルト同時ニ自治観念ヲ涵養シ以テ参政権ノ行使ト地方制度ノ改革ヲ促ス」ことがうたわれていた(24)。一九二〇年代における最大の親日団体とされる同会がいかなる人物によって担われ、どのような活動と主張を行っていたのかを概観しておこう。

まず、会員の構成について検討したい。表1は、会員数を諸資料から追ってみたものである。前後の数字に比して異常に多い会員数（⑥や⑨）は信憑性を欠くが、おそらく一九二二年頃に会員一万名以上に達し、一九三〇年代以降緩やかに減少傾向をたどったものと見られる。

会員の経歴を見よう。国民協会の会史によれば、一九二一年一月現在、一六九四名の会員中「内地に於る専門教育卒業生等智識階級に属する者約百名、道及び面評議員等公職を帯べる者約七十名、有力実業家及び名望家等約二百名を有し又協会幹部員にして郡守の任に就きたる者三名有り(25)」としている。近代教育をうけ、道府面等の各地方機関におかれた諮問機関の構成員（いわゆる「公職者」）や実業家・官吏が多かったことが窺われるが、より詳細に検討したものが表2である。これは、各種資料から二〇年代に国民協会幹部として活動したことが確認できる一六一名を抽出しその経歴を調査、整理した結果である。

　年齢については一八七〇年代生まれの者だけで四〇％を超える。すなわち、会創立時でおおよそ四〇代に達している者が中心的位置を占めていることになり、当時の社会運動家の標準から見るとかなり高い年

表1　国民協会会員数の推移（1919～40年）

	年　月	会員数	備　考
①	1919年7月	30名前後	協成倶楽部会員数
②	1920年1月	約100名	
③	1920年8月	約400名	
④	1921年1月	1694名	支部数：5箇所
⑤	1921年7月	約6000名	
⑥	1922年1月	数万名	支部数：20数箇所
⑦	1922年4月	1万余名	支部数：15箇所
⑧	1924年7月	1万700余名	
⑨	1925年2月	約10万	
⑩	1927年12月	約1万名	
⑪	1931年1月	8204名	支部数：16箇所
⑫	1933年2月	6190名	支部数：21箇所
⑬	1939年1月	5995名	
⑭	1940年2月(a)	2404名	
⑮	1940年2月(b)	約3000名	支部数：8箇所

出典　①～④『会史』1、53～54頁。⑤『大阪朝日新聞鮮満附録』21・7・21。⑥『京城日報』22・1・20。⑦『時事評論』第1号（1922年4月）155頁。⑧朝鮮総督府警務局『治安状況』（1924年12月。『林利治関係文書』4、山口県文書館所蔵）10丁。⑨『京城日報』25・2・17夕刊。⑩『朝鮮に於ける治安状況』1927年版（復刻、不二出版、1984年、140頁）。⑪警務局長・京畿道警察部長宛京城鐘路警察署長・京鐘警高秘第1316号「国民協会支部並ニ会員ニ関スル件」（31・2・6。韓国歴史情報統合システム http://koreanhistory.or.kr/ の原文閲覧サービスによる）。⑫⑮拓務省「朝鮮ニ衆議院議員選挙法施行ノ請願ノ件」（1933年2月）、朝鮮総督府警務局長報告・朝保秘第106号「国民協会本部ノ動静ニ関スル件」（1940年2月。いずれも「朝鮮人関係雑件建言及陳情関係」『旧茗荷谷研修所所蔵文書』A31、外務省外交史料館所蔵、所収）。⑬⑭朝鮮軍参謀部『昭和14年前半期朝鮮思想運動概況』294頁、同『昭和15年前半期朝鮮思想運動概況』192頁（宮田節子編『朝鮮思想運動概況』復刻版、不二出版、1991年）。

齢層に属する。併合前の経歴としては、注目されるのが渡日したり日本語教育を受けたりするなど、何らかの形で日本経験を持つ者が経歴判明者の四割以上という高い割合を占める点である。また、日本の侵略が強化された日露戦争後に大韓帝国官吏を務めた経歴を持つ者が多い。

併合後の経歴に移ると、経歴判明者の多くは朝鮮総督府官吏の経歴を持つ（ただし、全体的に官吏の割合が多いのは経歴調査において官歴が最も確実に記録に残っているという資料上の制約によるものでもある）。大韓帝国の中央官庁に勤めていた彼らの多くが地方官庁に配属されていることは、朝鮮植民地化が韓末エリート層に及ぼした変動を物語るものでもあろう。特に郡守をつとめた者が多いのは、前述のように郡守が数少ない朝鮮人の官職となっていたためである。郡守に次いで多い中枢院参議（二一年までは賛議）は親日派処遇の一環としてしばしば付与された官職だった。官吏以外では、地方機関の諮問機関構成員、言論関係（ほとんどは国民協会機関誌紙の時事新聞・時事評論などの関係者）、実業関係等が見られる。最後に他団体との関係では、国民協会の主導した各派有志連盟（後述）が多く、若干名は親日派朝鮮人と在朝日本人の混成団体たる同民会や甲子倶楽部に参加していた。

このように国民協会は、比較的年齢層が高く、併合前に既に何らかの日本経験を持ち、併合後は総督府官僚（の経験者・現役・予備軍）となった統治機構を支えるエリート支配層を中軸とした。台湾議会設置運動の場合と比較すると、日本教育を受けた点は共通しながらも、同運動を担った台湾土着漢族地主資産階級と異なり、より深く植民地支配体制に組みこまれた層が中心的部分を占めていたことを重要な相違点として指摘できよう。そもそも台湾の場合は、総督府官僚への台湾人の登用が朝鮮よりずっと少なく（郡守について言えば、台湾植民地期全体で六名）、国民協会員のような現地民族の植民地官僚が層として形成されていなかった。この意味で、朝鮮と台湾における参政権運動の担い手の差には、日本の統治方式の違

協会員幹部（161名）の構成

併合までの者（37名）		併合後から1920年代末までの職歴が判明した者（84名）				1920年代に他の団体に参加したことが判明した者（19名）		
人数	%	種　別		人数	%	種　別	人数	%
8	21.6	朝鮮総督府官僚（65名）	中枢院参議	14	16.7	各派有志連盟	10	52.6
5	13.5		道知事	3	3.6	同民会	3	15.8
4	10.8		道参与官	4	4.8	同光会	3	15.8
3	8.1		郡守	25	29.8	甲子倶楽部	2	10.5
3	8.1		郡書記	11	13.1			
2	5.4		警察官	8	9.5			
6	16.2		司法官	6	7.1			
5	13.5		公立学校訓導	5	6.0			
5	13.5	地方行政機関の諮問機関構成員（5名）	道評議会議員	5	6.0			
6	16.2		府協議会員	2	2.4			
		言論関係		11	13.1			
		実業関係		11	13.1			
		教育関係		3	3.6			
		農　　業		2	2.4			

注1　「日露戦争後から併合までの経歴が判明した者」「併合後から1920年代末までの職歴が判明した者」「1920年代に他の団体に参加していることが判明した者」の各項目では重複を含む（複数の項目に該当する者はその都度カウントした）。また２名以上の該当がある場合のみ種別として掲げた。なお、各項目の合計が必ずしも100％にならないのはこれらの理由によるものである。

2　パーセンテージは幹部161名の中での割合ではなく、それぞれの項目について判明した者の中での割合である。

3　「併合後から1920年代末までの経歴が判明した者」中、種別が「教育関係」とされているものは公立学校関係者を含まない（公立学校関係者は「朝鮮総督府官僚」に算入した）。

表2　1920年代における国民

<table>
<tr><th colspan="3">生年が判明した者
（53名）</th><th colspan="4">併合以前の経歴が判明した者
（58名）</th><th colspan="3">日露戦争後から
経歴が判明した</th></tr>
<tr><th>生　年</th><th>人数</th><th>%</th><th colspan="2">種　別</th><th>人数</th><th>%</th><th colspan="3">種　別</th></tr>
<tr><td>1860～64年</td><td>3</td><td>5.7</td><td rowspan="5">日本経験のある者（24名）</td><td rowspan="2">「併合」以前に渡日経験のある者</td><td rowspan="2">21</td><td rowspan="2">36.2</td><td rowspan="7">大韓帝国官吏（31名）</td><td rowspan="6">内閣</td><td>内部</td></tr>
<tr><td>1865～69年</td><td>7</td><td>13.2</td><td>法部</td></tr>
<tr><td>1870～74年</td><td>11</td><td>20.8</td><td rowspan="3">渡日経験は明らかでないが日語学校・京城学堂等で日本語教育を受けた者</td><td rowspan="3">6</td><td rowspan="3">10.3</td><td>度支部</td></tr>
<tr><td>1875～79年</td><td>12</td><td>22.6</td><td>軍部</td></tr>
<tr><td>1880～84年</td><td>7</td><td>13.2</td><td>宮内府</td></tr>
<tr><td>1885～89年</td><td>9</td><td>17.0</td><td></td><td></td><td></td><td></td><td>農商工部</td></tr>
<tr><td>1890～94年</td><td>4</td><td>7.5</td><td></td><td></td><td></td><td></td><td colspan="2">地方官</td></tr>
<tr><td></td><td></td><td></td><td></td><td></td><td></td><td></td><td colspan="3">実業関係</td></tr>
<tr><td></td><td></td><td></td><td></td><td></td><td></td><td></td><td colspan="3">教育関係</td></tr>
<tr><td></td><td></td><td></td><td></td><td></td><td></td><td></td><td colspan="3">政社に参加</td></tr>
</table>

出典　国民協会員161名の抽出には、『会史』１、『会史』２を主として用い、『京城日報』、『大阪朝日新聞 鮮満附録』、『毎日申報』、『時事評論』等によって補い、国民協会本部の会長・副会長・総務・幹事・評議員・相談役・顧問・地方支部長の経験者をデータベース化した。経歴については、前掲『大韓帝国官員履歴書』、安龍植『韓国行政史研究』第Ⅰ、Ⅱ巻（大永文化社、1993、1994年）を主として用い、その他上記各紙誌、朝鮮新聞社編刊『朝鮮人事興信録』1922年度、1935年度、阿部薫編『朝鮮功労者名鑑』（民衆時論社、1935年）、朝鮮紳士録刊行会編刊『朝鮮紳士録』1931年版（1931年）等の人名録によって調査した。

いも反映されている。ともあれ、前章に見た閔元植の経歴も年齢以外の点では、このような国民協会幹部の経歴の特徴を典型的に体現している。また、歴代会長・副会長についても、こうした特徴は確認できよう（表3参照）。

次に、活動と思想内容を概観しよう。国民協会の活動として何よりも知られているのは、衆議院議員選挙法を朝鮮に施行することを要求し、帝国議会に請願または建白を創立当初から一九四〇年代にいたるまで繰り返し提出したことである（表4参照）。請願の件名は一九二〇年から二一年までが「衆議院議員選挙法ヲ朝鮮ニ施行ノ件」となっており、一九二二年から三二年まで続けられた建白には件名が付されていないが、やはり衆議院選挙法の朝鮮への施行を求める内容である。続く三三年から四一年まで再び行われた請願の件名は「朝鮮ニ衆議院議員選挙法施行ノ件」である。

一九二〇年代初の衆議院への請願紹介議員となった牧山耕蔵・斎藤珪次・大岡育造らはいずれも政友会所属である。政友会では原総裁が前述のように内地延長主義を持論としていたばかりでなく、一九二〇年前半の一時期には同党政務調査会に植民地部会を設置し、朝鮮における参政権問題も調査項目としていた。[26]また特に朝鮮新聞社や朝鮮公論社等の社長をつとめた朝鮮通、牧山耕蔵は、早くも一九一八年第四〇回議会で在日朝鮮人の選挙権をめぐって政府委員と議論を戦わせたことがあった。また、一九二九年第五六回議会で「朝鮮国民協会ノ参政権付与ニ関スル建白書ニ関スル質問趣意書」を提出してもいる。ともあれ、国民協会の請願活動を議会で助けたのが、日本政府の公式見解たる内地延長主義を奉ずる政友会議員だったことは、植民地にも立憲主義を及ぼすべしとする議会内最左派のデモクラットが紹介議員となった台湾議会設置運動との今一つの相違点であったといえよう。

請願の内容を概観しておこう。一九二〇年に出された国民協会の第一回請願[27]においては、「日韓両国ノ併合ハ実ニ已ムヲ得ザルニ出デタル」ものであるのに、併合後朝鮮人には「国民トシテ内地人ト同一ノ地位」が与えられず「唯亡国ノ遺民トシテ日本ノ統治ヲ受クルモノノ如ク思惟」しており、「朝鮮ノ民心安定ヲ欠キ百般ノ施設ニ対シ故《ママ》ラニ猜疑ノ眼ヲ以テ之ヲ観ル」、とされている。総督府が「一視同仁ノ聖旨」にもとづき朝鮮人官吏の待遇改善や言論の自由の許可、諮問機関の設置などを進めていることには「衷心感謝」しつつも、それは単に「皆朝鮮人ニ対スル徳政」に過ぎないとして、朝鮮人は国政に参加する道が閉ざされていることを以下のように指摘する。

「下名等ハ日本憲法ノ下ニ於テ参政権ガ国民ノ最モ重要ナル権利ナルコト及朝鮮ニ関スル利害ノ問題ト雖一ニ内地選出ノ議員ニ依リ決セラルルコトヲ思ヒ朝鮮人ガ国民トシテノ自覚ヲ得ル能ハザル一大障碍ノ此点ニ存スルコトニ想到シ参政権ノ付与ヲ以テ朝鮮人ノ国民タルノ自覚ヲ喚起スル唯一ノ方法ナルコトヲ察知スルト同時ニ民心ヲ救治スル根本ノ対策亦之ヲ措イテ他ニ求ムベカラザルコトヲ確信スルニ至レリ」。

この他、朝鮮人への兵役義務付与も苦痛としないこと、朝鮮参政権問題には多数の在朝日本人も関わってくることなどにも言及がなされている。このような主張を支えた彼らの論理については、会機関誌の論調分析によって行いたいが、先に機関誌の発行活動自体について簡単に見ておきたい。国民協会はその主張を広めるために、朝鮮内で活発な出版・講演活動を展開した。出版活動についてのみ概観すれば、一九二〇年四月、国民協会は『時事新聞』を刊行した。時事新聞社は、社長閔元植、副社長金明濬、主幹李東雨、編集局主任金丸という陣容だった。しかし、同紙は一九二一年二月閔元植の死によって停刊に追いこまれ、六月に一時再刊するも結局廃刊となった（『大阪朝日新聞 鮮満附録』5・26）。しかし、翌一九二二年四月からは『時事新聞』にかわり、月刊誌（一時週刊）『時事評論』の刊行をはじめた（編集兼発行人、

理事長）・副会長経験者の経歴

歴	
1920年代（3・1運動以後）	1930-40年代
19.8-協成倶楽部評議員→20.1-国民協会総務→20.3-時事新聞社副社長→-21.1-国民協会副会長→21.4-22.4-23.6-24.5-25.1同会長→21.4-24.4-27.6-中枢院参議→22.11朝鮮倶楽部発起人→24.3-各派有志聯盟→25.1-国民協会顧問→27.1-29.2-同会長→29.4同民会脱退	-30.1-国民協会顧問→-31.1-同顧問→-30.6-33.6-36.6-42.6-45.6-中枢院参議→-33-同民会相談役→-33.2-39.1-40.3-41.2-国民協会理事長→40創氏改名：金田明→41.8興亜報国団準備委員会に参加→-43.1-国民総力朝鮮連盟評議員→45.4-貴族院議員
20.11国民協会入会→21.8-慶北参与官→23.2-24.12江原道知事→24.12-27.12-中枢院参議→25.1-国民協会会長	-30.1-31.1-39.1-40.3-41.2-国民協会顧問→-30.12-34.3-37.4-40.4-中枢院参議→40創氏改名：平沼秀雄→大東一進会会長→40死亡
21.8-23.2江原知事→23.8-26.8-27.5中枢院参議→-24.3-同民会→24.3各派有志連盟発起人→25.2-国民協会相談役→-26.1-26.3-国民協会長→26.10-同民会副会長→-27.1-国民協会顧問→27.5-29.11忠南知事→29.12-中枢院参議	-30.1-31.1-39.1-40.2-国民協会顧問→32.12中枢院参議任期満了→-33-35.2-同民会副会長→33.6-39.6-42.6-45.6-中枢院参議→-40.3-41.2-同民会会長→40創氏改名:平林麟四郎→-43.1-国民総力朝鮮連盟理事
21.4-24.4-27.6-中枢院参議	30.1-31.1-国民協会会長→-30.6-中枢院参議→33.6中枢院参議任期満了
22.12郡守依願免官→23.1-24.1-25.1-25.12-26.1-27.1-28.1-29.1-国民協会総務→24.3各派有志聯盟発起人→25.8-朝鮮参政権問題その他に関する有志懇談会委員→-26.10-時事評論主幹→27.6-中枢院参議	-30.1-国民協会総務→-30.6-33.6-36.6中枢院参議→-31.1-国民協会副会長→32.1-同会長→33.2-同副会長→民衆新聞を刊行→-33-同民会相談役→-34民衆新聞社副社長→-36-40.2-41.3-国民協会顧問→-36-京城府西大門町二丁目総代→40創氏改名：清原炳烈
20.1-21.1-国民協会総務→-21.22-奉天居留民会長、株式会社協同公司社長→21.4-24.4-中枢院参議→21.4国民協会副会長→21.4国民共進会を結成→-22.1-24.1-24.4-国民協会副会長→-24.1-大東斯文会→-25.1-27.1－国民協会顧問	-30.1-31.1-国民協会顧問
21.1-忠南道知事→24.12－26.8咸南道知事→朝鮮土地改良株式会社顧問→27.1-国民協会顧問	30.1-国民協会副会長→-31.1-39.1-40.3-41.2-同顧問→-33-同民会評議員→34.4-37.4-40.4-43.4-中枢院参議→40創氏改名：金光副臣
24.3郡守依願免官→27.6-中枢院参議→-29.4-教育協成会	-30.1-31.1-国民協会総務→32.1-同副会長→-33.2-同総務→30.6-33.6-36.6中枢院参議→-33-同民会評議員→35.2-国民協会理事

2　各年(月)の数字の前の-は「その年(月)以前から」、後ろの-は「その年(月)以降」を表す。したがって、例えば、「-21.1-国民協会副会長」という表記は国民協会副会長就任期・離任期については不明だが、資料上1921年1月に国民協会副会長だったことは確認できるということを表している。

表3　国民協会会長（または

	姓名	就任期間	経	
			併合前	1910年代
会長	閔元植	1920年1月～21年2月	本文参照	
会長	金明濬	1921年4月～25年1月，27年1月～30年1月，33年1月～	1870全州生→学歴：文学・国語→87.11-成均館学諭→秘書官丞→88.9-承政院仮注書→1905.11-弘文館侍講→06.12-07.1中枢院副参議→07.4-江東郡守→ハルバート・アンダーウッドと親密、ハーグ密使事件に関係したとも→08.9-明道学校教員→基督教青年会・大韓自強会・西北学会総務・大韓協会評議員	12.1-五星学校理事
会長	尹甲炳	1925年1月～26年1月	1863.8漢城生→92-東京遊学→94.7-内務府主事→96-定山郡守→1905-日露戦争で日本軍に従事、一進会の北墾島（間島）支部長→06-平理院検事→07-10咸北観察使	10.10-平北参与官
会長	申錫麟	1926年1月～27年1月	1865.1生→96-97大阪市立商業学校韓語教員→99.6-宮内府参与官→1906.10-熊川郡守→08.1-昌原府尹	10.1-慶南参与官→11.2-慶北参与官
会長	宋鐘憲	1930年1月～32年1月	1875頃生、宋秉畯の子→学歴：文学・国語→郡参事	
会長	李炳烈	1932年1月～33年1月	1870.7生→1902-農商工部博覧会主事→04.7-農商工部主事→05.3-陸軍幼年学校教官→08.7-平南事務官	10.10-黄海安岳郡守→11.8-黄海瑞興郡守→13.1-黄海鳳山郡守→17.8-京畿驪州郡守
副会長	金明濬	1921年1月～4月	「会長」欄参照	
副会長	鄭昞朝	1921年4月，1922年1月～？	1878生？	
副会長	金寛鉉	1930年1月～31年1月	1877.3生→94-慶應義塾大学留学→99日本陸軍士官学校卒→1902-陸軍歩兵参尉→05日露戦争において満洲各地で功績→06-内部会計課長	10.10-京畿水原郡守→17.9-咸北参与官→18.9-全南参与官
副会長	李炳烈	1931年1月～32年1月，1933年2月～	「会長」欄参照	
副会長	呉台煥	1932年1月～33年2月	1873.4江原生→1907-度支部技師→印刷局技師	10.10-総督府印刷局技手→11.3-京畿壌陽郡守→13.7-江原平康郡守→18.7-江原鉄原郡守→19.12-京畿高陽郡守

出典　表2及び表5に同じ。
注1　会長（または理事長）・副会長の「就任期間」は閔元植を除いて推定のものが多い（この点に関しては注2も参照）

請願・建白一覧

衆議院		貴族院			備考
発言政府委員	結果	紹介議員	発言政府委員	結果	
大塚常三郎総督府内務局長	審査未了				
	参考送付	大久保利武		審査未了	連署者人数は貴族院では613名
	採択	細川護立外14名		審査未了	連署者人数は貴族院では2759名
堤康次郎拓務政務次官	採択				
桜井兵五郎拓務政務次官	採択	丸山鶴吉	佐藤正拓務参与官、林繁蔵総督府財務局長	審査未了	連署者人数は貴族院では1213名
植場鉄三拓務省管理局長	採択				
伊禮肇拓務参与官、木村正義内務参与官	採択				
江藤源九郎拓務参与官	採択	丸山鶴吉	江藤源九郎拓務参与官	審査未了	
加藤成之拓務参与官	採択				
副島勝拓務省管理局長	採択				

置ニ関スル運動ノ概要」(1944年か。水野直樹編『戦時期植民地統治資料』第4巻、柏書房、1998年、38～39頁)、「朝鮮人関係雑件建言及陳情関係」(『旧茗荷谷研修所所蔵文書』A31、外務省外交史料館所蔵)等により作成。

表4　国民協会の

提出年月	請願・建白の別	議会回次	内　閣	筆頭署名者	連署者人数	紹介議員
1920年2月	請願	第42通常議会	原	閔元植	106	牧山耕蔵・斎藤珪次・岡田栄
1920年7月	請願	第43特別議会	原	閔元植	644	牧山耕蔵外1名
1921年2月	請願	第44通常議会	原	閔元植	3,226	大岡育造外16名
1922年3月	建白	第45通常議会	高橋	金明濬	8,058	
1923年3月	建白	第46通常議会	加藤（友）	金明濬	11,209	
1924年6月	建白	第49特別議会	加藤（高）	金明濬	11,777	
1925年2月	建白	第50通常議会	加藤（高）	尹甲炳	※会員一同	
1926年3月	建白	第51通常議会	第1次若槻	申錫麟	※会員一同	
1927年3月	建白	第52通常議会	第1次若槻	金明濬	※会員一同	
1928年4月	建白	第55特別議会	田中	金明濬	※会員一同	
1929年2月	建白	第56通常議会	田中	金明濬	※会員一同	
1931年2月	建白	第59通常議会	浜口	宋鍾憲	※会員一同	
1932年5月	建白	第62臨時議会	斎藤	?	?	
1933年2月	請願	第64通常議会	斎藤	金明濬	15	朴春琴
1935年2月	請願	第67通常議会	岡田	金明濬	1214（内日本人6）	朴春琴
1937年2月	請願	第70通常議会	林	金明濬	24,645	守屋栄夫
1938年2月	請願	第73通常議会	第1次近衛	金明濬	28	朴春琴
1939年2月	請願	第74通常議会	平沼	金明濬	41	朴春琴
1940年2月	請願	第75通常議会	米内	全富一	56（内日本人12）	朴春琴
1941年2月	請願	第76通常議会	第2次近衛	金田明（金明濬）	68（内日本人6?）	守屋栄夫・朴春琴

出典　田中宏「日本の植民地支配下における国籍関係の経緯ー台湾・朝鮮に関する参政権と兵役義務をめぐってー」（『愛知県立大学外国語学部紀要』第9号、1974年12月）72～73頁、『会史』2、「在来朝鮮及台湾ニ於ケル国政参与又ハ地方議会設

金尚会。後に李炳烈)。同誌は、参政権問題をはじめとする論説、朝鮮歴史に関する史論、総督政治や海外事情についての紹介・時評を中心とし、若干の文芸作品も掲載した。一九二六年一〇月には誌面改善と称して、「産業講座」が設けられ、農業を中心とした産業関連の紹介・研究記事が増やされた[28]。一九三〇年一月、『時事評論』を改編し週刊新聞『民衆新聞』が創刊されたが[29]、同紙は少なくとも一九四一年頃までは発行されていたことが確認される[30]。

これらの広報活動の中で展開された言説を可能な限り跡づけておこう。そこに現れた論点は次の諸点にまとめられる。第一に、韓国併合を肯定・承認する文言が頻出する。「日韓併合は両国元首の意を受け……政府の協商によって行われ」た、「人文の高低、貧富の懸隔を超越しその間に何等の差別を設けず両者が渾然一家を為すこと」が併合の精神である、併合は保護政治が所期の成果をあげなかったために断行された「已むを得ざるに出たこと」だった、等々[31]。併合は日本と朝鮮が対等な条件で行ったもので必然的処置だったとする論は、国民協会の論者に共通する。

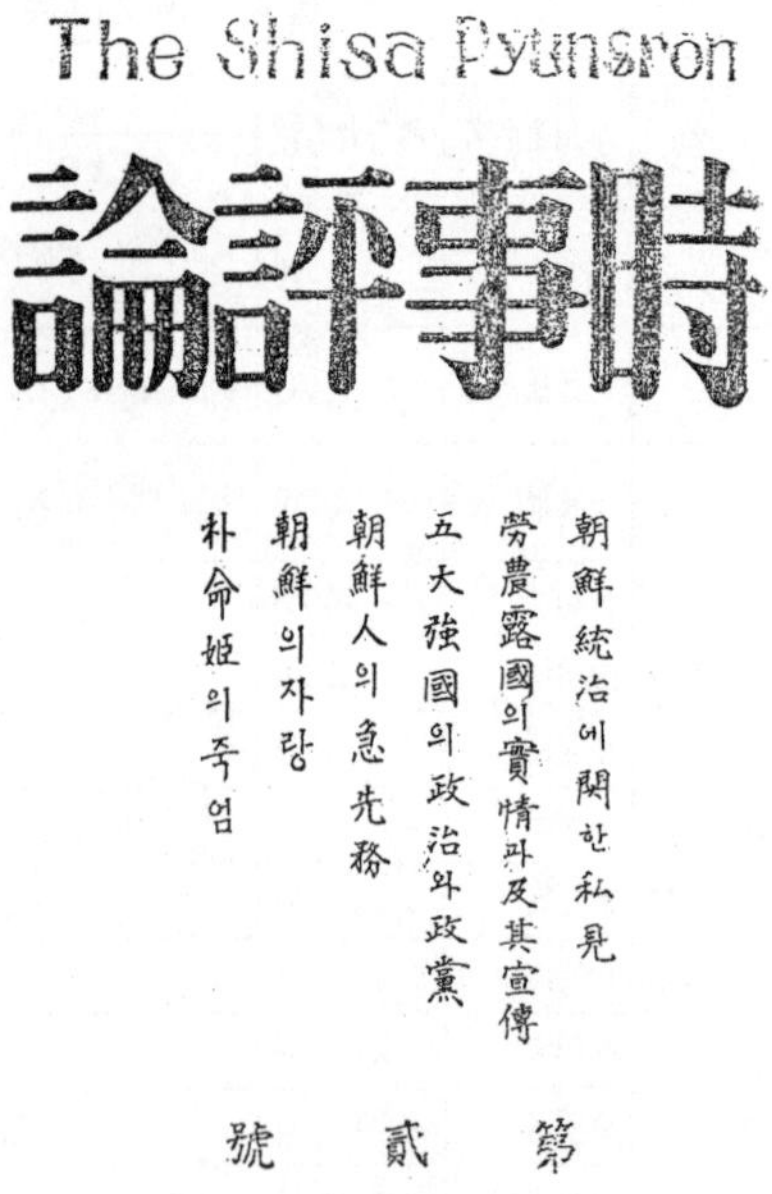

国民協会機関紙『時事評論』

しかし第二に、彼らは併合の結果たる総督政治を無条件に賛美したのではなかった。一九一〇年代の「武断政治」は併合の精神に適合しない「善意の悪政」だったと批判を投げかける[32]。したがって、三・一運動に対しても、運動当時の閔元植の論調に見られた如く、このような「武断政治」の苛政が背景にあったと指摘する。たとえば、『時事評論』常連論者の一人は、人間の政治的欲望を理解しない為政者は「人民の一時爆発」にあいかねない。大抵の識者は「騒擾」（三・一運動のこと）に対し「その無謀で無智であることを一種の滑稽事件」と見ているが「騒擾の根本原因を講究し根本的な解決方針を樹立することなくては」民心は安定しないと説いている[33]。

第三に、前二項の帰結として、併合の精神に則った朝鮮統治を行うために参政権付与が必然だとの主張が導き出される。閔が一九一九年一〇月に発表した論説「新日本主義」や国民協会第一回請願において、そのような論理が基調をなしていたことは既に見た。韓国併合が日本と朝鮮の対等合併であり、それ故同等の権利を朝鮮人に付与せねばならぬとする論法は、以後一貫して国民協会の参政権要求の大前提となった。

第四に、このような立場からは、独立運動、社会主義はもちろん、自治論（朝鮮議会設置論）も併合の精神にもとるものとして批判の対象となった。『時事評論』誌上には、当時の朝鮮人の思潮を独立思想、自治思想、内地延長主義に分類し前二者に対する批判を試みた論説や、特に一九二二年頃から隆盛を迎えた社会主義に対して論駁しようとした文章がいくつか見られる[34]（自治論に対する国民協会の批判については次章で取りあげる）。

その他注目すべき内容としては、一九二〇年代初頭民族主義右派が唱えた実力養成論と同様の議論が展開されていることがあげられる。「教育を振興し智力を養成し産業を奨励し富力を増進せしめ以て将来先進国と競争し得べき実力を養成するを以て最大急務なりと信ず」、朝鮮人が「実力の養成を策励することは内部に属する事だが文明の制度を模倣し立憲的権利の均霑を追求するは外形に属する……参政権の分配を要求するのも畢竟外形を得た後に内実を満たそうとする」ものである、云々。(35)

参政権が元来、近代的市民的権利の核である以上、参政権要求論者たる国民協会員がある種の近代化への志向をいだき、実力養成を通じた近代化・文明化を主張したことは当然のようにも思われるし、実際、近年の親日派研究において、親日派の行動論理を「近代至上主義」という観点から解釈しようとする傾向が見られる。(36) しかし、親日派にとっては彼らと敵対する民族自決主義、社会主義等もまたすぐれて「近代」的な思想であったために、現実の言動においては、むしろ近代至上主義と相反する復古的論理も打ちださねばならない立場にあったことにも目を向ける必要がある。国民協会の場合、実力養成論の一方で、「旧道徳」の尊重をも熱心に説いている。「外来思想」の幻惑に対抗して「儒教」を基盤とした思想の建て直しを説いたり、朝鮮王朝時代は「特権階級或いは支配階級は民衆に対して規律節制の尊重を強制」したが、併合によって依るものがなくなり、世人が「新思想」と呼ぶ「輓近発作した時代的迷信の横流」が憂慮される等の論調にそれは窺われよう。(37)

このような国民協会の主張が、基本的には総督府の論理を敷衍したものだったことは間違いないが、だからといって同会が組織としての独自性・自主性を全く持たなかったと裁断してしまうことにも無理があろう。統治政策の改善という枠内で、権利を拡大し実力を養成しようとした国民協会の発想は、むしろこの時代の体制内エリート層に属した朝鮮人（の少なくとも一部）がどのような志向をもっていたかを示している、と考える。

そのことは、国民協会に対して朝鮮総督府が支援と抑止を使い分けたことにも表われている。国民協会と総督府高官との間には一方で頻繁な接触があった。斎藤実総督の日記によれば、一九一九年八月以降一九二一年二月までの間、斎藤と閔元植の面会回数は一九回にのぼる。[38] 斎藤に近い言論人細井肇は、斎藤宛の書簡中で、「国民協会を利用して新日本主義の見地より独立論の謬妄を破砕せしめ」、「歴史的に朝鮮独立は不能と宣伝させることは刻下の急務」と提言している。[39] 丸山鶴吉警務局事務官も「朝鮮の思想善導にこれを利用するのも一策であると考え、閔元植を上司にもそれぞれ紹介したり激励これ努めた」という。[40] このようにして総督府は思想善導の観点から国民協会の利用価値を認め、一定の援助を与えた。一九二〇年六月に、閔は総督に運動資金および国民協会員の官吏への登用を陳情しているが、「総督府当局殊に水野総監［水野錬太郎政務総監］の如きは閔の運動に接助すべきを約し尚ほ閔の推薦に依る道知事、参与官、郡守等も多数登庸せられ且つ閔の巡回公演に対しても地方官憲より多大なる便益を与へれ」た、とされる。[41] 先述のように国民協会員に総督府官僚が多かったことはこれが事実であることを裏づけよう。

しかし他方で、総督府は、国民協会の終極的目標たる内地延長主義型参政権の付与そのものを支持したわけでは決してなかった。国民協会の第一回請願に対して、政府委員として衆議院請願委員会に出席した総督府内務局長の大塚常三郎は、以下のように答弁している。

「民度ガ発達シマシテ、朝鮮人モ内地人ト同様ニ至ッタナラバ、此衆議院議員選挙法モ或ハ施行サレルノデハナイカト思ヒマス、併ナガラ今日ニ於テ衆議院議員選挙法ヲ何時施行スルカト云フコトハ、マダ此所デ明言ハ出来マセヌ」。[42]

朝鮮人に内地人同様の権利を付与することがあくまでも原則であるとしつつ、現実には朝鮮人の「民度」を理由に時期尚早として参政権要求を排除する姿勢は、総督府・日本政府ともこれ以後の議会答弁で一貫して譲ることはなかった。参政権付与に消極的な理由について、前総督府逓信局長持地六三郎はより直裁に語っている。朝鮮人の「政治上の権利を不必要に拡張して前途国政の混乱を来さしむる如きハ果して国家永遠の長計なりや否や」と。[43] また、やはり一九二〇年代前半に作成されたと思われる大塚内務局長私案「朝鮮議会（参議院）要綱」も、「日本帝国ノ国民トシテ」自覚を持たない朝鮮人が帝国議会に進出すれば「朝鮮統治ヲ難局ニ陥ル、ノミナラス帝国ノ国政ヲ無用ニ混乱セシムル」と見ていた。[44] 持地や大塚がむしろ主張した朝鮮自治論（朝鮮議会設置論）が少なくとも一九二〇年代初期の総督府においては少数派だった点は考慮せねばならないにせよ、国民協会が参政権獲得という目標を結局達成できなかったことの根本には、日本の朝鮮支配政策の基調に、朝鮮人への不信とそれ故に朝鮮人の権利拡張をできる限り抑制せねばならぬとする発想とがあったことは否定できない。

　また、斎藤総督のブレーンだったといわれる阿部充家は、「今日の形勢にては閔元植・鮮于鍤の運動にては到底一大勢力を支配する事は到底六ケ敷」という事情があるため、むしろ「鮮人間に熱望なり信用ある人士」を利用すべきだと主張している。[45] 国民協会の露骨な親日的態度がかえって親日世論造成に悪影響を及ぼすとの見方もあったのである。

　最後に、国民協会に対する独立運動側・一般民衆の反応を検討しておく。これについては、姜東鎮本が詳細に明らかにしているように、[46] 強い反発を受けたというほかはない。国民協会の宣伝・言論活動に対しては、「所謂強テ演説ヲ開キ抑《ママ》シテ新聞ヲ売リ、上下人民首ヲ疾シメ額ヲ蹙メ反ッテ衝撃ヲ為ス……数千円ノ金逐月支給セラル、モ小シモ実効ナシ」と報告されている。[47] 若干の例のみあげよう。一九二三年八月、慶尚北道金泉にて国民協会員徐成勳が郡守・警察の後援で「日鮮融和」を巡回講演中、上海にある大韓民国臨時政府は生活ができず売名行為をする者達の集団だと発言した。すると聴衆の青年が「この野郎、それはお前のことだ」と叫び、臨席警官によって直ちに連行された（『朝鮮日報』23・8・14）。また、その機関紙『時事新聞』については、「一部読者たる国民協会会員を除いては皆購読を拒絶し門楣に時事新聞不見と特書した紙片を貼る奇現像《ママ》を呈し」「不見新聞」と呼ばれたという。[48]

さらに、国民協会幹部は、独立運動家から直接に攻撃、暗殺の対象とされていた。すでに会結成以前から「一般民間ハ閔元植ニ対スル反感甚シク随処ニ之ヲ批難《ママ》攻撃スルモノ多キヲ以テ閔ノ配下ニ属スル崔岡芮宗植ハ同派ノ形勢非ナルト或ハ身辺ノ危険等ナキニアラストナシ自治派ニ転入シタリ云フ」状況だった。[49]また、大韓民国臨時政府機関紙『独立新聞』一九二〇年二月付論説は、「売国賊ヲ殺スヘシ……韓人ニシテ韓国ノ独立ニ反対シ敵ノ国旗ノ下ニ服スルヲ主張スル兇賊等即チ閔元植、鮮于鎬、柳一宣、協成倶楽部等ノ醜類ナリ[50]」と名指しで敵意を示した。現に、一九二一年九月、前国民協会幹事鄭弼和は上海で行方不明となったが「独立団」に暗殺されたとの噂がもっぱらだった（『朝鮮日報』21・9・17）。そして、会長閔元植自身も、一九二一年二月第三回請願提出のため上京中、梁槿煥によって暗殺され、以後、国民協会は混迷に陥ることになる。

三　閔元植死後

1　閔元植の死と国民協会の動静

一九二一年二月に閔元植が暗殺されると、金明濬が国民協会の会長代行に就いた。金明濬は、韓末には愛国啓蒙団体系の政社に関わった人物だったが、三・一運動後は協成倶楽部段階から国民協会系統の中心人物として活動してきた（金明濬の経歴については、前掲表3参照）。一方、帝国議会衆議院では閔の死が議員の同情を買い、国民協会の提出した第三回請願を満場一致で初めて採択し、「極メテ重大ナル問題ナルヲ以テ特ニ政府ノ注意ヲ促ス」との但書を付して請願を政府に送付した（前掲表4参照）。

しかし、活動の多くを閔元植個人に依存していた国民協会は直ちに資金の不足と活動の停滞に直面した。閔は「自身ノ家ニ於テ数万ノ財ヲ投ジ、又細君ノ家カラシテ十数万円ノ私財ヲ投ジテ約二十万円ニ近キ私財ヲ投ジテ、此運動ニ奔走」していたといわれ、[51]閔の死によって会の資金繰りが苦しくなったことは容易に想像がつく。このために、前章で触れたように、機関紙『時事新聞』は廃刊に追いこまれた。

こうした情勢の中、国民協会は内部分裂の兆候をも見せていた。一九二一年四月に開かれた国民協会臨時大会は、閔の死後初めての大会となったが、『毎日申報』（21・4・13）社説によれば、大会席上、幹部某は閔の死を契機に実権争奪に走り、「開会席上でこの問題で質問しようとする会員がいれば鼓掌鳴足咆哮で此れを妨げ会則を無視して閉会を強制」する醜態を演じた。そしてこの時の幹部は、同月、国民共進会なる組織を結成し国民協会を離脱することになる。国民共進会は、金明濬の会長当選に反発した鄭昞朝（国民協会副会長・奉天居留民会長）・金性洙（同会平壌支部総務）ら四〇名が発起人となり、当初八〇余名の参加を見た。主義綱領に掲げられている項目が、文化の向上・教育の発達・産業の振興・美風の涵養・参政権施行の時期促進等、おおよそ国民協会と重なるものであることから見て、この分裂騒動は運動路線をめぐるものではなく、やはり会内のポスト争いから発したと見てよいだろう。国民共進会は一時参加者一七〇名を集めたが、中心人物の鄭昞朝の暴力事件や奉天支部設置の失敗のために、結局頓挫した。[52]

請願活動も不利な条件におかれた。閔の死後、斎藤総督は国民協会の参政権要求請願に対して、参政権運動自体の目的を不可とは思わないが「議会に請願せんが為に運動するは余り褒めた事ではあるまい」と運動代表者に話し、請願を総督府に提出するよう促した（『京城日報』22・1・26）。これと関わっての変化と思われるが、帝国議会議員の紹介を経由しなければならない従来の請願から非公式の建白へとかわり（前掲、表4参照）、その結果帝国議会の審議で取りあげられることもなくなった（前述した一九二九年二月第五六回議会での牧山耕蔵らによる質問趣意書提出を除く）。

また、国民協会が中心となった各派有志連盟での活動も、同会のイメージをいっそう悪化させた。一九二四年三月、親日団体一一団体合同で結成された各派有志連盟では、発起人三四名中、国民協会関係者が九名を占めた(53)。開会の辞も国民協会会長金明濬が読み上げ、民族主義と共産主義への批判を表明した。連盟は、朝鮮内外での広報活動を計画していたが、反対派が国民協会の事務所を訪れ圧力を加えたり、連盟幹部の「自宅訪問シテ腕力攻撃」をはかったりするといった情勢だった。そして、発足の約一〇日後には、連盟に参加していた朴春琴（内地の親日団体相愛会の副会長）が東亜日報社長に対する暴行事件をおこしたことで、民族紙の強い非難を浴びることとなった。

以上のように会の内外から国民協会を動揺させる事態が続いた。従来の諸研究が、閔の死後国民協会は衰退したと見るのもそのためであるが、その一方で、国民協会の請願が衆議院で初めて採択されたことで国民協会の活動に関心が集まったことも事実である。会員の増加趨勢は前掲表1によっても確認されるし、新聞紙上においても平安北道寧邊郡・同价川郡では国民協会の巡回講演によって、京畿道水原郡では協会支部長の慈善活動によって、それぞれ新入会員が増加したとの報道が見られる（『京城日報』21・5・15、『大阪朝日新聞 鮮満附録』6・4、『朝鮮時報』6・1）。そして、一九二三年一〇月内地では第二次山本権兵衛内閣が普選即時断行を表明したことで、そのような期待感はより高まり国民協会の活動にも有利に働いた。一九二三年一〇月国民協会は京城で開かれた副業共進会の観覧者に宣伝文を配布したが、建白署名者は二万名に達する予定であり、これは「内地普選即行ノ議アルヤ本運動促進ノ気勢多少嵩マルモノノ如シ」と分析されていた(54)。また、翌年も「山本内閣成立普選即行の気勢が横溢し参政権獲得運動の絶好機会到来したので」、協会への「入会者続出」し建白署名者も三万八千名に達したとの報道が見られる（『大阪朝日新聞 鮮満附録』24・2・2）。

しかし同時に、このような気運は、参政権問題に国民協会以外の勢力も参入させることになった。一九二一年初め以降の一時期、同光会系の内政独立運動が現れ当局から禁止されたことや、二三年以降、東亜日報が間接的表現で自治論に論及しはじめたもののいわゆる研政会計画が流産に終わったことを除けば、基本的に参政権運動を独占してきた国民協会は、二〇年代半ばにいたって参政権問題の多様化と流動化への対処という新たな課題に直面することになった。

2　参政権論議の多様化と国民協会の対応

一九二〇年代半ば、日本内地で普通選挙制度成立が日程にあがってくると、朝鮮参政権問題にも何らかの進展が期待されはじめていた。内地政界において生じつつあった朝鮮参政権問題を意識した動きについて、「色彩濃厚となる朝鮮参政権問題」（『釜山日報』25・2・15）が伝えるところでは、準与党政友会では、「松山常次郎氏が朝鮮人に付与する方法に就き政府をして権威ある調査機関を設置せしむる可く頻りに奔走」しているとされた。実際、鮮満開拓株式会社・南海拓殖株式会社各社長を務め、朝鮮で水田開発や水利事業を展開していた松山は、一九二四年一月『朝鮮ニ於ケル参政権問題』なる小冊子を発行し、朝鮮統治の安定ひいては日本の大陸進出の前提として朝鮮への衆議院議員選挙法施行を主張し国民協会の運動にも支持を表明していた[55]。また、第一野党憲政会は、まとまった党の意見をもたないものの「既に等閑に付すべきでなく慎重に考慮すべき」という程度に達していた。この後、憲政会は一九二五年から二九年にかけ内地延長主義の立場から朝鮮・台湾に地方自治制施行を求める建議を帝国議会に提出することになる。さらに、革新倶楽部は、「各植民地に議会を設置するを理想」とするとの見解だったというが、これは同党が田川大吉郎・清瀬一郎等、台湾議会設置運動の請願紹介議員を抱えていたことを指すものだろう。

さて、本国のこのような空気が植民地朝鮮にも伝えられると、参政権問題についての論議は活発化した。朝鮮で刊行されていた日本語雑誌『朝鮮及朝鮮人』のある論説は当時の朝鮮内の状況を、以下のように三つのグループに分け整理している[56]。

第一は「松山常次郎君等に依って主唱されてゐる制限選挙法で京城大邱平壌釜山の四大都市に選挙権を施行して政治的訓練を経た上で漸次全鮮に及ぼしたいと言ふ説」である。しかし、これに対して論説筆者は「四都市の人間は満足するであらうが、朝鮮一千七百万の同胞は果して黙許するであらう乎」との疑問を投げかけている。

第二に、「朝鮮議会を設置せべしとの要求」がある。論説筆者の見解では、「朝鮮議会を認めて総督をして其の絶対権を掌握せしむる様にした方が得策だと思ふ」とされている。

第三に、「朝鮮全道に対して一般に参政権を附与すべし、と云ふ論であるがこの議論は主として鮮人間に叫ばれてゐる様である」。制限選挙を主張する第一の議論よりも「此の方が余程合理的で賢明なやり方」だろうというのが論説筆者の意見だった。

国民協会の運動が第三のグループに属することは明らかだが、それ以外のグループの実態はどのようなものだったのだろうか。まず、第一の制限選挙法施行論は在朝鮮日本人によって唱えられていたものだった。一九二四年八月、在朝日本人を主体として彼らの利益要求団体として甲子倶楽部が結成された。これは、京城商業会議所副会頭が全鮮公職者連合懇話会（後の全鮮公職者大会）の決議をもって東上した後、常設機関として設立した在朝日本人を主とし朝鮮人も加わった「公職者」団体である。[57]衆議院議員選挙法が全面実施された場合、在朝日本人が政治的少数集団に転落するとの判断に立ち、有権者数や被選出予想者などの面で日本人が有利とみられる四大都市への制限選挙を主張し、請願・陳情運動を行った。[58]論説中に名の見える松山常次郎は、先述のように国民協会の運動も支持しつつ、このような在朝日本人の利益を代弁し、かつて在朝鮮日本人居留民団（一九一四年廃止）のもっていた「自治」の特権の復活を主張した。

第二の自治論については、先に引いた『朝鮮及朝鮮人』誌上の論説ではその担い手について記していない。この時期、民族主義右派の朝鮮人は、独立に至る準備段階の一階梯として自治運動推進を示唆する主張を『東亜日報』紙上に掲げつつあったが、民族主義左派や社会主義者の反発により、自治論を公然と掲げた運動体を組織することには依然成功していなかった。[59]より公然化した自治論主張の動きとして注目されるのは、同じ時期、総督府筋、特に一九二四年七月に政務総監に就任した下岡忠治から自治論にかかわる観測気球がしきりにあげられていたことである。

下岡は赴任二ヵ月後の一九二四年九月、「私は漸次自治に迄到達するやう色々に制度を更改する事は無論必要だと思ふから特に留意研究中である」と語っている。[60]いくつかの新聞記事でも、下岡政務総監が「参政権附与には大賛成で……相当腹案が無いでもない」「朝鮮に限定されたる所謂植民地議会説を相当に考慮」していると伝えていた（『大阪朝日新聞 鮮満附録』25・4・17、『釜山日報』2・15）。反面、下岡を含む総督府周辺は国民協会の推進する内地延長主義型参政権運動に冷ややかな態度をとった。一九二五年一月、国民協会の建白書が提出されるとの報に対して、下岡は、政府の重要案件として考慮すべきことを認めつつも「実現はまだ〳〵至難である」との見通しを語った（『大阪朝日新聞 鮮満附録』1・18）。また、同年二月二〇日、『京城日報』社説「参政権運動と産業第一主義」は、朝鮮から衆議院議員選挙法施行を求める陳情員が上京したことをとりあげ、「此種政治生活上の跳躍を欲する風潮顕著なるを聞くに至りて我等は実に或る驚きを感じ……ざるを得ぬ」との評価を下した。「彼等は先づ経済生活を確立しなければならぬ、而して後政治生活上の跳躍を企図するのが順序ではないだらうか」と戒めたのである。社説題目の「産業第一主義」とは下岡が唱えていた政策スローガンに他ならない。ともあれ総督府御用紙たる『京城日報』が国民協会の運動をかくも否定的論調で論じたのは初めてのことだった。

そして、下岡の急死（一九二五年一一月）の直後だが、この年一一月には、総督府と京城日報社及び東亜日報幹部の一定の事前協議の上で、『京城日報』紙上に同社社長副島道正が執筆した「朝鮮統治の根本義」が同紙社説として連載された。この社説が、帝国議会への朝鮮人議員参入に「絶対に反対」を唱え、民族的固有性に立脚した「自治」を主張したものだったことは周知の事実に属する。ただ、ここで注意を促しておかねばならないのは、姜東鎮本以来の従来の研究は、二〇年代半ばにおける自治論の嚆矢を副島社説だと見ているが、上述のように実際にはそれ以前から布石が打たれつつあったという点である。

もっとも、この時期、総督府内で自治論に対してどの程度具体的検討が進んでいたかについての判断は慎重を要する。先行研究中には、第二章第2節で触れた「大塚内務局長私案」と表書きされた「朝鮮議会（参議院）要綱」を、この時期の総督府の自治論と見なすものもあるが疑問である。朝鮮議会設置を主張したこの意見書は、一九二〇年代半ばの自治論流布以前に作成され、文字通り「私案」の域を出なかった可能性が高い[61]。筆者は、むしろこの時期の作成と特定できる朝鮮総督府議会説明資料（一九二五年末作成）が、朝鮮議会開設論、朝鮮人衆議院議員選出論の両者を比較検討しつつも、いずれも「一般民智並政治的訓練」の状況から見て論議自体が尚早であり、この問題は「地方自治制施行セラルルニ際シテ考慮」されるべきだと結論づけていることに目を向けたい。(62) 一九二四年後半から二五年後半にかけて、下岡政務総監・副島社説を軸にして内地延長主義から自治論への転換を示唆する動きが流布されてはいたが、政治的選択肢としての自治制施行については、仮に総督府内で何らかの検討の動きが存在していたとしても現実に実施に踏み込む段階にはほど遠かったと見るのが妥当だろう。ともあれ、このような自治論への転換の伏線は、後述する国民協会と在朝日本人の反発によって消え去ることになる。

それでは、以上のように新たに現れてきた二つの動き――在朝日本人の参政権要求と総督府筋の自治論――に対して、第三のグループたる国民協会はいかなる対応を示したのか。

まず、第一の在朝日本人による参政権運動に対して、先行諸研究は、これが在朝日本人の利益を追求したものであり、国民協会のような朝鮮人の参政権運動とは対立する性格のものだったことを強調している。(63) 確かに、参政権享受の対象として想定されているのが在朝日本人なのか朝鮮人なのかという点で、両者の究極目標には根本的な差異があったといわねばならない。しかし、現実の行動が根底の理念の差によってのみ左右されるとは限らないことは、政治運動の常だろう。両者は、さしあたり衆議院議員選挙法の朝鮮施行を目指すという点においては共通していたのであり、その限りでは当面の利害は一致していた。また、前述した政友会代議士松山常次郎のように在朝日本人・国民協会いずれの運動にも接点を持つ人物がいたり（松山は、「国民協会一派ノ人々」が閔元植死後「我等ニコッソリ会見ニ来」るようになったとも述べている(64)）、国民協会幹部の金明濬・李炳烈・曺秉相等は甲子倶楽部あるいは同民会の会員を兼ねたりしていたように、人的な交流関係も結ばれていた。

実際、在朝日本人の参政権運動が台頭してくると、国民協会総務の李東雨は、今まで在朝日本人が沈黙していたのは「甚だ疑問」だったが参政権要求運動を起こしたのは「衷心から歓迎」するとエールを送った(『大阪朝日新聞 鮮満附録』24・8・7)。その後、両者は、後述のように一九二五年末以降の自治論に対する抗議では共同歩調を取り、二七年一一月には国民協会が中心となって甲子倶楽部を含む一〇団体幹部と懇親会を行い「参政権附与問題ノ徹底」等で意見の一致を見、さらに翌年二月に内地で初の普選が実施されると国民協会が開いた祝賀会で甲子倶楽部の中心人物たる高橋章之助が祝辞を述べてもいる[65]。一九二〇年代半ばから後半にかけて、在朝日本人と国民協会の両参政権運動は、究極の目標を異にしつつも、奇妙な同盟関係を結んでいたと見るのが正確な理解ではないだろうか。

国民協会にとってより深刻な対抗者は自治論の方だった。下岡政務総監赴任以後、自派に不利な空気が醸成されつつあったことは国民協会側でも察知していた。会史によれば、「故下岡政務総監の赴任せらる、や……国民協会に対する措置は甚だ冷淡を極め参政権運動の如きは更に必要なきものとし国民協会員にして郡守たるもの、参政権要求建白に賛同せしめんとする勧誘すらも突止められた」という[66]。そして、一九二五年一一月『京城日報』紙上に前述の副島社説が現れると、協会は甲子倶楽部および普天教と共同で「熱烈反対」の意を表明するとともに、副島社説を放置していることについて総督を突き上げた[67]。また、翌二六年二月には、協会総務・李東雨が日刊紙『朝鮮時報』紙上に七回にわたり反論を掲載し(第一回は未見。確認できたのは26・2・13~2・20)、「自治」は帝国の結合力を弱めかねない「姑息的次善策」に過ぎず、衆議院に朝鮮人議員を送ることを危険視する議論は日本人と朝鮮人が本来「同一民族」であることを忘れた「誤れる民族観」に起因するものだと切り捨てた。機関誌『時事評論』誌上でも、自治論に対しての批判が展開された。次のようなものが代表的な例である。

「[台湾議会設置運動を行っている林献堂は過酷な圧迫を被っているというが]吾人は朝鮮の独立運

動者や自治運動者に対して斯くの如く過酷な政策を取ることを願うものではない。然し其の反対に独立運動者に官公吏の職を餌に懐柔し彼らの事業に資金を融通し……反て併合の　《ママ》聖詔を奉體し内鮮一家の実を挙げることに努力し合理的合法的に朝鮮民衆の権利を伸張し永遠の幸福を求めようとする団体や或は個人に対しては援助を躊躇し庇護を惜しみ其の事業を意の如く進展させないのを遺憾とするものだ[68]」。

「朝鮮の自治によって朝鮮民族の幸福と利益を求める道だと論ずる者がある。此れは考えの足らぬこと甚だしい論であり、もし朝鮮を日本の植民地自治領となし、敢えて国家を組織する一分子の責任を尽くし国政に参与する権利を獲得せず、日本の主権下に僅かに自活《ママ》を謀ろうというならば、此れは併合の本義に背戻するのみだ[69]」。

ところでこうした議論にも明らかなように、自治論の登場という新事態に対して国民協会は依然として「併合の聖詔」「併合の本義」を楯にした原則論を唱えるのみだった。それは、「併合の精神」が実質を伴なわぬ空疎なものであることを承知しつつも、その空疎さを埋め実質を与えんとするが如く、一層「併合の精神」に固執しているかのようにさえ見える。しかし、いずれにしても、彼らが自治論と対比した場合の内地延長主義型参政権付与の長所を積極的・具体的に提示できなかったことは事実だった。この混迷の中、新たに現れた参政権論議を取りこみ運動方針を修正しようとする試みが国民協会内部から現れた。

そのきっかけとなったのは、一九二五年一月、協成倶楽部以来の生え抜きで閔元植死後会長を務めてきた金明濬に代わり、新会長に尹甲炳が選任されたことだった。尹甲炳は併合後、平安北道・慶尚北道各参与官や江原道知事を歴任した高級官僚出身者だったが、国民協会へは会発足後の一九二〇年一一月と比較的遅い時期から参加した（尹甲炳の履歴については前掲表3参照）。協会内の新興勢力として台頭してきた尹は、以下のように、従来とは異なる路線を打ち出すことで会勢の不振を挽回しようと考えた。

参政権付与の「形式の如きは未だ朝鮮の民力と民度が直に内地と同一なる衆議院議員選挙法を施行する能はざる関係があるとせば、或は朝鮮には暫定的特殊機関の議会を設け、朝鮮に関する立法と予算に協賛する権利を与へるか又は貴族院の有爵議員の互選か勅選の制度が朝鮮に適用され、先づ貴族院に朝鮮人を参与せしめるか又は特別選挙区域を定め、文化程度の向上された京城外幾区域を定め衆議院議員選挙法を施行するか、如何なる方法にても参政権附与の実を挙げ迷津《ママ》に在る朝鮮人の向背を定めしめ」る必要がある。(70)

ここに見られるように、尹甲炳の提示した議論は、一九二〇年代半ば総督府筋から流布されつつあった自治論や在朝日本人の唱えていた制限選挙論などに呼応して、これらも取り込んだ幅広い（あるいは定見のない）参政権要求へ会の方向を転換させようとするものだった。そして、会長就任の翌月二月に作成、提出された第四回建白においては、暫定的な自治議会制度・都市のみの衆院選挙法施行等も可能とする主張を打ちだしたのだった。(71)

これは衆議院議員選挙法を特に条件を付さず朝鮮に施行することのみを求めてきた国民協会にとって重大な転換であるとともに、その存在理由を自ら否定する危険性を帯びた選択だった。そのため新路線に絡んで会内部では深刻な内部対立が生ずることになった。

総督府警務局資料の伝えるところでは、国民協会内では前会長金明濬と総務金丸につらなる一派が、現会長尹甲炳派に反発し二派が形成される状態となった。尹甲炳側は、会が「殆ント有名無実ノ状態」なので「国民協会ノ旗識ヲ鮮明ニシテ積極的ニ活動シ会ノ発展ヲ期セサルベカラズ」との立場だった。他方、金明濬―金丸派は「鮮人思想ノ動揺ハ未ダ安定ノ期ニ至ラズ積極的行動ハ却テ一般ノ反感ヲ蘇生」するので「今暫ク現状ヲ維持シ時勢ノ推移ニ依リテ徐ロニ事ヲ計ルハ賢明ナル所置」と主張した。新路線を明確化しようとする新会長派と、それがかえって朝鮮人一般の反感を買うことを恐れ現状を維持しようとする前会長派とに会が二分されていたというのである。実際、この時期の国民協会は、建白書では自治論を容認しつつも、個々の幹部は自治論反対を表明しており（注(68)(69)参照）、路線が分裂していたことは衆目にも明かだった。結局このような派閥対立は、会内に金明濬―金丸派に属する幹部が多かったために、「遂ニ会長ハ辞表ヲ提出スル」という形で収拾された[72]。すなわち、尹甲炳の後任として申錫麟が短期間会長を務めた後、再び一九二七年一月以降金明濬が会長の座についたのである（前掲表3参照）。この結果、朝鮮議会論・制限付き衆議院議員選挙法施行論が提示されたのは第四回建白のみにとどまり、第五回建白以降姿を消した。ともあれ、このようにして、二〇年代半ばの参政権論議の多様化と流動化は、国民協会を大きく動揺させたのだった。

　ところで、こうした事態のそもそもの根源には、内地で普選法が成立するとともに朝鮮参政権問題も進展するのではないかとの期待感があったことについては前述した。しかし、結局、このような期待は全く裏切られた。

　一九二五年三月四日、普選法の成立した第五〇回議会の貴族院本会議で、若槻礼次郎内相は植民地の参政権について「朝鮮台湾ノ選挙権ニ付テハ直チニ選挙権ヲ与ヘル事ハ早イト考ヘテ居ル彼等ハ本法ノ実施ニ依リテ益々希望ヲ昂メルカモ知レヌガ物事ニハ順序ガアル」と冷水を浴びせた。参政権付与は時期尚早との従来の姿勢から一歩も前に出なかったのである。当時、上京し議会審議を見守っていた国民協会総務李東雨は「時期尚早といふ言葉でこの重大問題を有耶無耶に葬り去らうとする感のあるのは洵に残念」であり、「中央方面が如何に朝鮮を閑却してゐるかを想ふ時残念で耐《ママ》らない」（『大阪朝日新聞 鮮満附録』

4・19）との談話を発表した。若槻答弁に対しては、これ以後、国民協会の機関誌には、むしろ朝鮮人への参政権付与の言質として解釈しようとする論調も散見されるが[73]、強弁の感を免れない。普選法の成立による変化があったとすれば、わずかに、居住要件等を満たす在日朝鮮人の参政権行使が可能になったことが、国民協会の参政権要求に力を添えた程度だった[74]。

朝鮮参政権問題解決への期待感は上に見てきたように、二〇年代半ばに一時的な盛り上がりを見せた後、実質的な進展を見ぬまま退潮した。この後、斎藤実総督は一九二七年初めに参政権問題に関する立案を命じたものの、同年一二月総督の辞任により作業は中断した。一九二九年八月斎藤が再度総督に就任すると、その直後から同年一二月頃にかけ、総督府内部で参政権問題の検討が進んだことが、序章にあげた諸研究によって明らかにされている。斎藤文書に残されている資料によれば、衆議院議員選挙法の朝鮮施行・朝鮮議会設置の両論併記から次第に後者を軸にした案が固まっていったが、本国政府との交渉後、一九三〇年三月に従来の各地方諮問機関が議決機関に格上げされるにとどまった、とされる。

この間の参政権論議を総督府が外部に漏らした形跡はない。二〇年代半ばの参政権問題論議においては、前述のように、新聞等を通じて参政権問題について論議する空気が徐々に醸成されていったが、国民協会や在朝日本人の反対に直面した轍を踏まぬようにしたのか、今次は総督府はあくまで内部検討という形で作業を進めた。しかし、国民協会が自治論を採用しようとするこのような総督府の動向を感知していたら当然に強い反発を示しただろう。国民協会が具体的にどのような対応を取りえたのか確認できないが、国民協会・同民会が[75]、「政務総監［児玉秀雄］ニ対スル非議ヲ東京方面ノ政客ニ策動」しているとの風聞がささやかれていたのは、児玉政務総監が参政権問題検討の中心にもあったことと関わっての話かも知れない。

しかしいずれにせよ、一九二〇年代半ばの参政権論議において結局いかなる成果もあげえず、むしろ会の路線に混乱を来したのみだった国民協会は、この時期深刻な会勢不振に陥っていた。既に一九二五年の若槻答弁の直後において、「鮮人参政権獲得問題が更に進展せず旧態依然たるに慊らず地方会員の中には同会の将来に対し望みを有せざるものも多数ある模様」（『大阪朝日新聞 鮮満附録』25・4・11）との如く、国民協会への失望感が伝えられており、また運動資金の調達が困難となっているとの窮状も報じられていた（同前、26・11・17）。また、一九二九年に入って、自治論への転換の動きが総督府内部で生じる直前、国民協会が在朝日本人団体等と共同で展開した拓務省朝鮮除外運動が結局挫折したことも響いていると思われるが、参政権問題とは直接関わらないのでここでは省略する。

総督府中枢から袖にされ会勢が衰退していたことは、一九二九年一〇月、国民協会会長金明濬が斎藤総督宛に提出した以下のような意見書にも窺われよう。

「総督閣下ノ一時離鮮ノ為、本府ノ援助ハ自ラ遮ラレ従テ本会ノ存在スラ没却セラルヽニ至リタルヲ以テ左傾団体乃至排日感情ヲ所有スル輩ハ頓ニ頭ヲ擡ゲ今ヤ思想ノ嚮背益々迷宮ニ入レリ……日本帝国ニ忠誠ヲ献ゲントスル所謂右傾団体ヲ閑却スルコトハ治鮮ノ前途ニ大ナル暗礁ヲ与ヘルモノト言ハサルヘカラス」(76)。

3　一九三〇年代以降の国民協会

一九三〇年代以降の国民協会については資料が乏しい。このこと自体会の衰退を推測させるが、前掲表1によれば会員数は一万名を割り、長期的な会勢の減退に歯止めをかけられなかったことが見てとれる。

国民協会定期大会（1932年１月）

当時期の幹部の構成についても概観しておこう。表5では、前掲表2とほぼ同様の基準で、三〇年代の幹部として一一一名を抽出した。なお、彼らの半数（五五名）は二〇年代にも活動していたことが確認される。生年についても若干の下降が見られはするが、最多層は一八七〇年代であり、大きな変化はない。すなわち一九三〇年代の国民協会は二〇年代に比べ大きく顔ぶれが変わったわけでもなく、高年齢化も進んでいた、と見られる。そのためもあって、日本経験者が少なくなかったこと、大韓帝国官吏出身で併合後は総督府官吏となったものが多かったこと等の特徴は基本的に一九二〇年代と共通する。やや異なるのは他団体への参加者が増えたことであるが、この点は後述したい。

さて、全体的な凋落傾向にもかかわらず、国民協会がなおも存続し一定の活動をなしえたのは、一九三〇年代に入ると、いくつかの点で朝鮮参政権問題に関わる与件に変化が生じていたからである。すなわち、一九三〇年に前述の朝鮮地方制度改正がなされたのみならず、翌年二月には在日親日団体相愛会の副会長朴春琴が朝鮮人として初めて衆議院議員選挙で当選を果たし、また一二月には朴泳孝が貴族院議員に勅選さ

協会員幹部（111名）の構成

併合までの者（39名）		併合後から1945年までの職歴が判明した者（79名）				1930～45年に他の団体に参加したことが判明した者（25名）		
人数	%	種別		人数	%	種別	人数	%
7	17.9	朝鮮総督府官僚(61名)	中枢院参議	23	29.1	同民会	21	84.0
6	15.4		道知事	4	5.1	大正親睦会	3	12.0
4	10.3		道参与官	10	12.7	甲子倶楽部	2	8.0
3	7.7		郡守	30	38.0	大和同盟	1	4.0
3	7.7		郡書記	14	17.7			
2	5.1		警察官	8	10.1			
7	17.9		司法官	0	0.0			
2	5.1		公立学校訓導	3	3.8			
5	12.8	地方行政機関の諮問機関等の構成員（7名）	道評議会・道会議員	5	6.3			
4	10.3		府協議会・府会議員	2	2.5			
			町総代	3	3.8			
		言論関係		9	11.4			
		実業関係		18	22.8			
		教育関係		5	6.3			
		農業		6	7.6			

表5　1930年代以降の国民

生年が判明した者（70名）		
生　年	人数	%
1860～64年	2	2.9
1865～69年	5	7.1
1870～74年	12	17.1
1875～79年	20	28.6
1880～84年	11	15.7
1885～89年	12	17.1
1890～94年	6	8.6
1895～99年	2	2.9

併合以前の経歴が判明した者（71名）			
種　別		人数	%
日本経験のある者（20名）	「併合」以前に渡日経験のある者	17	23.9
	渡日経験は明らかでないが日語学校・京城学堂等で日本語教育を受けた者	7	10.0

日露戦争後から経歴が判明した		
種　別		
大韓帝国官吏（35名）	内閣	内部
		度支部
		軍部
		法部
		農商工部
		宮内府
	地方官	
実業関係		
教育関係		
政社に参加		

出典　国民協会員111名の抽出には、「朝鮮人関係雑件建言及陳情関係」（『旧茗荷谷研修所所蔵文書』A31、外務省外交史料館所蔵）所収の国民協会の各回請願を主として用い、表2の出典にあげた新聞・雑誌等によって補い、国民協会本部の会長・副会長・総務・幹事・評議員・相談役・顧問の他、1930年代に作られた役職である理事長・理事・常議員の経験者をデータベース化した。経歴については、表2の出典資料を用いた。

注　各項目のカウント方法、パーセンテージの算出方法等は表2と同様である。

れたのである。これらが「鮮内有識者間ニ参政権熱ヲ唆ル原因」となり、熱の引いていた参政権運動に再度刺激を与えたことは十分考えうる。[77] 国民協会についてみれば、一九三二年一月の定期大会では、「地方自治」実施が「故閔会長ノ賜ナリト云フモ敢テ誇大讃辞ニアラザルナリ」と、会の存在意義を自賛する声があがった。[78] また、実に一二年ぶりに、一九三三年から帝国議会への請願が復活した。請願運動においては、前述の朴春琴を国民協会顧問とし紹介議員に立てた[79]（前掲表4参照）。

このような状況下、一九三〇年代の国民協会の参政権運動には二〇年代とは異なるいくつかの特徴が見られた。一つは、帝国議会への参政権要求請願が、他の親日系団体も巻きこんだ運動になった点である。一九三五年二月の第六七回議会に提出された請願には同民会・大正親睦会・朝鮮大亜細亜協会の会長、理事クラスが署名者に名を連ねている。[80] 前掲表5に見られるように、同民会のような他団体に参加した幹部も二〇年代よりも増えていた。ただし、これは、親日団体の古参として国民協会がもった求心力を示す一方で、二〇年代ほどには当局の援助を受けられず勢いの衰えた親日団体が僅かに残された活動拠点を求めて参政権運動に参集したという事情もあったのではないだろうか。

第二に、運動形態と主張の両面で在朝日本人との連携がさらに強まっていった。一九三〇年代の在朝日本人の参政権要求運動としては、全羅北道に在住し個人としては朝鮮最大の農場経営者だった多木久米次郎とその周辺人物が、二九年から三三年まで毎年、朝鮮大都市への制限選挙施行を骨子とする請願を衆議院に提出している。[81] そして、国民協会の請願に在朝日本人の名前が加わりはじめたのは、確認しうる限り、これに続く時期の一九三五年二月の第六七回議会への請願からである。この後一九三八年二月第七三回議会以降の請願では各道道会議員中、日本人と朝鮮人の議員一、二名ずつと国民協会理事等を代表者としている。[82]

在朝日本人による参政権請願運動は、一九二〇年代後半における甲子倶楽部に属するいわゆる「公職者」による運動に始まり（第三章第2節参照）、次いで三〇年前後の大地主多木久米次郎関係者による運動を経て、三〇年代後半から国民協会の運動に相乗りする形で日本人道会議員が関わった運動へと進んだことになる。三段階の運動は人脈的つながりのない相互別途に展開された運動と見るべきだが、しかし、いずれも在朝日本人の権益という視点から朝鮮内大都市に限定した衆議院議員選挙法施行を求める点では共通していた。

そして、このような在朝日本人の参政権運動の最終段階にいたって、国民協会がこの流れに合流したのは、国民協会の側でも既に制限選挙論を取り入れていたという素地があったことも関わっていよう。すなわち、請願自体には制限選挙論は盛りこまれなかったものの、一九三三年二月、紹介議員朴春琴が「朝鮮ノ参政権モ大都市ダケノ範囲ニ先ヅ一ツ実施シテ見ルト云フ方法モ宜カラウ[83]」と述べて以来、議会審議での紹介議員説明においては大都市への制限選挙論が主張されるようになっていた。また、一九三九年初頭、第七四議会で政府が朝鮮に参政権を付与する意思がないことを言明したと見て、国民協会自身も「本運動ハ一時中止シ今後ハ京城、釜山、平壌、大邱、仁川ノ如キ鮮内特殊都市ニ限リ局部的ニ実施セラルル様運動スルコトニ決定」したとされる[84]。

第三は、特に日中戦争下、国民協会の活動の中で戦争協力・朝鮮人の動員という主張が前面に出てきた点である。帝国議会での紹介議員だった朴春琴は、既に一九三二年以降、朝鮮人志願兵制度の実現を積極的に主張し、その実現（三八年五月）後は徴兵制の導入を説いた。そして特に第一期議員時代には、参政権の付与に対し、しばしばこのような兵役義務の付加給付という位置づけを与えようとしていた。朝鮮人の兵力動員という主張において朴春琴は親日派の中でも最強硬派に属したが、国民協会も少なくとも日中戦争期以降このような流れに同調している。一九三七年一一月、国民協会は、朴春琴が進めていた志願兵問題、参政権問題等についての在京有志懇談会の準備を後援していたし、翌年五月、京城で親日派二〇余名が参集した「志願兵制度祝賀発起人」には、国民協会も参加した。[85] 日中戦争以前は「単に権利を叫ぶのみで、義務は薬に使ふほども主張しない」[86]と揶揄されたこともあった国民協会は、戦時下においては朝鮮人動員を積極的に主張するにいたったのだった。この他、国民協会幹部の中には、国民総力朝鮮連盟（一九四〇年一〇月結成）・興亜報国団（四一年八月結成）等の戦争協力団体の結成や時局講演に関与した者も見られ、また会として創氏改名を後押しする宣伝活動を展開した。[87]

こうした戦時動員への肩入れとは対照的に、運動の本来の主眼だった参政権要求は徐々に後退した。一九三八年国民協会は「時局柄之［建白書の送付と東上運動］ヲ中止シ国民精神総動員連盟ニ加盟シ専ラ時局ニ対スル活動」を行うこととした。[88] 請願においても「多数有志の同意捺印を求むるが如き大々的運動は之を差控」[89]え、前記のような日本人・朝鮮人道会議員混成の比較的少数の請願に変えた（前掲表4中、連署者人数の減少も参照されたい）。一九四〇年二月頃には国民協会の運動は次のように伝えられていた。

「一、二会員中ニハ内外多事多端ナル現下非常時ノ折柄該運動ヲ一時休止スベシトノ意見モアリタル程ナルガ偶々昨年ヨリ実施セラレタル特別志願兵制度ハ……本運動進展ニ関シ有利ナラシムトノ論モ出テ……本運動ヲ継続スルコトニ決定」した。[90]

参政権要求を中止せよとの声も会内から起こってくる中、朝鮮人の戦時動員が参政権付与への道を開くのではないかとの希望を抱きつつ、かろうじて運動を継続していたのである。しかし、戦争の深化に伴う朝鮮人の権利要求の拡大こそは、まさに総督府の恐れるところにほかならなかった。一九四一年末作成の総督府議会説明資料では、「参政権乃至完全ナル地方自治制度」「民族自治」を求める声は強いが「警察当局ハ……殊更ニ民族意識ヲ挑廃《ママ》シテ地方制度問題ヲ民族運動等ニ利用セントスル不逞ノ徒ニ対シテハ断乎取締ヲ加ヘツツアリ」とされている。[91] 朝鮮人の独立意識懐柔のために参政権問題を利用しようとした一九二〇年代の統治方式の発想はもはやそこには見られなかった。そのことは、総督府当局に自己の利用価値を売り込みながら、植民地支配体制と矛盾しない権利要求を進めていくという国民協会の戦略の前提自体が崩れてしまったことを意味した。

一九四一年一二月国民協会は、規約から「衆議院議員選挙法ノ即時実施方ニ関シ毎年議会並政府ニ建白請願書［ヲ］提出ス」との条項を削除し、「(一) 内鮮一体ノ完成ヲ期ス、(二) 大東亜共栄圏ノ確立ヲ期ス、(三) 銃後国民ノ義務完遂ヲ期ス」と改めた。そしてこの規約改正の後、一九四二年八月、朝鮮臨時保安令（一九四一年一二月施行）に基づく存続結社許可を得た。[92] 国民協会の最期を確認できる資料は見あたらないが、参政権要求運動団体としては戦時下このようにして自ら幕を下ろしたのだった。

おわりに

本稿の議論を以下にまとめておく。

韓国併合前の閔元植は日本滞在経験をもち、大韓帝国官吏を経た後、親日的政社政友会で活動した。彼の日本経験は植民地期に入って郡守として抜擢される大きな基盤となった。郡守時代の閔は、日本の報徳運動を実地に視察し、「有力者」が当局の政策に呼応して村落支配を積極的になっていく姿に強い印象を受けたが、閔の抱く「政治参加」のイメージはそのような村落支配のレベルにとどまっていた。ところが、一九一九年の三・一運動勃発以後、統治改革論として参政権を要求するにいたり、この主張は二〇年一月に結成された国民協会で全面的に展開されることになった。

一九二〇年代初頭会員数一万名を超えた国民協会は、構成員の経歴・階層にきわめて明確な特徴をもった。すなわち会員の少なからぬ部分は、日本留学や日語学校での教育などの日本経験をもち、植民地高級官僚（ないしその経験者・予備軍）を多く含む近代的エリート層によって構成された。植民地支配を支える人材そのものであった彼らにとって、参政権獲得の方向を構想するとすれば、現行の朝鮮統治の理念たる「内地延長主義」を前提としたものとならざるを得なかった。彼らの論理は、韓国併合を日朝両民族の対等な条件の下で行われたものとして肯定する一方で、併合後の「武断統治」がその精神に違背したとして非難し、朝鮮人に政治参加の権利を付与せよと求めるものだった。

このように植民地支配体制に依存しつつ権利要求を行おうとする国民協会に対して、総督府は利用価値を認めながらも、根本の要求たる参政権付与に対しては時期尚早論を盾に事実上門前払いするという二面的な態度をとった。しかしながら植民地支配と深く結びついたエリート層が、総督府の保護のもと、日本の統治を前提とした権利要求運動を行ったことは、それが限りなく官製運動に近いものという印象を朝鮮人一般には与えることになっただろう。運動は強い反発を受け、一九二一年閔元植も暗殺される。

閔元植死後の国民協会は、資金の欠乏、機関紙の停刊、会の分裂という混乱から幕を開けながらも、内地で普選即行の気運が高まるのに乗じて活動を継続した。しかし、普選論議が内地で高まり各政党とも朝鮮参政権問題に一定の対応の動きがあることが伝えられると、これまで基本的に国民協会のみによって担われていた参政権論議は多様化した。

一九二〇年代半ば、抗日運動の活発化に対抗して、総督府が自治論を打ち出してきたことは従来の研究も指摘するところだが、それは当時期の参政権問題を取りまく複雑な状況の一面に過ぎないだろう。まず、一九二〇年代半ばに参政権論議が活発化した背景について見れば、それは抗日運動の激化という朝鮮内の事情のみではない。内地で普選法成立の見込みが強まるに伴い、朝鮮参政権問題にも一定の進展が予想されるに至ったという朝鮮外の要因も存在した。特に国民協会のように内地と朝鮮の政治体制一体化への志向をもった勢力の場合、そちらの要因がより重視されてしかるべきだろう。次に、この時期の参政権論議の中味についていえば、それは自治論の流布と挫折という単線的なものというよりは、参政権要求勢力が自治論と内地延長主義の二つの流れをもちつつ、後者がさらに国民協会の運動と在朝日本人の運動とに分かれていたと把握すべきではないだろうか。そしてこのような潮流の中で、国民協会の運動と在朝日本人の運動は手を結び、下岡政務総監就任以来、布石を打たれつつあった自治論にともに反発するという図式が見られたのである（無論その外側には、内地延長主義型参政権はもちろん、自治論にも反対する民族主義左派・社会主義者の陣営が存在したことはいうまでもない）。

そして、このような事態に対し、国民協会は、折しも新会長に就任した尹甲炳を中心として、これら全ての参政権論議を取り込むことで会の劣勢を立て直そうとする戦略を示したが、生え抜きの古参幹部がこれに反発したために方針転換は一時的なものに終わった。また、このような一九二〇年代半ばの状況のそもそもの背景の一つだった普選法施行に伴う朝鮮参政権問題解決への期待も、政府が依然として時期尚早論を唱えたことによって潰えることになった。

一九三〇年代以降、国民協会の活動は下降線をたどりながらも、朝鮮参政権問題に有利に作用すると思われたいくつかの状況の変化によって継続した。しかし、日中戦争下、在朝日本人の求める制限選挙論に接近し、かつ戦時動員への協力が前面に出てきたことで、会としての旗幟が曖昧化したとの印象はぬぐえない。そして、アジア・太平洋戦争期に入ると、このような路線の延長において国民協会はついに参政権要求自体を放棄したのだった。

国民協会の参政権要求運動は、日本が朝鮮植民地支配の理念として掲げた「内地延長主義」に乗じて二〇年余りにわたり展開された。国民協会の運動は、植民地支配権力からの自立を志向するものでは全くなかったにせよ、少なくとも、体制内エリートという特定の階層の朝鮮人を基盤とし、その固有の権利を拡大しようとする発想に根ざしていた、とは言いうるだろう。それ故に、その運動は以上に見てきたように必ずしも朝鮮総督府の現実の政策と一致してはいなかった。総督府が自治論に傾いた一九二〇年代末期、総督ブレーンの一人菊池謙譲が国民協会を「穏健ナル民族運動」の一派と規定し警戒対象と見ていたことは、[93]当否はともかく象徴的ではある。それはとりもなおさず国民協会が政策的操作から生み出された産物ではなく、自生的・自律的な運動団体だったことを示す。しかるに、このような国民協会の運動はかくも長期にわたりながら、「時期尚早」という当局の見解の前に結局何らの成果もあげることなく終わった。国民協会という近代的エリートの親日的運動の中にさえ、我々は、日本人と朝鮮人の「平等」を建前としつつも、その実現を予測不可能な将来においた日本植民地主義の二律背反を見るのである。

〔凡　例〕

1　引用文中の……は引用者による略記、〔　〕は引用者による注記を表す。

2　本稿では以下のような略記を用いている。

・『朝鮮新聞』一九〇七年六月二〇日付→『朝鮮新聞』(07・6・20)（官憲報告書、書簡、帝国議会での審議の日付についても同様の略記を行った)。
・『国民協会史第二』(国民協会本部、一九二一年。『斎藤実関係文書』書類の部、一〇三―三―一、国会図書館憲政資料室所蔵)→『会史』1。
・国民協会宣伝部編『国民協会運動史』(国民協会本部、一九三一年。『日韓中央協会・友邦協会文書』学習院大学東洋文化研究所所蔵)→『会史』2。
これ以外の略記についてはその都度記した。
3 韓国「併合」、「内地」、「内地人」の括弧を省略した。

(1) 若林正丈「大正デモクラシーと台湾議会設置請願運動」(初出、一九八〇年。同『台湾抗日運動史研究』研文出版、一九八三年、所収)。
(2) この他に、一九二〇年代前半までを対象としたものだが、『歴史와 現実』第三九号(二〇〇一年三月)が「三・一運動 直後〝自治〟에 대한 論議」を特集に組んでおり、辛珠柏「〝自治〟에 대한 観点과 接近方法」、同「日帝와 植民地支配方式과 在朝日本人 및 〝自治〟勢力와 対応」、이태훈「一九二〇年代初 自治請願運動과 維民会와 自治 構想」の三編を収める。
(3)『会史』2、七五頁。なお、反民族問題研究所編『親日派九九人』第二巻(돌베개、一九九三年)一七～二五頁にも閔元植の簡単な評伝が載っている。
(4) 国史編纂委員会編刊『大韓帝国官員履歴書』(一九七一年)六二〇、八三〇頁(以下、閔元植の併合前の官歴については同資料による)。韓国駐箚憲兵隊か「韓官人ノ経歴一般」(一九〇九年三月。国史編纂委員会編『駐韓日本公使館記録』第三六巻、一九九四年、二八八頁。なお、『史学研究』第二一号、一九六九年九月に崔永禧氏による解題がある)。
(5) 閔元植「騒擾善後策」冒頭の「自序」(『亜細亜時論』第四巻第一号、一九二〇年一月。「自序」については一九一九年五月との日付が付されている）二三頁。
(6) 牧山耕蔵編『朝鮮紳士名鑑』（日本電報通信社京城支局、一九一一年）二三七頁。前掲「韓官人ノ経歴一般」。
(7) 前掲「韓官人ノ経歴一般」。
(8) 以上、乙秘第五三九号「韓国視察員ノ行動ニ就テ」（07・5・31。国史編纂委員会編刊『要視察韓国人挙動』第三巻、二〇〇二年、一八九～一九〇頁）。同様の情報は『朝鮮新聞』（07・6・20）にも伝えられている。なお、閔の妻・厳彩徳は李太王妃の姪で、その父（閔の義父）厳俊源は後に一九二五年以降国民協会相談役、顧問を歴任したことが確認される（『毎日申報』25・1・22、『京城日報』27・1・20夕刊等）。
(9) 乙秘第五八七号「韓国視察員ノ行動」（07・6・11、国史編纂委員会編刊、前掲『要視察韓国人挙動』第三巻、一九三頁）。なお黄玹『梅泉野録』（邦訳、朴尚得、国書刊行会、一九九〇年、五二六頁）では閔が韓国婦人を買い受け還したとされている。
(10) 平壌憲兵分隊長内報・憲新第一三六号「帝国実業会　平壌に支会設立準備の件」」（一九〇九年一月。国史編纂委員会編刊、前掲『駐韓日本公使館記録』第三六巻、四三～四六頁）。
(11) 趙宰坤『韓国近代社会와　褓負商』（혜안、二〇〇一年）二七二～二七五頁。
(12) 趙東杰「旧韓末国民演説会小考」（『韓国学論叢（国民大学）』第四号、一九八一年）。
(13) 以下、［韓国内部警務局］『警察事務概要（保安課ノ部）』（一九一〇年五月頃。『松井茂博士記念文庫』警察大学校図書館所蔵中、『韓国警察報告資料』巻ノ三）五～六丁、による。
(14) 同前。ただし、資料によって政友会の記述には食い違う部分がある。まず政友会総裁については、『大韓毎日申報』10・3・30では、閔泳徽とされている。また、閔元植の所属についても、小森徳治『明石元二郎』（台湾日日新報社、一九二八年）四八八頁では、政友会役員として高義駿・鄭應卨のみをあげ、閔元植は「進歩党」役員として文澤とともに名をあげられている。進歩党は、前掲『警察事務概要（保安課ノ部）』では、政友会から分裂した組織で、閔元植がこれに関わったとはされておらず、本稿では一応同資料の記述に従った。

(15) 渡邊天眠「日韓人士の政局観」(『朝鮮』第二九号、一九一〇年七月) 三三〜三四頁。
(16) 閔元植、前掲「自序」二三頁。
(17) 閔元植「騒擾の原因と匡救私案 (八)」(『京城日報』19・4・16)。
(18) 洪淳権「日帝時期의 地方統治와 朝鮮人官吏에 관한 一考察——日帝時期의 郡行政과 朝鮮人郡守를 中心으로」(『国史館論叢』第六四輯、一九九五年一一月) 五三〜五四頁。
(19) 一九一〇年代の在村耕作地主が勤倹貯蓄と改良農法を実践し、総督府も里洞単位でそれを政策的に推進した点については、松本武祝『植民地権力と朝鮮農民』(社会評論社、一九九八年) 第一章、参照。
(20) 以上、姜東鎮『日本言論界と朝鮮』(法政大学出版局、一九八四年) 第三章、参照。
(21) 『会史』1、二二、三六〜三七頁。
(22) 以下、協成倶楽部については特記なき限り、『会史』1、四〜八頁、『会史』2、七一〜七七頁による。
(23) 高警第二六四九〇号「京城民情彙報」(19・10・18。姜徳相編『現代史資料』第二五巻 (朝鮮1)、みすず書房、一九六六年、五二二頁)。
(24) 『会史』1、七〜九頁。
(25) 『会史』2、五五頁。
(26) 岡本真希子「植民地統治下における朝鮮人参政権問題——「内鮮融和」の一側面」(早稲田大学大学院文学研究科修士論文、一九九四年二月) 四七〜五一頁。
(27) 以下、『会史』2、一〇〜一三頁。
(28) 李炳烈「紙面의 改善刷新에 際하야」(『時事評論』第三二八号、一九二六年一〇月)。
(29) 朝鮮総督府警務局『第七三回帝国議会説明資料』(一九三七年。『朝鮮総督府帝国議会説明資料』第一巻、復刻、不二出版、一九九四年、二三三頁)、『京城日報』30・1・18夕刊。
(30) 『民衆新聞』については在京政務総監・拓務省朝鮮部長・内務省警保局長宛朝鮮総督府警務局長・朝保秘第

一〇六号「国民協会本部ノ動静ニ関スル件」（一九四〇年二月。「朝鮮人関係雑件建言及陳情関係」『旧茗荷谷研修所所蔵文書』A三一、外務省外交史料館所蔵）、朝鮮総督府『第七七回帝国議会説明資料』（一九四一年一一月。前掲『朝鮮総督府帝国議会説明資料』第二巻、二六五頁）に言及が見られる。また、警務局長・京畿道警察部長宛京城鐘路警察署長・京鐘高秘第五九二号「集会取締状況報告」（31・1・19）では、『民衆新聞』は一九三〇年二月刊行で日刊紙とされている（韓国歴史情報統合システム http://koreanhistory.or.kr/ の原文閲覧サービスによる）。なお、以上本文中に記した紙誌のうち『時事評論』は、第一号（一九二二年四月）から第二巻第五号（一九二三年九月）までが現代社によって復刻されているほか、韓国研究院および水沢市立斎藤実記念館に一九二六年から二九年発行分の一部が所蔵されている。『民衆新聞』は一九三八年分の一部が法政大学大原社会問題研究所に所蔵されている。

(31)　閔元植、前掲「騒擾善後策」。金尚会「朝鮮統治에　関한　私見（一）」（『時事評論』第一号、一九二二年四月）。金丸「朝鮮時局史観（五）」（同前、第二巻第二号、一九二三年三月）。

(32)　金尚会、同前。金丸「朝鮮時局史観（七）」（『時事評論』第二巻第四号、一九二三年七月）。

(33)　金阿然「朝鮮에　参政権을　附与하라」（『時事評論』第一号、一九二二年四月）。

(34)　前者としては、李東雨「朝鮮に衆議院議員選挙法施行請願に就て」（『亜細亜時論』第四巻第八号、一九二〇年八月）、金尚会「朝鮮統治에　関한　私見（一）〜（二）」（『時事評論』第一〜二号、一九二二年四〜五月）、後者の社会主義批判に属するものとしては、誠堂「社会主義管見」（同前、一九二二年四月）、高羲駿「経済断片」（同前、第二巻第五号、一九二三年九月）。

(35)　閔元植「新日本主義（一）」（『京城日報』21・2・19。なお、これは一九二一年一月に行われた閔の講演を採録したものであり、一九年一〇月に発表した同題の論説とは別物である）。金義用「参政権에　対한　吾人의意識」（『時事評論』第一号、一九二二年四月）。

(36)　たとえば並木真人「植民地期民族運動の近代観――その方法論的考察」（『朝鮮史研究会論文集』第二六集、

一九八九年三月）一一一頁、参照。

(37) 阿然「反動対反動」（『時事評論』第六号、一九二二年一一月）。金尚会「如斯히　하야　我社会를　復活하라」（同前）。

(38) 姜東鎮、前掲『日本の朝鮮支配政策史研究』一七二頁。

(39) 斎藤実宛細井肇書簡、21・9・16（前掲『斎藤実関係文書』書翰の部、一三五二―四六）。

(40) 丸山鶴吉『七十年ところどころ』（同刊行会、一九五五年）六八頁。姜東鎮、前掲『日本の朝鮮支配政策史研究』二三二頁は、同書を根拠に、国民協会を「丸山鶴吉の支援と指図で組織された」としているが、伝記の記述からそこまで読みこむことは無理があり、閔元植等の活動が丸山着任以前から始まっていたことも考慮すると首肯しがたい。

(41) 閔元植「嘆願書」（一九二〇年六月、前掲『斎藤実関係文書』書類の部、一〇三―三一（二））。『会史』2、七三頁。

(42) 第四二回議会衆議院請願委員第一分科会議録、20・2・23。

(43) 持地六三郎「朝鮮統治論」（一九二〇年一〇月。『斎藤実文書』復刻、高麗書林、一九九〇年、第一三巻、七五〇頁）。

(44) 大塚常三郎内務局長私案「朝鮮議会（参議院）要綱」（同前、第二巻、七三六〜七三七頁）。

(45) 斎藤実宛阿部充家書簡、21・11・29（前掲『斎藤実関係文書』書翰の部、二八三―二八）。

(46) 姜東鎮、前掲『日本の朝鮮支配政策史研究』、二八一〜三〇一頁。

(47) 「参議劉猛報告書」（一九二一年四月。前掲『斎藤実文書』第一六巻、四〇七〜四〇八頁）。

(48) 申澈「所謂八方美人主義인　朝鮮日報에　対하야」（『開闢』第三七号、一九二三年七月）四五頁。

(49) 前掲、高警第二六四九〇号「京城民情彙報」。

(50) 「独立新聞論説」（一九二〇年二月。姜徳相編、前掲『現代史資料』第二七巻（朝鮮3）六七頁）。

(51)　第四四回議会衆議院請願委員第一分科会議録、21・3・14、一宮房治郎発言。閔が私財約二十万円を投じたとの話は、『会史』2、七三頁にも見られる。閔の妻・厳彩徳の家系については注(8)参照。
(52)　以上は『大阪朝日新聞 鮮満附録』21・5・4、6・1、『京城日報』4・14、4・18、5・23、7・25、『朝鮮時報』4・20による。なお、この後、鄭昞朝は国民協会副会長に復帰している(前掲、表3参照)。
(53)　各派有志連盟については、姜東鎮、前掲『日本の朝鮮支配政策史研究』二五六〜二五九頁参照。本文中の以下の記述は、京城地方法院検事正宛京城本町警察署長・京本高秘第一九九三号「大同団結ニ関スル件」(24・3・25)、同前・京本高秘第二〇四八号「大同連盟会発会式ニ関スル件」(3・26)、京城地方法院検事正宛京城鍾路警察署長・京鍾警高秘第三三八九号の三「各派有志連盟反対運動ニ関スル件」(4・5)。いずれも前出、韓国歴史情報統合システムの原文閲覧サービスによる。
(54)　朝鮮総督府警務局『[治安情況]』(一九二三年か。『林利治関係文書』三、山口県文書館所蔵)五一丁。
(55)　松山常次郎については、岡本、前掲論文、五〇〜五一、九一〜九六頁。
(56)　津原大喜「参政権問題の検討と緊急な二問題」(『朝鮮及朝鮮人』第五巻第一〇号、一九二五年一〇月)。
(57)　朝鮮総督府警務局『第五一回帝国議会説明資料(高等関係)』(一九二五年。前掲『朝鮮総督府帝国議会説明資料』第一三巻、九〇〜九一頁)。
(58)　金東明、前掲論文、二一三〜二一六頁、岡本、前掲論文、七六〜八一頁。
(59)　金東明、前掲論文、一六一〜一六七頁、朴賛勝、前掲書、三三六〜三四三頁。
(60)　三峰会編『三峰下岡忠治伝』(同会、一九三〇年)二五八頁。
(61)　大塚私案を一九二〇年代半ばの自治論議と関連させて捉える議論は、金東明、前掲論文、一五四〜一五七頁、朴賛勝、前掲書、三一九頁、小熊、前掲書、二七一〜二七三頁に見られるが、その作成時期の推定については論拠を欠く。同文書は、大塚の内務局長就任期間(一九一九年八月〜二五年六月)に書かれ、かつ文中に地方諮問機関設置(二〇年七月)に言及があることから、二〇年以降二五年までに作成されたことは間違いない。その上で、同文書中に挙げられているいくつかの数字を朝鮮総督府編刊『朝鮮総督府統計年報』各年版と照合させると、予算（歳入）は一九二三年の数値とほぼ一致する（砂糖消費税を除く。また歳出については大塚私案の想定する朝鮮議会の権限と関わり複雑な加除が施されているようであり、一致する数値を見いだしがたい）。また、大塚私案に記された人口比に基づく各道の議員定数の計算式に従うと、一九二一年以降の人口では京畿道・慶尚南道の議員定数が私案の数字より一人ずつ多くなってしまう。大塚私案の作成時期の特定は依然困難だが、一九二四年以降の作成と考えると、私案中の数字に矛盾が多くなってしまうことは確認できよう。

(62) 朝鮮総督府『第五一回帝国議会説明資料』（一九二五年か。前掲『朝鮮総督府帝国議会説明資料』第一六巻、二二九～三三〇頁）。

(63) 金東明、前掲論文、二二六頁、岡本、前掲論文、七九～八三頁。

(64) 松山常次郎『朝鮮ニ於ケル参政権問題』（一九二四年）四九頁。

(65) 朝鮮総督府警務局保安課『治安状況』一九二七年版（『朝鮮の治安状況』復刻、不二出版、一九八四年）中、「政治運動」一二丁。『会史』2、四三～四四頁。

(66) 『会史』2、七四頁。また、国民協会総務金丸も後に、下岡が「反国家的思想家」を登用したと、下岡の施政を否定的に評価している（金丸「朝鮮統治의 根本大策確立의 秋」『時事評論』第三四五号、一九二七年五月、六頁）。

(67) 『朝鮮日報』25・12・4。金明濬「シャンブル」（斎藤実子爵記念会編刊『子爵斎藤実伝』第二巻、一九四一年）八八一頁。

(68) 金丸「民心의 転換機《ママ》를 察하야 思想善導에 努力하라」（『時事評論』第三三九号、一九二六年一一月）九頁。

(69) 金丸「国民協会의 本領」（『時事評論』第三四一号、一九二七年一月）一一頁。この他、自治論批判は、金丸「下村博士の鮮台統治策を読む朝鮮の参政権問題に就て」（『朝鮮公論』第一四巻第五号、一九二六年五月）、

同「参政権을 附與함이 急先務中의 急先務」（『時事評論』第三四〇号、一九二六年一二月）、同「朝鮮統治의 根本大策確立의 秋」（同前、第三四五号、一九二七年五号）、石森久彌「福島伯의 朝鮮自治統治論를 評함」（同前、第三五八号、一九二八年六月）等に見られる。

(70) 尹甲炳「参政権を附与せよ」（『朝鮮及朝鮮人』第五巻第二号、一九二五年二月）二五頁。『京城日報』（25・1・21）、『毎日申報』（25・1・22）にも同趣旨の談話が載っている。

(71) 『会史』2、二三一～二二八頁。

(72) 以上は、京城地方法院検事正宛京城鐘路警察署長・京鍾警高秘第一三〇六九号一「国民協会ノ動静ニ関スル件」（25・11・18。前出、韓国歴史情報統合システムの原文閲覧サービスによる）。

(73) 金丸「地方人士の総督政治に対する誤解・不平・希望」（『時事評論』第三三八号、一九二六年一〇月）、同「参政権을 附与함이 急先務中의 急先務」（同前、第三四〇号、一九二六年一二月）、同「国民協会의 本領」（同前、第三四一号、一九二七年一月）。

(74) 国民協会は第六回建白以降、参政権要求の根拠の一つとして在日朝鮮人に選挙権が付与されていることをあげるようになった（『会史』2、三〇頁以下）。また、金丸は「朝鮮人의 内地移住가 参政権獲得의 捷径」（『時事評論』第三四三号、一九二七年三月）において「参政権を獲得するために内地に移住する有識有産階級が多くなって初めて我が朝鮮人の権利を伸張させられよう」と主張している。なお、在日朝鮮人の選挙権については、松田『戦前期の在日朝鮮人と参政権』（明石書店、一九九五年）第Ⅱ章を参照。

(75) 菊池謙譲「朝鮮統治批判」（一九二九年九月。前掲『斎藤実文書』第一五巻、一九七～一九八頁）。

(76) 金明濬「朝鮮統治意見」（一九二九年一〇月。前掲『斎藤実文書』第一五巻、二二三頁）。

(77) 朝鮮総督府警務局『第七三回帝国議会説明資料』（一九三七年。前掲『朝鮮総督府帝国議会説明資料』第一巻、二九二頁）。ただし、こうした三〇年代初頭の新たな状況が全面的に国民協会の隆盛につながったわけではなかった。「朝鮮の思想運動概況」（朝鮮総督府警務局『高等警察報』第一号、一九三三年一一月）一五頁は、参政権運動の盛り上がりを認めつつも「鮮内一般の民衆は国民協会の運動に対しては殆ど期待を有してゐない」と述べている。

(78) 警務局長・京畿道警察部長宛京城鐘路警察署長・京鐘警高秘第五九三号「集会取締状況報告」(31・1・19。前出、韓国歴史情報統合システムの原文閲覧サービスによる)。

(79) 朴春琴の選挙運動と議会活動については、松田「朴春琴論――その選挙運動と議会活動を中心として」(『在日朝鮮人史研究』第一八号、一九八八年一〇月)、松田、前掲書、第Ⅲ章第2節、小熊、前掲書、第一四章、参照。

(80) 前掲「朝鮮人関係雑件建言及陳情関係」所収。以下、三〇年代以降の請願署名者については特記なき限り同資料による。

(81) 岡本、前掲論文、八四〜八九、九八〜一〇〇頁。

(82) 第七三回議会衆議院請願委員会議録、朴春琴発言、38・3・16、第七五回議会衆議院請願委員会議録、朴春琴発言、40・3・23。

(83) 第六四回議会衆議院請願委員会議録、朴春琴発言、33・2・17。

(84) 朝鮮総督府司計課『第八五回帝国議会説明資料』(一九四四年。前掲『朝鮮総督府帝国議会説明資料』第九巻、二四八頁)。

(85) 宋建鎬『日帝支配下の韓国現代史』(邦訳、風濤社、一九八四年)三六七頁。吉眞鉉『歴史에 다시 묻는다』(三民社、一九八四年)二七七〜二七八頁。

(86) 朴尚僖『裏の世相』(脇坂文鮮堂、一九三四年)二四五頁。

(87) 吉眞鉉、前掲書、二七六、二八七〜二八八、三〇〇〜三〇一頁。朝鮮総督府『第七七回帝国議会説明資料』(一九四一年一一月。前掲『朝鮮総督府帝国議会説明資料』第二巻、二六五頁)、朝鮮軍参謀部『昭和一五年前半期朝鮮思想運動概況』(一九四〇年八月。宮田節子編『朝鮮思想運動概況』復刻、不二出版、一九九一年、二九五頁)。

(88) 朝鮮軍参謀部『昭和一三年後半期朝鮮思想運動概況』(一九三九年二月。宮田節子編、前掲、復刻版、一四五頁)。

(89) 朝鮮総督府警務局『最近に於ける朝鮮治安状況』一九三八年版(復刻、巌南堂書店、一九七八年)四六頁。

(90) 在京政務総監他宛警務局長、前掲、朝保秘第一〇六号「国民協会本部ノ動静ニ関スル件」。

(91) 朝鮮総督府警務局『第七九回帝国議会説明資料』(一九四一年一二月。前掲『朝鮮総督府帝国議会説明資料』第六巻、一七一頁)。

(92) 朝鮮総督府司計課『第八五回帝国議会説明資料』(一九四四年か。前掲『朝鮮総督府帝国議会説明資料』第九巻、二四九頁)。

(93) 菊池謙譲、前掲「朝鮮統治批判」(前掲『斎藤実文書』第一五巻、一八五〜一八六頁)。

植民地独立運動に対する治安維持法の適用

朝鮮・日本「内地」における法運用の落差

水野　直樹

はじめに

植民地法制の問題を考察するに際しては、「内地」と「外地」とが異法地域であることを前提として、「内地」の法制と植民地法制がどのように違っていたか、すなわち法令そのものの違い、あるいはそれらの条文の違いを検討するという方法がとられる場合が多い。しかしながら、「内地」と植民地に同一の法律ないしは同一の条文を持つ法律・法令が施行される場合でも、両者の間にその解釈・運用に違いが表れることにも注意しなければならない。

本稿で検討する治安維持法がその代表的な例である。治安維持法は、一九二五年に帝国議会で成立し「内地」で施行されたが、それと同時に勅令により植民地である朝鮮・台湾・樺太にも施行された（大正一四年勅令第一七五号「治安維持法ヲ朝鮮、台湾及樺太ニ施行スルノ件」）。関東州、南洋群島については「依用」という形式をとって適用された。法律の条文は、「内地」も朝鮮・台湾などもまったく同じである。

しかし、ひとたび治安維持法が植民地に施行されると、「内地」とはまったく異なるかたちで解釈が加えられ、運用されていく。とりわけ朝鮮ではそれが顕著に表われた。その意味で、植民地では「内地」と異なる治安維持法体制が成立した、というのが筆者の考えである。

本稿では、朝鮮の独立運動に対する治安維持法の適用問題を取り上げて、この問題を考察することにしたい。治安維持法が朝鮮の共産主義運動のみならず独立運動にも適用されたことは、よく知られた事実である。しかし、そのような解釈がいかなる過程をへて成立したのか、そこにどのような問題が含まれていたのか、またそれによって「内地」での解釈・運用との間に食い違いは生じなかったのか、などの問題に関しては、これまで検討されたことがない。

本稿では、まず、治安維持法制定当初、当局側（主に朝鮮総督府）が同法を独立運動にも適用するとしていたことを明らかにした上で、実際の判決でどのような解釈がなされたかを検討する。ついで、独立運動への適用論理が判例として確立する過程を検討する。最後に、判例として確立した後、朝鮮と「内地」での解釈・運用に齟齬が生じたこと、三〇年代後半には「内地」でも独立運動に適用するという解釈がとられていったことなどを明らかにする。

一　制定当初の解釈

1　日本政府の解釈

治安維持法制定の過程で日本政府が、朝鮮など植民地の独立運動と治安維持法との関係をどのようにとらえていたかについては、すでに別稿(1)で検討したことがあるが、もう一度簡単に触れておきたい。

治安維持法制定以前に司法省、内務省が作成した治安関係法案において、植民地の独立運動は、明示的ではないにせよ取り締まりの対象ととらえられていたと思われる。一九二一、二二年に司法省・内務省が作成したいくつかの「過激社会運動取締法案」には、取り締まりの対象として「朝憲ヲ紊乱スル事項」という字句が含まれており、その範囲が議会で問題となったが、政府答弁に備えて内務省警保局事務官川村貞四郎が作成した「過激社会運動取締法釈義」では、「朝憲ヲ紊乱スル事項」とは、「統治権ノ所在、範囲其ノ他国家組織ノ大綱ニ付キ不法ニ紛更ヲ試ミル憲法（形式及実質上）蹂躙ノ行為ヲ謂フヘシ政府ノ転覆、邦土ノ僭窃、不法ニ帝国ノ全部又ハ一部ヲ外国ニ服属セシムルコト、君主国体ノ変更、天皇大権ノ制限、帝国議会制度ノ廃止若クハ権限ノ変更、兵役制度ノ破壊等之ニ属ス」との解釈を示している[2]。植民地の独立を図ることは、このうちの「邦土ノ僭窃」あるいは「不法ニ帝国ノ全部又ハ一部ヲ外国ニ服属セシムルコト」に該当するものと解釈されたと思われる。

「過激社会運動取締法案」が「治安維持法案」に変更された後、一九二四年の秋以前に内務省が作成したとされる「治安維持法案審議材料」は、「朝憲紊乱」に該当する事項の例示として、次のような事柄を列挙している。

「国家組織ノ根本ヲ変壊スル事項
国体又ハ政体ヲ変壊スル事項
〔中略〕
統治権所在ノ否定又ハ排除スル事項
統治権範囲ヲ制限スル事項
　例之
政府ノ顛覆。邦土僭窃。殖民地独立企画。外国トノ合併計画。皇位ノ否認。〔下略[3]〕」

これは、「殖民地独立企画」が「朝憲紊乱」、とりわけ「統治権範囲ヲ制限スル事項」に該当することを明示した最初の資料である。その後の治安維持法案では「朝憲紊乱」という字句が「国体変壊」「国家若ハ国権（国法）ヲ否認」などに改められ、最終的には「国体若ハ政体ヲ変革シ」という字句に修正されることになった。この修正過程で、上に挙げたような「朝憲紊乱該当事項」は、解釈上すべて「国体若ハ政体ヲ変革シ」に吸収され、「殖民地独立企画」もそれに該当するものと解釈されたと考えられる。

治安維持法案に対する議会での審議においても、治安維持法が植民地の独立運動に適用されるかどうか、という質問が出たが、これに対して、司法省刑事局長の山岡萬之助は、「帝国の一部分、朝鮮なら朝鮮、或はまた朝鮮の半分でも宜しうございませう、それを陛下の統治権から離して仕舞ふと云ふことは、其領土の部分が狭くなりましても、統治権其ものに触れる訳であります、統治権其ものを奪ふ訳でありますから、是は無論本法に触れるのであります」と答えている(4)。

以上のように、治安維持法の制定過程で日本政府は、植民地独立運動が治安維持法の適用対象になるという見解を示していたのである。とはいえ、そのような見解は、それほど強調されたわけではない。法案が議会を通過した直後に司法省刑事局が作成した「治安維持法釈義」では、「大日本帝国ノ統治権ヲ天皇ニ非ル者ニ保有セシメムトスルカ如キ帝国領土ノ一部ヲ統治権ヨリ離脱セシメムトスルカ如キ〔中略〕孰レモ国体ノ変革ニ外ナラス(5)」とされ、修正を加えた後に公表された「治安維持法理由書」においても、「所謂国体ノ変革トハ、〔中略〕統治権総攬ヲ害スルモノタル以上ハ其ノ全部タルト一部タルト、事物ニ関スルト領域ニ関スルトヲ問ハス犯罪ヲ構成ス(6)」という解釈が加えられている。いずれの文章も、植民地の独立運動への適用を示唆しているものといえるが、独立運動を明示的に適用対象としているわけではない。

このように曖昧さを含む解釈――それは治安維持法自体が適用対象を漠然としか規定していなかったこ

とに由来する――が、治安維持法の運用に際して様々な問題を引き起こすことになったのである。

2　朝鮮総督府の解釈

治安維持法が朝鮮に施行された際、問題となったのは、大きくいうと二つの点である。第一は、治安維持法制定以前に朝鮮に存在していた治安関係法令、特に保安法（大韓帝国時代の法律）と大正八年制令第七号「政治ニ関スル犯罪処罰ノ件」との関係である。第二は、治安維持法が独立運動に適用されるかどうか、という問題である。第一の問題にはついては、すでに前掲別稿で検討したので省略し、ここでは第二の問題についてだけ検討しておきたい。

朝鮮総督府の司法当局者で、治安維持法と独立運動との関係について論じたのは、朝鮮高等法院判事野村調太郎である。野村は、治安維持法の朝鮮施行とほぼ同時に、「治安維持法ト朝鮮独立運動」と題する論文を発表している。野村はこの中で、次のように論じて朝鮮独立は「国体変革」に当たるものと断じている。

「朝鮮ノ独立ヲ目的トスルノハ、朝鮮ニ対スル日本帝国ノ政治ヲ排斥セムコトヲ目的トスルモノノテアル（（大正）八年六月高等法院判決）換言スレハ帝国領土ニシテ天皇ニ依リ統権〔統治の誤り〕セラレナイ国土ヲ生セシメ、天皇ニ非サル者天皇ニ淵源セスシテ統治維〔統治権の誤り〕ノ一部ヲ保有セムトスルニ外ナラナイノテアル

前述セル所ニ由ツテ観レハ朝鮮ノ独立ハ制令ニ所謂政治ノ変革ニ該リ、治安維持法ニ所謂国体ノ変革ニ該ル」(7)

野村によれば、朝鮮独立を企図する運動は朝鮮に対する日本支配を排除するものであり、天皇統治権の下にある帝国領土の一部をその統治権から切り離すものであるので、「政治ノ変革」（制令第七号）、「国体変革」（治安維持法）に当たるということになる。野村は、後に判例として確立する判決とほぼ同様の論理で、朝鮮独立運動に治安維持法を適用する論理を組み立てていたといえる。

治安維持法が施行されて一ヶ月後の六月一三日、高等法院検事長は各検事局検事正あてに通牒「治安維持法ノ適用ニ関スル件」を発して、次のように治安維持法の解釈を通知している。

「朝鮮ヲ独立セシムルコトヲ目的トシ結社ヲ組織シ又ハ情ヲ知リテ之ニ加入シ或ハ其ノ目的事項ノ実行ニ関シ協議ヲ為シ又ハ其ノ実行ヲ煽動シタル者等ニ対シテハ治安維持法ヲ適用スヘキモノト解決《ママ》〔解釈の誤りか〕候條此ノ趣旨ニ依リ取扱相成度此ノ段及通牒候也
追テ支庁検事及検事々務取扱ニ対シテハ所轄検事正ヨリ本文ノ趣旨移牒相成度申添候[8]」

これは朝鮮総督府において、朝鮮の独立を目指す結社に対しては治安維持法を適用して取り締まることを、内部的に確認した最初の文書である。しかしながら、この文書では、野村の論文に見られるような独立運動に治安維持法を適用する論理づけが全く行なわれていない。治安維持法の「国体変革」条項を適用するのか、「私有財産制度否認」条項を適用するのか、などの問題について解釈の曖昧さを残した文書と言わざるを得ない。にもかかわらず、朝鮮の司法当局は独立運動に治安維持法を適用するとしたのである。

当局が治安維持法の解釈・適用を曖昧にしか考えていなかったことは、高等法院検事（後に思想係検事）伊藤憲郎がラジオを通じて行なった講演の一節からも推測できる。一九二八年に治安維持法が改正された時、伊藤は京城放送局ラジオの講演で次のように述べている。

「これを要するに社会主義者の思想はいろいろあらうが概して国体の変革を考え私有財産制度を否認するということになり得る。斯くて治安維持法は一言にしていへば社会主義者を取り締る法律であるといへます。朝鮮では独立運動をするものをも含めて取り締るやうです。[9]」

高等法院の検事として治安維持法を適用して独立運動を処罰する責任者の立場にある伊藤が、他人事のように「独立運動をするものをも含めて取り締るやうです」と述べているのは、韜晦とも受け取れるが、それにしても曖昧な態度であったといわねばならない。ラジオ講演であったとはいえ、治安維持法適用の論理づけをあまり意識していなかったことが推測できる。

二　朝鮮における治安維持法事件の判決

1　「民族主義ノミヲ指導理論トスル」治安維持法事件

治安維持法施行直後に出された高等法院検事長通牒が独立運動にも治安維持法を適用するとしながら、論理としては曖昧な解釈でしかなかったことは、一九二〇年代後半の治安維持法関係事件の判決にも影響を及ぼしたと思われる。

まず、治安維持法に関わる事件のうち、共産主義運動、あるいは共産主義的な色彩を持つ運動ではなく、純粋な独立運動に治安維持法が適用された事件がどの程度あったかを見ておこう。拓務省の資料によれば、朝鮮で「民族主義ノミヲ指導理論トスル思想犯ヲ治安維持法ニ問擬シタル者」の人数は、第1表のとおりであった(10)。

これは、同期間中の検挙者一万一六八一名の約五％、起訴者四四六四名の約九％を占めている。これは決して少なくない数字である。「民族主義ノミヲ指導理論トスル思想犯」というのは曖昧な表現だが、共産党のように「私有財産制度否認」を掲げる運動ではなく、植民地独立のみを目的とする運動を指していると考えられる。治安維持法の条文では、「私有財産制度否認」条項ではなく「国体変革」条項に該当するものと解釈されたと見てよい。同じ時期の「内地」では、「天皇制打倒」（「君主制の廃止」）をスローガンに掲げた日本共産党およびその傘下組織、あるいは共産主義革命を目的とする小結社が治安維持法の「国体変革」条項に該当するとされたのに対し、朝鮮では朝鮮の独立を目的とする組織がその対象となっていたことがこの統計からも明らかである。

第１表　「民族主義ノミヲ指導理論トスル」治安維持法違反者数

	検挙	起訴	不起訴
1925年	2	2	
26	19	9	10
27	30	30	
28	111	87	24
29	57	42	15
30	101	76	25
31	69	47	
32	140	80	60
33	27	10	17
計	556	383	173

2　治安維持法事件の判決

では、そのような運動に治安維持法を適用する際の論理はどのようなものだったのであろうか。治安維持法が改正される一九二八年までの初期段階での治安維持法適用の論理を、高等法院検事局『朝鮮治安維持法違反事件判決(一)』(一九二九年)[11]に収録された重要事件の判決から考察してみよう。

この文献には全部で八つの事件の判決が収録されているが、そのうち黒旗連盟事件、儒林団事件、斎藤総督狙撃事件には制令第七号(事件によっては住居侵入・強盗・殺人などとの併合罪)が適用されているのでこれら除外すると、治安維持法適用事件は五件になる。真友連盟事件(無政府主義)、高麗革命党事件・新民府事件(民族主義)、朝鮮共産党(第一次・第二次)事件・間島共産党事件(共産主義)である。

まず真友連盟事件の判決(一九二七年七月五日大邱地方法院、被告一三名中一名は日本人)では、「理由」の冒頭で「被告等ハ孰レモ現社会ヲ破壊シ一切ノ権力支配関係竝私有財産制度ヲ否認スル自由平等ノ新社会ヲ実現セントスル目的ヲ抱懐スル所謂無政府主義者ナルトコロ」と無政府主義の一般的な定義をもって「私有財産制度否認」の目的を持っていたと前提した上で、真友連盟の結成がそのような目的を持

(滋賀県立大学朴慶植文庫所蔵)

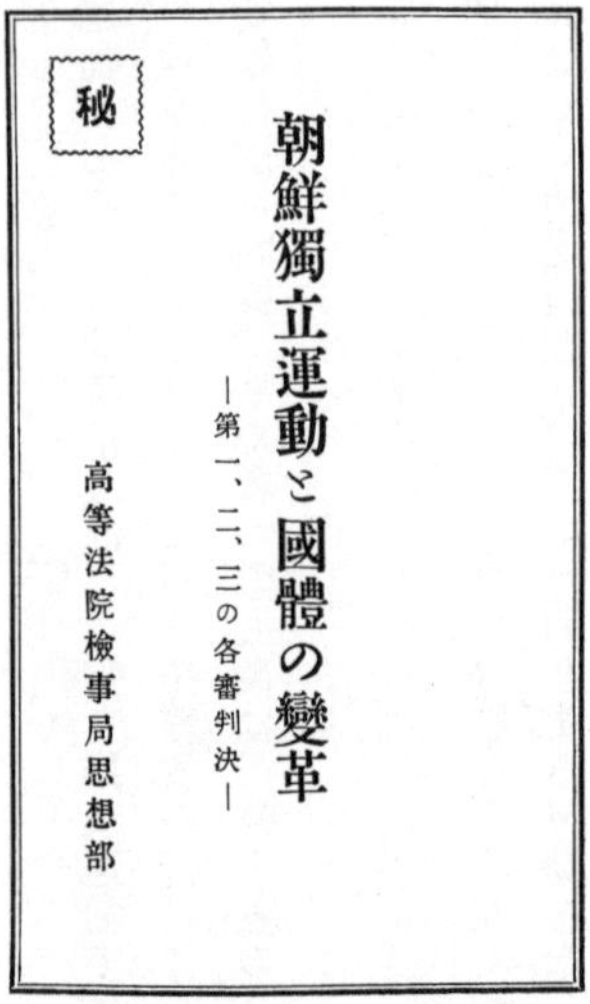

(滋賀県立大学朴慶植文庫所蔵)

つものであることを認定しているだけである。「法ニ照スニ判示被告等ノ所為中結社ヲ組織シタル点ハ治安維持法第一条第一項ニ該当スル」としているが、具体的な「所為」や「結社」の活動にはほとんど触れていない。[12]

民族主義系の高麗革命党事件判決（一九二八年一〇月一八日平壌覆審法院）は、どうであろうか。この事件は、朝鮮内の衡平社（被差別身分解放運動）のメンバー一名が満洲在住の独立運動家と協議して、正義府・天道教・衡平社の成員による秘密結社をつくって活動したというものである。判決は、「日本帝国ノ現存制度ヲ破壊シ革命ニヨリ朝鮮民族ヲ解放スヘク（中略）鞏固ナル革命党ヲ組織スヘク画策中ナリシ」と述べているが、引用されている高麗革命党の綱領は、「帝国主義ト資本主義ニ対シ根本的ノ反抗カ吾等ニ共鳴セル各被圧迫民族ト結合シ同一戦線ニ於テ一致ノ歩調ヲ取ルヘシ」という曖昧なものに過ぎず、具体的な活動も記されていない。これをもって、「犯行当時ノ法令ニ依レハ治安維持法第一条第一項ニ該リ犯行後ノ法令ニ依レハ被告洪秉箕同李東郁ハ昭和三年七月四日勅令第百二十九号第一条第一項後段ニ其ノ他ノ被告ハ同勅令第一条第一項前段ニ該当スヘク刑法第六条第十条ニヨリ治安維持法ヲ適用シ」との判断がなされ、最高懲役五年の判決が下された。[13]法令適用を論じた部分から明らかなように、高麗革命党は治安維持法第一条（勅令第百二十九号では第一条第一項）の「国体変革」条項を適用されている。しかし、その犯罪事実も曖昧であるばかりか、民族解放を目的とする結社がなぜ「国体変革」条項に該当するのかについては、まったく説明がなされていない。

同じことは、新民府事件判決（一九二八年五月一七日関東庁地方法院）についても言える。中国吉林省に本拠を有する新民府に関わる事件が関東庁の裁判所で審理されたのは、被告らが満鉄付属地を管轄する関東庁の警察に検挙されたからであろう。朝鮮総督府裁判所の判決ではないが、同時期の判決例として取り上げることにする。判決は「理由」の冒頭で、「支那吉林省石頭河子ニ本拠ヲ有スル新民府ト称スル不逞鮮人団ハ韓国ノ独立ヲ期成センカ為メ中国領土内ニ僑居スル革命的韓族ヲ以テ民衆的議会機関ヲ組織シ管内一般韓族ヲ統治シ韓国独立ニ供スル実力ヲ準備スルコトヲ綱領トシ以テ日本ノ国体ヲ変革スルコトヲ目的トスル結社ニシテ」として、治安維持法適用の理由を説明している⒁。新民府の綱領・活動などについての具体的な記述はないが、上で見た判決に比べると、治安維持法適用を論理的に説明しようとしていることは理解できる。しかしながら、「韓国独立ニ供スル実力ヲ準備スルコト」がなぜ「日本ノ国体ヲ変革スルコト」にむすびつくのか、その論理はやはり明快なものではなかったと言わねばならない。

では共産主義運動に対する判決はどうであっただろうか。

朝鮮共産党事件判決（一九二八年二月一三日京城地方法院）と間島共産党事件判決（一九二八年一二月二七日京城地方法院）は、治安維持法適用についてほぼ同じ論理によって説明している。「間島共産党」と呼ばれるのは実は朝鮮共産党満洲総局のことであるので、判決の書き方が同じになったのは当然である。前者の判決では、「理由」の最初で、被告らが「我朝鮮現代社会制度ニ付精査考究ヲ為サス徒ラニ民族的偏見ニ捉ハレ」と露骨に被告らの思想・行動を非難した上で、「朝鮮民族解放観念ニ共産主義思想ヲ混和セル一種ノ共産主義運動ヲ敢行スルニ如カストシ」と述べて、単純な共産主義運動でないことを示している。朝鮮共産党の結成も、「朝鮮ニ於テ私有財産制度ヲ否認シ共産制度ヲ実現セシメ且朝鮮ヲ我帝国ノ羈絆ヨリ離脱セシムル目的ノ下ニ」なされたものととらえる。間島共産党事件の判決も同様に、被告らを「我日本帝国ハ私有財産制度ノ謳歌国ナルヲ以テ朝鮮ニ於テ該制度ヲ否認シ共産制度ヲ実現セシムルコトハ到底許容シ得ラレサルコトナルニ依リ之カ実現ヲ期セント欲セハ朝鮮ヲ我日本帝国ノ羈絆ヨリ離脱セシメ以テ朝鮮ノ独立ヲ図ルニ如カスト思惟シ居リシ者」と断定した上で、朝鮮共産党が「朝鮮ヲ我日本帝国ノ羈絆ヨリ離脱（国体変革）セシメ且ツ朝鮮ニ於テ私有財産制度ヲ否認シ共産制度ヲ実現セシムル目的」で組織された結社と定義して、被告らに治安維持法を適用して処罰するのである。(15)

ところで、見落としてならない問題は朝鮮共産党事件判決と間島共産党事件判決の間に治安維持法「改正」がなされ、それが判決に大きな影響を与えたことである。「改正」の最大の主眼は、よく知られているように、「国体変革」条項と「私有財産制度否認」条項を分離して、前者に最高刑死刑を導入した点にあった（後者は従来と同じ）。つまり両者の条項のどちらを適用されるかによって量刑が大きく変わることになったのである。

朝鮮共産党事件判決では、有罪となった被告はすべて治安維持法第一条第一項を適用されたが、「改正」前の条文では「国体変革」条項を適用されたのか、「私有財産制度否認」条項を適用されたのか、明確でなかったし、判決でも明確にしようとする努力を払っていない。ところが、間島共産党事件判決では、次のように二つの条項を明確に区別して適用していることがわかる。

「法ニ照ラスニ被告人崔元澤ノ結社（朝鮮共産党）組織ノ行為ハ（結社組織行為ノミカ大正八年制令第七号施行当時ニ為サレタルモノニシテ其他ノ行為ハ旧治安維持法施行当時ニ為サレタルモノナリ）其行為当時ノ法令ニ依レハ大正八年制令第七号政治ニ関スル犯罪処罰ノ件（犯罪時法）第一条第一項ニ該当シ該結社ノ組織ト役員及指導者タル任務ニ従事シタル行為ハ旧治安維持法（中間法）ニ依レハ第一条第一項ニ該当シ昭和三年勅令第百二十九号ニ依リ改正セラレタル治安維持法（現行法）ニ依レハ該結社ノ組織ハ同法第一条第一項前段（国体変革結社の組織）ニ該当スルト同時ニ同条第二項前段（私有財産制度否認結社の組織）ニ該当シ其後役員及指導員タル任務ニ従事（満洲総局ノ設置及之ト同時

ニ同局ノ執行委員長ト為リタル）シタル点ハ同条第一項前段〔国体変革結社の役員など指導者の任務従事〕ニ各該当シ〔下略〕」(16)

つまり改正後の治安維持法では、朝鮮共産党は「国体変革」条項と「私有財産制度否認」条項の両方に該当する結社とされたのである。その上で、被告の多くは、刑法の規定にもとづいて刑の「重キ国体変革ヲ目的トスル結社」を組織したり加入した罪で処罰するとされた。朝鮮共産党事件、間島共産党事件の最高刑は懲役六年であって、「改正」の前後で量刑には違いが出なかったと思われるが、共産主義運動が「国体変革」条項に該当することが明示された点が重要である。「国体変革」条項を適用する理由としては、朝鮮共産党などがまさに朝鮮の独立、植民地の解放を目的に掲げていたことにある。その意味で、共産主義運動も民族主義運動も同じく「国体変革」条項に該当する運動である、と当局は捉えていたといってよい。

しかしながら、繰り返しておくが、治安維持法の「国体変革」条項を独立運動、植民地解放を目的とする運動に適用する論理は、この時点ではまだ明確に組み立てられていなかったのである。

三　〝判例〟としての確立

1　新幹会鉄山支会事件判決

では、朝鮮独立運動、植民地解放運動を「国体変革」条項に該当するものとする論理＝〝判例〟の確立は、いつの時点でなされたのであろうか。先に見た野村調太郎論文のように、一定の論理をもって治安維持法の適用を合理化しようとする見解があったが、実際の判決にはそれは反映されず、論理的な曖昧さを残したまま治安維持法適用がなされてきた。しかし、揺るぎのない〝判例〟として確立するためには、さらに明確に論理づける必要が生じたのである。一九三〇年頃になると、公判において「朝鮮独立の企図＝国体変革」という図式に反駁する被告・弁護士が現われたため、これに関して明確な判断を示す必要が生じたからである。新幹会鉄山支会事件（一九三〇年七月二一日高等法院判決、出版法違反・治安維持法違反事件）と朝鮮学生前衛同盟事件（一九三一年六月二五日高等法院、治安維持法違反事件）に対する二つの高等法院判決がこれに関して〝法的〟な論理づけを行ない、それを通じて判例として確立するにいたったと考えられる。二つの判決に見られる論理を検討することにしたい。

まず前者の事件であるが、一九二八年八月に平安北道鉄山郡で、合法団体である新幹会の支会を設立しようとして文書を配布したことが出版法・治安維持法違反とされたものである。配布された設立趣旨書には、「人間的存在ヲ奪還セン為メノ最後ノ一団結アルノミ即チ民族的力量ヲ総合シテ二重三重ニ縛シタル苛酷ナル鉄線ヲ二千万人ノ握リ拳ヲ以テ粉砕スルニアリ」などと記されていた。警察はこの文書を押収するとともに、中心人物を検挙し、支会設立を禁止した。九人が治安維持法・出版法違反で起訴され、第一審では最高懲役七年が宣告されたが、第二審判決は治安維持法違反ではなく制令第七号違反で一人に懲役二年、その他八人に執行猶予を言い渡した。検事側は主張を認められなかったため、高等法院に上告するという経過をたどった。このため、治安維持法の解釈・適用に関して、朝鮮の最高司法機関である高等法院が判断を下すことになった。

まず、第一審の新義州地方法院判決（一九二九年一一月二〇日）は、被告らの行為を「一面ニ於テハ新幹会ノ綱領タル朝鮮民族ノ政治的経済的覚醒ヲ促進スルコトヲ目的トスルト共ニ他面ニ於テハ進ンテハ鉄山支会員カ朝鮮全民族ト結束シテ朝鮮ヲシテ我帝国ノ覊絆ヨリ離脱セシメンコトヲモ目的トスル結社ヲ鉄山支会ト称スル名義ノ下ニ組織センコトヲ密議シ」たものとみなし、治安維持法を適用した。[17]

これに対して、第二審の平壌覆審法院判決（一九三〇年四月二二日）は、被告らが「朝鮮人ノ政治的分離」を目指していたことは認めながら、設立趣旨書の内容は「朝鮮人ノ政治的自由ノ回復ヲ暗示スルモノト認メ得ヘキ程度」でしかないので、被告らの目的は「邦土ヲ僭竊シ国家的分立ヲ目的トスル所謂国体変革ノ程度ニ達セサル政治ノ変革ト認ム」という判断を下し、治安維持法ではなく大正八年制令第七号第一条前段（「政治ノ変革ヲ目的トシテ多数共同シテ安寧秩序ヲ妨害シ又ハ妨害セムトシタル者」）を適用すると したのである。[18]

治安維持法適用を斥けられた検事側は、高等法院に上告したが、その上告理由は、被告らが作成した設立趣旨書は「朝鮮人ノ政治的分離ヲ暗示」したものであり、それは「我帝国ノ統治権ヲ排斥シテ朝鮮ノ独

京城高等法院・覆審法院・地方法院庁舎（朝鮮総督府〔施政二十五年史〕1935年より）

立ヲ共同達成スル目的ヲ以テ謀議シ結社ヲ組織スル行為」に他ならないこと、治安維持法が制令第七号に抵触する部分があるとすれば、制令のその部分が廃止されたと見るべきであるので、治安維持法ではなく制令第七号を適用した原判決は誤りがあること、の二点を骨子としていた。検事側は、「抑モ帝国ノ朝鮮ニ於ケル統治権ヲ排斥シテ朝鮮ノ独立ヲ企図シ其ノ目的ヲ以テ治安維持法第一条乃至第五条ニ定ムル行為ヲ為スモノハ同法ニ所謂国体ヲ変革スルコトヲ目的トスル行為ナルコトハ解釈上殆ント一定セル所」と主張している(19)。

これに対して、高等法院判決（一九三〇年七月二一日）は、設立趣旨書の「全文ヲ通読スレハ其ノ主眼トスル趣旨ハ朝鮮ノ独立ヲ達成セムトスルニ在ルコト輙ク理解シ得ヘク」として事実関係において被告らが朝鮮の独立を企図したものと認定した上で、治安維持法上の「国体変革」に関わる解釈として、「朝鮮ノ独立ヲ達成セムトスルハ我帝国領土ノ一部ヲ僭竊シテ其ノ統治権ノ内容ヲ実質的ニ縮少シ之ヲ侵害セムトスルニ外ナラサレハ即チ治安維持法ニ所謂国体ノ変革ヲ企図スルモノト解スルヲ妥当トスル」という判断を示した。ただし結社の組織がなされなかったので、治安維持法第二条の「目的事項ノ実行協議」に該当するとして、原判決を破棄し、出版法違反も認定したが、量刑は第二審と同じであった[20]。

この新幹会鉄山支会事件に対する高等法院判決は、独立の企図を治安維持法違反にむすびつける論理を示した点で、きわめて重要なものである。法令の解説書でもこの判決を引用して、独立企図を「国体変革」条項に該当するものと書いているものがある[21]。

しかし、これによって判例として確立したわけではないと見られる。『朝鮮高等法院判決録』に収録されているのは、出版法に関わって「無許可出版物ノ没収理由」を判示した判決として重視されたからであって、治安維持法に関する判決としてではない。治安維持法に関わる判例として確立するには、もう一つの判決——朝鮮学生前衛同盟事件高等法院判決——を待たねばならなかった。

2　朝鮮学生前衛同盟事件判決

この前衛同盟事件に対する高等法院判決は、「朝鮮ヲ日本帝国ノ羈絆ヨリ離脱セシメ且朝鮮ニ於テ私有財産制度ヲ否認シ共産制度ヲ実施スル目的ヲ以テ学校生徒ノ運動団体トシテ秘密結社「朝鮮学生前衛同盟」ヲ組織」したとされる被告丁寛鎮が第二審判決を不服として上告したのに対して、一九三一年六月二五日に下されたものである[22]。

弁護人崔白洵の上告理由は、「国体変革」条項を適用するには「結社ノ目的カ大日本帝国ノ国家組織ヲ変革スルニアルコトヲ要ス」るが、この結社の「主ナル目的カ私有財産制度ヲ否認スルニアルコト」は調書などから明らかであり、「結社ノ綱領ニ政治的解放トアリテ朝鮮ヲ日本ヨリ離脱セシムルコトヲ附随ノ

朝鮮総督府裁判所の法廷（朝鮮総督府〔施政二十五年史〕1935年より）

目的ト為シタルカ如シト雖之レノミヲ以テ国体ヲ変革スル目的アリト断スヘキモノニアラスト認ム何トナレハ朝鮮ヲ日本ノ政治ヨリ離脱セシムルコトノミハ帝国ノ国体ニ影響ナキモノト思料スルニヨル」として、正面から「国体変革」条項の適用に反論を加えた[23]。

これに対して、高等法院判決は、同結社が私有財産制度否認のみならず朝鮮の独立をも目的としていたと認定し被告側の上告理由を斥けて、次のように治安維持法適用を妥当なものとする判断を示している。

「朝鮮ノ独立ヲ達成セムトスルハ我帝国領土ノ一部ヲ僭竊シテ其ノ統治権ノ内容ヲ実質的ニ縮少シ之ヲ侵害セムトスルニ外ナラサルヲ以テ治安維持法ニ所謂国体ノ変革ヲ企図スルモノト解スルヲ妥当トス（昭和五年刑上第六九号出版法竝治安維持法違反事件同年七月二十一日判決参照）蓋茲ニ所謂国体ハ啻ニ統治権ノ所在ニ関スルモノノミナラス統治権其ノモノノ内容ヲモ包括スル概念ナリト解スルヲ相当トスレハナリ[24]」

この判決によって、植民地の独立を図ることは「国体ヲ変革スルコト」に該当するものであるという解釈が、それなりの論理づけを得ることになった。「朝鮮独立＝帝国領土の僭竊＝統治権の内容の縮小＝国体変革」という図式である。そのような図式、論理づけは、きわめて恣意的なものであり、拡大解釈も甚だしいものであることは、いうまでもない。そもそも朝鮮併合や台湾領有以前に明治憲法が制定され、それによって「国体」が法的な安定を得たのだとすれば、朝鮮や台湾を日本が支配していることは「国体」にとって必須のことではないはずである。にもかかわらず、植民地の独立が国体の変革をもたらすものとするというのは、「国体」＝「天皇の統治権の内容」は縮小することはあり得ず、拡大するだけのものというに等しい。治安維持法が守ろうとした「国体」とは、まさしくそのようなものであったのである。

上の二つの判決は、その後の治安維持法違反事件の判決にもしばしば引用されることになった。すなわち、判例として確立することになったといえる(25)。

以上の検討から確認できるのは、施行当初から治安維持法は独立運動に適用されていたが、それが明確な形で判例となったのは、一九三〇―三一年の時期であったことである。それ以降、司法当局者の間ではその解釈はほとんど疑われず、裁判で異議がとなえられても容れられることはなかった(26)。治安維持法の「国体変革」条項が植民地独立運動に適用されたことは、植民地における治安維持法の拡大解釈・拡大適用の最たるものであったといえるが、それは同時に治安維持法そのものに大きな変質をもたらすものでもあったのである。

四　日本「内地」における治安維持法解釈

1　日本「内地」と朝鮮での解釈の齟齬

朝鮮において独立を目標とする運動に治安維持法を適用することが判例として確立したとしても、それはあくまで朝鮮内での運用に限られており、日本「内地」での治安維持法運用に直接の影響を及ぼすものではなかった。日本「内地」で同様の解釈をとる大審院判決が出て判例となったのは、かなり遅く一九四三年になってからのことである(27)。

前述のように、治安維持法の制定当時、日本政府（司法省）は植民地独立運動に治安維持法を適用することを示唆していたが、日本「内地」の司法当局はそれを明確にするような指示・通牒類を出していなかった。それゆえに、検事といえども独立運動に治安維持法を適用することは躊躇せざるを得ないという事情があったと考えられる。そのことが朝鮮での解釈と日本「内地」での解釈との間に大きな違いを生み出すことになった。

例えば、一九三一年の時点で、朝鮮の高等法院検事局思想部が発行する『思想月報』第三号（一九三一年六月）は、高麗共産青年会日本総局関西部事件関係者四名に対する京都地方裁判所（一九三一年五月一五日）の判決文を掲載しているが、その前書きに次のように書いている。

「刑の量定に於ては彼我殆ど同一程度なるも、法の適用に於て京城は第一條第一項及び第二項を適用するに、京都に於ては第一條第二項のみを適用せり。京都の判決に『無産階級の独裁を経て共産制社会の実現を其の目的とし』とあり。這は所謂国体の変革となるにあらずやと思ふ。研究問題たるべし。」(28)

京都地裁の判決文は、高麗共産青年会が「朝鮮に於ける私有財産制度を否認し無産階級の独裁を経て共産制社会の実現を其の目的」とする結社であることを認定しているが、朝鮮の検事局の見解では、これは朝鮮の独立を図るものであって、それゆえに「国体変革」条項をも適用すべきものとされたのである。「研究問題たるべし」としているのは、朝鮮と日本「内地」との法解釈・適用に落差があることを認識していたことを示している。

この落差を象徴的に示す事件として一九三二年一二月の趙鏞夏事件を見てみよう。

趙鏞夏は、米国ハワイに居住する朝鮮人で、実弟趙鏞殷（趙素昂）は大韓民国臨時政府や韓国独立党の幹部として中国で活動していた。一九三二年、中国に渡るために乗船した汽船が神戸に寄港したところ、不審者として神戸水上警察署に検挙され、兵庫県警察部特高警察課で取り調べられた。警察部は同年一二月一四日、趙鏞夏を神戸地裁検事局に送り、治安維持法違反容疑で起訴するよう求めた。

送検に際して警察部が作成した「意見書」（一九三二年一二月一二日付）は、趙がホノルルで⑴大韓独立団を組織し、その団長および機関紙『太平洋時事新聞』社長を務めたこと（一九一九年）、⑵大韓民国臨時政府を支援するためにハワイの朝鮮人団体を糾合して統一促成会を組織したこと（一九二六年）、⑶韓人協会を組織し「民族的独立運動」「臨時政府集衆力」などを綱領に掲げたこと（一九三〇年）、⑷趙鏞殷らが上海で結成した中韓同盟会の趣旨に賛同し、それを支援するために募金活動を行なったこと（一九三二年）などの事実をあげ、(1)は治安警察法違反（ただし時効）、(2)は一九二五年治安維持法第一条第一項違反、(3)は一九二八年治安維持法第一条第一項前段（国体変革条項）違反、(4)は同法第五条違反に当たるとして、起訴相当とする見解を表明している。日本「内地」でも、朝鮮独立のための活動を治安維持法で処罰し得るとする解釈を示したものである。治安維持法適用に関するこのような解釈は日本内地では最初のものだったとされる(29)。

ところが、一六日後の一二月二八日、神戸地裁検事局は趙鏞夏の身柄を朝鮮の検事局に移送する決定を下した。検事正瀧川秀雄の名で書かれた京城地方法院検事局あての「移送書」は、趙に対する「大正八年制令第七号違反事件ハ貴庁ニ於テ処理セラルヽヲ便宜ト思料候條及移送致候也」としか記していないが、神戸地裁検事局の判断では、趙を治安維持法違反に問うことは困難であり、適用するとすれば大正八年制令第七号が妥当である、とするものだったと推測できる。しかし、制令第七号違反事件は「内地」の検察、裁判所が扱うべきものではないので、朝鮮に身柄を送ることを決めたのであろう。

さて問題は朝鮮での処分である。翌一九三三年一月一一日、京畿道警察部に身柄を移された趙については、警察部と京城地方法院検事局との間で協議がなされ、治安維持法違反で一月一五日送検、同二四日起訴された。検事局では思想専門係の佐々木検事が担当し、趙鏞夏を治安維持法違反で公判に付すことを求める請求書を地方法院あてに送った。「公判請求書」は兵庫県警特高警察課の「意見書」とほぼ同じ事実を記して、趙の活動は「朝鮮ヲシテ帝国ノ羈絆ヨリ離脱セシムルコトヲ目的トスル」臨時政府ないし韓国独立党を支援するものであり、結社の目的遂行罪（治安維持法第五条）を適用すべきものとしていた。趙に第一条の国体変革条項を直接適用したものではないが、国体変革を目的とする結社の目的遂行のための行為を行なったとする解釈にもとづくものであった。同年三月三一日京城地方法院で公判が開かれ、その日のうちに求刑、判決言い渡しまで行なわれるという異常な速さで進められた。判決は、治安維持法違反で求刑どおり懲役二年六ヵ月であった。趙は控訴権を放棄したため、この刑が確定した[30]。

以上の経過から、日本「内地」でも特高警察は独立運動に治安維持法を適用することを求めていたが、検察当局はそのような解釈を採用せず、制令第七号を適用すべきであると判断したこと、それに対して、朝鮮では治安維持法を適用して独立運動関連者を処罰するという法運用が常態化していたことを知ることができる[31]。一九三〇年代前半までは、治安維持法の解釈・運用において、日本「内地」と朝鮮とではこのように大きな違い、齟齬が生じていたのである。

2　日本「内地」における独立運動への適用

では、日本「内地」において朝鮮独立運動に治安維持法を適用するという解釈・運用は、いつ頃あらわれたのであろうか。

治安維持法の「国体変革」条項と植民地の独立運動との関係に関して日本の司法当局者が議論したことが知られる最初の会議は、一九三七年六月二四―二六日に司法省で開かれた第一〇回思想実務家会同（地方裁判所などの予審判事・思想係検事らを集めた会議）であった。この会同に際して地裁・地検に諮問された事項の第一は、「最近に於ける思想運動情勢に鑑み裁判竝に検察上考慮すべき点如何」というもので、コミンテルンの反ファッショ人民戦線戦術に対応する取り締まり方針の検討を目的としたものであった。朝鮮人労働運動、文化運動や宗教活動など広範囲に及ぶ取り締まり方策、法適用の問題が協議されたが、朝鮮人の運動に関わる問題も議題となった。事前に地検から提出されていた協議事項にも、「朝鮮人の思想犯罪に付特に考慮するべき点如何」（長野地検）、「鮮《ママ》人集合の場所等に於て独立運動の宣伝となるべき虞ある言動を為すものあり其の取締上留意すべき点如何」（富山地検）などが含まれている(32)。

会同において、大阪地検の思想係検事勝山内匠は、「国体変革を図る行為は根本から全部に亘って処罰する所の條文を御決め願ひたい」と治安維持法の大幅改正を主張しつつ、次のように述べている。

「朝鮮、台湾に於きまする独立運動、台湾に於きまする支那復帰運動、更に又進んで朝鮮に於きまする「ソヴェート」聯邦加入の運動と云ふやうな運動が国体の変革に該当するや否やに付きましては幾分の疑義があるのではないかと考へるのであります、従って此の点に付て明文を掲げてはっきり是等の所為を国体変革に該当するものであるや否やと云ふことを明かにして戴くの必要があるのではないかと、斯様に考へます(33)。」

勝山は、植民地の独立運動は「国体変革」に該当するものなので、明文でそれを規定すべきだとしているが、現行の治安維持法ではそのような解釈には「幾分の疑義」が存在することを認めている点に注意すべきであろう。

富山地検検事佐藤菅人は、朝鮮人の親睦会や「内鮮労働親愛会」などの合法団体において独立の宣伝・煽動が行なわれた事件を取り上げて、「斯様な鮮《ママ》人の独立宣伝めいた言辞を弄するやうな場合に之をどう取締るか、独立運動を治安維持法第一條の国体の変革、斯う云ふもの、中に含むものだ、斯う云ふ風な解釈を採って宜いのか悪いのか、之を決めて戴きたい」と述べて、現行法の解釈を明確にすることを求めている。佐藤は、朝鮮では独立運動を国体変革と見なした判決があることを指摘した上で、「東京の方の事件に付ては寧ろ之と反対に消極説だ、斯う云ふ風に伺って居ります」と述べている。[34]

会同では、大阪地検の勝山が再び発言し、司法省刑事局と大審院検事局とがこれに関して協議することを求め、「はっきり独立運動が国体変革に該当するものであると処理して宜いという御答へを戴いて帰りたい」と強い口調で要望した。これに対して、大審院検事の池田克が、治安維持法の制定過程において植民地の独立運動がどのようにとらえられていたかを説明し、朝鮮での判例をも引いて「国体変革」に該当するとする解釈の根拠を示した上で、次のように述べている。

「固より此の判例もございませぬものですから、有権的な解釈と云ふものは或は今日の場合出来ないかも知れませぬけれども、少く共大審院の検事局と致しましては、先般も大審院検事局の会議を致しまして、兎に角此の問題は積極的に解釈して行かう、若し適当なケースでもございますれば、テストケースとして治安維持法第一條の違反として之を処分して行かうと云ふやうな決議をして居ります[35]」

池田によれば、大審院検事局では植民地の独立企図を「国体変革」条項に該当すると解釈するとの「決議」がなされ、「適当なケース」を探していたのである。池田の説明の後、会同の議長代理を務めていた司法省刑事局書記官平野利は、会同の前に司法省刑事局が開いた会議でも大審院検事局と同様の解釈をとることを決めたとし、「若し此の種の一植民地独立運動がありまして、それを検挙した場合に於きましては、治安維持法を適用して訴追を為す方針を採ると云ふことに決した」と述べている。[36]

ただし、池田は、「だからと申しまして、何でも彼でも小さい事件でも此の際それで押して行くと云ふことは、是は相当に考慮すべきものでありまして、実際上の運用に於ては極めて慎重に取扱ふべきことでありますし」と付言しており、平野も同じことを述べている。朝鮮の検察、裁判所に比べて、「内地」の司法当局は独立運動に対する「国体変革」条項適用に慎重姿勢をとっていたといえよう。平野は、「事件を十分吟味しまして、証拠も極めて明白であり、事件の内容が之を起訴するに値ひすると云ふやうなものを選びまして、且つ上級の官庁と御打合せの上、慎重なる御取扱に出られむことを希望するのであります」と念押ししている(37)。

以上のように、この会同では、植民地独立運動を「国体変革」条項に該当するものとする意見が強かったが、実際の適用には慎重な姿勢で臨むことも強調された。日本「内地」の司法関係者の間ではこのような解釈・運用に疑問が持たれていたからであろう。平野書記官が述べたように、証拠が十分な事件を選んで、「国体変革」条項適用の突破口を開こうというのが、この時点での司法当局者（特に検察関係者）の目論見であったといえる。

そして、そのような事件が会同の直後に見出されることになった(38)。それは、三八年八月、第二次上海事変時に上海から九州に避難してきた日本人・朝鮮人に紛れて上陸したとされる民族革命党（中国南京に本拠を置く朝鮮独立運動政党）関係者の事件である。

八月下旬、金正龍が福岡で、張楽洙、徐尚虎、秋元圭が長崎で検挙され、金は翌三八年二月二二日、張と徐は同年三月三一日に治安維持法で起訴された（秋は起訴猶予(39)）。張は同年八月二四日、徐は八月二六日に長崎地裁でそれぞれ懲役二年、執行猶予四年の判決を受けた(40)。両名は「何等の異議なく服罪」したとされるので、これが確定判決となったと思われる。張と徐に対する公訴状を掲載した『特高月報』は、次のように記している。

「従来に於ても之等海外不逞朝鮮人団体の一味尖鋭分子又は之と脈絡関係あるものを検挙せる事例尠からざりしが、内地に於ては之等に治安維持法を適用せず、朝鮮又は台湾に移送処理するを例とせり。然れども斯る処理方針は海外不逞朝鮮人団体の策動竝内地朝鮮人運動の情勢等に鑑み遺憾を認められ居たる処、最近に至り之等に対しても同法を適用することに方針の決定を見るに至れるものにして、之に依り従来の不便は解消せり。(41)」

この記述から明らかなように、民族革命党関係者の事件では、思想実務家会同での協議を踏まえて、「国体変革」条項の適用がなされたのである。長崎地裁の判決は、張と徐が加入した民族革命党を「革命的手段に依り朝鮮を帝国統治権の支配より離脱独立せしめて民主共和国を建設し以て其の土に於て我が君主国体を変革せんことを目的とする結社」と規定して、治安維持法の「国体変革」条項を適用している。『特高月報』は、判決文の解説として、「内地の裁判所に於て民族独立運動団体を治安維持法第一條結社と認め処断せるは之を以て嚆矢とす」と記している。(42)

一方、福岡で検挙された金正龍については、起訴からほぼ一年後の一九三九年一月二八日に予審が終結した。金が容疑を否認し続けたからであろう。予審終結決定書では治安維持法の「国体変革」条項が適用され、(43)同年四月一〇日福岡地裁も、民族革命党への加入、支援、目的遂行行為を認定した上で、民族革命党が「革命的手段ニ依リ朝鮮ヲシテ帝国統治権ノ支配ヲ離脱セシメテ独立ノ民主共和国ヲ建設シ以テ我国体ヲ変革セムコトヲ目的トスル結社ナルコトヲ知リ乍ラ同党ノ支持拡大ヲ企図シ〔中略〕以テ同党ニ加入

第２表　「独立運動」容疑による治安維持法違反事件年度別処理人員表

	検挙人員	起訴	不起訴				
			起訴猶予	留保処分	無嫌疑	その他	処理人員
1937年	7						
38		3	1		1		5
39	8		3				3
40	71	12	8		3		23
41	256	29	60		9		98
42	203	62	179		41	5	287
43（4月まで）	53	15	34		13	1	63

シ且同党ノ目的遂行ノ為ニスル行為ヲ為シタルモノナリ」として、治安維持法第一条第一項後段を適用し、金に懲役三年の実刑判決を下した[44]。金は地裁判決を不服として控訴したが、同月三一日長崎控訴院で地裁判決通りの言渡しがあった[45]。この判決を受けて、福岡県特高課は、「朝鮮独立を目的とする運動は国体変革を目的とする治安維持法違反事件として処置し得べき新例を開いた」と誇らしげに報告している[46]。

以上のように、民族革命党関係者の事件では、起訴と判決の両方で朝鮮独立運動に「国体変革」条項が適用されたことが明白である。時期的に最も早いのは、起訴では一九三八年二月二二日金正龍のケースであり、地裁判決では同年八月二四日張楽洙のケース、控訴審判決では一九三九年四月三一日金正龍のケースということになる。しかし、いずれも大審院への上告がなされなかったため、独立運動と治安維持法の「国体変革」条項との関係を確定する判例とみなすには不充分な点が残ったといわねばならない。

次いで、一九三九年頃に神戸で検挙された裵祥権ら四名に対する治安維持法違反被告事件（朝鮮独立運動関係）を見ておこう。予審終結決定書（一九四〇年八月二三日）によれば、クリスチャンの裵が他の三名を勧誘して北神商業学校留学生会を結成して朝鮮独立運動を企図したとされる事件で、裵らには共産主義思想の背景などはないとされたが、「暴力革命ノ手段ニ依リ我天皇制ヲ打倒シ即チ我カ国体ヲ変革シテ朝鮮ヲシテ日本ノ統治権ノ支配ヨリ離脱セシメテ朝鮮民族ノ独立国家ヲ建設スル」ことを目的とする活動を協議したとして治安維持法第二条および第三条を適用された[47]。

同年一二月一六日の神戸地裁判決は、予審とまったく同じ判断を下し、裵に懲役三年、他の被告に懲役二年以下の刑を言い渡した[48]。裵のみが控訴をしているが、上級審でどのような判決が下されたかは不明である。他の三人については、神戸地裁判決が確定しており、その時点で独立運動に治安維持法を適用するという裁判所の判断がなされたと見てよい。この事件の予審終結決定書を掲載した『思想月報』の前書きは、「本件は事変下漸く活発化して来た朝鮮独立運動関係事件中最初に予審終結を見た案件である」と記している。金正龍の事件との前後関係に誤りがあるが、司法当局がこの事件を重要視していたことがわかる。特に注意しておかねばならない点は、民族革命党関係者の事件が中国に本拠を置く独立運動組織に「国体変革」条項を適用したものであるのに対して、裵祥権らの事件は独立運動組織とのつながりを持たない日本在住朝鮮人に同条項を適用したことである。

ともあれ、一九三七年前後から警察・検察当局は朝鮮独立運動に治安維持法を適用するという解釈を示し、地方裁判所レベルでは三八年以降、同様の判決が下されたことを確認することができる。なお、一九三七年以降、日本「内地」で「独立運動」の容疑で検挙された人数（台湾人も含む）と検察の処理人員は、第2表のとおりである[49]。

3　大審院判決

これら地裁レベルの判決を受けて、上級審も同様の判断を下すべきだとする主張が現れた。思想検事として治安維持法改正作業に深く関わった池田克は、一九四〇年に執筆した解説書で、「我統治権の行はる領域をして其の支配より離脱せしむることを企図する行為が、国体の変革を目的とするものに該当するや否や」に関しては「大審院の直接の判例は未だない」ことを認めながら、次のように「国体変革」条項の適用を主張している。

「結社の目的遂行の為にする行為の包括性を判示した昭和七年一一月二一日の大審院判決に引用された事実に、『朝鮮共産党ハ革命的手段ニ依リ朝鮮ノ独立ヲ謀リ私有財産制度ヲ否認シ朝鮮ニ無産階級独裁ノ政府ヲ樹立シ、依テ以テ共産主義社会ノ実現ヲ目的トスル秘密結社ナリ』とし、国体の変革を目的とする結社として認定せざりしものがある。之を認めたる原審は東京控訴院であるが、上告論点とならざりしものであるから、之が大審院の判例なりとすることは出来ない。最近の解釈の傾向に鑑み、東京控訴院の解釈も亦改めらるべきものであらう(50)」。

池田の主張は、朝鮮共産党を「共産主義社会ノ実現ヲ目的トスル秘密結社」と認定した東京控訴院判決は不充分（あるいは誤り）であり、「国体の変革を目的とするもの」と見なすべきであるという点にある。地裁レベルでそれを認定している「最近の解釈の傾向」に合わせて、大審院でも同様の判断を下すべきだていた。

というのである。

しかしながら、そのような解釈・適用に対しては司法当局内部でも疑問とする意見が依然として存在していた。

一九四〇年九月に開かれた大阪控訴院管内思想実務家会同で、「朝鮮独立運動関係被告人ニ対スル適用法條如何」が判事協議事項の一つとして議題に上げられている。この議題を提案した神戸地方裁判所の予審判事中川種治郎は、裵祥権らの事件の予審を担当した判事である。中川は、朝鮮の独立運動は領域的問題として考察すると邦土僭竊行為の予備陰謀（刑法第七七条、七八条の内乱予備陰謀罪）に該当するが、主権の問題から考察すると天皇制の打倒＝国体変革を目的とする行為となり、治安維持法の適用が妥当である、という意見を述べた(51)。

これに対して、徳島地方裁判所の芥潔予審判事は、朝鮮の判例を引きながらも、刑法第七七条に「邦土僭竊」という文言がある以上、独立運動にはそれを適用するのが妥当との見解を示し、「思想背景がなくて単純に邦土僭竊の目的で独立運動をした場合を治安維持法で問擬するのは聊か疑問として居る」と述べて、中川の意見に反対している(52)。

司法当局者の間でこのような意見の相違が見られたのは、治安維持法に植民地の独立運動に関わる規定がなかったためである。その点を踏まえて、治安維持法改正に当っては、独立運動にも適用できるような条文を挿入するよう求める意見が出ている。

例えば、一九四〇年七月に開かれた長崎控訴院管内思想実務家会同では、福岡地検の神澤進検事が、共産党壊滅後の運動をコミンテルンや党の目的遂行行為と見なすというのは「如何にも牽強付会の感が深い」として、治安維持法の改正に当っては「共産主義運動、無政府主義運動、独立運動、反国家的教義に基く信仰運動等国体変革を当然の帰結とする主義に基く運動自体を処罰の対象となすと言ふ風に改正の要あるものと思料するのであります」という意見を述べている。(53)

また、一九三九年七月三日東京刑事地方裁判所検事局思想部で開かれた特高内鮮課主任会議では、地検思想部長の栗谷四郎検事が「治安維持法の改正の際に民族独立運動を含む様にし度い」と述べている。(54)

このように、植民地の独立運動を対象とする規定を治安維持法に盛り込むべきだとする意見が出ていたが、一九四一年の「改正」に際してそのような規定が設けられることはなかった。ただ、結社に至らない「集団」への適用規定が新たに設けられ、それが独立運動に広く適用されるものと解釈されることになった。司法省刑事局『改正治安維持法説明書』（一九四一年三月）は、結社にあらざる集団に関する処罰規定（第四条）を「結社ノ程度ニ達シタルモノトハ認メ難」い「民族独立運動ニ於ケル多数ノ結合」などに適用するものとしている。(55)これによって、広い範囲での独立運動に治安維持法が適用されることになったが、にもかかわらず、一九四一年の治安維持法改正においても、植民地の独立運動を処罰の対象とするという明文規定が設けられなかったことに注意しておかねばならない。

しかし、実際には、独立運動に「国体変革」条項を適用するという解釈にもとづく事件処理が増えていき、一九四三年の大審院判決に至ったのである。

大審院判決は、樺太の炭鉱で働いていた朝鮮人労働者安田致賢（創氏後の氏名）が同僚らに働きかけて民族意識の昂揚を図ったとされる事件に対して、一九四三年九月一日に下されたものである。被告側弁護人は上告趣意書で、「治安維持法ニ言フ国体トハ『我ガ帝国ハ万世一系ノ　天皇君臨シ給ヒ統治権ヲ総覧シ給フ』コトヲ言ヒ（昭和四年五月三一日大審院第四刑事部判決）之ノ事実ニ変革ヲ加ヘントスル行為ヲ国体ヲ変革スル行為ト謂フヘキ処本件上告人ハ帝国領土ノ一部タル朝鮮ノ独立ヲ目的トシタルヲ以テ刑法第七七条ニ言フ邦土ヲ僭窃スルコトヲ目的トシタリトハ言フヲ得ヘケンモ我大日本帝国カ万世一系ノ　天皇ノ統治権ノ下ニアルト言フ即チ我国ノ国体其ノモノニハ何等変更ヲ加ヘントシタルモノニアラサルヤ真ニ明カナリトス」と論じている。前述の徳島地裁の芥判事と同様の見解にもとづいて、朝鮮独立運動に治安維持法を適用することを批判したのである。(56)

これに対して、大審院第二刑事部は「治安維持法第一条ニ所謂国体ノ変革ニハ邦土ノ一部ヲハ天皇統治権ヨリ離脱セシメ独立国家ヲ建設センコトヲ画策スル場合ヲモ包含スルモノトス」（判決要旨）という理由で上告棄却の判決を下した。判決理由は、次のように記されている。

「同法条〔治安維持法第一条〕ニ所謂国体ノ変革ヲ目的トストハ畏クモ　天皇カ統治権ヲ総攬シ給フ事実ニ変更ヲ加ヘ奉ルコトヲ目的トスル一切ノ場合ヲ汎称シ〔中略〕其ノ全面的変更ヲ企図スル場合ナルト部分的変更ヲ企画スル場合ナルト事物ニ関スル場合ナルト将又領域ニ関スル場合ナルトハ必シモ問フコトヲ要セサルモノトス果シテ然ラハ一領域ヲシテ　天皇統治権ノ支配下ヨリ離脱セシメ独立国家ヲ建設センコトヲ画策スルカ如キハ事固ヨリ全面的ニ　天皇政治ヲ否定セントスルモノニ非スト雖少クトモ其ノ領域ニ於ケル統治権ヲ排斥シ其ノ範囲若ハ内容ヲ截断減殺セントスルモノニシテ右ニ所謂国体ヲ変革スルコトヲ目的トスル場合ニ該当スト為スヘキハ勿論ナリト言フヘシ」(57)

この大審院判決は、治安維持法制定時に司法省が作成・公表した「治安維持法理由書」の文言を踏襲する形で、「国体変革」には天皇の統治権の内容に関わる場合を含み、さらにそれは「領域」に関わる統治権の内容を変更するものも含むという解釈を示すことによって、植民地独立運動への「国体変革」条項適用を正当化した判決であった。ここで注意しておきたいことは、大審院判決が朝鮮での判例を引用せず、それとは異なる文言で治安維持法の適用を論理づけしている点である。日本「内地」の司法は、植民地の司法判断に左右されないという立場を間接的に表明したといえるかもしれない。

ともあれ、この大審院判決によって日本「内地」でも植民地独立運動に治安維持法の「国体変革」条項を適用するという判例が確立したと考えることができる。(58) しかし、それは治安維持法が占領軍総司令部の「政治的民事的及宗教的自由ニ対スル制限ノ撤廃ニ関スル覚書」（一九四五年一〇月四日）、いわゆる「人権指令」により廃止されるわずか二年前のことだったのである。

おわりに

本稿での検討から、治安維持法と朝鮮独立運動との関係について、次の諸点を指摘することができる。

(1) 治安維持法制定当時、同法が植民地の独立運動に適用されることは、明示的であれ暗黙のうちにであれ、当局者の間では意見が一致していたが、当初、日本「内地」ではそのことは強調されず、実際の法運用においてもそのような解釈はとられなかった。

(2) 治安維持法の適用を当然としていた朝鮮の司法当局においても、一九二〇年代にはそのための論理は明確に組み立てられていなかった。

(3) 朝鮮では一九三〇、三一年の時期に、独立運動に治安維持法の「国体変革」条項を適用するための論理が判決で示され、それが判例として確立した。

(4)　朝鮮で判例として確立した後でも、日本「内地」の検察当局はそのような解釈を受け入れず、治安維持法の適用に消極的であったため、朝鮮と「内地」との間に法解釈・適用の齟齬が見られた。

(5)　日本「内地」で独立運動に治安維持法の「国体変革」条項を適用するケースが一九三〇年代後半に現れたが、その時期でも司法当局者の中には同法の適用を疑問視する見解を表明するものがいた。

(6)　日本「内地」では、一九四〇年代に治安維持法で処罰される独立運動事件が急増したが、治安維持法の「国体変革」条項を適用することを明確に示した大審院判決が出たのは一九四三年九月であった。

以上から、治安維持法の解釈・運用は、植民地と本国とではかなり大きな違いが見られたことを確認することができる。それは、植民地の司法制度が本国と切り離された独自のものであったことによるものであるが、そもそも治安維持法が明文で処罰の対象としていない植民地独立運動に適用されたために生じた違いであった。独立運動への適用は、治安維持法そのものの大きな変質を伴うものであったといわねばならない。

ともあれ、同一の法律、条文であるにもかかわらず、本国と植民地とではその運用に大きな違いが生じる場合があることを確認することができよう。植民地法制を検討する場合、この点をも考慮に入れる必要がある。

なお、本稿では、台湾の独立運動に対する治安維持法の適用については検討することができなかった。朝鮮とほぼ同様の問題があると考えてよいが、今後の課題として残しておきたい。

（1）　拙稿「治安維持法の制定と植民地朝鮮」『人文学報』（京都大学人文科学研究所）第八三号、二〇〇〇年三月。

（2）　川村貞四郎『官界の表裏』私家版、一九三三年、一四二頁。

（3）荻野富士夫編『治安維持法関係資料集』新日本出版社、一九九六年、第一巻、一七二頁。引用文中の〔　〕は水野による補足ないし訂正である。以下の引用文においても同じ。

（4）一九二五年三月一七日貴族院治安維持法案特別委員会での湯池幸平の質問に対する答弁。思想研究資料特輯第七号『第五十回帝国議会　治安維持法案議事速記録並委員会議録』（東洋文化社、復刻版）七〇九―七一〇頁。

（5）前掲『治安維持法関係資料集』第一巻、一八七頁。

（6）同前、六一五頁。

（7）野村調太郎「治安維持法ト朝鮮独立運動」『普聲』（普聲専門学校）第二号、一九二五年六月、六頁。

（8）齋藤榮治編『高等法院検事長訓示通牒類纂』一九四二年、四七六頁（辛珠柏編『日帝下支配政策資料集』第八・九巻、ソウル、高麗書林、一九九三年、所収）。

（9）伊藤憲郎「治安維持法制定の由来（DK放送講演速記）」『東亜法政新聞』第一七三号、一九二八年八月、二二―二三頁）

（10）拓務省管理局「朝鮮ニ於ケル思想犯罪調査資料」（一九三五年）（前掲『治安維持法関係資料集』第二巻、二八三頁）。不起訴者の合計が合わないが、もとの数字のまま掲げておく。

（11）朴慶植編『朝鮮問題資料叢書』アジア問題研究所発行（三一書房発売）、一九八九年、第一一巻、所収。

（12）同前、一〇頁。

（13）同前、一四―一五頁。

（14）同前、三七頁。

（15）同前、五六―五七頁。、八一頁。

（16）同前、八八頁。

（17）高等法院検事局思想部『朝鮮独立運動と国体の変革』一九三〇年（?）、二頁。この文献は、鉄山支会事件の各審判決を収録したものである。司法当局がこの事件の判決を重視していたことがわかる。

(18) 同前、一一一一二頁。
(19) 同前、一六頁。
(20) 同前、一七一一九頁。なお、判決は高等法院刑事部判事全員の合議により下されている。
(21) 中川利吉『朝鮮社会運動取締法要義』九一一一頁。著者は、仁川警察署の高等警察係。
(22) 『朝鮮高等法院判決録』昭和五年第一七巻、三一七一三二八頁。なお、朝鮮学生前衛同盟事件に関する警察側の資料は、『現代史資料・朝鮮5』みすず書房、三七四頁、に収録されている。
(23) 『朝鮮高等法院判決録』昭和六年第一八巻、三三三頁。被告側の上告理由書原文は見られない。本文に引用したのは、高等法院判決文に要約されている上告理由の主旨である。
(24) 同前、三二四頁。「(昭和五年刑上第六九号出版法竝治安維持法違反事件同年七月二十一日判決参照)」と記されているのは、前述の新幹会鉄山支会事件の高等法院判決のことである。
(25) 高等法院蔵版『朝鮮高等法院判例要旨類集』(一九三七年)、一一二〇頁、には「朝鮮独立ノ目的ト本条〔治安維持法第一条〕ニ所謂国体変革ノ目的」に関する判例として、朝鮮学生前衛同盟事件の判決の一部が収録されている。
(26) このような解釈に疑問を呈する見解は、雑誌論文としても発表されている。弁護士元澤淵は、朝鮮語雑誌『新東亜』第四巻第一〇号(一九三四年一〇月)に論文「治安維持法と保安法について」を書いて、次のように論じている。「この法律〔治安維持法〕解釈において重大な問題が一つある。朝鮮××〔独立〕を目的とする結社が本法に該当するか否かという問題である。判決例は、朝鮮××を目的とすることは、日本全国中の一部領土たる朝鮮に対する天皇の統治権を××〔否認〕するものであって、結局統治権の一部制限であり、国体変革に該当するという解釈である。しかし、治安維持法制定の根本目的と沿革に照らしてみれば、一部領土に対する統治権の制限は国体の根本的変革と解釈しがたいと考えるゆえ、朝鮮××を目的とする結社には大正八年制令第七号を適用するのが相当と考える」(九五頁)。元がいう「治安維持法制定の根本目的と沿革」とは、同法が共産主義運動、無政府主義運動の取締りを想定していたことを指しており、なぜ「一部領土に対する統治権の制限は国体の根本的変革と解釈しがたい」のかについては説明をしていない点で、主張の弱さがあるといわねばならない。しかし、独立運動に「国体変革」条項を適用することに対して強い批判があったことは、元の文章から充分に推し測ることができよう。

(27) 法曹会発行『大審院刑事判例集』第一二巻、一九五三年発行、二四一―二四五頁。

(28) 高等法院検事局思想部『思想月報』第三号、一九三一年六月、ページ数なし。この号の表紙には『高検思想月報』と記されているが、以後の表題『思想月報』に従うことにする。ただし、注(42)以下の司法省刑事局発行『思想月報』とは別の雑誌である。なお、高麗共産青年会に関わる京城地方法院の判決（一九三〇年八月三〇日）では、朝鮮共産党とともに同会を「朝鮮を日本帝国の羈絆より離脱せしめ且朝鮮に於て私有財産制度を否認し共産制度を実施する目的を以て組織したる秘密結社」と認定し、治安維持法第一条第一項および第二項を適用している（「第三次朝鮮共産党事件判決」金正柱編『朝鮮統治史料』第六巻、韓国史料研究所、一九七〇年、六五頁、八二頁）。

(29) 趙鏞夏事件の経過は、『朝鮮日報』一九三二年一二月一七日、一九三三年一月一五日、二六日などによる。以下に引用する兵庫県警察部・神戸地裁検事局・京城地方法院検事局の各文書は、『日帝下公判記録　趙鏞夏』上巻（神戸市立中央図書館青丘文庫所蔵の複写本）に収録されている。

(30) 『朝鮮中央日報』一九三三年四月一日。ただし、判決原文は未確認である。

(31) 趙鏞夏事件と同様の経過をたどった事件として、朴智和に関わる事件がある。やはりハワイで独立運動に参加していた朴智和は、ハワイから送還され、一九三五年四月一八日神戸港に到着したところを兵庫県警に検挙された後、五月二九日制令第七号違反容疑で神戸地裁検事局に送られたが、六月一二日検事局から京城地方法院に移送された。京畿道警察部で取調べを受けた朴は、七月一日に治安維持法違反で不拘束起訴された（以上の経過は、内務省警保局『昭和一〇年に於ける社会運動の状況』一五四六頁、『特高月報』昭和一〇年五月分、八八―

九〇頁、『東亜日報』一九三五年六月一七日、七月三日、による)。ただし、起訴以降の経過は明らかでない。
(32) 司法省刑事局『昭和一二年六月思想実務家会同議事速記録』思想研究資料特輯第三七号、八頁(社会問題資料叢書、東洋文化社復刻版、一九七六年)。
(33) 同前、七一頁。
(34) 同前、一七一―一七三頁。ここで佐藤が「消極説」として触れている「東京の方の事件」とは、朝鮮新聞社関係者の検挙事件のことであろう。その関係者は日本共産党の目的遂行行為の容疑で治安維持法違反とされたが、朝鮮独立運動容疑ではなかった。佐藤はこれを「消極説」と規定しているのである。なお、富山の「内鮮労働親愛会」事件の経過は、次のとおりである。金泰植、朴学洙、韓東述は一九三六年九月検挙され、三八年三月一五日起訴(内務省警保局保安課『特高月報』昭和一三年三月分、三三頁)、翌三九年一一月三〇日富山地裁の判決で、金・朴に懲役二年、執行猶予四年、韓に懲役一年六月、執行猶予四年が言い渡された(『特高月報』昭和一四年一一・一二月分、二二二頁)。その後、金泰植は、一九四〇年七月に思想犯保護観察法にもとづく処分を受けており、その時点では刑執行猶予中であるとされているので、地裁判決が確定したのであろう(「昭和一五年七月中保護観察審査会審議状況個人別調」司法大臣官房保護課『司法保護月報』第二八号、一九四〇年八月、一三〇頁)。「内鮮労働親愛会」事件の起訴状あるいは判決文を見ることができないため、「国体変革」条項が適用されたかどうか明らかでない。
(35) 『昭和一二年六月思想実務家会同議事速記録』一七八頁。
(36) 同前、一七八頁。
(37) 同前、一七九頁。
(38) なお、会同以前の一九三六年一〇月に大阪府堺市で検挙された「愛国青年会」事件は、「内地に於ける民族主義運動に対し治安維持法を適用せる最初の事件として注目に値す」と記されているが、中心人物二名は起訴猶予処分となっている(内務省警保局『昭和一一年に於ける社会運動の状況』一四八二頁)。この事件でも、警察が治安維持法適用に積極的であったのに対して、検察は消極的な態度を示していたことがうかがわれる。
(39)『特高月報』昭和一三年三月分、三三頁。
(40) 同前、昭和一三年八月分、八七頁。
(41) 同前、昭和一三年三月分、一二八頁。
(42) 同前、昭和一三年一〇月分、一三三―一三四頁。
(43) 同前、昭和一四年一月分、一一〇―一一二頁。
(44)『思想月報』第五九号、一九三九年五月、二六一―二六三頁。『特高月報』昭和一四年四月分、一三三―一三六頁。
(45)『特高月報』昭和一四年五月分、一二三頁。その後、金が上告した形跡がないので、これが確定判決になったと思われる。
(46)『昭和一六年控訴院管内思想検察会同議事録（長崎）』思想研究資料特輯第九一号、五一頁（社会問題資料叢書、東洋文化社復刻版、一九七五年）。
(47)『思想月報』第七四号、一九四〇年八月、四一―五一頁。
(48)『思想月報』第七八号、一九四〇年一二月、六一―七一頁。
(49) 奥平康弘『治安維持法小史』筑摩書房、一九七七年、一一六―一一七頁、より作成。
(50) 池田克「治安維持法」『新法学全集』第二四巻、日本評論社、一九四〇年、四三―四四頁。この文章は、本文中に割注の形で書かれている。
(51)『昭和一五年度控訴院管内思想実務家会同議事録―大阪、長崎』思想研究資料特輯第八六号、一四五―一四八頁（社会問題資料叢書、東洋文化社、一九七八年）。
(52) 同前、一四九頁。
(53) 同前、三三六頁。

(54)　朴慶植編『在日朝鮮人関係資料集成』三一書房、一九七六年、第四巻、一一〇一頁。
(55)　前掲『治安維持法関係資料集』第四巻、一一二二頁。
(56)　前掲『大審院刑事判例集』第二二巻、二四五―二四六頁。司法省刑事局『思想月報』第一〇五号、一九四三年八月、五八―六三頁、にも収録されている。その前書きには、「朝鮮を独立せしめむとすることが治安維持法に所謂国体を変革せむとすることに該当する所以を明にした判決である」と記されている。
(57)　同前、二四六―二四七頁。
(58)　ただし、ここで付け加えておかねばならないことは、大審院判決が出たのと同じ時期の朝鮮においては、朝鮮独立の意図を含むすべての活動に治安維持法の「国体変革」条項を適用することに慎重であるべきだとする朝鮮総督の指示が出ていることである。一九四三年四月に開かれた裁判所及検事局監督官会議で総督小磯国昭は、「皇国の国体と法の解釈運用」に触れて次のように述べている。「由来皇国日本の尊厳なる国体は朝鮮の併合せられざりし過去と、併合後の現在と、而して更に発展するであろう将来とを通じ微動だも変革はありませぬ。而して法規の解釈と立法当時の説明とが如何様であらうとを問はず、真に尊厳なる我国体を変革せむことを目的とするが如き不信不忠不逞の逆賊ありとせば苟も国体本義に透徹しある自己を信ずる日本人なる限り、此逆賊を極刑にしても尚慊き足らざるの概を有すべき筈であります。従って、重刑に処せらるる犯罪者以外の者に対しては、必しも常に『国体の変革を目的とす』る者として取扱ふことなく、他の法令の適用等に依り善処するを適当とするのではありますまいか。即ち本総督は諸官に対し、法的解釈の是非は姑く措き、宜しく速に尊厳なる我が国体の本義に透徹し以て「国体変革」なる文字の援用を慎重ならしめむことを敢て強力に要望致します」（高等法院検事局『朝鮮刑事政策資料』昭和一八年度版、四―五頁、水野直樹編『朝鮮総督諭告・訓示集成』第六巻、緑蔭書房、二〇〇一年、二二二ページ、にも収録）。総督のこの指示を受ける形で、京城地方法院の米原検事は同年五月および六月に開かれた京畿道・江原警察部長会議で次のような注意事項を与えている。「天皇制打倒を呼号する詭激共産主義者の運動と吾人か半島に於て常に取扱ひつつある民族主義運動との間に於ては其の背後思想の深浅に付驚くへき逕庭存す。従つて軽微なる民族運動を律するに国体変革に関する法規を以てするか如きは却て妥当ならさるものあるやに思料せらるるを以て重刑を科すへき悪質事犯は暫く之を措き軽微なる事犯にして保安法其の他の法規を以て充分刑政の目的を達し得るものと認めらるる場合は強て治安維持法を適用することなく成可く保安法等の活用に依り事犯の処理を為す様特に配慮せられたし」（高等法院検事局『次席検事注意事項集』昭和一八年度版、三頁）。これら総督の指示、検事の注意によって検事局あるいは警察での法適用がどの程度改められたかは、明らかでない。今後の課題としておきたい。

あとがき

本書『植民地帝国日本の法的構造』と、その姉妹編として刊行される『植民地帝国日本の法的展開』の二冊は、二〇〇一年度、国際日本文化研究センターにおいて浅野豊美さんが組織した研究班「日本植民地法制度の形成と展開に関する構造的研究」の研究成果報告書である。国際日本文化研究センター（以下、日文研）では、研究の主軸を個人研究のみならず共同研究においている。今日、共同研究という研究形態は珍しくなくなってきたものの、それでも大学共同利用機関たる日文研の特色と言えるのは、年間数件、外部の研究者を主催者として共同研究を公募している点であろう。この研究班もそのような形で成り立ったものであり、浅野さんの情熱に押されるようにこの研究会の幹事を私が引き受け、諸事慌ただしくも様々な知的刺激を受けることができた。

このような公募型共同研究は、場所とお金を出すことで共同研究の機会をより多くの研究者に提供する気前のよい企画だとも言えるし、良質の研究者を集め日文研の名で成果を公刊する搾取型の共同研究だと――冗談半分ではあるが――苦言を呈する研究者もあると聞く。本研究班に参加された研究者達が、はたしてどちらのタイプの共同研究と受けとめておられたのかは、幹事として日文研側のお世話役をつとめた私があえて語ることではあるまい。ただ、一年間の研究を終え、良くも悪しくも研究班の作り方からしてまだまだ実験的な要素の多い、またそれだけにより多くの可能性を秘めている研究方式であろうと半ば反省と半ば自負のこもった感慨を持っている、とだけ申しあげておきたい。

本研究会はおおよそ二ヵ月に一度、週末を潰して開かれ、報告と討論に文字通り時間を忘れた。歴史学と法学の学際的研究であること、また、研究期限が一年間というあまりにも短い期間に設定されていたことは、浅野さんにも私にも大変なプレッシャーとなった。しかし、振り返ってみれば、そのようなプレッシャーにさらされながら助走と中間疾走とラストスパートを同時に行うがごとき過酷な研究班だったからこそ、濃密な議論がなしえた一面もあったのではないかと思う。むろんそこには、浅野さんが巧みに皆を鞭打ち走らせたこと、それについて来ていただけるだけの優れた力量を持った研究者が集まってくださったことが大きく寄与している。研究班のメンバーの一人でもあった私がこのようなことを申しあげるのは面はゆいが、浅野さんならびに参加研究者の皆様にあらためて御礼申しあげたい。

駄弁は以上にしておき、本研究会で行われた報告を以下に記しておきたい。報告の多くは、質の高い学術論文に結実し本書に収められたが、諸般の都合により研究班での報告と本書所収の論文が異なる方や論文をお寄せいただけなかった方もおられるためである。

［二〇〇一年五月一二〜一三日］

参加者から各自の問題意識について発表

浅野豊美「日本帝国法制の研究視角と現代的意義」

［同年七月一五日］

大沼保昭「［講演と討論］戦後在日朝鮮人の法的地位の形成」

［同年九月一六日］

文竣暎「六三法体制と植民地法院の構成問題」

あとがき

劉夏如「植民地特別法域の形成と準国際私法台湾旧慣立法事業再考」
酒井一臣「『文明国標準』としての協調外交――中国共同管理論を中心に」
酒井哲哉「アナキズム的想像力と国際秩序――橘樸の場合」
[同年一二月一八日]
洪郁如「植民地の法と慣習――台湾社会の養女・媳婦仔・査某嫺をめぐる諸問題」
李鐘旼「日本本土・朝鮮・関東州における軽犯罪処罰令」
松田利彦「植民地期朝鮮における参政権要求団体『国民協会』について」
[二〇〇二年二月二日]
山口輝臣「国籍法以前」
吉川仁「北海道、沖縄、台湾に対する初期植民地支配と土地制度」
水野直樹「植民地住民登録制度の成立――台湾の第一回戸口調査と朝鮮の民籍法実施」

[同年三月三〇日～三一日]

山崎有恒「満鉄付属地行政権の法的性格――関東軍の競馬場戦略を中心に」
田浦雅徳「満洲国における治外法権撤廃問題――武部六蔵日記を中心に」
馬暁華「『大東亜共栄圏』における法秩序再構築への道――不平等条約撤廃を中心に」
波多野澄雄「大東亜国際法をめぐる攻防――大東亜国際機構と国際法学会・条約局」
近藤正巳「朝鮮軍と植民地兵役制」
浅野豊美「保護国と併合の狭間――自治をめぐる基本法制と居留地システム」
森山茂徳「朝鮮における伝統法制と植民法制」

長尾龍一「ドイツ植民地あれこれ」

読者諸賢が研究班の討論の熱気を想像しながら、以上のリストに目を通していただければと願う次第である。

松田利彦

執筆者紹介

浅野豊美（あさの　とよみ）

中京大学助教授（専攻　東アジア国際関係史、日本政治外交史）

1998年東京大学大学院総合文化研究科国際社会学専攻博士課程単位取得退学

［主著］「蜃気楼に消えた『独立』ー満州国の条約改正と国籍法」『日本人の自己認識』（岩波書店、1999年７月）。「戦場の盾にされた『慰安婦』たち」『世界』（岩波書店、1999年11月号）。「折りたたまれた帝国ー戦後日本における『引揚』の記憶と戦後的価値」『記憶としてのパールハーバー』（ミネルヴァ書房、2003年）。

松田利彦（まつだ　としひこ）

国際日本文化研究センター助教授（専攻　日朝関係史、在日朝鮮人史）

1993年京都大学大学院文学研究科現代史学専攻後期博士課程中途退学

［主著］『戦前期の在日朝鮮人と参政権』（明石書店、1995年）。「韓国併合前夜のエジプト警察制度調査 ―― 韓国内部警務局長松井茂の構想に関連して」（『史林』第83巻第１号、2000年１月）。「日本陸軍의　中国大陸侵略政策과　朝鮮ー1910-1915年」（『韓国文化』第31号、2003年６月）。

山口輝臣（やまぐち　てるおみ）

九州大学大学院人文科学研究院・助教授（専攻　日本近現代史）

1998年東京大学大学院人文社会系研究科博士課程修了。博士（文学）

［主著］『明治国家と宗教』（東京大学出版会、1999年）。『19世紀日本の歴史』（共著）（放送大学教育振興会、2000年）。

文　竣暎（むん　ちゅにょん）

ソウル大学校法学研究所専任研究員（専攻　刑事法、韓国近代法制史）

2004年ソウル大学校大学院法学科卒業，法学博士

［主著］「帝国日本の植民地刑事司法制度の形成」韓国法史学会編『法史学研究』第23号（ソウル：民俗園、2001年）。「解放空間、司法民主化論議の展開と挫折」民主主義法学研究会編『民主法学』第21号（ソウル：冠岳社、2002年）。

近藤正己（こんどう　まさみ）

近畿大学教授（専攻　日本・台湾近現代史）

筑波大学大学院博士課程歴史・人類学研究科単位取得退学、文学博士

［主著］『総力戦と台湾ー日本植民地崩壊の研究』（刀水書房、1996年）。「台湾の労務動員」『近代日本の歴史的位相ー国家・民族・文化』（刀水書房、1999年）。「台湾総督府の『理蕃』政策と霧社事件」岩波講座『近代日本と植民地』第２巻（岩波書店、1992年）。

洪　郁如（こう　いくじょ）

明星大学専任講師（専攻　台湾史）

2001年東京大学大学院総合文化研究科地域文化専攻、学術博士

［主著］「求められる新女性像」『中国女性史研究』第７号（1997年）。「明治・大正期植民地台湾における女子教育観の展開」『論集　中国女性史』（吉川弘文館、1999年）。『近代台湾女性史』（勁草書房、2001年）。

森山茂徳（もりやま　しげのり）

東京都立大学教授（法学部）（専攻　東アジア国際関係史、韓国政治史）

1976年東京大学大学院法学政治学研究科政治学専攻博士課程中途退学、1986年法学博士

［主著］『近代日韓関係史研究』（東京大学出版会、1987年）。『日韓併合』（吉川弘文館、1992年）。『韓国現代政治』（東京大学出版会、1998年）。

李　鐘旼　(り　じょんみん)
中央大学非常勤講師（専攻　韓国近代警察・監獄史、都市社会史）
1999年韓国延世大学大学院社会学課博士課程修了、文学博士
[主著]「植民地時期刑事処罰의 近代化에 関한 研究」『社会와 歴史』第55輯(韓国社会史学会、1999年)。「監獄内 受刑者統制를 통해 본 植民地規律体系」『植民地近代化의 日常生活』(韓国延世大学国学研究院、2003年)。「日本の植民地支配と朝鮮社会変動」『世界の日本研究 2002ー日本統治下の朝鮮：研究の現状と課題』(日文研、2003年)。

水野直樹　(みずの　なおき)
京都大学人文科学研究所教授（専攻　朝鮮近代史、東アジア関係史）
1981年京都大学大学院文学研究科博士課程単位取得退学、文学博士
[主著]『日本の植民地支配ー肯定・賛美論を検証する』(共編、岩波ブックレット)。『生活の中の植民地主義』(編著、人文書院)。「国籍をめぐる東アジア関係ー植民地期朝鮮人国籍問題の位相」『近代日本における東アジア問題』(吉川弘文館、2001年)。

索　引

あ　行

か　行

さ 行

浅野豊美　松田利彦
編集
植民地帝国日本の法的構造

2004年３月30日　初版第１刷

編　者
浅野豊美　松田利彦
発行者
袖 山　貴＝村岡侖衛
発行所
信山社出版株式会社
〒113-0033　東京都文京区本郷 6-2-9-102
TEL　03-3818-1019　FAX　03-3818-0344
印刷・製本　松澤印刷株式会社
PRINTED IN JAPAN

ISBN 4-7972-5277-4-C3032